T0286129

El fuego de la imaginación

Mario Vargas Llosa

El fuego de la imaginación

Libros, escenarios, pantallas y museos

Obra periodística I

Edición de Carlos Granés

ALFAGUARA

El fuego de la imaginación
Libros, escenarios, pantallas y museos. Obra periodística 1

Primera edición en España: noviembre de 2022
Primera edición en México: noviembre de 2022

D. R. © 2022, Mario Vargas Llosa
D. R. © 2022, Carlos Granés, por el prólogo

D. R. © 2022, Penguin Random House Grupo Editorial, S. A. U.
Travessera de Gràcia, 47-49, 08021, Barcelona

D. R. © 2022, derechos de edición mundiales en lengua castellana:
Penguin Random House Grupo Editorial, S. A. de C. V.
Blvd. Miguel de Cervantes Saavedra núm. 301, 1er piso,
colonia Granada, alcaldía Miguel Hidalgo, C. P. 11520,
Ciudad de México

penguinlibros.com

D. R. © diseño: Penguin Random House Grupo Editorial, inspirado en un diseño original de Enric Satué

ISBN: 978-607-382-358-6

Impreso en México – *Printed in Mexico*

Índice

Literatura anglosajona

Literatura española

Literatura de otros países

3. Bibliotecas, librerías y universidades

4. Escenarios

5. Pantallas

6. Arte y arquitectura

La pasión y la crítica
Prólogo

Leer y escribir ficciones

No exageraba aquel 7 de diciembre de 2010 cuando dijo que lo más importante que le había ocurrido en la vida, a los cinco años de edad, había sido aprender a leer. Mario Vargas Llosa se dirigía a los académicos suecos que habían premiado con el Nobel su abrumadora carrera literaria, esos miles de páginas que a lo largo de medio siglo había escrito con un vuelo y un pulso y una técnica fuera de lo común, y las primeras palabras que salían de su boca rendían un pequeño homenaje al cura cochabambino que le había revelado el secreto oculto en los caracteres del alfabeto.

No era un gesto gratuito. Vargas Llosa estaba señalando el vínculo íntimo, de sobra conocido, que hay entre la lectura y la escritura, y de alguna manera reconocía que su oficio como escritor había derivado espontáneamente de esa pasión lectora. No me lo invento yo, él mismo lo dijo: «Las primeras cosas que escribí fueron continuaciones de las historias que leía». Sólo talentos muy extraños y particulares —pienso en el poeta Mayakovsky— surgen de la nada, sin insumos literarios ni referentes estéticos que formen la sensibilidad o contagien el interés por la escritura. Y ése, claro está, no era el caso de Vargas Llosa.

Más bien todo lo contrario: el suyo era un vicio precoz. A él se entregó impunemente desde que sus facultades se lo permitieron, y en él sigue recayendo en edades serias y respetables con un interés y dedicación crecientes. Quien haya tenido el privilegio de ojear alguna de las bibliotecas que fue sembrando por el mundo sabe perfectamente que cada libro que pasa por sus manos recibe un comentario y una calificación, y que no le tiembla el pulso ni la retina a la hora de enfrentarse a los quince, veinte o treinta tomos de las obras completas de algún autor, de los que analiza la estructura y las tramas de sus novelas, o en los que sopesa y pelea cada uno de sus planteamientos. Su más reciente empresa lectora lo corrobora: los cerca de cien títulos que componen las obras de Pérez Galdós.

Pero lo sorprendente no es tanto la cantidad o el número de libros que ha leído Vargas Llosa, sino su forma de leer, la savia o la esencia que extrae de cada novela o de cada ensayo que acapara su atención. Uno podría pensar que la lectura es un simple pasatiempo elevado, un vehículo a la cultura o un hábito placentero, y sí, desde luego que es todas esas cosas, pero para Vargas Llosa es algo más. Esto es importante entenderlo. Leer no es algo que se hace al margen de la vida, cuando se suspenden las actividades o se tiene tiempo libre. Nada de eso. La lectura para Vargas Llosa es parte de la experiencia. Más aún: es una manera de prolongar la vida y de llevarla por lugares improbables —incluso peligrosos— que enriquece de la misma forma en que lo haría una gran aventura o una gran pasión.

En otras palabras, no se lee para descansar de las ocupaciones que impone la existencia. Se lee para todo lo contrario: para vivir más, para gozar más, para transgredir las limitaciones del tiempo y del espacio a las que se ve sometida toda vida humana. Y cuando digo «se lee» también podría decir «se ve», porque una buena obra de teatro o una buena serie de televisión puede tener el mismo efecto. Se leen y se ven ficciones para salir de uno mismo y vivir lo que de otra manera sería imposible experimentar.

Una carencia profunda y trágica nos persigue. Tenemos muchos más deseos, ambiciones y apetitos de los que podemos satisfacer. Nuestra condición real siempre palidece ante la imagen ideal que tenemos de nosotros mismos. No nos alcanza la vida, la existencia concreta es poca cosa comparada con todo lo que nos gustaría ser y hacer, con todo lo que nos gustaría experimentar y lograr. Y por eso existen novelas, menos mal, pues en ellas podemos refugiarnos para compensar esas carencias y vivir esas vidas que en suerte o en desgracia nos fueron negadas, que no nos tocaron, que no fueron la nuestra.

Esta verdad profunda se le reveló a Vargas Llosa muy pronto en la vida. La literatura respondía a la insatisfacción del ser humano, a la frustrante imagen de una existencia limitada por los compromisos y la vida en sociedad. Sumergiéndose en las ficciones, viviéndolas, el lector podía satisfacer de forma vicaria pulsiones turbulentas, anhelos antisociales, ansias de trascendencia. De la manera más impune, sin poner en riesgo nada ni a nadie, podía meterse en la piel del asesino, del perturbado o del justiciero. Mientras contáramos con esa ventana de escape a otros mundos y a otras vidas llenas de intensidad, de aventura, de pulsión, incluso de maldad, nuestros anhelos más salvajes se verían domados y nuestros vecinos podrían dormir tranquilos.

El asunto crucial era entonces la insatisfacción humana. Como explicó en otro célebre discurso, «La literatura es fuego», pronunciado en 1967 al recibir el Premio Rómulo Gallegos, nadie que estuviera satisfecho de sí mismo o adaptado al mundo encontraría motivos para negar lo existente inventando una realidad ficticia. Se leía y se escribía por una razón similar, porque la literatura era un acto de rebelión. Contradecía la realidad real —la obra de Dios, si se quiere— imponiéndole una realidad ficticia que la corregía, la desmentía o la transfiguraba con los añadidos subjetivos del escritor: sus demonios y obsesiones. Aquí afloraban las inclinaciones románticas de Vargas Llosa, que ya se habían manifestado en su conspicua curiosidad por el malditismo y en la pasión desmedida que siempre ha sentido por Victor Hugo. Marginal, rebelde, contradictor, deicida, arquitecto de obras totales: ésa fue la visión del escritor con la que dio sus primeros pasos y fraguó sus primeros éxitos literarios.

No quiere decir esto que Vargas Llosa hubiera creído en el compromiso o en el uso ideológico o panfletario del arte. Una cosa era la contradicción ontológica y otra muy distinta el arte politizado. La rebeldía que le interesaba era la que hacía su cuestionamiento integral de la realidad, no la que se agotaba en una consigna o en tramas tendenciosas. La novela estaba muy por encima de la política porque hacía algo que ésta no podía. Mentía, sí, y además con total impunidad, ni más faltaba, pero al hacerlo conseguía acariciar una verdad escurridiza. La buena literatura desvelaba la tremenda complejidad y ambigüedad del ser humano, la confusa deriva de sus actos y de sus propósitos, la densidad de sus sueños e ideales. No moralizaba ni adoctrinaba, más bien diluía las verdades absolutas en un tanque de contradicciones humanas.

En eso consistía el arte de la ficción, en escapar del maniqueísmo y del cliché; y precisamente por eso, tanto él como los otros escritores de su generación, la del cincuenta en el Perú y la del *boom* latinoamericano en los sesenta, recelaron de la literatura vernácula e indigenista y de la literatura comprometida. Las novelas que privilegiaban la descripción de situaciones de injusticia, que victimizaban o reivindicaban los tipos humanos, el paisaje local o los usos tradicionales, podían defender causas justas y elevadas, pero no garantizaban la calidad artística de las obras. El valor de una novela no radicaba en la virtud moral del autor ni en los compromisos ideológicos o sociales que asumiera, sino en su capacidad para persuadir al lector de que cuanto allí se narraba, por fantasioso que fuera, constituía un mundo autónomo.

Más que cualquiera de sus contemporáneos, Vargas Llosa se preocupó por entender los mecanismos que generan esta ilusión y por afilar las herramientas literarias más útiles para crear ficciones ambiciosas, sólidas y persuasivas. La amplia selección de artículos y ensayos sobre autores latinoamericanos, franceses, estadounidenses, españoles y de otras nacionalidades que componen la segunda sección de este volumen demuestra que la lectura atenta de los otros le sirvió para encontrar diferencias y afinidades con su propio proyecto. Basta con ver sus reflexiones sobre la literatura francesa de los cincuenta y sesenta, las décadas en que él mismo empezaba a escribir y publicar. Todas esas narraciones deshumanizadas que catapultaron a la fama a Robbe-Grillet, a Nathalie Sarraute y a los autores de la *nouveau roman* le resultaron interesantes, sí, pero también vacuas e intrascendentes. La gran literatura, reflexionó entonces, no podía alejarse de la historia. Al contrario: debía estar arraigada en los conflictos humanos, en sus pasiones, ansiedades y deseos.

Flaubert, en cambio, a quien leyó a finales de los cincuenta, cuando ya vivía en París, fue una revelación y un modelo de lo que sí quería hacer en sus libros. En las páginas de *Madame Bovary* descubrió las claves de la novela moderna: la importancia de la forma literaria y del narrador que cuenta la historia. Ahí no se agotan las enseñanzas ni los hallazgos. Los ensayos críticos de Romain Gary le permitieron desarrollar sus ideas sobre la novela total y el deicidio creativo. Los ejemplos vitales de Malraux y de Victor Hugo, autores que nunca se alejaron de la vida pública y que incluso participaron en todos los conflictos, debates y escándalos de su tiempo, le revelaron el perfil del escritor que quería ser. Leyendo a Hemingway entendió que la vocación literaria era total y excluyente. Estudiando a Faulkner comprendió que el escritor podía jugar con el tiempo y el espacio a su antojo, que las cronologías y los puntos de vista podían alterarse y desordenarse para darle más fuerza a una historia. Los ensayos de Coetzee lo previnieron sobre los nuevos moralismos y los intentos contemporáneos de desviar la novela de ciertos temas o de ciertas zonas oscuras de la historia y de la experiencia humana.

Leer era una forma de nutrirse de ideas y de profundizar en su visión de la novela. *Reivindicación del conde don Julián*, de Juan Goytisolo, le mostró que ninguna sociedad, ni la más utópica, evitaría la insatisfacción humana, y que por lo mismo la literatura y las críticas del escritor a las patrias serían siempre necesarias. Celebró el homenaje que hacía Rosa Montero a la imaginación, esa fuerza que desordenaba la vida y que la hacía más tolerable, más intensa, más rica. Comentando *Ojalá octubre*, de Juan Cruz Ruiz, reivindicó la posibilidad de hablar de la pobreza sin la truculencia y la autocompasión que caracterizaron al indigenismo. El caso Solzhenitsin le dio ocasión de criticar, una vez más, las censuras del sistema soviético a los escritores.

Con un apetito voraz, Vargas Llosa se sumergió en la literatura francesa y estadounidense, luego en la latinoamericana y en la española, agrandando cada vez más sus horizontes hasta abarcar autores y libros de buena parte del mundo. Los cerca de cien ensayos que conforman las dos primeras secciones, la primera más teórica, la segunda más crítica, lo corroboran. Y también la tercera sección, dedicada ya no a los libros sino a los espacios que los hospedan: las bibliotecas, las librerías y las universidades. Todo escritor frecuenta estos recintos, pero más uno como Vargas Llosa, que siempre se ha destacado como profesor y conferencista, y cuyos proyectos literarios le han demandado muchas horas leyendo manuscritos en bibliotecas de varios continentes. La situación de la universidad peruana, la nostalgia por el Reading Room de la Biblioteca Británica, el paraíso libresco de Hay-on-Wye o el futuro de las pequeñas librerías son algunos de los temas aquí abordados.

Aunque la lectura y la escritura han sido las ocupaciones principales de Vargas Llosa, al arte, al teatro, al cine y, más recientemente, a las series de televisión también les ha dedicado considerable tiempo e interés. Es bien sabido que su primer amor no fue la novela, sino la dramaturgia, y que el primer texto consistente que salió de sus manos fue *La huida del Inca*, un drama que él mismo dirigió y presentó en Piura a los quince años de edad. De haber existido una escena teatral fuerte en el Perú, muy probablemente ésa hubiera sido su primera opción, las tablas, los textos para ser interpretados, pero no fue el caso. Si entonces en el Perú de los cincuenta la ausencia de lectores convertía la escritura de novelas en una aventura incierta, la falta de espectadores hacía del todo inviable una vida consagrada al teatro. Sólo muchos años después, en los ochenta, Vargas Llosa retomaría su labor como escritor de ficciones teatrales, y unas décadas más tarde, ya en el siglo XXI, él mismo subiría a los escenarios a encarnar a los personajes que había creado.

Ese amor pospuesto por el teatro fue compensado durante muchos años con una asistencia asidua a los escenarios y con piezas periodísticas en las que comentaba las obras que más le habían interesado. Desde muy joven Vargas Llosa se convirtió en un espectador obstinado, atento a las nuevas propuestas escénicas y a las corrientes teóricas e ideológicas que nutrían las vanguardias de los sesenta. Con los años llegó a sentarse frente a los escenarios y las pantallas unas cuatro o cinco veces por semana. Agotar las carteleras de teatro y de cine, verlo todo de la misma forma en que intentaba leerlo todo, no era un reto desagradable ni difícil. Menos aún si las exposiciones, las obras y las películas —también las exhibiciones de arte— se convertían en el tema de las columnas que desde París o Londres escribía para los medios peruanos. La cuarta, quinta y sexta partes de este tomo dan cuenta de esa febril actividad como crítico cultural, una faceta menos conocida en su trayectoria intelectual que, sin embargo, arroja interesantes reflexiones para entender la evolución estética e ideológica de las sociedades occidentales.

Bastan unos cuantos ejemplos para aclarar lo que digo. Analizando las obras de LeRoi Jones, un poeta y dramaturgo que había frecuentado a los *beatniks* neoyorquinos y que para ese entonces militaba en las filas del nacionalismo negro, Vargas Llosa vio claramente el fermento de la política identitaria que hoy acapara los debates culturales. Comparando el indigenismo peruano de los años treinta con las obras de Jones, se dio cuenta de que en Estados Unidos y en Europa empezaba a ocurrir lo que ya había pasado en América Latina. Lo negro se reivindicaba como la encarnación de los valores perdidos o traicionados por Occidente, y las identidades minoritarias empezaban a rechazar toda integración a la sociedad por considerarla un acto de sumisión. El teatro empezaba a convertirse en una plataforma que movilizaba estas ideas. Pero no solamente.

Con sus envíos a las revistas de Lima o de Montevideo, Vargas Llosa ponía a los lectores al día con las últimas novedades y las últimas controversias en el campo teatral y cinematográfico. Anunció el momento en que el teatro del absurdo de Ionesco entraba a los escenarios oficiales, perdiendo, de paso, gran parte de su novedad e irreverencia, y comentó las películas de Godard, el estrépito que causó la obra *Marat-Sade* de Peter Weiss, la controversia producida por las películas eróticas de Liliana Cavani. También siguió la evolución de Bertolt Brecht, la manera en que la más alta burguesía, aquella que el dramaturgo alemán quiso destruir con sus obras, asimilaba jovial y pasivamente sus más provocadores dramas. En los últimos años sobresale su interés por las series de televisión, cuyos éxito de audiencia y poder para mantener en vilo a los espectadores entre capítulo y capítulo le recordaban las novelas del siglo XIX, esos grandes frescos sociales que los autores iban fraccionando en pequeñas entregas semanales.

Los escenarios y las pantallas han tenido siempre un espacio en sus rutinas, pero no hay duda de que Vargas Llosa acude al cine y al teatro con expectativas diferentes. De las películas espera un rato de esparcimiento. Simple divertimento, así ese divertimento sea genial, y no que le dejen imágenes o ideas ardiendo en la memoria, como sí le ocurre después de concluir una novela. Su modelo de cineasta es John Huston, un director que no tiene pretensiones elevadas ni ínfulas trascendentales, y que se conforma con relatar bien una historia. Por eso en la pantalla tolera cosas que le resultarían insoportables en los libros y es capaz de entregarse sin suspicacia, de la forma más desprevenida, a toda suerte de géneros hollywoodienses, desde el *western* hasta las películas de espías; cualquier tipo de película, insisto, menos las de ciencia ficción o de terror, o las que supuren intelectualismo y pedantería.

La historia con el teatro es muy distinta. Sobre el escenario ocurre algo muy particular: actores de carne y hueso encarnan la ficción, la viven, fingen una vida que no han vivido y unas experiencias que no han tenido, y mientras juegan a ser otros representan la esencia misma de la ficción. Salen de sí mismos para ser otros, para vivir lo que de otra forma les hubiera sido imposible vivir, para llenar de intensidad y furor unas existencias que de otra forma serían planas y rutinarias. El teatro, según lo entiende Vargas Llosa, se presta mejor que cualquier otra forma artística para proyectar una imagen más completa del ser humano, un perfil que incluya no sólo las condiciones materiales, la realidad concreta que resume toda existencia, sino su mundo interno, el desván que oculta sus deseos, fantasías y pasiones. Sus obras de teatro siguen estos principios. Suelen transcurrir simultáneamente en esos dos universos, el real y el fantasioso, el que ancla a un ser humano al tiempo y al espacio, a la pobreza o a las frustraciones, y el que se evade de todo eso y se entrega libremente a los caprichos del instinto o a las alucinaciones del ego. El ser humano es eso, una totalidad que incluye el caudal subjetivo de fantasías y anhelos, y eso es lo que intenta demostrar Vargas Llosa con sus ficciones teatrales.

En cuanto al campo de las artes plásticas, su labor crítica no ha sido menos ambiciosa ni constante. Los grandes genios individuales, esos creadores que alumbraron el siglo XX con su furia y descontento, atrajeron siempre su atención. Entre ellos Picasso, desde luego, un artista en el que Vargas Llosa admiró siempre su capacidad para reinventarse, transgrediendo todos los estilos, incluso los que él mismo había inventado, sin por ello negar sus deudas con el pasado ni perder un hilo de continuidad con la tradición artística. Eso mismo fue lo que Vargas Llosa se propuso hacer en el campo literario. Vivir la turbulencia del siglo XX, dejarse atravesar por los cismas modernos —el apremio por la experimentación, la innovación formal y la transgresión— y sin embargo contraer deudas enormes con las grandes obras narrativas del siglo XIX. Para Vargas Llosa era muy importante vivir a fondo su época; desafiarla, incluso, con innovaciones artísticas, pero no por ello iba a negar o a perder la estela de la tradición.

Las críticas que Vargas Llosa empezó a hacer en los noventa al arte contemporáneo derivaban de esa forma de entender la cultura. Obliterando por completo el pasado, como había ocurrido en la plástica a partir de Marcel Duchamp (en uno de los ensayos recogidos en la sexta parte, el escritor se preguntaba en qué consiste su famosa genialidad), se arrasaban por completo los criterios que permitían juzgar una obra de arte. El éxito de las creaciones empezaba a depender de factores externos, como el escándalo, la propaganda, el mercado, la teoría o las supuestas críticas, no del todo descifrables, que una obra hacía a los males de la sociedad, pero desde luego no de la obra en sí ni de la manera en que continuara o desafiara una tradición. Sin ningún criterio y sin ningún referente que permitieran emitir juicios sustentados, la impostura ganaba terreno a la dedicación y al genio. El arte dejaba de interesarse por las problemáticas humanas, por las vidas concretas y su lugar en la historia, y se convertía más bien en un símbolo hueco de progresismo facilón del que cualquier político o cualquier millonario podía beneficiarse patrocinándolo o firmando un cheque que le permitiera engrosar su colección.

Si estos artistas —representados mejor que nadie por Damien Hirst— le resultaban interesantes como síntomas de la época pero no como creadores, otros, en cambio, lo conmovían y hechizaban; incluso lo animaban a seguir la estela de su vida y de sus obras por museos de medio mundo. El caso más evidente es el de Gauguin, el pintor francés de visiones utópicas, salvajes y regresivas, sobre quien escribió una portentosa novela: *El Paraíso en la otra esquina*. Pero hay otros. El dadaísta George Grosz, por ejemplo, cuyas obras lo han inquietado desde que las vio por primera vez, y no sólo por su fuerza, su iconoclasia y su rebeldía, sino porque le permitieron poner a prueba sus ideas sobre la creación literaria en el campo de la plástica.

Grosz asumía su labor creativa como un feroz impulso destructivo. Frente al lienzo se mostraba dispuesto a externalizar todos sus demonios, y a llevarse por delante cualquier obstáculo social, político o moral que se atravesara en su camino. Era evidente el desprecio que sentía por el presente que le tocó vivir en la República de Weimar, y la repulsión que le inspiraban sus personajes más señeros, el militar, el burgués, el cura. Su espíritu rebelde y contradictor animaba esos frescos urbanos traspasados por un humor corrosivo y una fuerza y un dinamismo sobrecogedores. Lo más fascinante del caso Grosz es que parecía corroborar las ideas vargasllosianas sobre el proceso creativo: eran sus demonios, su pulsión crítica e inconforme, lo que alimentaba su empeño creativo. Cuando el dadaísta se exilió en Estados Unidos y se acomodó a su nueva vida, ya sin censuras ni persecuciones, su pintura sufrió una transformación profunda. Se mitigó. Perdió acritud y virulencia. Perdió genio y fuerza, como si Grosz, ahora integrado en la sociedad, ya no padeciera ningún malestar interno ni la urgencia de exteriorizarlo en su pintura. Ahí no se agotan esta historia ni las pesquisas de Vargas Llosa en el mundo del arte, pero mejor que cada lector las descubra por su cuenta.

Lo que sigue de aquí en adelante son las reflexiones maduradas a lo largo de una vida dedicada a la lectura de novelas, a la contemplación del arte, del teatro y del cine. No sólo el testimonio entusiasta de intensas horas de placer o de digestiones felices después de haber leído o visto los frutos de la fantasía. También es una aproximación comprensiva a la condición humana, a su mundo subjetivo —sus valores, conflictos, deseos, anhelos y preocupaciones— y a la manera en que han dejado su huella en la historia. No sé si el futuro se pueda leer en la palma de la mano, en los posos de café o en los arcanos del tarot. El presente, en cambio, y de esto no tengo dudas, se puede intuir en el fuego de la imaginación. Y ni siquiera hace falta ser un mago o tener poderes para ello. Basta —y este volumen lo demuestra— con ser un lector y un espectador apasionado y crítico.

CARLOS GRANÉS
Madrid, octubre de 2022

1. El arte de la ficción: debates y aproximaciones

La literatura es fuego*

Hace aproximadamente treinta años, un joven que había leído con fervor los primeros escritos de Breton moría en las sierras de Castilla, en un hospital de caridad, enloquecido de furor. Dejaba en el mundo una camisa colorada y *Cinco metros de poemas* de una delicadeza visionaria singular. Tenía un nombre sonoro y cortesano, de virrey, pero su vida había sido tenazmente oscura, tercamente infeliz. En Lima fue un provinciano hambriento y soñador que vivía en el barrio del Mercado, en una cueva sin luz, y cuando viajaba a Europa, en Centroamérica, nadie sabe por qué, había sido desembarcado, encarcelado, torturado, convertido en una ruina febril. Luego de muerto, su infortunio pertinaz, en lugar de cesar, alcanzaría una apoteosis: los cañones de la guerra civil española borraron su tumba de la tierra, y, en todos estos años, el tiempo ha ido borrando su recuerdo en la memoria de las gentes que tuvieron la suerte de conocerlo y de leerlo. No me extrañaría que las alimañas hayan dado cuenta de los ejemplares de su único libro, enterrado en bibliotecas que nadie visita, y que sus poemas, que ya nadie lee, terminen muy pronto transmutados en «humo, en viento, en nada», como la insolente camisa colorada que compró para morir. Y, sin embargo, este compatriota mío había sido un hechicero consumado, un brujo de la palabra, un osado arquitecto de imágenes, un fulgurante explorador del sueño, un creador cabal y empecinado que tuvo la lucidez, la locura necesarias para asumir su vocación de escritor como hay que hacerlo: como una diaria y furiosa inmolación.

Convoco aquí, esta noche, su furtiva silueta nocturna, para aguar mi propia fiesta, esta fiesta que han hecho posible, conjuga-

---

* Discurso pronunciado en Caracas, al recibir el Premio Rómulo Gallegos, el 11 de agosto de 1967. *(N. del A.)*

dos, la generosidad venezolana y el nombre ilustre de Rómulo Gallegos, porque la atribución a una novela mía del magnífico premio creado por el Instituto Nacional de Cultura y Bellas Artes como estímulo y desafío a los novelistas de lengua española y como homenaje a un gran creador americano, no sólo me llena de reconocimiento hacia Venezuela; también, y sobre todo, aumenta mi responsabilidad de escritor. Y el escritor, ya lo saben ustedes, es el eterno aguafiestas. El fantasma silencioso de Oquendo de Amat, instalado aquí, a mi lado, debe hacernos recordar a todos —pero en especial a este peruano que ustedes arrebataron a su refugio del Valle del Canguro, en Londres, y trajeron a Caracas, y abrumaron de amistad y de honores— el destino sombrío que ha sido, que es todavía en tantos casos, el de los creadores en América Latina. Es verdad que no todos nuestros escritores han sido probados al extremo de Oquendo de Amat; algunos consiguieron vencer la hostilidad, la indiferencia, el menosprecio de nuestros países por la literatura, y escribieron, publicaron y hasta fueron leídos. Es verdad que no todos pudieron ser matados de hambre, de olvido o de ridículo. Pero estos afortunados constituyen la excepción. Como regla general, el escritor latinoamericano ha vivido y escrito en condiciones excepcionalmente difíciles, porque nuestras sociedades habían montado un frío, casi perfecto mecanismo para desalentar y matar en él la vocación. Esa vocación, además de hermosa, es absorbente y tiránica, y reclama de sus adeptos una entrega total. ¿Cómo hubieran podido hacer de la literatura un destino excluyente, una militancia, quienes vivían rodeados de gentes que, en su mayoría, no sabían leer o no podían comprar libros, y en su minoría, no les daba la gana de leer? Sin editores, sin lectores, sin un ambiente cultural que lo azuzara y exigiera, el escritor latinoamericano ha sido un hombre que libraba batallas sabiendo desde un principio que sería vencido. Su vocación no era admitida por la sociedad, apenas tolerada; no le daba de vivir, hacía de él un productor disminuido y *ad honorem*. El escritor en nuestras tierras ha debido desdoblarse, separar su vocación de su acción diaria, multiplicarse en mil oficios que lo privaban del tiempo necesario para escribir y que a menudo repugnaban a su conciencia y a sus convicciones. Porque, además de no dar sitio en su seno a la literatura, nuestras sociedades han alentado una desconfianza constante por este ser marginal, un tanto anómalo, que se empeñaba, contra toda razón, en ejercer un oficio que en la circunstancia latinoamericana resultaba casi irreal. Por eso nuestros escritores se han frustrado por docenas, y han desertado su vocación, o la han traicionado, sirviéndola a medias y a escondidas, sin porfía y sin rigor.

Pero es cierto que en los últimos años las cosas empiezan a cambiar. Lentamente se insinúa en nuestros países un clima más hospitalario para la literatura. Los círculos de lectores comienzan a crecer, las burguesías descubren que los libros importan, que los escritores son algo más que locos benignos, que ellos tienen una función que cumplir entre los hombres. Pero entonces, a medida que comience a hacerse justicia al escritor latinoamericano, o más bien, a medida que comience a rectificarse la injusticia que ha pesado sobre él, una amenaza puede surgir, un peligro endiabladamente sutil. Las mismas sociedades que exiliaron y rechazaron al escritor pueden pensar ahora que conviene asimilarlo, integrarlo, conferirle una especie de estatuto oficial. Es preciso, por eso, recordar a nuestras sociedades lo que les espera. Advertirles que la literatura es fuego, que ella significa inconformismo y rebelión, que la razón de ser del escritor es la protesta, la contradicción y la crítica. Explicarles que no hay término medio: que la sociedad suprime para siempre esa facultad humana que es la creación artística y elimina de una vez por todas a ese perturbador social que es el escritor, o admite la literatura en su seno y en ese caso no tiene más remedio que aceptar un perpetuo torrente de agresiones, de ironías, de sátiras, que irán de lo adjetivo a lo esencial, de lo pasajero a lo permanente, del vértice a la base de la pirámide social. Las cosas son así y no hay escapatoria: el escritor ha sido, es y seguirá siendo un descontento. Nadie que esté satisfecho es capaz de escribir, nadie que esté de acuerdo, reconciliado con la realidad, cometería el ambicioso desatino de inventar realidades verbales. La vocación literaria nace del desacuerdo de un hombre con el mundo, de la intuición de deficiencias, vacíos y escorias a su alrededor. La literatura es una forma de insurrección permanente y ella no admite las camisas de fuerza. Todas las tentativas destinadas a doblegar su naturaleza airada, díscola, fracasarán. La literatura puede morir pero no será nunca conformista.

Sólo si cumple esta condición es útil la literatura a la sociedad. Ella contribuye al perfeccionamiento humano impidiendo el marasmo espiritual, la autosatisfacción, el inmovilismo, la parálisis humana, el reblandecimiento intelectual o moral. Su misión es agitar, inquietar, alarmar, mantener a los hombres en una constante insatisfacción de sí mismos: su función es estimular sin tregua la voluntad de cambio y de mejora, aun cuando para ello deba emplear las armas más hirientes. Es preciso que todos lo comprendan de una vez: mientras más duros sean los escritos de un autor contra su país, más intensa será la pasión que lo una a él. Porque en el dominio de la literatura la violencia es una prueba de amor.

La realidad americana, claro está, ofrece al escritor un verdadero festín de razones para ser un insumiso y vivir descontento. Sociedades donde la injusticia es ley, paraísos de ignorancia, de explotación, de desigualdades cegadoras, de miseria, de alienación económica, cultural y moral, nuestras tierras tumultuosas nos suministran materiales ejemplares para mostrar en ficciones, de manera directa o indirecta, a través de hechos, sueños, testimonios, alegorías, pesadillas o visiones, que la realidad está mal hecha, que la vida debe cambiar. Pero dentro de diez, veinte o cincuenta años habrá llegado a todos nuestros países, como ahora a Cuba, la hora de la justicia social y América Latina entera se habrá emancipado del imperio que la saquea, de las castas que la explotan, de las fuerzas que hoy la ofenden y reprimen. Yo quiero que esa hora llegue cuanto antes y que América Latina ingrese de una vez por todas en la dignidad y en la vida moderna, que el socialismo nos libere de nuestro anacronismo y nuestro horror. Pero cuando las injusticias sociales desaparezcan, de ningún modo habrá llegado para el escritor la hora del consentimiento, la subordinación o la complicidad oficial. Su misión seguirá, deberá seguir siendo la misma; cualquier transigencia en este dominio constituye, de parte del escritor, una traición. Dentro de la nueva sociedad, y por el camino que nos precipiten nuestros fantasmas y demonios personales, tendremos que seguir, como ayer, como ahora, diciendo no, rebelándonos, exigiendo que se reconozca nuestro derecho a disentir, mostrando, de esa manera viviente y mágica como sólo la literatura puede hacerlo, que el dogma, la censura, la arbitrariedad son también enemigos mortales del progreso y de la dignidad humana, afirmando que la vida no es simple ni cabe en esquemas, que el camino de la verdad no siempre es liso y recto, sino a menudo tortuoso y abrupto, demostrando con nuestros libros una y otra vez la esencial complejidad y diversidad del mundo y la ambigüedad contradictoria de los hechos humanos. Como ayer, como ahora, si amamos nuestra vocación, tendremos que seguir librando las treinta y dos guerras del coronel Aureliano Buendía, aunque, como a él, nos derroten en todas.

Nuestra vocación ha hecho de nosotros, los escritores, los profesionales del descontento, los perturbadores conscientes o inconscientes de la sociedad, los rebeldes con causa, los insurrectos irredentos del mundo, los insoportables abogados del diablo. No sé si está bien o si está mal, sólo sé que es así. Ésta es la condición del escritor y debemos reivindicarla tal como es. En estos años en que comienza a descubrir, aceptar y auspiciar la literatura, América Latina debe saber, también, la amenaza que se cierne sobre ella, el duro precio que tendrá que pagar por la cultura. Nuestras sociedades deben estar alertadas: rechazado o aceptado, perseguido o premiado, el escritor que merezca este nombre seguirá arrojándoles a los hombres el espectáculo no siempre grato de sus miserias y tormentos.

Otorgándome este premio que agradezco profundamente, y que he aceptado porque estimo que no exige de mí ni la más leve sombra de compromiso ideológico, político o estético, y que otros escritores latinoamericanos, con más obra y más méritos que yo, hubieron debido recibir en mi lugar —pienso en el gran Onetti, por ejemplo, a quien América Latina no ha dado aún el reconocimiento que merece—, demostrándome desde que pisé esta ciudad enlutada tanto afecto, tanta cordialidad, Venezuela ha hecho de mí un abrumado deudor. La única manera como puedo pagar esa deuda es siendo, en la medida de mis fuerzas, más fiel, más leal, a esta vocación de escritor que nunca sospeché me depararía una satisfacción tan grande como la de hoy.

Caracas, 11 de agosto de 1967

En torno a la literatura maldita:
Tres ejemplos contemporáneos*

Para los escritores malditos la literatura es un quehacer fundamentalmente autobiográfico y, por lo tanto, no se trata de creadores desde el punto de vista del material que aportan. Su ambición primera no es construir ficciones, sino rescatar mediante la memoria y las palabras los hechos de su vida para, de esta manera, justificarse ante sí mismos y ante la sociedad de la que, con o sin razón, se sienten excluidos. Pero, en cambio, sí suelen realizar un enorme trabajo de creación en lo que se refiere a la forma. Ocurre como si todas esas reservas imaginativas que no necesitan emplear en la búsqueda de un tema y en la invención de personajes, las volcaran en la obtención de un lenguaje original. Es sintomático que escritores como Henry Miller, Louis-Ferdinand Céline, Jean Genet y Jouhandeau sean, ante todo, grandes prosistas.

Las razones que llevan a un escritor a elegir determinado género se vinculan estrechamente con su vida. Los malditos son, por lo común, gentes al margen, no integradas a la sociedad en la que viven, y fascinadas por la singularidad de su propia existencia. Individualistas, solitarios, su insolencia no tiene límites y su conducta suele ser rebelde (lo es de hecho, ya que atenta contra la ley básica de la ciudad, que es aceptar la vida en común), pero sus libros rara vez lo son. No reclaman que la sociedad corrija esas taras e injusticias de las que ellos son víctimas o ejemplos, no piden un orden nuevo, mejor que el actual. El motivo es muy sencillo: en una hipotética sociedad perfecta sólo imperaría el bien y no habría lugar para ellos, que de una vez por todas han elegido ser el mal. Así como el diablo, para existir, necesita que exista Dios, ellos tienen

---

* La primera versión de este texto se publicó en 1964, bajo el título de «Literatura confidencial», y posteriormente fue reelaborada, para la revista *Marcha*, con el texto que ofrecemos aquí. *(N. del E.)*

ligada su suerte, de una manera irremediable (y trágica), al mundo que aborrecen. En unas páginas admirables de *Saint Genet, comédien et martyr*, Sartre ha explicado ese curioso mecanismo que convierte a las víctimas en cómplices de los verdugos y hace, por ejemplo, que los elementos más lastimados por el régimen establecido —los lumpen, los delincuentes— sean conformistas y hostiles a cualquier cambio. Es probable que las tesis de Georges Bataille, según las cuales la literatura es una representación simbólica del mal, no sean íntegramente convincentes. Pero son válidas en el caso de estos autores. (Para Bataille el mal no tiene un contenido religioso, sino social: significa aquello que escapa a la norma aceptada por la comunidad, lo que atenta contra la razón).

En las literaturas francesa e inglesa abundan los casos de escritores malditos. En la literatura española y en la latinoamericana, en cambio, son raros, y no existe uno sólo, entre estas excepciones, cuya obra tenga una importancia estética mayor. A primera vista, podría pensarse que este género de literatura autobiográfica es tan crudo, tan osado, que no surgió en España debido a la censura, más severa allí que en otras partes. Pero la censura no ha sido obstáculo, en las distintas épocas de la historia española, para que proliferasen las obras subidas de color y atestadas de atrocidades. Por lo demás, el escritor maldito no teme la censura; al contrario, la desafía: ella es un estímulo para él. La puritana Inglaterra ha sido la cuna de John Cleland y de Frank Harris. En realidad, no es por su carácter atrevido que este género de literatura no se ha desarrollado en España, sino más bien por el hecho de ser confidencial. Ni los escritores españoles ni los latinoamericanos acostumbran escribir sus confesiones. Y los pocos que han dejado una autobiografía, o fueron tan lacónicos como Ricardo Palma (*La bohemia de mi tiempo*, a fin de cuentas, nos revela más cosas sobre los amigos de Palma que sobre él), o tan frondosamente elusivos como Pío Baroja, que en sus excelentes memorias nunca acaba de mostrarse por entero. Esta discreción, esa resistencia púdica a darse a conocer del escritor de lengua española es tanto más sorprendente cuando uno piensa que ello contradice una propensión nacional.

En efecto, pocas gentes son tan comunicativas y locuaces como los españoles. Yo viví un año en Madrid y conocí decenas de personas, hice muchos amigos y creo, sin exageración, que todos me contaron su vida. Aquí, en París, un domingo compartí el asiento de un ómnibus con un sevillano que, en los diez minutos que duró el trayecto de Saint-Michel a la Opéra, me confió su historia, y ésta era tan tremenda que todavía me asombra. ¿Cómo es posible que uno de los pueblos menos reservados de la tierra carezca de literatura confidencial? Pero tal vez sea más extraño todavía que ésta florezca tan corrientemente en Francia, país de hombres discretos hasta la exasperación, y en el que, como dice Cortázar, cada individuo parece una «fortaleza inexpugnable». El francés divulga difícilmente su intimidad a un interlocutor de ocasión, su vida privada es como un cónclave, los demás sólo ven de ella el humo. Y sin embargo el género confidencial y maldito tiene aquí una robusta tradición y sus cultores contemporáneos son muchos. (Acaba de aparecer otro: Anne Huré, ex monja y ex ladrona, que cuenta en sus libros sus andanzas por conventos y cárceles).

En ambos casos, una tendencia manifiesta del carácter nacional se halla contradicha por la actitud de los escritores. Esto resulta incomprensible si se ve en la literatura una representación fiel de las características morales y psicológicas de un pueblo. Desde luego, ella es también eso. Pero además de testimonio, la literatura siempre ha sido una especie de reto a la realidad, una tentativa para llenar sus vacíos. Sólo un sentimiento de carencia o de insatisfacción puede llevar a un hombre a escribir ficciones. ¿Para qué crearía realidades imaginarias si se sintiera satisfecho en el mundo que lo rodea? Así, en sus obras hay siempre un elemento nuevo, no determinado por su experiencia objetiva. A veces, se trata de una dimensión ideal, que prolonga la realidad, que aparece añadida a ésta: es el caso de los escritores fantásticos. Los realistas procuran utilizar los datos más visibles y verificables que ofrece el mundo exterior para construir sus novelas, y en ellos el elemento agregado suele ser un orden, una coherencia, un sistema, un punto de vista, gracias a los cuales la tumultuosa, la compleja realidad evocada por sus libros resulta comprensible. En los malditos la novedad residiría en la actitud de contradicción, en la voluntad del narrador de ir contra la corriente. Contrariamente a lo que ocurre con los personajes de una novela realista, prototipos en los que muchos lectores se reconocen, el héroe o la heroína de un libro maldito es siempre caso único, la excepción a la regla. Si un lector se identificara con ellos, las intenciones del autor se verían frustradas: él quiere ser aceptado por la sociedad como ser diferente, ser reconocido como la oveja negra del rebaño. Cuando Genet señala que sus más altas virtudes son «la traición, la homosexualidad y el robo», está diciendo, tras esta fórmula violenta, «no me parezco ni quiero parecerme a ustedes». El maldito es aquel que da la contra, que en todo intenta precisar su antagonismo con los demás. Ciudadano de un país de hombres reacios al exhibicionismo verbal y a la confidencia, será exhibicionista con descaro y hará de su vida una transparente vitrina. Se comprende que en España la literatura maldita no adopte posturas confidenciales. El espíritu de contradicción del escritor se manifiesta de acuerdo a las características del medio, y ¿no es revelador que exista una importante corriente de literatura blasfema y antirreligiosa en la propia España? En una sociedad donde la doctrina estética imperante sea el realismo socialista, los malditos harán literatura fantástica. ¿Significa esto que la literatura de este género no es representativa, que no expresa lo real? Nada de eso. Ella también expresa la realidad, pero al revés, mediante negaciones. En muchos casos, incluso, es un contrapeso saludable, y sus excesos una respuesta airada a los prejuicios y a los dogmas.

I) Un ejemplo femenino: las *Memorias de una joven informal*, de Violette Leduc

Un joven tísico de buena familia seduce a su criada, la embaraza y la despide: Violette Leduc no conocería nunca a su padre. Hija del atropello, la desdicha parece ensañarse con ella desde antes de su nacimiento. En el pequeño poblado del norte de Francia donde pasa su infancia, conoce primero la miseria, luego la guerra. No ha aprendido a leer todavía, pero ya debe robar para no morirse de hambre. Muchos días, el único alimento de su madre y de su abuela son las provisiones que hurta la pequeña al campamento alemán. Las personas que al leer el último libro de Violette Leduc se sientan heridas o escandalizadas, deben recordar estos hechos antes de juzgarla. La sociedad hizo de ella una víctima, la abrumó de culpas cuando era inocente. Ahora se venga contra esa sociedad, reivindica la condición que le fue impuesta y arroja a los cuatro vientos un libro terrible: *La bastarda*.

En el colegio, sus compañeras juegan, conversan y en un principio se diría que, a través de ellas, Violette se va a reintegrar a la vida de los demás. Ocurre lo contrario: para evitar las burlas y las preguntas humillantes, la niña sin padre se aísla, se vuelve hosca. Mientras vive su abuela, la magnífica Fidelina, tiene un refugio. Cuando ésta muere, vuelca su afecto en su madre. La ex criada, que asocia oscuramente esta hija al drama de su vida, en vez de amor le da consejos y órdenes: todos los hombres son unos canallas, nunca te fíes de ellos, ódialos. Violette asiente, acepta. Y un buen día su madre se casa y entra un extraño al hogar. La niña nunca perdonará a su madre este matrimonio en el que ve una inconsecuencia, una traición. Así se rompe el último vínculo con los otros. Desde entonces vivirá incomunicada.

Bastarda, pobre, los padecimientos sólo acaban de comenzar. Vendrán las enfermedades, una tras otra, estará muchas veces en el umbral de la muerte. Su salud frágil aumenta el abismo que la separa del mundo de los seres normales. Y, además, le ha sido deparada una suplementaria vergüenza: su cara, su enorme nariz que hace reír a las gentes. Muchos años después, cuando haya acumulado un pequeño capital mediante tráficos delictuosos durante la Segunda Guerra Mundial, irá donde un cirujano. ¿La operación va a liberarla del complejo que la ha perseguido toda su vida? No. Jacques Prévert la mira y dice a sus amigos: «Hubiera tenido que operarse también la boca, los ojos, los pómulos». En el colegio, es una mala alumna. Si su experiencia diaria son las frustraciones, ¿qué puede incitarla a estudiar? Antes de abrir un libro, Violette sabe que no aprobará el examen. A partir de esa época, un sentimiento de derrota corroe todos sus actos. Más tarde escribirá: «Cuando vine al mundo, juré tener la pasión de lo imposible». Esto no significa que haya vivido sofocada por apetitos desmedidos y ambiciones fuera de lo común. Ocurre que lo imposible, para ella, es todo lo que para los demás es posible. ¿Por qué? Porque Violette Leduc es un monstruo.

En la adolescencia, este ser en quien todos veían un culpable por su origen, un anormal por su fealdad y sus complejos, va a asumir con premeditación y soberbia aquello que se le reprocha.

¿Su presencia en el mundo es el producto de un amor ilícito? En Isabelle, en Hermine, ella buscará amores que la sociedad estima ilícitos y, además, acatará de esta extraña manera los mandatos de su madre. Pero el amor (ninguna forma de relación humana) no será para Violette Leduc una puerta de escape de la soledad. Al contrario, cada experiencia erótica le revelará nuevas barreras, le traerá nuevas decepciones. Por eso acabará adelantándose a las frustraciones y, como si quisiera anular de antemano toda posibilidad de ser correspondida, sólo amará a homosexuales o a impotentes.

Violette Leduc comenzó a escribir cuando era una mujer madura. Refugiada con Maurice Sachs (otro maldito) en una aldea normanda durante la ocupación, fatigaba a éste con el relato de sus miserias. Un día, Sachs le puso en la mano una pluma y unos cuadernos. «Ya estoy harto —le dijo—. Siéntese bajo ese peral y escriba las cosas que me cuenta». Así nació *La asfixia*, su primera novela, que comienza con un recuerdo lúgubre: «Mi madre jamás me dio la mano». Ha publicado luego media docena de libros que evocan fragmentos de su vida con una crudeza tan áspera que, pese a los elogios que le rendía la crítica, los lectores se ahuyentaban. *La bastarda*, que es su autobiografía, significa un considerable progreso respecto a su obra anterior, no sólo porque en este libro los episodios que eran materia de los otros resultan más comprensibles (no menos atroces) a la luz de una existencia total, sino porque aquí Violette Leduc ha elegido el género que más convenía a su propósito: la confesión. En efecto, Violette Leduc pertenece a esa estirpe de escritores que crean inmolándose. Desde luego que en todos los casos, aun en el de los autores de ciencia ficción, un narrador elabora su obra a partir de su experiencia personal del mundo y que en sus libros se hallan contenidas, en proporciones diversas, a veces tan escondidas y disfrazadas que es imposible descubrirlas, sus venturas y desventuras. Pero en la mayoría, esa transmutación de la experiencia en ficción literaria no es deliberada sino instintiva o subconsciente. Pero en el caso de los malditos, la literatura consiste en ofrecerse a sí mismos como espectáculo, en proyectarse por medio de palabras hacia ese mundo que los rechaza. Escribir, para ellos, es salir del confinamiento en que se hallan y volver a la sociedad que los exilió, aun cuando sea de manera metafórica, encarnados en un libro. Eso, desde el punto de vista exterior. En relación con ellos mismos (esto es patente en Violette Leduc), la literatura es la única forma de salud posible, el sustituto del masoquismo o del suicidio. Traducidas en arte, esas existencias encanalladas o simplemente malgastadas, encuentran una justificación.

Violette Leduc carece del estilo barroco de un Henry Miller, y no tiene tampoco el elegante refinamiento de un Genet para manipular la mugre y las escorias humanas. Cuando se abandona a las reflexiones o al análisis es poco convincente y su libro se halla afeado a ratos por comparaciones sin gracia y por alardes poéticos de gusto mediocre. Pero estos defectos desaparecen cuando se limita a contar. Su mérito principal es la sinceridad. Habría que remontarse hasta Restif de la Bretonne para encontrar en la literatura francesa un caso igual de confidencia. Sin eufemismos ni escrúpulos, desnuda su vida y la muestra en lo imposible y en lo intolerable y a pesar de su franqueza brutal no espanta al lector ni lo disgusta y en cambio lo conmueve. En el prólogo que ha escrito para *La bastarda*, Simone de Beauvoir dice que Violette Leduc «habla de sí misma con una sinceridad intrépida, como si nadie la escuchara». Ésa es la impresión que se tiene a lo largo de estas páginas. En ellas aparecen dichas con sencilla naturalidad todas las cosas que componen la historia secreta de un ser humano, las menudas bajezas diarias, las cobardías íntimas, los pequeños deseos inconfesables, esa dimensión lastimosa y rastrera de la vida que todos prefieren ignorar. Si a la audacia de haber sacado a la luz estos fantasmas, se añade el hecho de lo excepcionalmente dolorosa y desgarrada que ha sido la vida de Violette Leduc, se comprende que el libro que la expresa produzca una impresión explosiva. Pero ¿quién se atrevería a tirar la primera piedra y a jurar que no reconoce en esta condición que nos es narrada su propia condición? Simone de Beauvoir afirma con razón: «Nadie es monstruoso si lo somos todos».

II) Un ejemplo norteamericano: *The Naked Lunch*, de William Burroughs

The Naked Lunch no es el primer libro que se escribe sobre la droga, desde luego, pero sí, probablemente, el primero que se escribe desde la droga. En este sentido, se halla mucho más cerca de ciertos textos de Baudelaire y de Antonin Artaud, escritos en estado de trance, bajo el influjo de excitantes (y en los que la droga ni siquiera es mencionada), que de libros como *Las puertas de la percepción* de Huxley, o *Conocimientos a través de los abismos* de Michaux, que son testimonios de experiencias premeditadas, emprendidas con un propósito casi científico. Aldous Huxley y Henri Michaux se sometieron, a veces bajo control médico, a la prueba de la mescalina o del opio, alertas, papel y lápiz en mano, como dos exploradores que ingresan en la selva decididos a reunir un buen material inédito para artículos y libros. Burroughs no es un curioso ni un explorador de la toxicomanía, sino un toxicómano; no es un turista que visita ese sombrío país de la alucinación y del delirio, sino un ciudadano sólidamente arraigado en el Mal: «Ese Mal, que se llama toxicomanía, lo he vivido durante quince años. Son toxicómanos todos los que frecuentan la droga (el opio y sus derivados, incluidos los productos sintéticos, del dolosal al palfium). Yo la he usado en todas sus formas: heroína, morfina, dilaudida, eucocal, pantopón, dicodida, opio, dolosol, metadona, palfium... La he fumado, tragado, aspirado, inyectado en la red venas-piel-músculos, absorbido en supositorios». El libro fue escrito en esos quince años que duró lo que Burroughs llama su «Enfermedad», pero de una manera casi involuntaria, pues él confiesa que cuando Jack Kerouac le sugirió reunir en libro las notas en las que había registrado sus impresiones sobre «el Mal y sus delirios», ni siquiera recordaba haberlas escrito. ¿Por qué el título de *Naked Lunch*? «Fue Jack Kerouac quien me lo sugirió y sólo he comprendido su significación recientemente, después de mi cura. Su sentido es, exactamente, el de sus términos: el Banquete desnudo, ese instante petrificado y glacial en el que cada cual puede ver lo que se halla ensartado en la punta de cada tenedor». La explicación es delirante y no explica nada. Es preferible describir, en la medida de lo posible, la materia y la estructura inusitadas de este libro.

The Naked Lunch reúne (amontona habría que decir) multitud de historias desaforadas, unas tras otras o dentro de otras y a veces dos o tres historias se desarrollan paralelamente. Este todo fragmentario es similar a cada uno de los episodios que lo componen, que nunca tienen principio ni fin, y aparece a su vez como fragmentos de un relato cuyo contexto ignoramos. La incoherencia del conjunto es idéntica a la incoherencia de cada una de las partes. Ese flujo caótico de anécdotas mutiladas, desmesuradas, a lo largo de las páginas, sería irresistible si no fuera por su brutalidad y su cinismo que imantan al lector y, asombrándolo, irritándolo, escandalizándolo, lo mantienen atrapado como una mosca en una tela encerada frente a ese espectáculo protoplasmático y dantesco. La droga no es sólo un tema que se repite obsesivamente en las historias, sino una realidad anómala, exterior a la obra y que ésta expresa totalmente: en el desorden frenético de los episodios, en el clima sobreexcitado y eufórico de la narración, en la ferocidad del lenguaje y hasta en su construcción anormal. La distancia que hay, pues, entre este libro y el ensayo de Huxley es abismal. En *Las puertas de la percepción* un hombre narra, desde la normalidad, una experiencia anormal: *The Naked Lunch* es una ficción concebida por una conciencia enferma, que transmite una visión enferma del mundo y de su propia enfermedad: su símil sería un gran fresco titulado «La locura y los hombres» pintado por un loco. Aunque los personajes, los paisajes y los detalles de cada historia son variables, hay entre ellas ciertas constantes en el asunto y en la forma. En todas aparecen, de un modo u otro, el homosexualismo y la droga como manifestaciones naturales del hombre y siempre mezcladas a formas diversas de crueldad: el sadismo, el masoquismo. Se ha dicho con razón que el insulto y el sarcasmo son motores del estilo de Burroughs, y habría que añadir también el humor, pero en su manera más ácida y perversa, un humor que no amortigua sino agrava la violencia.

Además de las historias hay en *The Naked Lunch*, aisladas entre paréntesis, un gran número de anotaciones científicas sobre la droga, que revelan un conocimiento enciclopédico sobre la materia. Inmersas en ese océano de pesadillas virulentas, estas anotaciones que comentan, discuten o sintetizan artículos y libros médicos e investigadores, producen una sensación de alivio y permiten al lector tomar fuerzas para proseguir la excursión por los infiernos. No han sido incluidas en el libro por este motivo, claro, sino para ilustrar al lector sobre ciertas palabras o reacciones vinculadas al uso de la droga o a las prácticas pederásticas. Hay, por ejemplo, una descripción muy minuciosa de los efectos de la ayahuasca, esa liana alucinatoria de la Amazonía, y de las maneras en que es utilizada por los brujos y curanderos, y una referencia (rigurosamente justa) a las costumbres de los caneros, esos pececillos amazónicos que se introducen en el cuerpo humano y lo devastan.

El libro de Burroughs ha originado ya gran escándalo y por eso resulta difícil opinar sobre él con objetividad. Ciertamente no es un texto recomendable para niños de pantalón corto, pero quienes lo condenan, afirmando que la literatura debe ser edificante y ejemplar, se equivocan, pues la literatura nada tiene que ver con la pedagogía. Ella es un reflejo de la realidad y sus límites son los de la realidad, que no tiene límites. El verdadero escándalo no es *The Naked Lunch*, representación verbal de la droga, sino la droga misma, y es hipócrita confundir el efecto con la causa. Por lo demás, este libro tiene el carácter de una experiencia única, se halla íntimamente ligado a un destino singular y su importancia y su interés se deben a ellos en gran parte. Los libros que ha publicado luego Burroughs (*The Soft Machine, The Ticket that Exploded*) mecanizan los procedimientos que resultaban irremplazables en el primero, y tienen por eso un aire caricatural.

III) Un ejemplo clásico: el detestable y admirable Céline

Con motivo de la publicación, por la revista *L'Herne*, de una serie de Céline, un semanario parisiense acaba de realizar una encuesta entre escritores franceses sobre la figura contradictoria de este autor. Los pareceres son muy diversos, muchos lo consideran todavía un maldito irrecuperable. Louis Aragon prefiere «evitar ese género de individuo y ese género de obra», y Roger Vailland, en vez de responder, cuenta un episodio de la Resistencia: la tentativa de un comando, del que él formaba parte, para liquidar a un grupo de colaboradores de una revista antisemita entre los que se hallaba Céline. Maurice Nadeau confiesa su admiración por «el escritor más importante de la entreguerra». Michel Butor también le rinde homenaje y recuerda que «los más grandes autores, como Ezra Pound y Claudel, escribieron estupideces. Céline las escribió y las hizo tal vez peores, pero porque las circunstancias eran más graves», y Roland Barthes explica que Céline es el padre literario de Sartre y de Raymond Queneau.

El embarazo de los interrogados es bastante comprensible. ¿Quién se atrevería a defender abiertamente a semejante réprobo? No sólo colaboró con los nazis, además escribió un libro repugnante, *Bagatelles pour un massacre,* y durante toda su vida no cesó de anunciar hecatombes, de quejarse y de insultar a la gente. Poco antes de morir, recibió la visita de una profesora que preparaba una tesis sobre él. «¿Una tesis? ¿Qué? —le dijo—. ¡Las mujeres a hacer *striptease*!» y le cerró la puerta en las narices. Sus ideas eran simples y brutales. «La única verdad de este mundo es la muerte —afirmaba— y, puesto que no hemos elegido ser lo que somos, aceptémonos al menos tal como somos: perversos, hipócritas, egoístas, mentirosos y, sobre todo, cobardes hasta el tuétano». Para él, el mundo era una perrera en la que había que sobrevivir como fuera, luchando contra las pulgas, rascándose la sarna, dando mordiscos. «Se trata de morir o de mentir. Y yo no soy de los que se matan». Lo más abyecto en él es su antisemitismo que, al final de su vida, se había convertido en una especie de racismo universal: «Cuando los amarillos entren a Brest, ustedes dirán: Céline tenía razón». Pero a nadie insultó más que a los blancos y esto lo tienen muy presentes sus detractores. «Nadie tiene derecho —dice uno de ellos— a sumergirnos en nuestra inmundicia hasta la asfixia. El que se arroga ese derecho debe soportar las consecuencias». Sus convicciones culturales y literarias no eran menos destempladas. Según él, «la civilización europea reposa sobre un trípode cuyas patas son la cantina, la iglesia y el prostíbulo», y Proust y Gide deben haberse estremecido en sus tumbas con lo que dicen de ellos las cartas de Céline que acaban de publicarse.

Pero ¿era realmente tan terrible? Los documentos y los testimonios que aparecen en los dos números de *L'Herne* dedicados a él nos dan una imagen muy poco aterradora de este escritor apocalíptico. Temeroso hasta de su sombra, presa de un enfermizo delirio de persecución, obsedido por preocupaciones sórdidas, maniático, víctima cien veces, sus extravíos manifiestan, ante todo, una frenética búsqueda de culpables, de instituciones o personas a quienes responsabilizar de una existencia que él sólo conoció en sus aspectos más miserables y mediocres. Ahora, Céline no da jamás en el blanco. Incapaz de abstracciones, individualista acérrimo, precariamente culto, sus furores se vuelcan hacia los cuatro puntos cardinales, como manotones de ciego, y cuando no encuentran un enemigo a quien golpear, lo inventan. De este modo una protesta legítima en su origen, sentida automáticamente, se vicia y anula, y este fracaso acrecienta la incomunicación del Maldito con el mundo. Céline es fundamentalmente un irracional y no es extraño que cada vez que tratara de «explicar» la realidad dijera barbaridades o tonterías. Pero él era un creador y no un pensador, y como tal acertó siempre que se limitó a mostrar el mundo sin pretender interpretarlo.

Porque resulta difícil olvidar que el detestable autor de *Bagatelles pour un massacre* es también el autor de dos novelas cumbres de la literatura europea: *El viaje al final de la noche* y *Mort à crédit*. Ambos libros aparecieron antes de la Segunda Guerra Mundial y son como un anticipo de todo el inconmensurable horror que iba a vivir el mundo aquellos años. En ellos, Céline no trata de comprender esa realidad que expresa en toda su convulsa agonía, en su inconciencia y desorden. La desesperación visceral y el disgusto que comunican esos libros —y que hallarían, poco después, una trágica justificación— inauguran una corriente que se propagará en toda la literatura del absurdo. Dos de las grandes conquistas del escritor contemporáneo se hallan ya contenidas en *El viaje*. La primera, su derecho a utilizar el lenguaje oral, a trasladar a los libros, dándole una dignidad literaria, el idioma vivo de la calle. En la epopeya grotesca de Bardamu, la lengua del autor no se diferencia de la de los personajes y tiene la misma vivacidad desenvuelta, idéntica consistencia carnal que la de una discusión en el metro. Esto no significa, por supuesto, que Céline reproduzca mecánicamente el lenguaje oral. Al contrario, lo somete a un tratamiento muy severo, desarticulándolo, renovando sus giros y sus ritmos, enriqueciéndolo con la invención de palabras y expresiones. *El viaje al final de la noche* demostró que nada en el vocabulario corriente era alérgico a la literatura, y que la escatología verbal y la belleza no estaban reñidas.

La segunda conquista, similar a la primera, no se refiere a la forma sino a la materia de la literatura. Céline ganó para el escritor moderno la libertad de franquear dominios de la realidad que la costumbre y los prejuicios habían vedado a la ficción. *El viaje* hizo volar en pedazos las barreras que protegían ciertas manifestaciones de la vida humana, por negras y recónditas, de la mirada del escritor. ¿No bastan estas dos proezas para concederle un lugar de privilegio en la literatura contemporánea?

Una insurrección permanente

Los escritores que creemos en el socialismo y que nos considerramos amigos de la URSS debemos ser los primeros en protestar, con las palabras más enérgicas, por el enjuiciamiento y la condena de Andrei Siniavski y Yuri Daniel, los primeros en decir sin rodeos nuestro estupor y nuestra cólera. Este acto injusto, cruel e inútil no favorece en nada al socialismo y sí lo perjudica, en vez de prestigiar a la URSS la desprestigia. La mejor prueba de ello es la ola de protestas de periódicos, personalidades y partidos comunistas europeos que, en nombre del mismo socialismo, han condenado lo ocurrido en Moscú.

Todo, en este asunto, tiene un carácter ciego e injustificable: los delitos que se imputaron a Siniavski y Daniel, la forma como se ha llevado a cabo el proceso, la severidad de la sentencia. Es cierto que los libros incriminados contienen sátiras e ironías que critican veladamente algunos aspectos de la URSS, pero en la mayoría de las sociedades roídas por las contradicciones del Occidente aparecen a diario libros mucho más refractarios y violentos sin que aquéllas se sientan amenazadas en sus cimientos y envíen a sus autores a la cárcel. ¿La estable, la poderosa Unión Soviética, la patria de los cohetes que viajan a la Luna, se vería en peligro por dos volúmenes de relatos fantásticos (por lo demás, algo mediocres) y por un ensayo hostil al realismo socialista? Ciertamente no, y sería injuriar a los responsables de este proceso lastimoso suponer que lo hayan creído. Todo indica que Siniavski y Daniel son un pretexto, que su condena tiene un carácter de escarmiento preventivo, que, a través de ellos, se trata de frenar, o cuando menos moderar, la tendencia notoriamente crítica y anticonformista que desde hace algunos años se manifiesta en la literatura soviética. Pero esto es más grave todavía.

Quiero ponerme en el caso más extremo y aceptar, contra la evidencia misma, lo que dice el comunicado de la Agencia Tass:

que Siniavski y Daniel no se han limitado, como en realidad ha sucedido, a escribir, uno, algunas frases irreverentes contra Chéjov, burlándose de sus «escupitajos de tuberculoso» o contra la barbita de Lenin, y, el otro, unas sentencias duras contra los abusos del estalinismo, sino que sus libros, editados en Occidente con seudónimo, son narraciones que atacan de manera frontal a la URSS: a su Gobierno, a sus leyes, a los principios en que se funda su sistema. Es decir, que sus libros combaten el fundamento mismo de la sociedad socialista. También en este caso hipotético sería legítimo protestar, también en este caso el enjuiciamiento y la condena de Siniavski y Daniel serían injustos.

Al pan pan y al vino vino: o el socialismo decide suprimir para siempre esa facultad humana que es la creación artística y eliminar de una vez por todas a ese espécimen social que se llama el escritor, o admite la literatura en su seno y, en ese caso, no tiene más remedio que aceptar un perpetuo torrente de ironías, sátiras y críticas que irán de lo adjetivo a lo sustantivo, de lo pasajero a lo permanente, de las superestructuras a la estructura, del vértice a la base de la pirámide social. Las cosas son así y no hay escapatoria: no hay creación artística sin inconformismo y rebelión. La razón de ser de la literatura es la protesta, la contradicción y la crítica. El escritor ha sido, es y seguirá siendo un descontento. Nadie que esté *satisfecho* es capaz de escribir dramas, cuentos o novelas que merezcan este nombre, nadie que esté *de acuerdo* con la realidad en la que vive acometería esa empresa tan desatinada y ambiciosa: la invención de realidades verbales. La vocación literaria nace del desacuerdo de un hombre con el mundo, de la intuición de deficiencias, blancos, vicios, equívocos o prejuicios a su alrededor. Entiéndanlo de una vez, políticos, jueces, fiscales y censores: la literatura es una forma de insurrección permanente y ella no admite las camisas de fuerza. Todas las tentativas destinadas a doblegar su naturaleza díscola fracasarán. La literatura puede morir pero no será nunca conformista.

Por lo demás, ¿alguien osaría poner en duda que esta avispa turbadora, que no cesa de zumbar en las orejas del elefante social, que jamás se cansa de clavarle su lanceta en los sólidos flancos, sea, después de todo, saludable? No hay ni habrá sociedades perfectas, el socialismo sabe mejor que nadie que el hombre es infinitamente perfectible. La literatura contribuye al perfeccionamiento humano impidiendo la recesión espiritual, la autosatisfacción, el inmovilismo, la parálisis, el reblandecimiento intelectual o moral. Su misión es agitar, inquietar, alarmar, mantener a los hombres en una constante insatisfacción de sí mismos, su función es estimular sin tregua la voluntad de cambio y de mejora aun cuando para ello deba emplear las armas más hirientes. «Más me quieres, más me pegas», dice una india a su marido en un chiste costumbrista peruano. Para la literatura esta frase no es estúpida sino válida porque define brillantemente sus relaciones con la sociedad. Compréndanlo todos de una vez: mientras más duros sean los escritos de un autor contra su país, más intensa es la pasión que arde en el corazón de aquél por su patria. La violencia, en el dominio de la literatura, es una prueba de amor.

Todas las sociedades, todos los regímenes han tratado de un modo o de otro de domesticar a la literatura, de «integrarla», de cegar sus fuentes subversivas y de embalsar sus aguas dentro de muros dóciles. La Inquisición no vaciló en encender hogueras en las plazas públicas para que ardieran las novelas de caballerías, y sus autores debieron esconderse detrás de seudónimos y vivir a la sombra. Más tarde, las sociedades se llamaron cultas y se dedicaron a corromper a los autores, pero precisamente cuando las letras y las artes parecían «asimiladas», en ese siglo XVIII de grandes imposturas, surgieron esos agitadores que ahora llamamos los malditos. Como ni el fuego ni el soborno erradicaron a la avispa sediciosa, las sociedades modernas la combaten con métodos más sutiles. No hablo del mundo subdesarrollado, donde el grueso de las presuntas víctimas está inmunizado contra el mal de la literatura porque no sabe leer. Allí, la literatura se tolera porque carece de lectores; allí basta con matar de hambre a los autores y conferirles un estatuto social humillante, intermedio entre el loco y el payaso. Hablo de las grandes naciones occidentales donde la literatura es aceptada, amparada, estimulada, acariciada, ablandada, habilísimamente desviada de su lecho natural, que es la insumisión y el desacato.

Nosotros debemos luchar porque la sociedad socialista del futuro corte todas las vendas que a lo largo de la historia han inventado los hombres para tapar la boca majadera del creador. No aceptaremos jamás que la justicia social venga acompañada de una

45

resurrección de las parrillas y las tenazas de la Inquisición, de las dádivas corruptoras de la época del mecenazgo, del menosprecio en que se tiene a la literatura en el mundo subdesarrollado, de las malas artes de frivolización con que se inmunizan contra ella las sociedades de consumo. En el socialismo que nosotros ambicionamos, no sólo se habrá suprimido la explotación del hombre; también se habrán suprimido los últimos obstáculos para que el escritor pueda escribir libremente lo que le dé la gana y comenzando, naturalmente, por su hostilidad al propio socialismo. Varios partidos comunistas, como el italiano y el francés, admiten el principio de que una sociedad socialista consienta en su seno prensa libre y partidos de oposición. Nosotros queremos, como escritores, que el socialismo acepte la *literatura*. Ella será siempre, no puede ser de otra manera, de *oposición*.

París, marzo de 1966

Literatura y exilio

Cada vez que un escritor latinoamericano residente en Europa es entrevistado, una pregunta asoma, infalible, en el cuestionario: «¿Por qué vive fuera de su país?». No se trata de una simple curiosidad; en la mayoría de los casos, la pregunta enmascara un temor o un reproche. Para algunos, el exilio físico de un escritor es literariamente peligroso, porque la falta de contacto directo con la manera de ser y la manera de hablar (es casi lo mismo) de las gentes de su propio país puede empobrecer su lengua y debilitar o falsear su visión de la realidad. Para otros, el asunto tiene una significación ética: elegir el exilio sería algo inmoral, constituiría una traición a la patria. En países cuya vida cultural es escasa o nula, el escritor —piensan estos últimos— debería permanecer y luchar por el desarrollo de las actividades intelectuales y artísticas, por elevar el nivel espiritual del medio; si, en vez de hacerlo, prefiere marcharse al extranjero, es un egoísta, un irresponsable o un cobarde (o las tres cosas juntas).

Las respuestas de los escritores a la infalible pregunta suelen ser muy variadas: vivo lejos de mi país porque el ambiente cultural de París, Londres o Roma me resulta más estimulante; o porque a la distancia tengo una perspectiva más coherente y fiel de mi realidad que inmerso en ella; o, simplemente, porque me da la gana. (Hablo de los exiliados voluntarios, no de los deportados políticos). En realidad, todas las respuestas se pueden resumir en una sola: porque escribo mejor en el exilio. *Mejor*, en este caso, es algo que debe entenderse en términos psicológicos, no estéticos; quiere decir con «más tranquilidad» o «más convicción»; si lo que escribe en el exilio tiene mayor calidad de lo que hubiera escrito en su propio país, es algo que nadie podrá saber jamás. En cuanto al temor de que el alejamiento físico de su realidad perjudique, a la larga, su propia obra, el escritor de vocación fantástica puede decir que la realidad que describen sus ficciones se desplaza con él por el mundo, porque sus héroes bicéfalos, sus rosas carnívoras y sus ciudades de cristal proceden de sus fantasías y de sus sueños, no del escrutinio del mundo exterior. Y añadir que la falta de contacto diario con el idioma de sus compatriotas no lo alarma en absoluto: él aspira a expresarse en una lengua desprovista de color local, abstracta, exótica incluso, inconfundiblemente personal, que puede forjar a base de lecturas.

El escritor de vocación realista debe recurrir a los ejemplos. Sólo en el caso de la literatura peruana es posible enumerar una ilustre serie de libros que describen el rostro y el alma del Perú con fidelidad y con belleza, escritos por hombres que llevaban ya varios años de destierro. Treinta en el caso de los *Comentarios Reales* del Inca Garcilaso; por lo menos doce en el de los *Poemas humanos* de Vallejo. La distancia, en el espacio y en el tiempo, no enfrió ni desquició en estos dos casos —tal vez los más admirables de la literatura peruana— la visión de una realidad concreta, que aparece traspuesta en esa crónica y en esos poemas de manera esencial. En la literatura americana los ejemplos son todavía más abundantes: aunque el valor literario de las odas de Bello sea discutible, su rigor botánico y zoológico no lo es, y la flora y la fauna que rimó de memoria, en Londres, corresponden a las de América; Sarmiento escribió sus mejores ensayos sobre su país —*Facundo* y *Recuerdos de provincia*— lejos de Argentina; nadie pone en duda el carácter profundamente nacional de la obra de Martí, escrita en sus cuatro quintas partes en el destierro; ¿y el realismo costumbrista de las últimas novelas de Blest Gana, concebidas varias décadas después de llegar a París, es menos fiel a la realidad chilena que el de los libros que escribió en Santiago? Asturias descubrió el mundo mágico de su país en Europa; los libros más anecdóticamente argentinos de Cortázar están escritos en París.

Ésta es una simple enumeración de ejemplos y la estadística no constituye en este caso un argumento, sólo un indicio. ¿Indicio de que el exilio no perjudica la capacidad creadora de un escritor y de que la ausencia física de su país no determina un desgaste, un deterioro, en la visión de su realidad que transmiten sus libros? Cualquier generalización sobre este tema naufraga en el absurdo. Porque no sería difícil, sin duda, dar numerosos ejemplos contrarios, mostrando cómo, en sinnúmero de casos, al alejarse de su país, hubo escritores que se frustraron como creadores o que escribieron libros que deformaban el mundo que pretendían describir. A esta contraestadística —estamos en el absurdo ya— habría que responder con otro tipo de ejemplos, que mostraran los incontables casos de escritores que, sin haber puesto nunca los pies en el extranjero, escribieron mediocre o inexactamente sobre su país. Pero ¿y aquellos escritores de talento probado que, sin exiliarse, escribieron obras que no reflejan la realidad de su país? José María Eguren no necesitó salir del Perú para describir un mundo poblado de hadas y enigmas nórdicos (como el boliviano Jaimes Freyre), y Julián del Casal, instalado en Cuba, escribió sobre todo acerca de Francia y del Japón. No se exiliaron corporalmente, pero su literatura puede llamarse exiliada, con la misma justicia con que puede llamarse literatura arraigada la de los exiliados Garcilaso o Vallejo.

Lo único que queda probado es que no se puede probar nada en este dominio y que, por lo tanto, en términos literarios, el exilio no es un problema en sí mismo. Es un problema individual, que en cada escritor adopta características distintas y tiene, por lo mismo, consecuencias distintas. El contacto físico con la propia realidad nacional no presupone nada, desde el punto de vista de la obra: no determina ni los temas, ni el vuelo imaginativo, ni la vitalidad del lenguaje en un escritor. Exactamente lo mismo ocurre con el exilio. La ausencia física del país se traduce, en algunos casos, en obras que testimonian con exactitud sobre dicha realidad, y, en otros casos, en obras que dan una visión mentirosa de ella. La evasión o el arraigo de una obra, como su perfección o imperfección, no tienen nada que ver con el domicilio geográfico de su autor.

Queda, sin embargo, el reproche moral que algunos hacen al escritor que se exilia. ¿No muestran un desapego hacia lo propio, una falta de solidaridad con los dramas y los hombres de su país los escritores que desertan de su patria? Esta pregunta entraña una idea confusa y desdeñosa de la literatura. Un escritor no tiene mejor manera de servir a su país que escribiendo con el máximo rigor, con la mayor honestidad, de que es capaz. Un escritor demuestra su rigor y su honestidad poniendo su vocación por encima de todo lo demás y organizando su vida en función de su trabajo creador. La literatura es su primera lealtad, su primera responsabilidad, su primordial obligación. Si escribe mejor en su país, debe quedarse en él; si escribe mejor en el exilio, marcharse. Es posible que su ausencia prive a su sociedad de un hombre que, tal vez, la hubiera servido eficazmente como periodista, profesor o animador cultural; pero también es posible que ese periodista, profesor o animador cultural la esté privando de un escritor. No se trata de saber qué es más importante, más útil: una vocación (y menos la de escritor) no se decide auténticamente con un criterio comercial, ni histórico, ni social, ni moral. Es posible que un joven que abandona la literatura para dedicarse a enseñar o para hacer la revolución, sea ética y socialmente más digno de reconocimiento que ese otro, egoísta, que sólo piensa en escribir. Pero desde el punto de vista de la literatura, aquel generoso no es de ningún modo un ejemplo, o en todo caso se trata de un mal ejemplo, porque su nobleza o su heroísmo constituyen, también, una traición. Quienes exigen del escritor una conducta determinada (que no exigen, por ejemplo, de un médico o de un arquitecto), en realidad, manifiestan una duda esencial sobre la utilidad de su vocación. Juzgan al escritor por sus costumbres, sus opiniones o su domicilio, y no por lo único que puede ser juzgado, es decir, por sus libros, porque tienden a valorar éstos en función de su vida, cuando debía ser exactamente lo contrario. En el fondo, descreen de la utilidad de la literatura, y disimulan este escepticismo detrás de una sospechosa vigilancia (estética, moral, política) de la vida del escritor. La única manera de despejar cualquier duda de esta índole sería demostrando que la literatura sirve para algo. El problema seguirá intacto, sin embargo, porque la utilidad de la literatura, aunque evidente, es también inverificable en términos prácticos.

Londres, enero de 1968

Novela primitiva y novela de creación en América Latina

Durante tres siglos la novela fue, en América Latina, un género maldito. España prohibió que se enviaran novelas a sus colonias, pues los inquisidores juzgaron que libros como «*el Amadis e otros de esta calidad*» eran subversivos y podían apartar a los indios de Dios. Estos optimistas suponían, por lo visto, que los indios sabían leer. Pero es indudable que gracias a su celo fanático la Inquisición tuvo un instante de genialidad literaria: adivinó antes que ningún crítico el carácter esencialmente laico de la novela, su naturaleza refractaria a lo sagrado (no existe una novela mística memorable), su inclinación a preferir los asuntos humanos a los divinos y a tratar estos asuntos subversivamente. La prohibición no impidió el contrabando de libros caballerescos, pero sí amedrentó a los posibles narradores, pues hasta el siglo XIX no se escribieron novelas (al menos, no se publicaron). La primera apareció en 1816, en México, y es una obra de filiación picaresca: *El Periquillo Sarniento* de Lizardi. Su único mérito es haber cumplido esa función inaugural. Porque además de maldita y tardía, la novela latinoamericana fue, hasta fines del siglo pasado, un género reflejo, y luego, hasta hace poco, primitivo. En el XIX nuestros mejores creadores fueron poetas, como José Hernández, el autor del *Martín Fierro*, o ensayistas, como Sarmiento y Martí. La obra narrativa más importante del siglo XIX latinoamericano se escribió en portugués; su autor es el brasileño Machado de Assis. En lengua española hubo algunos narradores decorosos, lectores más o menos aprovechados de los novelistas europeos, cuyos temas, estilos y técnicas imitaron: el colombiano Jorge Isaacs, por ejemplo, que en su novela *María* (1867) aclimató Chateaubriand y Bernardin de Saint-Pierre a la geografía y a la sensiblería americanas, o el chileno Blest Gana, epígono de Balzac, que compuso una legible «comedia humana» con asuntos históricos y sociales de su país. Hubo también un cuentista ingenioso,

Ricardo Palma, que en sus *Tradiciones* inventó un pasado versallesco al Perú. Pero ninguno de nuestros narradores románticos o realistas fraguó un mundo literario universalmente válido, una representación de la realidad, fiel o infiel, pero dotada de un poder de persuasión verbal suficiente para imponerse al lector como creación autónoma. El interés de sus novelas es histórico, no estético, e incluso su valor documental es reducido: reflejas, sin punto de vista propio, nos informan más sobre lo que sus autores leían que sobre lo que veían, más sobre los vacíos culturales de una sociedad que sobre sus problemas concretos.

La frontera entre la novela refleja y la novela primitiva fue femenina y folclórica. Una matrona cuzqueña, Clorinda Matto de Turner, escribió a fines del siglo pasado un atrevido folletín: *Aves sin nido* (1889). Los sacrilegios, adulterios, estupros, el incesto a medias y otras iniquidades del libro no eran originales; sí, en cambio, que describiera la miserable condición del indio de los Andes y que se demorara líricamente en la pintura de un paisaje, no convencional como el de las novelas anteriores, sino real: el de la sierra peruana. Así nació en la literatura latinoamericana esa corriente que con variantes y rótulos diversos —indigenista, costumbrista, nativista, criollista— anegaría el continente hasta nuestros días (el año pasado fue coronada con el Premio Nobel en el mejor de sus representantes: el guatemalteco Miguel Ángel Asturias). La nueva actitud tuvo dos caras. Históricamente significó una toma de conciencia de la propia realidad, una reacción contra el desdén en que se tenía a las culturas aborígenes y a las subculturas mestizas, una voluntad de reivindicar a esos sectores segregados y de fundar a través de ellos una identidad nacional. En algunos casos, significó también un despertar político de los escritores en torno a los desmanes de las oligarquías criollas y al saqueo imperialista de América. Literariamente, en cambio, consistió en una confusión entre arte y artesanía, entre literatura y folclore, entre información y creación.

Una ojeada a los mejores momentos de la novela primitiva, es decir a *Los de abajo* (1916) del mexicano Marino Azuela; *Raza de bronce* (1918) del boliviano Alcides Arguedas; *La vorágine* (1924) del colombiano Eustasio Rivera; *Don Segundo Sombra* (1926) del argentino Ricardo Güiraldes; *Doña Bárbara* (1929) del venezolano Rómulo Gallegos; *Huasipungo* (1934) del ecuatoriano Jorge Icaza; *El mundo es ancho y ajeno* (1941) del peruano Ciro Alegría, y a *El señor presidente* (1948) de Asturias, permite comprobar una diferencia importante con la novela anterior: los autores latinoamericanos han dejado de copiar a los autores europeos, y ahora, más ambiciosos, más ilusos, copian la realidad. Artísticamente siguen enajenados a formas postizas, pero se advierte en ellos una originalidad temática; sus libros han ganado una cierta representatividad. Tres siglos después que los conquistadores, han descubierto al indígena y a la naturaleza de América, y a su vez (ellos con buenas intenciones) han comenzado a explotarlos. Ahora sí, el historiador y el sociólogo tienen un abundante material de trabajo: la novela se ha vuelto censo, dato geográfico, descripción de usos y costumbres, atestado etnológico, feria regional, muestrario folclórico. Se ha poblado de indios, cholos, negros y mulatos; de comuneros, gauchos, campesinos y pongos; de alpacas, llamas, vicuñas y caballos; de ponchos, ojotas, chiripás y boleadoras; de corridos, huaynos y vidalitas; de selvas como galimatías vegetales, sabanas sofocantes y páramos nevados. Seres, objetos y paisajes desempeñan en estas ficciones una función parecida, casi indiferenciable: están allí no por lo que son sino por lo que representan. ¿Y qué representan? Los valores «autóctonos» o «telúricos» de América. Aunque en algunos casos la visión de esa realidad es puramente decorativa y esteticista, como en Güiraldes, en la mayoría de los novelistas primitivos hay un afán de crítica social, y, además de documentos, sus novelas son también alegatos contra el latifundio, el monopolio extranjero, el prejuicio racial, el atraso cultural y la dictadura militar, o autopsias de la miseria del indígena. Pero el conflicto principal que ilustran casi todas ellas no es el de campesinos contra terratenientes, o colonizados contra colonizadores, sino el del hombre y la naturaleza. «El personaje principal de mis novelas es la naturaleza», declaraba Rómulo Gallegos. Todos podrían decir lo mismo. Una naturaleza magnífica y temible, descrita con minucia y trémolos románticos, preside la acción de estas ficciones, y es el verdadero héroe que sustituye y destruye al hombre. Simbólicamente, en dos de ellas, los personajes principales son, al final, absorbidos por la naturaleza. Al poeta Arturo Cova, de *La vorágine*, lo «devora la selva», según revela el telegrama con que termina la novela, y a don Segundo Sombra, el narrador lo divisa en la última página, desapareciendo poco a poco, a lo lejos, como si la pampa lo fuera cortando a hachazos. Novela pintoresca y rural, predomina en ella el campo sobre la ciudad, el paisaje sobre el personaje, y el contenido sobre la forma. La técnica es rudimentaria, preflaubertiana: el autor se entromete y opina en medio de los personajes, ignora la noción de objetividad en la ficción y atropella los puntos de vista; no pretende mostrar sino demostrar. Cree, como un novelista romántico, que el interés de una novela reside en la originalidad de una historia y no en el tratamiento de esta historia, y por eso es truculento. Lo preocupa, sí, el estilo, pero no en la medida en que se adecúe, dé relieve y vida a su mundo ficticio, no en el sentido de que sea operante y se disuelva en su relato, sino como algo independiente y llamativo, como un valor en sí mismo: por eso es un retórico pertinaz. Estilos frondosos e impresionistas, «poemáticos» en el sentido peyorativo del término, oscurecidos de provincialismos en los diálogos, y amanerados y casticistas en las descripciones, logran lo contrario que ambicionaban sus autores: no plasmar en la ficción lo real en su «estado bruto», sino la artificialidad, la irrealidad. Los temas suelen ser tremendistas, pero su desarrollo y realización esquemáticos, porque la caracterización de los personajes es superficial, y el análisis psicológico está hecho con brocha gorda. Los conflictos son arquetípicos: reseñan la lucha del bien y del mal, de la justicia y la injusticia, enfrentando personajes que encarnan rígidamente estas nociones y constituyen abstracciones o estereotipos, no seres de carne y hueso. Esta visión maniquea de la vida es también epidérmica: se queda en la exterioridad, los dramas no son interiorizados ni modelan las conciencias, no aparecen las motivaciones íntimas de la conducta humana, la dimensión secreta de la vida. El espacio en que se asientan es el de la geografía y el de las relaciones sociales y éstas no están regidas por leyes históricas sino por un sino fatídico. Por eso, a pesar de que usan y abusan de las supersticiones y prácticas mágicas indígenas, las novelas primitivas carecen de misterio: hay en ellas algo que es a la vez forzado y previsible. Rústica y bien intencionada, sana y gárrula, la novela primitiva es de todos modos la primera que con justicia puede ser llamada originaria de América Latina (aunque literariamente esto no signifique gran cosa). Es también la primera que se traduce en el extranjero, e, incluso, entusiasma a críticos que deciden que la novela latinoamericana sólo debe ser eso: cuando lean a los nuevos novelistas los acusarán de traición por omitir el folclore, o de atrevimiento por experimentar con la forma como un novelista europeo o norteamericano.

La novela de creación no es posterior a la novela primitiva. Apareció discretamente cuando ésta se hallaba en pleno apogeo, y desde entonces ambas coexisten, como los rascacielos y las tribus, la miseria y la opulencia, en América Latina. Algunos estiman que nació con dos neuróticos curiosos: el uruguayo Horacio Quiroga y el argentino Roberto Arlt. Pero lo interesante en el primero son algunos relatos morbosos de horror naturalista, no sus novelas, y las del segundo, que describe un Buenos Aires de pesadilla, están escritas de prisa y defectuosamente construidas. Más justo es fijar el nacimiento en 1939, cuando aparece *El pozo*, la primera novela del uruguayo Juan Carlos Onetti. Este pesimista tenaz (y se diría justificado: las editoriales que lo publican quiebran, sus manuscritos se pierden, sus libros no se venden, incluso hoy muchos críticos lo ignoran) es quizá, cronológicamente, el primer novelista de América Latina que en una serie de obras —las más importantes son *La vida breve* (1950), *El astillero* (1961) y *Juntacadáveres* (1964)— crea un mundo riguroso y coherente, que importa por sí mismo y no por el material informativo que contiene, asequible a lectores de cualquier lugar y de cualquier lengua, porque los asuntos que expresa han adquirido, en virtud de un lenguaje y una técnica funcionales, una dimensión universal. No se trata de un mundo artificial, pero sus raíces son humanas antes que americanas, y consiste, como toda creación novelesca durable, en la objetivación de una subjetividad (la novela primitiva era lo contrario: subjetivaba la realidad objetiva que quería transmitir). Nada de color, nada de pintoresco en este mundo: una deprimente grisura empaña a los hombres y al paisaje del imaginario puerto de Santa María, donde ocurren la mayoría de las historias de frustración y de rencor, de maldad y de remordimiento, de incomunicación existencial de las novelas de Onetti. Pero los mediocres malsanos y las apáticas mujeres de Santa María, y la ruindad espiritual de esta tierra sin esperanza, comunican, por la angustiosa energía de la prosa que los nombra —una prosa densa y deletérea, de frases abisales con reminiscencias faulknerianas—, algo que todos los fuegos anecdóticos de la novela primitiva no consiguieron: una impresión de vida contagiosa y auténtica.

La novela deja de ser «latinoamericana», se libera de esa servidumbre. Ya no sirve a la realidad, ahora se sirve de la realidad. A diferencia de lo que pasaba con los primitivos, no hay un denominador común ni de asuntos ni de estilos ni de procedimientos entre los nuevos novelistas: su semejanza es su diversidad. Éstos ya no se esfuerzan por expresar «una» realidad, sino visiones y obsesiones personales: «su» realidad. Pero los mundos que crean sus ficciones, y que valen ante todo por sí solos, son, también, versiones, calas a diferentes niveles, representaciones (psicológicas, fantásticas o míticas) de América Latina. Algunos, incluso como el mexicano Juan Rulfo, el brasileño João Guimarães Rosa o el peruano José María Arguedas en *Los ríos profundos* (1959), utilizan los mismos tópicos de la novela primitiva: pero en ellos estos motivos ya no son fines sino medios literarios, experiencias que su imaginación renueva y objetiva a través de la palabra. Con sólo dos breves libros impecables, una colección de cuentos, *El llano en llamas* (1953), y una novela, *Pedro Páramo* (1955), Rulfo ejecuta el indigenismo verboso y exterior. Su prosa ceñida, que no reproduce sino recrea sutilmente el habla popular de la región de Jalisco (la que le presta también los recuerdos infantiles, los nombres y los símbolos que constituyen sus fuentes de trabajo), erige un pequeño universo sin tiempo, de violencia y poesía, de aventura y tragedia, de superstición y fantasmas, que es, al mismo tiempo que mito literario, una radiografía del alma mexicana.

Aparentemente toda la novela primitiva está allí: color local, fauna regional, ambiente campesino. En realidad, todo ha cambiado: el paisaje de Comala, ciudad de los muertos o alegoría del infierno, no es un decorado sino un estado de ánimo, una clave en el diseño interior de los personajes, algo que emana de ellos y los define, una proyección de su espíritu. En la novela primitiva, la naturaleza no sólo aniquilaba al hombre: también lo generaba. Ahora es al revés: el eje de la ficción ha rotado de la naturaleza al hombre, y son los tormentos de éste, de cuando en cuando sus alegrías, lo que Rulfo encarna en sus bandoleros harapientos y sus mujeres pasivas e indoblegables. También Guimarães Rosa, en su única novela, *Grande sertão: veredas* (1956), parece un costumbrista si se lo lee sin cuidado. Pero ese tormentoso monólogo del ex yagunzo Riobaldo, que, convertido en hacendado, evoca su vida de bandido en los desiertos de Minas Gerais tiene, como una valija de contrabandista, triple fondo. Sus peripecias son las de una novela de aventuras y están condimentadas de exotismo, suspenso, brutalidad y hasta de revelaciones melodramáticas: un rufián resulta ser, al final del libro, una delicada mujer. Y la cuidadosa reseña de la flora, la fauna y el gran corso humano del sertão corresponde a la de una novela primitiva. ¿Pero es esta sucesión de anécdotas lo primordial de la novela, o es esa realidad que constituye en sí mismo el monólogo de Riobaldo, ese río sonoro e imaginativo en el que las palabras han sido manipuladas, organizadas de tal modo que ya no aluden a otra realidad que a la que ellas mismas van creando en el curso avasallador del relato? La palabra en *Grande sertão: veredas*, como en *Paradiso* de Lezama Lima, es una presencia tan impetuosa que significa un espectáculo fonético aparte. Pero, novela de acción o torre de Babel, esta ficción podría ser también un manual de satanismo. Una presencia recurrente en la novela es el demonio, con quien Riobaldo cree haber hecho un pacto, una noche de tempestad, en una encrucijada de caminos, y esa sombra luciferina que recorre como un estremecimiento toda la novela, la dota de una atmósfera extraña y enigmática, de significados oscuros, en los que algunos ven una meditación sobre el mal, un discurso metafísico. Esta novela sería, según ellos, algo así como un templo masónico atestado de símbolos. La ambigüedad (nota distintiva de lo humano que la novela primitiva ignoró) caracteriza también a *Los ríos profundos*, que narra el drama de un niño desgarrado, como su autor, como el Perú, por una doble lealtad a dos mundos que guerrean en él sin integrarse. Hijo de blancos, criado entre indios, vuelto al mundo de los blancos, el narrador de la novela es un testigo privilegiado para evocar la oposición de ese anverso y reverso de su ser. Aunque el más apegado, entre los nuevos, a los patrones de la novela primitiva, Arguedas no incurre en sus defectos más obvios porque no intenta fotografiar al mundo indio (que él conoce profundamente): quiere instalar al lector en su intimidad. Los indios abstractos del indigenismo se convierten en Arguedas en seres reales, gracias a un estilo que reconstituye, en español y dentro de perspectivas occidentales, las intuiciones y devociones más entrañables del mundo quechua, sus raíces mágicas, su animismo colectivo, la filosofía entre resignada y heroica que le ha dado fuerzas para sobrevivir a siglos de injusticia.

Se ha dicho que el paso de la novela primitiva a la nueva novela es una mudanza del campo a la ciudad: aquélla sería rural y ésta urbana. Esto no es exacto, como se ve por los ejemplos anteriores; sería más justo decir que la mudanza fue de los elementos naturales al hombre. Pero es verdad que entre los nuevos escritores hay apasionados descriptores (es decir, inventores, recreadores, intérpretes) de ciudades. La primera novela de Carlos Fuentes, *La región más transparente* (1948), es un mural, hirviente, populoso, de la ciudad de México, una tentativa para captar en una ficción todos los estratos de esa pirámide, desde la base indígena con sus ritos ceremoniales y su idolatría emboscada tras el culto católico, hasta la cúspide oligárquica, cosmopolita y esnob, que calca sus apetitos, modas y disfuerzos de Nueva York y de París. Para trazar esa biografía de una ciudad, Fuentes recurre a todo el arsenal de técnicas de la novela contemporánea, desde el simultaneísmo a lo Dos Passos hasta el monólogo interior joyceano y el poema en prosa. Esta vocación experimental se atenúa en su segunda novela, *Las buenas conciencias* (1954), historia de una crisis moral de un joven burgués de Guanajuato contada a la manera tradicional, pero renace en *La muerte de Artemio Cruz* (1962), que admirablemente concilia fantasía y observación, inquietud social y aventura formal, testimonio y creación. El libro es una patética indagación sobre el destino de un país: ¿qué es México, por qué ha llegado a ser lo que es? La lenta agonía de un caudillo de la revolución, que vivió la gesta, la esperanza y la anarquía de las guerras civiles, y luego el gradual anquilosamiento de la nueva sociedad, es el hilo conductor de esta averiguación: los dramas del héroe y del país se entrelazan en una maraña de episodios cronológicos discontinuos, armados con técnicas de composición diversas, que reviven ese pasado y despliegan ante el lector los tipos humanos, las clases sociales con sus frustraciones, sus mitologías y sus pugnas, y los momentos históricos culminantes del mosaico mexicano. De estructura compleja, elaborada con procedimientos tan vastos y versátiles como su rica materia, escrita en una prosa fecunda y vital que alcanza su temperatura mejor en la evocación de ambientes populares o en las reminiscencias revolucionarias, *La muerte de Artemio Cruz* consigue un equilibrio eficaz entre compromiso social y vocación artística.

En las novelas posteriores de Fuentes, los temas sociales y políticos quedan desplazados por temas más intelectuales. *Aura* (1962) es la historia de una posesión diabólica, y *Zona sagrada* (1966) un análisis de la relación histérica entre una estrella cinematográfica embalsamada por la celebridad y su hijo, sobre el que aquélla ejerce una fascinación destructiva. Que los personajes sean mexicanos es adjetivo; al autor ya no le interesan los seres humanos sino la parodia que hacen de ellos ciertas situaciones de la vida moderna, las máscaras que adoptan los fetiches animados de la sociedad de consumo, las precarias poses que son sus relaciones. Esta preocupación es la materia prima de *Cambio de piel* (1967), libro que, como el mítico catoblepas de *La tentación de San Antonio*, se devora a sí mismo: personajes como fuegos fatuos que son y no son, que se doblan y desdoblan ante los ojos de un narrador que mueve los hilos de este juego cínico, en el que, desde un presente anclado en Cholula, se recuerdan o inventan mil atmósferas, mil situaciones, mil temas, rozándolos todos y sin mellar la superficie de ninguno, en un gran *happening* que es una parábola sobre la futilidad y las imágenes vanas de una civilización.

Se ha dicho que otro rasgo distintivo de la nueva novela es la importancia que tienen en ella los temas fantásticos y que éstos incluso prevalecen sobre los realistas. La afirmación parece suponer que los llamados «temas fantásticos» no representan la realidad, que pertenecen a lo irreal. ¿Son menos reales, menos humanos, el sueño y la fantasía, que los actos y los seres verificables por la experiencia? Sería mejor decir que en los nuevos autores la concepción de la realidad es más ancha que en la novela primitiva, pues abraza no sólo lo que los hombres hacen, sino también lo que sueñan o inventan. Todos los temas son reales si el novelista es capaz de dotarlos de vida, y todos irreales, aun la referencia a la más trivial de las experiencias humanas, si el escritor carece de ese poder de persuasión del que depende la verdad o la mentira de una ficción. Entre los nuevos tal vez el único que pueda ser llamado con entera propiedad escritor fantástico es el argentino Jorge Luis Borges, que ha escrito cuentos, poemas y ensayos, no novelas. Pero hay una serie de novelistas que constituyen un caso particular, pues sus obras hunden sus raíces al mismo tiempo en esas dos dimensiones de lo humano: lo imaginario y lo vivido. Entre ellos, el argentino Julio Cortázar, los cubanos Lezama Lima y Alejo Carpentier, y el colombiano García Márquez.

Hasta la aparición de la más importante de sus novelas, *Rayuela* (1963), la obra de Cortázar fue alternativamente realista y fantástica, pero esas dos direcciones no la escindieron en dos escrituras. La voz autobiográfica del boxeador de «Torito», la voz intelectual del *jazzman* de «El Perseguidor» es la misma voz transparente que cuenta cómo un hombre se convierte en una bestiecilla acuática en «Axolotl» y describe en «Las ménades» un concierto que se transforma en holocausto. Esta unidad se debe a un estilo que viene de la lengua oral (a la que trasciende por la poesía y el humor), un estilo tendido como un puente sobre el abismo que existe todavía en español entre lengua hablada y escrita. Esas dos direcciones se reúnen en *Rayuela*, donde las fronteras entre lo real y lo imaginario no existen. Pero esos dos mundos no se mezclan, coexisten en la novela sin que pueda señalarse la línea que los separa. Instalado a veces en la vida cotidiana, sumido a veces en la maravilla, el lector no sabe en qué momento franquea el límite, nunca tiene la sensación del tránsito. Todo consiste en cambios ligerísimos en el movimiento respiratorio de la narración, en imperceptibles alteraciones de sus ritmos y leyes. El argumento está situado en París y en Buenos Aires, pero los episodios no se suceden ni subordinan. Son, diríamos, soberanos, y los enlaza un personaje, Oliveira, hipnotizado por la inautenticidad de la vida moderna. Sus actos y sus sueños son una maniática búsqueda de las razones de esta inautenticidad. En París lleva a cabo su exploración a un nivel intelectual, con parias como él, agrupados en el Club de la Serpiente, y en Buenos Aires, con seres más integrados al sistema social. En *Rayuela*, la materia narrativa es un orden abierto, con muchas puertas que pueden ser de entrada o de salida, según lo decida el lector. Hay dos maneras de leer el libro: una «tradicional» (en este caso la novela comprende sólo la mitad de sus páginas), y otra, que se inicia en el capítulo setenta y tres y avanza en zigzag, según instrucciones del autor. Estas dos lecturas posibles (no únicas) dan origen a libros distintos. Porque, además del autor y del lector, hay un tercer hombre cuya contribución es tan decisiva como inesperada para la realización cabal de la novela. Ocupa toda la tercera parte y se llama la cultura. Allí ha reunido Cortázar una serie de textos ajenos que figuran como capítulos de pleno derecho, pues confrontados a estos poemas, citas, recortes de diario, los episodios cambian de perspectiva y aun de contenido. La cultura en su más amplia acepción aparece asimilada de este modo a la creación, como un elemento dinámico que actúa desde el seno de lo narrado. *Rayuela* es, sin duda, una de las obras de estructura más original entre las novelas contemporáneas.

José Lezama Lima, en cambio, no tiene ninguna pericia técnica; *Paradiso* (1966), su única novela, está construida con recursos de folletín. Su grandeza es lingüística. Se trata de una tentativa imposible: describir, en sus vastos lineamientos y en sus detalles recónditos, un universo fraguado por una imaginación alucinada. Lezama se reclama inventor de un «sistema poético» del mundo (cuyas claves, la metáfora y la imagen, son, según Lezama, las herramientas que tiene el hombre para comprender la historia y la naturaleza, vencer a la muerte y salvarse) y *Paradiso* quiere ser la demostración hecha fábula de este sistema. Es, en realidad, la creación de un insólito mundo verbal. El argumento está construido en torno a José Cemí, desde que éste es aún niño hasta que, veinte años más tarde, completada la formación de su sensibilidad, va a entrar al mundo a ejercer su vocación artística. Pero lo notable del libro no es el aprendizaje de este artista adolescente (la vida familiar de Cemí, su descubrimiento del paisaje cubano, sus discusiones literarias, sus llameantes experiencias homosexuales) sino la perspectiva desde la cual estos hechos son narrados. El libro no se sitúa en la realidad exterior de los actos ni en la interior de los pensamientos, sino en un orden sensorial, en el que hechos y reflexiones se disuelven y confunden, formando extrañas entidades, huidizas formas cambiantes llenas de colores, músicas, sabores y olores, hasta ser borrosos y hasta ininteligibles. La vida de Cemí y de quienes lo rodean es una cascada de sensaciones que nos es comunicada mediante metáforas. Las sensaciones visuales predominan, y esa prosa que describe la realidad por sus valores plásticos acaba por devorar a la anécdota, como el color en un cuadro de Turner. En este universo sensorial, de monstruos consagrados a la voluptuosa tarea de *sentir* seres, objetos, sensaciones, son siempre pretextos, referencias que ponen al lector en contacto con otros seres, otras sensaciones y objetos, que a su vez remiten a otros, en un juego de espejos inquietante y abrumador, hasta que de ese modo surge la sustancia inapresable que es el elemento en el que vive José Cemí, su fascinante «paraíso». La novela de Lezama resucita una función que la ficción de nuestros días ha eludido y que fue el designio mayor de la novela clásica: la revelación de zonas inéditas de realidad.

El mundo de Carpentier no es sensorial, pese a que el único sentimiento vivo en él es, tal vez, el amor a las cosas, a esa materia inerte que describe en una prosa trabajada y morosa, sino mítico. Está levantado entre lo real y lo fabuloso y Carpentier ha encontrado una buena fórmula para definir su naturaleza dúplice: «realismo mágico». Su primera novela (ahora él la desdeña), *Ecué-Yamba-O* (1933), está más cerca de la novela primitiva que de la novela de creación; documenta el paganismo hechicero de la población negra cubana y denuncia la penetración imperialista en su país. Pero cuando dieciséis años más tarde aparece *El reino de este mundo* (1949), el folclorista se ha vuelto un esteta, el testigo político un alquimista que transforma en mitos los hechos verídicos que desentierra del pasado antillano, el observador social un artífice que juega con el tiempo y recrea la geografía lujuriosa del Caribe en barrocos retablos de palabras. La revuelta de esclavos, la presencia napoleónica y la sangrienta dictadura de Henri Christophe en Haití que esta novela sintetiza en una visión bíblica, así como la búsqueda del paraíso terrenal que protagoniza el musicólogo de *Los pasos perdidos* (1953), que abandona la civilización para remontar el Orinoco en un viaje a lo primitivo que es también un viaje en el tiempo, la historia del perseguido durante la dictadura terrorista de Machado en Cuba elaborada en *El acoso* como una pieza musical, y la crónica legendaria de las repercusiones de la Revolución francesa en el Caribe en *El siglo de las luces* (1962), son las distintas fases de una sola alegoría sobre la originalidad americana, los argumentos de una tesis: la realidad poética surrealista, producto en Europa de la imaginación y el subconsciente, sería en América realidad objetiva. Nacida del choque de la razón europea y el sentimiento mágico de la vida del aborigen, que la venida del africano enriqueció con ritmos y cultos nuevos, en esta realidad original americana conviven, como en *Los pasos perdidos*, todas las edades históricas, todas las razas, todos los climas y paisajes. En ella, como en el relato «Viaje a la semilla» (1958), el tiempo ha sido invertido o abolido. ¿Es históricamente justa esta interpretación? En todo caso, su formulación literaria es válida: exprese o no la personalidad inconfundible de América, el mundo de Carpentier tiene una verdad intrínseca que es el resultado de su maciza arquitectura, la coherencia interna de sus elementos y la refinada elegancia de su dicción.

García Márquez es también el constructor de un mundo, pero en él no hay la premeditación intelectual ni el laborioso trabajo del estilo de un Carpentier: la exuberancia de su imaginación es espontánea y su prosa es sobre todo eficaz. Sus libros son una crónica de Macondo, una tierra inventada. *La hojarasca*, su primera novela (1955), describía este mundo como pura subjetividad, a través de los monólogos torturados de unos personajes sonámbulos. Macondo era todavía una patria mental, una proyección de la conciencia culpable del hombre. *El coronel no tiene quien le escriba* (1961) añade a este espíritu un paisaje y una tradición en los que reaparecen ciertos motivos del costumbrismo (el gallo de lidia, por ejemplo), pero utilizados no como valores «locales» sino como símbolos de frustración. En *Los funerales de la Mamá Grande* (1962) y *La mala hora* (1962), Macondo adquiere una nueva dimensión: la mágica. Además de ser un recinto dominado por el mal, los zancudos, la violencia y el calor, es escenario de sucesos extraordinarios: llueven pájaros del cielo, hay ceremonias de hechicería en sus viviendas, la muerte de una anciana atrae al lugar a monarcas y celebridades, el Judío Errante aparece ambulando en sus calles. Pero el gran enriquecimiento de Macondo ocurre en *Cien años de soledad* (1967). La prosa matemática de los libros anteriores se convierte en un estilo volcánico capaz de comunicar el movimiento y la gracia a las más audaces criaturas de la imaginación. En esta historia de los cien años de vida de Macondo, la fantasía galopa desbocada, delineando en el espacio y en el tiempo la silueta de Macondo, en muchos niveles de realidad: el individual y el colectivo, el legendario y el histórico, las fronteras de lo posible y lo imposible han desaparecido: en Macondo la desmesura es la norma, el milagro es tan veraz como la guerra y el hambre. Hay alfombras voladoras, imanes gigantes que al pasar por la calle arrebatan las ollas y las sartenes de las casas, galones varados en la selva, mujeres que levitan, y un héroe caballeresco que promueve treinta y dos guerras, tiene diecisiete hijos varones en diecisiete mujeres distintas, escapa a catorce atentados, a setenta y tres emboscadas y a un pelotón de fusilamiento, y muere apacible y nonagenario fabricando pescaditos de oro. Pero Macondo no es un castillo en el aire: la maravilla es sólo una de sus caras. Porque incluso en su perfil visionario, esta ficción está aludiendo (mediante transfiguraciones y espejismos) a una realidad muy concreta. El paisaje de Macondo reproduce (no, recrea) toda la naturaleza de América, y los dramas de ésta se refractan en su historia como los colores en un espectro. Un olor a plantaciones de banano infesta el aire del lugar y atrae a aventureros primero, luego a monopolios extranjeros. No todo es magia y fiesta erótica en la vida de Macondo: un fragor de hostilidades entre poderosos y miserables resuena tras esas llamaradas y estalla a veces en orgía de sangre, como durante la matanza de ferrocarrileros. Y además, en los desfiladeros y páramos de las sierras, hay esos ejércitos que se buscan y se diezman, como ocurrió (ocurre todavía) en Colombia. Violencia y fantasía son las notas exteriores de Macondo; la nota interior es el desamparo moral. La bíblica tribu de los Buendía se reproduce y extiende en un espacio y tiempo condenados. Sus blasones ostentan una mancha: la soledad. Los Buendía luchan, aman, se juegan enteros en empresas descabelladas. El resultado es siempre la infelicidad. Todos, tarde o temprano, son burlados y vencidos, desde el fundador de Macondo, que nunca encuentra el camino del mar, hasta el último Buendía, que desaparece con el pueblo cuando iba a descubrir el secreto de la sabiduría. Ocurre que en Macondo, donde todo es posible, no existe la alegría, no hay solidaridad entre los hombres. Una tristeza empaña todos los actos, un sentimiento de inminente catástrofe ronda toda su historia. Leyes secretas regulan la vida en esta tierra de las maravillas: nadie es libre. Incluso en sus bacanales, cuando estupran como conejos y comen y beben pantagruélicamente, los Buendía no gozan ni se encuentran a sí mismos. Esa representación simbólica, empleando los recursos más estrictos de la ficción, del desamparo moral, de la alineación del hombre en América Latina, es tal vez el mérito más alto de esta novela. Como cualquiera de los Buendía, los hombres nacen hoy en América Latina condenados a vivir en soledad y a engendrar hijos con colas de cerdo, es decir, seres de vida inhumana e irrisoria sometidos a un destino que no fue elegido por ellos.

La novela de García Márquez, como las anteriores que esta nota menciona (y una docena más que hubiera sido preciso reseñar), revelan una fecundidad original y ambiciosa que delata un momento de apogeo en la narrativa latinoamericana. En estos tiempos en que la novela europea y norteamericana agoniza entre herméticas acrobacias formalistas y una monótona conformidad con la tradición, conviene alegrarse. No tanto por América Latina, pues la salud de una narrativa suele significar una crisis profunda de la realidad que la inspira, sino, más bien, por la vida de la novela.

Londres, 1968

El regreso de Satán

El exorcismo de Ángel Rama contra *Historia de un deicidio* («Vade retro», en *Marcha*, 5 de mayo de 1972) es lo bastante estimulante como para romper una norma de conducta basada en la convicción de que los libros deben defenderse solos, y de que, además de inelegante, es inútil replicar a las críticas que merece lo que uno mismo escribe. Pero Rama es un crítico respetable y si él, que habitualmente lee con agudeza, ha entendido tan mal el libro, tiemblo pensando en la impresión que habrá hecho en lectores menos avezados. Quizá valga la pena, por una vez, llover sobre mojado.

El primer reproche que quiero contestar es el de que mis opiniones sobre la vocación narrativa constituyen un regreso a la «teología» («nos transporta de lleno a la teología»). Para cualquier lector de buena fe, debería resultar claro que los «demonios» de mi ensayo no son los sulfurosos personajes de cola flamígera y tridente de los Evangelios, sino criaturas estrictamente humanas: cierto tipo de obsesiones negativas —de carácter individual, social y cultural— que enemistan a un hombre con la realidad que vive, de tal manera y a tal extremo que hacen brotar en él la ambición de contradecir dicha realidad rehaciéndola verbalmente. Acepto que el empleo del término «demonio» es impreciso; no usé el de «obsesión» porque hubiera podido sugerir que adoptaba la explicación «psicologista» ortodoxa de la vocación. No todas las obsesiones son literariamente fecundas, sino cierta estirpe, muy particular, que he tratado de describir, en un caso concreto, en un largo capítulo del libro (el segundo de la primera parte).

Situar en el dominio de las «obsesiones» el impulso primero del novelista y la materia prima de sus obras, no es, de ningún modo, desterrar fuera de lo humano —colocándolo en el cielo, o, mejor dicho, en el infierno— el origen de la narrativa, sino, al contrario, enraizarlo en la realidad más «social» y verificable. Los «demonios» a los que me refiero son todos racionalmente cazables, porque proceden de fricciones y desencuentros entre la historia singular de un individuo y la historia del mundo en que vive. Es cierto que en mis opiniones se prestan imágenes del romanticismo (los románticos fueron, por lo general, mejores fabricantes de imágenes que los positivistas) pero su contenido debe más a Freud o a Sartre (éste acaba de escribir: «los escritores, todos locos furiosos»), cuyas concepciones nadie debería llamar, seriamente, «hijas de la filosofía idealista».

Rama deplora que presente los «temas» de un escritor «como obsesiones intocables y casi "sacralizadas", desde el momento que se les concede capacidad para dirigir la vida de un hombre». Si el materialista más acérrimo acepta hoy que la vida de la mayor parte de los hombres «normales» (no sólo los habitantes de los asilos) está «dirigida» por ciertas obsesiones, ¿podría ser negada esta evidencia en el caso de escritores como Dostoievski, Kafka, Henry Miller o Faulkner? Pero no niego que hay otros —un Tolstói, un Balzac, un Thomas Mann—, en quienes el trasfondo obsesional es mucho menos significativo para entender la obra. La interpretación psicoanalítica «pura» de la vocación literaria, como sistemática transferencia compensatoria de ciertos traumas neuróticos, me parece excesivamente psíquica e insuficientemente histórica y no la acepto sin reservas. No hay duda que ella puede ser discutida (yo preferiría «completada») desde muchos ángulos. ¿Pero se la puede acusar, con un mínimo de rigor, de «irracional» e «idealista»? Una interpretación de la literatura es «idealista» si instala la génesis de la vocación fuera de la realidad humana (lejos de la historia, en lo sobrenatural) e «irracional» si proclama que esta vocación y sus fuentes no pueden ser aprehendidas con la razón. Cuando Rama aplica estas etiquetas a una explicación del novelista según la cual toda vocación narrativa se erige a partir de *experiencias concretas* que hieren de un modo especial a una personalidad determinada, provocando entre ella y su mundo un conflicto cuyo resultado es la ficción (es decir, que ve en la ficción, únicamente, la mano de la psicología y de la historia) y para la cual todo el proceso de la literatura es inteligible y sus productos capaces de ser íntegramente «deconstruidos» mediante el análisis racional —e intenta probarlo en medio millar de páginas consagradas al estudio de una obra particular—, incurre en la misma «imprecisión semántica» que reprocha a mi «teoría», y también en la impropiedad de quienes, a fuerza de tanto lanzar anatemas en vez de razones, han acabado por convertir los vocablos «idealismo» e «irracionalismo» en ruidos intimidatorios, sin significación conceptual alguna.

Rama me censura «manejar una metáfora más que una definición crítica fundada» por hablar de los «demonios» de un novelista y llamar a éste un «deicida». Para ser realmente «moderno», según él, hay que llamarlo «un productor»: «El escritor-productor es el correcto representante de nuestro tiempo». Éste es un pase de prestidigitación: ¿acaso porque llamo «deicida» a García Márquez estoy negando que sea un «productor»? Ambos términos no son contradictorios sino complementarios. El primero alude a la ambición rebelde que preside toda vocación narrativa, a la aspiración del narrador de «rehacer la realidad», y el segundo a la condición del trabajador cuyas obras se convierten en «mercancías» dentro de una sociedad determinada. ¿Dónde está el antagonismo? Una definición se refiere al problema individual de la literatura y otra al problema social: ambos existen, se condicionan y modifican mutuamente y yo nunca he pretendido segregarlos, como hace Rama, al reducir la literatura, según el patrón positivista, a su exclusiva función social. En realidad, la diferencia entre «deicida» y «productor» es una diferencia de metáforas: la primera presta su término al vocabulario «religioso» y la segunda al de la «economía» y lo divertido es que tanto Rama como yo somos profanos en esas materias de las que saqueamos imágenes para explicar la literatura. A mí no me parece mal: la literatura será algo vivo mientras siga siendo totalizadora, se nutra de toda experiencia humana y haya que recurrir por lo tanto a «toda» la experiencia humana para explicarla en su integridad. La ventaja de esta concepción «totalizadora» de la literatura sobre la visión sociologista que propone Rama, está en que aquélla abarca también a esta última, aunque despojándola, claro está, de sus orejeras, de su pretensión monopolista. Como la primera tesis parte del supuesto que la novela aspira a representar la totalidad humana (rehecha críticamente) supone que sólo una crítica totalizadora —múltiple, o, como dice hoy la jerga académica, «inter-disciplinaria»— puede describir y juzgar plenamente semejante empresa. Ésa es la intención explícita del ensayo de Sartre sobre Flaubert (que sólo he comenzado: espero el verano para zambullirme en ese océano), en el que, aparentemente, la sociología, la historia, el psicoanálisis, la lingüística, la antropología y otras disciplinas concurren para mostrar *qué se puede saber hoy de un hombre*. Es en esta dirección que Rama hubiera debido colocar mi ensayo para entenderlo cabalmente y no le habría costado la menor dificultad detectar sus vacíos y deficiencias, en vez de inventarle otros.

De otro lado, ¿desde cuándo es inválida la metáfora para describir una realidad dada? En un mundo esencialmente metafórico como el del lenguaje, la literatura constituye el dominio más «imaginativo», el más volcado hacia la imagen, y cualquier definición «científica» será siempre falaz. En literatura —y arte en general— sólo se puede aspirar a definiciones parciales. Y sin llegar al extremo de un Lezama Lima, para quien todo es metáfora de todo, la comparación puede ser, *también*, un vehículo eficaz para hacerse comprender y para comprender la literatura. Yo no he pretendido jamás una definición «científica» del novelista. He trazado una hipótesis que es personal pero no original: ella debe su origen empírico a mi propia experiencia de escritor, y su formulación, llamémosla «teórica», a una suma de autores entre los que, por cierto, no está excluido el excelente Benjamin a quien Rama me acusa de haber puesto de lado por otros «idealistas». La expongo, más que por lo que pueda valer en sí misma, para dejar en claro desde qué punto de vista, en función de qué convicciones básicas, está hecha la aproximación al «caso» y a la obra de García Márquez, y es en función de esta aproximación que debe ser juzgada aquella hipótesis y no a la inversa. Las «teorías», como las «formas» literarias, sólo existen cuando se encarnan en una obra concreta.

El segundo cargo que quiero levantar es el de que yo me «acantono» (la metáfora es ahora militar) «en una dicotomía entre tema (inspiración demoníaca) y escritura (racionalización humana)». No he establecido semejante «dicotomía» ni de mi ensayo se desprende que «tema» y «escritura» constituyen entidades independientes e inmóviles. He dicho, más bien, que la creación narrativa es un complejo proceso en el que la dimensión irracional, inconsciente, del creador aporta *principalmente* los «temas» (las experiencias negativas que son el origen de la vocación rebelde que aspira a reedificar la realidad) y la dimensión racional y consciente aporta *principalmente* las «formas» (la técnica y el estilo) en que aquéllos cristalizan. Es evidente, para mí, que esta división sólo es posible como una abstracción teórica que *jamás se da en la praxis*, porque sé tan bien como Rama o como cualquiera que haya intentado la aventura de la narración, que los «temas» no son separables de sus «formas», que hay entre ambos una interdependencia irremediable: un «tema» sólo existe encarnado y una «forma» sólo existe cuando en ella se encarna un tema dado. El verbo «encarnar» es capcioso, sugiere que un tema podría preexistir a su forma y viceversa. No es así. Hay una interacción dinámica entre ambos componentes de la narración: un «tema» se forma y transforma según van siendo decididas, elegidas, las palabras y el orden que lo plasman. Si es verdad que en mi libro hay pocas deudas con «las ideas estéticas de Carlos Marx» (que eran demasiado conservadoras) hay en cambio una clara filiación entre esta manera de plantear la relación materia-forma y la dialéctica y me sorprende que Rama, buen lector del pensamiento marxista, no lo haya advertido.

Subrayo *principalmente* al hablar de la intervención de lo irracional en la materia de la narración y de lo racional en la elaboración de su forma, para indicar que, aun cuando piense que el tema procede, sobre todo, del inconsciente, no excluyo la participación del elemento consciente, y que no estoy diciendo que toda «forma» sea exclusivamente «racional»: también en ella participan, a veces de manera decisiva, la intuición, el puro instinto. Lo que señalo es una tendencia: uno escribe historias en función de experiencias que no ha elegido, que no ha provocado (sino en casos excepcionales), que han herido su sensibilidad y su memoria hasta el extremo de convertirlo en un «re-creador» del mundo, pero al ponerse a escribir, en el proceso de crear, a partir de esa materia prima obsesiva, urgente y siempre nebulosa, una ficción, en la tarea de dotar de vivencias, de ambigüedad y de objetividad a ese material subjetivo, a través de las palabras y de un orden temporal, la inteligencia y la razón pasan a ser prioritarias. Desde luego que cualquier generalización respecto a esta tesis es arbitraria: cada caso puede constituir una variante, aunque siempre dentro de esas coordenadas. En un escritor como Borges, la premeditación «temática» es, sin duda, mucho mayor que en un Donoso o un Garmendia o un Juan Benet, y en el André Breton que escribió *Nadja* la «forma» era casi tan espontánea como el tema.

Porque he escrito que «el novelista no es responsable de sus temas» (en el sentido en que un hombre no es «responsable» de sus sueños) Rama, con desconcertante ligereza, deduce que para mí el escritor es «el escritor inspirado, el escritor protegido de las musas, el escritor poseído por los demonios, el escritor irresponsable por tanto». Afirmar que lo irracional es decisivo en la «temática» de un escritor no exonera a éste de la menor responsabilidad respecto de lo que escribe. Para mí es clarísimo que un escritor no elige sus demonios pero sí lo que hace con ellos. No decide en lo relativo a los orígenes y fuentes de su vocación, pero sí en los resultados. Es la consecuencia lógica de creer que en la plasmación de la forma —de la cual depende todo, literariamente hablando: la belleza o la fealdad, la riqueza o la pobreza, la verdad o la mentira de una ficción— predomina el factor racional y consciente. Si, como yo pienso, al convertir sus obsesiones en temas, al emancipar sus demonios subjetivos en historias objetivas, todo depende de la inteligencia, la terquedad, el conocimiento y la voluntad —la razón— de quien escribe, sólo queda por concluir, como lo he hecho en mi ensayo, para irritación de algunos perezosos, que un escritor es totalmente *responsable* de su mediocridad o de su genio. Que es exactamente lo contrario de lo que Rama ha entendido.

¿En qué página de mi libro afirmo que todo escritor constituye una «individualidad excepcional»? Es una deducción caprichosa. Sólo he tratado de mostrar que la vocación del narrador es algo específico, distinta de otras, del mismo modo que sus productos son diferentes de los de otras vocaciones. No entiendo por qué cuando yo digo diferencia Rama oye superioridad. Me gustaría estar seguro de que un hombre que escribe novelas es «superior» —en el sentido de más útil a los otros— que uno que construye puentes. No lo estoy: sólo me consta que hacen cosas muy diferentes. Esta diferencia hay que tenerla en cuenta si se quiere hablar de literatura a un nivel un poco más profundo que el que permite, digamos, una nota periodística. Cuando Rama afirma que la definición adecuada para un novelista es la de un «productor» que «elabora conscientemente un objeto intelectual —la obra literaria— respondiendo a una demanda de la sociedad o de cualquier sector que está necesitado no sólo de disidencias sino de interpretaciones de la realidad que por el uso de imágenes persuasivas permita comprenderla y situarse en su seno válidamente» diseña algo muy parecido a esos mesones españoles donde cada cual encuentra lo que lleva. Su definición vale lo mismo para la obra literaria que para una película, una teoría filosófica, una revista de tiras cómicas, un manual de zoología, un catecismo, un reportaje periodístico y un folleto con instrucciones para el uso de un insecticida. Eso puede no deber nada al romanticismo, pero no sé qué otro mérito tenga. Las generalidades de esa magnitud, aunque se formulen con brillantez, no sirven de gran cosa.

«El fin de la infancia es largo», me recuerda Rama, después de amonestarme por mi «arcaísmo». Si el punto de referencia es la vanguardia intelectual de izquierda en Europa, no hay duda que mis ideas son obsoletas: aquélla analiza ahora la literatura a través de un prisma construido con altas matemáticas, el formalismo ruso de los años veinte, las teorías lingüísticas del Círculo de Praga, el libro rojo de Mao y una pizca de orientalismo budista. Eso significa, también, que si la manera de ser maduro y moderno en literatura es adoptando, con algunas simplificaciones, las tesis de los pensadores neomarxistas que Europa occidental pone de moda, Rama está tan decrépito, con sus convicciones neolukacsianas y su entusiasmo por Benjamin, como yo con mi romanticismo satánico.

Barcelona, junio de 1972

El arte de mentir

Desde que escribí mi primer cuento me han preguntado si lo que escribía *era verdad*. Aunque mis respuestas satisfacen a veces a los curiosos, a mí me queda rondando, cada vez que contesto a esa pregunta, no importa cuán sincero sea, la incómoda sensación de haber dicho algo que nunca da en el centro del blanco. Si las novelas son ciertas o falsas importa a cierta gente tanto como que sean buenas o malas, y muchos lectores, consciente o inconscientemente, hacen depender lo segundo de lo primero. Los inquisidores españoles, por ejemplo, prohibieron que se publicaran o importaran novelas en las colonias hispanoamericanas con el argumento de que esos libros disparatados y absurdos —es decir, mentirosos— podían ser perjudiciales para la salud espiritual de los indios. Por esta razón, los hispanoamericanos sólo leyeron ficciones de contrabando durante trescientos años, y la primera novela que, con tal nombre, se publicó en la América española apareció sólo después de la independencia (en México, en 1816). Al prohibir no unas obras determinadas, sino un género literario en abstracto, el Santo Oficio estableció algo que a sus ojos era una ley sin excepciones: que las novelas siempre mienten, que todas ellas ofrecen una visión falaz de la vida. Hace años escribí un trabajo ridiculizando a esos fanáticos arbitrarios, capaces de una generalización semejante. Ahora pienso que los inquisidores españoles fueron los primeros en entender —antes que los críticos y que los propios novelistas— la naturaleza de la ficción y sus propensiones sediciosas.

En efecto, las novelas mienten —no pueden hacer otra cosa—, pero ésa es sólo una parte de la historia. La otra es que, mintiendo, expresan una curiosa verdad, que sólo puede expresarse disimulada y encubierta, disfrazada de lo que no es. Dicho así, esto tiene el aire de un galimatías. Pero, en realidad, se trata de algo muy sencillo. Los hombres no están contentos con su suerte, y casi todos —ricos o pobres, geniales o mediocres, célebres u oscuros— quisieran una vida distinta de la que llevan. Para aplacar —tramposamente— ese apetito nacieron las ficciones. Ellas se escriben y se leen para que los seres humanos tengan las vidas que no se resignan a no tener. En el embrión de toda novela hay una inconformidad y un deseo.

¿Significa esto que novela es sinónimo de irrealidad? ¿Que los introspectivos bucaneros de Conrad, los morosos aristócratas proustianos, los anónimos hombrecillos castigados por la adversidad de Kafka y los eruditos metafísicos de los cuentos de Borges nos exaltan o nos conmueven porque no tienen nada que ver con nosotros, porque nos es imposible identificar sus experiencias con las nuestras? Nada de eso. Conviene pisar con cuidado, pues este camino —el de la verdad y la mentira en el mundo de la ficción— está sembrado de trampas y los invitadores oasis suelen ser espejismos.

Para transformar la vida

¿Qué quiere decir que una novela siempre miente? No lo que creyeron los oficiales y cadetes del Colegio Militar Leoncio Prado, donde —en apariencia, al menos— sucede mi primera novela, *La ciudad y los perros*, que quemaron el libro acusándolo de calumnioso a la institución. Ni lo que pensó mi primera mujer al leer otra de mis novelas, *La tía Julia y el escribidor*, y que, sintiéndose incorrectamente retratada en ella, ha publicado luego un libro que pretende restaurar la verdad alterada por la ficción. Desde luego que en ambas historias hay más invenciones, tergiversaciones y exageraciones que recuerdos y que, al escribirlas, nunca pretendí ser anecdóticamente fiel a unos hechos y personas anteriores y ajenos a la novela. En ambos casos, como en todo lo que he escrito, partí de algunas experiencias aún vivas en mi memoria y estimulantes para mi imaginación, y fantaseé algo que refleja de manera muy infiel esos materiales de trabajo. No se escriben novelas para contar la vida, sino para transformarla, añadiéndole algo. En las novelitas del francés Restif de la Bretonne, la realidad no puede ser más fotográfica, ellas son un catálogo de las costumbres del siglo XVIII francés. En estos cuadros costumbristas tan laboriosos, en los que todo semeja la vida real, hay sin embargo algo diferente, mínimo y revolucionario.

Que en ese mundo los hombres no se enamoran de las damas por la pureza de sus facciones, la galanura de su cuerpo, sus prendas espirituales, etcétera, sino, *exclusivamente*, por la belleza de sus pies (se ha llamado, por eso, bretonismo al fetichismo del botín). De una manera menos cruda y explícita, y también menos consciente, todas las novelas rehacen la realidad —embelleciéndola o empeorándola— como lo hizo, con deliciosa ingenuidad, el profuso Restif. En esos sutiles o groseros agregados a la vida —en los que el novelista materializa sus obsesiones— reside la originalidad de una ficción. Ella es más profunda cuanto más ampliamente exprese una necesidad general y cuantos más sean, a lo largo del espacio y del tiempo, los lectores que identifiquen, en esos contrabandos filtrados a la vida, los oscuros demonios que los desasosiegan. ¿Hubiera podido yo, en aquellas novelas, intentar una escrupulosa exactitud con los recuerdos? Ciertamente. Pero, aun si hubiera conseguido esa proeza aburrida de sólo narrar hechos ciertos y describir personajes cuyas biografías se ajustaban como un guante a las de sus modelos, mis novelas no hubieran sido por eso menos mentirosas o más verdaderas de lo que son.

La escritura y el tiempo

Porque no es la anécdota lo que en esencia decide la verdad o la mentira de una ficción. Sino que ella no sea vivida, sino escrita; que esté hecha de palabras y no de experiencias vivas. Al traducirse en palabras, los hechos sufren una modificación profunda. El hecho real —la sangrienta batalla en la que tomé parte, el perfil gótico de la muchacha que amé— es uno, en tanto que los signos que pueden describirlo son innumerables. Al elegir unos y descartar otros, el novelista privilegia una y asesina otras mil posibilidades o versiones de aquello que describe: esto, entonces, muda de naturaleza, *lo que describe* se convierte en *lo descrito*. Me refiero sólo al caso del escritor realista, aquella secta, escuela o tradición a la que pertenezco cuyas novelas relatan sucesos que los lectores pueden reconocer como posibles a través de su propia experiencia de la realidad. Parecería, en efecto, que para el novelista de estirpe fantástica, que describe mundos irreconocibles y notoriamente inexistentes, no se plantea siquiera el cotejo entre la realidad y la ficción. En realidad, sí se plantea, pero de otra manera. La *irrealidad* de la literatura fantástica se vuelve, para el lector, símbolo o alegoría, es decir, representación de realidades, de experiencias que sí puede identificar como posibles en la vida. Lo importante es esto: no es el carácter *realista o fantástico* de una anécdota lo que traza la línea fronteriza entre verdad y mentira en la ficción.

A esta primera modificación —la que imprimen las palabras a los hechos— se entrevera una segunda, no menos radical: la del tiempo. La vida real fluye y no se detiene, es inconmensurable, un caos en el que cada historia se mezcla con todas las historias y, por lo mismo, no empieza ni termina jamás. La vida de la ficción es un simulacro en el que aquel vertiginoso desorden se torna orden: organización, causa y efecto, fin y principio. La soberanía de una novela no está dada sólo por el lenguaje en que está escrita. También, por su sistema temporal, la manera como discurre en ella la existencia: cuándo se detiene y cuándo se acelera y cuál es la perspectiva cronológica del narrador para describir ese tiempo narrado. Si entre las palabras y los hechos hay una distancia, entre el tiempo real y el de una ficción hay siempre un abismo. El tiempo novelesco es un artificio fabricado para conseguir ciertos efectos psicológicos. En él el pasado puede ser anterior al presente —el efecto precede a la causa—, como en ese relato de Alejo Carpentier, «Viaje a la semilla», que comienza con la muerte de un hombre anciano y continúa hasta su gestación, en el claustro materno; o ser sólo pasado remoto que nunca llega a disolverse en el pasado próximo desde el que narra el narrador, como en la mayoría de las novelas clásicas; o ser eterno presente, sin pasado ni futuro, como en las ficciones de Samuel Beckett; o un laberinto en que pasado, presente y futuro coexisten, anulándose, como en *The Sound and the Fury*, de Faulkner.

Decir la verdad

Las novelas tienen principio y fin y, aun en las más informes y espasmódicas, la vida adopta un sentido que podemos percibir porque ellas nos ofrecen una perspectiva que la vida verdadera, en la que estamos inmersos, no nos da jamás. Ese orden es invención, un añadido del novelista, ese simulador que aparenta recrear la vida cuando en verdad la rectifica. A veces sutil, a veces brutalmente, la ficción traiciona la vida, encapsulándola en una trama de palabras que la reducen de escala y la ponen al alcance del lector. Éste puede, así, juzgarla, entenderla y, sobre todo, vivirla con una impunidad que la vida verdadera no le consiente.

¿Qué diferencia hay entonces entre una ficción y un reportaje periodístico o un libro de historia? ¿No están compuestos ellos de palabras? ¿No encarcelan acaso en el tiempo artificial del relato ese torrente sin riberas, el tiempo real? Se trata de sistemas opuestos de aproximación a lo real: en tanto que la novela se rebela y transgrede la vida, aquellos géneros no pueden dejar de ser sus esclavos. La noción de verdad o mentira funciona de manera distinta en ambos casos. Para el periodismo o la historia depende del cotejo entre lo escrito y la realidad que lo inspira: a más cercanía, más verdad, y, a más distancia, más mentira. Decir que la *Historia de la Revolución francesa*, de Michelet, o la *Historia de la conquista del Perú*, de Prescott, son *novelescas* es vejarlas, insinuar que carecen de seriedad. Documentar los errores históricos de *La guerra y la paz* sobre las guerras napoleónicas sería una pérdida de tiempo: la verdad de la novela no depende de eso. ¿De qué, entonces? De su propia capacidad de persuasión, de la fuerza comunicativa de su fantasía, de la habilidad de su magia. Toda buena novela dice la verdad y toda mala novela miente. Porque *decir la verdad* para una novela significa hacer vivir al lector una ilusión, y *mentir*, ser incapaz de lograr esa superchería. La novela es, pues, un género amoral, o, más bien, de una ética *sui generis*, para la cual verdad o mentira son conceptos exclusivamente estéticos. Arte *enajenante* es de constitución antibrechtiana: si no hay «ilusión, no hay novela».

De lo que llevo dicho parecería desprenderse que la ficción es una fabulación gratuita, una prestidigitación sin trascendencia. Todo lo contrario: por delirante que sea, hunde sus raíces en la experiencia humana, de la que se nutre y a la que alimenta. Un tema recurrente en la historia de la ficción es el riesgo que entraña tomar lo que dicen las novelas al pie de la letra, creer que la vida es como la describen. Los libros de caballerías queman el seso a don Quijote y lo lanzan a los caminos a alancear molinos de viento, y la tragedia de Emma Bovary no hubiera ocurrido si el personaje de Flaubert no intentara parecerse a las heroínas de las novelitas románticas que lee. Por creer que la realidad es como las ficciones, Alonso Quijano y Emma sufren terribles quebrantos. ¿Los condenamos por ello? No, sus historias nos conmueven y nos admiran: su empeño imposible de *vivir la ficción* nos parece personificar una actitud idealista que honra a la especie. Porque querer ser distinto de lo que se es, es la aspiración humana por excelencia. De ella ha nacido lo mejor y lo peor que registra la historia. De ella han nacido también las ficciones.

Las mentiras que somos

Cuando leemos novelas no somos el que somos, sino también los seres hechizados entre los cuales el novelista nos traslada. El traslado es una metamorfosis: el reducto asfixiante que es nuestra vida real se abre y salimos a ser otros, a vivir vicariamente experiencias que la ficción vuelve nuestras. Sueño lúcido, fantasía encarnada, la ficción nos completa, a nosotros, seres mutilados a quienes ha sido impuesta la atroz dicotomía de tener una sola vida y la facultad de desear mil. Ese espacio entre la vida real y los deseos y fantasías que le exigen ser más rica y diversa es el que ocupan las ficciones.

En el corazón de todas ellas llamea una protesta. Quien las fabuló lo hizo porque no pudo vivirlas, y quien las lee (y las cree) encuentra en sus fantasmas las caras y aventuras que necesitaba para aumentar su vida. Ésa es la verdad que expresan las mentiras de las ficciones: las mentiras que somos, las que nos consuelan y desagravian de nuestras nostalgias y frustraciones. ¿Qué confianza podemos prestar, pues, al testimonio de las novelas sobre la sociedad que las produjo? ¿Eran esos hombres así? Lo eran, en el sentido de que así querían ser, de que así se veían amar, sufrir y gozar. Esas mentiras no documentan sus vidas, sino los demonios que las soliviantaron, los sueños en que se embriagaron para que la vida que vivían fuera más llevadera. Una época no está poblada sólo de seres de carne y hueso; también de los fantasmas en que éstos se mudan para romper las barreras que los limitan.

Las mentiras de las novelas no son gratuitas: llenan las insuficiencias de la vida. Por eso, cuando la vida parece plena y absoluta y, gracias a una fe que todo lo justifica y absorbe, los hombres se conforman con su destino, las novelas no cumplen servicio alguno. Las culturas religiosas producen poesía, teatro, no novelas. La ficción es un arte de sociedades donde la fe experimenta alguna crisis, *donde hace falta creer en algo,* donde la visión unitaria, confiada y absoluta ha sido sustituida por una visión resquebrajada y una incertidumbre sobre el mundo en que se vive y el trasmundo. Además de amoralidad, en las entrañas de las novelas anida cierto escepticismo. Cuando la cultura religiosa entra en crisis, la vida parece escurrirse de los esquemas, dogmas, preceptos que la sujetaban y se vuelve caos: ése es el momento privilegiado para la ficción. Sus órdenes artificiales proporcionan refugio, seguridad, y en ellos se despliegan libremente aquellos apetitos y temores que la vida real incita y no alcanza a saciar o conjurar. La ficción es un sucedáneo transitorio de la vida. El regreso a la realidad es siempre un empobrecimiento brutal: la comprobación de que somos menos de lo que soñamos. Lo que quiere decir que, a la vez que aplacan transitoriamente la insatisfacción humana, las ficciones también la azuzan, espoleando la imaginación.

Los inquisidores españoles entendieron el peligro. Vivir las vidas que uno no vive es fuente de ansiedad, un desajuste con la existencia que puede tornarse rebeldía, actitud indócil frente a lo establecido. Es comprensible que los regímenes que aspiran a controlar totalmente la vida desconfíen de las ficciones y las sometan a censuras. Salir de sí mismo, ser otro, aunque sea ilusoriamente, es una manera de ser menos esclavo y de experimentar los riesgos de la libertad.

Cambridge, febrero de 1978

Las mentiras verdaderas

Aunque, en un sentido, se puede decir que *La señorita de Tacna* se ocupa de temas como la vejez, la familia, el orgullo, el destino individual, hay un asunto anterior y constante que envuelve a todos los demás y que ha resultado, creo, la columna vertebral de esta obra: cómo y por qué nacen las historias. No digo cómo y por qué se escriben —aunque Belisario sea un escritor—, pues la literatura sólo es una provincia de ese vasto quehacer —inventar historias— presente en todas las culturas, incluidas aquellas que desconocen la escritura.

Como para las sociedades, para el individuo es también una actividad primordial, una necesidad de la existencia, una manera de sobrellevar la vida. ¿Por qué necesita el hombre contar y contarse historias? Quizá porque, como la Mamaé, así lucha contra la muerte y los fracasos, adquiere cierta ilusión de permanencia y de desagravio. Es una manera de recuperar, dentro de un sistema que la memoria estructura con ayuda de la fantasía, ese pasado que, cuando era experiencia vivida, tenía el semblante del caos. El cuento, la ficción, gozan de aquello de lo que la vida vivida —en su vertiginosa complejidad e imprevisibilidad— siempre carece: un orden, una coherencia, una perspectiva, un tiempo cerrado que permite determinar la jerarquía de las cosas y de los hechos, el valor de las personas, los efectos y las causas, los vínculos entre las acciones. Para conocer lo que somos, como individuos y como pueblos, no tenemos otro recurso que salir de nosotros mismos y, ayudados por la memoria y la imaginación, proyectarnos en esas «ficciones» que hacen de lo que somos algo paradójicamente semejante y distinto de nosotros. La ficción es el hombre «completo», en su verdad y en su mentira confundidas.

Las historias son rara vez fieles a aquello que aparentan historiar, por lo menos en un sentido cuantitativo... La palabra, dicha o escrita, es una realidad en sí misma que trastoca aquello que supuestamente transmite, y la memoria es tramposa, selectiva, parcial. Sus vacíos, por lo general deliberados, los rellena la imaginación: no hay historias sin elementos añadidos. Éstos no son jamás gratuitos, casuales; se hallan gobernados por esa extraña fuerza que no es la lógica de la razón sino la de la oscura sinrazón. Inventar no es, a menudo, otra cosa que tomarse ciertos desquites contra la vida que nos cuesta vivir, perfeccionándola o envileciéndola de acuerdo a nuestros apetitos o a nuestro rencor; es rehacer la experiencia, rectificar la historia real en la dirección que nuestros deseos frustrados, nuestros sueños rotos, nuestra alegría o nuestra cólera reclaman. En este sentido, ese arte de mentir que es el del cuento es, también, asombrosamente, el de comunicar una recóndita verdad humana. En su indiscernible mezcla de cosas ciertas y fraguadas, de experiencias vividas e imaginarias, el cuento es una de las escasas formas —quizá la única— capaz de expresar esa unidad que es el hombre que vive y el que sueña, el de la realidad y el de los deseos.

«El criterio de la verdad es haberla fabricado», escribió Giambattista Vico, quien sostuvo, en una época de gran beatería científica, que el hombre sólo era capaz de conocer realmente aquello que él mismo producía. Es decir, no la Naturaleza sino la Historia (la otra, aquella con mayúscula). ¿Es cierto eso? No lo sé, pero su definición describe maravillosamente la verdad de las historias con minúscula, la verdad de la literatura. Esta verdad no reside en la semejanza o esclavitud de lo escrito o dicho —de lo inventado— a una realidad distinta, «objetiva», superior, sino en sí misma, en su condición de cosa creada a partir de las verdades y mentiras que constituyen la ambigua totalidad humana.

Siempre me ha fascinado ese curioso proceso que es el nacimiento de una ficción. Llevo ya bastantes años escribiéndolas y nunca ha dejado de intrigarme y sorprenderme el imprevisible, escurridizo camino que sigue la mente para, escarbando en los recuerdos, apelando a los más secretos deseos, impulsos, pálpitos, «inventar» una historia. Cuando escribía esta pieza de teatro en la que estaba seguro de recrear (con abundantes traiciones) la aventura de un personaje familiar al que estuvo atada mi infancia, no sospechaba que, con ese pretexto, estaba, más bien, tratando de atrapar en una historia aquella —inasible, cambiante, pasajera, eterna— manera de que están hechas las historias.

Washington, marzo de 1980

81

El teatro como ficción

En un París de pacotilla, un hombre y una mujer se ponen de acuerdo para, dos horas cada día, dedicarse a mentir. Para ella es un pasatiempo; para él, un trabajo. Pero las mentiras rara vez son gratuitas o inocuas; ellas se alimentan de nuestros deseos y fracasos y nos expresan con tanta fidelidad como las verdades más genuinas que salen de nuestra boca.

Mentir es inventar, añadir a la vida verdadera otra ficticia, disfrazada de realidad. Odiosa para la moral cuando se practica en la vida, esta operación parece lícita y hasta meritoria cuando tiene la coartada del arte. En una novela, en un cuadro, en un drama, celebramos al autor que nos persuade, gracias a la pericia con que maneja las palabras, las imágenes, los diálogos, de que aquellas fabulaciones reflejan la vida, son la vida. ¿Lo son? La ficción es la vida que no fue, la que quisiéramos que fuera, que no hubiera sido o que volviera a ser, aquella vida sin la cual la que tenemos nos resultaría siempre trunca. Porque, a diferencia del animal, que vive su vida de principio a fin, nosotros sólo vivimos parte de la nuestra.

Nuestros apetitos y nuestras fantasías siempre desbordan los límites dentro de los que se mueve ese cuerpo mortal al que le ha sido concedida la perversa prerrogativa de imaginar las mil y una aventuras y protagonizar apenas diez. El abismo inevitable entre la realidad concreta de una existencia humana y los deseos que la solivantan y que jamás podrá aplacar, no es sólo el origen de la infelicidad, la insatisfacción y la rebeldía del hombre. Es también la razón de ser de la ficción, mentira gracias a la cual podemos tramposamente completar las insuficiencias de la vida, ensanchar las fronteras asfixiantes de nuestra condición y acceder a mundos más ricos o más sórdidos o más intensos, en todo caso distintos del que nos ha deparado la suerte. Gracias a los embustes de la ficción la vida aumenta, un hombre es muchos hombres, el cobarde es valiente, el sedentario nómada y prostituta la virgen. Gracias a la ficción descubrimos lo que somos, lo que no somos y lo que nos gustaría ser. Las mentiras de la ficción enriquecen nuestras vidas, añadiéndoles lo que nunca tendrán, pero, después, roto su hechizo, las devuelven a su orfandad, brutalmente conscientes de lo infranqueable que es la distancia entre la realidad y el sueño. A quien no se resigna y, pese a todo, quiere lanzarse al precipicio, la ficción lo espera, con sus manos cargadas de espejismos erigidos con la levadura de nuestro vacío: «Pasa, entra, ven a jugar a las mentiras». Un juego en el que tarde o temprano descubrimos, como Kathie y Santiago en su «buhardilla de París», que se juega a la verdad melancólica de lo que quisiéramos ser, o a la verdad truculenta de lo que haríamos cualquier cosa por no ser.

El teatro no es la vida, sino el teatro, es decir, otra vida, la de mentiras, la de ficción. Ningún género manifiesta tan espléndidamente la dudosa naturaleza del arte como una representación teatral. A diferencia de los personajes de una novela o de un cuadro, los del escenario son de carne y hueso y viven ante nuestros ojos los roles que protagonizan. Los vemos sufrir, gozar, enfurecerse, reír. Si el espectáculo está logrado, esas voces, movimientos, sentimientos, nos convencen profundamente de su realidad. Y, en efecto, ¿qué hay en ellas que no se confunda con la vida? Nada, salvo que son simulacro, ficción, teatro. Curiosamente, pese a ser tan obvia su naturaleza impostora, su aptitud fraudulenta, siempre ha habido (y siempre habrá) quienes se empeñan en que el teatro —la ficción en general— diga y propague la verdad religiosa, la verdad ideológica, la verdad histórica, la verdad moral. No, la misión del teatro —de la ficción en general— es fraguar ilusiones, embaucar.

La ficción no reproduce la vida: la contradice, cercenándole aquello que en la vida real nos sobra y añadiéndole lo que en la vida real nos falta, dando orden y lógica a lo que en nuestra experiencia es caos y absurdo, o, por el contrario, impregnando locura, misterio, riesgo, a lo que es sensatez, rutina, seguridad. La rectificación sistemática de la vida que obra la ficción documenta, como el negativo de una foto, la historia humana: el riquísimo prontuario de hazañas, pasiones, gestos, infamias, maneras, excesos, sutilezas, que los hombres tuvieron que inventar porque eran incapaces de vivirlos.

Soñar, escribir ficciones (como leerlas, ir a verlas o creerlas) es una oblicua protesta contra la mediocridad de nuestra vida y una manera, transitoria pero efectiva, de burlarla. La ficción, cuando nos hallamos prisioneros de su sortilegio, embelesados por su engaño, nos completa, mudándonos momentáneamente en el gran malvado, el dulce santo, el transparente idiota que nuestros deseos, cobardías, curiosidades o simple espíritu de contradicción nos incitan a ser, y nos devuelve luego a nuestra condición, pero distintos, mejor informados sobre nuestros confines, más ávidos de quimera, más indóciles a la conformidad.

Ésta es la historia que protagonizan la esposa del banquero y el escribidor en la buhardilla de *Kathie y el hipopótamo*. Cuando escribí la pieza ni siquiera sabía que su tema profundo eran las relaciones entre la vida y la ficción, alquimia que me fascina porque la entiendo menos cuanto más la practico. Mi intención era escribir una farsa, llevada hasta las puertas de la irrealidad (pero no más allá, porque la total irrealidad es aburrida) a partir de una situación que me rondaba: una señora que alquila un polígrafo para que la ayude a escribir un libro de aventuras. Ella está en ese momento patético en que la cultura parece una tabla de salvación contra el fracaso vital; él no se consuela de no haber sido Victor Hugo, en todos los sentidos de ese nombre caudaloso: el romántico, el literario, el político, el sexual. En las sesiones de trabajo de la pareja, a partir de las transformaciones que sufre la historia entre lo que la dama dicta y lo que su amanuense escribe, las vidas de ambos —sus dos vidas, la de verdad y la de mentira, lo que han sido y lo que hubieran querido ser— se corporizan en el escenario, convocadas por la memoria, el deseo, la fantasía, las asociaciones o el azar. En algún momento del trabajo, entre los fantasmas de Kathie y de Santiago que yo trataba de animar, otros fantasmas se colaron, disimulándose entre sus congéneres, hasta ganar, también, derecho de ciudad en la pieza. Ahora los descubro, los reconozco y, una vez más, me quedo con la boca abierta. Las mentiras de Kathie y de Santiago, además de sus verdades, delatan las mías y, a lo mejor, las de todo el que, al mentir, exhibe la impúdica arcilla con que amasa sus mentiras.

Londres, septiembre de 1982

Todas putas

Durante la reciente campaña electoral, en España, para renovar las municipalidades y las comunidades autónomas, algunos políticos de la oposición descubrieron que Miriam Tey, directora del Instituto de la Mujer, organismo oficial, había publicado en su pequeña editorial El Cobre un libro de cuentos de Hernán Migoya, *Todas putas*, en dos de cuyos relatos los personajes, violadores y pedófilos, hacen una apología de la violación. De inmediato se inició una campaña exigiendo la renuncia de Miriam Tey y del ministro de Trabajo, Eduardo Zaplana, quien la había nombrado para dirigir aquel instituto, acusándolos de amparar la publicación de un libro ofensivo, degradante y que atiza la violencia contra las mujeres, tema que está en el centro de la actualidad española por el alarmante número de asesinatos y maltratos a personas del sexo femenino que se registran casi a diario en el país.

En Bruselas, las eurodiputadas socialistas Elena Valenciano y Soraya Rodríguez denunciaron ante la Comisión Europea al Estado español por no destituir de su cargo a Miriam Tey y por no iniciar acciones legales contra ella «como responsable de un delito de apología de la violación y la pederastia». Además de las abundantes declaraciones y protestas de políticos opositores contra el libro incriminado, su editora y el Gobierno «cómplice», hubo muchas cartas a los diarios de lectores sinceramente escandalizados de que se hubiera permitido publicar un libro donde se leían frases así: «Ahora que todos los negros son buenos y todos los maricones unos seres muy simpáticos, a ver si la sociedad esta se reúne y decide de una vez que no todos los violadores somos mala gente... Siempre será mejor violar a una mujer y dejarla viva, que no violarla y matarla. Yo no sería capaz de matar a una mujer, no tendría estómago para ello. Pero violarlas, les aseguro que no me produce ningún remordimiento». La presión tuvo efecto, pues la editorial

El Cobre decidió retirar el libro de la circulación. Nadie prestó la menor atención a las declaraciones del autor, Hernán Migoya, recordando que no se debe confundir a los personajes de una ficción con el autor que los inventa atribuyendo a éste las opiniones de aquéllos. (Si no fuera así, los tres astros del cine español, Buñuel, Berlanga y Almodóvar, hubieran tenido que ser condenados a cadena perpetua por propagar «la violencia doméstica» y no sé cuántos horrores más).

Lo primero que cabe concluir de este episodio es que quienes, por oportunismo, hipocresía o simple ignorancia se precipitaron a blandir el libro de cuentos *Todas putas* como un garrote contra Miriam Tey y el Gobierno que la nombró tienen una idea de la literatura que coincide milimétricamente con la de los regímenes autoritarios —clericales, comunistas y fascistas—, para los que el quehacer literario debe ser sometido a una rigurosa censura previa a fin de impedir que ciertos textos disolventes, inmorales o violentos causen estragos en los incautos lectores, convirtiéndolos en subversivos, terroristas, asesinos y pervertidos. Detrás de esta concepción ingenua y confusa de la manera como las ficciones de la literatura influyen en la vida hay, en verdad, un miedo pánico a la libertad.

Si los horrores que contienen las novelas, los poemas, los dramas y los cuentos se contagiaran a los lectores como la escarlatina, la vida habría desaparecido hace tiempo del planeta, o, por lo menos, de las sociedades no ágrafas y cultas, y sólo sobrevivirían las analfabetas y bárbaras. Porque hay que haber leído muy poca o ninguna literatura para no haberse enterado de que ella está plagada de brutalidades y de sangre, de monstruos y de seres viles, de estupradores y degenerados que cometen las más abyectas fechorías. Y, por supuesto, de innumerables violaciones. Sin ir muy lejos, el *Tirant lo Blanc*, la más extraordinaria novela escrita en Valencia —donde el BLOC-EV, de Pere Mayor, partido de oposición, estuvo a la cabeza de la grita contra *Todas putas* y Miriam Tey—, tiene como cráter el feroz desfloramiento de la princesa Carmesina por el héroe, maravilloso episodio que es imposible no leer con infinita admiración y placer por la maestría formal y el ingenio con que Joanot Martorell lo concibió. He releído no menos de media docena de veces este soberbio capítulo y juro por mi santa madre que todavía no he violado ni a una mosca. Entre los clásicos de la lengua española no hay, después del *Quijote*, libro por el que yo tenga más cariño y fascinación que por *La Celestina*, una novela en forma de drama atiborrada de prostitutas, brujas, alcahuetas y cabrones y de la que transpira una idea del sexo y del amor que, a mí al menos, me produce náuseas. Pero la genialidad con que está dicha esta historia de tremenda violencia moral y de semen sucio dota al libro de un irresistible poder de persuasión, que arrebata al lector y, venciendo todas sus resistencias, a la vez que lo sume en la mugre lo hace feliz. Se puede decir lo mismo de innumerables libros terribles, desde las tragedias con caníbales e incestos de Shakespeare hasta las truculentas manducaciones humanas del Hannibal Lecter de las novelas de Robert Harris, o, por ejemplo, de las fantasías de Jonathan Swift, que, como es sabido, recomendó imitar la receta de Herodes para acabar con el problema de la superpoblación en Irlanda: el asesinato masivo de los párvulos.

No es la literatura la que emponzoña la vida, sino al revés: los libros que fabulan los escritores están llenos de los fantasmas que nos habitan y que necesitamos sacarnos de encima y mostrar a plena luz, para no asfixiarnos con ellos adentro y para que nuestra vida nos parezca más vivible. Somos nosotros, no los libros, los que, en el secreto de nuestra intimidad, prohijamos aquellos deseos locos y sueños excesivos, a veces ignominiosos, que llenan de fiebre y espanto ciertas historias literarias. Yo lo explico mal, pero hay pensadores lúcidos, como Georges Bataille, que en *La literatura y el mal*, por ejemplo, lo razonaron con luminosa claridad. Los seres humanos estamos dotados de una imaginación y unos deseos que nos exigen vivir más, y mejor o peor de lo que vivimos, pero, en todo caso, de una manera distinta —más intensa, más temeraria, más insana— a aquella que la suerte nos deparó. La literatura nació para que esa imposibilidad fuera posible, para que, gracias a la ficción, viviéramos todo aquello que las limitaciones y prohibiciones de la vida real nos impiden vivir. Y, por eso, la literatura está plagada de aventuras —incluso, de atroces aventuras— que podemos vivir vicariamente, gracias al hechizo del arte, en la pura ilusión. Esta vida ficticia nos completa, nos devuelve todo aquello que debió ser cercenado de nuestra vida —la dimensión instintiva, hambrienta y destructiva de nuestra personalidad— para que la coexistencia social fuera posible, y nos rehace en nuestra perdida integridad. Esto no hace daño a la sociedad, dándole malas ideas; por el contrario, la libera de ellas, y de los miedos y frustraciones enquistadas en los sótanos de la personalidad, donde se cuecen muchas conductas violentas. La fantasía en libertad «produce monstruos», sí, pero ello es profiláctico, una liberación catártica para la colectividad. Es, más bien, cuando se reprime a estos fantasmas que ellos irrumpen en la vida corriente en acciones destructivas. Uno de los mejores ensayos de George Orwell versa sobre este tema —«La decadencia del crimen inglés»— y convendría que lo leyeran los ingenuos demagogos que ven una relación de causa a efecto entre las fantasías misóginas de Hernán Migoya y los asesinatos y golpizas contra las mujeres que se cometen en España, una sociedad donde la veloz modernización de las costumbres y el rápido proceso de emancipación de la mujer de las anacrónicas estructuras tradicionales que la tenían discriminada y sometida provocan en buena medida, sobre todo en medios marginales, de escasa información y cultura, esas reacciones machistas de violencia ciega e irracional. Una sociedad en la que la ficción puede desenvolverse libremente, sin inhibiciones ni censuras, es una sociedad más sana, menos neurótica y frustrada, que otra en la que esta fuente de la creatividad humana está cegada y controlada por carceleros intelectuales, en nombre de la moral. No es casual que los peores crímenes —manes de Jack el Destripador— se cometieran en la Inglaterra victoriana, una sociedad donde un espeso velo púdico coactaba la libre fluencia de la fantasía literaria. No toda la literatura es «maldita», desde luego, como en las novelas de Sade, o en los cuentos del vapuleado Hernán Migoya; la hay también, y de altísima calidad, fantaseada a partir de los aspectos más nobles, altruistas y generosos de la vida humana. Pero el quehacer literario, la construcción de ficciones verbales, mana de la totalidad de la existencia y ella no se puede trocear como si fuera una manzana. En la literatura tradicionalmente han encontrado una vía de escape privilegiada aquellos fantasmas con los que a hombres y mujeres nos resulta más difícil convivir por su naturaleza beligerante, retorcida y a veces perversa, esos demonios que nos avergüenzan, asustan y no sabemos cómo sacarnos de encima. La literatura lo permite, porque, proyectados en ficciones —sobre todo si éstas son logradas—, aquellos monstruos de los abismos de la personalidad dejan de ser malignos, la palabra los domestica y así, amansados, sublimados, también ellos ganan derecho de ciudad.

En otras circunstancias, probablemente, lo ocurrido con el libro de cuentos de Hernán Migoya hubiera provocado una gran movilización de protesta de intelectuales y escritores en España, dada la justificada hipersensibilidad que existe sobre el asunto de la censura en un país que padeció durante cuarenta años el severísimo rigor de los censores de Franco. Pero no ha sido así. Las protestas han sido escasas y, por lo menos yo, no he visto más condenas enérgicas de los energúmenos que pedían la cabeza de Migoya y Miriam Tey que de un puñadito de escritores (Antonio Muñoz Molina, Pere Gimferrer, Elvira Lindo, Juan Manuel de Prada y alguno que otro más) en tanto que los otros guardaban silencio o, peor todavía, se sumaban al cargamontón inquisitorial. ¿Cómo se explica? Por la razón política, desde luego. Aquellos energúmenos eran de «izquierda» y Miriam Tey y el Gobierno que la nombró directora del Instituto de la Mujer, de derecha. Ergo, la corrección política exigía que se justificara la campaña «progresista» contra la reacción, aunque esta campaña presupusiera la defensa de la censura y el acoso y descalificación de un escritor por escribir ejercitando su soberana libertad. ¿Hace falta más pruebas de la grotesca inanidad que han alcanzado los conceptos de «derecha» e «izquierda» en nuestros días?

Madrid, junio de 2003

2. Libros y escritores

Literatura latinoamericana

La poesía de José Emilio Pacheco

Los primeros escritos de un poeta suelen ser egoístas, testimonios exclusivos de una historia individual. Luego, con el tiempo y en ejercicio mismo de la vocación —si se trata de un verdadero poeta, claro está—, sus poemas van rompiendo esos límites estrictos de la experiencia personal y abarcando temas, problemas, cada vez más amplios y generales; así, poco a poco, de autobiográficos se convierten en históricos. La madurez de un creador puede medirse por la culminación de este proceso, tránsito más bien, de lo particular a lo general, de lo concreto a lo abstracto. En otras palabras, de la integración del poeta, mediante su obra, en la comunidad.

Lo que sorprende, justamente, en este libro de poemas de José Emilio Pacheco, joven mexicano destinado a ocupar un lugar sobresaliente en la literatura latinoamericana a juzgar por los méritos excepcionales de esta obra, es la ausencia de ese primer estadio de balbuceo y de indecisión frecuente en el poeta que comienza. Tanto la actitud frente al mundo, como la elección de los temas y el uso de la palabra del autor de *Los elementos de la noche* muestran a un creador perfectamente formado, con una visión lúcida y muy personal de la realidad, y dotado de facultades expresivas nada comunes. José Emilio Pacheco merece figurar, desde ahora, entre ese grupo de autores —Xavier Villaurrutia, José Gorostiza, Alfonso Reyes, Octavio Paz— que han hecho de la poesía mexicana una de las más ricas y profundas de la lengua en nuestros días.

Aislados o fundidos, enmascarados o desnudos, dos temas principales aparecen en todos los poemas de *Los elementos de la noche* y dan al libro, a pesar de su heterogeneidad formal, una sólida unidad. El primero es el descubrimiento del mundo exterior. Frente a los elementos y los objetos que lo rodean, el hombre adquiere la noción de su existencia y, simultáneamente, comprende que la vida tiene carácter provisional, efímero: las cosas se defienden mejor contra la muerte, son menos perecederas que él. Como estimulada por una especie de horror contra el destino del hombre, que es la extinción, esta poesía se aproxima a las cosas, las invade, quiere instalarse en el corazón de la materia inerte y allí, imitando su inmovilidad y su silencio, conquistar la supervivencia. El poeta escudriña la realidad inanimada, la captura por medio de la palabra: «Letras, incisiones en la arena, en el vaho. Signos que borrará el agua o el viento. Símbolos neciamente aferrados a la hora que se cumple dentro de mí, al silencio. ¿Para qué hendir esta remota soledad de las cosas? ¿Por qué llenarlas de plegarias, de trazos, de invocaciones? Porque es un modo de redescubrir el espacio, el origen; de iluminar, mediante el pobre conjuro, la ávida sombra que se cierne sobre el instante. Porque así las murallas de esa cárcel de azogue que yo mismo he erigido, no prevalecerán contra mi nada».

Esta orgullosa afirmación de la palabra como instrumento capaz de descubrir el origen, de «iluminar la sombra», significa también: la palabra es un fin. La poesía ayuda a vivir, es vida en sí misma, y José Emilio Pacheco afirma una y otra vez que la poesía contiene lo mejor del hombre y es una garantía contra la muerte. Ella dignifica todo lo que abraza, incluso lo más ínfimo y pequeño, hasta esos imperceptibles «pasadizos de una hoja de sauce». En uno de los poemas más bellos del libro, el soneto titulado «Presencia», se define la poesía como una entidad contra la cual no prevalece el tiempo:

¿Qué va a quedar de mí cuando me muera
sino esta llave ilesa de agonía;
estas pocas palabras con que el día
apagó sus cenizas y su hoguera?
¿Qué va a quedar de mí cuando me hiera
esa daga final? Acaso mía
será la noche áspera y vacía
que nace y fluye de una oscura era.
No quedará el trabajo, ni la pena
de creer y de amar. El tiempo abierto,
semejante a las aguas o al desierto,
ha de borrar de la confusa arena
todo lo que me salva o encadena.
Mas si alguien vive yo estaré despierto.

Del descubrimiento del mundo, deriva el segundo de los temas de *Los elementos de la noche*: la dramática tentativa del hombre por escapar a su soledad. Para José Emilio Pacheco la poesía es también la llave maestra que tiene el hombre para tomar posesión del mundo. Pero la palabra no es un utensilio dócil, sino rebelde, escurridizo, que sólo se somete por momentos y después de combates y persecuciones sin tregua. Sólo cuando evoca la lucha secreta, invisible y feroz, entre el poeta y el lenguaje, la poesía de José Emilio Pacheco abandona el tono de fría inteligencia que emplea para hablar del tiempo irreversible, de los laberintos del aire, o del rostro del mar cuando amanece, y se apodera de ella cierta angustia, cierta ansiedad impaciente. Esto recuerda una de las preocupaciones de otro poeta mexicano, Octavio Paz, para quien la palabra es «la libertad que inventa cada día». Pero aunque próximo al autor del admirable *Piedra de sol* por los temas de su poesía, Pacheco se diferencia de aquél por su temperamento. La exaltación, el furor y la violencia imaginativa y verbal que caracterizan la poesía de Paz no asoman nunca en la de José Emilio Pacheco, poeta de palabra moderada, contenida, fundamentalmente alusiva:

Vuelve a mi boca sílaba, lenguaje
que lo perdido nombra y reconstruye.
Vuelve a tocar, palabra, ese linaje
que con su propio fuego me destruye.
Regresa así, canción, a este paraje
en donde el tiempo se demora y fluye.
No hay muro o sombra que su paso ataje
—lo perdurable, no el instante, huye.
Ahora te nombro, incendio, y en tu hoguera
me reconozco. Vi en tu llamarada
lo destruido y lo remoto. Era
como pisar una isla calcinada.
Mas vuelve a mí, canción deshabitada,
antes que el tiempo, como el tiempo, muera.

En *Los elementos de la noche* son ensayadas con igual sabiduría formas métricas clásicas y modernas, y se emplean los procedimientos expresivos más diversos con idéntico rigor. Desde el poema en prosa hasta el soneto de ley rígida, Pacheco pasa de una a otra forma de construcción, y su desenvoltura y su destreza formales son semejantes en el verso libre o el rimado, en la poesía consonante y asonante. El conocimiento del lenguaje y la vasta cultura poética que su libro manifiesta, permiten a Pacheco una asombrosa libertad de movimiento en el dominio de la forma. Entre las técnicas que utiliza, una de las más constantes es la alegórica, como el poema «La enredadera», que para él prefigura la vida y la muerte:

> Verde o azul, fruto del muro, crece;
> divide cielo y tierra.
> Con los años
> se va haciendo más rígida, más verde,
> costumbre de la piedra, cuerpo ávido
> de entrelazadas puntas que se tocan,
> llevan la misma savia, son una breve planta
> y también son un bosque;
> son los años
> que se anudan y rompen;
> son los días
> del color del incendio;
> son el viento
> que a través del otoño
> toca el mundo,
> las oscuras
> raíces de la muerte
> y el linaje
> de sombra que se alzó en la enredadera.

En la última parte del libro de José Emilio Pacheco, bajo el título de «Aproximaciones», aparecen traducidos al español con fidelidad y belleza, poemas de John Donne, Baudelaire, Rimbaud y Salvatore Quasimodo. En todas estas versiones, Pacheco sale airoso de esa operación infinitamente audaz y casi imposible que es trasplantar un poema a otra lengua. El ejemplo mayor es la versión de «Le Bateau ivre» de Rimbaud, que Pacheco ha conseguido adaptar al español conservando las imágenes, la música y la vehemencia subversiva del texto original. También en este sentido puede decirse que *Los elementos de la noche* enriquecen la poesía de lengua española y son un acontecimiento.

París, agosto de 1964

Paradiso, de José Lezama Lima

José Lezama Lima es una de las víctimas de la incomunicación cultural entre los países latinoamericanos; su nombre y sus libros son apenas conocidos fuera de Cuba, y esto no sólo es una injusticia para con él (a quien, probablemente, la poca difusión de sus escritos no le importa tanto), sino también para con los lectores de América, a los que la falta de editoriales y revistas de circulación continental, el escaso contacto literario entre países de una lengua y una historia comunes, mantenidos en mutua ignorancia por el subdesarrollo claustral, han privado hasta ahora de una obra muy valiosa y, sobre todo, original. La aparición, a principios de año, en la colección Contemporáneos de la UNEAC (Unión Nacional de Escritores y Artistas de Cuba), de *Paradiso*, libro que corona la tarea creadora de Lezama Lima, debería poner fin de una vez por todas a ese desconocimiento y ganarle la admiración que merece.

¿Quién es Lezama Lima?

Lezama Lima nació a fines de 1910, en el campamento militar de La Habana, Columbia, donde su padre era coronel de artillería; su madre pertenecía a una familia de emigrados revolucionarios y se había educado en Estados Unidos. La infancia de Lezama transcurrió en un mundo castrense de uniformes, entorchados y ritos, y de todo ello él parece haber conservado un recuerdo muy vívido y un curioso amor por la disciplina, las jerarquías, los emblemas y los símbolos. El coronel murió cuando Lezama Lima tenía nueve años y esto lo afectó tanto que, según Armando Álvarez Bravo (de quien tomo estos datos biográficos), sus ataques de asma recrudecieron al extremo de obligarlo a pasar largas temporadas en cama. Fue, desde entonces, un ser enfermizo y solitario, que jugó poco de niño y, en cambio, leyó vorazmente. A partir de 1929, vivió solo con su madre, que ejerció una influencia decisiva en su formación y en su vocación, y por quien él profesó una devoción casi religiosa. («Casi un año antes de la muerte de su madre —dice Álvarez Bravo—, Lezama la presiente y cae en un estado de abatimiento que le hace abandonar su trabajo, perder el interés por todo, encerrarse en sí mismo»). Lezama estudió leyes y cuando estaba en la universidad, en 1930, tuvo lugar su única militancia política, en contra de la dictadura de Machado. Aparte de este episodio, su vida ha estado consagrada, por un lado, a las forzosas actividades alimenticias —como abogado y funcionario— y, por otro, a una indesmayable vocación de lector universal y, desde luego, al ejercicio de la poesía.

La llegada de Juan Ramón Jiménez a la isla fue un gran estímulo para la generación de Lezama Lima, que lo rodeó y asimiló mucho de su prédica esteticista a favor de un arte puro, minoritario y exclusivo. El primer libro de Lezama Lima, *Muerte de Narciso*, es de 1937, y desde entonces ha publicado otros diez (*Enemigo rumor*, 1941; *Aventuras sigilosas*, 1945; *La Fijeza*, 1945; *Arístides Fernández*, 1950; *Analecta del reloj*, 1953; *La expresión americana*, 1957; *Tratados en La Habana*, 1958; *Dador*, 1960; una monumental *Antología de la poesía cubana* en tres tomos, 1965, y *Paradiso*, 1966), en los que la poesía ocupa el lugar principal, pero que comprenden también relatos, ensayos, crítica literaria y artística. Curiosamente, este hombre tan ajeno a la acción, tan entregado toda su vida al estudio y a la realización de su obra creadora, ha sido también un activo animador cultural. En 1937 sacó tres números de una revista, *Verbum*; luego, entre 1939 y 1941, seis de otra, *Espuela de Plata*; entre 1942 y 1944, diez números de una nueva, *Nadie parecía*; entre 1944 y 1957, cuarenta números de una de las más sugestivas y coherentes publicaciones literarias del continente: *Orígenes*. Luego del triunfo de la revolución, Lezama Lima dirigió el Departamento de Literatura y Publicaciones del Consejo Nacional de Cultura, fue nombrado vicepresidente de la UNEAC y es, en la actualidad, asesor del Centro Cubano de Investigaciones Literarias. Su adhesión a la revolución no ha alterado sus convicciones literarias ni religiosas (aunque, probablemente, muchos católicos deben hallarlo singularmente heterodoxo), ni su apacible sistema de vida, en su casa de La Habana Vieja, atestada de libros que han desbordado los estantes de cuartos y pasillos y aparecen regados por los suelos o formando pirámides en los rincones, y de cuadros y objetos que sorprenden a los visitantes, tal vez no tanto por su intrínseca riqueza como por la lujosa manera como va mostrándolos el propio Lezama Lima, impregnándoles ese colorido, esa abrumadora erudición y esa mitología privada con que él imprime un sello personal a todo cuanto habla o escribe. Hombre muy cordial, prodigiosamente culto, conversador fascinante mientras el asma no le guillotine la voz, ancho y risueño, parece difícil aceptar que este gran conocedor de la literatura y de la historia universales, que habla con la misma versación picaresca de los postres bretones, de las modas femeninas victorianas o de la arquitectura vienesa, no haya salido de Cuba sino dos veces en su vida, y ambas por brevísimo tiempo: una a México y otra a Jamaica (uno de sus más hermosos poemas, *Para llegar a la Montego Bay*, refiere esta última experiencia como una proeza no menos fastuosa que el retorno de Ulises a Ítaca). Aunque muchos, tal vez la mayoría, de los poetas y escritores jóvenes cubanos se hallan ahora lejos de los principios artepuristas y un tanto herméticos de *Orígenes*, todos reconocen la deuda que tienen contraída con esta revista y con el propio Lezama Lima, y éste es respetado y querido por ellos como un clásico vivo.

PARADISO: UNA *SUMMA* POÉTICA, UNA TENTATIVA IMPOSIBLE

En un inteligente artículo titulado «Las tentativas imposibles», el escritor chileno Jorge Edwards establecía hace poco un parentesco, una filiación entre una serie de grandes obras de la literatura narrativa en la que los autores se habían propuesto agotar una materia a sabiendas de que ésta era, en sí misma, inagotable, encerrar en un libro todo un mundo de por sí ilimitado, aprisionar algo que no tiene principio ni fin. Empresas destinadas al fracaso en el sentido de no alcanzar el propósito que las forjó —pues el propósito era, deliberadamente, inalcanzable—, a ellas debemos, sin embargo, novelas como *Finnegans Wake*, de Joyce; *Bouvard et Pécuchet*, de Flaubert; y *El hombre sin cualidades*, de Musil, que, aunque den la impresión de obras inconclusas, fragmentarias, figuran entre las más renovadoras de la literatura moderna. *Paradiso* es también una tentativa imposible, semejante a aquéllas, por la voluntad que manifiesta de describir, en sus vastos lineamientos y en sus más recónditos detalles, un universo fraguado de pies a cabeza por un creador de una imaginación ardiente y alucinada. Lezama Lima se reclama el inventor de una interpretación poética del mundo, de la que toda su obra —sus poemas, sus relatos, sus ensayos— habría sido, hasta la publicación de *Paradiso*, una descripción parcial y dispersa. El gran intento de totalización de este sistema, su demostración encarnada, es este libro, que él ha llamado novela, y que es la obra de gran parte de su vida, pues los primeros capítulos aparecieron en los comienzos de *Orígenes*.

Nada más difícil que tratar de explicar, en unas líneas, en qué consiste este sistema poético del mundo en el que Lezama Lima ha comenzado por excluir todo elemento racional y que aparece monopolizado por la metáfora y la imagen, a las que él confiere funciones poco menos que sobrenaturales: ellas no son sólo los instrumentos de la poesía y también sus orígenes, sino las herramientas que tiene el hombre para comprender la historia, entender la naturaleza, vencer a la muerte y alcanzar la resurrección. La evolución de la humanidad, por ejemplo, es para Lezama Lima una sucesiva cadena de metáforas que se van enlazando, como en el interior de un poema, para configurar una infinita imagen del hombre: «Existe un periodo indumeico o de fabulación fálica en que todavía el ser humano está unido al vegetal y en que el tiempo, por la hibernación, no tiene el significado que después ha alcanzado entre nosotros. En cada una de las metamorfosis humanas, la dormición creaba un tiempo fabuloso. Así aparece la misteriosa tribu de Idumea, en el Génesis, donde la reproducción no se basaba en el diálogo carnal por parejas donde impera el dualismo germinativo. Adormíase la criatura a la orilla fresca de los ríos, bajo los árboles de anchurosa copa, y brotaba con graciosa lentitud del hombro humano un árbol. Continuaba el hombre dormido y el árbol crecía haciéndose anchuroso de corteza y de raíz que se acercaba a la secreta movilidad del río. Se desprendía en la estación del estío propicio la nueva criatura del árbol germinante y, sonriente, iniciaba sus cantos de boga en el amanecer de los ríos». Las civilizaciones primitivas, las grandes culturas orientales de la antigüedad, los primeros imperios, figuran en esta nueva organización de la historia, dentro de un sistema rigurosamente jerárquico en el que los puestos de mayor relieve se otorgan, no por los progresos alcanzados en el dominio de la ciencia, de la economía, de la justicia social, no por la duración ni la extensión geográfica que alcanzaron o por lo que construyeron o destruyeron en la realidad visible, sino por el brillo, la gracia, la singularidad metafórica que las exprese. Sin sonreír, en una entrevista con Álvarez Bravo, Lezama Lima afirma: «Así descubro o paso a un nuevo concepto: los reyes como metáforas, refiriéndome a los monarcas como San Luis, [...], Eduardo el Confesor, San Fernando, Santa Isabel de Hungría, Alfonso X el Sabio, en los cuales la persona llegó a constituirse en una metáfora que progresaba hacia el concepto de pueblo rezumando una gracia y penetrando en el valle del esplendor, en el camino de la gloria, anticipo del día de la Resurrección, cuando todo brille, hasta las cicatrices de los santos, con el brillo del metal estelar». Y más tarde añade que «no sólo en lo histórico, sino en determinadas situaciones corales, se presenta este fenómeno. Puede verse en los hombres, los guerreros que duermen a la sombra de las murallas que van a asaltar. Como los que formaron lo que se llamó en el periodo napoleónico *la Grande Armée*, que atravesaron toda Europa. Un conjunto de hombres que en la victoria o la derrota conseguían una unidad donde la metáfora de sus enlaces lograba la totalidad de una imagen».

Así pues, aunque la razón esté ausente de ese sistema poético —o desempeñe una función insignificante—, el humor ocupa en él un lugar preponderante y disimula sus lagunas, justifica muchas veces las sutiles alteraciones que Lezama Lima introduce en la verdad histórica en sus fuentes culturales, para, como lo hace también Borges, redondear más excelentemente una frase o un argumento. Pero todo lo que puede haber de risueño, de ligero, de exageradamente lúdico en esta teoría poética de la existencia y de la historia, se convierte en rigor, en trabajo voluntarioso y severo en lo estrictamente literario. *Paradiso* no consigue en modo alguno lo que tal vez se proponía Lezama Lima: construir una *summa* que mostrara, en todas sus minucias y enormidades, su concepción del arte y de la vida humana y es probable que, al terminar la lectura del libro, el lector siga teniendo, respecto a su sistema poético, el mismo desconcierto en que lo dejaban sus ensayos o entrevistas. Pero, en cambio, como universo narrativo, como realidad encarnada a través de la palabra, *Paradiso* es sin lugar a dudas una de las más osadas aventuras literarias realizadas por un autor de nuestro tiempo.

UNA REALIDAD SENSORIAL Y MÍTICA, UN EXOTISMO DIFERENTE

El argumento de *Paradiso* está construido en torno a un personaje central, José Cemí, en el que, obviamente, Lezama Lima ha volcado su experiencia vital. José Cemí es, también, hijo de un coronel de artillería que muere prematuramente, víctima de ataques de asma que le provocan pesadillas y lo aíslan del mundo de la acción obligándolo a refugiarse en la meditación y en las lecturas. Profesa a su madre una veneración total. El libro se inicia cuando el personaje es aún niño —con una escena atroz: los brutales remedios que aplica una criada despavorida al pequeño cuerpo atacado por el asma y las ronchas— y termina más de veinte años después ante el cadáver de Oppiano Licario, misteriosa figura que aparece como maestro, precursor y protector espiritual de Cemí, cuando éste, terminada ya la etapa de formación y aprendizaje, va a entrar en el mundo a cumplir su vocación artística, de cuyo nacimiento y desarrollo la novela da minuciosa cuenta. En sí mismos, los hechos descritos de la niñez y de la juventud de José Cemí son poco excepcionales (sus viajes al campo, sus primeras experiencias de colegio, sus relaciones con amigos y parientes, sus conversaciones y discusiones literarias con compañeros de universidad que, como él, cultivan también lecturas copiosas y excéntricas), pero con más precisión se podría afirmar que, en este libro, los hechos, los actos humanos son siempre insignificantes, superfluos. Lezama Lima no se detiene casi en ellos, los menciona muy de paso, constantemente los omite: a él le interesa otra cosa. Ésta es la primera y tal vez la mayor dificultad que debe enfrentar el lector de *Paradiso*. En muy contados momentos del libro, lo narrado se sitúa en la realidad exterior, en ese nivel donde se registran las acciones, las conductas de los personajes. Pero esto no significa, tampoco, que la realidad primordial de *Paradiso* sea una subjetividad, la capilla secreta de una conciencia donde se refracta todo lo que ocurre para ser allí analizado, interrogado, explorado en todos sus ángulos (como ocurre por ejemplo en Proust, aunque la deuda de Lezama con éste sea muy grande), sino más bien, en un orden puramente sensorial en el que los hechos, los acontecimientos, se disuelven y confunden, formando extrañas entidades, huidizas formas cambiantes llenas de olores, de músicas, de colores y de sabores, hasta ser borrosos o ininteligibles. Rara vez se tiene un conocimiento cabal de lo que ha ocurrido o está ocurriendo a José Cemí: su vida parece ser una torrentosa corriente de sensaciones auditivas, táctiles, olfativas, gustativas y visuales, que nos es comunicada mediante metáforas. Lezama ha realizado, en este sentido, verdaderos prodigios: la descripción de las sensaciones angustiosas de José Cemí durante un ataque nocturno de asma (págs. 176-178; La Habana, Ediciones Unión, 1966) valiéndose de imágenes oníricas y saturninas, y la relación de esa manifestación de estudiantes atacada por guardias a caballo (págs. 298-305) aludiendo únicamente a sus valores plásticos, en los que éstos, como en un cuadro de Turner, acaban de devorar a su propia materia, no tienen probablemente equivalente, y, por ejemplo, reducen a débiles intentos los experimentos realizados por J. M. Le Clézio en este campo que han impresionado tanto a los críticos europeos.

Este universo sensorial, privado de actos y de psicología, cuyos seres se nos aparecen como monstruos sin conciencia, consagrados a la voluptuosa tarea de *sentir*, es también mítico: todo en él, aun lo más nimio, está bañado de misterio, de significaciones simbólicas, de religiosidad recóndita y vive una eternidad sin historia. Seres, sensaciones, objetos son siempre aquí meros pretextos, referencias que sirven para poner al lector en contacto con otros seres, otras sensaciones y otros objetos, que a su vez remiten a otros, en un juego de espejos inquietante y abrumador, hasta que de este modo surge la extraña sustancia inapresable y fascinante que es el elemento en el que vive José Cemí, su horrible y maravilloso «paraíso».

Si hubiera que elegir una palabra que definiera de algún modo la característica mayor de este paraíso, yo elegiría *exótico*. Aun cuando Lezama Lima sea profundamente cubano, y en muchas páginas de su novela evoque con pasión imágenes del campo y la ciudad de su país (pienso en la visión semimágica, por ejemplo, de esas dos calles paralelas de La Habana Vieja, donde José Cemí va a merodear por las librerías), y aun cuando se trate de un escritor condicionado por la circunstancia latinoamericana, su curiosidad, su imaginación, su cultura se vuelven sobre todo hacia otros mundos geográficos y literarios en busca de materiales que sirvan de elementos de comparación, de refuerzo y apoyo a su universo. No creo que ni en los más «exotistas» poetas latinoamericanos —Rubén Darío, por ejemplo, o en Borges—, considerando toda su obra reunida, haya tantas citas, referencias y alusiones a la cultura europea, o a las civilizaciones clásicas, o al mundo asiático, como en esta novela de Lezama. Ese despliegue casi desesperante de erudición, sin embargo, revela engolosinamiento, avidez, alegría infantil por toda esa vasta riqueza foránea, pero —y ahí está la gran diferencia con Darío o Borges— nunca beatería: Lezama no se despersonaliza y deshace dentro de ese magnífico caos, no se convierte en un epígono: más bien se apodera de él, lo adultera y lo adapta a sus propios fines. Le impone su propia personalidad. Para Lezama Lima la cultura occidental, los palacios y parques franceses, las catedrales alemanas e italianas, esos castillos medievales, ese Renacimiento, esa Grecia, así como esos emperadores chinos o japoneses o esos escribas egipcios o esos hechiceros persas, son «temas», objetos que lo deslumbran porque su propia imaginación los ha rodeado de virtudes y valores que tienen poco que ver con ellos mismos, y que él utiliza como motores de su espeso río de metáforas, usando de ellos con la mayor libertad y aun inescrupulosidad, integrándolos así a una obra de estirpe netamente americana. Se trata de un exotismo al revés: Lezama hace con Europa y Asia lo que hacían con el Japón los simbolistas, lo que hicieron con África, América Latina y Asia escritores como Paul Morand o Joseph Kessel (para no citar a Maurice Dekobra), lo que hicieron con la antigüedad griega Pierre Louÿs o Marcel Schwob. Así como en la obra de estos escritores aquellos mundos exóticos servían para conformar una interpretación, o una simple visión, «europeas» de realidades exóticas, del mismo modo en *Paradiso* la historia de la humanidad y la tradición cultural europea aparecen resumidas, deformadas hasta la caricatura, pero a la vez enriquecidas poéticamente, y asimiladas a una gran fábula narrativa americana.

Digo americana y tal vez hubiera sido preferible decir cubana. Porque Lezama Lima es un escritor avasalladoramente tropical, un prosista que ha llevado ese exceso verbal, esa garrulería de que han sido tan acusados los escritores latinoamericanos, a una especie de apoteosis, a un clímax tan extremo que a esas alturas el defecto ha cambiado de naturaleza y se ha vuelto virtud. No siempre, desde luego. Hay muchas páginas de *Paradiso* en las que el enrevesamiento, la oceánica acumulación de adjetivos y de adverbios, la sucesión de frases parásitas, el abuso de símiles, de paréntesis, el recargamiento y el adorno y el avance zigzagueante, las idas y venidas del lenguaje resultan irresistibles y desalientan al lector. Pero a pesar de ello, cuando uno termina el libro, estos excesos quedan enterrados por la perpleja admiración que deja en el lector esta expedición por ese *Paradiso* concebido por un gran creador y propuesto a sus contemporáneos como territorios de goces infinitos.

Londres, 1966

La ciudad recobrada

«Ahí viven los paraguayos —dijo Roa Bastos—, éstas son las villas miseria». El ómnibus acababa de dejar atrás Buenos Aires, rumbo al aeropuerto de Ezeiza, y, a ambos lados de la carretera, entre los ralos árboles de la pampa, ondulaba miserablemente un mar de chozas. La neblina empañaba los cristales del ómnibus, apenas veíamos a la muchedumbre anónima que hormigueaba entre las disparatadas viviendas de cartones, tablas, adobes, calaminas. Pero no era difícil, con un pequeño esfuerzo de la memoria, reconocer los rostros de las pasajeras siluetas, adivinar el hambre, el miedo, la mugre que los afeaba. ¿Acaso no eran los mismos rostros de las barriadas limeñas? «Pero para mí es distinto porque éstos son paraguayos», dijo Roa Bastos. ¿Cuántos compatriotas suyos vivían en la Argentina, cuántos llevaban esta existencia larval? Encogió los hombros: no se podía saber. «La mayoría cruzan el río clandestinamente —explicó—, y viven aquí sin papeles, como parias; son nuestros "espaldas mojadas". Se dice que sólo en las villas miseria de Buenos Aires hay más de medio millón de paraguayos. No todos son exiliados políticos, claro. Muchos vienen en busca de trabajo, con la ilusión de vivir mejor. Y fíjate». Recordé que la noche anterior, en un hotel de Buenos Aires, una señora risueña, los ojos llenos de malicia, como quien va a contar un chiste verde, me había dicho: «¿Quién cree usted que comete los crímenes, los robos que aparecen en los diarios? ¡Los paraguayos!; y, además, viven peor que animales, palabra». Se lo conté a Roa Bastos y él sonrió sin alegría: lo terrible es que había algo de cierto en eso, viejo. Y, de inmediato, comenzó a referir anécdotas de sus paisanos exiliados y a recordar Asunción, cómo era la vida allá cuando él partió, once años atrás. Yo lo escuchaba sorprendido al verlo tan animado y locuaz, a él, que siempre —es decir, la media docena de veces que lo había visto hasta entonces— me pareció muy reservado y tímido. Se lo dije y su rostro macizo, cordial y redondo se encendió: estaba un poco nervioso, viejo. Tampoco era para menos, ¿no es cierto?, volver al Paraguay después de tantos años, de tantas cosas, que me diera cuenta.

En el avión

Más tarde, en el avión que avanzaba casi sin ruido por un cielo que se oscurecía de prisa, me fue contando, en desorden, sin alardes, su fuga de Asunción, el año 1945, en plena guerra civil. Era periodista entonces y unos amigos le avisaron que la policía y los militares lo buscaban. Estuvo escondido un buen tiempo en la misma ciudad, saltando de un refugio a otro como una comadreja asustada —pasó una noche encogido en un tanque de agua—, pero lo peor no había sido eso, sino lo que vino después de cruzar el río, cuando llegó a Buenos Aires y tuvo que buscar la manera de sobrevivir. Pero había tenido suerte, viejo: al poco tiempo entró de obrero a una tintorería. Después, fue mozo de hotel, corrector, periodista. Este último trabajo estaba demasiado cerca de la literatura y por eso lo dejó. Poco a poco se fue acomodando: profesor, libretista, autor de guiones para cine. Mal que mal había podido terminar los cuentos de *El trueno entre las hojas*, su novela *Hijo de hombre* y el libro de relatos que publicará este año Losada. A muchos compañeros les había ido mil veces peor, viejo. La lástima era tener que haber vivido tantos años lejos de su país, de su paisaje, del idioma de la calle paraguaya, eso le hacía falta a un escritor, ¿no me parecía? Para animarlo, le conté que yo había conocido su nombre cinco años atrás, en La Habana, cuando apareció en la isla una edición popular de *Hijo de hombre*, y que, gracias a su novela, no había sentido el interminable viaje de regreso a Europa, que el capítulo del camionero en la guerra del Chaco me hizo olvidar, incluso, la tormenta que sacudió al avión poco antes de llegar a Praga. Pero él no quería, no podía hablar de otra cosa que del Paraguay: la pena es que sus libros hubieran circulado fuera y no dentro de su país, viejo, era seguro que nadie los habría leído en Asunción. Unos minutos después, apenas desembarcamos en el aeropuerto Presidente Stroessner, él y yo supimos que no había sido así.

«Roa Bastos estaba muy conmovido —dijo Rubén Bareiro—. No era para menos, claro». Habíamos dejado el aeropuerto hacía un momento, rodábamos por una noche tibia y olorosa hacia Asunción, los faros del automóvil revelaban cercas de chacras, fachadas de quintas semiocultas por árboles. Roa Bastos se había quedado en el aeropuerto, rodeado de familiares —mujeres con los ojos húmedos, un anciano ajado y tieso que lo había atrapado entre sus brazos apenas descendió del avión—, de los jóvenes de la revista *Alcor*, de estudiantes universitarios y de colegiales que lo abrazaban, le estrechaban las manos y lo acosaban a preguntas. Pequeñito, amistoso, pestañeando sin tregua, él iba de un grupo a otro, aturdido. «Claro que aquí lo han leído todos —dijo Rubén Bareiro—. Y lo mismo a Casaccia. Aquí nunca se ha prohibido una novela. Las autoridades no temen la literatura, a lo mejor ni se han enterado que existe. En todo caso, no piensan que eso pueda ser peligroso». De cuando en cuando, un ruidoso vehículo, al cruzarnos, borraba el suave runrún de la campiña. Estábamos en los suburbios de la ciudad, aparecían viviendas de un solo piso, techos de tejas, veredas empinadas. «Sin embargo, la literatura significa algo aquí —digo yo—; si no ¿cómo explicar el caso de *Alcor*?». Hace diez años que salió el primer número de esa revista, gracias al ímpetu de un grupo de adolescentes capitaneados por el propio Bareiro. El grupo inicial se deshizo y rehízo varias veces (algunos se apartaron, otros fueron desterrados del país por la dictadura, en los diez años que han pasado un buen número de colaboradores visitaron la cárcel), pero siempre hubo relevos para llenar de poemas, relatos y artículos las páginas de *Alcor*, para mendigar avisos en las casas comerciales de Asunción y recorrer la ciudad colocando suscripciones. Y, además de sacar la revista, el equipo de *Alcor* ha editado libros, organizado conferencias y concursos. Gracias a ellos ha vuelto Roa Bastos al Paraguay, gracias a ellos estoy aquí. «Hacemos lo que se puede —dice Rubén Bareiro—; pero los jóvenes hacen más que nosotros». En los días siguientes, tendré ocasión de comprobarlo: las revistas estudiantiles, los programas radiales de alumnos

111

de liceo y de facultad hacen gala de una osadía, de una libertad de palabra que contrastan saludablemente con el conformismo de la prensa grande. «Parece mentira —me dirá un poeta—, pero las críticas más certeras y enérgicas de los últimos meses contra la dictadura han aparecido en publicaciones escolares». Estamos en el centro de Asunción y me señalan una residencia rodeada de jardines, aislada de la calle por una alta verja: ahí vive Stroessner. Trato de distinguir, en las sombras, la pequeña pista que, según se dice, hay detrás de la casa presidencial, con un avión siempre listo, para caso de emergencia. Junto a la residencia, se alza un gigantesco, flamante, feísimo local: la embajada norteamericana. «Parece que, cada noche, Stroessner y el embajador cambian sus impresiones del día, de balcón a balcón», dijo un bromista.

En una casa, entre arpas

Es medianoche pasada y las puertas y ventanas de la casa —en las afueras de Asunción— están abiertas para recibir el fresco de la noche. «Lo mejor que tenemos es el cielo —dice mi vecino—. Lástima que hoy esté algo nublado». Sin embargo, parece imposible que la atmósfera pueda lucir más limpia y clara; que haya más luces en el cielo. La sala está llena de gente, un conjunto musical ha instalado sus arpas y guitarras en una esquina. Roa Bastos conversa infatigablemente con el director, un hombre ceremonioso y cortés, y yo sólo a medias puedo seguir el diálogo, que es a ratos en castellano, a ratos en guaraní. Se han conocido de muchachos, ambos solían apostarse en las noches bajo los balcones de las chicas de Asunción, para despertarlas con serenatas. Muchas de las canciones que acabamos de oír tienen letra de Roa Bastos. Ahora él se avergüenza de esos versos adolescentes y se ruboriza cuando alguien le revela que sus canciones son muy populares y que se tocan con frecuencia. Se habla de música, del prestigio y la audiencia que tiene la poesía en el pueblo paraguayo, de cómo son respetados y queridos esos aedas humildes que van, como los juglares medievales, recorriendo el país y viviendo de la generosidad pública. También se habla de política. Nos rodean profesores, estudiantes, escritores jóvenes. Todos han estado alguna vez en la cárcel. Unos y otros rivalizan, deportivamente, comparando los días, las semanas, los meses que pasaron encerrados. Se cuentan anécdotas: un club social de Asunción mantiene una secretaría permanente encargada de suministrar alimentos, dos veces por día, a los socios detenidos por razones políticas. ¿Cuántos presos políticos hay actualmente en Paraguay? Todos se miran, extrañados. No hay manera de saberlo: cien, mil, quizá muchos más. Los presos están repartidos por las guarniciones más alejadas, las detenciones no siempre se revelan, según una disposición constitucional un hombre puede permanecer entre rejas indefinidamente sin ser llevado a los tribunales. Sin embargo, en relación con años anteriores, la dictadura es ahora más discreta. Desde 1964, incluso, tolera una moderada oposición: una facción disidente del Partido Colorado hace tímidas críticas desde su periódico y hay grupos católicos —sacan un semanario, *Comunidad*— que reclaman la democratización del régimen. La oposición de izquierda, desde luego, sigue siendo reprimida sin contemplaciones. «Si usted compara lo de ahora con lo del año 60, se puede decir que estamos en el paraíso —dice una voz—. Pero este ablandamiento es provisional. Stroessner quiere reformar la Constitución para hacerse reelegir con todas las de la ley y por eso ha soltado un poco la mano. Además, ahora no se siente en peligro. Ante la menor amenaza real, volverán los horrores del sesenta».

El año 60 Paraguay se dio uno de esos baños de sangre que son harto frecuentes en la historia de América. Dos columnas de guerrilleros habían comenzado a operar en zonas campesinas. La represión adquirió rápidamente dimensiones dantescas: en las playas de las ciudades argentinas de la frontera aparecieron, traídos por las aguas, cadáveres con atroces mutilaciones. Cuando la prensa internacional se hizo eco de estos crímenes, la policía de Stroessner cambió de método. Los rebeldes y sus cómplices (presuntos cómplices, muchas veces) eran torturados en las plazas de las aldeas y luego arrojados desde aviones militares a la selva, al amparo de miradas curiosas. «Los diarios no hablaron de eso —dijo la misma voz de antes—: pero no importa; todo ha quedado registrado en la música y en la poesía popular, ni más ni menos que los sucesos de la guerra del Chaco».

De la guerra del Chaco, de los infinitos padecimientos del pueblo paraguayo a lo largo de su trágica historia, de su increíble resistencia a la adversidad, oiría hablar al día siguiente, en el escenario de Radio Cháritas de Asunción, al propio Roa Bastos y a otro novelista paraguayo, Gabriel Casaccia (el autor, entre otros libros, de *La Babosa*, traducido a varias lenguas), que se hallaba allí, como nosotros, invitado por *Alcor*, para hablar sobre la literatura latinoamericana de hoy. Casaccia había salido del Paraguay hacía treinta años; desde entonces vive en Buenos Aires. Él y Roa Bastos han hecho conocer la realidad paraguaya en libros que han tenido una amplia repercusión. Ambos constituyen una especie de puente con el exterior para los jóvenes intelectuales de su país. Yo me sentía un intruso, entre ellos, en el auditorio de Radio Cháritas, oyéndolos hablar de sus libros y respondiendo a la lluvia de preguntas que les formulaban los estudiantes, los periodistas, los curiosos que atestaban el local. ¿A qué se debía la escasez de narradores en la literatura paraguaya moderna?, preguntó Casaccia. «A la tiranía que tenemos, que ha matado la libertad de creación», repuso un espectador. ¿Tenía derecho un novelista a dar una visión pesimista de la realidad social de su país, como ocurre en *La Babosa*? «Yo soy un escritor realista y no veo en lo que escribo ninguna razón de optimismo, respondió Casaccia; yo muestro lo que ocurre; si a ustedes no les gusta esa realidad, cámbienla. Entonces escribiré novelas optimistas». «El novelista no busca reproducir las cosas sino representarlas —lo corrigió, con suave tono, Roa Bastos—; no trata de duplicar lo visible sino, principalmente, de ayudar a ver en la opacidad y ambigüedad del mundo: no sólo en la realidad física, sino también en la realidad metafísica; eso que, siendo reflejo de lo real, sólo un ojo límpido, educado en la visión interior, puede percibir». Era un diálogo familiar: dos exiliados, de vuelta a su país, confrontaban las imágenes que se habían llevado al partir con las que les oponía ahora su realidad —momentáneamente— recobrada.

«Asunción ha cambiado mucho —dijo Roa Bastos— y, sin embargo, sigue idéntica». Observaba los edificios modernos —el Hotel Guaraní, sobre todo, bello rascacielos que sobrevuela la capital—, el pavimento, el nuevo barrio residencial: nada de eso existía cuando él partió. Reconocía, en cambio, el mismo ritmo soñoliento, provinciano, de la vida, que ofrece el centro de la ciudad, con sus viejas casonas de aleros rojos y frondosas huertas. Reconocía las centenarias costumbres: la gente seguía volcándose a las calles al alba —el comercio se abre a las siete de la mañana, se cierra a las once— y a las doce del día la ciudad seguía desierta, como antes, silenciosa, entregada a la siesta. Allí estaban siempre los cuarteles, absurdamente enclavados en torno a la Catedral, y las altas, serpentinas veredas que rodean a las Cuatro Plazas ofrecían, siempre, ese espectáculo populoso, mísero, multicolor, de vendedores ambulantes que él recordaba. La tierra se divisaba todavía, a lo lejos, entre la espesa vegetación que rodea a Asunción, a ambas márgenes del río Paraguay, tal como él me lo decía en el avión: roja como una llaga. Y, al salir de la capital, hacia San Bernardino y el lago de Ipacaraí, todo parecía conservado igual que en su memoria: el cielo azul, el hirviente follaje, los ranchos sin esperanza de donde parten miles de emigrantes, la vieja, hermosa iglesia colonial de los franciscanos en Yaguarón, el rumor de los riachuelos, el polvo colorado, las tersas aguas verdes de la laguna. Entretanto, Casaccia se había marchado a Areguá, esa ciudad que sirve de escenario a *La Babosa*. «Cuando la novela apareció —dijo Rubén Bareiro—, si Casaccia se hubiera presentado en Areguá, lo hubieran linchado. Todo el pueblo se sentía aludido, traspuesto en los personajes. Pero el tiempo no pasa en vano. Ahora, lo han recibido en una manera triunfal. Y lo han ayudado a fotografiar las casas y los lugares de Areguá que figuran en *La Babosa* para que aparezcan como ilustraciones en la próxima edición de la novela». «Es cierto, el tiempo no pasa en vano —dijo Roa Bastos—. No me daba cuenta, pero en estos días, al ver de nuevo las caras de mis amigos de hace once años, he comprendido lo viejo que debo estar yo también». Lo decía sin la menor amargura, la cara radiante, mientras miraba, posesiva, vorazmente, una y otra vez los caseríos, las lomas, las palmeras, los animales que íbamos dejando atrás. Nosotros sabíamos que estaba mintiendo; sus ojos, sus gestos, su voz nos mostraban que el retorno del exilio no le había descubierto la vejez, que más bien estaba recuperando codiciosamente su adolescencia, su niñez.

Asunción, agosto de 1966

Un hechicero maya en Londres

Hacía una punta de años que no venía a Londres, pero apenas bajó del automóvil —corpulento, granítico, perfectamente derecho a pesar de sus casi setenta años—, reconoció el lugar, y se detuvo a echar una larga mirada nostálgica a esa callecita encajonada entre el British Museum y Russell Square, donde le habían reservado el hotel. «Pero si en esta calle viví yo, cuando vine a Europa por primera vez», dijo asombrado. Han pasado cuarenta y cuatro años y ha corrido mucha agua bajo los puentes del Támesis desde entonces. Era el año 1923 y Miguel Ángel Asturias no soñaba todavía en ser escritor. Acababa de recibirse de abogado y unos artículos antimilitaristas le habían creado una situación difícil en Guatemala. José Antonio Encinas, que se hallaba exiliado en ese país, animó a la familia a que dejara partir a Asturias con él a Londres a fin de que estudiara economía. Y así ocurrió. Viajaron juntos, se instalaron en esta callecita que ahora Asturias examina, melancólicamente. Pero las brumas londinenses intimidaron al joven guatemalteco que no se consolaba de no haber hallado un solo compatriota en la ciudad. «Hasta el cónsul guatemalteco —dice— era un inglés». A las pocas semanas, hizo un viaje «de pocos días», a París, para asistir a las fiestas del 14 de julio. Pero allá cambió bruscamente sus planes, renunció a Londres y a la economía, se inscribió en un curso de antropología en la Sorbona, descubrió la cultura maya en las clases del profesor Georges Raynaud, pasó años traduciendo el *Popol Vuh*, escribió poemas, luego unas leyendas que entusiasmaron a Valéry, luego una novela (*El señor Presidente*) que haría de él, para siempre, un escritor. ¿Habría sido idéntico su destino si hubiera permanecido en Londres? Debe habérselo preguntado muchas veces, en esta semana que acaba de pasar en Inglaterra, dando conferencias, invitado por el King's College. Curiosamente, una de estas charlas tuvo como escenario la London School of Economics. La cita que había concertado tantos años atrás José Antonio Encinas, entre esa institución y su amigo guatemalteco, después de todo, ha tenido lugar.

El tema de su conferencia en la Universidad de Londres se titula «La protesta social en la literatura latinoamericana». El aula está repleta de estudiantes y profesores, y hay también algunos agregados culturales sudamericanos (naturalmente, no el del Perú). En el estrado, por sobre el pupitre, sólo asoma el rostro tallado a hachazos de hechicero o tótem maya, de Asturias, que lee en voz muy alta y enérgica y hace a ratos ademanes (o pases mágicos) agresivos. Repite cosas que ha dicho ya en otras ocasiones sobre la literatura latinoamericana, la que, según él, es y ha sido «una literatura de combate y de protesta». «El novelista hispanoamericano escribe porque tiene que pelear con alguien, nuestra novela nace de una realidad que nos duele». Desde sus orígenes, afirma, la literatura latinoamericana fue un vehículo de denuncia de las injusticias, un testimonio de la explotación del indio y del esclavo, un empeñoso afán de luchar con la palabra por mejorar la condición del hombre americano. Cita, como ejemplos clásicos, los *Comentarios Reales* del Inca Garcilaso y la *Rusticatio mexicana* del jesuita Landívar. Pasa revista someramente a la literatura romántica, en la que la voluntad de denuncia quedó atenuada por un excesivo pintoresquismo folclórico, y aborda luego el movimiento indigenista cuyo nacimiento fija en la publicación de *Aves sin nido*. Los narradores indigenistas, según Asturias, al describir sin concesiones la vida miserable de los campesinos de América, llevan a su más alto grado de rigor y de calidad, incluso de autenticidad, esa vocación militante a favor de la justicia con que ha surgido la profesión literaria en nuestras tierras. Con fervorosa convicción, se refiere a la obra del boliviano Alcides Arguedas, que en *Raza de bronce* describió a los tres protagonistas de la tragedia del altiplano: «El latifundista insaciable, el mestizo resentido, cruel y segundón, y el indio cuya condición es inferior a la del caballo o la del asno, porque ni siquiera es negociable». Elogia la obra de Augusto Céspedes, «que denunció las iniquidades que se cometían contra los mineros en las posesiones de Patiño», en *El metal del diablo*, y *Yanacuna*, de Jesús Lara, «por haber mostrado, en todo su horror bochornoso, la suerte de los pongos bolivianos». Se refiere luego a las obras de Jorge Icaza y de Ciro Alegría, que completan la exposición de los abusos, atropellos y crímenes impunes que se cometen contra el indio en esa región de los Andes. Pero, añade, no sólo en los países con una población indígena muy densa ha surgido una literatura inspirada en temas sociales y políticos. La novela latinoamericana ha sabido también denunciar eficazmente los excesos «del capitalismo financiero contemporáneo en las fábricas, los campos petroleros, los suburbios y las plantaciones». Pone como ejemplo *El río oscuro*, de Alfredo Valera, que expuso el drama de los campesinos de los yerbatales del norte de Argentina, y *Hasta ahí, no más*, de Pablo Rojas Paz, que pinta el vía crucis de los trabajadores cañeros en Tucumán. La vida larval de las ciudades parásitas, de esos suburbios de viviendas contrahechas donde se hacinan los emigrantes del interior, ha estimulado también, dice, el espíritu combativo y justiciero del escritor latinoamericano: destaca el «estudio psicológico de la solidaridad humana entre la gente de las barriadas» hecho por Bernardo Verbitsky en su novela *Villa miseria también es América*, y el caso curioso de la brasileña María de Jesús, que en su libro dictado, *La favela*, traza un lacerante fresco de la vida cotidiana de ella y sus compañeros de miseria en una favela de Río de Janeiro. Se extiende sobre las características nacionales que ha asumido la protesta literaria latinoamericana y explica cómo puede hablarse de «una novela bananera centroamericana», una «novela petrolera venezolana» y una «novela minera chilena». Pone como ejemplo, en este último caso, al libro *Hijo del salitre* de Volodia Teitelboim. En el pasado, agrega, «los novelistas latinoamericanos venían en su mayor parte de las clases explotadas, y se los podía acusar de resentimiento o parcialidad». Pero ahora hay también escritores que proceden de las clases altas, que no soportan la injusticia, y radiografían en sus libros el egoísmo y la rapiña de su propio mundo. Éste es el caso, dice, del chileno José Donoso, que en *Coronación* ha descrito la decadencia y colapso de una familia aristocrática de Santiago. Finalmente, indica que, en la actualidad, los escritores latinoamericanos, sin renunciar a la actitud de desafío y denuncia social, muestran un interés mucho mayor por los problemas de estructuras y de lenguaje y que desarrollan sus temas dentro de una complejidad mayor, elaborando argumentos que atienden tanto a los actos, como a los mecanismos psicológicos o a la sensibilidad de los personajes, y apelando a veces más a la imaginación o al sueño que a la estricta experiencia social.

Mientras lo aplauden, afectuosamente, yo trato de adivinar en las caras de los estudiantes de la London University el efecto que puede haber hecho en ellos esta exposición apasionada, esta presentación tan unilateralmente sociopolítica de la literatura latinoamericana. ¿Hasta qué punto puede conmoverlos o sorprenderlos el saber que, al otro lado del Atlántico, predomina, como se los ha dicho Asturias, entre los escritores, esa concepción dickensiana de la vocación literaria? ¿Admiten, rechazan o simplemente se desinteresan de esa actitud militante tan extraña hoy a los escritores jóvenes de su país que andan empeñados en la experimentación gramatical, en la revolución «psicodélica» o en el análisis de la alienación provocada por los prodigios de la técnica? Pero no adivino nada: después de siete meses en Londres, los rostros ingleses siguen siendo para mí perfectamente inescrutables.

Al anochecer —Asturias ha tenido suerte, le ha tocado un día sin lluvia, ni bruma, hace incluso calor mientras merodeamos por los alrededores de Russell Square en busca de un restaurante—, cuando su editor lo deja libre (ha venido al hotel a anunciarle que en septiembre aparecerán simultáneamente las traducciones de *El señor Presidente* y de *Week-end en Guatemala*), me atrevo a preguntarle si no resultaba, a su juicio, un tanto parcial referirse a la literatura latinoamericana sólo por lo que contiene de crítica social y testimonio político, si la elección de este único ángulo para juzgarla no podía resultar un tanto arbitraria. (Estoy pensando en que este punto de mira tiene, sin duda, una ventaja; sirve para rescatar del olvido a muchos libros bienintencionados, interesantes como documentos, pero literariamente pobres; y una grave desventaja: excluye de la literatura latinoamericana a autores como Borges, Onetti, Cortázar, Arreola y otros, lo que resulta inquietante). Asturias piensa que no es parcial, sólo incompleta. Está trabajando actualmente, me dice, en una segunda parte de este ensayo, en la que se referirá con más detalle a los novelistas que se han dado a conocer en los últimos años; su conferencia es, en realidad, bastante antigua. Estoy a punto de decirle que si se aplicara a su propia obra el exclusivo tamiz sociopolítico, varios de sus libros, acaso los más audaces y bellos por su fantasía y su prosa (*Hombres de maíz, El alhajadito*, por ejemplo), quedarían en una situación difícil, marginal. Pero él está entretenido ahora, estudiando el menú, y decido no importunarlo más. Por otra parte, esas afirmaciones suyas sobre la literatura, aunque tan discutibles, son fogosas, vitales y pueden ser hasta saludables ante auditorios acostumbrados a escuchar nociones tan gaseosas y desvaídas como las que constituyen la moda literaria europea actual. Un poco de «agresividad telúrica» puede hacerles bien a los jóvenes oníricos de la generación pop.

Londres, mayo de 1967

Cien años de soledad: El Amadís en América

La aparición de *Cien años de soledad*, de Gabriel García Márquez, constituye un acontecimiento literario de excepción: con su presencia luciferina esta novela que tiene el mérito poco común de ser, simultáneamente, tradicional y moderna, americana y universal, volatiliza las lúgubres afirmaciones según las cuales la novela es un género agotado y en proceso de extinción. Además de escribir un libro admirable, García Márquez —sin proponérselo, acaso sin saberlo— ha conseguido restaurar una filiación narrativa interrumpida hace siglos, resucitar la noción ancha, generosa y magnífica del realismo literario que tuvieron los fundadores del género novelístico en la Edad Media. Gracias a *Cien años de soledad* se consolida más firmemente el prestigio alcanzado por la novela americana en los últimos años y ésta asciende todavía a una cima más alta.

Un colombiano trotamundos

¿Quién es el autor de esta hazaña? Un colombiano de treinta y nueve años, nacido en Aracataca, un pueblecito de la costa que conoció a principios de siglo la fiebre, el auge del banano, y luego el derrumbe económico, el éxodo de sus habitantes, la muerte lenta y sofocante de las aldeas del trópico. De niño, García Márquez escuchó, de labios de su abuela, las leyendas, las fábulas, las prestigiosas mentiras con que la imaginación popular evocaba el antiguo esplendor de la región, y revivió junto a su abuelo, un veterano de las guerras civiles, los episodios más explosivos de la violencia colombiana. El abuelo murió cuando él tenía ocho años. «Desde entonces no me ha pasado nada interesante», declaró hace poco a un periodista. Le ocurrieron muchas cosas, sin embargo: fue periodista en Bogotá; en 1954, *El Espectador lo* envió a Italia a cubrir la muerte de Pío XII y, como esta defunción demoró varios años, se las arregló entretanto para estudiar cine en Roma y viajar por toda Europa. Un día quedó varado en París, sin trabajo y sin dinero; allí, en un pequeño hotel del Barrio Latino, donde vivía de fiado, escribió once veces una obra breve y maestra: *El coronel no tiene quien le escriba*. Antes había terminado una novela que estuvo olvidada en el fondo de una maleta, sujeta con una corbata de colores, apolillándose, hasta que unos amigos la descubrieron y la llevaron a la imprenta. En 1956 regresó fugazmente a Colombia, para casarse con una bella muchacha de rasgos egipcios llamada Mercedes. Pasó luego a Venezuela, donde estuvo dos años trabajando en revistas y periódicos. En 1959 abrió la oficina de Prensa Latina en Bogotá y al año siguiente fue corresponsal en Nueva York de esta agencia cubana.

En 1960 hizo un viaje homérico por carretera a través del Deep South, con los libros de Faulkner bajo el brazo. «Volver a oír hablar el castellano y la comida caliente nos decidieron a quedarnos en México». Desde entonces hasta este año ha vivido en la capital mexicana, escribiendo guiones cinematográficos. Su tercer y cuarto libros, *Los funerales de la Mamá Grande* y *La mala hora*, aparecieron en 1962, al mismo tiempo que la editorial Julliard lanzaba en París la versión francesa de *El coronel no tiene quien le escriba*. Un día en 1965, cuando viajaba de la ciudad de México a Acapulco, García Márquez «vio», de pronto, la novela que venía trabajando mentalmente desde que era un adolescente. «La tenía tan madura que hubiera podido dictarle allí mismo el primer capítulo, palabra por palabra, a una mecanógrafa», confesó a Ernesto Shoó, de *Primera Plana*. Se encerró entonces en su escritorio, provisto de grandes reservas de papel y cigarrillos, y ordenó que no se lo molestara con ningún motivo durante seis meses. En realidad, estuvo dieciocho meses amurallado en esa habitación de su casa. Cuando salió de ahí, eufórico, intoxicado de nicotina, al borde del colapso físico, tenía un manuscrito de mil trescientas cuartillas (y una deuda casera de diez mil dólares). En el canasto de papeles quedaban unas cinco mil cuartillas desechadas. Había trabajado durante año y medio, a un ritmo de ocho a diez horas diarias. Cuando *Cien años de soledad* apareció editada, unos meses más tarde, un público voraz agotó veinte mil ejemplares en pocas semanas, y una crítica unánime confirmó lo que habían proclamado los primeros lectores del manuscrito: que la más alta creación literaria americana de los últimos años acababa de nacer.

Cien años de soledad prolonga y magnifica el mundo imaginario erigido por los cuatro primeros libros de García Márquez, pero significa también una ruptura, un cambio cualitativo de esa realidad seca y áspera, asfixiante, donde transcurren las historias de *La hojarasca, El coronel no tiene quien le escriba, La mala hora y Los funerales de la Mamá Grande*. En la primera novela, este mundo aparecía descrito como pura subjetividad, a través de los monólogos torturados y fúnebres de unos personajes sonámbulos a los que una borrosa fatalidad persigue, incomunica y precipita en la tragedia. Macondo era todavía, como el condado de Yoknapatawpha de Faulkner, como el puerto de Santa María de Onetti, un territorio mental, una proyección de la conciencia culpable del hombre, una patria metafísica. En los libros siguientes, este mundo desciende de las nebulosas del espíritu, a la geografía y a la historia: *El coronel no tiene quien le escriba* lo dota de sangre, músculos y huesos; es decir, de un paisaje, de una población, de usos y costumbres, de una tradición, en los que, inesperadamente, se reconocen los motivos más recurrentes del costumbrismo y criollismo americanos, pero utilizados en un sentido radicalmente nuevo: no como valores sino como desvalores, no como pretextos para exaltar el «color local» sino como símbolo de frustración, de ruindad y de miseria. El famoso gallo de lidia que atraviesa, rumboso y encrespado, la peor literatura latinoamericana como apoteosis folclórica, cruza metafóricamente las páginas que describen la agonía moral del coronel que aguarda la imposible cesantía, encarnando la sordidez provinciana y el suave horror cotidiano de América. En *Los funerales de la Mamá Grande* y en *La mala hora*, Macondo (o su *alter ego*, «el pueblo») adquiere una nueva dimensión: la mágica. Además de ser un recinto dominado por el mal, los zancudos, el calor, la violencia y la pereza vegetal, este mundo es escenario de sucesos inexplicables y extraños: llueven pájaros del cielo; misteriosas ceremonias de hechicería se consuman en el interior de las viviendas de cañabrava; la muerte de una anciana centenaria aglomera en Macondo a personajes procedentes de los cuatro puntos cardinales del planeta; un cura divisa al Judío Errante ambulando por las calles de Macondo y conversa con él.

Este mundo, pese a su coherencia, a su vitalidad, a su signifi-cación simbólica, adolecía de una limitación que hoy descubrimos, retrospectivamente, gracias a *Cien años de soledad*: su modestia, su brevedad. Todo en él pugnaba por desarrollarse y crecer; hombres, cosas, sentimientos y sueños sugerían más de lo que mostraban, porque una camisa de fuerza verbal recortaba sus movimientos, medía sus apariciones, los atajaba y borraba en el momento mismo en que parecían a punto de salir de sí mismos y estallar en una fan-tasmagoría incontrolable y alucinante. Los críticos (y tenían razón) elogiaban la precisión, la economía, la perfecta eficacia de García Márquez, en la que nunca sobraba una palabra, en la que todo es-taba dicho con una compacta, terrible sencillez; aplaudían la lim-pia, ceñida construcción de sus historias, su asombroso poder de síntesis, la tranquila parquedad de sus diálogos, la diabólica facili-dad que le permitía armar una tragedia con una exclamación, des-pachar a un personaje con una frase, resolver una situación con un simple adjetivo. Todo esto era verdad y era admirable y delataba a un escritor original, perfectamente consciente de sus recursos ex-presivos, que había domesticado a sus demonios y los gobernaba a su antojo. ¿Qué pudo decidir a García Márquez, esta tarde ya leja-na entre Acapulco y México, a abrir las jaulas a esos demonios, a entregarse a ellos para que lo arrastraran en una de las más locas y temerarias aventuras de estos tiempos? La creación es siempre enig-mática y sus raíces se pierden en una zona oscura del hombre a la que no podemos acceder por la estricta razón. Nunca sabremos qué misterioso impulso, qué escondida ambición precipitó a García Márquez en esta empresa gigantesca y riesgosa que se proponía con-vertir un muro de adobes en una muralla china, transformar la apretada, concreta aldea de Macondo en un universo, en una Bro-celandia de inagotables maravillas, pero sabemos, en cambio, y eso nos basta, que triunfó su increíble pretensión.

UNA IMAGINACIÓN TEMERARIA Y VERAZ

En *Cien años de soledad* asistimos, ante todo, a un prodigioso enriquecimiento. La prosa matemática, contenida y funcional se ha convertido en un estilo de respiración volcánica, en un río poderoso y centelleante capaz de comunicar el movimiento, la gracia, la vida a las más audaces criaturas de la imaginación. Macondo, de este modo, ensancha sus límites físicos, históricos y oníricos hasta un extremo que era difícil prever con la sola lectura de los libros anteriores de García Márquez, a la vez que espiritual y simbólicamente alcanza una profundidad, una complejidad, una variedad de matices y significados que lo convierten en uno de los más vastos y durables mundos literarios forjados por un creador de nuestro tiempo. La imaginación, aquí, ha roto todas sus amarras y galopa, desbocada, febril, vertiginosa, autorizándose todos los excesos, llevándose de encuentro todas las convenciones del realismo naturalista, de la novela psicológica o romántica, hasta delinear en el espacio y en el tiempo, con el fuego de la palabra, la vida de Macondo, desde su nacimiento hasta su muerte, sin omitir ninguno de los órdenes o niveles de realidad en que se inscribe: el individual y el colectivo, el legendario y el histórico, el social y el psicológico, el cotidiano y el mítico.

Desde que Cervantes —como enseñan los profesores de literatura— clavó un puñal a las novelas de caballerías y las mató de ridículo, los novelistas habían aprendido a sujetar su fantasía, a elegir una zona de la realidad como asiento de sus fábulas con exclusión de las otras, a ser medidos en sus empresas. Y he aquí que un colombiano trotamundos, agresivamente simpático, con una risueña cara de turco, alza sus espaldas desdeñosas, manda a paseo cuatro siglos de pudor narrativo, y hace suyo el ambicioso designio de los anónimos brujos medievales que fundaron el género: competir con la realidad de igual a igual, incorporar a la novela cuanto existe en la conducta, la memoria, la fantasía o las pesadillas de los hombres, hacer de la narración un objeto verbal que refleje al mundo tal como es: múltiple y oceánico.

La ronda de las maravillas

Como en los territorios encantados donde cabalgaron y rompieron lanzas el Amadís, el Tirante, el Caballero Cifar, el Esplandián y Florisel de Nisea, en Macondo han volado en pedazos las fronteras mezquinas que separan la realidad y la irrealidad, lo posible y lo imposible. Todo puede ocurrir aquí: la desmesura y el exceso constituyen la norma cotidiana, la maravilla y el milagro alimentan la vida humana y son tan veraces y carnales como la guerra y el hambre. Hay alfombras voladoras que pasean a los niños por los techos de la ciudad; imanes gigantes que, al pasar por la calle, arrebatan las sartenes, los cubiertos, las ollas y los clavos de las casas; galeones varados en la maleza, a doce kilómetros del mar; una peste de insomnio y de olvido que obliga a los habitantes a marcar cada objeto con su nombre (en la calle central un letrero recuerda: «Dios existe»); gitanos que conocen la muerte pero que regresan a la vida porque «no pueden soportar la soledad»; mujeres que levitan y ascienden al cielo en cuerpo y alma; parejas cuyas fornicaciones formidables propagan en torno suyo la fecundidad animal y la feracidad vegetal, y un héroe inspirado directamente en los cruzados de los libros caballerescos que promueve treinta y dos guerras, tiene diecisiete hijos varones en diecisiete mujeres distintas, que son exterminados en una sola noche, escapa a catorce atentados, a setenta y tres emboscadas y a un pelotón de fusilamiento, sobrevive a una carga de estricnina que habría bastado para matar a un caballo, no permite jamás que lo fotografíen y termina sus días, apacible y nonagenario, fabricando pescaditos de oro en un rincón de su casa. Así como García Márquez rinde homenaje público, en su libro, a tres grandes creadores americanos, invitando a Macondo, discretamente, a personajes suyos (al Víctor Hugues de Alejo Carpentier en la página 84, al Lorenzo Gavilán de Carlos Fuentes en la página 254 y al Rocamadour de Julio Cortázar en la página 342), en uno de los episodios más fascinantes de *Cien años de soledad* —la relación de los levantamientos armados del coronel Aureliano Buendía— destella una palabra luminosa, que es al mismo tiempo una clave y un desagravio al calumniado Amadís: Neerlandia.

Una magia y un simbolismo americanos

Pero, atención, es preciso que nadie se engañe: Macondo es Brocelandia y *no lo es*, el coronel Aureliano Buendía se parece al Amadís, pero es memorable porque *no es él*. La imaginación desenfrenada de García Márquez, su cabalgata por los reinos del delirio, la alucinación y lo insólito no lo llevan a construir castillos en el aire, espejismos sin raíces en una zona específica, temporal y concreta de la realidad. La grandeza mayor de su libro reside, justamente, en el hecho de que todo en él —las acciones y los escenarios, pero también los símbolos, las visiones, las hechicerías, los presagios y los mitos— está profundamente anclado en la realidad de América Latina, se nutre de ella y, transfigurándola, la refleja de manera certera e implacable. Nada ha sido omitido ni disimulado. En los paisajes de Macondo, esta aldea encajonada entre sierras abruptas y ciénagas humosas, desfila toda la naturaleza americana, con sus nieves eternas, sus cordilleras, sus desiertos amarillos, sus lluvias y sus sismos.

Un olor a plantaciones de banano infecta el aire del lugar y atrae, primero, a aventureros y traficantes sin escrúpulos; luego, a los rapaces emisarios del imperio. Unas pocas páginas y un personaje menor, Mister Brown, que se desplaza en un ostentoso trencito de vidrio, le bastan a García Márquez para describir la explotación colonial de América y las injusticias, la mugre que engendra. No todo es magia, sueño, fantasía y fiesta erótica en Macondo: un fragor de hostilidades sordas entre poderosos y miserables resuena constantemente tras esas llamaradas, una pugna que a veces (como en un episodio atroz, basado en un hecho real, la matanza de obreros en huelga en la estación de ferrocarril) estalla en orgía de sangre. Y hay, además, en los desfiladeros y los páramos de la sierra, esos ejércitos que se buscan y se despedazan interminablemente, esa guerra feroz que diezma a los hombres del país y malogra su destino, como ocurrió (ocurre todavía) en la historia de Colombia. En la crónica de Macondo aparece, refractada como un rayo de luz en el espectro, la cruel mistificación del heroísmo, el sabotaje de las victorias liberales alcanzadas por guerreros como Aureliano Buendía y Gerineldo Márquez por obra de políticos corruptos que, en la remota capital, negocian estos triunfos y los convierten en derrotas. Unos acartonados hombrecillos llegan de cuando en cuando a Macondo, flamantes de ridículo, a inaugurar estatuas y a repartir medallas: son los representantes del poder, las pequeñas imposturas animadas que segrega una gran impostura institucional. García Márquez los describe con un humor caricatural y sarcástico que llega, incluso, al encarnizamiento. Pero en *Cien años de soledad* no sólo hay una trasposición conmovedora del rostro físico, la condición social y la mitología de América; hay, también, y esto era mucho más difícil de trasladar a la ficción, una representación ejemplarmente lúcida y feliz del desamparo moral del hombre americano, un retrato cabal de la alienación que corroe la vida individual, familiar y colectiva en nuestras tierras. La bíblica tribu de los Buendía, esa estirpe obsesiva donde los Aurelianos suceden a los Aurelianos y los Arcadios a los Arcadios, en un juego de espejos inquietante y abrumador —tan parecido, por otro lado, al de esos laberintos genealógicos indescifrables que pueblan las historias de los Amadises y Palmerines—, se reproduce y extiende en un espacio y un tiempo condenados. Su escudo de armas, sus blasones, ostentan una mancha fatídica: la soledad. Todos ellos luchan, aman, se juegan enteros en empresas descabelladas o admirables. El resultado es siempre el mismo: la frustración, la infelicidad. Todos son, tarde o temprano, burlados, humillados, vencidos en las acciones que acometen. Desde el fundador de la dinastía, que nunca encuentra el camino del mar, hasta el último Buendía, que vuela con Macondo, arrebatado por el viento, en el instante mismo que descubre el santo y seña de la sabiduría, todos nacen y mueren sin alcanzar, pese a sus titánicas aptitudes, a sus proezas desmesuradas, la más simple y elemental de las ambiciones humanas: la alegría. En Macondo, esa tierra donde todo es posible, no existen, sin embargo, la solidaridad ni la comunicación entre los hombres. Una tristeza tenaz empaña los actos y los sueños, un sentimiento continuo de fracaso y de catástrofe. ¿Qué ocurre? En la tierra de las maravillas todo está regulado por leyes secretas, invisibles, fatídicas, que escapan al control de los hombres de Macondo, que los mueven y deciden por ellos: nadie es libre. Incluso en sus bacanales, cuando comen y beben pantagruélicamente o estupran como conejos insaciables, no se encuentran a sí mismos ni gozan de veras: cumplen un rito ceremonial cuyo sentido profundo les resulta hermético.

¿No es éste el destino trágico en que se traduce, a escala individual, el drama de América Latina? Las grandes lacras que asuelan nuestras tierras —la sujeción a una metrópoli extranjera, la prepotencia de las castas locales, la ignorancia, el atraso— ¿no significan acaso esa mutilación de la persona moral, esa falta de identidad, ese sonambulismo hipnótico que envilece todas las manifestaciones de la vida americana? Como cualquiera de los Buendía, los hombres nacen en América, hoy día, condenados a vivir en soledad, y a engendrar hijos con colas de cerdo, es decir, monstruos de vida inhumana e irrisoria, que morirán sin realizarse plenamente, cumpliendo un destino que no ha sido elegido por ellos.

En los últimos años ha aparecido, en distintos lugares de América, una serie de libros que imprimen a la ficción una dignidad, una altura, una originalidad que pone a nuestra literatura en un plano de igualdad con las mejores del mundo. *Cien años de soledad* es, entre esos libros, uno de los más deslumbrantes y hermosos.

Londres, primavera de 1967

130

Carlos Fuentes en Londres

Apareció de improviso, en mi casa, un domingo a las diez de la mañana, al primer momento no lo reconocí: llevaba barba y un paraguas, botas, una larga casaca de terciopelo verde con cuatro pares de botones, y una corbata que era una llamarada. No lo veía hace seis meses y lo creía en Venecia, me habían dicho que vivía allá en el primer piso de un viejo palacio, que estaba encerrado a piedra y lodo, que terminaba una novela. Era cierto, me dice, pero ya se despidió de Italia, acababa de llegar a Londres y venía a quedarse. ¿Cuánto tiempo? Se encogió de hombros y se rio: seis meses, un año, dos años, quién sabía. Pero pensaba que Londres era una ciudad ideal para trabajar y armaría aquí su tienda y su escritorio. Hace más de dos años que dejó México y desde entonces vive así, brincando de un lado a otro: París, España, Italia, Estados Unidos, ahora Londres. Mientras yo me afeito, él hojea unas revistas, y conversamos sin vernos, a gritos: ¿No pensaba volver a México aún? No, de ninguna manera. Volvería más tarde, cuando le fuera indispensable verificar ciertas cosas en las sierras de Veracruz: allí estaban ambientados los episodios finales de la novela sobre Zapata. Le pido que me cuente algo de ese libro y él se repliega: no era muy fácil, todavía era un simple proyecto lleno de cosas oscuras. Me habla, en cambio, de otra novela, que tiene ya muy avanzada y que lo exalta mucho: una novela muy larga y, en cierto modo, de anticipación histórica. El capítulo final es un apocalipsis bélico, el enfrentamiento final del imperialismo y la revolución en tierras mexicanas. Un incendio atroz de napalm y fósforo, una orgía de ruido y sangre. Tiene, me dice, una enorme documentación sobre las nuevas armas antiguerrilleras que utilizan las tropas norteamericanas en Vietnam: artículos, libros, reportajes, fotos. Me habla de esas bombas de fragmentación que llaman «perros cansados», bombas que al estallar propagan en torno una lluvia de pequeñas bombas que al estallar propagan otras lluvias de bombas más pequeñas y así sucesivamente. Él quiere testimoniar sobre esos horrores en su libro, mostrar que las visiones más sádicas de la ciencia ficción son actualmente, en ciertas partes del mundo, realidad cotidiana.

Salimos a la calle, buscamos un café, y él sigue hablando. Está de muy buen humor, se le nota contento y pletórico de proyectos. Ha trabajado mucho estos últimos seis meses en Venecia, me dice. En varias cosas a la vez: retocando un libro de ensayos sobre literatura latinoamericana que publicará Mortiz a fin de año, en los primeros capítulos de esta nueva novela, y en dos obras de teatro. Aquí —señala la calle abarrotada de *hippies* que se calientan al sol débil del otoño londinense—, trabajará bien: está seguro que esta ciudad es tranquila y estimulante. Por eso, le precisa encontrar un departamento de una vez. En el hotel no puede escribir y cuando él no hace esto —teclea con los diez dedos sobre la mesa del café, pero a mí no me engaña, yo sé que es un pésimo mecanógrafo, que escribe sólo con un dedo— se siente mal.

Le pido que me hable un poco de Venecia, esa ciudad de mercaderes inescrupulosos y aguas hediondas, y él cree que yo estoy bromeando: una de las más bellas del mundo, dice. Trabajó mucho hasta que comenzó el Festival de Cine (él fue jurado, junto con otros escritores: Moravia, Goytisolo, Susan Sontag), porque, claro, entonces la vida se convirtió en un vértigo desenfrenado. Él fue uno de los que defendió con más pasión la película de Buñuel, que se llevó el Gran Premio. Y a propósito: otro de sus proyectos en carpeta es un libro sobre Buñuel. Al terminar el festival, hubo una fiesta. Se ríe a carcajadas: una fiesta increíble, de disfraces. Marquesas, cortesanas, estrellas de cine aparecían enfundadas en atuendos inspirados en Lévi-Strauss, en Roland Barthes, en Lacan y en Althusser. El estructuralismo, la antropología, el marxismo convertidos en bonetes, túnicas, prendedores, zapatos y corbatas: un caso de canibalismo extraordinario, dice. La moda se apodera de todo para sus fines, ahora la literatura, el arte y la ciencia también sirven de paso a esas fieras voraces, les suministran materiales explosivos que ellas adulteran y asimilan y convierten en ceremonia, en oropel, en juego.

Hablemos un poco más de la moda, le digo, precisamente de la moda. ¿A él no lo provee, también, en los últimos tiempos, de materiales para sus libros? No lo digo como un reproche, no estoy sugiriendo que en ellos la moda sea un fin, sino un medio. Pero me gustaría saber si él es consciente de ello. Ya en *Zona sagrada*, pero, sobre todo, en su última novela, *Cambio de piel* (que acaba de ser editada en Italia con gran éxito de crítica), la moda es una presencia invasora y constante, en la ambientación de los episodios, en la definición de los personajes, el punto de referencia más usado por el autor. Le digo que, en este aspecto, *Cambio de piel* me parece un testimonio asombroso, casi absoluto, de lo que constituye la moda presente, en la literatura, la pintura, el cine, el teatro, la crítica. Le hablo de los capítulos que trasponen, mediante proezas verbales, películas, cuadros, dramas o teorías de mayor vigencia contemporánea. Yo pienso que él se ha propuesto convertir en ficción todo aquello que, en cierto modo, ocupa la primera plana de la actualidad en diversos dominios culturales y sociales: construir una novela que sea, al mismo tiempo, un manual de mitología moderna. Él me mira escéptico. Me habla de México, de esa sociedad dual en la que hay, de un lado, una burguesía industrial próspera, cuyas costumbres y modelos culturales corresponden a los de las grandes sociedades de consumo, y del otro, un sector rural anacrónico, esclavizado aún a una economía de mera subsistencia. *Cambio de piel*, me dice, parte de ese desgarramiento, esa áspera dualidad mexicana es su supuesto. Las citas o pastiches que en el transcurso del libro van apareciendo, son imágenes que expresan el mundo de supercherías, disfraces y tabúes dentro del que se mueve el sector desarrollado, que imita a Europa o a los Estados Unidos. Pero su novela quiere ser, ante todo, literatura, realidad verbal, creación de lenguaje. Y es, también, una reacción contra el psicologismo que, a su juicio, distorsiona y hiela la captura de la realidad por la palabra. En *Cambio de piel*, en efecto, todo está mostrado a través del gesto y la máscara, la narración rehúsa sistemáticamente penetrar en la conciencia de los personajes y se concentra en sus movimientos, sus ademanes, sus diálogos y sus sueños. Tardó cuatro años en escribir este libro ambicioso y vasto, cosmopolita, y ya los organismos de censura lo han vetado por «inmoral y anticristiano». Pero, al igual que en Italia, se está traduciendo ya en una docena de países.

Hemos salido a caminar, damos vueltas por las inmediaciones de Earl's Court, y le pregunto sobre sus obras de teatro. ¿Se estrenarán pronto? Debe corregirlas, todavía no están acabadas del todo. Pero ya tiene en la mente el tema de otro drama, muy complejo y difícil, de índole histórica: las relaciones entre Moctezuma y Cortés. La idea nació del día que vio la obra de Peter Shaffer, *The Royal Hunt of the Sun*, situada en la época de la conquista del Perú, y cuyos personajes centrales son Atahualpa y Pizarro (hay entre ellos una interminable discusión teológica). El drama de Shaffer le pareció frustrado: pero en cambio le pareció muy válida la tentativa de describir el choque de dos culturas, en territorio americano, a través de dos personajes históricos: uno indígena, el otro español. Trabajará en este proyecto, me dice, apenas se instale en Londres.

Habla de modo que resulta contagioso. Cuando habla de lo que está escribiendo, o de lo que acaba de leer, o de lo que hará mañana, parece que estuviera diciendo me saqué la lotería. Con perversidad le cuento que oí a alguien, no hace mucho, decir que atacar a Carlos Fuentes se había convertido en el deporte nacional mexicano. Él se ríe, feliz: como chiste es excelente, dice. Él no tiene tiempo para atacar a nadie: con escribir, leer y viajar ya tiene de sobra. Pero la verdad es que se da tiempo para hablar de la gente que aprecia o admira: Julio Cortázar, por ejemplo. Piensa que es, tal vez, el creador más alto de la lengua hoy en día, y también un ejemplo a seguir como hombre comprometido con su vocación, entregado a ella en cuerpo y alma. Me habla también con fervor de Octavio Paz, de su pensamiento penetrante, desmitificador y universal, y de su poesía, cada vez más despojada y esencial. Luego, habla de las últimas películas y piezas de teatro que ha visto. No lleva cuarenta y ocho horas en Londres y ya sabe cuáles son los mejores filmes de la cartelera, las obras de teatro que es indispensable ver. ¿Cómo hace para estar en todo a la vez, para no ser tragado por la vorágine de la actualidad? Él se las arregla para leer todo lo que importa —libros, revistas y artículos de periódicos—, para ver todos los espectáculos de interés, viaja constantemente y mantiene una correspondencia amazónica, y nada de esto lo aparta de su trabajo de escritor, al que dedica cuatro o cinco horas diarias. ¿Cómo hace? Él, claro, se ríe: es un secreto profesional, dice.

Londres, octubre de 1967

Siete relatos de cataclismo y poesía

Los lectores de *Hombre que daba sed*,* la colección de relatos de Adriano González León que acaba de publicar el editor Jorge Álvarez, en Buenos Aires, asociarán con algún trabajo estos textos impresionistas, torrentosos y nostálgicos, con El Techo de la Ballena, ese movimiento de jóvenes pintores y poetas venezolanos, de estirpe neodadaísta, que protagonizó en los últimos años, en Caracas, algunos escándalos soberbios. Anticlericales, progresistas en cuestiones políticas y, en literatura y arte, de un vanguardismo militante, los «balleneros», sin embargo, constituyeron algo más que un grupo de epígonos tardíos del surrealismo o dadaísmo europeos. Si sus paradigmas, en el dominio de la creación poética, fueron Antonin Artaud, Breton o Desnos, su acción social, sus insolentes manifiestos y sus exposiciones explosivas, tuvieron siempre un contenido profundamente americano, y los blancos de su agresividad y de su humor exasperado no fueron anodinas, impalpables siluetas oníricas, sino instituciones, hechos y personajes muy concretos de la realidad venezolana. Osados, contaminados hasta los huesos por la problemática social y política de su país, poseídos de una voluntad intransigente de contribuir a un cambio radical que no sólo suprimiera las más obvias injusticias, sino, a la vez, los prejuicios, los tabúes y revolucionara al mismo tiempo, como pedía Rimbaud, la sociedad y la vida, esta etapa de los «balleneros» parece haber sido más de agitación que de creación artística, más de demolición que de construcción.

Y si se analizan las publicaciones colectivas e individuales del Techo tal vez se descubra que su deuda con el surrealismo o con los poetas de la *Beat Generation* —a quienes también rindieron culto—

---

* Adriano González León: *Hombre que daba sed*. Buenos Aires, Editorial Jorge Álvarez, 1967. *(N. del E.)*

es menos artística o ideológica que técnica y formal. La estrategia del escándalo, los métodos de la provocación, las tácticas del disturbio espiritual y moral que los surrealistas perfeccionaron, fueron utilizados por los «balleneros», dentro de su contexto nacional, de una manera que puede llamarse funcional. En cambio, ni la escritura automática, ni la exploración del inconsciente, ni el misticismo o la entronización de las drogas como estímulo creador preponderante parecen regir los escritos balleneros.

Se ve bien esto en el caso de los excelentes relatos de González León, que ha sido uno de los animadores principales del Techo y autor de varios de sus textos teóricos. Aunque algunos de sus cuentos ostentan epígrafes de surrealistas como Artaud y Desnos, y, uno de ellos, una alusión a la magia —«La magia, considerada en síntesis, es la ciencia del amor»—, ni los temas ni el tratamiento denotan una filiación onírica o *beat*. Al contrario, se trata de textos que por su contenido y su factura se alinean dentro de una tradición narrativa americana característica: el realismo poético. Algunos, incluso, se aproximan bastante, por su anécdota, sus tipos humanos y el marco en el que están situados, a la literatura regionalista, aunque la perspectiva desde la que González León encara sus historias sea diametralmente opuesta a la de un criollista o costumbrista. La semejanza es sólo exterior, pero sin embargo significativa. González León construye sus ficciones con materiales que proceden de una realidad histórica y social muy precisa —la aldea y el campo venezolanos— aunque, desde luego, sus intenciones literarias no son la exaltación folclórica de la provincia ni la descripción detallista y complacida del paisaje local, sino el rescate de ciertas vivencias humanas nacidas en estos ambientes. El tono nostálgico, reminiscente, de casi todos sus relatos sugiere algo así como una tentativa de recuperación, a través de la literatura, de ciertos climas, personajes y situaciones conocidos por la experiencia y conservados en la memoria. (Aunque González León vive en Caracas, donde es profesor universitario, procede del interior, de Valera, donde nació hace treinta y cuatro años). Y uno de los relatos —«Los gallos de metal», tal vez el más logrado del libro— está elaborado, incluso, en forma de una evocación.

Refiriéndose a un libro anterior de González León (*Las hogueras más altas*, Premio Municipal de Caracas), Miguel Ángel Asturias escribió: «Es de este contraste de paisaje estático y de un azogado movimiento de cosas humanas, de donde extrae su secreto Adriano González León». Yo no conozco el libro precedente de este autor, pero en *Hombre que daba sed* la técnica me da la impresión de ser exactamente la contraria. Casi todos los relatos están construidos en torno a una situación humana dada, estacionaria, que no se modifica a lo largo de la narración, y que va revelándose mediante asociaciones de ideas, introspecciones y recuerdos de los personajes o, lo que es más frecuente, a través de invocaciones de un invisible relator. «El arco en el cielo» presenta al camionero Camilo Ortiz reviviendo los episodios capitales de su vida mientras conduce locamente su vehículo por «una carretera que no va a ningún lado, o va al infierno»; al final, Ortiz desbarranca el camión para vengarse de sus frustraciones y derrotas. Entre el principio y el fin deben haber transcurrido unos minutos, quizá sólo unos segundos. El presente de la narración dura un instante y comprende un único episodio: el de la catarsis. Todo lo demás es una vertiginosa ronda de recuerdos amargos que pasan por la conciencia del personaje, ahondando su crisis, hasta precipitarlo en ese acto de desquite. La construcción de «Los pasos de rigor» es idéntica: el campanero o sacristán de la aldea sigue, a lo lejos, a un cortejo fúnebre y, mientras, su memoria retrotrae ciertas imágenes liberadoras en las que ha volcado su ferviente deseo de evasión —la llegada a la aldea de unos músicos, la primera función de cine—; al final del cuento, la situación es la misma: el cortejo no ha llegado aún a la tumba. El movimiento todavía es menor en «Madán Clotilde», el más delicado y emotivo de los siete relatos: la adivinadora, pitonisa, maga y farsante, aparece sola, en su mundo de pacotilla y abalorios, acariciando melancólicamente su bola de cristal y su mazo de naipes, repasando mentalmente sus andanzas, desventuras y sueños; al final, la vemos tendida en el suelo, muerta entre sus tiernas mentiras. Todo puede haber ocurrido en un fragmento de segundo, el relato puede ser el desarrollo en cámara lenta de una intempestiva lluvia de imágenes que cruzó la conciencia de Madán Clotilde en el instante que caía fulminada. Sólo la estructura de «Los gallos de metal» se diferencia nítidamente de esta fórmula; pero tampoco en este relato hay una historia, una sucesión de actos que vayan delineando anímicamente una situación y un personaje; aquí también se trata de una danza de imágenes evocadoras, pero la diferencia radica en que esta resurrección de un pasado no tiene como sede al propio personaje, sino al narrador, que se sitúa fuera de lo narrado. Ramón Corrales, el héroe de «Tramo sin terminar», es, como Camilo Ortiz, un hombre enloquecido, arrancado de sí mismo, por la desdicha; él no desbarrancará un camión ajeno, su desquite contra el mundo será casi apocalíptico: dinamitará un campamento carretero. Aquí la anécdota está oscurecida a tal extremo por el lenguaje metafórico que casi no hay hechos detestables, sólo sensaciones y emociones: el acto único es la explosión. La vieja deslenguada y beata de «Decían J. R.» es una ausencia que la memoria del narrador va animando con imágenes, voces y objetos vivaces, hasta hacerla brotar ante nuestros ojos como una emanación de las palabras con que la evoca: se trata de una estampa, de una prosa poética más que de un relato. El cuento que da título al libro, «Hombre que daba sed», describe también una situación única, pero desde dos planos diversos: una mujer va recordando a su compañero, mientras avanza por la selva hacia el lugar donde éste vive, que ha sido sepultado por un cataclismo, y la narración registra sus recuerdos, a la vez que describe la marcha del grupo a través de una naturaleza cerrada y hostil. De principio a fin la situación es la misma, pero, aunque no se altere objetivamente, cambia, pues la intensidad emocional que transmite va creciendo con la progresión de los caminantes.

El interés mayor de estos cuentos no está en su anécdota, casi siempre huidiza, vaga y hasta convencional a veces, sino en las atmósferas extrañas y violentas que las envuelven. La virtud principal de González León es su prosa, de periodo amplio y lujoso, de enorme fuerza metafórica, y de una vitalidad constante, que colorea, anima, oscurece y da relieve a los seres y a los objetos, imprimiéndoles una versatilidad y un movimiento sorprendentes. Hay, desde luego, un peligro implícito en este lenguaje torrencial, de respiración oceánica: el de que se lleve todo por delante, rompa los diques de la historia, y sumerja hechos, cosas, personajes hasta hacerlos invisibles al lector. Y, en efecto, en algunas páginas de *Hombre que daba sed*, el lenguaje es una presencia desbocada y excluyente, que ya no comunica nada y sólo se exhibe a sí misma. Pero cuando, como ocurre en «Madán Clotilde», y en «Los gallos de metal», el autor consigue sujetar su propia facilidad expresiva, no se abandona a ella, sino la orienta de acuerdo a las necesidades de la historia que quiere contar, tiene un instrumento extraordinariamente eficaz y flexible, que le permite graduar los efectos, crear los climas más insólitos, caracterizar a los personajes y dar dramatismo, ironía o humor a las situaciones, con ligerísimas alteraciones en el ritmo de la prosa. Aunque logrados y valiosos, los relatos de *Hombre que daba sed* están todavía por debajo de esa prosa tan ricamente dotada de Adriano González León, de la que cabe esperar aventuras literarias mucho más ambiciosas y vastas.

Londres, octubre de 1967

Epopeya del Sertão:
¿Torre de Babel o manual de satanismo?

Guimarães Rosa nació en 1908, en el estado de Minas Gerais; estudió medicina, practicó su profesión en una aldea del sertão, fue más tarde médico voluntario en las guerras civiles que ensangrentaron su país en la década del treinta, luego abandonó la medicina por la diplomacia (representó a su país en Alemania, Francia y Colombia) y ahora es jefe del Departamento de Fronteras de la cancillería brasileña. Una personalidad curiosa, sumamente enigmática, se oculta detrás de estos fríos datos biográficos de Guimarães Rosa, quien hizo gala siempre de una alergia faulkneriana a las entrevistas y se escabulle, con amistosas ironías, de periodistas y curiosos. Yo conocí fugazmente a Guimarães Rosa en Nueva York, durante la reunión del PEN Club: un caballero de elegancia algo vistosa (corbatitas michi que se renovaban cada día, zapatos encerados como espejos, ternos muy entallados), cabellos grises, andares chaplinescos, que comía con mucho apetito, sonreía siempre y desviaba cualquier conversación literaria con burlonas sentencias sobre el tiempo. Resultaba difícil adivinar que, tras esa apariencia tan bonachona y simple, se escondía una personalidad plural. Porque además de escritor, diplomático y médico, Guimarães Rosa se ha dado tiempo, también, para ser erudito en geografía, ocultismo y botánica, y —según Luis Harss[*]— es un gran lingüista, filólogo y semanticista que, además del portugués y, por supuesto, los idiomas básicos, alemán, francés e inglés, lee el italiano, el sueco, el serbocroata y el ruso y ha estudiado y manoseado las gramáticas y sintaxis de la mayoría de los otros idiomas principales del mundo, inclusive trabalenguas como el húngaro, el malayo, el persa, el chino, el japonés y el hindi. Su obra literaria es escasa (en cantidad):

---

[*] Luis Harss: *Los nuestros*. Buenos Aires, Editorial Sudamericana, 1966. *(N. del E.)*

un libro de poemas, tres libros de relatos (*Saragana*, 1946; *Corpo de baile*, 1956, y *Primeras Estórias*, 1962) y una novela, *Grande sertão: veredas*, que se publicó en 1956. Sus primeros libros, parece, apenas repercutieron en su país; su fama —ahora firmemente asentada— sólo surgió con la aparición de su novela en la que todos los críticos sagaces del Brasil reconocieron una obra maestra absoluta.

En un célebre ensayo, W. H. Auden dice que el valor literario de un libro puede medirse por el número de lecturas diferentes que consiente. Esta observación encuentra un maravilloso ejemplo en el caso de *Grande sertão: veredas*, pues este libro, tan enigmático y polifacético como su autor, es en realidad una suma de libros de naturaleza bien distinta. Una lectura rápida, inocente, que atienda sólo a la vertiginosa cascada de episodios que componen el argumento de la novela y salte alegremente por sobre los obstáculos y las dificultades estilísticas, ofrecerá al lector una espléndida epopeya costumbrista del sertão, una novela de acción elaborada con rigurosa observancia de las leyes del género: dramatismo, exotismo, movimiento, suspenso, naturaleza indómita, caracteres sugestivos y brutales. El ex yagunzo Riobaldo Tatarana que, ya convertido en próspero hacendado y jubilado de la vida montaraz, evoca, ante un ignorado oyente, su peligrosa trayectoria como comparsa, lugarteniente y jefe de bandoleros en los ásperos desiertos de Minas Gerais a fines del siglo pasado, que nostálgicamente resucita las batallas, las crueldades, las proezas, las alegrías, los temores que constituyeron su vida pasada, tiene algo de paladín de romance medieval, mosquetero romántico y aventurero del Far West. Es cierto que su relación —desde el punto de vista de la narración épica— es algo impura, porque Riobaldo, al contar, trastorna constantemente el tiempo y éste avanza, impulsando sus palabras, no en línea recta, sino zigzagueando como una enrevesada serpiente, y porque, además, el narrador se demora demasiado abriendo paréntesis para reflexionar sobre el diablo, la amistad, el amor y la muerte y postular esotéricas formulaciones religiosas, pero todo ello está equilibrado, en cierta forma, por la magnificencia con que se explaya sobre la vida y el alma del sertão, describiendo amorosamente sus árboles, sus plantas, sus ríos, sus animales, sus aldeas, sus leyendas, y por el gran corso humano que evoca: rufianes gallardos como Roca Jamiro y Zé Bebelo o tremebundos cono el perverso Hermógenes, el bello y ambiguo Diadorim, la furtiva Otacilia. Confinada a la anécdota, *Grande sertão: veredas* es una novela regional de gran aliento, de la que, incluso, no están ausentes ciertos vicios privativos del género: exceso descriptivo, cierto tremendismo «telúrico», el abuso del dato geográfico y la información folclórica, la inverosimilitud de algunas situaciones (como la súbita revelación final de que Diadorim es mujer).

Una lectura más maliciosa y rezagada, que no esquive sino enfrente resueltamente la complejidad lingüística de la novela, descubrirá sin embargo que aquella realidad de paisajes inhóspitos, sangre, carne humana y objetos pintorescos no es la materia profunda de *Grande sertão: veredas*, el contenido esencial del libro, sino, más bien, el mero pretexto, la simple apariencia, y que la realidad fundamental capturada y expresada por el autor en su libro no es material ni histórica sino intemporal y abstracta: una realidad verbal. Porque la presencia más impetuosamente presente en el monólogo sin pausas de Riobaldo no es la vorágine de actos que se suceden, ni los hombres ni las cosas que menciona, ni su trémula, vacilante pasión homosexual por Diadorim: es su palabra misma, su expresión. Ese imposible río sonoro de avance torrentoso acarrea en sus extrañas aguas metáforas, sustantivos, adjetivos, verbos, expresiones, fraguados, manipulados, organizados de tal manera que han adquirido soberanía y ya no aluden a ninguna otra realidad que la que ellos mismos van creando, prodigiosamente, en el curso avasallador del relato de Riobaldo. Tal como los colores, en una pintura abstracta, se han emancipado de la realidad de donde provienen para integrar una realidad distinta y única, o como los sonidos adquieren en el seno de una composición musical una naturaleza propia y autónoma, el lenguaje en esta novela ha conquistado una especie de independencia autárquica, es autosuficiente, cesa y comienza en sí mismo. Leída así, dejándose esclavizar por su hechizo fonético, sucumbiendo a su magia verbal, la novela de Guimarães Rosa se nos aparece como una torre de Babel milagrosamente suspendida sobre la realidad humana, sin contacto con ella y sin embargo viva, como una construcción más cercana a la música (o a cierta poesía) que a la literatura.

Novela de aventuras, laberinto verbal: estas dos caras de *Grande sertão: veredas* no se excluyen. Tampoco agotan la novela. El monólogo de Riobaldo está con frecuencia barajando duras inquietudes, formulando oscuras afirmaciones que tienen como tema recurrente la existencia del demonio, con quien el narrador hizo, o creyó hacer o quiere hacer creer a su oyente que hizo, un pacto, una noche de tempestad, en una encrucijada de caminos. Es posible que Riobaldo deba su buena suerte —esa buena suerte que lo mantuvo ileso en los combates, hizo de él un gran tirador y le permitió ascender hasta la jefatura de la banda de yagunzos, y que más tarde lo convirtió en respetable *fazendeiro*— a su (imaginario o verídico) pacto con el Maligno. Es posible, asimismo, que su tortuosa, casta pasión por Diadorim, que él sofrenó en su corazón creyendo que ésta era un hombre, fuera una trampa que le tendió el señor de los infiernos, cobrándose por adelantado una parte de la deuda que Riobaldo ha contraído con él. Es posible, incluso, que no sólo Hermógenes, el traidor, fuera un instrumento del demonio, sino también el valeroso Joca Ramiro, y Zé Bebelo, y el compadre Quemelén, y Riobaldo mismo, y todos los hombres: que la realidad entera sea una proyección del infierno. El satanismo de Riobaldo aparece, a lo largo de la novela, muy tamizado, disimulado en frases de una premeditada, sospechosa vaguedad: pero no hay duda que está allí. Riobaldo (o el autor) se contenta con mostrar de cuando en cuando, por lo general en los momentos álgidos de la acción (durante el cerco que tienden los hombres de Hermógenes a la pandilla de Zé Bebelo, en un momento del juicio que Joca Ramiro hace a este último, cuando los yagunzos cruzan la aldea apestada de viruela), cierto signo pasajero pero inequívoco —una frase que es como una fugitiva pata de cabra, una alusión, un recuerdo que cruzan como un escurridizo olor a azufre— que bastan para provocar un estremecimiento, un escalofrío indicador de que algo o alguien, inasible y sin embargo poderosamente real, merodea por allí. Concentrando una atención primordial en esa sucesión de alusiones sombrías, contaminadas de esoterismo simbólico, en esos fuegos fatuos que aparecen y desaparecen estratégicamente en la historia, bordando una sutil enredadera luciferina que abraza la vida de Riobaldo y el paisaje del sertáo, *Grande sertão: veredas* aparece ya no como una novela de aventuras o una sinfonía, sino como una alegoría religiosa del mal, una obra traspasada de temblor místico y emparentada lejanamente con la tradición de la novela negra gótica inglesa (*El* *monje, El castillo de Otranto,* etcétera). El verdadero tema de *Grande sertão: veredas* es la posesión diabólica, ha dicho un crítico, en un análisis penetrante* de la obra de Guimarães Rosa, y la afirmación es perfectamente válida, si se adopta esta tercera posible lectura. De ella resulta que la realidad más hondamente reflejada en el libro no es la conducta humana, ni la naturaleza, ni tampoco la palabra: es el alma. La odisea de Riobaldo lleva implícita, como hilo secreto que la conduce y justifica, una interrogación metafísica sobre el bien y el mal, es una careta tras la cual se halla emboscada una demostración de los poderes de Satán sobre la tierra y el hombre. La anécdota, el lenguaje y la estructura de la novela deben ser considerados cifras, claves, cuyos significados hondos desembocan en la mística. Ni obra de capa y espada, ni torre de Babel: *Grande sertão: veredas* sería una catedral llena de símbolos, una especie de templo masónico.

Si hubiera que elegir una, entre estas tres novelas que contiene el libro, yo me quedaría con la primera: un libro de aventuras deslumbrante. Pero desde luego que esta posibilidad de elección es sólo teórica y que, de hecho, estos tres libros distintos son, como la Santísima Trinidad, un solo dios verdadero. No sería descabellado prever que, con el tiempo, surgirán nuevas lecturas posibles, que habrá lectores que hallen en este libro dimensiones inéditas. Guimarães Rosa ha construido una novela que es ambigua, múltiple, destinada a durar, difícilmente apresable en su totalidad, engañosa y fascinante como la vida inmediata, profunda e inagotable como la realidad misma. Es, probablemente, el más alto elogio que puede merecer un creador.

Londres, 1967

---

* Emir Rodríguez Monegal. En *Mundo Nuevo*, n.º 6, diciembre 1966. *(N. del E.)*

Un francotirador tranquilo

Conocí a Jorge Edwards a comienzos de los años sesenta, cuando acababa de llegar a París como tercer secretario de la embajada chilena. Había publicado ya dos volúmenes de cuentos (*El patio* y *Gente de la ciudad*) y comenzaba a escribir *El peso de la noche*. Nos hicimos muy amigos. Nos veíamos casi a diario, para infligirnos noticias sobre nuestras novelas a medio hacer, y hablar, incansablemente, de literatura. A menudo discrepábamos sobre libros y autores, lo que hacía más excitante el diálogo, pero también teníamos muchos puntos de coincidencia. Uno era nuestro fetichismo literario, el placer que a los dos nos produce visitar casas y museos de escritores, olfatear sus prendas, objetos, manuscritos, con la curiosidad y reverencia con que otros tocan las reliquias de los santos. Solíamos dedicar los domingos a estas peregrinaciones que nos llevaban de la casa de Balzac en Passy a la tumba de Rousseau en Ermenonville y del pabellón flaubertiano de Croisset a los vestigios de la ascética abadía de Port-Royal de Pascal.

Otra coincidencia era Cuba. Nuestra adhesión a la revolución era ilimitada e intratable, poco menos que religiosa. En mi caso se ejercía con impunidad, pero en el suyo implicaba riesgos. Recuerdo haberle preguntado algún 1 de enero o 26 de julio, mientras remontábamos la avenida Foch hacia la embajada cubana, dispuestos a soportar un coctel revolucionario (tan enervante como los reaccionarios) si no lo inquietaba quedarse de pronto sin trabajo. Porque en esos momentos Chile no tenía relaciones con La Habana y Fidel lanzaba ácidos denuestos (que, por lo demás, el tiempo se encargaría de justificar) contra el presidente Eduardo Frei. Edwards admitía el peligro con una frase distraída, pero no cambiaba de idea, y con esa misma elegante flema, que, sumada a su apellido y a la urbanidad de su prosa, le dan un aire vagamente inglés, lo vi, en esos años, pese a su cargo, firmar manifiestos en *Le Monde* a favor de Cuba, trabajar públicamente por la tercera candidatura de Salvador Allende recabando el apoyo de artistas y escritores europeos, ser jurado de la Casa de las Américas, y, tiempo después, lo escuché, en un congreso literario en Viña del Mar, defender la necesidad de que el escritor conserve su independencia frente al poder y de que el poder la respete, con motivo de una aparición en el congreso del canciller chileno (su jefe inmediato), a cuya intervención dedicó incluso alguna ironía.

No se piense, sin embargo, que era un mal diplomático. Todo lo contrario. Su «carrera» fue muy rápida y es posible que su eficacia profesional hiciera que sus jefes cerraran piadosamente los ojos por esa época ante las libertades que se permitía. Simplemente, era un escritor que se ganaba la vida como diplomático y no un diplomático que escribía. La diferencia no es académica, sino real, pues esa prelación, esa jerarquía clara y nítida de uno sobre el otro hizo posible que Jorge Edwards fuera capaz de vivir, primero, y luego escribir y publicar las experiencias que narra *Persona non grata*.

Se necesitaba más coraje para publicar el libro que para escribirlo, por ser lo que es y por el momento político en que salía. *Persona non grata* rompe un tabú sacrosanto en América Latina para un intelectual de izquierda: el de que la Revolución cubana es intocable, y no puede ser criticada en alta voz sin que quien lo haga se convierta automáticamente en cómplice de la reacción. El relato de Jorge Edwards constituye una crítica seria a aspectos importantes de la revolución, hecha desde una perspectiva de izquierda. El término «izquierda» está prostituido y designa hoy cualquier cosa. Quiero decir que la crítica de *Persona non grata*, aunque profunda, parte de una adhesión a la revolución y al socialismo, de un reconocimiento de que los beneficios que ha traído a Cuba son mucho mayores que los perjuicios, y de una recusación explícita e inequívoca del imperialismo norteamericano. Obviamente, el libro no gustaría a la derecha (el Gobierno de Pinochet había expulsado a Edwards del servicio diplomático por haber denunciado el golpe militar contra Allende y se apresuró a prohibir la circulación de *Persona non grata* en Chile) ni a la izquierda beata, que, al menos en América Latina, es mayoritaria. Pero tal vez, en el fondo, la amenaza de una cierta marginalidad no fastidiaba demasiado a este francotirador tranquilo. En cambio, era una decisión grave publicar el libro en momentos en que la causa del progreso sufría un rudo revés en el continente con el golpe fascista chileno y la consolidación de regímenes totalitarios de derecha un poco por todas partes: Brasil, Bolivia, Uruguay. El contexto político latinoamericano podía provocar malentendidos serios sobre las intenciones del libro y prestar argumentos abundantes a la mala fe. ¿Un relato de esta naturaleza, destinado a la polémica, no iba a fomentar la división de la izquierda cuando era más necesaria que nunca la unidad contra el enemigo común?

Es un mérito que Jorge Edwards haya querido correr este riesgo. La sola existencia del libro formula una propuesta audaz: que la izquierda latinoamericana rompa el círculo del secreto, su clima confesional de verdades rituales y dogmas solapados, y coteje de manera civilizada las diferencias que alberga en su seno. En otras palabras, que desacate ese chantaje que le impide ser ideológicamente original y tocar ciertos temas para no dar «armas» a un enemigo a quien, precisamente, nada puede convenir más que la fosilización intelectual de la izquierda. El libro de Edwards se sitúa en la mejor tradición socialista, la de la libertad de crítica, que hoy tiende a ser olvidada. Marx y Lenin, aun en los momentos más difíciles de la historia del movimiento obrero, ejercitaron la crítica interna de manera pública, convencidos de que más debilitaba al socialismo cerrar los ojos frente a sus debilidades que discutirlas.

La forma elegida por Edwards para su exposición se halla a medio camino entre el relato autobiográfico y el ensayo. Pertenece, como él mismo dice, a un género que otrora floreció con esplendor en Chile: el memorialista. Edwards expone sus reparos, anécdotas, alarmas, en una prosa límpida y sugestiva, de soltura clásica, sin eufemismos, con una sinceridad refrescante, y sin escamotear los hechos y circunstancias que pueden relativizar e incluso impugnar sus opiniones. El libro es, a la vez que un testimonio, una meditación, y sin duda importa más por esto último que por lo primero. La libertad irrestricta con que reflexiona sobre las cosas que le suceden (o cree que le suceden) es reconfortante y del todo insólita en los escritos políticos latinoamericanos, en los que han sido prácticamente abolidos el matiz, el tono personal y la duda. En el libro de Edwards todo lo que se dice está ligado a la experiencia concreta de quien narra y es esta peripecia personal la que fundamenta o hace discutibles sus ideas. De otro lado, se halla totalmente exento de ese carácter tópico y esquemático al que buena parte de la literatura política contemporánea debe su aire abstracto, verboso e indiferenciable. Lo curioso, y también sano, tratándose de un libro eminentemente político, es que haya en él más dudas que afirmaciones. Edwards duda sobre lo que ocurre a su alrededor, especula sin tregua y duda de sus propias dudas, lo que ha llevado a alguno de sus detractores a afirmar que *Persona non grata* es un documento clínico. Sí, en cierto modo lo es, y en ello está quizá el peso mayor de la crítica que el libro hace al régimen cubano: haber provocado en su autor un estado de ánimo semejante y haberlo llevado, en el corto plazo de tres meses y medio, y sin que mediara un plan premeditado, a bordear la neurosis. El libro es también, como dice el propio Edwards, una terapia, emprendida con el objeto de superar mediante la escritura una crisis personal, y a lo largo de la cual, como en todo proceso creativo, se le fueron revelando retrospectivamente muchos ingredientes de la historia que quería referir.

El libro describe los meses que pasó en Cuba, como encargado de negocios, enviado por el flamante Gobierno de la Unidad Popular para reabrir las relaciones que Chile había roto siguiendo los dictados de la OEA. Todos sus problemas surgieron de su doble condición de escritor y de diplomático. Por ser leal a aquél antes que a éste, Edwards, en La Habana, mantuvo e incluso estrechó la amistad que tenía desde antes con un grupo de escritores que en esos momentos, por sus actitudes independientes, reservadas o críticas, eran mal vistos por el régimen. Esta relación y la propia manera de ser de Edwards, alérgica al disimulo y a la adulación, le granjearon la desconfianza primero y luego la hostilidad oficial. Todo ello no hubiera dado pretexto para otra cosa que una crónica entretenida, sin mayores implicaciones políticas, si el momento que vivía Cuba —fines de 1970, comienzos de 1971— no hubiera sido excepcional. En el plano exterior, Fidel, luego de su respaldo a la intervención militar de los países del Pacto de Varsovia en Checoslovaquia, había optado por una línea más ortodoxa y prosoviética y renunciado, al menos provisionalmente, a un socialismo cubano de fisonomía propia. Internamente, luego del fracaso de la zafra de los diez millones, que había exigido una formidable movilización de todo el pueblo cubano, la isla vivía, además del abatimiento y la fatiga inevitables, la peor crisis económica de toda la revolución. La escasez y el racionamiento alcanzaban su punto álgido y surgían problemas serios como el ausentismo, que constituían motivos de inquietud para el régimen. El Gobierno hacía frente a esta situación con medidas severas (como la ley de vagos), encaminadas a asegurar la disciplina y el trabajo, y trataba, mediante una dura planificación, de restaurar la maltratada economía. Como, de otro lado, las dificultades de Cuba podían ser aprovechadas por el enemigo en su permanente política de sabotaje, el sistema de seguridad cubano, ya muy poderoso, multiplicaba su poder y se extendía velozmente. Es este ambiente dramático y tenso, de dificultades materiales, de desinformación, de rigidez ideológica, de una vigilancia policial omnipresente que estimulaba las alucinaciones (tendencia a ver micrófonos a cada paso, suponer en toda persona un confidente de la policía, imaginar que todo suceso, aun el más nimio, no es casual sino pieza de una estrategia teledirigida por invisibles funcionarios) lo que da al libro de Edwards su extraordinario interés. Ese periodo en que, en cierto modo, Cuba cambiaba de piel —pasando, como todas las revoluciones hasta ahora, del idealismo, la alegría y la espontaneidad del comienzo al realismo, la gravedad y la organización burocrática— se conocía de sobra, pero al nivel de las informaciones generales y de la teoría. En *Persona non grata* se asiste a él de cerca, en sus aspectos cotidianos y domésticos, y se conocen las contradicciones y ambigüedades, las amarguras y a veces los raptos de humor con que fue directamente vivido por algunos de sus protagonistas.

Aunque, a fines de 1970, el régimen había ya integrado dentro de un sistema de control estricto todas las actividades sociales, todavía quedaba un reducto donde, en cierto modo, imperaba un amplio margen de diversificación e independencia individual, en el que eran admitidas aún ciertas heterodoxias: el literario y artístico. Resultaba en cierto modo insólito, para el nuevo estilo de socialismo cubano, el que pudieran aparecer en la isla libros tan «decadentes» como *Paradiso* de Lezama Lima o tan fieramente antimaniqueístas como *Condenados de Condado* de Norberto Fuentes; el que en las revistas culturales dominara una tónica liberal de simpatía hacia todas las vanguardias y una cierta predilección por lo «occidental» y que colaboraran en ellas, mantuvieran cordial relación con los organismos culturales y visitaran oficialmente la isla escritores e intelectuales que, como K. S. Karol, René Dumont o Hans Magnus Enzensberger, habían hecho críticas muy severas al modelo socialista soviético. Pero lo más inusitado, en la nueva política, era sin duda que en la propia Cuba, un sector, no demasiado numeroso pero cualitativamente importante, se empeñara en mantener una actitud que, sobre todo en contraste con la de los escritores que se oficializaban a paso ligero, aparecía como no-conformista. Entre ellos la figura más visible era el poeta Heberto Padilla, quien luego de publicar un libro de título insolente (*Fuera del juego*), que le acarreó la ira del ejército y de la UNEAC (Unión Nacional de Escritores y Artistas), se había permitido atacar en un artículo a un escritor-funcionario de alta graduación, Lisandro Otero, entonces viceministro de Cultura, y reprobar el que la prensa cultural revolucionaria pusiera por las nubes una mediocre novelita de éste, *Pasión de Urbino*, mientras pasaba bajo silencio la aparición en Barcelona de *Tres tristes tigres* de Cabrera Infante (quien, hasta entonces, aunque autoexiliado, no había hecho la menor crítica a la revolución). Este estado de cosas fue rectificado y normalizado (sin sangre ni mucha violencia, hay que destacarlo: apenas infligiendo un poco de miedo y una humillación pública a los díscolos nativos y con una moderada campaña denigratoria contra los extranjeros que deploramos el cambio de cosas) en los meses que estuvo Edwards en Cuba y en los inmediatamente posteriores, y como él estuvo vinculado de cerca al grupo de heterodoxos, su libro ofrece una crónica muy vívida, incluso al nivel de la pura chismografía —son inolvidables y fidelísimos, por ejemplo, algunos retratos, como el de Lezama Lima, el genio contemplativo y sensual que capeaba las adversidades con oleaginosa paciencia y erudita sabiduría, y, sobre todo, el del brillante, arbitrario, lenguaraz y siempre imprevisible Heberto Padilla—, de las tensiones, los incidentes, la excitación y los rumores con que este puñado de escritores vivieron los meses que mediaron entre su caída en desgracia y su llamado al orden, mientras presenciaban, con cólera e impotencia, «el ascenso vertical de los escritores oportunistas».

La historia que *Persona non grata* refiere es sin duda pequeña y circunscrita, una marejadilla político-literaria en la que, al fin y al cabo, hubo más ruido que nueces. Pero en esa tormenta de verano que se abatió sobre unos cuantos escritores cubanos hace cuatro años se reflejaba, en el fondo, una desgracia mucho mayor: la desaparición de la posibilidad, dentro de una sociedad socialista, de ponerse al margen o frente al poder. Es un problema que concierne, desde luego, a todos los estamentos de la sociedad, una posibilidad que debería estar abierta, por igual, a los obreros y a los técnicos, a los funcionarios y a los estudiantes. Nadie pretende reclamar el derecho de disentir o de abstenerse como un privilegio de los escritores —es la acusación que los funcionarios suelen formular cada vez que un escritor socialista pide la democratización del sistema—, lo cual sería pretencioso y absurdo. Lo que ocurre, como muestra admirablemente el libro de Edwards, es que, cuando se clausuran las posibilidades de oponerse, diferenciarse o apartarse, cuando se instala un sistema de intolerancia y control pleno, el escritor de vocación auténtica queda inmediata y brutalmente afectado, no sólo, como la mayoría de sus conciudadanos, en una parte importante de su actividad social, sino en el centro mismo de su vocación, que es alérgica por esencia a la coacción, a la que unas dosis mínimas de libertad y disponibilidad son tan vitales como el aire y el agua a las plantas. Ésa es la razón por la que los escritores y los artistas están generalmente en la primera fila de la batalla por la democratización del sistema en los países socialistas. Entre fines de 1970 y comienzos de 1971, en Cuba, el campo de la literatura, que hasta entonces había gozado de prerrogativas especiales de flexibilidad, entró también dentro del orden, y el funcionario pasó a sustituir al escritor como personaje principal de la vida literaria.

Se trata de un proceso que se reproduce de una manera que se diría fatídica dentro del socialismo. Ocurrió en Europa, en Asia, en Cuba, y lo veo comenzar a ocurrir a mi alrededor, hoy, en el Perú, dentro de esta inesperada revolución conducida por las Fuerzas Armadas. Los escritores, hasta entonces ignorados cuando no despreciados por una sociedad inculta y sus Gobiernos cerriles, de pronto, con la revolución y la estatización acelerada, ven abiertas todas las puertas. Diarios, radios, institutos culturales, editoras, ministerios los convocan con un abanico de atractivos que espejean ante sus ojos desde la necesidad de participar en el proceso histórico, de no marginarse del gran cambio social que se opera en el país, la conveniencia de llegar a una gran audiencia nacional a través de los grandes medios de comunicación y la de no dejar en manos irresponsables esa misión, hasta la de vivir por fin con la seguridad de un buen salario, la de poder viajar representando al país en funciones oficiales, la de disfrutar de ciertos honores y ventajas y la ilusión de formar parte del engranaje fascinante del poder. Por generosidad, por ingenuidad, por necesidad, por arribismo, uno tras otro van cayendo, superponiendo a la condición de escritor la investidura del funcionario. Poco a poco, en un periodo más o menos lento, según la solidez de la vocación y el grado de integridad de cada cual, todos descubren en un momento dado la verdad de su situación: haberse convertido en ejecutantes dóciles de un poder que no los consulta ni escucha, en instrumentos incondicionales de los hombres que ocupan el poder, a quienes (si es necesario con sofisticadas citas clásicas) deben repetir, glosar, proteger, alabar, y si lo hacen de manera espontánea y libre —por convicción—, tanto mejor. En esas tareas es inevitable que los más dignos vayan perdiendo posiciones y que lleguen rápidamente al vértice los más cínicos e inescrupulosos (lo cual no siempre quiere decir los más mediocres). La operación ni siquiera ha sido planeada desde arriba, ha resultado de un estado de cosas inmune al cambio, de una realidad en la que el socialismo no se diferencia aún de los viejos sistemas: la de que el poder no paga el trabajo sino la sumisión. Lo trágico es que el escritor que, consciente del peligro mortal que para su oficio entraña el perder la distancia frente al poder y volverse, como dice Edwards, un escritor instrumental, se margina, no está de ninguna manera a salvo. Al contrario, puede ocurrirle algo peor que a aquel que pacta o se vende. No corre sólo el riesgo de vivir muy mal (en el socialismo no se morirá de hambre, pero la perspectiva de malvivir, de no ser publicado o serlo tarde, mal y nunca, la de renunciar a viajar, es poco estimulante), sino, al convertirse en una especie de apestado, a quien los escritores-funcionarios odian porque su sola presencia les resulta acusatoria, generar una verdadera psicosis que paraliza y destruye su vocación. La prueba está en el libro de Edwards, descrita con detalles, sin complacencia; sus amigos viven en una campana neumática, no sólo aislados de lo que ocurre en torno, sino en un estado de verdadera descomposición: «Pero estaban excitados y angustiados, con algo de razón, y también, en muchos casos, con una buena dosis de sinrazón y de vanidad, y habían caído en la obsesión viciosa del rumor y de la crítica, sin tener posibilidad ninguna de influir en el curso de los hechos». Nadie puede acusar a Edwards de idealizar a ese pequeño grupo de intelectuales que, dice, «se obstinaban en una maledicencia amarga y estéril, en un rincón de sus habitaciones destartaladas, entre viejos artefactos desvencijados y lámparas rotas». Que el mismo sistema que arranca al obrero de la condición de número y lo hace hombre, que dignifica al campesino y hace realidad los derechos esenciales del ser humano a la educación, a la salud, al trabajo, ponga a los escritores en la alternativa de ser turiferarios o zombies, sirvientes o réprobos, es una de las contradicciones más desconcertantes del socialismo, y que, por desgracia, es más antigua que Stalin.

Sin estridencia, sin discursos, sin ánimo de justificación, exhibiendo a menudo sus propias equivocaciones, Jorge Edwards hace en *Persona non grata* un apasionado alegato a favor de la reconciliación de la libertad intelectual y el poder socialista, esos dos aliados que, salvo por breves periodos, andan siempre como perro y gato. Su libro no es una diatriba contra Cuba, como ha escrito algún tonto. Hay una subterránea nostalgia y un amor cierto por hombres y cosas y también por hechos fundamentales de la revolución, que dan al libro su carácter de crítica de amigo, muy distinta de la crítica del enemigo. Por lo demás, el personaje más ameno, el verdadero héroe de la historia, no es Heberto Padilla, quien, a fin de cuentas, queda bastante despintado, jugando a interpretar un papel que llegado el momento fue incapaz de asumir, sino Fidel Castro, ese gigante incansable que se mueve, decide y opina con una libertad envidiable, y cuyo estilo directo e informal, su aire deportivo y su dinamismo contagioso *Persona non grata* recrea espléndidamente.

Muchos aspectos de la Cuba que Edwards describe han desaparecido en estos cuatro años. Con el gran aumento del precio del azúcar en el mercado internacional, y, sin duda, una mejor coordinación y manejo administrativo, la economía de la isla vive hoy una verdadera bonanza, y el régimen se esfuerza por mejorar las condiciones de vida, incluso en aspectos superficiales y suntuarios, lo que es digno de encomio. De otro lado, poco a poco, los países latinoamericanos que, por servilismo ante Estados Unidos, se habían sumado al bloqueo, comienzan a cambiar de política y ya no es imposible que cualquier día el doctor Kissinger aterrice en La Habana para sellar una forma de *modus vivendi* entre Cuba y Estados Unidos. Esa desaparición de la «psicología del cerco», que hizo daño a Cuba y favoreció el endurecimiento, ¿se traducirá en una apertura interior progresiva, en un retorno de la vieja amplitud, en la originalidad inicial? Estoy seguro de que Jorge Edwards sería el primero en alegrarse de que ocurra así y de que los problemas que relata su libro pasen a interesar sólo a los arqueólogos.

Su libro me ha conmovido de una manera particular. Nunca antes de la Revolución cubana sentí un entusiasmo y una solidaridad tan fuertes por un hecho político y dudo que lo sienta en el futuro. Cuba significó para mí la primera prueba tangible de que el socialismo podía ser una realidad en nuestros países, y, sobre todo, la primera de que el socialismo podía ser, al mismo tiempo que una justa redistribución de la riqueza y la instalación de un sistema social humano, un régimen compatible con la libertad. Estuve cinco veces en Cuba y, en cada una de ellas, progresivamente, fui notando que esa compatibilidad era cada vez más precaria, y, aunque me negaba como muchos a verlo, cada vez la dolorosa verdad se iba imponiendo al hojear la prensa de puros comunicados, en el monolitismo granítico de la información, en las confidencias o en la prudencia de los amigos, en la comprobación a simple vista y oído de que al ancho margen en que las cosas y las palabras se movían al principio sucedían un cauce y una voz únicos, que las diversas verdades particulares que daban a la revolución su rica humanidad eran reemplazadas por esa verdad oficial única que todo lo burocratiza y uniforma. Sé las razones y me he repetido miles de veces todos los atenuantes. El duro imperio de las realidades económicas, los recursos escasos de una pequeña isla subdesarrollada y el gigantesco y salvaje bloqueo impuesto por el imperialismo para ahogarla, no podían permitir que prosperara ese «socialismo en libertad» del principio. Puesto ante la alternativa de mantener un socialismo abierto, pero huérfano de apoyo internacional, que podía significar el asesinato de la revolución y el regreso del viejo sistema neocolonial y explotador, o salvar la revolución ligando su suerte —es decir, su economía y su proyecto— al patrón socialista soviético, Fidel eligió, con su famoso espíritu pragmático, el mal menor. ¿Quién se lo podría reprochar, sobre todo después de la muerte de

Allende y la inicua caída de la Unidad Popular? Sé también que la desaparición de toda forma de discrepancia y de crítica interna no es inconciliable en Cuba —como no lo es en ningún país socialista— con la preservación de las reformas esenciales que, básicamente, establecen un orden social, para la mayoría, más equitativo y decente que el que puede garantizar el sistema capitalista. Por eso, a pesar del horror biológico que me inspiran las sociedades policiales y el dogmatismo, los sistemas de verdad única, si debo elegir entre uno y otro, aprieto los dientes y sigo diciendo: «con el socialismo». Pero lo hago ya sin la ilusión, la alegría y el optimismo con que durante años la palabra socialismo se asociaba en mí, gracias exclusivamente a Cuba. En *Persona non grata* Jorge Edwards ha mostrado, con honestidad y valentía que le admiro, exactamente por qué.

Lima, octubre de 1974

La paradoja de Asturias

Hombres de maíz es la más enigmática y controvertida novela de Miguel Ángel Asturias. En tanto que algunos críticos la consideran su mejor acierto, otros la desautorizan por su desintegración anecdótica y su hermetismo estilístico. El profesor Gerald Martin, que la tradujo al inglés, ha preparado la edición crítica del libro para las obras completas de Asturias, que han comenzado a publicarse, bajo los auspicios de la UNESCO. Acabo de leer, en manuscrito, el estudio de Martin y me ronda todavía la sensación de perplejidad y respeto que me ha causado su impresionante trabajo: casi millar y medio de notas y un prólogo dos veces más extenso que la novela.

Y, sin embargo, *Hombres de maíz* no queda enterrada bajo esa montaña de erudición si no sale de ella enriquecida. Gerald Martin transforma el archipiélago que parecía ser el libro en un territorio de regiones sólidamente trabadas entre sí. Su tesis es que la novela constituye una vasta alegoría de lo que ocurrió a la humanidad cuando la cultura tribal se deshizo para dar paso a una sociedad de clases. Este proceso aparece metamorfoseado en el contexto guatemalteco, pero sus características valen para cualquier sociedad que haya experimentado ese tránsito histórico y en ello reside, según Martin, la importancia del libro que ha estudiado con tanta ciencia y pasión.

Resulta iluminador conocer las fuentes mayas y aztecas directa o tangencialmente aprovechadas por la novela. Bajo el cuerpo del libro hay un esqueleto compacto de materiales prehispánicos que van desde el título y el bello epígrafe («Aquí la mujer, yo el dormido») hasta ese inquietante hormiguero en que se ha convertido la humanidad al clausurarse la novela. Martin muestra que las idas y venidas abruptas de la narración en *Hombres de maíz*, el curiosísimo ritmo que tiene, no son gratuitas, sino producto de una antiquísima manera de ser. La de aquellos hombres que mantienen vínculos religiosos con el mundo natural y viven ellos mismos en estado de naturaleza. El aparente desorden de *Hombres de maíz* es el orden de la mentalidad primitiva descrita por Lévi-Strauss.

De otro lado, Martin ha cotejado todos los elementos de hechicería, magia, superstición, rito y ceremonia que son tan abundantes en el libro, con las constantes descubiertas por Mircea Eliade en las creencias y prácticas religiosas de los pueblos no occidentales y con las investigaciones de Jung sobre las formas míticas en que suele manifestarse el inconsciente colectivo y ha encontrado fascinantes coincidencias. El proceso de fabulación del que nació *Hombres de maíz* fue mucho menos libre y espontáneo de lo que pudo sospechar el propio Asturias. Éste tenía conciencia de las fuentes que usaba, pero creyó, sin duda, que lo hacía sin más cortapisas que las de su libre albedrío. Martin demuestra que no ocurrió así. Al reordenar esos materiales y mezclarlos con los que inventaba —usando para ello técnicas no racionales, como la escritura automática que el surrealismo puso en boga cuando él vivía en Francia— fue, inconsciente, intuitivamente, modelándolos según sistemas de pensamiento, de creación religiosa y mitológica, comunes a las sociedades primitivas, como tendría ocasión de comprobarse científicamente después de aparecer la novela.

Otro mérito del profesor Martin es proporcionar evidencias suficientes para corregir un error muy extendido sobre Asturias: que fue un escritor costumbrista. Serlo supone un esfuerzo encaminado a recrear los usos locales —sociales y lingüísticos— contemporáneos, a convertir en literatura esa vida pintoresca de la región en lo que tiene de actual. Es verdad que Asturias emplea un vocabulario maniáticamente «local», pero este lenguaje no es descriptivista, no está elegido para retratar un habla viva, sino por razones poéticas y plásticas. En otras palabras: su razón de ser no es expresar la realidad real, sino apartarse de ella, fabricar esa otra realidad que es la literaria y cuya verdad depende de su mentira, o sea, de su diferencia, no de su parecido, con aquel modelo. Asturias ni siquiera hablaba alguno de los idiomas indígenas de Guatemala y en *Hombres de maíz* los usos y costumbres indígenas que de veras importan vienen del pasado, no del presente, y, lo que es aún más significativo, de los libros, no de una experiencia vivida. La materia prima indígena aprovechada por Asturias procede de la erudición histórica, mucho más que de un conocimiento inmediato del acervo folclórico guatemalteco de su tiempo. Y es, sin duda, gracias a ello, que, aunque las apariencias parezcan decir lo contrario, los hombres de maíz de la novela tienen que ver tanto con los campesinos de la Mesoamérica de hoy como con los del altiplano boliviano o los de África.

La experiencia histórica reflejada en la novela no es la indefensión y miseria del indígena de nuestros días, sino el trauma original de su cultura, bruscamente interrumpida por la llegada de unos conquistadores, de civilización más evolucionada y poderosa, que la sojuzgaron y pervirtieron. Verse, de pronto, ante dioses distintos que venían a sustituir por la fuerza a los propios, ante una concepción del mundo y el trasmundo que no coincidía para nada con aquella en la que habían vivido inmersos, y tener que cambiar de régimen de trabajo, de familia, de alimentación, de pensamiento, para poder sobrevivir, es un drama que han protagonizado todos los pueblos del mundo colonizados por Occidente. Y en todos ellos, la aculturación ha generado la misma complicada dialéctica de apropiación, sustitución y modificación entre colonizador y colonizado. El más extendido de los fenómenos, en este proceso, es la sinuosa y sutil inserción de las viejas creencias y costumbres en las que trae el ocupante y la distorsión interior que éstas padecen por efecto de ese paulatino contrabando.

El ambicioso propósito del profesor Martin —en gran parte alcanzado— es mostrar que ese género de experiencias, compartidas por pueblos de las cuatro quintas partes del globo, son el barro con que fue amasada la novela de Asturias y que sólo teniendo en cuenta este hecho se puede comprender integralmente la riqueza del libro. Y, también, orientarse por la oscuridad de algunas de sus páginas. La prolija demostración de Martin, contra lo que el propio Asturias creía —pues dijo muchas veces que su obra sólo adquirió conciencia social *después* de *Hombres de maíz*— establece con firmeza la imagen de una invención literaria arraigada sobre la historia de la opresión y destrucción de las culturas primitivas, de la que extrae toda su savia, sus mitos, su poesía y extravío. La paradoja es instructiva. Asturias fue un gran escritor comprometido cuando no sabía que lo era. Cuando quiso serlo y escribió la trilogía tremendista *El Papa verde*, *Viento fuerte* y *Los ojos de los enterrados*, lo fue de manera mucho menos profunda y con sacrificio de lo más original y creativo que había en él.

Lima, septiembre de 1978

Entre infantes difunto

En el bello título, su mejor acierto, están condensados buena parte de los componentes del último libro de Cabrera Infante:* la nostalgia, el humor, la compulsiva necesidad de jugar con las palabras. No nos dice nada, sin embargo, sobre el ingrediente principal: la obsesión erótica, esa maraña de aventuras y desventuras sexuales que el narrador trata meticulosamente de resucitar. Es un libro curioso, inesperado, de arrebatos de exhibicionismo contrarrestados por una invencible reticencia a desvelar los sentimientos y en el que la imagen de ser sarcástico y frío, egoísta implacable en la realización de sus deseos, que ha conseguido sin saberlo el ideal libertino de hacer del sexo una pasión del cerebro disociada del corazón, que nos propone el autor, es desmentida a cada paso por un sentimentalismo que aprovecha cualquier resquicio —por ejemplo, las referencias a la época, al cine, a la ciudad— para volcarse a raudales.

Una novedad es su esfuerzo confidencial, infrecuente en la literatura de lengua española, en la que, a diferencia de lo que ocurre en Francia o Inglaterra (países donde las gentes son reacias a hablar de sí mismas, pero en los que, paradójicamente, existe una riquísima literatura de esta índole) las memorias y autobiografías suelen ser elusivas, perifrásticas, sobre todo en lo que se refiere al tema tabú. No recuerdo en América Latina ningún libro en el que, en primera persona, se ofrezca un testimonio más explícito sobre el aprendizaje sexual, que refiera con tanto pormenor, sinceridad y gracia la iniciación erótica y los tormentos, dudas, prejuicios, estímulos, desviaciones y maravillosos hallazgos de que podía venir acompañada en una sociedad como la nuestra. (Él habla de la Cuba

---

* Guillermo Cabrera Infante: *La Habana para un infante difunto*. Barcelona, Seix Barral, 1979. *(N. del E.)*

de los años cuarenta y cincuenta, pero casi todo lo que cuenta hubiera podido ocurrir en el Perú y, estoy seguro, en el resto de los países hispanoamericanos. Aunque, sin duda, una experiencia así debe resultar exótica y apenas comprensible en cualquier país anglosajón).

Pero, pese a esta franqueza —que es a menudo crudeza—, el libro difícilmente podría ser llamado una autobiografía; pues, al concentrarse en el tema erótico, aboliendo todo lo demás, da una silueta trunca, deformada, del narrador. Dos son los escamoteos más flagrantes: la literatura y la política. Esta última merece unas pocas menciones despectivas, nada más, y ello tiene quizá, la justificación de que lo que Cabrera Infante cuenta en su libro ocurre en su prehistoria política, antes de esa revolución de la que sería primero adherente y luego víctima. Con la literatura sucede en su libro algo distinto. Hay en él una postura antiintelectual ostentosa, y en sus páginas abundan burlas, escarnios, invectivas contra las personas que, algunas con ingenuidad, otras con desconocimiento, otras con escasas luces, hablan de asuntos culturales, tratan de convertir las lecturas literarias en modelos de comportamiento y hacen esfuerzos, bien o mal encaminados, para ocupar intelectualmente sus vidas. Son las páginas, para mí, más incómodas del libro, las menos creíbles, en la pluma de un intelectual que, si no a cada línea sí a cada párrafo, hace alusiones en tres o cuatro idiomas a libros y escritores y cuyos chistes son a menudo alambicadas citas de historia y poesía trastocadas. Se trata, por supuesto, de una simple pose. Pero es una pose subliminalmente pretenciosa: sólo quienes se sienten cultos desprecian la cultura, sólo los literatos exquisitos juegan a acabar con la literatura.

En cambio, hay otro rasgo cultural sobre el que *La Habana para un infante difunto* resulta directo, ameno, instructivo. Tiene que ver con las fuentes no literarias de Cabrera Infante, y, de manera general, con las de quienes, años más años menos, pertenecemos a su generación. Es decir, quienes, a la vez que por los libros, fuimos educados por el cine, la radio, por las revistas y —más tarde— por la televisión. Así como siempre he encontrado fastidioso el antiintelectualismo de los intelectuales, siempre me ha parecido una ingenuidad de avestruz el a menudo muy sincero desprecio que muchos de ellos profesan a aquellas canteras culturales de nuestra época, a esos grandes hacedores de los mitos e imágenes que han forjado buena parte de nuestra sensibilidad y fantasía. Basta haber leído los cuentos y las novelas —para no mencionar sus excelentes críticas de cine— de Cabrera Infante, para saber hasta qué punto él es deudor de aquellos grandes medios de comunicación, y resulta muy grato, por lo natural y agudo que se muestra siempre que lo hace, oírle referir sus recuerdos de espectador cinematográfico o de oyente radial, advertir la precisión amorosa con que su memoria ha retenido todo aquello, no sólo lo importante, sino también lo trivial o lo efímero, y cómo el mundo del celuloide y del acetato (así decía un presentador de programas de radio, en mi infancia) está selváticamente entrelazado con todos los episodios de su vida (y lo estará, más tarde, con su obra).

Otra originalidad del libro es el humor, el peculiar e inconfundible humor de Cabrera Infante, un humor que, a ratos, hace reír y otras sonreír y otras lo deja a uno intrigado, tratando de descifrar el acertijo verbal, el rompecabezas semántico, o desconcertado por la alusión o la ruptura del sistema narrativo que significa. Muchas veces tiene un aire frívolo, gratuito, juego de palabras que es una tentación irresistible a la que el autor sucumbe cada vez que una aliteración, una asonancia o una asociación se lo permiten, pero es evidente que se trata de algo profundo, esencial, para quien así escribe, pues el hecho es que esa propensión a la acrobacia estilística, a fabricar el chiste barajando y revolviendo las palabras de manera insólita y absurda, es algo a lo que está dispuesto a sacrificar todo lo demás: la coherencia del relato, la gravedad de un diálogo, la limpieza de una descripción, hasta la intensidad de un coito. Dos y tres y hasta cinco veces en una página, los juegos de palabras salen al encuentro del lector, brillantes, musicales, intrusos, sorprendiéndolo, divirtiéndolo y, también, a veces, frustrándolo.

Hay algo de provocación en ellos y, sin duda, de estrategia inconsciente para evitar hacer demasiado transparentes aquellas revelaciones que, al mismo tiempo, el autor se empeña en hacer de sí mismo. En pocos libros es tan notoria la naturaleza ambivalente del humor que, a la vez que puede abrir muchas puertas de la realidad humana, permitiendo al artista sacar a luz gracias a él estratos desconocidos de la realidad, es también el instrumento irrealizador por excelencia que trastoca todo aquello de que se apropia de una cualidad ajena, distante, distinta, que parece como emanciparlo de la experiencia humana. El humor, con su naturaleza bifronte, está en el centro de la obra de Cabrera Infante; es, en su caso, ese elemento añadido que todo creador auténtico agrega a aquellos materiales que roba al mundo para erigir su propio mundo.

Todo lo que llevo dicho hasta ahora no ha dejado en claro todavía si el libro me gustó poco o mucho, que es la primera pregunta que debería absolver el comentario de un libro (la más difícil de fundamentar). Lo leí de corrido, como leo los libros que me importan, sin sentir en ningún momento que fuera demasiado prolijo. Me interesó enormemente y aun en los momentos en que me irritaba (ciertas destrezas ecolálicas, esa magia verbal sobreimpuesta al relato me hacía a ratos el efecto de una traición, y me costaba trabajo perdonar esa actitud superior, de perdonavidas, del narrador con aquellas muchachitas cursis de La Habana a las que permite abrir las piernas, pero no opinar de música o de poesía) algo había en él que conservaba el hechizo, esa pregunta ansiosa que mantiene en el lector un relato logrado: ¿y ahora qué va a pasar? A la distancia descubro que en mi memoria se conserva como el personaje mejor modelado, el más viviente del libro, la ciudad de La Habana, la de antes, la de las posadas fornicatorias y la de los *night clubs* y los bares pecaminosos y las oleadas de turistas, la de los radioteatros y telenovelas sensibleras, la de los espectáculos pornográficos del teatro chino y la imitación norteamericana, la de la miseria y la corrupción, pero también la de la frescura vital, la de una cierta libertad de espíritu, y de una belleza fraguada por la conjugación del cielo, el mar, los crepúsculos, la música alegre y la sensualidad a flor de piel.

A través de esta Habana es toda la época que vivimos, en América Latina, los que fuimos niños en los cuarenta y jóvenes en los cincuenta, lo que el libro rescata con pinceladas maestras. Fue una época bella y horrible, como todas las épocas, y que la memoria melancólica y la prosa prestidigitadora de Cabrera Infante nos lo recuerde tan bien es algo que, a los infantes difuntos de entonces, no puede menos que dejarnos confusos, sin saber bien si debemos, por ello, felicitarlo o insultarlo.

Washington, febrero de 1980

Euclides da Cunha

Euclides da Cunha era un muchacho enclenque y huraño, ávido de conocimientos, al que sacaban de su retraimiento habitual, de tiempo en tiempo, repentinos arrebatos de rabia. Sus biógrafos dicen que el suyo fue un «sino trágico», pero tal vez este adjetivo magnifique una vida afligida, sobre todo, de una pugnaz mediocridad. Ser huérfano, de escasos recursos y sin suerte en los trabajos es, desgraciadamente, poco original; morir asesinado por el amante de su propia mujer sí lo es, pero también es truculento y hasta ridículo.

La grandeza de Euclides no está en esa vida que nos apena, aunque hay en ella episodios que vale la pena conocer para entender mejor su grandeza. Había nacido en 1866, durante el Imperio de Don Pedro II, y como muchos jóvenes patriotas e idealistas del Brasil de su tiempo, fue enemigo de la «monarquía esclavista» y partidario febril de la República, a la que creían panacea para todos los males de su país. Demostró la firmeza de sus convicciones cuando era cadete de la Escuela Militar, vociferándoselas en un acto público a un ministro del emperador. Al instalarse la República, en 1889, Euclides, que había sido expulsado del Ejército por «jacobino», volvió a vestir el uniforme y se recibió a la vez de oficial y de ingeniero. Más tarde, sería también periodista.

El ideal republicano estaba vivo en Euclides da Cunha y en los jóvenes —intelectuales, políticos, profesionales, militares— de su generación, impregnados de positivismo, cinco años más tarde, cuando se produce la rebelión de Canudos. Todos ellos estaban convencidos que la República había venido a corregir las desigualdades y los privilegios de sangre y fortuna del sistema monárquico; a reemplazar el oscurantismo religioso por la ciencia; a gobernar para los humildes como antes se había gobernado para los poderosos.

¿Cómo hubieran podido entender, entonces, que fueran precisamente los humildes de la más atrasada comarca del país —los sertones bahianos— quienes se alzaran en armas contra la República? ¿Acaso la República no se había hecho para ellos? No lo entendieron. Mejor dicho, lo malentendieron inventando una teoría que les explicara lo incomprensible. Así nace —como tantas veces en la historia— el mito de una conspiración. No son los miserables sertaneros del Nordeste quienes insurgen contra la República, sino los aristócratas, los terratenientes, los emigrados, todos los nostálgicos del viejo orden imperial derrocado, incluida Inglaterra. Son ellos quienes se empeñan en hacer retroceder la historia brasileña y se valen para conseguirlo de la incultura y el fanatismo de los pobres sertaneros del Nordeste.

Que esta superchería, sin el menor asidero en la realidad, fue aceptada y creída por todo el Brasil «civilizado» lo prueban dos artículos que escribe Euclides da Cunha en marzo y julio de 1897, en São Paulo, antes de ir a Canudos, con el título sintomático de: «Nuestra *Vendée*». Aunque en ellos se refiere casi exclusivamente al clima y el paisaje del interior de Bahía para explicar el fanatismo de las «hordas» de Antonio Consejero, el supuesto que los sostiene es clarísimo: Canudos es la *Vendée* brasileña y los yagunzos luchan contra la República como los *chouans* bretones luchaban contra la Revolución francesa: azuzados y dirigidos por aristócratas retrógrados. [«Como en la *Vendée* —dice—, el fanatismo religioso que domina el alma ingenua y simple (de los rebeldes) es hábilmente aprovechado por los propagandistas del Imperio»].

Euclides va a Canudos con uno de los últimos convoyes militares, en septiembre de 1893, y asiste a los combates postreros y a la caída del reducto yagunzo, después de casi un año de resistencia. Resulta fascinante leer las veintitrés crónicas que envía a São Paulo desde el teatro de operaciones. Pese a la vecindad de los hechos, el prejuicio ideológico que obnubila al país entero sigue cegándolo. A estas alturas, claro está, no habla ya —como aún lo hacen otros— de «espías ingleses», ni de oficiales del Imperio dirigiendo a los yagunzos, ni de armamento modernísimo enviado acaso por una potencia extranjera, pues es evidente que no aparecen por ninguna parte.

Pero, en sus crónicas, Euclides describe lo que ve a partir siempre del mismo esquema axiomático: en esta guerra fratricida combaten, de un lado, la República —es decir, la civilización, la ciencia, la cultura, el progreso— y, del otro, el Imperio, es decir, los prejuicios, las desigualdades, el oscurantismo, la barbarie.

Es sólo después de la gran carnicería cuando la República ha exterminado a sus supuestos adversarios, degollando a los supervivientes y dinamitando las ruinas de Canudos —como para exorcizarlos también de la memoria— que este hombre esmirriado y taciturno toma conciencia cabal del fantástico malentendido. Tenía treinta y un años. Estaba en el Oeste paulista, en San José de Río Pardo, reconstruyendo un puente que se había llevado el río. Se pone, entonces, a escribir *Os Sertões*. Es ése un momento casi milagroso para la cultura de América. El puente y el libro le toman el mismo tiempo: tres años.

Os Sertões es, ante todo, un examen de conciencia, una meditación moral y una implacable autopsia histórica, un esfuerzo titánico para, rasgando los múltiples velos que la desfiguraban, entender desde sus raíces la tragedia de esa guerra civil. ¿Qué ocurrió realmente en Canudos? ¿Qué indujo a los pobres del sertón a malentender la República y, a ésta, a malentenderlos a ellos? ¿Por qué millares de campesinos creyeron que la República era el Anticristo y por qué lucharon con semejante heroísmo por Antonio Consejero, ese santón que, al parecer, no hacía otra cosa que predicarles el ascetismo y la ortodoxia religiosa más estricta?

Apelando a todos los conocimientos a su alcance —la geografía, la geología, la sociología, la historia, la psicología—, a su propia memoria, a testimonios escritos y orales y, por supuesto, a su imaginación, Euclides reescribe lo sucedido en Canudos de una manera que aspira a la omnisciencia, tratando de no dejar de lado ninguno de los factores innumerables que intervienen en un proceso histórico y que dotan siempre a éste de espesa complejidad. Que en ese empeño totalizador incurra a veces en ingenuidades o errores —como la aplicación, a la sociedad brasileña, de ciertas teorías racistas en boga en Europa— empaña apenas el extraordinario logro. El lector sale del libro aturdido por la magnitud del extravío nacional que llega a ver, tocar y oler por la fuerza contagiosa con que está descrito y deslumbrado por ese espectáculo en el que, por vivir tan alejadas cultural, geográfica y socialmente, dos sociedades de un mismo país se entrematan, creyendo, la una, combatir por el Buen

Jesús, y, la otra, por la civilización. A través de este episodio de la historia brasileña, revivido con visión esférica, el lector descubre, de pronto, algo más vasto y conmovedor: la especificidad americana, ese desgarramiento absurdo y constante que son nuestros países, las incomunicaciones que explican nuestras tragedias políticas, y esta verdad: que en todo el continente ha habido y sigue habiendo nuevos Canudos.

Euclides da Cunha creía escribir un libro de ciencia. *Os Sertões* también lo es. Pero, como el *Facundo* de Sarmiento —el libro que más se le parece en nuestra literatura—, es asimismo una novela de aventuras, un tratado de antropología y una lección de moral. Todos los niños americanos deberían leerlo para saber en qué mundo han nacido y los desafíos que les esperan.

Washington, junio de 1980

Ángel Rama: La pasión y la crítica

Los Congresos de Literatura serán más aburridos ahora que Ángel Rama no puede asistir a ellos. Verlo polemizar era un espectáculo de alto nivel, el despliegue de una inteligencia que, enfrentándose a otras, alcanzaba su máximo lucimiento y su placer. Me tocó discutir con él algunas veces, y, cada vez, aun en lo más enérgico de los intercambios, aun mientras nos dábamos golpes bajos y poníamos zancadillas, admiré su brillantez y su elocuencia, esa fragua de ideas en que se convertía en los debates, su pasión por los libros, y siempre que leí sus artículos sentí un respeto intelectual que prevalecía sobre cualquier discrepancia. Tal vez por eso, ni en los momentos en que nuestras convicciones nos alejaron más, dejamos de ser amigos. Me alegro haberle dicho, la última vez que le escribí, que su ensayo sobre *La guerra del fin del mundo* era la que más me había impresionado entre todas las críticas a mi obra.

Desde que supe su muerte, no he podido dejar de recordarlo asociado con su compatriota, colega y contrincante de toda la vida: Emir Rodríguez Monegal. Todo organizador de simposios, mesas redondas, congresos, conferencias y conspiraciones literarias, del Río Grande a Magallanes, sabía que conseguir la asistencia de Ángel y de Emir era asegurar el éxito de la reunión: con ellos presentes, habría calidad intelectual y pugilismo vistoso. Ángel, más sociológico y político; Emir, más literario y académico; aquél más a la izquierda, éste más a la derecha, las diferencias entre ambos uruguayos fueron providenciales, el origen de los más estimulantes torneos intelectuales a los que me ha tocado asistir, una confrontación en que, gracias a la destreza dialéctica, la elegancia y la cultura de los adversarios, no había nunca un derrotado y resultaban ganando, siempre, el público y la literatura. Sus polémicas desbordaban de la sala de sesiones a los pasillos, hoteles y páginas de los periódicos y se aderezaban de manifiestos, chismografías y barrocas intrigas que dividían a los asistentes en bandos irreconciliables y trocaban al Congreso —palabreja que suena como bostezo con cierta razón— en una aventura fragorosa y vital, lo que debería ser siempre la literatura.

Para Ángel Rama lo fue. Aunque parezca absurdo, lo primero que hay que decir en elogio de su obra, es que fue un crítico que amó los libros, que leyó vorazmente, que la poesía y la novela, el drama y el ensayo, las ideas y las palabras, le dieron un goce que era a la vez sensual y espiritual. Entre quienes ejercen hoy la crítica en América Latina abundan los que parecen detestar la literatura. La crítica literaria tiende en nuestros países a ser un pretexto para la apología o la invectiva periodísticas, o, la llamada crítica científica, una jerga pedante e incomprensible que remeda patéticamente los lenguajes (o jergas) de moda, sin entender siquiera lo que imita: Barthes, Derrida, Julia Kristeva, Todorov. Ambas clases de crítica, sea por el camino de la trivialización o el de la ininteligibilidad, trabajan por la desaparición de un género, que, entre nosotros, llegó a figurar entre los más ricos y creadores de la vida cultural gracias a figuras como Henríquez Ureña o Alfonso Reyes. La muerte de Ángel Rama es como una funesta profecía sobre el futuro de una disciplina intelectual que ha venido declinando en América Latina de manera inquietante.

Aunque, en su juventud, escribió novelas y teatro, Ángel Rama fue un crítico, y en este dominio desarrolló una obra original, abundante y vigorosa, que, luego de hacer sus primeras armas en Uruguay —donde se había formado bajo la guía de un crítico e historiador ilustre de la literatura rioplatense, Alberto Zum Felde— fue luego creciendo y multiplicándose, en curiosidad, temas y ambición, hasta moverse con perfecta soltura por todo el ámbito latinoamericano. En su último libro, *La novela latinoamericana* (Bogotá, 1982), recopilación de una docena de ensayos panorámicos sobre la narrativa continental, se advierte la versación histórica y la solvencia estética con que Rama podía valorar, comparar, interpretar, y asociar o disociar de los procesos sociales a las obras literarias de América Latina, por encima de sus fronteras nacionales y regionales. En esas visiones de conjunto —derroteros, evoluciones, influencias, experimentados por escuelas o generaciones de uno a otro confín— probablemente nadie —desde la audaz sinopsis que intentó Henríquez Ureña, *Historia de la cultura en América Hispánica* (1946)— ha superado a Ángel Rama. No es de extrañar, por eso, que fuera él quien concibiera y dirigiera el más ambicioso proyecto editorial dedicado a reunir lo más representativo de la cultura latinoamericana: esa Biblioteca Ayacucho, patrocinada por el Estado de Venezuela, que ojalá no se interrumpa ahora con la muerte de su inspirador.

Lo mejor del trabajo crítico de Rama no fueron libros, hacia los que, durante mucho tiempo, tuvo una curiosa resistencia: casi todos los que se animó a publicar fueron compilaciones de textos aparecidos en revistas o como prólogos.

Sin embargo, el único libro orgánico que escribió, *Rubén Darío y el modernismo* (Caracas, 1970), es un penetrante análisis del gran nicaragüense y del movimiento modernista. Rama mostró en ese ensayo la compleja manera en que concurrieron diversas circunstancias históricas, culturales y sociales para que surgiera la corriente literaria que «descolonizó» nuestra sensibilidad, y, alimentándose con audacia y libertad de todo lo que las vanguardias europeas ofrecían y de nuestras propias tradiciones, fundó la soberanía poética del continente. La perspectiva sociológica e histórica, a la manera de Lukács y de Benjamin, fue la predominante en las investigaciones y análisis de Rama y, a veces, incurrió en las generalizaciones que esta perspectiva puede producir, si se aplica de manera demasiado excluyente al fenómeno artístico. Pero, en su libro sobre Darío, ella le permitió, gracias a un equilibrado contrapeso de lo social y lo individual, el contexto histórico y el caso específico y la influencia del factor psicológico, esbozar una imagen nueva y convincente de la obra de Darío y el medio en que ella nació. Pero la crítica en que Rama descolló, como muy pocos otros en nuestros días, fue en aquella que, desde las páginas de un periódico o revista, desde la tribuna de un aula o el prefacio de un libro, trata de encontrar un orden, establecer una jerarquía, descubrir unas llaves para sus recintos recónditos, a la literatura que está naciendo y haciéndose.

Es lo que se llama crítica de actualidad, que algunos creen rebajar calificándola de «periodística», como si la palabra fuera sinónimo forzoso de superficial y efímera. En verdad, ésa es la estirpe de la que han salido los críticos más influyentes y sugestivos, aquellos que convirtieron al género en un arte equiparable a los demás: un Sainte-Beuve, un Ortega y Gasset, un Arnold Bennett, un Edmund Wilson. A esa ilustre filiación perteneció Ángel Rama. Para él, como para aquéllos, escribir sobre el acontecer literario profano no significó merma de esfuerzo, prisa irresponsable, trampa o frivolidad, sino redoblada exigencia de rigor, añadir, a la obligación de razonar con lucidez y analizar con hondura, la de encontrar un lenguaje en el que las ideas más difíciles resultaran accesibles a los lectores más fáciles.

Los diez años que Ángel Rama dirigió la sección cultural de *Marcha*, en Montevideo, coincidieron con una efervescencia del quehacer literario latinoamericano. Desde las páginas de ese semanario, Rama fue uno de los animadores más entusiastas del fenómeno y uno de sus analistas más sólidos. Muchos de los artículos que escribió, primero en *Marcha* y, luego, en innumerables publicaciones del continente, constituyen verdaderos modelos de condensación, inteligencia y perspicacia; aun en sus momentos de mayor arbitrariedad o ardor polémico, sus textos resultaban seductores. Y, muchas veces, fascinantes. Quiero citar uno, que leí con un placer tan vivo que se conserva intacto en mi memoria: «Un fogonazo en la aldea», pirotécnica reconstrucción biográfica de un poeta y dandi, Roberto de las Carreras, al que Rama, con pinceladas magistrales de humor y afecto, resucitaba con el telón de fondo, entre provinciano y frívolo, del novecientos montevideano.

Periodista, profesor, editor, compilador, antólogo, ciudadano de las letras del continente; un intelectual al que sus convicciones de izquierda le valieron exilios y contratiempos múltiples pero no convirtieron en un dogmático ni en rapsoda de ningún partido o poder. Su obra deja una huella fecunda en casi todos los países latinoamericanos. En el mío, por ejemplo, siempre tendremos que agradecerle haber sido el compilador y editor de dos tomos de artículos de José María Arguedas que, a no ser por su iniciativa, no hubieran leído los peruanos. Todos quienes amamos la literatura en estas tierras somos sus deudores. Los escritores sabemos que su muerte ha empobrecido de algún modo nuestro oficio.

Lima, diciembre de 1983

Las ficciones de Borges

Cuando yo era estudiante, leía con pasión a Sartre y creía a pie juntillas sus tesis sobre el compromiso del escritor con su tiempo y su sociedad. Que las «palabras eran actos» y que, escribiendo, un hombre podía actuar sobre la historia. Ahora, en 1987, semejantes ideas pueden parecer ingenuas y provocar bostezos —vivimos una ventolera escéptica sobre los poderes de la literatura y también sobre la historia— pero en los años cincuenta la idea de que el mundo podía ser cambiado para mejor y que la literatura debía de contribuir a ello, nos parecía a muchos persuasiva y exaltante.

El prestigio de Borges comenzaba ya a romper el pequeño círculo de la revista *Sur* y de sus admiradores argentinos. En diversas ciudades latinoamericanas surgían, en los medios literarios, devotos que se disputaban como tesoros las rarísimas ediciones de sus libros, aprendían de memoria las enumeraciones visionarias de sus cuentos —la de *El Aleph*, sobre todo, tan hermosa— y se prestaban sus tigres, sus laberintos, sus máscaras, sus espejos y sus cuchillos, y también sus sorprendentes adjetivos y adverbios para sus escritos. En Lima, el primer borgiano fue un amigo y compañero de generación, con quien compartíamos libros e ilusiones literarias. Borges era un tema inagotable en nuestras discusiones. Para mí representaba, de manera químicamente pura, todo aquello que Sartre me había enseñado a odiar: el artista evadido de su mundo y de la actualidad en un universo intelectual de erudición y de fantasía; el escritor desdeñoso de la política, de la historia y hasta de la realidad que exhibía con impudor su escepticismo y su risueño desdén hacia todo lo que no fuera la literatura; el intelectual que no sólo se permitía ironizar sobre los dogmas y utopías de la izquierda sino que llevaba su iconoclasia hasta el extremo de afiliarse al Partido Conservador con el argumento burlón de que los caballeros se afilian de preferencia a las causas perdidas.

En nuestras discusiones yo procuraba, con toda la malevolencia sartreana de que era capaz, demostrar que un intelectual que escribía, decía y hacía lo que Borges, era de alguna manera corresponsable de todas las iniquidades sociales del mundo, y sus cuentos y poemas nada más que *bibelots d'inanité sonore* (dijes de inanidad sonora) a los que la historia —esa terrible y justiciera Historia con mayúscula que los progresistas blanden, según les acomode, como el hacha del verdugo, la carta marcada del tahúr o el pase mágico del ilusionista— se encargaría de dar su merecido. Pero, agotada la discusión, en la soledad discreta de mi cuarto o de la biblioteca, como el fanático puritano de *Lluvia*, de Somerset Maugham, que sucumbe a la tentación de aquella carne contra la que predica, el hechizo literario borgiano resultaba irresistible. Y yo leía sus cuentos, poemas y ensayos con un deslumbramiento al que, además, el sentimiento adúltero de estar traicionando a mi maestro Sartre, añadía un perverso placer.

He sido bastante inconstante con mis pasiones literarias de adolescencia; muchos de los que fueron mis modelos ahora se me caen de las manos cuando intento releerlos, entre ellos el propio Sartre. Pero, en cambio, Borges, esa pasión secreta y pecadora, nunca se desdibujó; releer sus textos, algo que he hecho cada cierto tiempo, como quien cumple un rito, ha sido siempre una aventura feliz. Ahora mismo, para preparar esta charla, releí de corrido toda su obra y, mientras lo hacía, volví a maravillarme, como la primera vez, por la elegancia y la limpieza de su prosa, el refinamiento de sus historias y la perfección con que sabía construirlas. Sé lo transeúntes que pueden ser las valoraciones artísticas; pero creo que en su caso no es arriesgado afirmar que Borges ha sido lo más importante que le ocurrió a la literatura en lengua española moderna y uno de los artistas contemporáneos más memorables.

Creo, también, que la deuda que tenemos contraída con él quienes escribimos en español es enorme. Todos, incluso aquellos que, como yo, nunca han escrito un cuento fantástico ni sienten una predilección especial por los fantasmas, los temas del doble y del infinito o la metafísica de Schopenhauer.

Para el escritor latinoamericano, Borges significó la ruptura de un cierto complejo de inferioridad que, de manera inconsciente, por supuesto, lo inhibía de abordar ciertos asuntos y lo encarcelaba en un horizonte provinciano. Antes de él, parecía temerario o iluso, para uno de nosotros, pasearse por la cultura universal como podía hacerlo un europeo o un norteamericano. Cierto que lo habían hecho, antes, algunos poetas modernistas, pero esos intentos, incluso los del más notable —Rubén Darío— tenían algo de «pastiche», de mariposeo superficial y un tanto frívolo por un territorio ajeno. Ocurre que el escritor latinoamericano había olvidado algo que, en cambio, nuestros clásicos, como el Inca Garcilaso o Sor Juana Inés de la Cruz, jamás pusieron en duda: que era parte constitutiva, por derecho de lengua y de historia, de la cultura occidental. No un mero epígono ni un colonizado de esta tradición sino uno de sus componentes legítimos desde que, cuatro siglos y medio atrás, españoles y portugueses extendieron las fronteras de esta cultura hasta lo que Góngora llamaría, en *Las soledades*, «el último Occidente». Con Borges esto volvió a ser una evidencia y, asimismo, una prueba de que sentirse partícipe de esta cultura no resta al escritor latinoamericano soberanía ni originalidad.

Pocos escritores europeos han asumido de manera tan plena y tan cabal la herencia de Occidente como este poeta y cuentista de la periferia. ¿Quién, entre sus contemporáneos, se movió con igual desenvoltura por los mitos escandinavos, la poesía anglosajona, la filosofía alemana, la literatura del Siglo de Oro, los poetas ingleses, Dante, Homero, y los mitos y leyendas del Medio y el Extremo Oriente que Europa tradujo y divulgó? Pero esto no hizo de Borges un «europeo». Yo recuerdo la sorpresa de mis alumnos, en el Queen Mary College de la Universidad de Londres, en los años sesenta, con quienes leíamos *Ficciones* y *El Aleph*, cuando les dije que en América Latina había quienes acusaban a Borges de «europeísta», de ser poco menos que un escritor inglés. No podían entenderlo. A ellos, ese escritor en cuyos relatos se mezclaban tantos países, épocas, temas y referencias culturales disímiles, les resultaba tan exótico como el chachachá (de moda entonces). No se equivocaban. Borges no era un escritor prisionero de una tradición nacional, como suele serlo a menudo el escritor europeo, y eso facilitaba sus desplazamientos por el espacio cultural, en el que se movía con desenvoltura gracias a las muchas lenguas que dominaba. Su cosmopolitismo, esa avidez por adueñarse de un ámbito cultural tan vasto, de inventarse un pasado propio con lo ajeno, es una manera profunda de ser argentino, es decir, latinoamericano. Pero en su caso, aquel intenso comercio con la literatura europea fue, también, un modo de configurar una geografía personal, una manera de ser Borges. Sus curiosidades y demonios íntimos fueron enhebrando un tejido cultural propio de gran originalidad, hecho de extrañas combinaciones, en el que la prosa de Stevenson y *Las mil y una noches* (traducidas por ingleses y franceses) se codeaban con los gauchos del *Martín Fierro* y con personajes de las sagas islandesas y en el que dos compadritos de un Buenos Aires más fantaseado que evocado intercambiaban cuchilladas en una disputa que parecía prolongar la que, en la Alta Edad Media, llevó a dos teólogos cristianos a morir en el fuego. En el insólito escenario borgiano desfilan, como en el «aleph» del sótano de Carlos Argentino, las más heterogéneas criaturas y asuntos. Pero, a diferencia de lo que ocurre en esa pantalla pasiva que se limita a reproducir caóticamente los ingredientes del universo, en la obra de Borges todos ellos están reconciliados y valorizados por un punto de vista y una expresión verbal que les da perfil autónomo.

Y éste es otro dominio en el que el escritor americano debe mucho al ejemplo de Borges. Él no sólo nos mostró que un argentino podía hablar con solvencia sobre Shakespeare o concebir persuasivas historias situadas en Aberdeen, sino, también, revolucionar su tradición estilística. Atención: he dicho ejemplo, que no es lo mismo que influencia. La prosa de Borges, por su furiosa originalidad, ha causado estragos en incontables admiradores a los que el uso de ciertos verbos o imágenes o maneras de adjetivar que él inauguró volvió meras parodias. Es la «influencia» que se detecta más rápido, porque Borges es uno de los escritores de nuestra lengua que llegó a crear un modo de expresión tan suya, una música verbal (para decirlo con sus palabras) tan propia, como los más ilustres clásicos: Quevedo (a quien él tanto admiró) o Góngora (que nunca le gustó demasiado). La prosa de Borges se reconoce al oído, a veces basta una frase e incluso un simple verbo (conjeturar, por ejemplo, o fatigar como transitivo) para saber que se trata de él.

Borges perturbó la prosa literaria española de una manera tan profunda como lo hizo, antes, en la poesía, Rubén Darío. La diferencia entre ambos es que Darío introdujo unas maneras y unos temas —que importó de Francia, adaptándolos a su idiosincrasia y a su mundo— que de algún modo expresaban los sentimientos (el esnobismo, a veces) de una época y de un medio social. Por eso pudieron ser utilizados por muchos otros sin que por ello los discípulos perdieran su propia voz. La revolución de Borges es unipersonal; lo representa a él y sólo de una manera muy indirecta y tenue al ambiente en el que se formó y que ayudó decisivamente a formar (el de la revista *Sur*). En cualquier otro que no sea él, por eso, su estilo suena a caricatura.

Pero ello, claro está, no disminuye su importancia ni rebaja en lo más mínimo el enorme placer que da leer su prosa, una prosa que se puede paladear, palabra a palabra, como un manjar. Lo revolucionario de ella es que en la prosa de Borges hay casi tantas ideas como palabras, pues su precisión y su concisión son absolutas, algo que no es infrecuente en la literatura inglesa e incluso en la francesa, pero que, en cambio, en la de lengua española tiene escasos precedentes. Un personaje borgiano, la pintora Marta Pizarro (de «El duelo») lee a Lugones y a Ortega y Gasset y estas lecturas, dice el texto, confirman «su sospecha de que la lengua a la que estaba predestinada es menos apta para la expresión del pensamiento o de las pasiones que para la vanidad palabrera». Bromas aparte, y si se suprime en ella lo de «pasiones», la sentencia tiene algo de cierto. El español, como el italiano o el portugués, es un idioma palabrero, abundante, pirotécnico, de una formidable expresividad emocional, pero, por lo mismo, conceptualmente impreciso. Las obras de nuestros grandes prosistas, empezando por la de Cervantes, aparecen como soberbios fuegos de artificio en los que cada idea desfila precedida y rodeada de una suntuosa corte de mayordomos, galanes y pajes cuya función es decorativa. El color, la temperatura y la música importan tanto en nuestra prosa como las ideas, y en algunos casos —Lezama Lima, por ejemplo— más. No hay en estos excesos retóricos típicos del español nada de censurable: ellos expresan la idiosincrasia profunda de un pueblo, una manera de ser en la que lo emotivo y lo concreto prevalecen sobre lo intelectual y lo abstracto. Es ésa fundamentalmente la razón de que un Valle-Inclán, un Alfonso Reyes, un Alejo Carpentier o un Camilo José Cela —para citar a cuatro magníficos prosistas— sean tan *numerosos* (como decía Gabriel Ferrater) a la hora de escribir. La inflación de su prosa no los hace ni menos inteligentes ni más superficiales que un Valéry o un T. S. Eliot. Son, simplemente, distintos, como lo son los pueblos iberoamericanos del pueblo inglés y del francés. Las ideas se formulan y se captan mejor, entre nosotros, encarnadas en sensaciones y emociones, o incorporadas de algún modo a lo concreto, a lo directamente vivido, que en un discurso lógico. (Ésa es la razón, tal vez, de que tengamos en español una literatura tan rica y una filosofía tan pobre, y de que el más ilustre pensador moderno del idioma, Ortega y Gasset, sea sobre todo un literato).

Dentro de esta tradición, la prosa literaria creada por Borges es una anomalía, una forma que desobedece íntimamente la predisposición natural de la lengua española hacia el exceso, optando por la más estricta parquedad. Decir que con Borges el español se vuelve «inteligente» puede parecer ofensivo para los demás escritores de la lengua, pero no lo es. Pues lo que trato de decir (de esa manera «numerosa» que acabo de describir) es que, en sus textos, hay siempre un plano conceptual y lógico que prevalece sobre todos los otros y del que los demás son siempre servidores. El suyo es un mundo de ideas, descontaminadas y claras —también insólitas— a las que las palabras expresan con una pureza y un rigor extremados, a las que nunca traicionan ni relegan a segundo plano. «No hay placer más complejo que el pensamiento y a él nos entregamos», dice el narrador de «El inmortal», con frases que retratan a Borges de cuerpo entero. El cuento es una alegoría de su mundo ficticio, en el que lo intelectual devora y deshace siempre lo físico.

Al forjar un estilo de esta índole, que representaba tan genuinamente sus gustos y su formación, Borges innovó de manera radical nuestra tradición estilística. Y, al depurarlo, intelectualizarlo y colorearlo del modo tan personal como lo hizo, demostró que el español —idioma con el que solía ser tan severo, a veces, como su personaje Marta Pizarro— era potencialmente mucho más rico y flexible de lo que aquella tradición parecía indicar, pues, a condición de que un escritor de su genio lo intentara, era capaz de volverse tan lúcido y lógico como el francés y tan riguroso y matizado como el inglés. Ninguna obra como la de Borges para enseñarnos que, en materia de lengua literaria, nada está definitivamente hecho y dicho, sino siempre por hacer.

El más intelectual y abstracto de nuestros escritores fue, al mismo tiempo, un cuentista eximio, la mayoría de cuyos relatos se lee con interés hipnótico, como historias policiales, género que él cultivó impregnándolo de metafísica. Tuvo, en cambio, una actitud desdeñosa hacia la novela, en la que, previsiblemente, le molestaba la inclinación realista, el ser un género que, *malgré* Henry James y alguna que otra ilustre excepción, está como condenado a confundirse con la totalidad de la experiencia humana —las ideas y los instintos, el individuo y la sociedad, lo vivido y lo soñado— y que se resiste a ser confinado en lo puramente especulativo y artístico. Esta imperfección congénita del género novelesco —su dependencia del barro humano— era intolerable para él. Por eso escribió, en 1941, en el prólogo a *El jardín de senderos que se bifurcan*: «Desvarío laborioso y empobrecedor el de componer vastos libros; el de explayar en quinientas páginas una idea cuya perfecta exposición oral cabe en pocos minutos». La frase presupone que todo libro es una disquisición intelectual, el desarrollo de un argumento o tesis. Si esto fuera cierto, los pormenores de una ficción serían, apenas, la superflua indumentaria de un puñado de conceptos susceptibles de ser aislados y extraídos como la perla que anida en la concha. ¿Son reductibles a una o a unas cuantas ideas el *Quijote, Moby Dick, La cartuja de Parma, Los demonios*? La frase no sirve como definición de la novela pero es, sí, indicio elocuente de lo que son las ficciones de Borges: conjeturas, especulaciones, teorías, doctrinas, sofismas.

El cuento, por su brevedad y condensación, era el género que más convenía a aquellos asuntos que a él lo incitaban a crear y que, gracias a su dominio del artificio literario, perdían vaguedad y abstracción y se cargaban de atractivo e, incluso, de dramatismo: el tiempo, la identidad, el sueño, el juego, la naturaleza de lo real, el doble, la eternidad. Estas preocupaciones aparecen hechas historias que suelen comenzar, astutamente, con detalles de gran precisión realista y notas, a veces, de color local, para luego, de manera insensible o brusca, mudar hacia lo fantástico o desvanecerse en una especulación de índole filosófica o teológica. En ellas los hechos no son nunca lo más importante, lo verdaderamente original, sino las teorías que los explican, las interpretaciones a que dan origen. Para Borges, como para su fantasmal personaje de «Utopía de un hombre que está cansado», los hechos «son meros puntos de partida para la invención y el razonamiento». Lo real y lo irreal están integrados por el estilo y la naturalidad con que el narrador circula por ellos, haciendo gala, por lo general, de una erudición burlona y apabullarte y de un escepticismo soterrado que rebaja lo que podía haber en aquel conocimiento de excesivo.

En escritor tan sensible —y en persona tan civil y frágil como fue, sobre todo desde que la creciente ceguera hizo de él poco menos que un inválido— sorprenderá a algunos la cantidad de sangre y de violencia que hay en sus cuentos. Pero no debería; la literatura es una realidad compensatoria y está llena de casos como el suyo. Cuchillos, crímenes, torturas, atestan sus páginas; pero esas crueldades están distanciadas por la fina ironía que, como un halo, suele circundarlas y por el glacial racionalismo de su prosa que jamás se abandona a lo efectista, a lo emotivo. Esto confiere al horror físico una cualidad estatuaria, de hecho artístico, de realidad desrealizada.

Siempre estuvo fascinado por la mitología y los estereotipos del «malevo» del arrabal o el «cuchillero» de la pampa, esos hombres físicos, de bestialidad inocente e instintos sueltos, que eran sus antípodas. Con ellos pobló muchos de sus relatos, confiriéndoles una dignidad borgiana, es decir, estética e intelectual. Es evidente que todos esos matones, hombres de mano y asesinos truculentos que inventó son tan literarios —tan irreales— como sus personajes fantásticos. Que lleven poncho a veces, o hablen de un modo que finge ser el de los compadritos criollos o el de los gauchos de la provincia, no los hace más realistas que los heresiarcas, los magos, los inmortales y los eruditos de todos los confines del mundo de hoy o del remoto pasado que protagonizan sus historias. Todos ellos proceden, no de la vida sino de la literatura. Son, ante y sobre todo, ideas, mágicamente corporizadas gracias a las sabias combinaciones de palabras de un gran prestidigitador literario.

Cada uno de sus cuentos es una joya artística y algunos de ellos —como «Tlön, Uqbar, Orbis Tertius», «Las ruinas circulares», «Los teólogos», «El Aleph»— obras maestras del género. A lo inesperado y sutil de los temas se suma siempre una arquitectura impecable, de estricta funcionalidad. La economía de recursos es maniática: nunca sobra ni un dato ni una palabra, aunque, a menudo, han sido escamoteados algunos ingredientes para hacer trabajar a la inteligencia del lector. El exotismo es un elemento indispensable: los sucesos ocurren en lugares distantes en el espacio o en el tiempo a los que esa lejanía vuelve pintorescos o en unos arrabales porteños cargados de mitología. En uno de sus famosos prólogos, Borges dice de un personaje: «El sujeto de la crónica era turco; lo hice italiano para intuirlo con más facilidad». En verdad, lo que acostumbraba hacer era lo inverso; mientras más distanciados de él y de sus lectores, podía manipularlos mejor atribuyéndoles las maravillosas propiedades de que están dotados o hacer más convincentes sus a menudo inconcebibles experiencias. Pero, atención, el exotismo y el color local de los cuentos de Borges son muy diferentes de los que caracterizan a la literatura regionalista, en escritores como Ricardo Güiraldes o Ciro Alegría, por ejemplo. En éstos, el exotismo es involuntario, resulta de una visión excesivamente provinciana y localista del paisaje y las costumbres de un medio al que el escritor regionalista identifica con el mundo. En Borges, el exotismo es una coartada para escapar de manera rápida e insensible del mundo real, con el consentimiento —o, al menos, la inadvertencia— del lector, hacia aquella irrealidad que, para Borges, como cree el héroe de «El milagro secreto», «es la condición del arte».

Complemento inseparable del exotismo es, en sus cuentos, la erudición, algún saber especializado, casi siempre literario, pero también filológico, histórico, filosófico o teológico. Este saber se exhibe con desenfado y aun insolencia, hasta los límites mismos de la pedantería, pero sin pasar nunca de allí. La cultura de Borges era inmensa, pero la razón de la presencia de la erudición en sus relatos no es, claro está, hacérselo saber al lector. Se trata, también, de un recurso clave de su estrategia creativa, muy semejante a la de los lugares o personajes «exóticos»: infundir a las historias una cierta coloración, dotarlas de una atmósfera *sui generis*. En otras palabras, cumple una función exclusivamente literaria que desnaturaliza lo que esa erudición tiene como conocimiento específico de algo, reemplazando éste o subordinándolo a la tarea que cumple dentro del relato: decorativa a veces y, a veces, simbólica. Así, en los cuentos de Borges, la teología, la filosofía, la lingüística y todo lo que en ellos aparece como saber especializado se vuelve literatura, pierde su esencia y adquiere la de la ficción, torna a ser parte y contenido de una fantasía literaria.

«Estoy podrido de literatura», le dijo Borges a Luis Harss, el autor de *Los nuestros*. No sólo él: también el mundo ficticio que inventó está impregnado hasta el tuétano de literatura. Es uno de los mundos más literarios que haya creado escritor alguno, porque en él los personajes, los mitos y las palabras fraguados por otros escritores a lo largo del tiempo comparecen de manera multitudinaria y continua, y de forma tan vívida que han usurpado en cierta forma a aquel contexto de toda obra literaria que suele ser el mundo objetivo. El referente de la ficción borgiana no lo es, sino la literatura. «Pocas cosas me han ocurrido y muchas he leído. Mejor dicho: pocas cosas me han ocurrido más dignas de memoria que el pensamiento de Schopenhauer o la música verbal de Inglaterra», escribió con coquetería en el epílogo de *El hacedor*. La frase no debe ser tomada al pie de la letra, pues toda vida humana real, por apacible que haya sido, esconde más riqueza y misterio que el más profundo poema o el sistema de pensamiento más complejo. Pero ella nos dice una insidiosa verdad sobre la naturaleza del arte de Borges, que resulta, más que ningún otro que haya producido la literatura moderna, de metabolizar, imprimiéndole una marca propia, la literatura universal. Esa obra narrativa, relativamente breve, está repleta de resonancias y pistas que conducen hacia los cuatro puntos cardinales de la geografía literaria. Y a ello se debe, sin duda, el entusiasmo que suele despertar entre los practicantes de la crítica heurística, que pueden eternizarse en el rastreo e identificación de las infinitas fuentes borgianas. Trabajo arduo, sin duda, y además inútil porque lo que da grandeza y originalidad a esos cuentos no son los materiales que él usó sino aquello en que los transformó: un pequeño universo ficticio, poblado de tigres y lectores de alta cultura, saturado de violencia y de extrañas sectas, de cobardías y heroísmos laboriosos, donde el verbo y el sueño hacen las veces de realidad objetiva y donde el quehacer intelectual de razonar fantasías prevalece sobre todas las otras manifestaciones de la vida.

Es un mundo fantástico, pero sólo en este sentido: que en él hay seres sobrenaturales y ocurrencias prodigiosas. No en el sentido en el que Borges, en una de esas provocaciones a las que estaba acostumbrado desde su juventud ultraísta y a las que nunca renunció del todo, empleaba a veces el apelativo: de mundo irresponsable, lúdico, divorciado de lo histórico e incluso de lo humano. Aunque sin duda hay en su obra mucho de juego y más dudas que certidumbres sobre las cuestiones esenciales de la vida y la muerte, el destino humano y el más allá, no es un mundo desasido de la vida y de la experiencia cotidiana, sin raíz social. Está tan asentado sobre los avatares de la existencia, ese fondo común de la especie, como todas las obras literarias que han perdurado. ¿Acaso podría ser de otra manera? Ninguna ficción que rehúya la vida y que sea incapaz de iluminar o de redimir al lector sobre algún aspecto de ella, ha alcanzado permanencia. La singularidad del mundo borgiano consiste en que, en él, lo existencial, lo histórico, el sexo, la psicología, los sentimientos, el instinto, etcétera, han sido disueltos y reducidos a una dimensión exclusivamente intelectual. Y la vida, ese hirviente y caótico tumulto, llega al lector sublimada y conceptualizada, mudada en mito literario por el filtro borgiano, un filtro de una pulcritud lógica tan acabada y perfecta que parece, a veces, no quintaesenciar la vida sino abolirla.

Poesía, cuento y ensayo se complementan en la obra de Borges y a veces es difícil saber a cuál de los géneros pertenecen sus textos. Algunos de sus poemas cuentan historias y muchos de los relatos (los más breves, sobre todo) tienen la compacta condensación y la delicada estructura de poemas en prosa. Pero son, sobre todo, el ensayo y el cuento los géneros que intercambian más elementos en el texto borgiano, hasta disolver sus fronteras y confundirse en una sola entidad. La aparición de *Pale Fire*, de Nabokov, novela donde ocurre algo similar —una ficción que adopta la apariencia de edición crítica de un poema— fue saludada por la crítica en Occidente como una hazaña. Lo es, desde luego. Pero lo cierto era que Borges venía haciendo ilusionismos parecidos hacía años y con idéntica maestría. Algunos de sus relatos más elaborados, como «El acercamiento a Almotásim», «Pierre Menard, autor del Quijote» y «Examen de la obra de Herbert Quain», fingen ser reseñas biobibliográficas. Y en la mayoría de sus cuentos, la invención, la forja de una realidad ficticia, sigue una senda sinuosa que se disfraza de evocación histórica o de disquisición filosófica o teológica. Como la sustentación intelectual de estas acrobacias es muy sólida, ya que Borges sabe siempre lo que dice, la naturaleza de lo ficticio es en esos cuentos ambigua, de verdad mentirosa o de mentira verdadera, y ése es uno de los rasgos más típicos del mundo borgiano. Y lo inverso puede decirse de muchos de sus ensayos, como *Historia de la eternidad* o su *Manual de zoología fantástica*, en los que por entre los resquicios del firme conocimiento en el que se fundan se filtra, como sustancia mágica, un elemento añadido, de fantasía e irrealidad, de invención pura, que los muda en ficciones.

Ninguna obra literaria, por rica y acabada que sea, carece de sombras. En el caso de Borges, su obra adolece, por momentos, de etnocentrismo cultural. El negro, el indio, el primitivo en general, aparecen a menudo en sus cuentos como seres ontológicamente inferiores, sumidos en una barbarie que no se diría histórica o socialmente circunstanciada, sino connatural a una raza o condición. Ellos representan una infrahumanidad, cerrada a lo que para Borges es lo humano por excelencia: el intelecto y la cultura literaria. Nada de esto está explícitamente afirmado ni es, acaso, consciente; se trasluce, despunta al sesgo de una frase o es el supuesto de determinados comportamientos. Como para T. S. Eliot, Papini o Pío Baroja, para Borges la civilización sólo podía ser occidental, urbana y (casi casi) blanca. El Oriente se salvaba, pero como apéndice, es decir, filtrado por las versiones europeas de lo chino, lo persa, lo japonés o lo árabe. Otras culturas, que forman también parte de la realidad latinoamericana —como la india y la africana—, acaso por su débil presencia en la sociedad argentina en la que vivió la mayor parte de su vida, figuran en su obra más como un contraste que como otras variantes de lo humano. Es ésta una limitación que no empobrece los demás admirables valores de la obra de Borges, pero que conviene no soslayar dentro de una apreciación de conjunto de lo que ella significa. Una limitación que, acaso, sea otro indicio de su humanidad, ya que, como se ha repetido hasta el cansancio, la perfección absoluta no parece de este mundo, ni siquiera en obras artísticas de creadores que, como Borges, estuvieron más cerca de lograrla.

Marbella, 15 de octubre de 1988

La trompeta de Deyá

Aquel domingo de 1984 acababa de instalarme en mi escritorio para escribir un artículo, cuando sonó el teléfono. Hice algo que ya entonces no hacía nunca: levantar el auricular. «Julio Cortázar ha muerto —ordenó la voz—. Dícteme su comentario». Pensé en un verso de Vallejo —«Español de puro bestia»— y, balbuceando, le obedecí. Pero aquel domingo, en vez de escribir el artículo, me quedé hojeando y releyendo alguno de sus cuentos y páginas de sus novelas que mi memoria conservaba muy vivos. Hacía tiempo que no sabía nada de él. No sospechaba ni su larga enfermedad ni su dolorosa agonía. Pero me alegró mucho saber que Aurora había estado a su lado en estos últimos meses y que, gracias a ella, tuvo un entierro sobrio, sin las previsibles payasadas de los cuervos revolucionarios.

Los había conocido a ambos un cuarto de siglo atrás, en casa de un amigo común, en París, y desde entonces, hasta la última vez que los vi juntos, en 1967, en Grecia —donde oficiábamos de traductores, en una conferencia internacional sobre algodón— nunca dejé de maravillarme con el espectáculo que significaba ver y oír conversar a Aurora y Julio, en tándem. Todos los demás parecíamos sobrar. Todo lo que decían era inteligente, culto, divertido, vital. Muchas veces pensé: «No pueden ser siempre así. Esas conversaciones las ensayan, en casa, para deslumbrar luego a los interlocutores con las anécdotas inusitadas, las citas brillantísimas, las bromas que, en el momento oportuno, descargan el clima intelectual».

Se pasaban los temas el uno al otro como dos consumados acróbatas y con ellos uno no se aburría nunca. La perfecta complicidad, la secreta inteligencia que parecía unirlos era algo que yo admiraba y envidiaba en la pareja tanto como su simpatía, su compromiso con la literatura —que daba la impresión de ser exclusivo, excluyente y total— y su generosidad para con todo el mundo, y sobre todo, los aprendices como yo.

Era difícil determinar quién había leído más y mejor, y cuál de los dos decía cosas más agudas e inesperadas sobre libros y autores. Que Julio escribiera y Aurora *sólo* tradujera (en su caso ese *sólo* quiere decir todo lo contrario de lo que parece, claro está) es algo que yo siempre supuse provisional, un transitorio sacrificio de Aurora para que, en la familia, hubiera de momento nada más que un escritor. Ahora, que vuelvo a verla, después de tantos años, me muerdo la lengua las dos o tres veces que estoy a punto de preguntarle si tiene muchas cosas escritas, si va a decidirse por fin a publicar... Luce los cabellos grises, pero, en lo demás, es la misma. Pequeña, menuda, con esos grandes ojos azules llenos de inteligencia y la abrumadora vitalidad de antaño. Baja y sube las peñas mallorquinas de Deyá con una agilidad que a mí me deja todo el tiempo rezagado y con palpitaciones. También ella, a su modo, luce aquella virtud cortazariana por excelencia: ser una variante de Dorian Gray.

Aquella noche de 1958 me sentaron junto a un muchacho muy alto y delgado, de cabellos cortísimos, lampiño, de grandes manos que movía al hablar. Había publicado ya un librito de cuentos y estaba por publicar una segunda recopilación, en una pequeña colección que dirigía Juan José Arreola, en México. Yo estaba por publicar, también, un libro de relatos y cambiamos experiencias y proyectos, como dos jovencitos que hacen su vela de armas literaria. Sólo al despedirnos me enteré —pasmado— que era el autor de *Bestiario* y de tantos textos leídos en la revista de Borges y Victoria Ocampo, *Sur*, y el admirable traductor de las obras completas de Poe que yo había leído en dos voluminosos tomos publicados por la Universidad de Puerto Rico. Parecía mi contemporáneo y, en realidad, era veintidós años mayor que yo.

Durante los años sesenta, y, en especial los siete que viví en París, fue uno de mis mejores amigos, y, también, algo así como mi modelo y mi mentor. Yo admiraba su vida, sus ritos, sus manías y sus costumbres tanto como la facilidad y la limpieza de su prosa y esa apariencia cotidiana, doméstica y risueña, que en sus cuentos y novelas adoptaban los temas fantásticos. Cada vez que él y Aurora llamaban para invitarme a cenar —al pequeño apartamento vecino a la Rue de Sèvres, primero, y luego a la casita en espiral de la Rue du Général Beuret— era la fiesta y la felicidad. Me fascinaba ese tablero con recortes de noticias insólitas y los objetos inverosímiles que recogía o fabricaba, y ese recinto misterioso que, según la leyenda, *existía* en su casa, en el que Julio se encerraba a tocar la trompeta y a jugar: el cuarto de los juguetes. Conocía un París secreto y mágico, que no figuraba en guía alguna, y de cada encuentro con él yo salía cargado de tesoros: películas que ver, exposiciones que visitar, rincones por los que merodear, poetas que descubrir y hasta un congreso de brujas en la Mutualité que a mí me aburrió sobremanera pero que él evocaría después, maravillosamente, como un jocoso apocalipsis.

Con ese Julio Cortázar era posible ser amigo pero imposible intimar y esa distancia que él sabía imponer, gracias a un sistema de cortesías y de reglas a las que había que someterse para conservar su amistad, era uno de los encantos del personaje: lo nimbaba de cierto misterio, daba a su vida una dimensión secreta que parecía ser la fuente de ese fondo inquietante, irracional y violento, que transparecía a veces en sus textos, aun los más juguetones y risueños. Era un hombre eminentemente privado, con un mundo interior construido y preservado como una obra de arte al que probablemente sólo Aurora tenía acceso, y para el que nada, fuera de la literatura, parecía importar, acaso existir.

Esto no significa que fuera libresco, erudito, intelectual, a la manera de un Borges, por ejemplo, que con toda justicia escribió: «Muchas cosas he leído y pocas he vivido». En Julio la literatura parecía disolverse en la experiencia cotidiana e impregnar toda la vida, animándola y enriqueciéndola con un fulgor particular sin privarla de savia, de instinto, de espontaneidad. Probablemente ningún otro escritor dio al juego la dignidad literaria que Cortázar ni hizo del juego un instrumento de creación y exploración artística tan útil y provechoso como él. Pero diciéndolo de este modo tan serio, altero la verdad: porque Julio no jugaba *para* hacer literatura. Para él escribir era jugar, divertirse, organizar la vida —las palabras, las ideas— con la arbitrariedad, la libertad, la fantasía y la irresponsabilidad con que lo hacen los niños o los locos. Pero jugando de este modo la obra de Cortázar abrió puertas inéditas, llegó a mostrar unos fondos desconocidos de la condición humana y a rozar lo trascendente, algo que seguramente él nunca se propuso. No es casual —o más bien sí lo es, pero en ese sentido de «orden de lo casual» que él describió en una de sus ficciones— que la más ambiciosa de sus novelas tuviera como título *Rayuela*, un juego de niños,

El cambio de Cortázar —el más extraordinario que me haya tocado ver nunca en ser alguno, una mutación que muchas veces se me ocurrió comparar con la que experimenta el narrador de ese relato suyo, «Axolotl», en que aquél se transforma en el pececillo que está observando— ocurrió, según la versión oficial —que él mismo consagró— en el Mayo francés del 68. Se le vio entonces en las barricadas de París, repartiendo hojas volanderas de su invención, y confundido con los estudiantes que querían llevar «la imaginación al poder». Tenía cincuenta y cuatro años. Los dieciséis que le faltaban vivir sería el escritor comprometido con el socialismo, el defensor de Cuba y Nicaragua, el firmante de manifiestos y el *habitué* de congresos revolucionarios que fue hasta el final.

En su caso, a diferencia de tantos colegas nuestros que optaron por una militancia semejante pero por esnobismo u oportunismo —un *modus vivendi* y una manera de escalar posiciones en el establecimiento intelectual, que era y en cierta forma sigue siendo monopolio de la izquierda en el mundo de lengua española—, esta mudanza fue genuina, más dictada por la ética que por la ideología (a la que siguió siendo alérgico) y de una coherencia total. Su vida se organizó en función de ella, y se volvió pública, casi promiscua, y su obra se dispersó en la circunstancia y en la actualidad, hasta parecer escrita por otra persona, muy distinta de aquella que, antes, percibía la política como algo muy lejano y con irónico desdén. (Recuerdo la vez que quise presentarle a Juan Goytisolo: «Me abstengo —bromeó—. Es demasiado político para mí»). Como en la primera, aunque de una manera distinta, en esta segunda etapa de su vida, dio más de lo que recibió, y aunque creo que se equivocó muchas veces —aquella en que afirmó que todos los crímenes del estalinismo eran un mero *accident de parcours* del comunismo—, incluso en esas equivocaciones había tan manifiestas inocencia e ingenuidad que era difícil perderle el respeto. Yo no se lo perdí nunca, ni tampoco el cariño y la amistad, que —aunque a la distancia— sobrevivieron a todas nuestras discrepancias políticas.

Pero el cambio de Julio fue mucho más profundo y abarcador que el de la acción política. Yo estoy seguro de que empezó un año antes del 68, al separarse de Aurora. En 1967, ya lo dije, estuvimos los tres en Grecia, trabajando juntos como traductores. Pasábamos la mañana y la tarde sentados a la misma mesa, en la sala de conferencias del Hilton, y las noches en los restaurantes de Plaka, al pie de la Acrópolis, donde infaliblemente íbamos a cenar. Y juntos recorrimos museos, iglesias ortodoxas, templos, y la islita de Hydra. Cuando regresé a Londres, le dije a Patricia: «La pareja perfecta existe. Aurora y Julio han sabido realizar ese milagro: un matrimonio feliz». Pocos días después recibí carta de Julio anunciándome su separación. Creo que nunca me he sentido tan despistado.

La próxima vez que lo volví a ver, en Londres, con su nueva pareja, era otra persona. Se había dejado crecer el cabello y tenía unas barbas rojizas e imponentes, de profeta bíblico. Me hizo llevarlo a comprar revistas eróticas y hablaba de marihuana, de mujeres, de revolución, como antes de jazz y de fantasmas. Había siempre en él esa simpatía cálida, esa falta total de la pretensión y de las poses que casi inevitablemente aquejan a los escritores de éxito a partir de los cincuenta años, e incluso cabía decir que se había vuelto más fresco y juvenil, pero costaba trabajo relacionarlo con el de antes. Todas las veces que lo vi después —en Barcelona, en Cuba, en Londres o en París, en congresos o mesas redondas, en reuniones sociales o conspiratorias— me quedé cada vez más perplejo que la vez anterior: ¿era él? ¿Era Julio Cortázar? Desde luego que lo era, pero como el gusanito que se volvió mariposa o el fakir del cuento que, luego de soñar con maharajás, abrió los ojos y estaba sentado en un trono, rodeado de cortesanos que le rendían pleitesía.

Este otro Julio Cortázar, me parece, fue menos personal y creador como escritor que el primigenio. Pero tengo la sospecha de que, compensatoriamente, tuvo una vida más intensa y, acaso, más feliz que aquella de antes, en la que, como dijo, la existencia se resumía para él en un libro. Por lo menos, todas las veces que lo vi me pareció joven, exaltado, dispuesto. Pero, eso, no hay manera de saberlo con certeza, desde luego.

Si alguien lo sabe, debe ser Aurora, por supuesto. Yo no cometo la impertinencia de preguntárselo. Ni siquiera hablamos mucho de Julio, en estos días calientes de Deyá, aunque él está siempre allí, detrás de todas las conversaciones, llevando el contrapunto con la destreza de entonces. La casita, medio escondida entre los olivos, los cipreses, las buganvillas, los limoneros y las hortensias, tiene el orden y la limpieza mental de Aurora, naturalmente, y es un inmenso placer sentir, en la pequeña terraza junto a la quebrada, la decadencia del día, la, brisa del anochecer, y ver aparecer el cuerno de la luna en lo alto del cerro. De rato en rato, oigo desafinar una trompeta. No hay nadie por los alrededores. El sonido sale, pues, de ese cartel del fondo de la sala, donde un chiquillo larguirucho y lampiño, con el pelo cortado a lo alemán y una camiseta de mangas cortas —el Julio Cortázar que yo conocí— juega a su juego favorito.

Deyá, julio de 1991

Antes del diluvio

En una librería de lance encontré un librito cubano que me hizo pasar una tarde deliciosa. *Mi correspondencia con Lezama Lima*, de José Rodríguez Feo.* Ignoro cómo se las arregló el pequeño volumen para romper el «bloqueo» y contrabandearse desde la isla caribeña hasta Washington, pero me alegro de que lo consiguiera, pues, aunque editado de manera ruinosa, se lee de principio a fin sin que la curiosidad del lector decaiga un instante. El libro recoge las cartas cruzadas entre los dos amigos en distintos momentos de un periodo que abarca ocho años —1945 a 1953— y es un testimonio valiosísimo sobre la vida de *Orígenes*, la revista que, en sus trece años de publicación, constituiría una de la grandes aventuras culturales en nuestra lengua, así como sobre la fascinante personalidad del propio Lezama Lima y el grupo de artistas y escritores a los que aquella publicación sirvió de aglutinante y tribuna.

Orígenes fue posible gracias al talento extravagante del autor de *Paradiso* y a la bolsa del joven rentista que era entonces Rodríguez Feo, una combinación no muy distante de la que hacía posible, por esos mismos años, en el extremo opuesto del continente, Buenos Aires, otro milagro: la existencia de *Sur*, la revista que fecundaban el genio excéntrico y cosmopolita de Borges y la generosidad y los dineros de Victoria Ocampo.

Como en la gran señora de la letras argentinas, el mérito literario principal de Rodríguez Feo consistió, por encima de los ensayos y antologías que compuso, en detectar el talento ajeno, en admirarlo, frecuentarlo y promoverlo sin reservas y en vivir cerca de quienes lo poseían, en estado de devoción hipnótica, como secretamente esperanzado de que esa contigüidad lo contagiara. Sus

---

* José Rodríguez Feo: *Mi correspondencia con Lezama Lima*. La Habana, Ediciones Unión, 1989. *(N. del E.)*

cartas a Lezama lo muestran en Nueva York, Harvard, Princeton, Granada, Madrid, Florencia, Londres, corriendo desalado detrás de las celebridades literarias de Estados Unidos y de Europa —Wallace Stevens, T. S. Eliot, Stephen Spender, George Santayana, Jorge Guillén, Pedro Salinas, Luis Cernuda, entre otros— y arrancándoles colaboraciones para *Orígenes*. Calificar de mero esnobismo esa persecución sería injusto; lo era, pero entrañaba, además, un empeño más serio, casi patético, para no quedarse al margen, en la periferia de las grandes creaciones artísticas y literarias que producía el Occidente, y para tender un puente entre esa cultura y la pequeña revista que sufragaba casi enteramente a cuenta de la plantación cañera familiar.

Desde su casa en el corazón de La Habana, Lezama alienta o modera aquellos ímpetus de su joven discípulo peripatético, a la caza de estrellas literarias por el ancho mundo. Del formal «muy amigo mío» de la primera misiva, de 1946, el tratamiento se va luego informalizando y amariconando, siempre con chispazos de magnífico humor: «Inestimable Cherubini», «Pepónide, amigo no olvidable», «Querido Pepiche», «Querido romanorum», «Querido-falso-solitario-a-quien-yo-siempre-acompaño».

En tanto que Lezama espolea a Rodríguez Feo para que lea a los clásicos del Siglo de Oro, visite a su admirado Juan Ramón Jiménez y traduzca a Eliot, se burla afablemente de sus afanes académicos y lo alerta contra el riesgo «menéndezpelayesco» de creer que cultura y erudición son sinónimos: «Siempre me pregunto por qué a tu ardilla, a tu lince cansado, le gusta colgarse de universidad en universidad (mucho mejor de pueblo en castillo, de mesón a gruta de ermitaño), tratando a tanto escolarcillo haciendo su tesis, a tanto cocimiento de espejuelos... Qué barbas, qué calzoncillos, qué monederos los de Américo Castro o esos alemanes semitas que hablan del poema del Cid. Sabio es lo que tiene sabor; universitario es lo insípido».

A diferencia de Rodríguez Feo, Lezama Lima no tiene el desasosiego temeroso de aquél por quedarse atrás, al margen de la actualidad literaria del «centro», por salir a buscarla, por ponerse al día con el acervo cultural del Occidente. El modesto funcionario de la prisión de La Habana, que nunca pisaría Europa ni los Estados Unidos, que fuera de dos brevísimas excursiones a México y a Jamaica jamás salió de su país —cabe decir: de su ciudad, de su barrio— sabía muy bien que toda aquella cultura pasaba por su casa, traída por él, y que le pertenecía ni más ni menos que a García Lorca, Proust o Saint John-Perse, no sólo por la lengua en que escribía y aquellas otras en las que leía, por la estética que profesaba y los valores que defendía y los que rechazaba, sino, sobre todo, porque la había elegido en un acto de amor y, en esos días en que en muchas partes de América Latina se la rechazaba, él la defendía de la única manera en que se puede defender una cultura: recreándola y enriqueciéndola a diario en su poesía, en sus ensayos y en la revista que dirigía.

Eran, no hay que olvidarlo, los años de la literatura del horrible adjetivo —telúrica— y quienes, como Lezama y Borges, y la gran mayoría de los colaboradores de *Orígenes* y de *Sur*, se negaban a confinarse en lo regional y a hacer «literatura social» eran acusados de «artepuristas» y de «europeístas», etiquetas ambas infamantes. La tranquila seguridad con que el argentino y el cubano prosiguieron su camino, indiferentes a aquellas presiones del medio y de las modas, leales a su vocación, a sus fuentes intelectuales y a sus demonios secretos, sin complejos de inferioridad frente a una tradición que asumieron con pasión pero sin beatería, con una libertad y una desenvoltura crítica que los salvó de ser epígonos, permitiría, a la larga, que, gracias a escritores como ellos, surgiera una genuina «expresión americana» que el resto del Occidente reconocería, a la vez, como original y como una variante de lo propio.

Lezama Lima y Borges nunca se conocieron y, si se leyeron, dudo que se profesaran una gran admiración recíproca. Porque, aunque, en su actitud básica frente a la cultura, fueron muy semejantes —por su universalismo, su oceánica curiosidad intelectual, la mezcla de cosmopolitismo y de raíces entrañables en la vida criolla que sus obras reflejan— las diferencias entre ambos fueron también enormes. El mundo fantástico de Borges, de rigurosas simetrías intelectuales y en el que la razón delirante parece haber disecado todo otro atributo vital, está muy lejos de la sensualidad quemante del cubano, de su jeroglífica prosa de reminiscencias proustianas y de su barroca poesía, lujosa, abrumadora y excesiva con frecuencia, así como la de Borges es casi siempre límpida, austera y esencial. Había entre esas obras la distancia que separa a las figuras totémicas de ambos escritores, Góngora y Quevedo, sobre los que los dos dejarían muy sutiles y estimulantes interpretaciones.

Las cartas de Lezama a Rodríguez Feo retratan de cuerpo entero al voluptuoso cultor de la metáfora, al eximio fabricante de imágenes que juega con las palabras como un diestro funámbulo —aventándolas al aire de modo que formen fugaces, sorprendentes figuras, y extrayendo de ellas sensaciones, músicas, alusiones insospechadas— y pasa sin transición a ser un mendicante de «diezmos» para poder pagar a la imprenta el último número de la revista. En ella se mezclan lo intelectual y lo lírico con la chismografía y el chiste, la cirugía del pensamiento de Unamuno o el ucase contra «el mierdero Baroja» y el comentario novedoso e irónico sobre el último concierto o la pasada exposición que tuvo lugar en La Habana con, de pronto, dramáticas confesiones personales, como ésta, sobre la fatídica carrera hacia la obesidad: «Yo engordo, engordo, y sólo me queda la solución del estallido, de la piel que revienta».

Lo que brilla por su ausencia en estas cartas es la política, a la que ambos corresponsales parecen mirar de lejos, con absoluto desprecio. Ella entraría, sin embargo, en sus vidas, años después, con la fuerza de un maremoto. ¿Tuvo la política algo que ver con la ruptura entre ambos amigos que sellaría el final de *Orígenes*? No lo sé. Cuando yo los conocí, nueve años después de la última de las cartas que figuran en este libro, seguían distanciados, aunque Rodríguez Feo hablaba siempre de Lezama con enorme respeto. Era el año 62 y él era entonces un intelectual comprometido con la revolución, la que había expropiado el ingenio familiar, convirtiéndolo en un intelectual tan insolvente como el propio Lezama. Éste miraba todos aquellos entusiasmos revolucionarios con cierta socarrona distancia y con un discreto escepticismo, que, con el paso de los años, se convertirían en abierta disidencia.

Rodríguez Feo, en cambio, entiendo que fue leal a la revolución hasta su muerte, pese a que, por lo menos en una época, fue víctima de discriminación y persecución por su condición de homosexual. Reinaldo Arenas dice cosas durísimas contra él en su autobiografía, acusándolo incluso de haber sido confidente policial. Espero que eso no fuera cierto. Yo tengo un recuerdo simpático de él y me cuesta trabajo, ahora, relacionar al próspero diletante de las cartas de este libro, que viaja por el mundo tras los mejores conciertos, las grandes exposiciones, las conferencias de los intelectuales famosos, y le envía cheques de mecenas a La Habana, con el Rodríguez Feo que, la última vez que estuve en Cuba, en 1970, dedicaba la mayor parte de su tiempo, de día y de noche, a hacer las colas del racionamiento.

Washington, febrero de 1994

Placeres de la necrofilia

Probablemente Argentina sea el único país en el mundo con las reservas de heroísmo, masoquismo o insensatez necesarias para que, en pleno verano, bajo temperaturas saharianas, acuda gente al teatro, a asarse viva oyendo conferencias sobre liberalismo. Lo sé porque yo era el demente que las daba, bañado en sudor ácido, resistiendo la taquicardia y el vahído, en Rosario, Buenos Aires, Tucumán y Mendoza, en el curso de esta última semana irreal, mientras los diarios anunciaban con incomprensible aire de triunfo que se batían las marcas de calor de todo el siglo (cuarenta y cinco grados a la sombra).

Me acompañaba el infatigable Gerardo Bongiovanni, un idealista rosarino convencido de que, cuando se trata de propagar la cultura de la libertad, todo sacrificio es poco, aun si ello supone el brasero, las parrillas o la pira, símiles insuficientes para retratar los fuegos de este verano austral. Además de charlas, mesas redondas, seminarios, diálogos, se las arreglaba para organizar desmedidos asados que hubieran desesperado a los vegetarianos, pero que, a mí, carnívoro contumaz, desagraviaban de las ascuas solares y resucitaban. Una tarde que navegábamos por el ancho Paraná, me sugirió que en vez de reincidir en mis conferencias en aquello de «coger al toro por los cuernos» suprimiese al astado o al verbo, pues, en el contexto lingüístico argentino, la alegoría resultaba técnicamente absurda y de un impudor sangriento (en Argentina, *coger* es fornicar). Mi instinto me dice que el humor de Gerardo estuvo detrás de esos caballeros que, a la hora de las preguntas, emergían de los auditorios calurosos a inquirir, con aire cándido, si yo también pensaba, como el Pedro Camacho de *La tía Julia y el escribidor*, «que los argentinos tenían una predisposición irreprimible al infanticidio y el canibalismo».

Pero, quizá, nada contribuyó tanto a la sensación de irrealidad, estos siete días, como la novela que iba leyendo, a salto de mata, en todos los resquicios de tiempo disponible, mientras tomaba autos

194

y aviones y cambiaba de hoteles y ciudades y mi vida se columpiaba entre la hidropesía y la deshidratación: *Santa Evita*, de Tomás Eloy Martínez. Encarezco a los lectores a que, sin vacilar, se zambullan en ella y descubran, como yo, los placeres (literarios) de la necrofilia.

Conocí a su autor a mediados de los sesenta, en mi primer viaje a Buenos Aires, cuando él era periodista estrella del semanario *Primera Plana*. Hablaba con las erres arrastradas y el alegre deje de los tucumanos, le había besado la mano en público a Lanza del Vasto y se decía de él que, pese a su juventud, como en el verso de Neruda, se casaba de vez en cuando, siempre con modelos bellísimas. Desde entonces me lo he encontrado muchas veces por el mundo —en Venezuela, donde estuvo exiliado en la época del régimen militar de su país, en el París de los alborotos sesentayochescos, en el Londres de los *hippies*— y la última vez en el pueblo más feo del estado más feo de Estados Unidos —New Brunswick, Nueva Jersey— donde enseñaba en la Universidad de Rudgers, y, además, dirigía por fax, desde su casa situada en un barrio de familias judías ultraortodoxas, el suplemento literario del diario *Clarín*, de Buenos Aires. Con semejante prontuario no es de extrañar que Tomás Eloy Martínez sea capaz de cualquier cosa, incluida la hazaña de perpetrar una novela maestra.

Como todo puede ser novela, *Santa Evita* lo es también, pero siendo, al mismo tiempo, una biografía, un mural sociopolítico, un reportaje, un documento histórico, una fantasía histérica, una carcajada surrealista y un radioteatro tierno y conmovedor. Tiene la ambición deicida que impulsa los grandes proyectos narrativos y hay en ella, debajo de los alardes imaginativos y arrebatos líricos, un trabajo de hormiga, una pesquisa llevada a cabo con tenacidad de sabueso y una destreza consumada para disponer el riquísimo material en una estructura novelesca que aproveche hasta sus últimos jugos las posibilidades de la anécdota. Como ocurre con las ficciones logradas, el libro resulta distinto de lo que parece y, sin duda, de lo que su autor se propuso que fuera.

Lo que el libro parece es una historia del cadáver de Eva Perón desde que el ilustre viudo, apenas escapado el último suspiro del cuerpo de la esposa, lo puso en manos de un embalsamador español —el doctor Ara— para que lo eternizara, hasta que, luego de errar por dos continentes y varios países y protagonizar peripatéticas, rocambolescas aventuras —fue copiado, reverenciado, mutilado, divinizado, acariciado, profanado, escondido en ambulancias, cines, buhardillas, refugios militares, sentinas de barcos—, por fin, más de dos décadas después, alcanzó a ser sepultado, como un personaje de García Márquez, en el cementerio de la Recoleta de Buenos Aires, bajo más toneladas de acero y cemento armado que los que compactan los refugios atómicos.

Trenzada a esta historia, hay otra, la de Evita viva, desde su nacimiento provinciano y bastardo, en Junín, hasta su epifanía política y su muerte gloriosa, treinta y tres años más tarde, con media Argentina a sus pies, luego de una vida truculenta y dificilísima, como actriz de reparto, en radios y teatros de segunda, mariposa nocturna y protegida de gente de la farándula. A partir del encuentro con Perón, en un momento crucial de la carrera política de éste, esa vida cambia de rumbo y se agiganta, hasta convertirse en un factor central, además de símbolo, de esa bendición o catástrofe histórica (depende desde qué perspectiva se juzgue) llamada peronismo, en la que Argentina sigue todavía atrapada. Esta historia ha sido contada muchas veces, con admiración o con desprecio, por los devotos y adversarios políticos de Evita, pero en la novela parece diferente, inédita, por los matices y ambigüedades que le añaden las otras historias dentro de las que viene disuelta.

Porque, además de las que he mencionado —la de Eva Perón viva y la de Eva Perón muerta—, hay dos historias más, en este libro poliédrico: la del puñado de militares vinculados al Servicio de Inteligencia del Ejército, a quienes el régimen militar que derribó a Perón encargó poner el cadáver embalsamado de Evita a salvo de las masas justicialistas que querían rescatarlo, y la del propio autor (un personaje emboscado bajo el apócrifo seudónimo de Tomás Eloy Martínez) en trance de escribir *Santa Evita*. A estas dos últimas debe la novela sus páginas más imaginativas e insólitas y su mejor personaje, un neurótico digno de figurar en las historias anarquistas de Conrad o en las intrigas católico-político-policíacas de Graham Greene: el coronel Carlos Eugenio de Moori Koenig, teórico y práctico de la Seguridad, estratega del rumor como pilar del Estado, verdugo y víctima del cuerpo insepulto de Evita, que hace de él un alcohólico, un paranoico tenebroso, un fetichista, un amante necrofílico, una piltrafa humana y un loco.

No es la menor de las artimañas de *Santa Evita* hacernos creer que este personaje existió, o, mejor dicho, que el De Moori Koenig que existió era como la novela lo pinta. Esto es tan falso, por supuesto, como imaginar que la Eva Perón de carne y hueso, o la embalsamada, o el sobreexcitado o sobredeprimido escribidor que con el nombre de Tomás Eloy Martínez se entromete en la historia para retratarse escribiéndola, son una transcripción, un reflejo, una verdad. No: son un embauque, una mentira, una ficción. Han sido sutilmente despojados de su realidad, manipulados con la destreza morbosa con que el doctor Ara —otra maravilla de invención— sacó el cuerpo de Evita del tiempo impuro de la corrosión y lo trasladó al impoluto de la fantasía, y transformados en personajes literarios, es decir, en fantasmas, mitos, embelecos o hechizos que trascienden a sus modelos reales y habitan ese universo soberano, opuesto al de la historia, que es el de la ficción.

El poder de persuasión de una novela que produce estas prestidigitaciones reside en lo funcional de su construcción y lo hechicero de su escritura. El orden con que está organizada *Santa Evita* es asimétrico, laberíntico y muy eficaz; también lo es su lenguaje, dominio en que el autor ha arriesgado mucho y ha estado varias veces a punto de romperse la crisma. Ese abismo por cuyas orillas anduvo al elegir las palabras con que la contó, al frasearla y musicalizarla, es el fascinante y peligrosísimo de la cursilería. En la novela los músicos no interpretan sino «enturbian» el *Verano* de Vivaldi, «desmigajan» el *Ave María* de Schubert, los pacientes no son sometidos a, sino «afrontan cirugías consecutivas», y un guionista describe el rugido de una multitud con estas efusiones retóricas: «El incontinente "ahora" despliega sus alas de murciélago, de mariposa, de nomeolvides. Zumban los "¡ahora!" de los ganados y las mieses; nada detiene su frenesí, su lanza, su eco de fuego». Y, para describir un día sin sol y con frío, el narrador estampa esta locura futurista: «Por las calles desiertas se desperezaban las ovejas de la neblina y se las oía balar dentro de los huesos» (por alegorías menos pastoriles llamó D'Annunzio a Marinetti: «Poeta cretino con relámpagos de imbecilidad»).

Ahora bien, si separadas de su contexto éstas y otras frases similares dan escalofríos, dentro de él son insustituibles y funcionan a la perfección, como ocurre con ciertas cursilerías geniales de García Márquez o Manuel Puig. Tengo la certeza de que, narrada con una lengua más sobria, menos pirotécnica, sin los excesos sensibleros, las insolencias melodramáticas, las metáforas modernistas y los chantajes sentimentales al lector, esta historia truculenta y terrible sería imposible de creer, quedaría aniquilada a cada página por las defensas críticas del lector. Ella resulta creíble —en verdad, conmovedora e inquietante— por la soberbia adecuación del continente al contenido, pues su autor ha encontrado el preciso matiz de distorsión verbal y estética necesario para referir una peripecia que, aunque congrega todos los excesos del disparate, el absurdo, la extravagancia y la estupidez, resuella por todos sus poros una profunda humanidad.

La magia de las buenas novelas soborna a sus lectores, les hace tragar gato por liebre y los corrompe a su capricho. Confieso que ésta lo consiguió conmigo, que soy baqueano viejo en lo que se refiere a no sucumbir fácilmente a las trampas de la ficción. *Santa Evita* me derrotó desde la primera página y creí, me emocioné, sufrí, gocé y, en el curso de la lectura, contraje vicios nefandos y traicioné mis más caros principios liberales, esos mismos que iba explicando esta semana, entre las llamas y la lava del verano, a los amigos rosarinos, porteños, tucumanos y mendocinos. Yo que detesto con toda mi alma a los caudillos y a los hombres fuertes y, más que a ellos todavía, a sus séquitos y a las bovinas muchedumbres que encandilan, me descubrí de pronto, en la madrugada ardiente de mi cuarto con columnas dóricas —sí, con columnas dóricas— del Gran Hotel Tucumán, deseando que Evita resucitara y retornara a la Casa Rosada a hacer la revolución peronista regalando casas, trajes de novia y dentaduras postizas por doquier, y, en Mendoza, en las tinieblas de ese Hotel Plaza con semblante de templo masónico, fantaseando —¡horror de horrores!— que, después de todo, ¿por qué un cadáver exquisito —luego de inmortalizado, embellecido y purificado por las artes de ese novio de la muerte, el doctor Ara— no podía ser deseable? Cuando una ficción es capaz de inducir a un mortal de firmes principios y austeras costumbres a esos excesos, no hay la menor duda: ella debe ser prohibida (como hizo la Inquisición con todas las novelas en los siglos coloniales por considerar el género de extremada peligrosidad pública) o leída sin pérdida de tiempo.

Mendoza, diciembre de 1995

José Donoso o la vida hecha literatura

Era el más literario de todos los escritores que he conocido, no sólo porque había leído mucho y sabía todo lo que es posible saber sobre vidas, muertes y chismografías de la feria literaria, sino porque había modelado su vida como se modelan las ficciones, con la elegancia, los gestos, los desplantes, las extravagancias, el humor y la arbitrariedad de que suelen hacer gala sobre todo los personajes de la novela inglesa, la que prefería entre todas.

Nos conocimos en 1968, cuando él vivía en las alturas mallorquinas de Pollensa, en una quinta italiana desde la que contemplaba las estrictas rutinas de dos monjes cartujos, sus vecinos, y nuestro primer encuentro estuvo precedido de una teatralidad que nunca olvidaré. Llegué a Mallorca con mi mujer, mi madre y mis dos hijos pequeñitos y Donoso nos invitó a almorzar a todos, a través de María del Pilar, su maravillosa mujer, la jardinera de sus neurosis. Acepté, encantado. Un día después, volvió a llamar María del Pilar para explicar que, considerándolo mejor, Pepe pensaba que era preferible excluir a mi madre de la invitación porque su presencia podía perturbar nuestro primer contacto. Acepté, intrigado. La víspera del día fasto, nueva llamada de María del Pilar: Pepe había pedido el espejito y el almuerzo debería tal vez cancelarse. ¿Qué espejito era ése? El que Pepe pedía aquellas tardes en que sentía a las Parcas rondándolo, el que escrutaba con obstinación en espera de su último aliento. Repuse a María del Pilar que, almuerzo o no almuerzo, espejito o no espejito, yo iría a Pollensa de todas maneras a conocer en persona a ese loco furioso.

Fui y sedujo a toda la familia con su brillantez, sus anécdotas y, sobre todo, con sus obsesiones, que él exhibía ante el mundo con el orgullo y la munificencia con que otros exhiben sus colecciones de cuadros o estampillas. En aquellas vacaciones nos hicimos muy amigos y nunca dejamos de serlo, a pesar de que jamás, creo, estuvimos de acuerdo con nuestros gustos y disgustos literarios, y de que yo conseguí, varias veces, en los años siguientes, sacarlo de sus casillas asegurándole que él elogiaba *Clarissa, Middlemarch* y otros bodrios parecidos sólo porque se los habían hecho leer a la fuerza sus profesores de Princeton. Palidecía y se le inyectaban los ojos, pero no me apretaba el pescuezo porque esas intemperancias son inadmisibles en las buenas novelas.

Estaba escribiendo en esa época su novela más ambiciosa, *El obsceno pájaro de la noche*, y, secundado hasta extremos heroicos por María del Pilar, revivía y padecía en carne propia las manías, traumas, delirios y barrocas excentricidades de sus personajes. Una noche, en casa de Bob Flakoll y Claribel Alegría, nos tuvo hipnotizados a una docena de comensales, escuchándolo referir —no, más bien, interpretar, cantar, mimar—, como un profeta bíblico o brujo en trance, historias ciertas o supuestas de su familia: una tatarabuela cruzaba los Andes en una homérica carreta de mulas, acarreando putas para los burdeles santiaguinos, y otra, presa de manía envoltoria y paquetera, guardaba sus uñas, sus pelos, las sobras de la comida, todo lo que dejaba de servir o ser usado, en primorosas cajitas y bolsas que invadían clósets, armarios, rincones, cuartos y, por fin, su casa entera. Hablaba con tanta pasión, gesticulando, transpirando, echando llamas por los ojos, que contagió a todo su auditorio su fascinación y cuando aquello terminó, como quien ve caer el telón al término de una obra de Ghelderode o llega al punto final del *Obsceno pájaro de la noche*, todos nos sentimos tristísimos, abatidos de tener que abandonar aquellos apocalípticos delirios por la mediocre realidad. Digo todos, y miento; en realidad, allí también estaba un cuñado de Claribel, noruego y biólogo marino, que no entendía español. Estuvo toda la noche lívido y encogido en el borde del asiento, temblando; más tarde, confesó que, en muchos momentos de aquella memorable, incomprensible y ruidosa velada, pensó que no iba a sobrevivir, que sería sacrificado.

Todo en José Donoso fue siempre literatura, pero de la mejor calidad, y sin que ello quiera decir mera pose, superficial o frívola representación. Componía sus personajes con el esmero y la delicadeza con que el artista más depurado pinta o esculpe y luego se transubstanciaba en ellos, desaparecía en ellos, recreándolos en sus menores detalles y asumiéndolos hasta las últimas consecuencias.

Por eso, no es de extrañar que el personaje más hechicero que inventó fuera aquel conmovedor viejo trasvestido de *El lugar sin límites*, que, en el mundillo de camioneros y matones semianalfabetos en el que vive, se disfraza de manola y baila flamenco aunque en ello le vaya la vida. Aunque escribió historias de más empeño y más complejas, este relato es el más acabado de los suyos, en el que más perfectamente está fingido ese mundo enrevesado, neurótico, de rica imaginería literaria, reñido a muerte con el naturalismo y el realismo tradicionales de la literatura latinoamericana, hecho a imagen y semejanza de las pulsiones y fantasmas más secretos de su creador, que deja a sus lectores.

Entre los muchos personajes que Pepe Donoso encarnó, varios de los cuales tuve la suerte de conocer y gozar, me quedo ahora con el aristócrata, tipo Giuseppe Tomasi di Lampedusa, que fue los años que vivió en las sierras de Teruel, en el pueblecito de Calaceite, donde reconstruyó una hermosa casa de piedra y donde las travesuras de mis hijos y su hija Pilar le sugirieron la historia de su novela *Casa de campo* (1978). El pueblo estaba lleno de enlutadas viejecitas, lo que acabó de encantarlo, pues la vejez había sido, con las enfermedades, una de sus vocaciones más precoces —describiendo sus males y síntomas alcanzaba unos niveles de inspiración rayanos en la genialidad que ni siquiera sus cuentos de viejos y viejas arterioescleróticos superaban— y tenía un solo médico, hipocondriaco como él, que, cada vez que Pepe iba a darle cuenta de sus enfermedades, lo paraba en seco, lamentándose: «A mí me duele la cabeza —la espalda, el estómago, los músculos— más que a usted». Se llevaban de maravilla, por supuesto.

La primera vez que fui a pasar unos días con él a Calaceite, me informó que ya se había comprado una tumba en el cementerio del lugar, porque ese paisaje de rugosa aspereza y montes lunares era el que más convenía a sus pobres huesos. La segunda, comprobé que tenía en su poder las llaves de las iglesias y sacristías de toda la región, sobre las que ejercía una especie de tutoría feudal, pues nadie podía visitarlas ni entrar a orar en ellas sin su permiso. Y, la tercera, que, además de pastor supremo o supersacristán de la comarca, oficiaba también de juez, pues, sentado en la puerta de su casa y embutido en alpargatas y un mameluco de avispero, dirimía los conflictos locales que los vecinos ponían a su consideración. Representaba maravillosamente ese papel y hasta su aspecto físico, la melena gris y las barbas descuidadas, la mirada profunda, el ademán paternal, la mueca bondadosa, el desvaído vestuario, hacían de él un patriarca intemporal, un señor de esos de horca y cuchilla de los tiempos idos.

La época en que lo vi más fue la de Barcelona, entre 1970 y 1974, cuando, por una conspiración de circunstancias, la bella ciudad mediterránea se convirtió en la capital de la literatura latinoamericana o poco menos. Él describe una de esas reuniones —en casa de Luis Goytisolo— en su *Historia personal del «boom»*, que jalonan aquellos años exaltantes, en que la literatura nos parecía tan importante y tan capaz de cambiar la vida de las gentes, y en los que milagrosamente parecía haberse abolido el abismo que separa a escritores y lectores españoles e hispanoamericanos, y en los que la amistad nos parecía también irrompible, con una nostalgia que se trasluce entre las líneas de su prosa empeñada en guardar una inglesa circunspección. Es una noche que yo recuerdo muy bien, porque la viví y porque la reviví leyéndola en su libro, y hasta podría ponerle una apostilla de algo que él suprimió, aquella anécdota que solía contar cuando estaba embalado y en confianza —y la contaba de tal modo que era imposible no creérsela— de cuando era pastor en las soledades magallánicas, y castraba carneros a la manera primitiva, es decir, a mordiscos («¡Así, así, juás, juás!») y escupiendo luego las preseas a veinte metros de distancia. Alguna vez lo oí jactarse de haber dado cuenta, él solo y con sus dientes, de la virilidad de por lo menos un millar de indefensos carneros del remoto Magallanes.

Las dos últimas veces que lo vi, el año pasado y hace unos meses, en Santiago, supe que, esta vez, la literatura ya no estaba de por medio, o, más bien, que aquello era literatura realista, documental puro. Había enflaquecido muchísimo y apenas podía hablar. La primera vez, en la clínica donde acababan de operarlo, me habló de Marruecos y comprendí que me había confundido con Juan Goytisolo, de quien había leído no hacía mucho un libro que le daba vueltas en la memoria. Cuando me despedí de él, la segunda vez, estaba tendido en su cama y casi sin aliento. «Henry James es una mierda, Pepe». Él me apretó la mano para obligarme a bajar la cabeza hasta ponerla a la altura de su oído: «Flaubert, más».

Pepe querido: éste no es un homenaje. Esto es sólo un artículo. El verdadero homenaje te lo voy a rendir ahora, a solas, leyendo de principio a fin, con esa mirada atenta, intensa y un poco malévola con que debe leerse la buena literatura, tus *Conjeturas sobre la memoria de mi tribu*, que compré en el aeropuerto de Madrid hace una semana, que hacía cola en mi velador entre los libros por leer y que he decidido poner a la cabeza de la fila.

Londres, diciembre de 1996

Jorge Amado en el paraíso

En 1982 estuve en Salvador, Bahía, para el setenta cumpleaños de Jorge Amado, y quedé maravillado por el entusiasmo con que la gente de la calle lo celebró. Sabía que era una figura popular en la tierra a la que su fantasía y su prosa han hecho famosa en el mundo, pero nunca imaginé que ese prestigio y cariño echaran raíces en todos los sectores sociales, empezando por los más pobres, donde es improbable que se lean sus libros. «Vaya tierra original —pensé—, donde los escritores son tan famosos como los futbolistas». Pero, no eran los escritores: era Jorge Amado. No exagero nada. Aquella celebración comenzó en el mercado central de la ciudad, donde aquél era reconocido por todo el mundo y donde vendedores de pescado o raspadura, compradores de verduras, titiriteros o inspectores municipales se acercaban a darle la enhorabuena. Pero, todavía más sorprendente fue descubrir que el novelista conocía a esa multitud de admiradores por su nombre y apellido, pues a cada persona la trataba de tú y vos y con cada cual tenía algún recuerdo que compartir. Que los bahianos se sientan felices de tener a alguien como Jorge Amado (nacido en un pueblo del interior, Ferradas, en La Hacienda Auricidia, en 1912, y que lleva sus ochenta y cinco años con una insolente salud de cuerpo y de espíritu) es poco menos que un acto de justicia. Y no sólo por la vasta obra literaria que ha salido de su fértil imaginación; también porque Jorge Amado suma, a su talento de fabulador de historias, una humanidad generosa y sin dobleces, que se prodiga a manos llenas y crea en torno suyo, donde esté, una atmósfera cálida y estimulante que, a quien tiene la suerte de acogerse a ella, lo reconcilia con la vida y le hace pensar que, después de todo, los hombres y las mujeres de este planeta sean acaso mejores de lo que parecen.

Yo lo conocí como lector cuando era estudiante universitario, en la Lima de los años cincuenta, y recuerdo, incluso, los dos primeros libros suyos que leí: su novela juvenil, *Cacao*, y su biografía novelada del líder comunista brasileño, figura mítica de la época, Luiz Carlos Prestes, *O Cavaleiro da Esperança*. En aquellos años —los de la Guerra Fría en el mundo y de las dictaduras militares en América Latina, no lo olvidemos— su figura pública y su obra literaria se identificaban con la idea del escritor militante, que utiliza su pluma como un arma para denunciar las injusticias sociales, las tiranías y la explotación, y para ganar prosélitos al socialismo. Los escritos del Jorge Amado de entonces, como los de sus contemporáneos hispanoamericanos de la época, el Pablo Neruda del *Canto general* o el Miguel Ángel Asturias de *Week-end en Guatemala*, *Viento fuerte* y *El Papa verde*, parecían animados por un ideal cívico y moral (revolucionario era la palabra indispensable) al mismo tiempo que estético, y, a menudo, como en los libros citados, aquél estragaba a este último. Lo que salvó al Jorge Amado de entonces de la trampa en que cayeron muchos escritores latinoamericanos «comprometidos», que se convirtieron, como quería Stalin, en «ingenieros de almas», es decir, en meros propagandistas, fue que en sus novelas políticas un elemento intuitivo, instintivo y vital derrotaba siempre al ideológico y hacía saltar los esquemas racionales. Pero, aun así, con la perspectiva que da el tiempo y los cataclismos históricos que en estas décadas sirvieron para mostrar las ilusiones y los mitos que embellecían al socialismo real, aquellos escritos suyos han perdido la pugnacidad y la frescura que tenían cuando mi generación los leyó con avidez. En otras palabras, envejecido.

Pero, el primero en advertirlo fue el propio Jorge Amado, quien, aunque sin el escándalo de una ruptura ni los traumatismos que destruyeron tantas carreras literarias, más bien con la elegante discreción y la permanente bonhomía con que ha circulado siempre por la vida, dio un vuelco profundo a su literatura, despolitizándola, purgándola de presupuestos ideológicos y tentaciones pedagógicas y abriéndola de par en par a otras manifestaciones de la vida, empezando por el humor y terminando por los placeres del cuerpo y los juegos del intelecto. Habiendo empezado a escribir en su adolescencia como un escritor maduro —casi un viejo—, Jorge Amado procedió luego a rejuvenecer, con esas historias deliciosas que son *Doña Flor e seus dois maridos*, *Gabriela, gravo e canela*, *Tereza Batista cansada de guerra*, *Tieta do Agreste*, *Farda Fardão camisola de dormir* (regocijante sátira de intrigas entre académicos, menos difundida que las otras pese a su humor sutil y a su devastadora crítica de la cultura burocratizada) y las que han seguido, en un curioso desacato a la cronología mental, algo que, como escritor, ha hecho de él una suerte de Dorian Gray, un novelista que, libro tras libro, juega, se divierte y se exhibe como un niño genial, con sus travesuras verbales, sensuales y anecdóticas, en verdaderas fiestas narrativas.

En el enorme éxito que han alcanzado sus libros en lectores de tantas culturas diferentes, no debe verse, únicamente, la buena factura artesanal con que sabe armar las historias, la picardía y el color de los diálogos, la gracia con que dibuja sus personajes y enreda y desenreda los argumentos, aunque todo ello, por supuesto, haya sido decisivo para que sus novelas sintonicen con un público tan heterogéneo. También debe haber influido la espléndida salud moral que ellas transpiran, el optimismo con que el destino humano está encarado en aquellas ficciones, sin que esto signifique que la visión que proponen de la condición humana peque de ingenua o de tonta, como ocurre por desgracia con muchos escritores contemporáneos que se han tomado en serio el espantoso eslogan de la publicidad: «Pensar en positivo». Nada de eso. En las novelas de Jorge Amado no hay inconsciencia ni miopía sobre la adversidad, las horrendas pruebas a que se enfrenta cotidianamente la inmensa mayoría. Sufrimiento, engaño, abuso, mentira, estupidez, comparecen en ellas, ni más ni menos que en las vidas de sus lectores. Pero, en sus novelas —y es uno de los mayores encantos que lucen— todas las desventuras del mundo no son suficientes para quebrar la voluntad de supervivencia, la alegría de vivir, el ingenio risueño para sacarle siempre la vuelta al infortunio, que animan a sus personajes. El amor a la vida es tan grande en ellos que son capaces, como le ocurre a la excelente doña Flor con su marido difunto, de resucitar a los muertos y devolverlos a una existencia que, con todas las miserias que ella conlleve, está repleta de ocasiones de goce y felicidad. Esa fruición por los placeres menudos, al alcance del ser anónimo, que chisporrotea en todas sus historias —paladear un vaso de cerveza fría, una sabrosa conversación, contar un chiste colorado, piropear un cuerpo deseable que pasa, la fraterna amistad, la visión de un ave que rasga un cielo inmarcesible— es intensa y contagia a sus lectores, que suelen salir persuadidos de esas páginas de que, no importa cuán ruin sea la circunstancia que se vive, siempre habrá en la vida humana un resquicio para la diversión y otro para la esperanza. En pocos escritores modernos encontramos una visión tan «sana» de la existencia como la que emana de la obra de Jorge Amado. Por lo general (y creo que hay pocas excepciones a esta tendencia) el talento de los grandes creadores de nuestro tiempo ha testimoniado, ante todo, sobre el destino trágico del hombre, explorado los sombríos abismos por los que puede despeñarse. Como lo explicó Bataille, la literatura ha representado principalmente «el mal», la vertiente más destructora y ácida del fenómeno humano. Jorge Amado, en cambio, como solían hacerlo los clásicos, ha exaltado el reverso de aquella medalla, la cuota de bondad, alegría, plenitud y grandeza espiritual que contiene también la existencia, y que, en sus novelas, hechas las sumas y las restas, termina siempre ganando la batalla en casi todos los destinos individuales. No sé si esta concepción es más justa que, digamos, la de un Faulkner o un Onetti, que está en sus antípodas. Pero, gracias a su hechicería de consumado escribidor y la convicción con que la fantasea en sus historias, no hay duda de que Jorge Amado ha sido capaz de seducir con ella a millones de agradecidos lectores.

En los años setenta, cuando, lleno de temor pero también de excitación, emprendí la aventura de escribir *La guerra del fin del mundo*, una novela basada en Euclides da Cunha y la guerra de Canudos, tuve ocasión de experimentar en carne propia la generosidad de Jorge Amado (y, por supuesto, de Zélia, la maravillosa compañera, anarquista por la gracia de Dios). Sin la ayuda de Jorge, que dedicó mucho tiempo y energía a darme consejos, recomendarme y presentarme a gente amiga —citaré, entre muchos, a Antonio Celestino, Renato Ferraz y el historiador José Calazans—, jamás hubiera podido recorrer el sertón bahiano y adentrarme por los vericuetos de Salvador. Allí pude ver de cerca la manera como Jorge Amado regala su tiempo echando una mano a quienquiera que se le acerca, desviviéndose, a costa de su propio trabajo, por facilitar las cosas y abrirle puertas a quien pinta, compone, esculpe, baila o escribe, la sabiduría con que cultiva la amistad y evita esos deportes —las intrigas, las rivalidades, los chismes— que avinagran las vidas de tantos escritores, su incombustible sencillez de persona que no parece haberse enterado todavía de que la vanidad y la solemnidad también son de este mundo e infaliblemente aquejan a quienes alcanzan una fama como la que él se ha ganado.

Cuando era joven, con un amigo jugábamos a adivinar qué escritores de nuestro tiempo, caso de existir el cielo, entrarían allí. Hacíamos unas listas muy exclusivas, que nos costaba un trabajo endemoniado elaborar, y, lo peor, era que, tarde o temprano, los calificados se las arreglaban para que tuviéramos que sacarlos de allí. En mi lista actual, desde hace ya mucho tiempo, queda un solo nombre. Y meto mis manos al fuego que no hay una sola persona en este mundo que haya conocido y leído a Jorge Amado a la que se le ocurriría expulsarlo de allí.

París, febrero de 1997

El lenguaje de la pasión

A la muerte de André Breton, Octavio Paz, en el homenaje que le rindió, dijo que hablar del fundador del surrealismo sin emplear el lenguaje de la pasión era imposible. Lo mismo podría decirse de él, pues, a lo largo de su vida, sobre todo las últimas décadas, vivió en la controversia, desatando a su alrededor adhesiones entusiastas o abjuraciones feroces. La polémica continuará en torno a su obra ya que toda ella está impregnada hasta las heces del siglo en que vivió, desgarrado por la confrontación ideológica y las inquisiciones políticas, las guerrillas culturales y la vesania intelectual.

Vivió espléndidamente sus ochenta y cuatro años, zambullido en la vorágine de su tiempo por una curiosidad juvenil que lo acompañó hasta el final. Participó en todos los grandes debates históricos y culturales, movimientos estéticos o revoluciones artísticas, tomando siempre partido y explicando sus preferencias en ensayos a menudo deslumbrantes por la excelencia de su prosa, la lucidez del juicio y la vastedad de su información. No fue nunca un diletante ni un mero testigo, siempre un actor apasionado de lo que ocurría en torno suyo y uno de esos *rara avis* entre las gentes de su oficio que no temía ir contra la corriente ni afrontar la impopularidad. En 1984, poco después de que una manifestación de perfectos idiotas mexicanos lo quemara en efigie (coreando, frente a la embajada de Estados Unidos: «Reagan, rapaz, tu amigo es Octavio Paz»), por sus críticas al Gobierno sandinista, coincidí con él: en vez de deprimido, lo encontré regocijado como un colegial. Y tres años más tarde no me sorprendió nada, en Valencia, en medio de un alboroto con trompadas durante el Congreso Internacional de Escritores, verlo avanzar hacia la candela remangándose los puños. ¿No era imprudente querer dar sopapos a los setenta y tres años? «No podía permitir que le pegaran a mi amigo Jorge Semprún», me explicó.

Pasar revista a los temas de sus libros produce vértigo: las teorías antropológicas de Claude Lévi-Strauss y la revolución estética de Marcel Duchamp; el arte prehispánico, los haikus de Basho y las esculturas eróticas de los templos hindúes; la poesía del Siglo de Oro y la lírica anglosajona; la filosofía de Sartre y la de Ortega y Gasset; la vida cultural del Virreinato de la Nueva España y la poesía barroca de Sor Juana Inés de la Cruz; los meandros del alma mexicana y los mecanismos del populismo autoritario instaurado por el PRI; la evolución del mundo a partir de la caída del Muro de Berlín y el desplome del imperio soviético. La lista, si se añaden los prólogos, conferencias y artículos, podría continuar por muchas páginas, al extremo de que no es exagerado decir de él que todos los grandes hechos de la cultura y la política de su tiempo excitaron su imaginación y le suscitaron estimulantes reflexiones. Porque, aunque nunca renunció a esa pasión que bulle entre líneas aun en sus más reposadas páginas, Octavio Paz fue sobre todo un pensador, un hombre de ideas, un formidable agitador intelectual, a la manera de un Ortega y Gasset, acaso la más perdurable influencia de las muchas que aprovechó.

A él le hubiera gustado, sin duda, que la posteridad lo recordara ante todo como poeta, porque la poesía es el príncipe de los géneros, el más creativo y el más intenso, como él mismo mostró en sus hermosas lecturas de Quevedo y de Villaurrutia, de Cernuda, Pessoa y tantos otros, o en sus admirables traducciones de poetas ingleses, franceses y orientales. Y él fue un magnífico poeta, sin duda, como descubrí yo, todavía estudiante, leyendo los fulgurantes versos de *Piedra de sol*, uno de los poemas de cabecera de mi juventud que siempre releo con inmenso placer. Pero tengo la impresión de que buena parte su poesía, la experimental principalmente (*Blanco, Topoemas, Renga*, por ejemplo) sucumbió a ese afán de novedad que él describió en sus conferencias de Harvard *Los hijos del limo: del romanticismo a la vanguardia* (Seix Barral, 1974) como un sutil veneno para la perennidad de la obra de arte.

En sus ensayos, en cambio, fue acaso más audaz y original que en sus poemas. Como tocó tan amplio abanico de asuntos, no pudo opinar sobre todos con la misma versación y en algunos de ellos fue superficial y ligero. Pero, incluso en esas páginas pergeñadas a vuelapluma sobre la India o el amor, que no dicen nada demasiado personal ni profundo, lo que dicen está dicho con tanta elegancia y claridad, con tanta inteligencia y brillo, que es imposible abandonarlas, hasta el final. Fue un prosista de lujo, uno de los más sugestivos, claros y luminosos que haya dado la lengua castellana, un escritor que modelaba el idioma con soberbia seguridad, haciéndole decir todo lo que se le pasaba por la razón o por la fantasía —a veces, verdaderos delirios razonantes como los que chisporrotean en *Conjunciones y disyunciones*— con una riqueza de matices y sutilezas que convertían sus páginas en un formidable espectáculo de malabarismo retórico. Pero, a diferencia de un Lezama Lima, ni siquiera cuando se abandonaba al juego con las palabras, sucumbía en la *jitanjáfora* (como llamó Alfonso Reyes al puro verbalismo, sin nervio y sin hueso). Porque él amaba tanto el significado conceptual como la música de las palabras, y éstas, al pasar por su pluma, siempre debían decir algo, apelar a la inteligencia del lector al mismo tiempo que a su sensibilidad y a sus oídos.

Como nunca fue comunista, ni compañero de viaje, y jamás tuvo el menor empacho en criticar a los intelectuales que, por convicción, oportunismo o cobardía fueron cómplices de las dictaduras (es decir, las cuatro quintas partes de sus colegas), éstos, que envidiaban su talento, los premios que le llovían, su presencia continua en el centro de la actualidad, le fabricaron una imagen de conservador y reaccionario que, me temo, va a tardar en disiparse: los carroñeros han comenzado ya a ensañarse con sus despojos. Pero, la paradójica verdad es que, en lo político, desde su primer libro de ensayos, de 1950, *El laberinto de la soledad*, hasta el último dedicado a este tema, de 1990 (*Pequeña crónica de grandes días*), el pensamiento de Paz estuvo mucho más cerca del socialismo democrático de nuestros días que del conservadurismo e, incluso, que de la doctrina liberal. De las simpatías trotskistas y anarquistas de su juventud marcada por el surrealismo evolucionó luego hasta la defensa de la democracia política, es decir, del pluralismo y el Estado de Derecho. Pero el mercado libre le inspiró siempre una desconfianza instintiva —estaba convencido de que anchos sectores de la cultura, como la poesía, desaparecerían si su existencia dependía sólo del libre juego de la oferta y la demanda— y por ello se mostró a favor de un prudente intervencionismo del Estado en la economía para —sempiterno argumento socialdemócrata— corregir los desequilibrios y excesivas desigualdades sociales. Que alguien que pensaba así, y que había condenado con firmeza todos los actos de fuerza estadounidense en América Latina, incluida la invasión de Panamá, fuera equiparado con Ronald Reagan y víctima de un acto inquisitorial por parte de la «progresía», dice leguas sobre los niveles de sectarismo e imbecilidad que ha alcanzado el debate político al sur del Río Grande.

Pero es cierto que su imagen política se vio algo enturbiada en los últimos años por su relación con los Gobiernos del PRI, ante los que moderó su actitud crítica. Esto no fue gratuito, ni, como se ha dicho, una claudicación debida a los halagos y pleitesías que multiplicaba hacia él el poder con el ánimo de sobornarlo. Obedecía a una convicción que, aunque yo creo errada —a ello se debió el único diferendo que levantó una sombra fugaz en nuestra amistad de muchos años—, Octavio Paz defendió con argumentos coherentes. Desde 1970, en su espléndido análisis de la realidad política de México, *Postdata*, sostuvo que la forma ideal de la imprescindible democratización de su país era la evolución, no la revolución, una reforma gradual emprendida en el interior del propio sistema mexicano, algo que, según él, empezó a tener lugar con el Gobierno de Miguel de La Madrid y se aceleró luego, de manera irreversible, con el de su sucesor, Salinas de Gortari. Ni siquiera los grandes escándalos de corrupción y crímenes de esta Administración lo llevaron a revisar su tesis de que sería el propio PRI —esta vez simbolizado por el actual presidente Zedillo— quien pondría fin al monopolio político del partido gobernante y traería la democracia a México.

Muchas veces me pregunté en estos años por qué el intelectual latinoamericano que con mayor lucidez había autopsiado el fenómeno de la dictadura (en *El ogro filantrópico*, 1979) y la variante mexicana del autoritarismo, podía hacer gala en este caso de tanta ingenuidad. Una respuesta posible es la siguiente: Paz sostenía semejante tesis, menos por fe en la aptitud del PRI para metamorfosearse en un partido genuinamente democrático, que por su desconfianza pugnaz hacia las fuerzas políticas alternativas, el PAN (Partido de Acción Nacional) o el PRD (Partido Revolucionario Democrático). Nunca creyó que estas formaciones estuvieran en condiciones de llevar a cabo la transformación política de México.

El PAN le parecía un partido provinciano, de estirpe católica, demasiado conservador. Y el PRD un amasijo de ex priistas y ex comunistas, sin credenciales democráticas, que, probablemente, de llegar al poder, restablecerían la tradición autoritaria y clientelista que pretendían combatir. Toquemos madera para que la realidad no confirme este sombrío augurio.

Como todos lo dicen, yo también me siento impulsado a decir que Octavio Paz, poeta y escritor abierto a todos los vientos del espíritu, ciudadano del mundo si los hubo, fue asimismo un mexicano raigal. Aunque, confieso, no tengo la menor idea de lo que eso pueda querer decir. Conozco muchos mexicanos y no hay dos que se parezcan entre sí, de modo que, respecto a las identidades nacionales suscribo con puntos y comas la afirmación del propio Octavio Paz: «La famosa búsqueda de la identidad es un pasatiempo intelectual, a veces también un negocio, de sociólogos desocupados». Salvo, claro está, que ser mexicano raigal quiera decir amar intensamente a México —su paisaje, su historia, su arte, sus problemas, su gente—, lo que, por cierto, volvería también mexicanos raigales a un Malcolm Lowry y un John Huston. Paz amó México y dedicó mucho tiempo a reflexionar sobre él, a estudiar su pasado y discutir su presente, a analizar sus poetas y sus pintores, y en su obra inmensa México centellea con una luz de incendio, como realidad, como mito y como mil metáforas. Que este México sea seguramente mucho más fantaseado e inventado por la imaginación y la pluma de un creador fuera de serie que el México a secas, sin literatura, el de la pobre realidad, es transitorio. Si de algo podemos estar seguros es que, con el paso inexorable del tiempo, aquel abismo se irá cerrando, que el mito literario irá envolviendo y devorando a la realidad, y que, más pronto que tarde, fuera y dentro, México será visto, soñado, amado y odiado, en la versión de Octavio Paz.

Berlín, 3 de mayo de 1998

Neruda cumple cien años

Cuando yo era un niño de pantalón corto todavía, allá en Cochabamba, Bolivia, donde pasé mis primeros diez años de vida, mi madre tenía en su velador una edición de tapas azules, con un río de estrellas blancas, de los *Veinte poemas de amor y una canción desesperada*, de Pablo Neruda, que leía y releía. Yo apenas había aprendido a leer y, seducido por la devoción de mi madre a aquellas páginas, intenté también leerlas. Ella me lo había prohibido, explicándome que no eran poemas que debían leer los niños. La prohibición enriqueció extraordinariamente el atractivo de aquellos versos, coronándolos de una aureola inquietante. Los leía a escondidas, sin entender lo que decían, excitado y presintiendo que detrás de algunas de sus misteriosas exclamaciones («Mi cuerpo de labriego salvaje te socava / y hace saltar el hijo del fondo de la tierra», «¡Ah, las rosas del pubis!») anidaba un mundo que tenía que ver con el pecado.

Neruda fue el primer poeta cuyos versos aprendí de memoria y recité de adolescente a las chicas que enamoraba, al que más imité cuando empecé a garabatear poesías, el poeta épico y revolucionario que acompañó mis años universitarios, mis tomas de conciencia políticas, mi militancia en la organización Cahuide durante los años siniestros de la dictadura de Odría. En las reuniones clandestinas de mi célula a veces interrumpíamos las lecturas del *Qué hacer* de Lenin o los *Siete ensayos* de Mariátegui para recitar, en estado de trance, páginas del *Canto general* y de *España en el corazón*. Más tarde, cuando era ya un joven de lecturas más exclusivas y muy crítico de la poesía de propaganda y ataque, Neruda siguió siendo para mí un autor de cabecera —lo prefería incluso al gran César Vallejo, otro ícono de mis años mozos—, pero ya no el Neruda del *Canto general*, sino el de *Residencia en la tierra*, un libro que he leído y releído tantas veces como sólo lo he hecho con los poemas de Góngora, de Baudelaire y de Rubén Darío, un libro algunos de cuyos poemas —«El tango del viudo», «Caballero solo»— todavía me electrizan la espalda y me producen ese desasosiego exaltado y ese pasmo feliz en que nos sumen las obras maestras absolutas. En todas las ramas de la creación artística, la genialidad es una anomalía inexplicable para las solas armas de la inteligencia y la razón, pero en la poesía lo es todavía mucho más, un don extraño, casi inhumano, para el que parece inevitable recurrir a esos horribles adjetivos tan maltratados: trascendente, milagroso, divino.

Conocí en persona a Pablo Neruda en París, en los años sesenta, en casa de Jorge Edwards. Todavía recuerdo la emoción que sentí al estar frente al hombre de carne y hueso que había escrito aquella poesía que era como un océano de mares diversos e infinitas especies animales y vegetales, de insondable profundidad e ingentes riquezas. La impresión me cortó el habla. Por fin alcancé a balbucear unas frases llenas de admiración. Él, que recibía los halagos con la naturalidad de un consumado soberano, dijo que la noche estaba linda para comernos «esas prietas» (esas morcillas) que nos tenían preparadas los Edwards. Era gordo, simpático, chismoso, engreído, goloso («Matilde, precipítese hacia esa fuente y resérveme la mejor presa»), conversador, y hacía esfuerzos desmedidos para romper el hielo y hacer sentir cómodo al interlocutor abrumado por su imponente presencia.

Aunque llegamos a ser bastante amigos, creo que es el único escritor con el que nunca me sentí de igual a igual, frente al cual, pese a su actitud cariñosa y a su generosidad para conmigo, siempre terminaba adoptando una actitud entre intimidada y reverencial. El personaje me intrigaba y fascinaba casi tanto como su poesía. Posaba de ser un antiintelectual, desdeñoso de las teorías y de las complicadas interpretaciones de los críticos. Cuando, delante de él, alguien suscitaba un tema abstracto, general, un diálogo de ideas —asuntos en los que un Octavio Paz fosforecía y deslumbraba—, la cara de Neruda se entristecía y de inmediato se las arreglaba para que la conversación descendiera a ras de suelo, a la anécdota y el comentario prosaicos. Se empeñaba en mostrarse sencillo, directo, terrenal a más no poder y furiosamente alejado de esos escritores librescos que preferían los libros a la vida y podían decir, como

Borges, «Muchas cosas he leído y pocas he vivido». Él quería hacer creer a todo el mundo que había vivido mucho y leído poco, pues era rarísimo que en su conversación asomaran referencias o entusiasmos literarios. Incluso cuando mostraba, y con qué satisfacción lo hacía, las primeras ediciones y los maravillosos manuscritos que llegó a coleccionar en su formidable biblioteca, evitaba las valoraciones literarias y se concentraba en el aspecto puramente material de aquellos preciosos objetos llenos de palabras. Su antiintelectualismo era una pose, desde luego, porque nadie que no hubiera leído mucho y asimilado muy bien la mejor literatura, y reflexionado intensamente, hubiera revolucionado la palabra poética en lengua española como él lo hizo, ni hubiera escrito una poesía tan diversa y esencial como la suya. Parecía considerar el mayor riesgo para un poeta el confinarse en un mundo de abstracciones y de ideas, como si esto pudiera cegar la vitalidad de la palabra y apartar a la poesía de la plaza pública y condenarla a la catacumba.

Lo que no era pose en él era su amor a la materia, a las cosas, a los objetos que se pueden palpar, ver, oler, y, eventualmente, beber y comer. Todas las casas de Neruda, pero sobre todo la de Isla Negra, fueron unas creaciones tan poderosas y personales como sus mejores poemas. Coleccionaba todo, desde mascarones de proa hasta barquitos construidos con palillos de fósforos dentro de botellas, desde mariposas a caracolas marinas, desde artesanías hasta incunables, y en sus casas uno se sentía envuelto en una atmósfera de fantasía y de inmensa sensualidad. Tenía un ojo infalible para detectar lo inusitado y lo excepcional y cuando algo le gustaba se volvía un niño caprichoso y enloquecido que no paraba hasta poseer lo que quería. Recuerdo una maravillosa carta que le escribió a Jorge Edwards, rogándole que fuera a Londres a comprarle un par de tambores que había visto en una tienda, a su paso por la capital inglesa. La vida es invivible, le decía, sin un tambor. En las mañanas de Isla Negra tocaba la trompeta y, tocado con una gorra marinera, izaba en el mástil de la playa su bandera, que era un pez.

Verlo comer era un hermoso espectáculo. Aquella vez que lo conocí, en París, lo entrevisté para la Radio Televisión Francesa. Le pedí que leyera un poema de *Residencia en la tierra* que me encanta: «El joven monarca». Aceptó, pero, al llegar a la página indicada, exclamó, sorprendido: «¡Ah, pero si es un poema en prosa!». Yo sentí una puñalada en el corazón: ¿cómo había podido olvidar una de las más perfectas composiciones salidas de la pluma de un poeta? Después de la entrevista, quiso ir a comer comida árabe. En el restaurante marroquí de la Rue de l'Harpe devolvió el tenedor y pidió una segunda cuchara. Comía con concentración y felicidad, blandiendo una cuchara en cada mano, como un alquimista que manipula las retortas y está a punto de alcanzar la aleación definitiva. Viendo comer a Neruda uno tenía la impresión de que la vida valía la pena de ser vivida, de que la dicha era posible y que su secreto chisporroteaba en una sartén.

Como llegó a ser tan famoso, y a tener tanto éxito en el mundo entero, y a vivir con tanta prosperidad, despertó envidias, resentimientos y odios que lo persiguieron por doquier y, en algunos periodos, le hicieron la vida imposible. Recuerdo una vez, en Londres, en que le mostré, indignado, un recorte de un periódico de Lima donde me atacaban. Me miró como a un niño que cree todavía que los bebés vienen de París. «Tengo baúles llenos de recortes así», me dijo. «Creo que no hay una sola maldad, perversidad o vileza de la que no haya sido acusado alguna vez». La verdad es que, llegado el caso, sabía defenderse y que, en algunos momentos de su vida, sus poemas se impregnaron de dicterios y diatribas estentóreas y feroces contra sus enemigos. Pero, curiosamente, no recuerdo haberle oído hablar nunca mal de nadie ni haberle visto practicar nunca en mi presencia ese deporte favorito entre escritores que es despedazar verbalmente a los colegas ausentes. Una noche, en Isla Negra, después de una cena copiosa, entornando sus ojos de tortuga soñolienta, contó que de su último libro recién publicado había enviado, dedicados, cinco ejemplares a cinco poetas jóvenes chilenos. «Y ni uno sólo siquiera me acusó recibo», se quejó, con melancolía.

Era ya la última época de su vida, una época en la que quería que todos lo quisieran, pues él se había olvidado de las viejas enemistades y rencillas y hecho las paces con todo el mundo. Para entonces, se habían apagado algo las convicciones ideológicas inamovibles de su juventud y madurez. Aunque fue siempre leal al Partido Comunista, y por esa lealtad llegó en ciertos periodos a cantar a Stalin y a defender posiciones dogmáticas, en su vejez, un espíritu crítico se fue abriendo en él respecto a lo que había ocurrido en el mundo comunista, y ello se transparentaba en una actitud mucho más tolerante y abierta, y en una poesía liberada de toda pugnacidad, beligerancia o rencor, llena más bien de serenidad, alegría y comprensión por las cosas y los seres de este mundo.

No hay en lengua española una obra poética tan exuberante y multitudinaria como la de Neruda, una poesía que haya tocado tantos mundos diferentes e irrigado vocaciones y talentos tan varios. El único caso comparable que conozco en otras lenguas es el de Víctor Hugo. Como la del gran romántico francés, la inmensa obra que Neruda escribió es desigual y, en ella, al mismo tiempo que una poesía intensa y sorprendente, de originalidad fulgurante, hay una poesía fácil y convencional, a veces de mera circunstancia. Pero, no hay duda, su obra perdurará y seguirá hechizando a los lectores de las generaciones futuras como lo hizo con la nuestra.

Había en él algo de niño, con sus manías y apetitos que exhibía ante el mundo sin la menor hipocresía, con la buena salud y el entusiasmo de un adolescente travieso. Detrás de su apariencia bonachona y materialista se agazapaba un astuto observador de la realidad y en ciertas excepcionales ocasiones, en un grupo reducido, luego de una comida bien rociada, podía de pronto dejar entrever una intimidad desgarrada. Aparecía entonces, detrás de esa figura olímpica, consagrada en todas las lenguas, el muchachito provinciano de Parral, lleno de ilusiones y estupefacción ante las maravillas del mundo, que nunca dejó de ser.

Madrid, junio de 2004

Un hombre de letras

Leyendo unas cuantas páginas un día, y otro también, al cabo de un puñado de años he terminado veintitrés tomos de las *Obras completas* de Alfonso Reyes (1889-1959), publicadas por el Fondo de Cultura Económica. Ni en España ni en América Latina hay ya polígrafos de esa envergadura. Como Ortega y Gasset, Pedro Henríquez Ureña o Francisco García Calderón (que prologó su primer libro, *Cuestiones estéticas*, 1911), Alfonso Reyes intentó leerlo todo y escribió, sobre todo, poseído, a lo largo de una vida intensa, viajera, diplomática, académica, periodista y social, de una pasión por la cultura y un espíritu generoso que imprimieron a todos sus escritos una fisonomía inconfundible de elegancia y sana humanidad.

Escribía con tanto gusto y con una prosa tan limpia que volvía amenas sus eruditas investigaciones sobre Góngora o Sófocles, y, viceversa, lograba dar una aureola de importante seriedad a la notita frívola de circunstancias o a los lugares comunes de una alocución burocrática. Era un hombre absolutamente universal, sin orejeras nacionalistas, que se apasionaba por igual por las costumbres y las letras de su patria mexicana, como por un comediógrafo del Siglo de Oro español, o la literatura y la filosofía clásicas de Grecia, un país donde, según una leyenda sin duda falsa, nunca puso los pies.

La palabra *diletante* tiene resonancias negativas, sugiere a un picaflor superficial y esnob. Pero Alfonso Reyes la dignificó y elevó a la categoría de mariposeo estético de alta calidad, un apetito de saber, universal e incontenible, que lleva a quien lo padece a interesarse por todos los temas, épocas, culturas, y a leer y escribir sobre ellos sin convertirse en un especialista aunque siendo, en todos los casos, algo más que un beato epígono. Alfonso Reyes pudo ocuparse de Goethe, de la historia política europea del siglo XIX, de los codicilos mayas, de la teoría de la relatividad, de las jitanjáforas y de cien asuntos más, arreglándoselas siempre para instruir, seducir y divertir. Era un «hombre de letras», especie ya extinguida, con una visión tan amable y entretenida de la cultura y de la vida que en nuestro tiempo resulta casi irreal. Varios tomos de recopilación de sus artículos y ensayos aparecieron bajo el bonito título de *Simpatías y diferencias*. Podía haberse ahorrado la segunda opción, porque, una vez que pasaba por su sensibilidad bondadosa, su risueña inteligencia y su palabra sabrosa, todo, hasta lo más abstruso y repelente, se volvía simpático, digno de ser leído y atendido.

Sus grandes libros orgánicos, en los que invirtió tiempo y arduo trabajo, como *El deslinde* y *La crítica en la edad ateniense*, me parecen más perecederos que aquellos, aparentemente efímeros, en los que practicaba el «arte de la viñeta» en que fue maestro consumado. Aunque llevó a cabo algunos importantísimos trabajos de investigación, como sus estudios pioneros sobre Góngora y Juan Ruiz de Alarcón, me parece que era mejor divulgador y comentarista que erudito. En sus trabajos de rastreo académico sobre el teatro, la religión, la mitología y la crítica en Grecia se dispersaba a veces en una catalogación mecánica de datos sin llegar a síntesis iluminadoras o a grandes derroteros generales. En cambio, como diletante o periodista que roza sin profundizar es espléndido: contagia felicidad, hace reír y sonreír, es culto y jamás pedante, siempre ameno. Y nadie mostró mejor, de una manera tan directa, que la buena literatura es un placer incomparable. En *Los trabajos y los días* o *Simpatías y diferencias*, por ejemplo, donde a los ensayos cuidados se mezclan textos rápidos, notas de lecturas, apuntes de viaje, ocurrencias, evocaciones de amigos o lugares, está el mejor Reyes, y leerlo es una verdadera delicia. Borges escribió de él que era «el más fino estilista de la prosa española de nuestro siglo» y, si exageró, fue muy poco. Pues era un prosista excepcional, de respiración amplia y armoniosa, fluido y diáfano, inteligente y con un formidable dominio del idioma que en sus manos se volvía maleable como una arcilla, irónico y risueño, afable y estimulante. Siempre hay en sus textos algo saludable y bonachón, un espíritu satisfecho de la vida y de las cosas, que parece mágicamente inmunizado contra la desgracia, la frustración y la amargura, incapaz del odio y el rencor.

Como crítico de actualidad pecaba de ecléctico y de excesivamente benévolo; no quería ser severo con nadie y esa tolerancia parece a veces falta de discriminación crítica. Tuvo esa misma condescendencia con sus propios escritos, amparando en sus libros todo lo que escribió, incluso unas notitas de circunstancias manufacturadas visiblemente por compromiso o para ganarse unos pesos, a sabiendas de que no durarían más que el tiempo de ser leídas. Pero, incluso esos textos olvidables son gratos de leer, porque nunca falta en ellos un epíteto sorprendente, una imagen o una música que halagan.

No es ofensivo, en absoluto, decir de él que no fue un gran creador, sino un gozoso lector y un eximio estilista cuyos libros son sobre todo el reflejo de las mejores lecturas, una transpiración de lo mejor que había producido el arte y la literatura, un enamorado de las ideas ajenas, que él sabía valorar, sintetizar, explicar y recrear mejor que nadie. Pero con toda su vasta cultura y su prosa delicada algo había en Alfonso Reyes del diplomático-escritor, del artista al que su dependencia con el poder castró a medias, impidió desbocarse, y desvió de la creación a la cortesanía literaria. Era un escritor bien educado, a quien, por temperamento y por responsabilidad profesional, resultaba imposible transgredir, ser chocante, un intelectual que se limó las uñas y los dientes, condenándose así a una limitada originalidad. Aunque respecto a ciertos asuntos jamás hizo la menor concesión —el nacionalismo cultural, por ejemplo, o la literatura patriotera—, produce cierto malestar que, en esos millares de páginas de sus obras completas, haya un respeto tan sostenido frente al poder —frente a todos los poderes—, una postura cívica que jamás entra en conflicto contra el establecimiento, que se niega empecinadamente a admitir siquiera que el mundo está mal hecho, que los Gobiernos yerran y que los que mandan delinquen. Ese conformismo soterrado no atenúa la belleza de sus textos, pero les impide volar muy alto y, sobre todo, ladrar y morder.

Su poesía es agradable de leer, pero no hay en ella ni misterio ni locura ni visiones, aunque sí inteligencia, buen gusto y mucho oficio. Sin ese elemento espontáneo, desconcertante, que súbitamente parece romper los límites del conocimiento racional y ponernos en contacto con una intimidad desconocida hasta entonces en la vida, con relaciones insospechadas entre las cosas y los seres, abrirnos las puertas de «otra realidad», la poesía parece siempre quedarse a medio camino, aunque ella sea, como la de Alfonso Reyes, formalmente impecable. Era la poesía de un gran polígrafo, más que la de un gran poeta. Contra la opinión de algunos, *Ifigenia cruel*, además de irrepresentable, me parece una pieza recargada de retórica, sin gracia ni imaginación. Prefiero las bellas recreaciones que hizo de algunos cantos de la *Ilíada* y los elegantes ejercicios de estilo que son los sonetos de *Homero en Cuernavaca*.

Dije al principio, y repito ahora, que ya no hay, por todo el amplio territorio de España y América Latina, escritores del calibre de Alfonso Reyes. Tenemos magníficos creadores, nuestras universidades cuentan con profesores eminentes, sin duda, grandes especialistas en algunas o acaso en todas las disciplinas, y en las revistas y diarios abundan los periodistas que dominan los buenos y malos secretos de su profesión. Pero lo que ha desaparecido es ese personaje puente que antaño conjugaba la academia con el diario, la sabiduría universitaria con la inteligibilidad del artículo o el ensayo que llega al lector común. Reyes —u Ortega y Gasset, Henríquez Ureña, Azorín, Francisco García Calderón— fue exactamente eso. Y, por eso, gracias a escritores como ellos la cultura mantuvo una cierta unidad y contaminó a un amplio sector del público profano, ese que hoy ha dado la espalda a los libros y a las ideas y se ha refugiado en las adormecedoras imágenes. Como Reyes, todos los autores arriba citados y muchos otros de su generación escribieron buena o la mayor parte de su obra en los periódicos, sin renunciar por ello al rigor, a la autocrítica, y sin ceder al facilismo y a la banalidad.

En nuestro tiempo, los escritores y los académicos se mantienen por lo general confinados en sus dominios reservados, y los periodistas en el suyo, y la cultura se ha vuelto también una especialidad, que el profano mira de lejos, con desconfianza, sin saber muy bien qué es ni para qué sirve. Vale la pena leer de cuando en cuando a Alfonso Reyes para refrescar la memoria. Y aprender cómo una buena poesía, una novela, un libro de historia, una función de teatro, una excavación arqueológica, un sistema de ideas, pueden de pronto levantarnos en vilo y maravillarnos, descubrirnos una intensidad de sentimientos y emociones o unos apetitos sensuales de los que ignorábamos estar dotados, y enriquecer la vida que nos rodea. A lo mejor no es cierto, pero qué nos importa, si leyendo cualquier página de Alfonso Reyes sentimos que la literatura, la cultura, son lo mejor de la vida, que gracias a ellas ésta se convierte en un interminable fiestón.

Lima, febrero de 2005

Una mujer contra el mundo

Hasta hace muy poco creía que el mejor libro de crítica literaria aparecido en América Latina era *Muerte y transfiguración de Martín Fierro* (1948), de Ezequiel Martínez Estrada. Ahora, que acabo de leerlo, pienso que es el que Octavio Paz dedicó a *Sor Juana Inés de la Cruz o Las trampas de la fe* (1982).

Me refiero a esos ensayos en los que la investigación rigurosa, la imaginación, el buen gusto y la elegancia expositiva se alían para explicar una obra literaria, el proceso que la gestó, la manera en que la experiencia privada de su creador y la realidad histórica y social de su tiempo se reflejan en ella, y el efecto que tuvo en la cultura de su época y en las que la sucedieron. No minimizo ni descarto los estudios especializados —filológicos, estilísticos, estructuralistas, deconstructivistas, etcétera— que, hoy, por lo general, están fuera del alcance del lector profano, pero si tengo que elegir prefiero esos trabajos a medio camino entre el análisis y la creación que, tal como lo hacen la poesía y la novela con la realidad vivida, se valen de la literatura existente para construir a partir de ella obras que la trascienden y son, en sí mismas, literatura de creación.

El libro de Paz sobre Sor Juana, que nació como unos cursos que dictó sobre ella en la Universidad de Harvard en los años setenta, resume todo el material biográfico y bibliográfico que la poeta y escritora mexicana generó hasta los hallazgos más recientes (la primera edición de su libro es de 1982). La obra poética, teatral y ensayística de la autora es analizada con acerada agudeza intelectual y tanta sensibilidad poética que no exagero diciendo que, gracias a esos análisis lúcidos y estimulantes, poemas tan complejos como *Primero sueño* resplandecen con una nueva luminosidad y nos descubren, tras su riqueza verbal y sus audacias retóricas, una sólida arquitectura conceptual hecha de ideas filosóficas, teológicas y de mitología helénica y romana. Paz dedica muchas páginas a una fascinante pesquisa sobre la presencia en *Primero sueño* y otros poemas de Sor Juana de la antiquísima tradición hermética, de raíces egipcias y resucitada en la Edad Media, que descifran el sentido de sus oscuras metáforas y misteriosas alegorías, y argumenta de manera persuasiva que este sistema poético hecho de ocultamientos y disfraces era una manera de tomar precauciones contra el riesgo —que hacía vivir a todo creador de la época en el pánico crónico— de incurrir, por omisión o comisión, en delito de heterodoxia o sacrilegio y, por lo tanto, de caer en las redes de la Inquisición.

La Sor Juana cuya delicada silueta se levanta de las páginas de *Las trampas de la fe* es conmovedora. Su coraje, su reciedumbre, sus astucias, su temple fueron tan grandes como su inteligencia y su talento. Los capítulos que describen la sociedad colonial en la que ella nació y creció, esa abigarrada pirámide de castas, razas y clases rígidamente estratificadas cuya cúspide aristocrática era reflejo fiel de la que regía la metrópoli imperial y cuya humilde base, la de los indios, conservaba vivos, aunque secretos o camuflados, los mitos, creencias y costumbres de las civilizaciones prehistóricas tienen la vivacidad y la energía de los grandes murales y de las mejores películas épicas. Y permiten entender mejor, admirar más y compadecer más hondamente a quien en este contexto social, siendo mujer, estaba dotada de un espíritu libre y era curiosa, ávida de conocimientos y empeñada en adueñarse de la cultura de su tiempo.

Ser de este modo, como lo fue la humilde Juana Inés Ramírez de Asbaje, nacida por los alrededores de 1651, muchacha bastarda y sin recursos, significaba enfrentarse a una maquinaria disuasoria y represiva todopoderosa al servicio de una idea que hacía de la mujer un ser inferior, un animal doméstico y reproductor y sobre la que, por encima de cualquier otra consideración, planeaba la maldición bíblica de haber sucumbido, la primera, a las tentaciones del demonio y de ser ella misma, por su naturaleza pecadora, la mayor enemiga de la salvación masculina. Que, pese a ello, Juana Inés se las arreglara para escribir, leer y aprender mucho más que la mayoría de sus contemporáneos, e incluso, hasta para redactar —en su *Respuesta a Sor Filotea*— un sutil manifiesto defendiendo el derecho de la mujer, que nadie le reconocía aún, al conocimiento y al ejercicio de las letras, las ciencias y las artes, muestra que, además de su sobresaliente formación y su vuelo creativo, estaba dotada también de una ciclópea fuerza de voluntad y que llegó a ser diestra en la esgrima de la política y los malabares de la supervivencia.

Sus contemporáneos aseguran que era bella, desenvuelta, y que, en su corta juventud laica, lució con éxito en los salones virreinales. Debió ser también secreta y algo fría, razonadora y capaz de grandes sacrificios, como encerrarse en un convento de clausura y profesar sin mayor vocación para ello, sólo porque éste era el único camino posible para que alguien como ella pudiera educarse y tener una vida intelectual, y, también, una mujer muy femenina que sabía seducir y admirar al prójimo, pues, gracias a estas prendas, consiguió ganar los apoyos y patrocinios sin los cuales hubiera zozobrado mucho antes en las aguas procelosas por las que navegó toda su vida.

El libro de Paz no es mezquino ni se queda corto en destacar todo lo positivo que la Colonia —esos tres siglos en que fue parte del Imperio español— dejó a México, su incorporación a Occidente y a la modernidad, la riqueza de sus templos, conventos, bibliotecas, el legado cultural y religioso y su hibridación con los cultos nativos hasta constituirse en la vertiente principal de eso que, a falta de mejor definición, se llama la identidad mexicana.

Al mismo tiempo, no he leído una descripción más severa y lapidaria de lo que es una sociedad clerical, sometida a la vigilancia fanática de una Iglesia preñada todavía de celo contrarreformista, dogmática e inquisitorial, implacable contra toda manifestación librepensadora o inconforme, una Iglesia de cruzada para la que, en sus extremos fundamentalistas, como el encarnado por el arzobispo de México Aguiar y Seijas, uno de los verdugos espirituales de Sor Juana, todo lo que no fuera entrega total a Dios y a las prácticas religiosas —entre otras cosas, el teatro, los toros, la literatura, el estudio, la higiene— representaba un riesgo de desacato, impiedad y herejía. La figura de este horrible y todopoderoso personaje, con sus carnes dilaceradas por las disciplinas con que castigaba a su cuerpo pecador y comido por los piojos y chinches que dejaba anidar en su lecho y en sus hábitos por amor a Dios, produce escalofríos y nos recuerda aquella época en que la Iglesia católica, como el islamismo fundamentalista de nuestros días, era la ciudadela del oscurantismo intelectual y el autoritarismo político.

La manera como el arzobispo Aguiar y Seijas y el confesor de Sor Juana, el padre jesuita Antonio Núñez de Miranda consiguen por fin, después de una sorda y silenciosa lucha de años, vencer la resistencia de la escritora, y hacerla abjurar de sus escritos y renunciar a la poesía, al estudio y hasta al pensamiento, acusarse a sí misma en una abyecta autocrítica de pecadora e insumisa, y vivir los últimos años de su vida convertida en una especie de autómata religiosa, inspiran las páginas más dramáticas del ensayo de Paz. Se leen con hechizo y horror. Con muy buen criterio y sólidos argumentos, Paz relaciona estos escritos de autocrítica ignominiosa de Sor Juana con los juicios estalinistas de los años treinta en la Unión Soviética, en los que, persuadidos o torturados por sus verdugos, los compañeros de Lenin se declaraban nazi fascistas, traidores y vendidos, para mejor servir a la causa que los aniquilaba.

Un gran libro de crítica literaria abre el apetito y nos lanza a leer aquello que ha inspirado páginas tan contagiosas. Yo nunca había podido terminar *Primero sueño*, aunque sí había leído décimas, sonetos y visto algún auto sacramental de Sor Juana con placer. Pero ahora, gracias al libro de Paz, leer aquel extenso, profundo y hermosísimo poema ha sido una experiencia inolvidable, una inmersión en un mundo tan intenso y sugestivo como el de las *Soledades* o el *Polifemo* de Góngora, que, entre otras muchas enseñanzas, me ha mostrado que el desenfrenado barroquismo que tanto sedujo a Sor Juana y a su época no era escapismo formalista. Tenía una justificación que iba más allá de lo estético y lo literario, pues era una manera sutil de decir lo indecible y pensar lo impensable, de mantener viva la independencia del espíritu y el hambre de libertad en un mundo dominado por celadores que creían haberlas extinguido.

Lima, 26 de diciembre de 2007

La amistad y los libros

Me pasó hace algunos años con Javier Cercas y ahora me acaba de pasar de nuevo con Héctor Abad Faciolince. Cuando leí la extraordinaria novela de aquél, *Soldados de Salamina*, no sólo me quedó en el cuerpo —bueno, en el espíritu— ese sentimiento de felicidad y gratitud que nos depara siempre la lectura de un hermoso libro, sino, además, una necesidad urgente de conocerlo, estrecharle la mano y agradecérselo en persona. Gracias a Juan Cruz, uno de cuyos méritos es estar inevitablemente donde se lo necesita, no mucho después, en una extraña noche en que Madrid parecía haber quedado desierta y como esperando la aniquilación nuclear, conocí a Cercas, en un restaurante lleno de fantasmas. De inmediato descubrí que la persona era tan magnífica como el escritor y que siempre seríamos amigos.

Me ocurre muy rara vez sentir esa urgencia por conocer personalmente a los autores de los libros que me conmueven o maravillan. Me he llevado ya algunas tremendas decepciones al respecto y, de manera general, pienso que es preferible quedarse con la imagen ideal que uno se hace de los escritores que admira, antes que arriesgarse a cotejarla con la real. Salvo que uno tenga la aplastante sospecha de que vale la pena intentarlo.

Después de leer hace algún tiempo *El olvido que seremos*, la más apasionante experiencia de lector de mis últimos años, deseé ardientemente que los dioses o el azar me concedieran el privilegio de conocer a Héctor Abad Faciolince para poder decirle de viva voz lo mucho que le debía.

Es muy difícil tratar de sintetizar qué es *El olvido que seremos* sin traicionarlo, porque, como todas las obras maestras, es muchas cosas a la vez. Decir que se trata de una memoria desgarrada sobre la familia y el padre del autor —que fue asesinado por un sicario— es cierto, pero mezquino e infinitesimal, porque el libro es, también, una sobrecogedora inmersión en el infierno de la violencia política colombiana, en la vida y el alma de la ciudad de Medellín, en los ritos, pequeñeces, intimidades y grandezas de una familia, un testimonio delicado y sutil del amor filial, una historia verdadera que es asimismo una soberbia ficción por la manera como está escrita y construida, y uno de los más elocuentes alegatos que se hayan escrito en nuestro tiempo y en todos los tiempos contra el terror como instrumento de la acción política.

El libro es desgarrador pero no truculento, porque está escrito con una prosa que nunca se excede en la efusión del sentimiento, precisa, clara, inteligente, culta, que manipula con destreza sin fallas el ánimo del lector, ocultándole ciertos datos, distrayéndolo, a fin de excitar su curiosidad y expectativa, obligándolo de este modo a participar en la tarea creativa, mano a mano con el autor.

Los cráteres del libro son dos muertes —la de la hermana y la del padre—, una por enfermedad y otra por obra del salvajismo político, y en la descripción de ambas hay más silencios que elocuciones, un pudor elegante que curiosamente multiplica la tristeza y el espanto con que vive ambas tragedias el encandilado lector.

Contra lo que podría parecer por lo que llevo dicho *El olvido que seremos* no es un libro que desmoralice a pesar de la presencia devastadora que tienen en sus páginas el sufrimiento, la nostalgia y la muerte. Por el contrario, como ocurre siempre con las obras de arte logradas, es un libro cuya belleza formal, la calidad de la expresión, la lucidez de las reflexiones, la gracia y finura con que está retratada esa familia tan entrañable y cálida que uno quisiera fuera la suya propia, hacen de él un libro que levanta el ánimo, muestra que aun de las más viles y crueles experiencias, la sensibilidad y la imaginación de un creador generoso e inspirado pueden valerse para defender la vida y mostrar que hay en ella, pese a todo, además de dolor y frustración, también goce, amor, ideales, sentimientos elevados, ternura, piedad, fraternidad y carcajadas.

Los dioses o el azar fueron benevolentes conmigo y organizaron las cosas de manera que en el reciente festival literario del Hay, de Cartagena, y, por supuesto, gracias a la intermediación del ubicuo Juan Cruz, conociera en persona a Héctor Abad Faciolince.

Naturalmente, la persona estaba a la altura de lo que escribía. Era culto, simpático, generoso y conversar con él resultó casi tan entretenido y enriquecedor como leerlo. A los diez minutos de estar charlando con él en el Club de Pesca de Cartagena, bajo una luna llena de carta postal, algunas siluetas de roedores merodeando por el embarcadero y frente a un suculento arroz con coco, supe que sería un buen amigo y compañero para siempre, y que hasta el fin de nuestros días tendríamos en la agenda el tema de Onetti, que a mí me gusta mucho y a él lo aburre. Espero tener tiempo y luces suficientes para persuadirlo de que relea textos como *El infierno tan temido* o *La vida breve* y descubra lo cerca que está el mundo de Onetti del suyo, por la autenticidad moral, la maestría técnica que ambos delatan y la impecable radiografía de América Latina que, sin proponérselo, han trazado ambos en sus ficciones.

En las tres horas y media que demora el vuelo de Cartagena a Lima leí el último libro de Héctor Abad Faciolince: *Traiciones de la memoria*. Son tres historias autobiográficas, acompañadas de fotografías de lugares, objetos y personas que ilustran y completan el relato. La primera, «Un poema en el bolsillo», es de lejos la mejor y la más larga, y, en cierta forma, un complemento indispensable a *El olvido que seremos*. En el bolsillo del padre asesinado en Medellín, el joven Abad Faciolince encontró un poema manuscrito que comienza con el verso: «Ya somos el olvido que seremos». De entrada, le pareció de Borges. Confirmar la exacta identidad de su autor le costó una aventura de varios años, hecha de viajes, encuentros, rastreos bibliográficos, entrevistas, andar y desandar por pistas falsas, peripecia verdaderamente borgeana de erudición y juego, una pesquisa que se diría no vivida sino fantaseada por un escribidor «podrido de literatura», de buen humor, picardía y abundantes alardes de imaginación.

Esta averiguación parece al principio un empeño personal y privado, una manera más para el hijo destrozado por la muerte terrible del padre, de conservar viva y muy próxima su memoria, de testimoniarle su amor. Pero, poco a poco, a medida que la investigación va cotejando opiniones de profesores, críticos, escritores, amigos, y el narrador se encuentra vacilante y aturdido entre las versiones contradictorias, aquella búsqueda saca a la luz temas más permanentes: la identidad de la obra literaria, sobre todo, y la relación que existe, a la hora de juzgar la calidad artística de un texto, entre ésta y el nombre y el prestigio del autor. Respetables académicos y especialistas demuestran desdeñosos que el poema no es más que una burda imitación y, de pronto, una circunstancia inesperada, un súbito intruso, pone patas arriba todas las certezas que se creían alcanzadas, hasta que las pruebas llegan a ser rotundas e inequívocas: el poema es de Borges, en efecto. Pero su valencia literaria ha ido modificándose, elevándose o cayendo en originalidad e importancia, a medida que en la cacería aumentara o disminuyera la posibilidad de que Borges fuera su autor. El texto se lee con fascinación, sobre todo cuando se tiene la sensación de que, aunque todo lo que se cuenta sea cierto, aquello es, o más bien se ha vuelto, gracias a la magia con que está contado, una bella ficción.

Esta historia y las dos otras —la del joven escribidor medio muerto de hambre y tratando de sobrevivir en Turín y el ensayo sobre los «ex futuros»— tuvieron la virtud de hacerme olvidar durante tres horas y media que estaba a diez mil metros de altura y volando a ochocientos kilómetros por hora, sobre los Andes y la Amazonía, sensación que siempre me llena de pavor y claustrofobia. Está visto que me pasaré el resto de la vida contrayendo deudas con este escribidor colombiano.

Lima, febrero de 2010

Periodismo y creación: *Plano americano*

Cada vez que regreso a Madrid o Lima luego de varios meses me recibe en la casa un espectáculo deprimente: una pirámide de libros, paquetes, cartas, e-mails, telegramas y recados que nunca alcanzaré a leer del todo y menos a contestar, y que por muchos días me deja la mala conciencia pertinaz de haber quedado mal con mucha gente que esperaba una respuesta, una opinión, a veces una simple firma. En los años sesenta, cuando empecé a recibir cartas y libros, los leía con cuidado y respondía a todos esos corresponsales espontáneos con misivas que a veces me tomaba varias horas redactar. Un día descubrí que si quería estar al día con las cartas tendría que dejar de escribir y hasta de leer. Desde entonces ya casi no contesto cartas y sólo alcanzo a leer una ínfima parte de los libros que recibo. Sé que voy quedando mal con mucha gente y ganándome enemigos por doquier, pero no tengo alternativa.

Eso sí, a veces, hurgando en la pirámide y hojeando los libros que no agradeceré, me llevo alguna sorpresa estimulante, como hace dos semanas, recién llegado a Madrid. Más de un centenar de libros se habían acumulado en mis seis meses de ausencia. Leía los títulos, la contraportada, los iba ordenando en pilas y olvidando, cuando, de pronto, en un índice advertí que uno de los capítulos de aquel volumen estaba dedicado a un humanista que admiro: Pedro Henríquez Ureña. Comencé a leer esa fascinante reconstrucción retroactiva de la vida del ilustre erudito dominicano a partir de su muerte súbita en el tren que lo llevaba de Buenos Aires a La Plata a dictar sus clases en el modesto colegio en el que se ganaba la vida y ya no pude parar la lectura hasta la última página del libro.

Su autora, Leila Guerriero, es una periodista argentina y el libro, que recoge una veintena de trabajos suyos —todos publicados en diarios y revistas con la excepción del que reconstruye con soberbia eficacia la vida de Roberto Arlt, que es inédito—, se titula *Plano americano* y está editado en Chile, por la Universidad Diego Portales. Me temo que esta edición tenga una circulación restringida y no llegue a los muchos lectores que deberían leerlo pues se trata de una colección de textos que, además del mérito que tiene cada uno de ellos, muestra de manera fehaciente que el periodismo puede ser también una de las bellas artes y producir obras de alta valía, sin renunciar para nada a su obligación primordial, que es informar.

Cada uno de estos perfiles o retratos de músicos, escritores, fotógrafos, cineastas, pintores, cantantes, es un objeto precioso, armado y escrito con la persuasión, originalidad y elegancia de un cuento o un poema logrados. En nuestro mundo, el periodismo suele ser el reino de la espontaneidad y la imprecisión, pero el que practica Leila Guerriero es el de los mejores redactores de *The New Yorker*, para establecer un nivel de excelencia comparable: implica trabajo riguroso, investigación exhaustiva y un estilo de precisión matemática. Antes de enfrentarse a sus entrevistados (vivos o muertos), ella ha leído, visto u oído lo que ellos han hecho, se ha documentado con rigor sobre sus vidas y sus obras consultando a parientes, amigos, editores o críticos, leyendo toda la documentación posible sobre su entorno familiar, social y profesional. Sin embargo, sus ensayos no delatan ese quehacer preparatorio tan rico; al contrario, son ligeros y amenos, fluyen con transparencia y naturalidad, aunque, bajo esa superficie leve y ágil que engancha la atención desde las primeras líneas, se advierte una seguridad y seriedad que les confiere una poderosa consistencia.

Los perfiles de Henríquez Ureña, de Arlt, de Idea Vilariño, de Nicanor Parra, del crítico de cine uruguayo Alsina Thevenet, de la fotógrafa argentina Sara Facio, de Ricardo Piglia, Juan José Millás y todos los demás, son una verdadera proeza narrativa, por la cercanía que consiguen, introduciendo al lector en la intimidad de todos ellos, en la pulcritud o el caos en que viven o vivieron, en los objetos de que se rodearon, sus padres, mujeres o maridos, o hijos, y en su manera de trabajar, en sus éxitos y fracasos, en sus grandezas y pequeñeces. Leila Guerriero no interfiere jamás, nunca usa a sus personajes para autopromocionarse, practica aquella invisibilidad que exigía Flaubert de los verdaderos creadores (que, como Dios, «deben estar en todas partes pero visibles en ninguna»). Estas figuras jamás alcanzarían la densidad que tienen, el atractivo que emana

233

de ellas, si la autora no escribiera con tanta desenvoltura y exactitud, no dijera sobre ellas cosas tan inteligentes y no las dijera de manera tan discreta y elegante.

La estructura de cada uno de estos perfiles no respeta la cronología, el tiempo transcurre en ellos casi siempre como un espacio en el que el relato avanza, retrocede, salta continuamente del futuro al pasado y al presente para ir creando una perspectiva poliédrica de estas personas, hasta dar de ellas una impresión de totalidad, de síntesis que aprisiona todo lo que hay o hubo en ellas de sustancial. El resultado es siempre positivo, todos los entrevistados terminan por despertar la simpatía, a veces la admiración, a veces la ternura y casi siempre la solidaridad del lector.

Porque otro de los atributos de Leila Guerriero, raro entre sus colegas contemporáneos, es ya no literario ni periodístico sino moral: el respeto con que se acerca a cada uno de sus personajes, sus esfuerzos por llegar a entender lo que son y lo que hacen sin que distorsionen su juicio los prejuicios y los clisés, el mismo tratamiento respetuoso y neutral que da a las figuras consagradas y a los artistas o escritores de menor significación o todavía principiantes. En este sentido, está en las antípodas de los celebrados periodistas norteamericanos del «nuevo periodismo» y sus frenéticos desplantes, del exhibicionismo que lucían entrevistando a estrellas a fin de desmenuzarlas y levantar sobre sus escombros estatuas a la gloria de sí mismos, a su picardía o inteligencia (en verdad, a su egolatría y deshonestidad). Ni una sola de las entrevistas y perfiles de *Plano americano* se permite esas licencias abusivas y vanidosas del periodista-espectáculo; todas ellas delatan, además del talento de su autora para rastrear las fuentes más íntimas de la vocación y creatividad de los autores, una voluntad de juego limpio, de objetividad y autenticidad, lo que dota a sus textos de una gran fuerza persuasiva: los lectores le creemos todo lo que nos dice.

Otro de los mejores hallazgos de su técnica narrativa es la eficacia de las citas. Sean frases tomadas de libros o artículos, o dichas por sus entrevistados, vienen siempre como relámpagos a iluminar un rasgo psicológico o delatar una manía, una obsesión, un recóndito secreto que explica cierta deriva existencial o motivo recurrente, algún detalle que de pronto esclarece algo que se anunciaba hasta entonces de manera informe y subrepticia.

En los años cincuenta, Truman Capote, un maestro de la publicidad, lanzó la idea de la novela-verdad, de la novela-reportaje, a raíz de *A sangre fría*, su minucioso testimonio sobre un crimen cometido en un pueblecito estadounidense. Leyendo este libro de Leila Guerriero he recordado mucho aquellas tesis de Truman Capote, porque me parece que esta periodista argentina hace realidad, con más provecho todavía que el escritor norteamericano, la idea de que los recursos y técnicas de la novela pueden ser utilizados para enriquecer un reportaje o un trabajo de investigación. Mi impresión es que en los casos de Truman Capote, Norman Mailer, Gay Talese o Tom Wolfe, lo literario llegaba a dominar de tal modo sus trabajos supuestamente periodísticos que éstos pasaban a ser más ficción que descripción de hechos reales, que la preeminencia de la forma en lo que escribían llegó a desnaturalizar lo que había en ellos de informativo sobre lo que era creación. No es el caso de Leila Guerriero. Sus perfiles y crónicas utilizan técnicas que son las de los mejores novelistas, pero su método de estructurar los textos, utilizando distintos puntos de vista y jugando con el tiempo, así como dando al lenguaje una importancia primordial —tanto en la elección de las palabras como en sus silencios—, no llegan jamás a prevalecer sobre la voluntad informativa, están siempre al servicio de ésta, sin permitir que la forma deje de ser funcional y termine por trascender aquella subordinación a la realidad objetiva, que es el dominio exclusivo y excluyente del periodismo.

Madrid, mayo de 2013

Recitando a Darío...

En mis caminatas matutinas, en este otoño madrileño que parece no despedirse nunca del verano, la memoria me devuelve de pronto largos poemas de Rubén Darío que aprendí hace más de sesenta años. ¿Dónde estuvieron escondidos todo este tiempo? En el inconsciente, según el descubrimiento (o la invención) genial de Sigmund Freud. En aquella lejana adolescencia, leí mucho al inventor del psicoanálisis, incitado por el doctor Guerra, nuestro profesor de Psicología en San Marcos, que ilustraba las teorías freudianas con las novelas de Dostoievski y tenía una voz tan delgadita que apenas le oíamos, una voz que parecía el trino de una avecilla. No volví a leer a Freud hasta los años sesenta cuando, en Londres, la amistad con Max Hernández, que estaba haciendo su análisis profesional en el Instituto Tavistock, me resucitó la curiosidad por sus libros. Eran fecundos aquellos sábados londinenses que combinaban el psicoanálisis, las librerías de viejo y la revolución ácrata, porque Max y yo nos reuníamos todas las semanas con unos anarquistas británicos, salidos no sé de dónde y desencantados de Occidente, que soñaban con que la Idea de Bakunin y Kropotkin, muerta en Europa, resucitara alguna vez allá lejos, entre el Amazonas y el Orinoco...

Descubrí a Darío en un seminario que dictó Luis Alberto Sánchez, para los alumnos de los cursos doctorales de la Facultad de Letras, cuando volvió al Perú del exilio, hacia los finales de la dictadura del general Odría, en 1955 o 1956. Era un magnífico profesor; no tan riguroso como Porras Barrenechea, que en sus clases de Fuentes Históricas revelaba siempre los datos de una investigación personal, pero ameno, estimulante, lleno de anécdotas, chismes y comentarios de actualidad que convertían su seminario en una cosa viva, en un ascua intelectual. De sus clases salíamos corriendo a la vieja biblioteca con telarañas de San Marcos a leer los libros que había explicado. Darío fue el poeta del que más versos memoricé en aquellos años de lecturas frenéticas. El poema que más admiro de él, «Responso a Verlaine», tuve que leerlo con un diccionario a la mano, para saber qué querían decir «sistro», «propileo», «canéforas», «náyade», «acanto», misteriosas palabrejas que sonaban tan bonitas.

Recuerdo una discusión apocalíptica, en París, con el poeta chileno Enrique Lihn, que había publicado en la revista *Casa de las Américas* un poema espléndido y ferozmente injusto, burlándose de las princesas y los cisnes de Rubén Darío y proponiendo que, armados de trinches y cuchillos, nos comiéramos de una vez por todas al cordero pascual...

Como a Lihn, a muchos poetas de entonces les molestaba el decorado modernista de los poemas darianos, esas mezcolanzas indescriptibles de la Grecia clásica con la Francia dieciochesca, sus urnas de cristal, sus violoncelos, las damiselas de grandes escotes y pies breves, sus «manos de marqués». Querían que la poesía fuera menos decorativa y suntuaria, que expresara más íntimamente la existencia y no se dispersara y frivolizara de ese modo en la adoración de lo francés. Se equivocaban al juzgar así a Darío, que también podía ser íntimo, profundo y personal, como en «Lo fatal» o en ese tenebroso llamado de los últimos tiempos, el de «Francisca Sánchez, acompáñame». A ésta llegué a conocerla, llevado a su casita de Las Ventas por mi profesor de la Complutense, Antonio Oliver Belmás; era una viejecita inmortal, menuda, escueta, de pañuelo en la cabeza, que jamás se permitía confianzas con el gran muerto, a quien llamaba siempre «don Rubén». Cuando Darío partió a la loca aventura estadounidense de la que no regresaría, ella retornó a su pueblecito castellano, con todo el archivo de don Rubén, que legaría luego a España. Le pregunté cómo se llevaban Darío y José Santos Chocano. «Don Rubén le tenía mucho miedo», me respondió. «Decía: "Un día es capaz de entrar a la casa y maltratarme"». Y, en efecto, la correspondencia entre ambos está llena de cartas en que el peruano exigía con matonerías al nicaragüense artículos elogiosos sobre los libros que le dedicaba.

En verdad, lo que hizo Darío fue romper el provincianismo que asfixiaba a la poesía de nuestra lengua, la que, desde los grandes tiempos clásicos con Quevedo y Góngora, se había empequeñecido y retraído a las querencias locales, y salir a enfrentar al mundo entero para apropiárselo, precisamente con aquellas mezclas y apareos que sólo un hombre de la periferia podía haber hecho, es decir, alguien que, a diferencia de un poeta francés o británico o alemán, no escribía condicionado por el peso de una tradición. La extraordinaria libertad y audacia con que Darío creó su propia tradición, en esas alianzas desaprensivas en que los dioses griegos bailan el minué con las coquetas indiscretas de los salones del Rey Sol, liberó a la poesía en lengua española del regionalismo y la devolvió al universalismo de los clásicos. Gracias a él fueron posibles, de una parte, las conmociones telúricas y épicas del Neruda del *Canto general*, la entrañable poesía de Vallejo, y, en el otro extremo, el internacionalismo de un Borges. Este último lo reconoció, de manera irrefutable: «Su labor no ha cesado y no cesará», escribió; «quienes alguna vez lo combatimos, comprendemos hoy que lo continuamos». Por eso, Sergio Ramírez tituló el excelente ensayo que le dedicó: *El Libertador*.

Deslumbrado por Darío, decidí hacer mi tesis de Bachiller sobre sus cuentos. Mis dos asesores, Luis Alberto Sánchez y Augusto Tamayo Vargas, me hacían revisar las citas una y otra vez y me exigían precisiones bibliográficas. Pero sería mucho peor más tarde, en Madrid, donde el tutor de mi tesis doctoral sobre García Márquez, el maestro Alonso Zamora Vicente, me tuvo años exigiéndome nuevas correcciones y detalles, en inacabables paseos deliciosos por el Madrid de los Austrias. Eran importantes las tesis universitarias entonces; ahora, no es raro que las plagien, y los plagiarios, en vez de vergüenza y reprimendas, reciben desagravios y felicitaciones.

En todo mi recorrido, esta mañana, he recitado en voz baja: «Era un aire suave...», el poema inicial de *Cantos de vida y esperanza* que comienza con aquel verso deslumbrante: «Yo soy aquel que ayer nomás decía», y, por lo menos tres veces, el «Responso a Verlaine». Si amaino un poco el paso, alcanzaré a recitarlo una cuarta, tal vez.

Luis Alberto Sánchez contaba en aquel seminario que él había comprado por unos cuantos francos, en un *bouquiniste* de París, el ejemplar de *Prosas profanas* dedicado de su puño y letra por Rubén Darío a Remy de Gourmont, a quien tanto admiraba. Y que el libro estaba sin desglosar. De modo que el polígrafo francés, tan

238

célebre entonces y ahora sumido en el olvido, ni siquiera se había enterado del homenaje que le rendía, desde el otro lado del mundo, aquel desconocido nicaragüense con aquel libro, más importante que todos los suyos reunidos. No creo que, un siglo y medio después, Remy de Gourmont tenga muchos lectores ahora, ni siquiera que se encuentren sus libros en las librerías francesas. A su lejano admirador, en cambio, lo siguen leyendo y estudiando a ambos lados del océano y, estoy seguro, gana cada día lectores tan apasionados de sus versos como yo en el vasto mundo de la lengua española. Y me parece entonces que escucho, allá donde se encuentre, al fantasma de Darío, que, como la traviesa Eulalia, ríe, ríe, ríe...

Madrid, octubre de 2019

239

Literatura francesa

Alain Robbe-Grillet y el simulacro del realismo

I) UNA TEORÍA ICONOCLASTA

Alain Robbe-Grillet es un ingeniero agrónomo especializado en productos tropicales que, hace algunos años, irrumpió en la literatura con un artículo aparecido en la *Nouvelle Revue Française*, donde, después de enjuiciar las técnicas clásicas de la narrativa, anunciaba una «revolución más radiante que las que originaron el naturalismo y el romanticismo». Ha publicado cuatro novelas (*Les gommes*, 1953; *Le voyeur*, 1955; *La jalousie*, 1957; *Dans le labyrinthe*, 1959), un libro hermafrodita titulado «cine-novela» (*L'année dernière à Marienbad*, 1961), una colección de textos breves que, prudentemente, llamaremos ejercicios descriptivos (*Instantanés*, 1962) y ahora acaba de reunir en un volumen todos sus escritos teóricos (*Pour un nouveau roman*, 1964).

Muera la psicología

Veamos los objetivos y la estrategia de la revolución de Robbe-Grillet, que no es pacífica. Se trata de hacer posible la razón de ser de la novela, que es la descripción del mundo. Para ello hay que liquidar tres prejuicios o convenciones: el psicologismo, el tiempo simulado y la omnisciencia del autor. El obstáculo principal que debe salvar el novelista para dar una imagen fiel, no enajenada, del mundo, es el prurito de los narradores clásicos, de explicar los actos de sus personajes por los mecanismos de la vida interior, esos laboriosos «estudios de caracteres» que inauguró Balzac. Al introducirse en el proceloso mundo de la vida interior, para dar a sus criaturas una dimensión moral y psicológica, el novelista, según Robbe-Grillet, realiza una operación semejante a la de la tortuga que se hunde en su caparazón: deja de ver el mundo que lo rodea. En efecto, su experiencia de la realidad exterior le permite sólo registrar las acciones humanas, no los resortes sentimentales o emotivos, los efectos y no las causas. Si se empeña en describir esa complicada trastienda de la vida que son los sentimientos, el instinto, su única fuente de consulta es su propia interioridad. Debe, por lo tanto, explicar a sus personajes en función de sí mismo. ¿Y acaso la vida subjetiva de un hombre es tan rica y múltiple como para reflejar la de todos los otros? Al crear hombres «integrales», que son acto y conciencia a la vez, el novelista nos da una imagen falsa del ser humano, pues éste nunca es transparente.

Abolición del tiempo

De otro lado, las novelas clásicas proponen esquemas cronológicos artificiales: los hechos transcurren de manera lineal, paralela o simultánea, pero siempre dentro de cauces armoniosos, según una ordenación subterránea, a fin de que los hilos de la intriga se correspondan en un todo coherente, como las piezas de un rompecabezas. ¿Acaso ocurre lo mismo en la realidad? El tiempo es un magma devorador y caótico, que todo lo transforma, mezcla o borra: su característica es el perpetuo movimiento fluvial, donde los actos surgen, flotan, se ablandan y desaparecen. En las novelas, el tiempo es una sucesión de unidades cronológicas fabricadas según las necesidades de la anécdota (es decir, arbitrariamente), y que se hallan aisladas o enlazadas, pero siempre en el interior de una construcción rígida. ¿Cómo comparar ese tiempo estacionado y congelado con el tiempo real? ¿Cómo pretenden esas charcas de aguas inmóviles expresar al impetuoso río? La solución no está en buscar estratagemas para reproducir el tiempo real, que es huidizo como el azogue, inapresable. A lo más, se obtendrán audaces espejismos como «el tiempo faulkneriano» o «el tiempo proustiano». ¿Qué hacer, entonces? Cortar por lo sano, olvidarse del tiempo, abolirlo.

244

Libertad para el personaje

Finalmente, ¿cómo pretenden ser realistas esos autores emboscados detrás de sus personajes, a los que mueven maquiavélicamente desde la sombra? Los héroes de las novelas clásicas carecen de soberanía, su independencia es la de los títeres porque todos sus movimientos proceden de una voluntad ajena. Los lectores están hartos de esas novelas que recuerdan las seriales: la acción se interrumpe en el momento crítico y nosotros quedamos alelados, jadeantes. Pero el autor sonríe: sabe que el héroe no morirá. La relación del autor y sus personajes no debe ser la de un dios con sus criaturas, sino la de un hombre ante otros hombres. Es preciso que los héroes sean absolutamente libres.

Describir, no explicar

El novelista debe mostrar la realidad, no explicarla. Hay que «exhibir el mundo, en vez de empeñarse en hacerlo comprensible», dice Robbe-Grillet. Ahora bien, si la conciencia es «indescriptible», si los actos humanos no son expresables en su totalidad, pues sus motivaciones yacen en la brumosa jungla de la vida interior y el tiempo en que transcurren se resiste a ser fijado mediante la escritura, ¿cuál es ese sector del mundo que puede ser atrapado y descrito fielmente por el novelista? «Las cosas —responde Robbe-Grillet—, porque ellas están ahí, duras, tercas, inmediatamente presentes, irreductibles». Pero no se trata de expresar «el corazón romántico de las cosas», que también es inasible, sólo «su superficie, nítida, lisa, intacta, sin brillos engañosos ni transparencias». En resumen: el novelista debe renunciar a ser inteligencia y raciocinio y convertirse en ojos, oídos, olfato, tacto. Los únicos instrumentos eficaces para capturar la realidad sin mellarla —es decir, «interpretarla»— son los sentidos. Pero esto no quiere decir que el hombre debe ser expulsado de la narración, excluido del mundo que el novelista va a reconstituir con palabras. Sólo se trata de ver al hombre como un objeto entre otros: es el único modo de que acceda a la ficción literaria sin perder su libertad. «¿Es capaz la literatura, hoy, de crear personajes?», se pregunta Robbe-Grillet. Y responde categóricamente: «No. El "personaje" está ligado a una época, a una civilización, a una concepción del hombre y de sus relaciones con el mundo». En nuestros días «la ficción literaria muestra hombres cuya concepción real no proviene de su carácter o de su personalidad excepcional, sino de su situación, de su presencia».

Abdicación y repliegue

Lo que más sorprende en esta teoría es la abdicación que postula. Afirmar, como lo hace Robbe-Grillet, que «el mundo no significa nada, *es* simplemente», equivale a señalar en el hombre una incapacidad congénita para comprender la realidad exterior, es decir, la naturaleza y la historia. ¿Es el hombre un autómata ciego que sufre un desatino igual que una piedra o un asno? La proyección última de semejante afirmación es el irracionalismo filosófico, viejo como Occidente, según ha demostrado Lukács. Y no es exacto que la «teoría objetiva» garantice la independencia del escritor frente a la realidad: al contrario, lo somete a ella atado de pies y manos. Porque al convertirse deliberadamente en una pantalla que sólo refleja el aspecto sensorial del mundo, el escritor mutila la realidad, la priva de aquellos sectores específicamente humanos —el racional y el emotivo—, donde ella cobra un sentido. Es verdad que la visión del mundo de los románticos era parcial, porque en última instancia todo se reducía a las pasiones, incendios cuya luz servía para explicar los hechos históricos y los dramas individuales. La visión naturalista era igualmente recortada por su afán de ver en los actos humanos manifestaciones del instinto y en los hechos sociales procesos exclusivamente mecánicos. Pero con todas sus limitaciones los románticos y los naturalistas abarcaban más planos de realidad que los novelistas objetivos, para los que sólo cuenta la faz exterior e inerte del mundo.

Formalismo

De otro lado, la «teoría objetiva» desemboca en el formalismo y Robbe-Grillet lo reconoce cuando afirma que en sus novelas «el movimiento de la escritura es más importante que el movimiento de las pasiones y los crímenes». La preocupación esencial del novelista, según esta teoría, no es explorar el mundo sino evitar que su trasposición literaria sea «mistificada» por las convenciones temporales, psicológicas o por intromisiones inconscientes del propio autor. Todo el ingenio, la energía y la imaginación del creador tienen como objetivo primordial lograr «la objetividad», es decir, resolver problemas de técnica y de estilo. Sería largo enumerar los procedimientos que Robbe-Grillet condena como sospechosos de «psicologismo». Su enemigo número uno es la metáfora, «que es siempre una comparación inútil» y puede introducir de contrabando en la descripción «un movimiento de simpatía o de antipatía», es decir, una conciencia intrusa. Así, la piedra angular de esta teoría es la forma. «La elección de un modo de narración, de un tiempo gramatical, del ritmo de la frase, de un vocabulario, tiene más consistencia que la anécdota misma», dice Robbe-Grillet. Y más todavía: «El proyecto que preside la concepción de una novela entraña a la vez la anécdota y su escritura; muchas veces, la segunda brota primero en el espíritu del creador». Lo menos que puede decirse de esta afirmación es que hay en ella mucho de subjetivo, pecado gravísimo en boca del gran predicador de la cruzada contra la subjetividad.

París, agosto de 1963

II) UNA NARRACIÓN GLACIAL

Las consideraciones de Robbe-Grillet sobre la novela son arbitrarias, pero amenas; como todas las teorías iconoclastas, la suya está llena de irreverencias y de vibraciones, de vitalidad. Sus novelas, en cambio, sugieren de inmediato la idea de naturalezas muertas; parecen esos minuciosos bodegones de los maestros holandeses, llenos de formas bellas e inmóviles y de líneas rígidas.

En *Les gommes, Le voyeur,* o *Dans le labyrinthe,* lo que seduce es siempre el detalle, el rigor de ciertas frases, la perfección de algunas descripciones, lo insólito de esos inventarios de objetos. Y lo que espanta: la falta de calor animal, la atmósfera helada de esos

247

escenarios minerales, la inanidad y la chatura (deliberadas) de los temas. Lo que perdura en el lector de una novela de Robbe-Grillet son fragmentos aislados, en tanto que el todo se le escapa y borra casi inmediatamente después de la lectura. Pienso, por ejemplo, en su libro más logrado: *La jalousie*. ¿Cómo recordar los episodios de esa historia trivial de un marido celoso? Lo admirable es el maquiavelismo de la construcción, la endiablada habilidad con que el autor consigue dar relieve a esa presencia que nunca es nombrada.

Meras utopías

Por otra parte, la ambición de Robbe-Grillet, de suprimir la psicología («la profundidad», como dice él) y el tiempo, y de emancipar totalmente a los personajes de la ficción de la voluntad del creador, son meras posibilidades teóricas, utopías que se desvanecen en la práctica. Al traducirse en cuentos o novelas la teoría del «realismo integral» sólo reemplaza ciertas convenciones por otras. Esto es muy visible en el último libro narrativo de Robbe-Grillet, las prosas y relatos escritos entre 1954 y 1962 y reunidos bajo el título de *Instantáneas*.

El libro se inicia con tres textos, que el autor denomina «Visiones reflexivas». El primero fotografía los elementos que componen el cuarto de una modista: tres maniquíes, una ventana, un armario, una chimenea, una mesa con hule encerado, una cafetera. Se trata de un ensayo de retórica estadística, de prosa sin movimiento ni acción. El segundo, más audaz, insinúa un comienzo de anécdota: estamos en un aula, un grupo de alumnos escucha una lección de historia; en la pared, sobre la cabeza del maestro, hay un monigote de papel que los alumnos espían a hurtadillas: fuera de la clase, un estudiante examina la corteza de un árbol y trata de arrancar unas hojas. Eso es todo: en el texto no hay ninguna acción explícita, pero sí cierta tensión subterránea que sugiere un hecho reciente, tal vez el estudiante que está junto al árbol haya sido expulsado de la clase por haber colgado el monigote. El último texto describe un charco de aguas inmóviles en medio del bosque; un hombre llega a sus orillas, titubea unos segundos y regresa por donde vino. El título («La mala dirección») nos revela que se trata de un caminante extraviado.

Estampas heladas

¿Cómo reconocer en estas estampas heladas, de dos dimensiones, una trasposición fiel de ese hervidero que es el mundo exterior? La realidad aparece en ellas sin movimiento alguno, como petrificada en una mascarilla de yeso. Y esos seres que sólo existen en función de su color, su peso y su situación física, no son nada reales. Todo lo contrario, sugieren existencias inéditas, entes de pesadilla. Con la mejor buena voluntad, resulta difícil identificar a un hombre en ese muñeco geométrico y articulado: «Se halla inmóvil, sus codos y sus antebrazos descansan en la superficie de la mesa. Su cabeza está vuelta hacia la derecha —unos cuarenta y cinco grados—, no lo bastante para que se distinga los rasgos de su rostro, sólo un asomo de huidizo perfil; la mejilla, la sien, la curva del maxilar, el borde de la oreja. Tampoco se ve sus manos, pero por la actitud del personaje se adivina su respectiva posición; la izquierda extendida sobre las hojas dispersas, la otra cerrada sobre el lapicero, suspendido ante el texto interrumpido por un instante de reflexión».

Territorio sin tiempo

Para no caer en la «convención cronológica», Robbe-Grillet relega la acción a un plano secundario o la suprime de hecho (es sintomático que, en *Le voyeur*, el crimen que constituye el único acontecimiento de la novela está representado por una página en blanco). Y es verdad que en algunos textos de descripciones puras, como «El maniquí» o las imágenes registradas en «Los corredores del Metropolitano», y en otros de anécdota borrosa y primaria, como «La cámara secreta» o «La playa», tenemos la impresión de acceder a un universo intemporal, a un territorio del que se hubiera extraído el tiempo como el aire de una campana neumática. Pero ocurre que todos esos textos pueden ser llamados «prosas», «crónicas», lo que se quiera, salvo cuentos o relatos. Suponer una narrativa sin acción, es tan quimérico como imaginar una música sin sonidos o una pintura sin colores. No hay ficción literaria sin un mínimo de anécdota y ésta implica la noción de tiempo. Del mismo modo, tratar de que coincidan el tiempo real y el tiempo narrativo, parece una empresa inútil y condenada de antemano al fracaso. Por más hábiles que sean los recursos puestos en juego por el creador, por osada que sea su estrategia, el mundo en que evolucionan sus personajes tendrá un tiempo «propio», independiente del otro, aunque ambos se parezcan como dos mellizos.

También una apariencia

En ese hermoso texto titulado «El camino de regreso», Robbe-Grillet describe a un grupo de personas que da la vuelta a una pequeña península. Cuando culminan la vuelta, ha subido la marea, el agua cubre el brazo de tierra, la península se ha convertido en una isla, y el grupo debe volver a la costa en una barca. La malicia con que está referida la historia es sorprendente y perfecta la técnica de la descripción simultánea; nunca sabemos en qué momento transcurre el relato, si antes de dar la vuelta, si después; sólo tenemos fugitivos presentimientos de estar en el «antes» o el «después» por ligerísimos cambios en el paisaje que atraviesan los caminantes. Pero esta incertidumbre no elimina el tiempo: lo aprisiona y sintetiza. Y ese tiempo aherrojado y doblado en cuatro es una «apariencia», un «equivalente» semejante al de cualquier otra narrativa.

Una vieja quimera

El deseo de emancipar totalmente el texto narrativo de su autor no se manifiesta por primera vez con Robbe-Grillet. Se trata de una vieja quimera, que Lautréamont expresaba con la fórmula de una «poesía hecha por todos» y Valéry con la ambición de una «literatura sin autores». Sin duda algunas obras narrativas de genio parecen dotadas de vida propia y nacidas de manera espontánea. Sus personajes se presentan como seres soberanos, la razón de sus actos figura explícita o implícitamente en el libro y el autor que los echó al mundo brilla por su ausencia. Pero su «realidad» procede de una subjetividad, es decir, de una conciencia creadora, y no del mundo objetivo al que aluden. La autenticidad y la verdad últimas de las guerras napoleónicas que describe Tolstói en *La guerra y la paz*, de la revolución de 1848 en Francia que reconstruye Flaubert en *La educación sentimental*, son literarias, no históricas. Aun cuando estos autores hubieran falseado y mistificado los hechos que evocan (y muchos lo han afirmado así), el lector de *La guerra y la paz* y de *La educación sentimental* sentirá siempre una irremediable, flagrante impresión de «realidad» y de verdad, no porque esos libros expresen fielmente aquellos episodios históricos, sino por su coherencia interior, el rigor con que se ajustan los hombres y los hechos a las leyes del mundo específico de ambas novelas. Pero Robbe-Grillet no quiere verdades aparentes; la autenticidad de un texto, según él, depende de su perfecta adecuación al mundo exterior. Por eso algunas novelas objetivas parecen documentos estadísticos, atestados judiciales. Este tipo de autenticidad sólo es concebible en las descripciones donde no figura el hombre. Pienso, por ejemplo, en «La playa», donde hay un bello fragmento de objetividad pura: «Hace muy buen tiempo. El sol aclara la arena amarilla con una luz violeta, vertical. Ni una nube en el cielo. Tampoco hay viento. El agua es azul, calma, sin la menor ondulación que la agite a lo lejos, a pesar de hallarse la playa abierta al mar libre, hasta el horizonte. Pero a intervalos regulares una ola súbita, siempre la misma, nacida a pocos metros de la orilla, se infla bruscamente y rompe de inmediato, siempre en la misma línea. No se tiene la impresión de que el agua avanza y se retira, más bien parece que todo ese movimiento transcurriese en un mismo sitio». Este género de objetividad matemática sólo es concebible mientras no asome al hombre, cuyos movimientos no obedecen como los de la ola a leyes físicas, sino a una voluntad. Pero, aun en los textos en que lo evocado es la realidad inerte, se manifiesta de algún modo la mano del autor: el hecho de que en «La mala dirección» la descripción del paisaje comience con un cañaveral, y luego se divise el charco, revela una selección, una ordenación anterior al texto mismo, la existencia de un espíritu ajeno. Un narrador puede emboscarse, convertirse en un ser invisible, nunca suprimirse.

París, agosto de 1964

En torno a *Los miserables*

Una madrugada de mayo, hace cien años, una librería del Barrio Latino fue asaltada y una codiciosa muchedumbre hizo desaparecer en pocos minutos cincuenta mil ejemplares de un libro recién impreso: *Los miserables*. Un siglo después, el Museo Victor Hugo de la plaza de los Vosgos reconstruye la historia de esa novela, muestra los hechos y personajes que la inspiraron, las fuentes que el autor consultó, las peripecias del libro y su asombrosa, casi inverosímil, difusión.

Victor Hugo creía en eso que los románticos llamaban la inspiración, súbita fuerza que, quién sabe de dónde, caía sobre el creador y guiaba su pluma. Así, fiado en la espontaneidad y la intuición genial, escribió sin plan, sin rigor —*Lucrecia Borgia* apenas lo demoró cinco días— gran parte de su obra monumental. *Los miserables*, sin embargo, son una excepción. La novela fue escrita en un periodo que abarca cerca de cuarenta años, con múltiples interrupciones y percances, y hay algo fascinante en esa larga trayectoria, fijada ahora en documentos, cartas, fotografías, borradores, que comienza un día cualquiera de 1824, cuando un joven poeta pide informes a un amigo sobre la prisión de Toulon, y termina en mayo de 1861, en un albergue de la llanura de Waterloo donde Victor Hugo, exiliado y ya glorioso, pone punto final al manuscrito y escribe a Juliette Drouet: «Mañana seré libre».

La expresión no es una mera frase, media vida de Hugo estuvo condicionada por los asuntos que trata esta novela y se comprende que acabarla fuera para él una especie de liberación. ¿Cuáles son estos asuntos? Las imposturas de la justicia, la vida de los pobres, la insurrección. Los tres temas estuvieron disociados en un principio en el espíritu del autor. Todo debe haber comenzado casualmente, por simple curiosidad. Al parecer, un día Victor Hugo vio en la calle una cuerda de penados con cadenas y esto lo llevó a proyectar una obra que tendría como escenario una prisión. Consultó algunos libros, tomó apuntes, imaginó un personaje. En 1829 visita personalmente un presidio y entonces, de golpe, descubre el horror: la vida de los detenidos es inicua, hay hombres que purgan condenas por haber robado un pan, en la mayoría de los casos la delincuencia es un producto de la miseria, la justicia de los hombres es una irrisión. Se exalta, escribe *El último día de un condenado*, alegato contra la pena de muerte que publica anónimamente. Su propósito de combatir la lacra social que ha descubierto lo arranca al trabajo literario: pronuncia discursos, propone reformas del régimen carcelario, leyes protectoras de la infancia, una noche hace reír a los diputados afirmando en la Asamblea Nacional: «Quisiera ser el representante electo de las prisiones».

Pero entretanto ha oído hablar de un obispo excepcional, monseñor de Miollis, cuyas proezas caritativas corren de boca en boca y este tema también lo seduce, le sugiere otro personaje (el futuro monseñor Bienvenu) e incluso firma contrato con un editor para escribir un libro que se llamaría *El manuscrito del obispo*. Pero no cumple este compromiso porque en algún momento, tal vez una noche mientras duerme, acaso en uno de esos nerviosos paseos que suele dar y que Baudelaire recordará en su ensayo sobre Victor Hugo, monseñor Bienvenu y el cautivo Jean Tréjean (éste es el nombre primitivo de Jean Valjean), extrañamente desertan sus mundos ficticios e independientes, traban relación y se convierten en los pilares de un nuevo proyecto, más ambicioso y vasto, que funde a los dos anteriores. El esquema de la novela está ahora en pie. Es 1845 y Victor Hugo comienza a escribir; encabeza el manuscrito con un título provisional, *Las miserias*, pasa jornadas febriles ante ese escritorio que ha mandado hacer para poder trabajar de pie, llena centenares de hojas, pero tres años después lucha todavía en vano para organizar esa historia que no acaba de armarse, que él siente inconexa, trunca. Debieron ganarlo la fatiga, el desaliento. Y entonces la realidad viene en su ayuda: estalla la revolución de 1848. Las columnas insurgentes ocupan la plaza Royale, invaden su propia casa y mientras hombres armados, oliendo a pólvora y a sangre, merodean entre sus papeles y se admiran ante la brújula de Cristóbal Colón que adorna su biblioteca, y el mismo Victor Hugo recorre las barricadas del Temple gestionando una tregua entre los combatientes, sin que nadie, ni el autor, lo sepa, de la violencia y el desorden que estremecen a la ciudad surgen las imágenes necesarias para completar los vacíos de la obra a medio hacer, el eslabón que faltaba, y ese dinamismo callejero, épico, que vibra en las mejores páginas de *Los miserables*.

La materia del libro existe ya en la experiencia vital del autor, pero hasta que ese impreciso magma se solidifique en una estructura y se distribuya en episodios, situaciones, pasarán años. Sólo en 1860 reanuda Victor Hugo la empresa. Se halla desterrado entonces y, en cierta forma, esto constituye una ventaja para la reconstitución del mundo de *Los miserables*. A la distancia, sólo sobrevivirá lo esencial de esa realidad histórica que es el asiento, el telón de fondo, de las aventuras y desventuras de Jean Valjean, Marius, Cosette, Fantine, Gavroche, el policía Javert. Las imágenes vividas se liberarán de accesorios inútiles, se purificarán lejos del vértigo que significa la cercanía de lo real. Lo demás será obra de la imaginación, la voluntad, el sueño. Esta vez Victor Hugo escribe sin pausas, sin incertidumbre, las palabras fluyen con una especie de furiosa urgencia. En marzo de 1861, va a redactar el capítulo sobre la batalla de Waterloo en los lugares evocados y un año después aparece impreso el que sería el más humano, el menos retórico, el mejor de sus libros. También, el que le ganaría una admiración que han alcanzado pocos escritores. Uno queda perplejo contemplando esa montaña de cartas de lectores que, de todos los lugares del mundo, recibió Victor Hugo en la isla de Guernsey donde estaba exiliado. Su fama era tal, que algún sobre lleva como sola dirección: «Victor Hugo. Océano».

El resumen sucinto de la manera como fue concebida esta novela ilustra bastante bien ese complejo proceso de alianzas y desavenencias entre la realidad y una conciencia individual que entraña una creación literaria y también las repercusiones que en la vida del creador y en lo real tiene la ficción a medida que se construye y adquiere vida propia. Una encuesta sobre las prisiones, emprendida casi distraídamente, con un vago propósito literario, encara a un hombre con algo que desconocía: la injusticia. Esto no sólo extiende su visión del mundo, también modifica su propia existencia. Pero, curiosamente, la toma de conciencia social que empuja a este hombre nuevo a «actuar», a pronunciar discursos y redactar manifiestos denunciando la condición atroz de los pobres, no resulta en un primer momento un estímulo literario. Se diría que surge una contradicción entre su militancia para remediar con hechos el mal que ha descubierto y su capacidad para trasponer esta experiencia en palabras, para construir con ella una representación verbal. Esto último sólo será posible más tarde, cuando, enclaustrado en una isla, reducidas al mínimo sus posibilidades de acción, toda su energía, su convicción, sus sentimientos, se vuelquen en la solitaria, laboriosa, dolorosa tarea de la creación.

Es como si la realidad que suministra al autor los materiales para su obra le exigiese al mismo tiempo un repliegue, un alejamiento, una ruptura, a fin de que aquellos adquieran la docilidad necesaria para ser organizados en un argumento y expresados en palabras. Condenado por la misma realidad que alimenta sus obras a la no-intervención, el escritor actuará sin embargo en el dominio social indirectamente, a través de intermediarios: sus libros y las personas influidas por ellos en la intimidad de la lectura. Un novelista sólo puede estar, en cuanto tal, en actitud de absoluta disponibilidad frente al mundo, pero su compromiso profundo con la realidad —es decir, su voluntad de dar un testimonio auténtico de ésta en sus obras— le exige curiosas y antagónicas posturas: explorar ávidamente lo que lo rodea, indagar por todas partes, sumergirse en la vida y luego retroceder, aislarse, para que nazca el libro que la exprese. Las grandes obras que llamamos realistas no proceden únicamente de una certera observación de lo real. Nacieron sin duda como proyectos merced a una experiencia directa, inmediata, de la vida exterior, pero antes de convertirse en soberbias representaciones a través de las cuales los hombres reconocen sus tormentos, sus utopías, sus miserias, debieron ser minúsculos, insignificantes episodios en la biografía de un individuo, almacenados en una subjetividad, confrontados en ese recinto interior con toda clase de impresiones, pesadillas, deseos, manipulados una y otra vez en la soledad de la conciencia por la imaginación, hasta que poco a poco, gracias a esas mezclas y angustias sin término, dejaron de ser fantasmas gaseosos, cobraron forma, pudieron ser nombrados, devueltos al mundo.

París, 1 de septiembre de 1964

Nathalie Sarraute y la novela moderna

I) Nathalie Sarraute y las larvas

El primer libro de Nathalie Sarraute, *Tropismos*, apareció hace veinticinco años. En ese delgado volumen de veinticuatro brevísimos textos, se encuentra resumido todo el arte austero, difícil, inteligente e irritante de esta escritora que, con Alain Robbe-Grillet, ha introducido los cambios más subversivos en el contenido y en la forma de la narración contemporánea.

La originalidad de Nathalie Sarraute reside, ante todo, en un descubrimiento: al igual que ciertas formas orgánicas primarias ejecutan determinados movimientos bajo la influencia de agentes externos (esos vegetales, por ejemplo, que se enderezan y despliegan al contacto del sol, o esos insectos que adoptan el color del medio que los rodea), el hombre realizó ante sus semejantes, perpetuas, inconscientes adaptaciones ofensivas-defensivas, una serie de gestos, frases, miradas y actitudes que, a primera vista, no tienen significación alguna, pero constituyen, en el fondo, el nexo más firme de la comunidad, su misterioso aglutinante. En su libro de ensayos *L'Ère du soupçon* (La era de la sospecha, 1956), Nathalie Sarraute ha intentado una definición de esos «tropismos» humanos: «movimientos indefinibles, que se deslizan muy rápidamente hasta los límites de nuestra conciencia», «constituyen el origen de nuestros gestos, de nuestras palabras, de los sentimientos que manifestamos». Y respaldada en esta suposición por Sartre, que prologó *Portrait d'un inconnu* (Retrato de un desconocido, 1948), añade incluso que esos «tropismos» son probablemente «la fuente secreta de nuestra existencia».

Desde *Tropismos* hasta *Les Fruits d'or* (1963), toda la obra de Nathalie Sarraute es una imperturbable, lúcida, casi desesperada, tentativa de dar una representación literaria de ese descubrimiento.

La empresa no podía ser más ambiciosa ni audaz. Los «tropismos», según la propia Sarraute, son «indefinibles», «se disimulan tras las conversaciones más banales y los gestos más cotidianos», «desembocan todo el tiempo en apariencias que simultáneamente los enmascaran y revelan». ¿Cómo, entonces, capturar esa materia huidiza, viscosa, que está en todas partes y en ninguna, que es exhalada por todas las acciones y omisiones humanas como una transparente baba blancuzca e inmediatamente reabsorbida? Ninguno de los procedimientos narrativos tradicionales era lo bastante dúctil, maleable, para atrapar la escurridiza sustancia inédita. Las estructuras clásicas o modernas de la novela, concebidas como envase de esas realidades sólidas que son los actos, los personajes, los paisajes, no podían servir de envoltura a una materia que era la sutilidad misma y que hubiera huido de ellas como el líquido de un colador. Nathalie Sarraute se vio obligada, pues, a abolir las técnicas establecidas de la narración y a crear otras, capaces de almacenar ese vivaz, gelatinoso protoplasma que es, para ella, la vida. También, a buscar un estilo que por su ritmo, su vocabulario y sus imágenes pudiera comunicar, en toda su ambigua consistencia, en su vertiginosa rapidez, esas formas gregarias, irracionales, del entendimiento humano.

Tropismos es el primer resultado de esos esfuerzos y no tiene nada de sorprendente que este libro, al aparecer, mereciera la indiferencia general. Sólo en perspectiva, considerado como la primera piedra de una rigurosa pirámide, puede medirse su importancia. Todo en él parecía orientado a desalentar a los lectores y a los críticos. Su anatomía, por lo pronto. No se trata de una novela, desde luego, y ¿cómo llamar cuentos a textos sin anécdota, en los que unas borrosas, idénticas siluetas, se mueven al unísono, como atletas en una exhibición gimnástica, y se empeñan en decirse unas a otras las mismas frases convencionales? Y, de otro lado, ese lenguaje lleva la austeridad hasta la provocación. Ningún brillo en él, ni una sola imagen lujosa, ni risueña, ni grata. Todo lo contrario: frases secas, ásperas, reiteraciones sin fin, un tono opaco y, constantemente, alusiones a lo sórdido y lo visceral.

En realidad, Nathalie Sarraute en esas pequeñas unidades descriptivas no trata de contar historias ni de mostrar personajes: quiere sumergir al lector en la complejísima y rauda existencia de los movimientos interiores, en ese «fondo común» donde se trama todo lo que los hombres dicen, hacen y sienten, donde desaparecen las fronteras individuales y, en vez de sentimientos, caracteres y deseos, hay vibraciones, sacudimientos, choques, crispaciones. El «personaje» de *Tropismos* (de todos los libros de Nathalie Sarraute) es ese tejido elemental, ese flujo delicuescente en el que se debaten los hombres como las sanguijuelas en el fango. «No había nada que hacer. Nada que hacer. Imposible escapar. Por doquier, bajo formas innumerables, había traidores ("hoy el sol es traidor", decía la portera, es "traidor" y una puede enfermarse. Así, mi pobre marido, y sin embargo él se cuidaba tanto...) por doquier, bajo las apariencias de la vida misma, aquello les ladraba al pasar, cuando pasaban corriendo frente al cubil de la portera, cuando respondían el teléfono, almorzaban en familia, invitaban amigos, dirigían la palabra a alguien». Aquello es esa red omnipresente, tiránica, que condiciona los actos, que regula la vida como un perfecto sistema de relojería, y a la que nadie puede sustraerse. Todos, sin excepción, sufren su dictadura y acatan sus convenciones. Pero en el fango promiscuo que comparten, los hombres no viven en paz, ni se sienten solidarios. Están allí como prisioneros de razas y lenguas distintas arrojados a un mismo calabozo, incomunicados. Son solitarios en medio del enjambre, «cada cual oculto en su antro, aislado, arisco, agotado». Pero todos simulan plegarse al colectivismo forzado, se esfuerzan por respetar las reglas del juego: «sobre todo, sobre todo no hacerlo notar, no hacer notar un solo instante que uno se cree diferente».

Condenados a la promiscuidad, obligados a convivir en el barro turbio, los hombres-larvas tienen permanentemente un presentimiento de catástrofe: «Y ella permanecía sin moverse de la orilla de su cama, ocupaba el menor espacio posible, tensa, como esperando que algo estallase, cayese sobre ella en ese silencio amenazador. A veces el grito agudo de las cigarras, en la pradera, petrificada por el sol y como muerta, provoca esa sensación de frío, de soledad, de abandono en un universo hostil en el que algo angustioso está forjándose. Extendido en la hierba bajo el tórrido sol, uno permanece inmóvil espiando, esperando». ¿De dónde viene esa oscura amenaza, quienes son esos implacables enemigos que pueden caer sobre uno en cualquier momento? Son los otros, todas las demás larvas, mis compatriotas del lodo. Por eso, lo que más horripila a estos seres es el contacto con un semejante, del que vienen todos los peligros: «Sería como un horrible contacto, como tocar con la punta de una varilla una medusa y luego esperar con disgusto que ella tiemble, de repente, se levante y se repliegue».

«No se puede vivir impunemente entre las larvas», dice el narrador de *Portrait d'un inconnu*. Derribadas todas las apariencias, suprimidos todos los disfraces, observada en su primitiva desnudez, la vida, parece decir Nathalie Sarraute, es sólo odio. Las larvas aspiran a despedazarse unas a otras: «Es por eso también que, a menudo, la detesto, por esta complicidad, esta promiscuidad humillante que se establece entre nosotros a pesar mío, esta fascinación que ella ejerce siempre sobre mí y que me obliga a seguir su traza, cabizbaja, olfateando olores inmundos». Rodeada de adversarios que la acechan sin tregua y esperan el menor descuido para precipitarse sobre ella y destruirla, la larva está siempre a la defensiva acechando también, alerta a cualquier descuido de las otras para adelantarse y herir. En este universo no hay ninguna instancia superior a quien acudir: Dios es otra de las apariencias suprimidas. La única vaga esperanza de escapar a esa horrible condición que es la suya, es la materia inerte: si la larva pudiera penetrar en ella, ahí, en el corazón de los objetos, se sentiría protegida, resguardada por una invulnerable coraza. Por eso, los hombres-insectos de Nathalie Sarraute se adhieren a las cosas como las estrellas marinas a las rocas. Pero aquéllos las rechazan, les niegan su envidiable indiferencia: «Los objetos también desconfiaban mucho de él y, desde hacía mucho tiempo ya, desde que, pequeñito, los había solicitado, había tratado de aferrarse a ellos, de pegarse contra ellos, de calentarse, ellos se habían negado a aceptar, a convertirse en lo que él quería».

En sus cuatro novelas aparecidas después de *Tropismos*, Nathalie Sarraute ha desarrollado horizontal y verticalmente su visión de la sociedad larval. Y en un libro de ensayos ha defendido sus teorías, esforzándose en demostrar que éstas se hallaban esbozadas de manera implícita en las obras de Dostoievski y Kafka.

II) Un trabajo de demolición

Las cuatro novelas que ha publicado hasta la fecha Natalie Sarraute extienden y profundizan el universo larval esbozado en los *Tropismos*. Las semejanzas formales y de contenido de esos libros son tan grandes que ellos podrían conformar un solo volumen perfectamente homogéneo o, si no, intercambiar episodios sin que la unidad de cada libro resultara mellada.

A primera vista, estas novelas que Sartre llamó certeramente antinovelas, se nos presentan como un voluntarioso y efectivo trabajo de demolición. Los elementos tradicionales del género han sido suprimidos en ellas, adelgazados y reducidos a una función tan subalterna que es como si no existieran. Ni *Retrato de un desconocido*, ni *Martereau*, ni *El planetario* ni *Los frutos de oro* tienen un verdadero argumento. En los tres primeros, ciertas acciones vagas e inconexas brotan en algunas páginas, desaparecen sin dejar rastro: pero es evidente que estos embriones de anécdotas salpicadas en el texto no tienen, en el fondo, interés alguno y que el autor hubiera podido prescindir de ellos. Y así ha ocurrido en su última novela, donde prácticamente no hay ninguna acción explícita; todo el libro ilustra de manera muy indirecta y parabólica el nacimiento y la muerte de un prestigio.

Sólo la voz

Las novelas de Natalie Sarraute son también sin «personajes». En un ensayo brillante y arbitrario, *La era de la sospecha*, ella ha justificado su encarnizamiento contra el héroe novelesco en una supuesta fatalidad: autor y lector habrían perdido la fe en aquél. «Así, el personaje, privado de ese doble soporte, la fe del novelista y del lector, que lo mantenía de pie, sólidamente instalado y cargando en sus hombros todo el peso de la historia, vacila y se deshace», «pierde sucesivamente todos sus atributos y prerrogativas». Y, en efecto, en sus libros, los seres, que flotan brumosamente aquí y allá, distan tanto de los personajes habituales de la ficción como un hombre de carne y hueso de la sombra que proyecta. Son, la mayoría de las veces, anónimos, carecen de pasado y de físico, no actúan o, más bien, sus acciones tienen un carácter puramente instintivo y paradójico y son idénticas y canjeables. Entre todas las facultades humanas, la única que conservan es la palabra, pero sólo la ejercitan para decir lugares comunes. Esto, sin embargo, varía ligeramente en *El planetario*, donde los individuos tienen ciertos contornos y uno puede reconocer características propias en algunos, el muchacho tonto, por ejemplo, o la escritora esnob. Pero, como para contrarrestar esta concesión a las viejas costumbres de la novela, en *Los frutos de oro* Nathalie Sarraute elimina brutalmente todos los ingredientes de los personajes. Salvo sus voces.

Sin argumento, sin personajes, los libros de Nathalie Sarraute tampoco tienen un escenario. Robbe-Grillet, desdeñoso como ella de anécdotas y héroes, concreta toda su atención en el paisaje, la descripción es la piedra angular de su obra. En cambio, en Nathalie Sarraute las cosas nunca ocupan el primer plano de la narración, aparecen rara vez y, por lo general, tienen un carácter metafórico. Pero ni siquiera en este sentido desempeñan un papel importante en sus novelas pues sus puntos de referencia preferidos pertenecen a la zoología: «como los perros olfatean siempre a lo largo de los muros los olores sucios, que sólo ellos conocen» / «la nariz gacha ella olfatea fascinada las vergüenzas» / «una bestiecilla atemorizada en mi interior que tiembla y se agazapa» / «nadie la reconoce cuando pasa, con su cabeza crispada, sus ojos saltones y duros fijos ante ella, su aire terco y obstinado de insecto». Sus libros no transcurren en un espacio debidamente fijado y descrito, las alusiones a ciudades o calles o sitios son siempre rápidas y someras, ya que el medio no condiciona la materia narrativa de estas novelas que quieren situarse, fuera de coordenadas precisas de tiempo y de lugar, en el impalpable y eterno territorio de los «tropismos», en ese magma primordial de la vida, anterior a la conciencia y a los actos.

Limitaciones y peligros

El rigor, la originalidad y la coherencia de la obra de Nathalie Sarraute son, desde luego, indiscutibles. Nadie puede negarle ese derecho, que ella reclamaba lúcidamente para el novelista —en su intervención en Leningrado, durante el encuentro de escritores occidentales y soviéticos—, de explorar «la realidad oculta» y de «crear nuevas formas». Ella ha hecho ambas cosas con obstinación y con talento. Tampoco cabe poner en duda la perfecta adecuación que hay en sus libros entre el resultado y los propósitos. Sería torpe acusarla de falta de imaginación cuando es evidente que la monotonía es para ella una virtud y que sus libros son deliberadamente borrosos, sus diálogos deliberadamente triviales, sus criaturas deliberadamente anodinas.

Pero, al mismo tiempo, es preciso señalar las limitaciones y los peligros de una empresa como la suya. Teóricamente, un autor que descubre un nuevo filón en la realidad, una veta ignorada, que gana para la literatura un sector desconocido del mundo (y es su caso), debería comunicar en sus obras una visión más ancha y completa del hombre y de la vida que los autores que lo precedieron. Sus libros tendrían que constituir representaciones más profundas, más ricas, de la realidad. ¿No es éste el mérito mayor de Flaubert, Joyce, Kafka y todos aquellos que llamamos grandes creadores? Las obras maestras son no sólo innovadoras, sino totalizadoras, integran lo nuevo a lo ya conocido en síntesis superiores, no mutilan la realidad sino que la amplían. Con Nathalie Sarraute ocurre algo distinto: pese a aportar un material nuevo, su mundo novelesco es lastimosamente enclenque y minúsculo. Su empeño por mostrar esa fase recién descubierta de la vida, los tropismos, la ha absorbido de tal modo que ha olvidado todas las otras y su concepción del mundo es, por eso, parcial e incluso caricatural. También sórdida y mezquina, y yo no creo ser injusto con ella al decir esto. La propia Sarraute ha hablado alguna vez de los hombres como de «parásitos de lenguaje azucarado y acre», «de larvas que se agitan sin tregua y remueven los bajos fondos del alma y aspiran con delicia el nauseabundo barro». Una obra, por eso, que hubiera podido ser desmedidamente grande, acaso tanto como la del mismo Joyce (que sí supo trasponer a la literatura una fase inédita de la vida, el subconsciente, sin privarla de su contexto necesario), resulta una obra de perspectivas estrechas, de valor estrictamente experimental y de significación más científica que literaria.

Si la literatura debe morir

Yo acabo de leer los libros de Natalie Sarraute, uno tras otro, y nunca, en tantos años que llevo leyendo novelas, he sentido una impresión igual de aburrimiento y de asfixia. Ella y Robbe-Grillet parecen convencidos de que la única posibilidad que tiene la literatura de salvarse es constriñendo su radio de acción a un terreno donde no tengan acceso sus poderosos enemigos: el cine, la televisión. ¿Para qué contar historias o fabricar personajes, dicen, si cualquier mediocre película lo hace muchísimo mejor? Yo pienso que sus temores sobre el destino de la literatura son justificados, pero no creo que el remedio que proponen sea eficaz. Sólo servirá, a la larga, para aumentar el abismo entre la literatura y el público y para convertir a aquélla en algo parecido a la pintura moderna: una actividad de repliegue, claustral, ejercida por y para solitarios. Si la literatura debe morir, que no la maten los propios escritores. Que sea hasta el final lo que fue siempre, ese reflejo soberbio e implacable de la vida donde los hombres descubren sus delirios, pequeñeces y grandezas.

París, septiembre de 1964

Prometeo o la vida de Balzac
(Una biografía de André Maurois)

El más apasionante de los dos mil personajes de *La comedia humana*, ese fabuloso universo novelesco del siglo XIX, es sin la menor duda el padre de todos ellos, el propio Balzac. Así lo muestra, una vez más, André Maurois, en un libro que acaba de publicar en la editorial Hachette, con el título *Prometeo o la vida de Balzac*. En una nota preliminar, Maurois declara melancólicamente que, habiendo cumplido ochenta años, ya no podrá emprender un trabajo tan vasto de investigación y de composición como el que supone este libro. «Esta biografía —afirma— es la última que escribo». Es, también, la más ambiciosa y lograda que ha escrito. Autor fecundo, desigual y diverso, Maurois ha publicado varias decenas de libros, y los más perdurables son ciertamente sus biografías (de Disraeli, Shelley, Hugo, los Dumas, Proust, Sand, Chateaubriand), y entre ellas se puede asegurar que esta última figurará como obra cumbre.

Prometeo o la vida de Balzac es un libro sereno, que rehúye los efectos fáciles. Rica en detalles y en perspectivas, amparada por una documentación abundante, pero sin caer en el fárrago erudito, alejada por igual de la admiración exuberante y del ensañamiento crítico, esta biografía está organizada como una novela. El lector sigue la trayectoria de un destino individual, desde el interior, y, en el transcurso de los acontecimientos, se emociona o sonríe, reflexiona o se divierte, en plena complicidad con el narrador. Todo el tiempo, uno tiene la impresión de acompañar a Balzac, como un amigo vigilante, a través de su existencia, muy al tanto de sus cualidades y de sus defectos, de sus ilusiones y de sus tristezas, de compartir con él desengaños sentimentales, crisis económicas, aventuras, y de participar en la gestación de su obra literaria.

Entre los momentos de esta vida prodigiosa que André Maurois evoca con un estilo llano y simpático, es bastante difícil escoger. Sin embargo, tal vez las páginas más emocionantes son aquellas que resucitan el invierno de 1819, el instante en que Balzac se elige a sí mismo como escritor. El adolescente rehúsa un empleo de pasante de notario y decide demostrar a sus padres que es capaz de escribir. Viene a París como quien va a la guerra y aquí, solo, en una vivienda ruinosa y helada, donde hay sólo un camastro, una silla de paja y una mesa, trata empeñosa y vanamente de componer poemas. Sin desanimarse por los lamentables resultados de esta primera tentativa, cambia de género. Ensaya el teatro y concibe una tragedia en verso sobre Cromwell. Se enclaustra en su pocilga y, envuelto en una larga bata, encasquetado con un bonete acolchado que le regaló su hermana, las manos y los pies devastados por los sabañones, comienza a trabajar. No tiene dinero casi y sólo se autoriza a gastar tres centavos al día para el aceite de la lámpara. Subalimentado, pierde los dientes. Ninguno de estos sacrificios conmueve a las musas, que no visitan la siniestra vivienda y los versos son pedestres. La tragedia que él ambicionaba «digna de Corneille» resulta un melodrama y sólo sirve para demostrar a Balzac que no tiene aptitud ninguna para la poesía. Cuando sale de su encierro, está tan débil «que parece salir del hospital».

Pero poco después, de una manera casi casual, Balzac reincide. Se le presenta la ocasión de rehacer una novela que premedita «según el gusto más macabro y más banal del público de la época». Esta mediocre operación alimenticia suscita el milagro: la pluma tan reacia a los versos comienza a correr con extraordinaria desenvoltura sobre el papel, emulándose a sí misma, adquiriendo un dinamismo y una facilidad crecientes. Así, de las novelas de pacotilla salta a las novelas de talento, luego a las novelas de genio. Ya impulsada la imaginación de Balzac en la dirección que convenía, esta pluma seguirá corriendo, sin tregua, y sólo se detendrá treinta años después, prematuramente, quebrada por la muerte, luego de haber escrito una veintena de obras maestras, y una de las series novelescas más profusas de la historia.

Es difícil que la novela vuelva a representar para un autor lo que ella significó para Balzac. André Maurois lo hace ver de una manera indirecta y muy hábil, relacionando constantemente todos los accidentes de esta vida que evoca con su proyección literaria. Desde que Balzac se convierte en novelista, todo en él converge en esa realidad verbal que va creando y hay un momento en que los dos planos de su vida, el ficticio y el real, llegan a ser indiferenciables para él mismo. La escena del delirio de Balzac, dialogando con personajes de su vida y de su obra, es extraordinariamente significativa.

Maurois describe de una manera muy brillante los curiosos métodos de trabajo de Balzac, tan variados y antagónicos como sus propios libros. A veces, confía sólo en su imaginación y la cercanía de lo real lo estorba. Entonces se encierra día y noche, vive como un ermitaño, oculto hasta de la luz del sol (que lo distrae) y su única fuente de consulta es su interioridad. Paradójicamente, los libros compuestos mediante esta actitud introspectiva no son los de carácter esotérico o mágico, sino generalmente las evocaciones históricas como *Un tenebroso asunto*. Otras veces, en cambio, es como si estuviera vacío y fuera incapaz de inventar. Entonces, sale a la calle con una libreta y un lápiz, se instala en una esquina y espía a los transeúntes hasta que alguno «lo estimula». Lo sigue, observándolo, apuntando sus facciones, sus ropas, su andar, muchas veces la persecución dura horas, y Balzac no abandona su presa hasta localizar la casa donde vive, cuya fachada dibuja rápidamente en la libreta. Ya puede volver a su cuarto de trabajo, y empezar a escribir. Si, a pesar de este primer material, todavía se siente inseguro, al día siguiente retorna en busca de su personaje, verifica, consolida impresiones.

Maurois derriba muchos mitos que circulan todavía respecto a Balzac; por ejemplo, la melodramática escena según la cual fue engañado en el mismo instante que moría. También, la creencia de que fue un «improvisador pertinaz». En realidad, concebía sus libros con rapidez y los elaboraba de un tirón, pero luego corregía incansablemente sobre pruebas y esto no sólo motivó sus terribles querellas con los editores sino que, además, introdujo la costumbre, todavía vigente en algunos países, de multar al autor en sus derechos por las innovaciones que introduce en un texto ya impreso.

Maurois se refiere muy de paso a la actitud de los contemporáneos de Balzac respecto a la significación de *La comedia humana*. Es evidente que nadie, empezando por el propio autor, comprendió la importancia excepcional que tendría esta obra en la historia de la literatura, su gigantesca influencia y su carácter de línea fronteriza entre el desarrollo y descenso de un género. Tampoco insiste Maurois suficientemente en el contenido critico de la obra balzaciana respecto a la sociedad de su tiempo. Señala, en cambio, cuáles fueron las ideas políticas de Balzac, es decir, aquellas que pregonaba en sus cartas, en conversaciones y en artículos: su conservadurismo, sus disparatados argumentos en favor del absolutismo monárquico, su ingenuo embeleso por la nobleza. Hubiera sido aleccionador que Maurois destacara el contraste flagrante que hay entre estas convicciones y aquellas que implícitamente contiene *La comedia humana*, que, además de otras muchas cosas, es una radiografía sin concesiones de medio siglo de la historia de Francia. Pero, desde luego, estos vacíos no debilitan mayormente este libro que no pretende ser un estudio ni una interpretación de la obra de Balzac, sino la evocación de un hombre fuera de lo común.

En ciertas universidades norteamericanas, funcionan institutos donde, teóricamente al menos, se forman escritores. Somos, soy más bien escéptico sobre la eficacia de estas escuelas y, si es cierto que Truman Capote y Carson McCullers pasaron por ellas, pienso que estos dos escritores lo hubieran sido aun sin haberlas frecuentado, ¿Cómo se va a enseñar a escribir? Pero, tal vez sí sea posible mostrar hasta qué punto la vocación literaria depende no de las musas, ni del Espíritu Santo, sino de la voluntad. El caso más representativo es sin duda Balzac, y por eso en los institutos de *Creative Writing* esta biografía podría servir excelentemente de manual.

París, marzo de 1965

Actualidad de Flaubert

Los estudios sobre Flaubert y las reediciones de sus obras se multiplican en los últimos años. Eruditos universitarios dedican tesis voluminosas a esclarecer aspectos desconocidos de su vida, aparecen extractos de su correspondencia e incluso se ha hecho una edición popular de la casi desconocida primera versión de *La educación sentimental*, que escribió Flaubert a los veintidós años y nunca quiso publicar.

Prologando este libro, un joven escritor francés, François-Régis Bastide, afirmaba: «Ya lo sabíamos, pero ahora lo sabemos mejor: el verdadero Patrón es Flaubert».

Una piedra angular

Para todo el mundo resulta ahora una evidencia que Flaubert es la piedra angular de la novela moderna y que de él proceden cuando menos dos de los tres grandes pilares de la literatura contemporánea: Proust, Joyce y Kafka. Es curioso comprobar que Ezra Pound lo había observado ya, hace treinta años, cuando en *ABC de la lectura* aseguraba que a diferencia del poeta —obligado según él, para tener una formación suficiente, a leer, papel y lápiz a la mano, una copiosa lista de autores que se iniciaba en Homero— al novelista le bastaba comenzar con el autor de *Salambó*. En Francia, sin embargo, el reconocimiento de la importancia de Flaubert es relativamente reciente. Al parecer, la mayoría de sus novelas fueron recibidas con reservas y hostilidad por la crítica, y sólo los *Tres cuentos* alcanzaron una cierta difusión entre el público, pero nunca comparable, desde luego, a la extraordinaria popularidad que tuvieron las obras de sus seguidores y discípulos, como Zola y Maupassant. Con algunas excepciones, fue costumbre más tarde denigrar a Flaubert: Paul Léautaud habla de él despectivamente en su *Diario*, e incluso Sartre, en *Situations II*, lo abruma con acusaciones terribles (pero parece haber cambiado de idea, a juzgar por los fragmentos que se conocen de su libro inédito sobre Flaubert). Extrañamente lo que hoy se admira en el autor de *Madame Bovary*, y se destaca como aporte revolucionario suyo, es lo que ha servido de blanco a sus detractores desde hace mucho tiempo: su concepción de la literatura. Se le reprochaba su «pasión de la forma», su «manía descriptiva», su «objetividad» y su falta de «ternura hacia los personajes». Cuando la novela psicológica estuvo en su apogeo, Flaubert aparecía, no como narrador de las pasiones humanas, sino como un «cirujano de objetos». En la última posguerra, al ponerse de moda la literatura comprometida, los autores, convencidos de que las ficciones narrativas podían desempeñar una función social inmediata y cambiar el curso de la historia, detestaban el escepticismo de Flaubert, sus teorías sobre el Arte con mayúscula y su desdén por la actualidad. La figura de ese solitario, encerrado cuarenta años en su casa de Croisset, que pasaba sus días y sus noches batallando contra las palabras, les resultaba inmoral, antipática. Olvidando lo esencial, es decir, la obra de Flaubert, el *resultado* de ese aislamiento y esas luchas abstractas, se fabricó entonces una etiqueta que ha perdurado: *Flaubert o el artista puro*.

Las reivindicaciones

A los escritores «comprometidos» de la posguerra han sucedido los «objetivos» y todos ellos, desde Robbe-Grillet hasta Nathalie Sarraute, reivindican a Flaubert. Incluso podría decirse que uno de los pocos elementos comunes a todos los miembros de esta promoción tan heterogénea es el culto de Flaubert. Y lo que antes fue razón de vituperio es hoy en día motivo de alabanza. Geneviève Bollème, en un ensayo titulado *La lección de Flaubert*, manejando hábilmente sinnúmero de citas de la correspondencia, se empeña en demostrar que el antecedente directo de la «literatura descriptiva» de la nueva generación de escritores franceses es Flaubert; él habría sido el primero en crear los instrumentos capaces de trasladar a la literatura «la vida de las cosas», es decir, la materia con la que operan Robbe-Grillet y sus epígonos. Y Nathalie Sarraute, en un ensayo polémico que titula *Flaubert, el precursor*, afirma: «En este momento, el maestro de todos nosotros es Flaubert. En torno a su nombre, hay unanimidad; se trata del precursor de la novela actual». ¿Por qué el precursor? Porque para Flaubert lo que contaba «era la forma, la expresión y no el contenido». Y recuerda, en apoyo de esta afirmación, algunas frases de Flaubert, su ambición de «escribir un libro donde no haya sino palabras», «un libro sobre nada, no subordinado a nada exterior...». Después de «demostrar» que en *Madame Bovary* aparece descrita, por primera vez, y en su propio movimiento, «una sustancia psíquica nueva» (que se parece enormemente a los «tropismos» que ella representa en sus novelas con tanta tenacidad), Nathalie Sarraute resume la obra de Flaubert de esta increíble manera: «Libros sobre nada, casi sin tema, liberados de personajes, de intrigas y de todos los viejos accesorios, reducidos a un puro movimiento que los emparenta al arte abstracto».

¿Es Borges quien dice que cada autor crea sus precursores? Es una verdad flagrante en este caso. Los nuevos novelistas franceses están creando un Flaubert a su imagen y semejanza, y así como se ha vinculado ya *Madame Bovary* y *La educación sentimental* a los experimentos descriptivos de cosas de Robbe-Grillet, a los sutiles análisis psicológicos de Nathalie Sarraute, no es imposible que de un momento a otro aparezca un ensayo demostrando que *Bouvard y Pécuchet* prefiguran a los vagabundos metafísicos de Samuel Beckett.

LA RECONQUISTA

Felizmente, la obra de Flaubert se halla ya lo bastante divulgada, dentro y fuera de Francia, para que prevalezca el malentendido, y una corriente literaria pueda establecer un monopolio flaubertiano. Es muy sintomático que, mientras en París, los jóvenes artepuristas de la revista *Tel Quel* esgrimen a Flaubert como un ejemplo de escritor formalista y no comprometido, en Moscú, un miembro de la Academia de Ciencias de la URSS, partidario de las doctrinas estéticas de Zdhánov, A. F. Ivachtchenko, publique un vasto estudió destinado a probar que Flaubert es el ¡padre del realismo socialista! Borges, por su parte, se proclama también un heredero de Flaubert y aseguraba no hace mucho, en una conferencia, que la naturaleza profunda de toda la obra de Flaubert pertenecía al dominio de lo fantástico.

Es probable que estas diversas antagónicas tentativas de apropiación de la obra de Flaubert sean sólo el comienzo de un proceso, y que en los próximos años aparezcan nuevas interpretaciones «exclusivas» y polémicas. Las grandes obras literarias son aquellas que representan mejor a la realidad, y son cualitativamente tan vastas y tan inapresables como ella. Lo importante es la voracidad moderna por Flaubert, los apetitos contradictorios que suscita. Lenta, pero infaliblemente, este ermitaño, que se enclaustró para servir mejor a la literatura, está reconquistando el mundo gracias a ella.

París, febrero de 1965

Proust en fotos

Leyendo a Proust uno se convence casi de que cualquier tiempo pasado fue mejor. Esos príncipes, barones, ilustres personajes de la burguesía y de la aristocracia eran, *objetivamente*, responsables y beneficiarios de un sistema más injusto que el de nuestros días, pero, desde un punto de vista subjetivo, no resulta difícil juzgarlos con cierta benevolencia. Al menos, esas gentes aprovechaban su poder y su fortuna para rodearse de obras bellas, y fomentaban y practicaban (de una manera egoísta, claro) la cultura. Los privilegios desmedidos de que gozaban sirvieron, al menos, para desarrollar las letras y las artes. Qué diferencia, piensa uno, entre aquellos mecenas inquietos, decadentes, refinados, que (aunque fuera por esnobismo) habían hecho de la «belleza» una religión y un estilo de vida, y nuestros modernos príncipes de la industria, la banca y el comercio, ignaros, desdeñosos de toda actividad intelectual o artística, rabiosamente cursis e impermeables a placeres más elevados que los vegetativos o animales.

Sin embargo, todo esto ya no parece tan cierto, después de recorrer la impresionante exposición organizada por la Biblioteca Nacional de París sobre la vida y la obra de Marcel Proust. Aparece allí reconstituida en pequeño, con lujo de detalles, esa sociedad de la *Belle Époque* cuyos «placeres frívolos, perezas y dolores» sirvieron como material a ese monumento de la narrativa moderna que es *En busca del tiempo perdido*. Aunque Proust negara siempre haber escrito una novela en clave («Un libro —dijo— es un gran cementerio en cuyas tumbas ya no se pueden leer los nombres»), aquí tenemos todos los modelos de sus personajes, resucitados en cartas, cuadros, testimonios, fotos y objetos, también algunos ambientes que lo inspiraron, esos salones donde transcurrió su vida mundana, y todos los alimentos terrestres y espirituales de ese mundillo que fue el suyo y que aparece milagrosamente conservado en su obra.

¡Qué contraste! ¿En eso consistía la exquisitez, el buen gusto, la sensibilidad y la elegancia de esa época dorada? La realidad se yergue aquí como una caricatura grotesca de su trasposición literaria, como una lamentable parodia. La *Belle Époque* encarnaba en un personaje, el conde Robert de Montesquiou, todas sus excentricidades, magnificencias, sutilezas y maleficios. Este individuo singular sirvió de ejemplo a Huysmans para el diabólico Des Esseintes. Proust lo personificó en el célebre Barón de Charlus y fue, además, un admirador sincero de sus espantosos poemas. ¿Cómo podríamos tomar en serio el título de «profesor de belleza» que le concedió su época a Robert de Montesquiou, este hombrecillo ridículo, asfixiado de sortijas, bufandas, prendedores, que se retrata acariciando rosas y titulaba sus libros *El jefe de los suaves olores, Bellezas profesionales y Las hortensias azules*. Las imágenes de las fastuosas fiestas neoclásicas que ofrecía Montesquiou en su Pabellón de las Rosas nos revelan que se trataba de modestos bailes de disfraces, bien pobres en comparación con los que celebra hoy cualquier millonario subdesarrollado.

Una decepción semejante sobreviene cuando se confronta el mundo de los Guermantes que vive en la obra de Proust y la realidad que evoca. Es sabido que, al igual que el narrador deslumbrado por la célebre duquesa de Guermantes, Proust se apostaba cada mañana frente a la casa de la condesa Adhéaume de Chevigné, uno de los dos modelos de aquélla, y la admiraba en silencio. ¿Qué lo atraía en esa mujer sin labios y de poderosas mandíbulas que, a juzgar por sus carnets de bailes, ignoraba la sintaxis y la ortografía? Al menos, la condesa Greffulhe, la otra inspiradora de la duquesa, aparece en las pinturas de Laszlo como una mujer muy hermosa, pero las cartas de Proust nos indican que lo que él adoraba en esta última eran sobre todo sus maneras, sus gustos, su elegancia. Curiosa elegancia: consistía en aderezar los cabellos con plantas tropicales, vestir trajes de orquídeas malvas y ocultar el rostro bajo un empaste elaborado con media docena de ingredientes, importado cada uno de un país distinto. En una fotografía, la soberbia condesa ha anotado con puño vacilante su reconocimiento al fotógrafo: «Sólo el sol y usted me comprenden».

Los autores de la exposición, con admirable escrupulosidad, han reunido en una sala consagrada a la «Estética de Marcel Proust», la mayor parte de los cuadros elogiados en la obra y en la correspondencia del autor de *Sodoma y Gomorra*. Sin temor a equivocarse, se puede afirmar que no sólo el mundo de Proust, sino él mismo, ignoró o menospreció a los más importantes pintores de la época y, en cambio, adoró a una impresionante colección de creadores mediocres. Aquí se puede apreciar lo que valía realmente Paul Helleu, a quien Proust ha descrito en el personaje de Elstir y por quien tenía una admiración ilimitada. A primera vista resulta casi imposible reconocer, en las fulgurantes evocaciones de Proust, a cuadros tan desafortunados como *El Otoño en Versalles* y *Mujer con sombrilla a bordo de un yate*. ¿Cómo es posible que esas obras insípidas originaran páginas tan hermosas? Pero lo mismo se podría decir de la famosa linterna mágica de Combray, de los bizcochos, de la taza de té, del bastón, que viven en la obra de Proust con una presencia tan rica y avasalladora y parecen mil veces más reales allí, hechos palabras, que expuestos como cadáveres en las vitrinas de la Biblioteca Nacional. Todo ello se comprende a la luz de ese mecanismo enigmático que rige las relaciones de la literatura y de la realidad. El realismo de una obra artística no significa jamás reconstrucción fidedigna del mundo, sino evocación transfigurada de lo real. El precioso Montesquiou, probablemente, expresó en sus poemas afectados, en su barroquismo sensiblero y superficial, el mundo que sirvió de materia prima a Proust de una manera mucho más fiel que éste. El vacío, los disfuerzos, las gracejerías de la *Belle Époque* se materializan en las páginas de ese supuesto «profesor de belleza» y determinan su materia y su forma. Operando con los mismos elementos, Proust va infinitamente más lejos. Para ello debe alterar esa porción de realidad que le importa, debe deformarla incluso, transformarla. Sólo así rompe sus límites estrechos y accede a ese dominio universal en el que las obras literarias cobran vida propia. A través de las banalidades y las tonterías de la vida mundana, Proust descubre una forma de la alienación humana en un determinado momento de la historia; a través de la caprichosa conducta de Albertina (cuyo modelo, el chofer, Agostinelli, vemos en una foto, bigotudo y regordete) surge así, en toda su complejidad y su riqueza, el comportamiento del hombre.

París, julio de 1965

Las *Antimemorias* de Malraux

Las *Memorias* de André Malraux no han contentado a nadie, aunque todos coinciden en que se trata de uno de los libros más atractivos publicados últimamente en Europa. La decepción del lector no resulta de lo que el libro dice, sino de lo que calla: el material desechado se adivina mucho más rico que el que ha servido para elaborar estas seiscientas páginas de soberbia retórica.

«Este libro forma la primera parte de las *Antimemorias*, que comprenderán probablemente cuatro tomos, y serán publicadas en su totalidad después de la muerte del autor. Los pasajes del volumen cuya publicación se ha diferido son de carácter histórico», advierte una nota editorial. Las razones de esta discreción se comprenden: no resulta cómodo, para un ministro de Estado francés actual, resucitar su pasado de adjunto de Borodin durante la Revolución china, o de jefe de la aviación republicana española durante la guerra civil, sin colocarse en una situación contradictoria o sin crearle complicaciones al Gobierno que integra. De su asombrosa trayectoria de hombre de acción, Malraux sólo rescata, por ahora, aquellos periodos, como la lucha contra el nazismo, sobre los que puede explayarse libremente sin deteriorar al personaje oficial que encarna, y, aun así, esta mirada retrospectiva fragmentada, adopta, salvo en fugaces ocasiones, más la forma de reflexión que la de evocación. «¿Qué me importa lo que me importa sólo a mí?», exclama, en el brillante prólogo en el que explica por qué ha llamado *Antimemorias* a su autobiografía. No se propone, dice, contar su vida a la manera de los memorialistas, sino indagar, a partir de ciertas experiencias personales, por la significación del mundo. «Porque el hombre no llega jamás al fondo del hombre, ni recobra su imagen a través de los conocimientos que adquiere: encuentra una imagen de sí mismo en las preguntas que hace». El hombre de las *Antimemorias* no es el recio aventurero nómada que conspiraba, a lo largo del mundo, contra el orden social, y trasponía en ficciones nerviosas y admirables sus acomodos y fricciones con la historia; es el sedentario pensador entregado a lúcidas meditaciones estéticas que escribió *Las voces del silencio*, y el alto funcionario que, con eficacia (y hasta genio) se ocupa de la cultura dentro de un régimen establecido.

El caso Malraux es uno de los más fascinantes de nuestra época, no tanto porque en este personaje coincidieran un creador y un hombre de acción (aunque esto es ya poco frecuente), sino por la magnitud, intensidad y brillo que alcanzaron, a la vez y sin perjudicarse, estas dos fases antagónicas de una misma personalidad. El otro ejemplo contemporáneo es T. E. Lawrence, pero ni siquiera él ostenta una hoja de servicios comparable a la del autor de *La condición humana*. Explorador de reinos que devoraron los siglos, pionero de la aviación, combatiente clandestino en Indochina y en China; en España, responsable de los pilotos de la República; coronel de brigada durante la Resistencia; prisionero de la Gestapo, testigo de torturas, víctima de un simulacro de fusilamiento; orador político, ministro de Estado y embajador itinerante encargado de complicadas negociaciones diplomáticas por De Gaulle: es difícil imaginar un prontuario vital más cargado de experiencias históricas importantes. Prácticamente todos los grandes acontecimientos registrados en Europa y Asia —revoluciones, guerras mundiales— tuvieron en Malraux a un testigo o a un participante de excepción. ¿Cómo pudo, al mismo tiempo que vivía su época de esta manera crucialmente activa, desarrollar una obra literaria de la significación que tiene la suya? ¿Cómo se conciliaron, se alimentaron o se desgarraron, en él, el aventurero y el creador? Las *Antimemorias* no esclarecen en absoluto estos enigmas. En ellas el hombre que cuenta no es, como el lector lo esperaba, el testigo y actor privilegiado de las grandes convulsiones que sacudieron al mundo, ni el escritor que supo trasponerlas en ficciones mejor que ninguno de sus contemporáneos. Es sólo una voz sin silueta que describe, impersonalmente, en largas frases majestuosas, henchidas de poesía, templos, paisajes, museos, mandatarios, o se interroga, contemplando estatuas, bosques y desiertos, sobre el destino de las civilizaciones desaparecidas, el mensaje muerto de los dioses y la vida de las religiones, o reproduce (tal vez, inventa) sus diálogos históricos con los grandes de este mundo: Mao Zedong, Gandhi, De Gaulle.

Son páginas que, escritas por cualquier otro que no fuera Malraux, deslumbrarían: la lengua es bella e impecable, el pensamiento atrevido, la cultura enorme y viva. La filosofía política que transpira de ellas es poco original —un nihilismo nacionalista más bien vago, una convicción de que la historia es obra de gigantes solitarios, una admiración sin reservas por los jefes ilustrados y un discreto desdén por las masas, un voluntarismo individualista levemente inquietante—, pero ella no pretende hacer proselitismo, ni es demasiado invasora, a menudo desaparece sumergida por las extensas, curiosas, brillantes consideraciones estéticas y morales, o por narraciones —la juventud de Buda, las peripecias de la Gran Marcha, las aventuras del «alocado» Mayrena entre las tribus más belicosas de Indochina—, ajenas a la experiencia del autor y que están referidas con imaginación y brío notables. Pero de Malraux se esperaba algo distinto: testimonios, hechos, datos, sobre todo aquellos episodios en los que vivió inmerso, que resultan claves hoy día, y que él hubiera podido iluminar con luces nuevas, y sobre su propia historia personal, que se halla tan inseparablemente unida a la historia de sus libros. Las siluetas de Buda, De Gaulle, Mao, Gandhi, o la del pintoresco Clapique de sus novelas, a quien encuentra en carne y hueso en el Extremo Oriente, destellan en su libro de una manera muy vívida; la del propio Malraux, no asoma casi nunca.

Pero en los dos momentos que asoma, de cuerpo entero, sin reticencias, el libro se carga de electricidad, de una vida irreprimible y fulgurante, de impetuosa pasión. Se trata de dos episodios de su vida que Malraux ha condescendido —es la palabra que conviene— a relatar con minucia: su vana tentativa juvenil para localizar en el desierto las ruinas del imperio de la Reina de Saba, que culmina con una homérica lucha en los aires contra una tormenta de granizo, y sus primeras horas de combatiente regular, en la Segunda Guerra Mundial, en el interior de un tanque. El incomparable narrador de *La condición humana, La esperanza y Los conquistadores* resucita en esas páginas y desplaza al esteta contemplativo. La reflexión se transforma en ficción, en realidad verbal que captura al lector y, destruyendo su conciencia crítica, apartándolo de su mundo, lo arroja al ilusorio mundo de lo narrado. En un minúsculo aeroplano con combustible suficiente para unas pocas horas, dos aventureros emprenden viaje hacia el legendario lugar donde se alzó el reino bíblico; una tempestad los aparta de la ruta, cuando llegan a las ruinas son recibidos a balazos por beduinos hostiles. De regreso, el minúsculo aeroplano es absorbido por un temporal de granizo que, durante minutos que parecen siglos, lo sacude y azota, amenazando a cada instante estrellarlo contra las montañas.

Todas las disquisiciones sobre la muerte que aparecen en el resto del libro no valen lo que este puñado de páginas en las que el lector, gracias a la eficacia turbadora del relato, siente rondando la muerte en torno suyo en forma de viento y proyectiles blancos, como los tripulantes del aeroplano. El otro episodio tiene lugar años después. En el vientre metálico de un tanque, un grupo de soldados avanza en la noche hacia las líneas enemigas. De pronto, el tanque se hunde en la tierra; arriba de ellos la artillería ha comenzado su macabro griterío. Saben —en la instrucción del cuartel los previnieron— que esas trampas están reguladas con los cañones enemigos: al tocar el fondo del pozo, el tanque que ocupan alertó a una máquina de guerra que, en cualquier momento, comenzará a disparar. También esta vez se trata de unos cuantos minutos en los que un hombre se enfrenta a la más decisiva experiencia: la cercanía de la muerte. La intensidad, la ferocidad del peligro disipa todas las máscaras con que los amenazados encubrían su verdadera personalidad y, por minutos, los atrapados se muestran desnudos, con lo peor y lo mejor de sí mismos en el rostro. Malraux dice, en alguna parte de sus memorias, que lo que más le importa es conocer los exactos límites de la condición humana, y en otra que «el hecho de morir no significa un problema para quien tiene la suerte banal de ser valiente». En su libro, en ninguna parte muestra al lector tan efectiva y eficazmente los límites de esa condición humana, como en ese par de episodios de su vida en los que vio tan próxima la muerte.

Londres, enero de 1968

Emma Bovary y los libros

Una opinión muy extendida es que Emma Bovary fue una muchacha convencional, frívola, cursi, ingenua, tonta, y que su tragedia carece de grandeza. En eso habría consistido el genio de Flaubert: en dar dignidad artística a lo mediocre y a lo vulgar, con lo que echó los cimientos del «realismo» literario.

Esta opinión es extremadamente injusta con Emma y, sobre todo, con un libro que va más allá de lo que sin duda sospechó Flaubert (caso, por lo demás, frecuente). Él contribuyó al malentendido con las cosas que dijo sobre *Madame Bovary* a Louise Colet, mientras escribía la novela, y no hay que olvidar que fue seguramente él, con esa fascinación por la farsa que siempre tuvo, quien susurró a Maître Senard, el defensor del libro ante los tribunales, este persuasivo argumento: *Madame Bovary* fue escrita para mostrar los inconvenientes de impartir a una joven una educación superior a la de su clase.

Emma es una mujer descontenta con su suerte, en rebeldía contra lo que la rodea. Ahora bien, las razones de su inconformidad con la vida no son aquellas que tienen buena prensa, es decir, las injusticias «sociales»: la explotación económica, las desigualdades de clase, la represión política. Menos ideológica, más práctica y, si se quiere, más egoísta, la esposa del facultativo de Yonville l'Abbaye está demasiado absorbida por sus problemas para pensar en los de los demás, y sus problemas se reducen a uno sólo, simple y atroz: el mundo en que habita le prohíbe ser feliz, le niega aquello que sus sentidos y su fantasía reclaman. Es ésta la injusticia contra la que Emma Bovary insurge.

Que su rebeldía sea individualista, enraizada en motivos personales, no significa que sea menos profunda o que cuestione menos las bases de la sociedad que la de un revolucionario «social» (aquel que entiende los problemas sólo en términos colectivos), sino, más bien, lo contrario. Porque, aunque sea más difícil de alcanzar e, incluso, de definir, aquel derecho al placer y a la felicidad que es el móvil constante detrás de la conducta de Emma Bovary, si fuese entronizado, traería consigo un trastorno vertiginoso, apocalíptico, de la sociedad. Pues para esa mujercita extraordinaria, capaz de hacer trampas a los otros pero nunca a sí misma, la felicidad sólo podía ser completa, genuina, reintegrando la totalidad humana escindida a lo largo de la historia, reuniendo a esos dos enemigos, la realidad y el deseo, devolviendo al cuerpo y al instinto el derecho de ciudad que les fue recortado en nombre de los objetivos, considerados superiores, más nobles, sagrados, de la razón y el espíritu. En su remota aldea normanda, Emma Bovary oscuramente se rebela contra siglos de historia y contra la noción misma de civilización al rechazar esa censura entre lo permisible y lo deseado, entre razón y sinrazón, entre la imaginación y la vida que ha sido y sigue siendo una fuente de desdicha para el hombre tanto o más grande que las injusticias llamadas «sociales».

La actitud de Emma declara ineptas, incapaces de dar al hombre lo que él quiere alcanzar en esta vida —pues es éste el reino donde todo comienza y termina para Emma Bovary—, todas las instituciones y creencias de su tiempo: la religión, la familia, la moral social, la cultura. Todas ellas, a lo largo del libro, conspiran contra esa voluntad de goce que Emma se niega a reprimir en sí misma, y en nombre de la cual infringe todas las prohibiciones y tabúes: las que rodean a la madre, a la esposa, a la parroquiana, a la ciudadana e incluido al ser viviente (al que le está vedado suicidarse). El desacato de Emma está en la tradición de aquellos que osaban matar a Dios —los libertinos— y se resistían a admitir que los instintos y la imaginación del individuo fueran mutilados para hacer posible la vida en comunidad, la de aquellos que querían una libertad absoluta para los deseos, aun cuando ella, como en los libros de Sade (que Flaubert admiraba), devastara el mundo. Ésa es la libertad que Emma confusamente ambiciona y por la que muere. El único que lo intuyó fue el más lúcido de sus contemporáneos: Baudelaire.

El agente de insatisfacción de Emma —la manzana que la tienta y la corrompe— son los libros; más precisamente, las novelas. Otra falacia tenaz, en torno a ella, es que era una mala lectora.

Lo sostiene, incluso, un escritor tan fino como Nabokov: «Leía de manera emotiva, hueca, juvenil, poniéndose en el lugar de las heroínas de los libros». Hacía eso, es verdad, pero no es verdad que sea malo, eso es algo que más bien habla a su favor. Ella leía sus historias románticas como el *Quijote* —otro ser tentado y corrompido por la ficción— los libros de caballerías. Tan asiduos lectores no podían ignorar algo tan obvio: que las ficciones son siempre mentiras, que las novelas no se escriben para pintar la realidad sino para despintarla, que ellas no expresan la vida tal como es sino lo que sobra o falta o anda equivocado en la vida. Igual que el caballero de la Mancha, la muchacha de Normandía se empeña en trasladar las ficciones a la realidad, en materializar el sueño. El resultado, en ambos casos, es trágico. La ingenuidad de ambos es, al mismo tiempo, audacia formidable; su empeño fija un tope más alto a la aventura humana. En el caso del *Quijote* ello está reconocido porque su quimera puede ser asimilada a las utopías bien vistas, las «sociales»: desfacer entuertos, socorrer viudas, amparar al débil, etcétera.

El sueño que Emma quiere materializar no puede ser defendido en nombre del bien social porque, en última instancia, atenta contra el principio en el que se funda la solidaridad colectiva. La sed de goce no tiene límites; el deseo, suelto, se convierte en apetito destructor, en fuente de desagregación, desorden y crimen. Pero, para bien o para mal, pese a todas las prohibiciones, él siempre está ahí, habitando al individuo, haciéndolo infeliz una y mil veces, estropeando todas las tentativas de organizar la sociedad sobre nobles fundamentos «colectivos».

El romanticismo, no pese, sino gracias a sus excesos, sacó a la luz, convirtiéndolo en mito literario, este dominio irreductible a lo «social» del individuo, y a través de esos libros Emma Bovary descubrió su verdadera naturaleza y vocación. En realidad fue una lectora temible —admiró a escritores notables, como Victor Hugo y Walter Scott, e incluso supo sacar buen provecho de mediocridades como Bernardin de Saint-Pierre y Lamartine—, que advirtió con agudeza que las mentiras de las ficciones expresan una verdad profunda y que gracias a ellas comparecen ante nosotros aquellos demonios que la ciudad exila, reprime y quiere matar porque ponen en peligro la existencia de la colectividad. A diferencia de otros, a Emma no le bastó la compensatoria satisfacción espiritual para el ansia de goce que proporcionan las ficciones del arte o la literatura. Ella trató de convertir la ficción en experiencia vivida, no lo consiguió y tuvo que matarse. Su historia ejemplifica de manera conmovedora esa tragedia del hombre al que ha sido dada la facultad de soñar y a quien la sociedad —toda sociedad— prohíbe realizar sus sueños.

El alegato contra toda moral «social» de *Madame Bovary* no podía ser claramente percibido, sin duda, tras las espesas nubes de hipocresía de su época, ni después, cuando se hallaban en pleno apogeo las ilusiones revolucionarias. Pero quizá hoy, a los cien años de muerto su creador, en este tiempo en que se comprueba la bancarrota de las revoluciones sociales y se hacen tan patentes las insuficiencias de toda rebeldía concebida en términos exclusivamente «colectivos», el mensaje de Emma Bovary tenga mejores posibilidades de ser entendido.

Washington, mayo de 1980

Epitafio para Romain Gary

Hace una semana se encontró muerto, en su departamento de París, a Romain Gary. Se había suicidado de un balazo. Junto a su cadáver dejó una nota explicando que se mataba por desánimo, porque ya no le interesaba vivir.

Las notas necrológicas han recordado que fue un judío rusofrancés de vida aventurera, héroe de la aviación francesa libre durante la Segunda Guerra Mundial, ganador del Premio Goncourt en 1936 con una novela sobre el exterminio de los elefantes en África —*Las raíces del cielo*— y ex marido de la actriz Jean Seberg, cuyo suicidio, un año atrás, lo había afectado profundamente. Romain Gary dirigió algunas películas —una de ellas situada en una imaginaria Paracas: *Les Oiseaux vont mourir au Perou*— y escribió una veintena de novelas, algunas muy populares, que están a medio camino entre la literatura creativa y el mero entretenimiento.

Pero su libro principal fue un virulento panfleto de quinientas páginas que publicó hace quince años la editorial Gallimard: *Pour Sganarelle*. Su tesis era conservadora y sensacionalista: la novela agoniza, víctima de una conjura en la que han intervenido los mejores narradores y críticos europeos. Kafka inició el proceso de demolición del género y lo siguieron, con encarnizamiento semejante, una larga serie de autores entre los que figuran Sartre, Goldmann, Robbe-Grillet, Nathalie Sarraute. Los últimos grandes novelistas fueren Tolstói y Balzac.

Pour Sganarelle se presentaba como prólogo de una ambiciosa novela que Gary se proponía escribir: *Frère Océan*. Su héroe sería un pícaro moderno; el tema, la bomba de hidrógeno, y constaría de varios volúmenes. Ocurriría en Tahití. Con independencia, iconoclasta y humor, Gary pasa revista a la narrativa moderna, abrumándola de reproches. Este libro, comenzado en una playa cerca de Lime, continuado en las Cícladas y terminado en París, pese a sus

283

repeticiones y a su desmesura, contiene algunas intuiciones muy agudas sobre el quehacer novelístico.

Según Gary, la novela no describe la realidad (a la que llama la Potencia): rivaliza con ella. El gran novelista lucha de igual a igual con la Potencia y, valiéndose de todos los recursos de su imaginación, consigue enfrentarle un objeto que tiene su apariencia: la obra maestra. *La guerra y la paz*, el *Quijote* y *La comedia humana* son los ejemplos más altos de esta suprema impostura. Tolstói, Cervantes y Balzac consiguen engañarnos totalmente: en sus obras tenemos la impresión de atrapar toda la realidad, de averiguarla en sus manifestaciones más recónditas. Se trata de un simulacro, por supuesto, pues las palabras no son la vida: sólo espejismos.

Hay dos clases de novelistas: el total y el totalitario. El primero se enfrenta al enemigo, la Potencia, como David a Goliath, decidido a vencer. El segundo rehúye la batalla, es incapaz de «competir» con la realidad y disimula su fracaso pretendiendo interpretar la vida. El novelista totalitario universaliza un solo aspecto de la experiencia humana, reduce la realidad a uno sólo de sus ingredientes.

«En la ficción no existe otro criterio de autenticidad que el poder de convencer», dice Romain Gary. Y añade: «En el arte todo está permitido, salvo el fracaso». El verdadero novelista pone en práctica una libertad ilimitada, se sirve de todo —ideologías, mitos, documentos, invenciones— y no sirve más que a un amo: la novela. «La novela no cambia nada, nunca ha cambiado nada específicamente: es una creación paralela». Romain Gary no se considera un artepurista; niega que la novela ejerza influencia en la vida por sí misma, pero, dice, en ciertos casos —el de la obra maestra—, el «espejismo perfecto» dura, se incorpora al fondo cultural de la Potencia y comienza a operar sobre ésta, aunque de una manera que jamás puede ser prevista por su autor.

Si la novela no representa lo real, si es sólo una piadosa ilusión ¿por qué existe, para qué sirve? Para llenar los vacíos de la realidad, para aplacar las necesidades que la Potencia no satisface. La vocación de novelista (y de lector de novelas) se origina en el presentimiento de un blanco en la vida. Ficción y realidad son dos creaciones continuas, simultáneas, pero la primera va cubriendo los huecos, rellenando las rendijas que aparecen en el desarrollo de la segunda.

Gary niega que la aparición del cine y la televisión constituyeran una amenaza para el género. Si los mejores novelistas de nuestros días, dice, tienen público limitado, no es porque la gente se desinterese de la novela —pues jamás se ha consumido tanta subliteratura narrativa— sino porque dichos autores están asesinando el género, al recluirse en el laboratorio. Los millones de ejemplares que se venden cada año de subliteratura muestran una heroica, tenaz lealtad del público para con la ficción tradicional que, en cambio, es socavada y traicionada desde adentro por quienes se presentan como sus mejores cultores.

El ensayo de Romain Gary repetía constantemente que no existen teorías válidas sobre la novela, sólo novelas válidas, y que las afirmaciones de su ensayo eran simples elementos de trabajo que desarrollaría prácticamente en *Frère Océan*. Él se declaraba novelista de vocación «total», enemigo acérrimo de los novelistas «totalitarios», discretos asesinos del género. Nunca llegó a escribir esa atrevida novela que hubiera sido algo así como el eslabón contemporáneo de la cadena de novelas totales que él interrumpía en Tolstói (¿por qué no en Faulkner, más bien?). Pero en *Pour Sganarelle* dejó anotadas una serie de observaciones sobre la crisis de la novela moderna que los años han venido confirmando de manera sistemática. No sé si a todos, pero a mí ese libro de estilo desmañado y chistes procaces, que leí en el verano de 1965, me ayudó a aclarar varias ideas sobre la literatura y por eso, aunque nunca me gustaron sus novelas, siempre tuve respeto por Romain Gary.

Washington, 1980

El viejito de los juanetes

Para ir a tomar el colectivo a Lima, yo debía recorrer un par de cuadras de la calle Porta, en el corazón de Miraflores, una callecita arbolada donde —hablo de mediados de los años cincuenta— sobrevivían aún aquellas viviendas de madera, de un solo piso, con barandales y columnas pintadas de verde, ventanas enrejadas y un jardín con laureles, floripondios, geranios y enredaderas, construidas a principios de siglo, cuando el barrio era todavía un balneario separado de la capital por chacras y descampados.

En una de estas casitas de juguete había siempre en la terraza, balanceándose en una mecedora tan antigua como él, un viejecillo menudo, reabsorbido y friolento, abrigado con frazadas y embutido en unas pantuflas que sus juanetes deformaban. Algo había en él de misterioso y fantasmal; acaso su soledad, su ignota procedencia o esos recuerdos entrañables con los que parecía refocilarse mañanas y tardes, contemplando el vacío desde su marchito jardín. Me intrigaba tanto que, de saludarlo cuando pasaba frente a su casa, detenerme a cambiar banalidades con él a través de la verja y regalarle las revistas que había leído, llegué a hacerme su amigo. Conversamos varias veces, sentado yo en los escalones de su terraza de tablones carcomidos por la polilla y mi singular vecino meciéndose en su mecedora cronométrica, a impulsos de sus deformes pies que apenas rozaban el suelo.

No recuerdo cómo se llamaba, ni si vivía con alguien más que esa sirvienta india con la que se entendía por señas y que solía traernos a la terraza, al atardecer, una taza de té humeante y esos bizcochos esponjosos llamados *chancay*. Su español era dificultoso, apenas comprensible, y uno de sus ojitos lagrimeaba eternamente. Supe de él unas pocas cosas: que tenía una misérrima peletería en un garaje de La Paz —calle entonces de artesanos, prestamistas, cachivacheros y revendedores—, que había venido al Perú desde Polonia y que era superviviente de un campo de concentración, tal vez Auschwitz. Averigüé esto último de manera casual, por un impromptu suyo que me permitió, un instante, atisbar su historia personal, cuyo secreto él defendía con tesón, cortando en seco, como una imperdonable impertinencia, cualquier pregunta sobre su vida. Eran los tiempos de *Life* en español y yo le había llevado el último número de la revista y le mostraba, con comentarios horrorizados, la foto de un enjambre de humanoides —hueso y pellejo, cráneos rapados, ojos desorbitados por el hambre y el espanto—, semidesnudos, subidos unos sobre otros, trenzados y anudados formando una pirámide dantesca, seres a los que la llegada de las tropas aliadas había salvado *in extremis* de la aniquilación. «Nada de horror —me rectificó, con una lucecita en los ojos que hasta parecía melancólica—. Nos poníamos así para no morir de frío, para calentarnos. Era el único momento bueno del día». No creo que me contara más ni que yo le preguntara nada. Debí de irme en seguida, incómodo y con remordimientos por haber removido, sin quererlo, esos fondos atroces de la memoria de mi vecino.

Esta anécdota y la imagen de gnomo del viejito polaco al que las tormentas de la Segunda Guerra Mundial aventaron al otro lado del mundo, hasta el apacible Miraflores, me han perseguido tenazmente mientras leía, asqueado y fascinado, el *Journal de la guerre* (1939-1945), de Drieu La Rochelle, publicado —después de angustiosas dudas y legítimos escrúpulos— por Gallimard. Drieu no es un escritor que conozca bien ni que me guste —sólo leí de él, con entusiasmo, *Le Feu follet* (El fuego fatuo) y una colección de ensayos literarios— pero me tenía intrigado el culto que se ha ido coagulando en torno a su figura en las últimas décadas, la mitología que mana de él, su aureola de escritor maldito, cuyo suicidio, al final de la guerra, cuando iba a ser arrestado por colaborar con los nazis, clausuró una vida tumultuosa, de rebelde contumaz, agitador intelectual, don Juan impenitente (una de sus amantes fue Victoria Ocampo, a quien en el *Diario* se acusa de haberle sacado dinero valiéndose de tretas indignas) y con una nietzscheana propensión hacia los excesos de la vida intensa y la muerte temprana. Muchos estudios, tesis, biografías, números de revistas le han sido dedicados y sus novelas, que se reeditan con frecuencia, tienen un público fiel.

Aunque el *Journal de la guerre* produce náuseas y una ilimitada repugnancia, no está mal que se haya publicado, aunque sólo fuera como documento histórico y comprobación, a través de un caso paradigmático, de cómo la inteligencia, el conocimiento y una refinada cultura pueden coexistir con formas extremas de inhumanidad, la ceguera política y el desvarío ético. El *Diario* debería ser leído, sobre todo, por aquellos que han contribuido a desnaturalizar el concepto de fascista, aplicando la palabra sin ton ni son a sus adversarios políticos, con lo que ha alcanzado un valor de uso algo frívolo, que diluye su relación visceral con una de las peores carnicerías de la historia de la humanidad. Drieu La Rochelle era un fascista de verdad. Como el gran filósofo existencialista, Heidegger, pero de manera más explícita y concreta, Drieu celebró en el advenimiento de Hitler el inicio de una nueva era, en la que la historia humana progresaría hacia un mundo depurado de escorias, gracias al liderazgo de un superhombre y al heroísmo de un pueblo y una raza superiores a los demás. Drieu La Rochelle se conduele con amargura de que sus almorranas y varices le impidan vestir el uniforme negro, el casco de acero, las altas botas, los brazaletes con esvásticas y rayos fulminantes de las SS, el blondo gigante de las fuerzas de choque hitlerianas, símbolo y personificación del «hombre nuevo», a quien a menudo embalsama con eyaculaciones eróticas de admiración, llamándolo idealista, valiente, desprendido, viril, bello y nórdico (en su boca estos tres últimos son atributos estéticos y morales).

Hitler es el gran revolucionario y depurador histórico, encargado por el destino de disolver las fronteras y salvar a Europa de la doble barbarie que la amenaza —los mercaderes de Wall Street y las hordas del Kremlin— unificándola bajo un poder vertical y restaurando su grandeza de la Edad Media mediante la extirpación de los chancros que han precipitado su decadencia: los Parlamentos, los partidos, la politiquería, el mestizaje, el capital apátrida, las razas inferiores y, sobre todo, los judíos.

El antisemitismo recurrente y obsesivo que impregna las páginas del *Journal de la guerre* como una miasma deletérea queda flotando en la memoria del lector igual que esos hedores de tabaco picante, olor a pies sucios y agua de ruda de los antros prostibularios que resisten luego a las duchas y a las fricciones con colonia.

Los judíos son, para Drieu La Rochelle, una excrecencia de la que la humanidad debe desembarazarse por razones profilácticas. Todo le repele en ellos: su físico, su atuendo, sus costumbres, su manera de hablar, su desarraigo histórico, su cosmopolitismo, su espíritu mercantil y su permanente conspiración para destruir desde adentro las sociedades en las que se han infiltrado y de las que se alimentan. Ellos son responsables, al mismo tiempo, del capitalismo y del comunismo. Drieu, cuya primera esposa fue judía y cuyo patrimonio —según confiesa en el *Diario*— fagocitó para poder escribir con comodidad y gracias a la cual pudo vivir oculto el último año de su vida, despotrica contra sus propios amigos en razón de su «raza» y confía en que Hitler, luego de derrotar a Inglaterra, no se ablande cediendo a las presiones de los «demócratas» infiltrados en su entorno, y limpie al mundo de esa plaga encerrando a todos los judíos en una isla (por ejemplo, Madagascar), donde vivirían confinados a perpetuidad.

El rediseño de Europa, al que dedica extensas reflexiones, tiene como eje el criterio racial (la limpieza étnica). La Europa aria, nórdica, blanca y rubia levantará fronteras infranqueables contra las sociedades corroídas por la contaminación de sangre árabe, africana o gitana. El sur de Italia, España, Portugal y Grecia descalifican, claro está, para integrar ese enclave europeo glauco y prístino que dominará el mundo; pero también el mismo sur de Francia queda étnicamente excluido por sus impurezas y mezcolanzas, condenado a formar parte de ese pelotón de pueblos de segunda categoría.

Quien garabatea estas sandeces en la tranquilidad de su biblioteca, en la Francia ocupada, no era un imbécil. Se había codeado desde joven con los intelectuales más destacados de su tiempo y se lo consideraba uno de ellos. Amigo de Malraux, de Paulhan, de Saint-John Perse, de Gide, formó parte con ellos de la revista que presidía la vida cultural en Francia —la *Nouvelle Revue Française* (que dirigió por un par de años)— y sus novelas, dramas, ensayos, eran leídos, espectados y discutidos por un público exigente. En este mismo *Journal*, cuando no vomita odio contra los judíos o delira a favor del heroísmo físico y la estética de la guerra, hace reflexiones sutiles sobre las religiones orientales, compara el budismo con el cristianismo, analiza a Santo Tomás y a San Agustín, y despliega una vasta erudición sobre el zen. Sus juicios literarios son arbitrarios pero penetrantes y su prosa, pese a la prisa, tiene un frenesí vigoroso, no exento de encanto.

¿Cómo congeniar ambas cosas? ¿Cómo entender que ese personaje deslumbrado por la sabiduría milenaria de los textos sánscritos y que desmenuza con tanta delicadeza las metáforas de Baudelaire, sea el mismo suministrador de ideas, argumentos, razones, mitos que pusieron en marcha la maquinaria del Holocausto y el acarreo, desde todos los rincones de Europa, hacia los hornos crematorios, de millones de seres humanos? No lo sé. Tal vez no haya respuesta aceptable para esa tremenda pregunta. Pero es indispensable formularla, una y otra vez, porque lo que es seguro es que las ideas —las palabras— no son irresponsables y gratuitas. Ellas generan acciones, modelan conductas y mueven, desde lejos, los brazos de los ejecutantes de cataclismos. Hay un hilo conductor muy directo entre las sangrientas fantasías racistas que maquinaba en su estudio la mente ávida de truculencias de Drieu La Rochelle y la tragedia que amargamente rumiaba en su vejez de transmigrado, mi amigo y vecino, el peletero de los grandes juanetes de la calle Porta.

Madrid, marzo de 1996

Flaubert, nuestro contemporáneo

¿Qué puede aprender de *Madame Bovary* un novelista de nuestros días? Todo lo esencial de la novela moderna: que ésta es arte, belleza creada, un objeto artificial que produce placer por la eficacia de una forma que, como en la poesía, la pintura, la danza o la música, es en la novela el factor determinante del contenido.

Antes de Flaubert, los novelistas intuían la función neurálgica de la forma en el éxito o el fracaso de sus historias, y el instinto y la imaginación los conducían a dar coherencia estilística a sus temas, a organizar los puntos de vista y el tiempo de manera que sus novelas alcanzaran una apariencia de autonomía. Pero sólo a partir de Flaubert ese saber espontáneo, difuso e intuitivo, se vuelve conocimiento racional, teoría, conciencia artística.

Flaubert fue el primer novelista moderno porque fue el primero en comprender que el problema básico a la hora de escribir una novela es el narrador, ese personaje que cuenta —el más importante en todas las historias— y que no es nunca quien escribe, aun en los casos en que cuente en primera persona y haga pasar por suyo el nombre del autor. Flaubert entendió, antes que nadie, que el narrador es siempre una invención. Porque el autor es un ser de carne y hueso y aquél una criatura de palabras, una voz. Y porque el autor tiene una existencia que desborda las historias que escribe, que las antecede y que las sigue, en tanto que el narrador de una historia sólo vive mientras la cuenta y para contarla: nace y muere con ella y su ser es tan dependiente de ella como ella lo es de él.

Con Flaubert, los novelistas perdieron la inocencia con que antes se sentaban ante su mesa de trabajo y transubstanciándose en un narrador —creyendo que se transubstanciaban en un narrador— se disponían a contar sus historias desde un *yo* intruso, que, sin formar parte de aquella realidad que describía, delataba todo el tiempo su arbitraria presencia, porque lo sabía todo, siempre mucho más de lo que un personaje podía saber sobre los otros personajes, y que, al mismo tiempo que narraba, opinaba impúdicamente, interfiriendo en la acción y delatando, mediante ucases, la escasa o nula libertad de que gozaban sus criaturas, esos hombres y mujeres a los que sus intromisiones privaban de libre albedrío y convertían en títeres. Es verdad que en las grandes novelas clásicas, los personajes conseguían emanciparse de ese yugo y conquistar su libertad, como el Quijote, pero aun en esos casos excepcionales, la libertad del personaje era una libertad vigilada, provisoria, amenazada siempre de recortes por la irrupción súbita y abusiva del narrador-Dios, egolátrico, exhibicionista, capaz a veces, como el de *Los miserables* de Victor Hugo, de interrumpir la historia novelesca para introducir largos paréntesis —verdaderos *collages*— sobre la batalla de Waterloo o la importancia del excremento humano como fertilizante de la naturaleza.

Flaubert introdujo en la narrativa aquella «sospecha» de la que habló Nathalie Sarraute en *L'Ère du soupçon*. Para ser «creíble» no bastaba que un narrador tuviera una prosa excelsa y una fantasía afiebrada. Por el contrario, todo aquello que delatara su presencia arbitraria —no justificada por las necesidades de la anécdota— conspiraba contra el poder persuasivo de la historia y debilitaba la verosimilitud de lo narrado. El narrador no podía permitirse ya, como antaño, ofrecerse en espectáculo sin arrasar con la credibilidad de la historia, el único espectáculo admisible dentro de una novela y en el que el requisito esencial para su éxito era la ilusión de libertad que debían comunicar al lector sus personajes en lo que hacían o dejaban de hacer. Como no es posible que una novela no tenga un progenitor, no salga de una cabeza y una mano ajenas a ella, a fin de que aquel espectáculo pareciera tan espontáneo y libre «como la vida misma», Flaubert perfeccionó una serie de recursos narrativos encaminados a invisibilizar la presencia del intruso irremediable y convirtió al narrador en ese fantasma que es todavía en las novelas modernas, cuando no asume el papel de un simple personaje entre los otros, implicado como ellos en la trama, y que no goza de ningún privilegio de omnisciencia ni ubicuidad y está tan condicionado como aquéllos en lo que sabe, hace y ve.

Flaubert fue el primer novelista en tomar conciencia clara de que para transmitir al lector la impresión de vida propia que dan las buenas historias, la novela debía aparecer a sus ojos como una realidad soberana, autosuficiente, no parásita de la vida exterior a ella —la vida real— y que esa ilusión de soberanía, de autonomía total, una novela la lograba únicamente mediante la eficacia de la forma, es decir, del estilo y el orden de esa representación de la vida que toda ficción aspira a ser.

Para conseguir la autonomía de la ficción, Flaubert se valió de dos técnicas que usó genialmente en la primera de sus obras maestras, *Madame Bovary*: la impersonalidad o invisibilidad del narrador y *le mot juste*, la precisión y economía de un lenguaje que diera la sensación de ser tan absolutamente necesario que nada faltaba ni sobraba en él para la realización cabal de lo que se proponía contar.

A partir de Flaubert los buenos novelistas no lo fueron sólo por el vuelo de su imaginación, lo atractivo de sus historias, el relieve y la figura de sus criaturas, sino, sobre todo, por su manejo de las palabras, los alardes de su técnica, las astucias de su empleo del tiempo y la originalidad arquitectónica de sus historias. Desde Flaubert, los novelistas siguieron siendo soñadores, fantaseadores, memoriosos; pero, ante todo, fueron estilistas, relojeros de palabras, ingenieros de cronologías, planificadores minuciosos de la aventura humana. Las alucinaciones y videncias siguieron estando permitidas, a condición de que cuajaran en una prosa adecuada y una estructura funcional. Ni el genio de un Proust, ni el de Joyce, ni el de Virginia Woolf, ni el de Kafka, ni el de Faulkner, hubieran sido posibles sin la lección de Flaubert.

En vez de inaugurar el «realismo», como dice un arraigado lugar común, con *Madame Bovary* Flaubert revolucionó la tradicional noción de «realismo» en literatura como imitación o reproducción fiel de la realidad. Todas las ideas de Flaubert sobre la novela, elaboradas a lo largo de toda su vida y diseminadas en su correspondencia —el más lúcido y profundo tratado sobre el arte narrativo que se haya escrito— llevan irremediablemente a descartar aquella noción como quimérica y a sostener lo contrario: que entre la realidad real y la realidad novelesca no hay identificación posible sino una distancia infranqueable, la misma que separa el fantasma del hombre de carne y hueso o al espejismo del desierto en el que aparecen sus frescas cascadas y sus hospitalarios oasis. La novela no es un espejo de la realidad: es *otra* realidad, creada de pies a cabeza por una combinación de fantasía, estilo y artesanía. Ella es siempre «realista» o nunca lo es, con prescindencia de que cuente una historia tan verificable en la realidad como la de Emma Bovary o la Frédéric Moreau, o tan fabulosa y mítica como las tentaciones que resistió San Antonio en el desierto o las operáticas batallas de los mercenarios de *Salambó* en la exótica tierra de Cartago.

Desde Flaubert el «realismo» es también una ficción y toda novela dotada de un poder de persuasión suficiente para seducir al lector es realista —pues comunica una ilusión de realidad— y toda novela que carece de ese poder es irreal.

La brevísima expresión *le mot juste* encierra todo un mundo. ¿Qué es, cómo se mide la exactitud y la precisión de un discurso narrativo? Flaubert creía que sometiendo cada frase —cada palabra— a la prueba del *gueuloir* o del oído. Si, leyéndola en alta voz, sonaba de manera armoniosa y nada chirriaba ni desentonaba en ella, la frase era la perfecta expresión del pensamiento, había una fusión total entre palabras e ideas, y el estilo alcanzaba su máxima eficacia. «*Plus une idée est belle, plus la phrase est sonore; soyez-en sûr. La précision de la pensée fait (et est elle-même) celle du mot*». («Mientras más bella es una idea, más sonora es la frase. Créame: la precisión del pensamiento determina —y es ella misma— la de la palabra»). (Carta a Mlle. Leroyer de Chantepie, del 12 de diciembre de 1857). En cambio, si, sometida a esa prueba oral, algo —una sílaba, un silencio, una cacofonía, un bache auditivo— estropeaba la fluidez musical de la expresión, no eran las palabras sino las ideas las que tropezaban y las que era preciso revisar. Esta fórmula fue válida para Flaubert, pero el principio del *mot juste* no implica que haya una única manera de contar todas las historias, sino, más bien, que cada historia tiene una manera privilegiada de ser contada, una manera gracias a la cual esta historia alcanza su máximo poder de persuasión.

La *palabra justa* lo es sólo en función de lo que las palabras quieran contar. La economía del discurso en los cuentos de Borges es tan indispensable a sus ceñidas parábolas como las anfractuosidades oleaginosas del lenguaje en las reminiscencias de Proust: lo importante es que las palabras y lo que dicen, sugieren o suponen formen una identidad indestructible, un todo sin cesuras, y que no ocurra lo que en las malas novelas —por eso lo son—, que la historia y la voz que la cuenta de repente se distancien, porque, como en los matrimonios fracasados, ya no se llevan bien y se han vuelto incompatibles. Ese divorcio se consuma cada vez que el lector de una novela advierte de pronto que aquello que lee no *es*, no se va haciendo ante sus ojos como por arte de magia, que en verdad le está siendo contado, y que hay, entre quien cuenta y lo que cuenta, cierta incompatibilidad. Esa toma de conciencia de una forma y un contenido distintos, alérgicos entre sí, mata la ilusión y desacredita la anécdota.

Le mot juste quiere decir funcionalidad, un estilo que se ajusta como un guante a la historia y que se funde en ella como esos zapatos que se vuelven pies en un célebre cuadro surrealista de Magritte: *Le modèle rouge* (1935). No hay, pues, un estilo, sino tantos como historias logradas, y en un mismo autor los estilos pueden cambiar, como cambian en Flaubert: la prosa precisa, escueta, fría y «realista» de *Madame Bovary* y *La educación sentimental,* se vuelve lírica, romántica, por momentos visionaria y mítica en *La tentación de San Antonio* y *Salambó,* y erudita, científica, preñada de ironías y sarcasmos y con resabios de humor, en la inconclusa *Bouvard y Pécuchet.* La «conciencia de estilo» que caracteriza al novelista moderno se debe, en gran medida, a esa desesperación con que Flaubert luchó toda su vida para escribir ese imposible libro «sobre nada», que fuera hecho «sólo de palabras», del que habló en su correspondencia a Louise Colet. Todos lo son, desde luego, pero la gran paradoja es que las obras maestras como las que él escribió parecen justamente lo opuesto: ser historia, realidad, vida, que existen y ocurren por sí mismas, por su propia verdad y fuerza, sin necesidad de esas palabras que han desaparecido en ellas para que los hechos, las personas y los paisajes sean más ciertos y visibles.

Cuando *Madame Bovary* apareció, algunos críticos la acusaron de fría y casi inhumana debido a la objetividad con que la historia estaba contada. Ocurre que juzgaban con el telón de fondo de las novelas románticas en las que el narrador intruso gemía y se condolía por las desventuras de sus héroes. En la novela flaubertiana las reacciones emocionales ante los sucesos de la historia correspondían al lector, la función del narrador era poner bajo los ojos de aquél estos sucesos de la manera más objetiva posible, dejándolo en plena libertad de decidir por sí mismo si, ante las peripecias de la historia, entristecerse, alegrarse o bostezar. Lo que en otras palabras significa que Flaubert al elaborar una manera de narrar que hacía de los personajes de una historia seres libres, libraba al mismo tiempo al lector de la servidumbre a que lo sometían las novelas clásicas que, al mismo tiempo que una historia, le infligían una única manera de leerla y de vivirla. Por eso, si hay que resumir en una fórmula la contribución de Flaubert a la novela, puede decirse de él que fue el *libertador* del personaje y del lector.

Lima, marzo de 2004

Victor Hugo. Océano

Jean-Marc Hovasse, el más meticuloso biógrafo de Victor Hugo hasta la fecha —su biografía está aún inconclusa—, ha calculado que un apasionado bibliógrafo del bardo romántico, leyendo catorce horas diarias, tardaría unos veinte años en agotar sólo los libros dedicados al autor de *Los miserables* que se hallan en la Biblioteca Nacional de París. Porque, aunque usted no lo crea, Victor Hugo es, después de Shakespeare, el autor occidental que ha generado más estudios literarios, análisis filológicos, ediciones críticas, biografías, traducciones y adaptaciones de sus obras en los cinco continentes.

¿Cuánto tardaría aquel titánico lector en leer las obras completas del propio Victor Hugo, incluyendo los millares de cartas, apuntes, papeles y borradores todavía inéditos que pululan por las bibliotecas públicas y privadas y los anticuarios de medio mundo? No menos de diez años, calculo, siempre y cuando esa lectura fuera su única y obsesiva dedicación en la vida. No exagero un ápice: la fecundidad del poeta y dramaturgo emblemático del romanticismo en Francia produce vértigo a quien se asoma a ese universo sin fondo. Su precocidad fue tan notable como su prodigiosa capacidad de trabajo y esa terrible facilidad con que las rimas, las imágenes, las antítesis, los hallazgos geniales y las cursilerías más sonoras salían de su pluma. Antes de cumplir quince años había escrito ya millares de versos, una ópera cómica, el melodrama en prosa *Inez de Castro*, el borrador de una tragedia en cinco actos (en verso) *Athélie ou les Scandinaves*, el poema épico *Le Déluge* y hecho centenares de dibujos. En una revista que editó de adolescente con sus hermanos Abel y Eugène y que duró apenas año y medio, publicó ciento doce artículos y veintidós poemas. Este ritmo enloquecido lo mantuvo sin interrupciones a lo largo de esa larga vida —1802-1885— que abraza casi todo el siglo XIX y que produjo una montaña tal de escritos que, sin duda, nadie ha leído ni leerá nunca de principio a fin.

Parecería que la vida de alguien que generó esas toneladas de papel borroneadas de tinta debió de ser la de monje laborioso y sedentario, confinado los días y los años en su escritorio y sin levantar la cabeza del tablero donde su mano incansable fatigaba las plumas y vaciaba los tinteros. Pero no, Victor Hugo, y eso es lo extraordinario, hizo en la vida casi tantas cosas como las que su imaginación y su palabra fantasearon, al extremo que de él puede decirse que tuvo una de las más intensas, ricas y aventureras existencias de su tiempo, en el que se zambulló a manos llenas, arreglándoselas siempre con genial olfato para estar en el centro de los acontecimientos y de la historia viva como protagonista o testigo de excepción. Sólo su vida amorosa es tan intensa y variada que causa asombro (y cierta envidia, claro está). Llegó virgen a su matrimonio con Adéle Foucher, a los veinte años, pero desde la misma noche de bodas comenzó a recuperar el tiempo perdido, pues en su vejez se jactaba —lo cuenta Juana Richard Lesclide— de haber hecho nueve veces el amor aquella noche a su flamante esposa (la paciente Adéle quedó desde entonces asqueada del sexo). En los muchos años de vida que le quedaban siguió perpetrando parecidas proezas con imparcialidad democrática, pues se acostaba con damas de toda condición —de marquesas a sirvientas, con una cierta preferencia por estas últimas en sus años provectos— y sus biógrafos, esos *voyeurs*, han descubierto que pocas semanas antes de morir, a sus ochenta y tres años, escapó de su casa para hacer el amor con una antigua camarera de su amante perenne, Juliette Drouet.

No sólo alternó con toda clase de seres vivientes, aguijoneado como estaba siempre por una curiosidad universal hacia todo y hacia todos; acaso el más allá, la trascendencia, Dios, lo preocuparon todavía más que las criaturas de este mundo, y sin el menor ánimo humorístico se puede decir de este escritor con los pies tan bien asentados en la vida y en la carne, que, más todavía que poeta, dramaturgo, narrador, profeta, dibujante y pintor, llegó a creerse un teólogo, un vidente razonador de los misterios del trasmundo, de los designios más recónditos del Ser Supremo y su magna obra, que no es la creación y redención del hombre, sino el perdón de

Satán. Para él, *Los miserables* no fue una novela de aventuras, sino un tratado religioso.

Su comercio con el más allá tuvo una etapa entre truculenta y cómica, todavía muy mal estudiada: por dos años y medio practicó el espiritismo, en su casa de Marine Terrace, en Jersey, donde pasó parte de sus años de exilio. Al parecer, lo inició en estas prácticas una célebre médium parisina, Delphine de Girardin, que vino a pasar unos días con la familia Hugo en esa isla del Canal. La señora Girardin compró una mesa apropiada —redonda y de tres patas— en St. Hélier y la primera sesión tuvo lugar la noche del 11 de septiembre de 1853. Luego de una espera de tres cuartos de hora, compareció Leopoldine, la hija de Victor Hugo fallecida en un naufragio. Desde entonces y hasta diciembre de 1854 se celebraron en Marine Terrace innumerables sesiones —asistían a ellas, además del poeta, su esposa Adéle, sus hijos Charles y Adéle y amigos o vecinos— en las que Victor Hugo tuvo ocasión de conversar con una miríada de personajes: Jesucristo, Mahoma, Josué, Lutero, Shakespeare, Molière, Dante, Aristóteles, Platón, Galileo, Luis XVI, Isaías, Napoleón (el grande) y otras celebridades. También con animales míticos y bíblicos como el león de Androcles, la burra de Balam y la paloma del Arca de Noé. Y entes abstractos como la Crítica y la Idea. Esta última resultó ser vegetariana y manifestó una pasión que encantaría a los fanáticos del Frente de Defensa Animal, a juzgar por ciertas afirmaciones que comunicó a los espiritistas valiéndose de la copa de cristal y las letras del alfabeto: «La gula es un crimen. Un paté de hígado es una infamia... La muerte de un animal es tan inadmisible como el suicidio del hombre».

Los espíritus manifestaban su presencia haciendo saltar y vibrar las patas de la mesa. Una vez identificada la visita trascendente, comenzaba el diálogo. Las respuestas del espíritu eran golpecillos que correspondían a las letras del alfabeto (los aparecidos sólo hablaban francés). Luego, el propio Victor Hugo pasaba horas de horas —a veces, noches enteras— transcribiendo los diálogos. Aunque se han publicado algunas recopilaciones de estos «documentos mediúmnicos», quedan aún cientos de páginas inéditas que deberían figurar de pleno derecho entre las obras del poeta y escritor, aunque sólo fuera por el hecho de que todos los ilustres espíritus con los que dialoga coinciden a pie juntillas con sus convicciones políticas, religiosas y literarias, y comparten su desenvoltura retórica y sus manías estilísticas, además de profesar la admiración que exigía su egolatría.

España y lo español desempeñaron un papel central en la mitología romántica europea, y probablemente en Victor Hugo más que en ningún otro escritor de su época. Aprendió a hablar el español a los nueve años, antes de viajar a España, en 1811, con su madre y sus dos hermanos para reunirse con su padre, uno de los generales lugartenientes de José Bonaparte. Tres meses antes del viaje, el niño recibió sus primeras clases de ese idioma con el que, más tarde, aderezaría poemas y dramas, y que aparecería en *Los miserables*, en la cancioncilla idiosincrática que le canta el bohemio Tholomyès a su amante Fantine: «Soy de Badajoz / Amor me llama / Toda mi alma / Es en mis ojos / Porque enseñas / a tus piernas» (sic). En Madrid estuvo interno unos meses en el Colegio de los Nobles, en la calle Hortaleza, regentado por religiosos. Victor y Abel fueron exceptuados de ayudar misa, confesarse y comulgar porque su madre, que era volteriana, los hizo pasar por protestantes. Los recuerdos de ese internado fueron tétricos, pues, según afirmaría más tarde, entre esos muros pasó frío, hambre y tuvo muchas peleas con sus compañeros. Pero en esos meses aprendió cosas sobre España y la lengua española que lo acompañarían el resto de su vida y fertilizarían de manera notable su inventiva. Al regresar a Francia, en 1812, vio por primera vez un patíbulo y la imagen del hombre al que iban a dar garrote, montado de espaldas sobre un asno, rodeado de curas y penitentes, se le grabó con fuego en la memoria. Poco después, en Vitoria, vio en una cruz los restos de un hombre descuartizado, lo que lo impulsaría, años más tarde, a hablar con horror de la ferocidad de las represalias del ocupante francés contra los resistentes. Es posible que de estas atroces experiencias de infancia naciera su rechazo a la pena de muerte, contra la que luchó sin descanso, la única convicción política a la que fue fiel a lo largo de toda su vida.

El español no sólo le sirvió para impregnarse de leyendas, historias y mitos de un país en el que creyó encontrar aquel paraíso de pasiones, sentimientos, aventuras y excesos desorbitados con el que soñaba su calenturienta imaginación; también, para disimular a los ojos ajenos, las notas impúdicas que registraba en sus cuadernos secretos, no por exhibicionismo, sino por tacañería, o, mejor, dicho, por ese prurito enfermizo de llevar cuenta minuciosa de todos sus gastos que nos permite, ahora, saber con una precisión inconcebible en cualquier otro escritor cuánto ganó y cuánto gastó a lo largo de toda su vida Victor Hugo (murió rico).

El profesor Henri Guillemin ha descifrado, en un libro muy divertido, *Hugo et la sexualité*, aquellos cuadernos secretos que llevó Victor Hugo en Jersey y Guernsey, en los años de su exilio. Unos años que, por razones que son obvias, algunos comentaristas han bautizado «los años de las sirvientas». El gran vate, pese a haberse llevado consigo a las islas del Canal a su esposa Adéle y a su amante Juliette, y de haber entablado esporádicas relaciones íntimas con damas locales o de paso, mantuvo un constante y múltiple comercio carnal con las muchachas del servicio. Era un comercio en todos los sentidos de la palabra, empezando por su aspecto mercantil. Él pagaba las prestaciones de acuerdo a un esquema bastante estricto. Si la muchacha se dejaba sólo mirar los pechos recibía unos pocos centavos. Si se desnudaba del todo, pero el poeta no podía tocarla, cincuenta centavos. Si podía acariciarla sin llegar a mayores, un franco. Cuando llegaba a aquellos, en cambio, la retribución podía llegar a franco y medio y en alguna tarde de prodigalidad enloquecida ¡hasta a dos francos! Casi todas estas indicaciones de los carnets secretos de Victor Hugo están escritas en español para borrar las pistas. El español, el idioma de las cochinaditas del gran romántico, quién lo hubiera dicho. Algunos ejemplos: «E. G. Esta mañana. Todo, todo». «Mlle. Rosiers. Piernas». «Marianne. La primera vez». «Ferman Bay. Toda tomada. 1 fr.25». «Visto mucho. Cogido todo. Osculum». Etcétera.

¿Hacen mal los biógrafos explorando estas intimidades sórdidas y bajando de su pedestal al dios olímpico? Hacen bien. Así lo humanizan y rebajan a la altura del común de los mortales, esa masa con la que está también amasada la carne del genio. Victor Hugo lo fue, no en todas, por cierto, pero sí en algunas de las obras que escribió, sobre todo en *Los miserables*, una de las más ambiciosas empresas literarias del siglo XIX, ese siglo de grandes deicidas, como Tolstói y Balzac. Pero también fue un vanidoso y un cursi y buena parte de lo mucho que escribió es hoy palabra muerta, literatura circunstancial. (Breton lo elogió con maldad, diciendo de él:

«Era surrealista cuando no era *con* [un idiota]»). Pero quizá la definición más bonita de él la hizo Cocteau: «Victor Hugo era un loco que se creía Victor Hugo».

En la casa de la plaza de los Vosgos donde vivió hay un museo dedicado a su memoria, en el que se puede ver en una vitrina un sobre dirigido a él que llevaba como única dirección: «Mr. Victor Hugo. Océan». Y ya era tan famoso que la carta llegó a sus manos. Aquello de océano le viene de perillas, por lo demás. Eso fue: un mar inmenso, quieto a ratos y a veces agitado por tormentas sobrecogedoras, un océano habitado por hermosas bandadas de delfines y por crustáceos sórdidos y eléctricas anguilas, un infinito maremágnum de aguas encrespadas donde conviven lo mejor y lo peor —lo más bello y lo más feo— de las creaciones humanas.

Madrid, septiembre de 2003

Los benévolos

El lector sale de *Les Bienveillantes*, la novela de Jonathan Littell que acaba de ganar el Premio Goncourt en Francia y que ha alcanzado en ese país un éxito de público sin precedentes, asfixiado, desmoralizado y a la vez estupefacto por ese viaje a través del horror y la oceánica investigación que lo ha hecho posible. No recuerdo haber leído nunca un libro que documente con tanta minucia y profundidad los pavorosos extremos de crueldad y estupidez a que llegó el nazismo en su afán de exterminar a los judíos y demás «razas inferiores» en su breve pero apocalíptica trayectoria.

Como todo puede ser llamado novela, este libro, cuyo título traducido al español —*Los benévolos*— pierde algo de la punzante ironía que tiene en francés, también ha sido llamado así, pero lo cierto es que lo propiamente novelesco de estas páginas —lo imaginado, lo ficticio, lo añadido por el autor al mundo real— es lo menos interesante, un mero pretexto para enfrentar a los lectores a una experiencia histórica de espanto, con una riqueza de detalles, precisiones, ramificaciones por toda Europa, complicidades innumerables y un refinamiento artesanal indescriptible, que, a todas luces, el autor ha rastreado a través de documentos, testimonios e informaciones en muchos años de denodada investigación. En una novela lo que importa, sobre todo, es lo que hay en ella de agregado a la vida a través de la fantasía. *Les Bienveillantes* es un libro extraordinario por lo que hay en él de cierto y verdadero y no por la muy precaria estructura ficticia y truculenta que envuelve a la historia real.

Quien la cuenta es un narrador-personaje, Max Aue, que ha conseguido sobrevivir a su pasado nazi y envejece ahora, en la provincia de Francia, bajo un nombre supuesto y convertido en un próspero industrial. No se arrepiente en absoluto de los crímenes indescriptibles de los que fue cómplice y autor —su exitosa carrera dentro del Tercer Reich la hizo como policía y experto en exterminio y campos de concentración, a la sombra del *Reichsführer-SS* Himmler, y trabajando en equipo con dignatarios como Eichmann o Speer, el ministro favorito de Hitler—, para los que tiene justificaciones históricas y políticas, en largas disquisiciones que resultan a veces algo monótonas. Tuvo una infancia traumática, en Francia —su madre era francesa y su padre alemán—, en la que concibió una pasión incestuosa por su hermana gemela, y practica el homosexualismo pasivo a ratos y a escondidas, pero el sexo no ocupa un lugar importante en su vida. Se doctoró en Derecho y es hombre culto, aficionado a la música, las buenas lecturas y las artes —le gustan mucho las óperas de Monteverdi y las pinturas de Vermeer— como, por lo demás, según su testimonio, parecen serlo muchos de sus colegas, en la Gestapo, la Waffen-SS y los cuerpos de seguridad del Partido Nazi en los que él, gracias a su espíritu disciplinado, trabajador y eficiente hace una rápida carrera alcanzando antes de cumplir treinta años los galones de teniente coronel y la máxima condecoración del Ejército alemán, la Cruz de Hierro, por su desempeño en el sitio de Stalingrado.

Cuando, en los principios de su tarea, asiste en los países ocupados del Este, sobre todo Ucrania y Rusia, a los asesinatos masivos de judíos, gitanos, enfermos mentales y víctimas de cualquier tipo de deformación física, padece de vómitos nocturnos y ataques de dispepsia, y algunas pesadillas, pero da la impresión de que ello no es un síndrome de rechazo moral sino de un disgusto estético y sensible ante los horrendos olores y feas escenas que producen aquellas degollinas. Pronto se acostumbra y, convencido de que la ideología nazi del *Volk* exige del pueblo ario aquella operación de limpieza étnica masiva, pone en el empeño todo su talento organizador y su imaginación burocrática. Con tan buenos resultados que es promovido hasta tener acceso a todo el enrevesado sistema montado por el régimen para aniquilar al pueblo judío, a los gitanos, a los deformes y degenerados, y para convertir en bestias de carga y esclavos industriales a los prisioneros políticos.

Esta misión lo lleva a recorrer todos los campos de exterminio y a alternar con quienes los dirigen —policías, militares, médicos, antropólogos— en visitas que recuerdan el paso de Dante y Virgilio por los siete círculos del infierno, sin la poesía. Aunque uno cree saberlo todo ya sobre el vertiginoso salvajismo con que los nazis se encarnizaron en su afán de liquidar a los judíos, la información reunida por Jonathan Littell nos revela que no, que todavía fue peor, que los crímenes, la inhumanidad de los verdugos, alcanzaron cimas más altas de monstruosidad de las que creíamos. Son páginas que quitan el habla, estremecen y desalientan sobre la condición humana. Quienes planeaban estos horrores eran a veces, como Max Aue, gentes que habían leído mucho y sensibles a las artes. Una de las mejores escenas del libro es una recepción de jerarcas nazis en la que Adolf Eichmann aparece ansioso por aplicar a la presente situación alemana la noción kantiana del imperativo categórico, y otra en la que, en una cacería en las afueras de Berlín, la esposa de un general nazi explica la filosofía de Heidegger. Estas páginas del libro parecen una ilustración muy gráfica de la famosa frase de George Steiner, preguntándose cómo fue posible que el mismo pueblo que produjo a Beethoven y a Kant, engendrara también a Hitler y al Holocausto: «Las humanidades no humanizan».

¿Cuántos alemanes sabían lo que ocurría en los campos de exterminio? Es cierto que se guardaban las apariencias y, por ejemplo, en los informes, reglamentos, órdenes, se utilizaban eufemismos —«saneamiento», «curación», «limpieza»— y que, incluso buen número de las decenas de millares de personas directamente implicadas en hacer funcionar la complicada maquinaria del aniquilamiento de millones de personas, no hablaban de eso sino de manera figurada —salvo en las borracheras— y no querían saber nada más fuera de la parcela que les concernía. Pero lo evidente es que era mucho más difícil no saber lo que ocurría que saberlo, pues, en los extremos de enloquecimiento a que llegó el régimen en su obsesión homicida contra los judíos, a partir de 1943 ésta pasó a ser la primera prioridad del nazismo, antes incluso que ganar la guerra. No se explica de otro modo el esfuerzo gigantesco para montar un sistema de transportes masivos a lo largo y a lo ancho de Europa a fin de alimentar las cámaras de gaseamiento y los hornos crematorios, y los presupuestos crecientes y la asignación de personal y de recursos técnicos, que, contra el parecer de los jerarcas del Ejército alemán, que veían en esto un debilitamiento de su capacidad bélica, llevó a cabo el nazismo, decidido a acabar con los judíos aun a costa de una derrota militar. Todos sabían, aunque no quisieran saberlo.

Aunque entre los nazis responsables de la puesta en práctica del Holocausto había militantes que actuaban movidos por una convicción, como Max Aue, abundaban también los cínicos, los oportunistas y los pícaros, que, en medio de las redadas, torturas, expropiaciones y asesinatos colectivos, se enriquecían a base de tráficos inmundos o daban rienda suelta a sus instintos más bestiales. Pero la mayoría de ellos eran entes que ejecutaban órdenes, como autómatas, imbecilizados por la obediencia ciega, que había anulado en ellos toda capacidad de juicio moral y de independencia de espíritu.

Tal vez fuera imposible, manipulando materiales tan absolutamente abominables como los que recorren las casi novecientas páginas de este libro —y con muy pocos puntos aparte, lo que acrecienta la sensación de asfixia que producen sus páginas— escribir una gran novela, como *La guerra y la paz* o *Los demonios*. Una gran novela no puede apelar sólo a la mugre humana, a lo que hay de animalidad ciega, de instinto perverso, de irracionalidad destructiva, de egoísmo y crueldad, aunque, quién puede dudarlo, todo esto forme parte también de la condición humana. Pero una novela es una fuga de lo vivido hacia lo soñado o fantaseado para liberarse de la miseria que es vivir en esta mediocre realidad cotidiana, una manera de alcanzar, allá, en ese puro reino de la palabra, la belleza y la imaginación, todo aquello que la vida real nos niega. Una novela puede, desde luego, sumergirnos en el barro de la injusticia, de la maldad, de las peores formas de infortunio, pero sin renunciar a alguna forma de esperanza, de redención, como ocurre en esas ficciones terribles que son, por ejemplo, *La montaña mágica*, *Ulises*, *Santuario*, y tantas otras obras maestras. Pero esta novela, como las del marqués de Sade, no nos ofrece ninguna escapatoria, y luego de sumergirnos en la más abyecta manifestación de lo repugnante que puede ser lo humano, nos deja allí, en esos humores deletéreos, condenados para siempre. Por eso, a pesar de ser tan cierto todo aquello que cuenta, hay en *Les Bienveillantes* cierto miasma de irrealidad, algo que tal vez proyectamos en ella los lectores para defendernos, negándonos a ser así, sólo seres odiosos y horribles. Porque en las muchas páginas de este libro fuera de lo común no hay un solo personaje, hombre o mujer, que no sea absolutamente despreciable.

Washington, noviembre de 2006

Bajo el oprobio

Irène Némirovsky conoció el mal, es decir, el odio y la estupidez, desde la cuna, a través de su madre, belleza frívola a la que la hija recordaba que los seres humanos envejecen y se afean; por eso, la detestó y mantuvo siempre a una distancia profiláctica. El padre era un banquero que viajaba mucho y al que la niña veía rara vez. Nacida en 1903, en Kiev, Irène se volcó en los estudios y llegó a dominar siete idiomas, sobre todo el francés, en el que más tarde escribiría sus libros. Pese a su fortuna, la familia, por ser judía se vio hostigada ya en Rusia en el tiempo de los zares, donde el antisemitismo campeaba. Luego, al triunfar la revolución bolchevique, fue expropiada y debió huir, a Finlandia y Suecia primero y, finalmente, a Francia, donde se instaló en 1920. También allí el antisemitismo hacía de las suyas y, pese a sus múltiples empeños, ni Irène ni su marido, Michel Epstein, banquero como su suegro, pudieron obtener la nacionalidad francesa. Su condición de parias sellaría su ruina durante la ocupación alemana.

En los años veinte, las novelas de Irène Némirovsky tuvieron éxito, sobre todo, *David Golder*, llevada al cine por Julien Duvivier, le dieron prestigio literario y fueron elogiadas incluso por antisemitas notorios, como Robert Brasillach, futuro colaboracionista de los nazis ejecutado a la Liberación. No eran casuales estos últimos elogios. En sus novelas, principalmente en *David Golder*, la autora recogía a menudo los estereotipos del racismo antijudío, como su supuesta avidez por el dinero y su resistencia a integrarse en las sociedades de las que formaban parte. Aunque Irène rechazó siempre las acusaciones de ser un típico caso del «judío que odia a los judíos», lo cierto es que hubo en ella un malestar y, a ratos, una rabia visceral por no poder llevar una vida normal, por verse siempre catalogada como un ser «otro», debido al antisemitismo, una de las taras más abominables de la civilización occidental. Eso explica, sin duda, que colaborara en revistas como *Candide* y *Grin-*

goire, fanáticamente antisemitas. Irène y Michel Epstein comprobaron en carne propia que no era fácil para una familia judía «integrarse» en una sociedad corroída por el virus racista. Su conversión al catolicismo en 1939, religión en la que fueron bautizadas también las dos hijas de la pareja, Denise y Elizabeth, no les sirvió de nada cuando llegaron los nazis y dictaron las primeras medidas de «arianización» de Francia, a las que el Gobierno de Vichy, presidido por el mariscal Pétain, prestó diligente apoyo.

Irène y Michel fueron expropiados de sus bienes y expulsados de sus trabajos. Ella sólo pudo publicar a partir de entonces con seudónimo, gracias a la complicidad de su editorial (Albin Michel). Como carecían de la nacionalidad francesa debieron permanecer en la zona ocupada, registrarse como judíos y llevar cosida en la ropa la estrella amarilla de David. Se retiraron de París al pueblo de Issy-l'Évêque, donde pasarían los dos últimos años de su vida, soportando las peores humillaciones y viviendo en la inseguridad y el miedo. El 13 de julio de 1942 los gendarmes franceses arrestaron a Irène. La enviaron primero a un campo de concentración en Pithiviers, y luego a Auschwitz, donde fue gaseada y exterminada. La misma suerte correría su esposo, pocos meses después.

Las dos pequeñas, Denise y Elizabeth, se salvaron de milagro de perecer como sus padres. Sobrevivieron gracias a una antigua niñera, que, escondiéndolas en establos, conventos, refugios de pastores y casas de amigos, consiguió eludir a la gendarmería que persiguió a las niñas por toda Francia durante años. La monstruosa abuela, que vivía como una rica *cocotte*, rodeada de gigolós, en Niza, se negó a recibir a las nietas y, a través de la puerta, les gritó: «¡Si se han quedado huérfanas, lárguense a un hospicio!». En su peregrinar, las niñas arrastraban una maleta con recuerdos y cosas personales de la madre. Entre ellas había unos cuadernos borroneados con letra menuda, de araña. Ni Denise ni Elizabeth se animaron a leerlos, pensando que ese diario o memoria final de su progenitora, sería demasiado desgarrador para las hijas. Cuando se animaron por fin a hacerlo, sesenta años más tarde, descubrieron que era una novela: *Suite francesa*.

No una novela cualquiera: una obra maestra, uno de los testimonios más extraordinarios que haya producido la literatura del siglo xx sobre la bestialidad y la barbarie de los seres humanos, y, también, sobre los desastres de la guerra y las pequeñeces, vilezas, ternuras y grandezas que esa experiencia cataclísmica produce en quienes los padecen y viven bajo el oprobio cotidiano de la servidumbre y el miedo. Acabo de terminar de leerla y escribo estas líneas todavía sobrecogido por esa inmersión en el horror que es al mismo tiempo —manes de la gran literatura— una proeza artística de primer orden, un libro de admirable arquitectura y soberbia elegancia, sin sentimentalismo ni truculencia, sereno, frío, inteligente, que hechiza y revuelve las tripas, que hace gozar, da miedo y obliga a pensar.

Irène Némirovsky debió ser una mujer fuera de lo común. Resulta difícil concebir que alguien que vivía a salto de mata, consciente de que en cualquier momento podía ser encarcelada, su familia deshecha y sus hijas abandonadas en el desamparo total, fuera capaz de emprender un proyecto tan ambicioso como el de *Suite francesa* y lo llevara a cabo con tanta felicidad, trabajando en condiciones tan precarias. Sus cartas indican que se iba muy de mañana a la campiña y que escribía allí todo el día, acuclillada bajo un árbol, en una letra minúscula por la escasez de papel. El manuscrito no delata correcciones, algo notable, pues la estructura de la novela es redonda, sin fallas, así como su coherencia y la sincronización de acciones entre las decenas de personajes que se cruzan y descruzan en sus páginas hasta trazar el fresco de toda una sociedad sometida, por la invasión y la ocupación, a una especie de descarga eléctrica que la desnuda de todos sus secretos.

Había planeado una historia en cinco partes, de las que sólo terminó dos. Pero ambas son autosuficientes. La primera narra la hégira de los parisinos al interior de Francia, enloquecidos con la noticia de que las tropas alemanas han perforado la línea Maginot, derrotado al Ejército francés y ocuparán la capital en cualquier momento. La segunda, describe la vida en la Francia rural y campesina ocupada por las tropas alemanas. La descripción de lo que en ambas circunstancias sucede es minuciosa y serena, lo general y lo particular alternan de manera que el lector no pierde nunca la perspectiva del conjunto, mientras las historias de las familias e individuos concretos le permitan tomar conciencia de los menudos incidentes, tragedias, situaciones grotescas, cómicas, las cobardías y mezquindades que se mezclan con generosidades y heroísmos y la confusión y el desorden en que, en pocas horas, parece naufragar una civilización de muchos siglos, sus valores, su moral, sus maneras, sus instituciones, arrebatadas por la tempestad de tanques, bombardeos y matanzas.

Irène Némirovsky tenía al Tolstói de *La guerra y la paz* como modelo cuando escribía su novela; pero el ejemplo que más le sirvió en la práctica fue el de Flaubert, cuya técnica de la impersonalidad elogia en una de sus notas. Esa estrategia narrativa ella la dominaba a la perfección. El narrador de su historia es un fantasma, una esfinge, una ausencia locuaz. No opina, no enfatiza, no juzga: muestra, con absoluta imparcialidad. Por eso, le creemos, y por eso esa historia fagocita al lector y éste la vive al unísono con los personajes, y es con ellos valiente, cobarde, ingenuo, idealista, vil, inteligente, estúpido. No sólo la sociedad francesa desfila por ese caleidoscopio de palabras, la humanidad entera parece haber sido apresada en esas páginas cuya maniática precisión es engañosa, pues por debajo de ella todo es dolor, desgarramiento, desánimo, tortura, envilecimiento, aunque, a veces, también, nobleza, amistad, amor y generosidad. La novela muestra cómo la vida es siempre más rica y sutil que las convicciones políticas y las ideologías y cómo puede a veces sobreponerse a los odios, las enemistades y las pasiones e imponer la sensatez y la racionalidad. Las relaciones que llegan a anudarse, por ejemplo, entre muchachas campesinas y burguesas —entre ellas, algunas esposas que tienen a sus maridos como prisioneros de guerra— y los soldados alemanes, uno de los temas más difíciles de desarrollar, están narradas con insuperable eficacia y dan lugar a las páginas más conmovedoras del libro.

Sobre la Segunda Guerra Mundial y los estragos que ella causó, así como sobre la irracionalidad homicida de Hitler y el nazismo se han escrito bibliotecas enteras de historias, ensayos, novelas, testimonios y estudios y se han hecho documentales innumerables, muchos excelentes. Yo quisiera decir que, entre todo ese material casi infinito, probablemente nadie consiguió mostrar de manera más persuasiva, lúcida y sentida, en el ámbito de la literatura, los alcances de aquel apocalipsis para los seres comunes y corrientes, como esta exiliada de Kiev, condenada a ser una de sus víctimas, que ante la adversidad optó por coger un lápiz y un cuaderno y echarse a fantasear otra vida para vengarse de la vida tan injusta que vivió.

Madrid, agosto de 2010

Los réprobos

El ministro de Cultura de Francia, Frédéric Mitterrand, ha hecho saber que el Gobierno francés ha decidido sacar de la lista de celebraciones nacionales de este año al escritor Louis-Ferdinand Céline, fallecido hace cincuenta años. De este modo accedía a una solicitud de la asociación de hijos de deportados judíos y varias organizaciones humanitarias que protestaron contra el proyecto inicial de rendir un homenaje oficial a Céline, teniendo en cuenta sus violentos panfletos antisemitas y su colaboración con los nazis durante la ocupación hitleriana de Francia.

En efecto, Céline fue, políticamente hablando, una escoria. Leí en los años sesenta su diatriba *Bagatelles pour un massacre* y sentí náuseas ante ese vómito enloquecido de odio, injurias y propósitos homicidas contra los judíos, un verdadero monumento al prejuicio, al racismo, la crueldad y la estupidez. El doctor Auguste Destouches —Céline era un nombre de pluma— no se contentó con volcar su antisemitismo en panfletos virulentos. Parece probado que, durante los años de la ocupación alemana, denunció a la Gestapo a familias judías que estaban ocultas o disimuladas bajo nombres falsos para que fueran deportadas. Es seguro que si, a la Liberación, hubiera sido capturado, habría pasado muchos años en la cárcel o hubiera sido condenado a muerte y ejecutado como Robert Brasillach. Lo salvó el haberse refugiado en Holanda, donde pasó algunos meses en prisión. Holanda se negó a extraditarlo alegando que, en la Francia exaltada de la Liberación, era difícil que Céline recibiera un juicio imparcial.

Dicho esto, hay que decir también que Céline fue un extraordinario escritor, seguramente el más importante novelista francés del siglo xx después de Proust, y que, con la excepción de *En busca del tiempo perdido* y *La condición humana* de Malraux, no hay en la narrativa moderna en lengua francesa nada que se compare en originalidad, fuerza expresiva y riqueza creadora a las dos obras maestras de Céline: *Viaje al final de la noche* (1932) y *Muerte a crédito* (1936).

Desde luego que la genialidad artística no es un atenuante contra el racismo —yo la consideraría más bien un agravante—, pero, a mi juicio, la decisión del Gobierno francés envía a la opinión pública un mensaje peligrosamente equivocado sobre la literatura y sienta un pésimo precedente. Su decisión parece suponer que, para ser reconocido como un buen escritor, hay que escribir también obras buenas y, en última instancia, ser un buen ciudadano y una buena persona. La verdad es que si ese fuera el criterio, apenas un puñado de polígrafos calificaría. Entre ellos hay algunos que responden a ese benigno patrón, pero la inmensa mayoría adolece de las mismas miserias, taras y barbaridades que el común de los seres humanos. Sólo en el rubro del antisemitismo —el prejuicio racial o religioso contra los judíos— la lista es tan larga, que habría que excluir del reconocimiento público a una multitud de grandes poetas, dramaturgos y narradores, entre los que figuran Shakespeare, Quevedo, Balzac, Pío Baroja, T. S. Eliot, Claudel, Ezra Pound, E. M. Cioran y muchísimos más.

Que éstos y otras eminencias fueran racistas no legitima el racismo, desde luego, y es más bien una prueba contundente de que el talento literario puede coexistir con la ceguera, la imbecilidad y los extravíos políticos, cívicos y morales, como lo afirmó, de manera impecable, Albert Camus. ¿Cómo se explicaría de otro modo que uno de los filósofos más eminentes de la era moderna, Heidegger, fuera nazi y nunca se arrepintiera de serlo pues murió con su carnet de militante nacionalsocialista vigente?

Aunque no siempre es fácil, hay que aceptar que el agua y el aceite sean cosas distintas y puedan convivir en una misma persona. Las mismas pasiones sombrías y destructivas que animaron a Céline desde la atroz experiencia que fue para él la Primera Guerra Mundial, le permitieron representar, en dos novelas fuera de serie, el mundillo feroz de la mediocridad, el resentimiento, la envidia, los complejos, la sordidez de un vasto sector social, que abarcaba desde el lumpen hasta las capas más degradadas en sus niveles de vida de las clases medias de su tiempo. En esas farsas grandiosas, la vulgaridad y las exageraciones rabelesianas alternan con un humor corrosivo, un deslumbrante fuego de artificio lingüístico y una sobrecogedora tristeza.

El mundo de Céline está hecho de pobreza, fracaso, desilusión, mentiras, traiciones, bajezas, pero también de disparate, extravagancia, aventura, rebeldía, insolencia y todo él despide una abrumadora humanidad. Aunque el lector esté absolutamente convencido de que la vida no es sólo eso —es mi caso— las novelas de Céline están tan prodigiosamente concebidas que es imposible, leyéndolas, no admitir que la vida sea también eso. El gran mérito de ese escritor maldito fue haber conseguido demostrar que el mundo en que vivimos también es esa mugre y que era posible convertir el horror sórdido en belleza literaria.

La literatura no es edificante, ella no muestra la vida tal como debería ser. Ella, más bien, a menudo, en sus más audaces expresiones, saca a la luz, a través de sus imágenes, fantasías y símbolos, aspectos que, por una cuestión de tacto, buen gusto, higiene moral o salud histórica, tratamos de escamotear de la vida que llevamos. Una importante filiación de escritores ha dedicado su tarea creativa a desenterrar a esos demonios, enfrentarnos con ellos y hacernos descubrir que se parecen a nosotros. (El marqués de Sade fue uno de esos terribles desenterradores).

Hay que celebrar las novelas de Céline como lo que son: grandes creaciones que han enriquecido la literatura de nuestro tiempo, y, muy especialmente, la lengua francesa, dando legitimidad estética a un habla popular, sabrosa, vulgar, pirotécnica, que estaba totalmente excluida de la ciudadanía literaria. Y, por supuesto, como ha escrito Bernard-Henri Lévy, aprovechar la ocasión del medio siglo de la muerte de ese escritor «para empezar a entender la oscura y monstruosa relación que ha podido existir... entre el genio y la infamia».

Al mismo tiempo que hojeaba en la prensa lo ocurrido en Francia con el cincuentenario de Céline, leí en *El País* (Madrid, 23 de enero de 2011) un artículo de Borja Hermoso titulado «La rehabilitación de Roman Polanski». En efecto, el gran cineasta polaco-francés es, ahora, algo así como un héroe de la libertad, después que una espectacular campaña mediática, en la que grandes artistas, actores, escritores y directores, abogaron por él, y consiguieron que la justicia suiza se negara a extraditarlo a Estados Unidos. Esto fue celebrado como una victoria contra la terrible injusticia de la que, por lo visto, había sido víctima por parte de los jueces norteamericanos, que se empeñaban en juzgarlo por esta menudencia: haber atraído con engaños, en Hollywood, a una casa vacía, a una niña de trece años a la que primero drogó y luego sodomizó. ¡Pobre cineasta! Pese a su enorme talento, los abusivos tribunales estadounidenses querían sancionarlo por esa travesura. Él, entonces, huyó a París. Menos mal que un país como Francia, donde se respetan la cultura y el talento, le ofreció exilio y protección, y le ha permitido seguir produciendo las excelentes obras cinematográficas que ahora ganan premios por doquier. Confieso que esta historia me produce las mismas náuseas que tuve cuando me sumergí hace medio siglo en las putrefactas páginas de *Bagatelles pour un massacre*.

Lima, enero de 2011

El carnicero de Praga

Hace por lo menos tres décadas que no leía un Premio Goncourt. En los años sesenta, cuando trabajaba en la Radio Televisión Francesa, lo hacía de manera obligatoria, pues debíamos dedicarle el programa *La literatura en debate*, en el que, con Jorge Edwards, Carlos Semprún y Jean Supervielle pasábamos revista semanal a la actualidad literaria francesa. O mi memoria es injusta, o aquellos premios eran bastante flojos, pues no recuerdo uno solo de los siete que en aquellos años comenté.

Pero estoy seguro, en cambio, que este Goncourt que acabo de leer, *HHhH*, de Laurent Binet —tiene treinta y nueve años, es profesor y ésta es su primera novela— lo recordaré con nitidez lo que me queda de vida. No diría que es una gran obra de ficción, pero sí que es un magnífico libro. Su misterioso título son las siglas de una frase que, al parecer, se decía en Alemania en tiempos de Hitler: «*Himmlers Hirn heisst Heydrich*» (El cerebro de Himmler se llama Heydrich).

La recreación histórica de la vida y la época del jefe de la Gestapo, Reinhard Heydrich, de la creación y funciones de las SS, así como de la preparación y ejecución del atentado de la resistencia checoslovaca que puso fin a la vida del *Carnicero de Praga* (se le apodaba también *La Bestia Rubia*) es inmejorable. Se advierte que hay detrás de ella una investigación exhaustiva y un rigor extremo que lleva al autor a prevenir al lector cada vez que se siente tentado —y no puede resistir la tentación— de exagerar o colorear algún hecho, de rellenar algún vacío con fantasías o alterar alguna circunstancia para dar mayor eficacia al relato. Ésta es la parte más novelesca del libro, los comentarios en los que el narrador se detiene para referir cómo nació su fascinación por el personaje, los estados emocionales que experimenta a lo largo de los años que le toma el trabajo, las pequeñas anécdotas que vivió mientras se documentaba y escribía. Todo esto está contado con gracia y elegancia, pero es, a fin de cuentas, adjetivo comparado con la formidable reconstrucción de las atroces hazañas perpetradas por Heydrich, que fue, en efecto, el brazo derecho de Himmler y uno de los jerarcas nazis más estimados por el propio Führer.

Carnicero, Bestia y otros apodos igual de feroces no bastan, sin embargo, para describir a cabalidad la vertiginosa crueldad de esa encarnación del mal en que se convirtió Reinhard Heydrich a medida que escalaba posiciones en las fuerzas de choque del nazismo, hasta llegar a ser nombrado por Hitler el Protector de las provincias anexadas al Reich de Bohemia y Moravia. Era hijo de un pasable compositor y recibió una buena educación, en un colegio de niños bien donde sus compañeros lo atormentaban acusándolo de ser judío, acusación que estropeó luego su carrera en la Marina de Guerra. Tal vez su precoz incorporación a las SS, cuando este cuerpo de élite del nazismo estaba apenas constituyéndose, fue la manera que utilizó para poner fin a esa sospecha que ponía en duda su pureza aria y que hubiera podido arruinar su futuro político. Fue gracias a su talento organizador y su absoluta falta de escrúpulos que las SS pasaron a ser la maquinaria más efectiva para la implantación del régimen nazi en toda la sociedad alemana, la fuerza de choque que destrozaba los comercios judíos, asesinaba disidentes y críticos, sembraba el terror en sindicatos independientes o fuerzas políticas insumisas, y, comenzada la guerra, la punta de lanza de la estrategia de sujeción y exterminación de las razas inferiores.

En la célebre conferencia de Wannsee, del 20 de enero de 1942, fue Heydrich, secundado por Eichmann, quien presentó, con lujo de detalles, el proyecto de *Solución Final*, es decir, de industrializar el genocidio judío —la liquidación de once millones de personas— utilizando técnicas modernas como las cámaras de gas, en vez de continuar con la liquidación a balazos y por pequeños grupos, lo que, según explicó, extenuaba física y psicológicamente a sus *Einsatzgruppen*. Cuentan que cuando Himmler asistió por primera vez a las operaciones de exterminio masivo de hombres, mujeres y niños, la impresión fue tan grande que se desmayó. Heydrich estaba vacunado contra esas debilidades: él asistía a los asesinatos colectivos con papel y lápiz a la mano, tomando nota de aquello que podía ser perfeccionado en número de víctimas, rapidez en la matanza o en la pulverización de los restos. Era frío, elegante, buen marido y buen padre, ávido de honores y de bienes materiales, y, a los pocos meses de asumir su protectorado, se jactaba de haber limpiado Checoslovaquia de saboteadores y resistentes y de haber empezado ya la germanización acelerada de checos y eslovacos. Hitler, feliz, lo llamaba a Berlín con frecuencia para coloquios privados.

En estos precisos momentos, el Gobierno checo en el exilio de Londres, presidido por Benes, decide montar la Operación Antropoide, para ajusticiar al *Carnicero de Praga*, a fin de levantar la moral de la diezmada resistencia interna y mostrar al mundo que Checoslovaquia no se ha rendido del todo al ocupante. Entre todos los voluntarios que se ofrecen, se elige a dos muchachos humildes, provincianos y sencillos, el eslovaco Jozef Gabcík y el checo Jan Kubiš. Ambos son adiestrados en la campiña inglesa por los jefes militares del exilio y lanzados en paracaídas. Durante varios meses, malvivirán en escondrijos transeúntes, ayudados por los pequeños grupos de resistentes, mientras hacen las averiguaciones que les permitan montar un atentado exitoso en el que, tanto Gabcík como Kubiš lo saben, tienen muy pocas posibilidades de salir con vida.

Las páginas que Binet dedica a narrar el atentado, lo que ocurre después, la cacería enloquecida de los autores por una jauría que asesina, tortura y deporta a miles de inocentes, son de una gran maestría literaria. El lenguaje limpio, transparente, que evita toda truculencia, que parece desaparecer detrás de lo que narra, ejerce una impresión hipnótica sobre el lector, quien se siente trasladado en el espacio y en el tiempo al lugar de los hechos narrados, deslizado literalmente en la intimidad incandescente de los dos jóvenes que esperan la llegada del coche descapotable de su víctima, los imprevistos de último minuto que alteran sus planes, el revólver que se encasquilla, la bomba que hace saltar sólo parte del coche, la persecución por el chofer. Todos los pormenores tienen tanta fuerza persuasiva que quedan grabados de manera indeleble en la memoria del lector.

Parece mentira que, luego de este cráter, el libro de Laurent Binet sea capaz todavía de hacer vivir una nueva experiencia convulsiva a sus lectores, con el relato de los días que siguen al atentado que acabó con la vida de Heydrich. Hay algo de tragedia griega y de espléndido *thriller* en esas páginas en que un grupo de checos patriotas se multiplica para esconder a los ajusticiadores, sabiendo muy bien que por esa acción deberán morir también ellos, hasta el epónimo final en que, vendidos por un Judas llamado Karel Curda, Gabčík, Kubiš y cinco compañeros de la resistencia se enfrentan a balazos a ochocientos SS durante cinco horas, en la cripta de una iglesia, antes de suicidarse para no caer prisioneros.

La muerte de Heydrich desencadenó represalias indescriptibles, como el exterminio de toda la población de Lidice, y torturas y matanzas de centenares de familias eslovacas y checas. Pero, también, mostró al mundo lo que, todavía en 1942, muchos se negaban a admitir: la verdadera naturaleza sanguinaria y la inhumanidad esencial del nazismo. En Checoslovaquia misma, pese al horror que se vivió en las semanas y meses siguientes a la Operación Antropoide, la muerte de Heydrich mantuvo viva la convicción de que, pese a todo su poderío, el Tercer Reich no era invencible.

Un buen libro, como éste, perdura en la conciencia, y es un gusanito que no nos da sosiego con esas preguntas inquietantes: ¿cómo fue posible que existiera una inmundicia humana de la catadura de un Reinhard Heydrich? ¿Cómo fue posible el régimen en que individuos como él podían prosperar, alcanzar las más altas posiciones, convertirse en amos absolutos de millones de personas? ¿Qué debemos hacer para que una ignominia semejante no vuelva a repetirse?

Madrid, octubre de 2011

La medialuna sobre el Sena

Acaba de haber elecciones generales en Francia y la «Fraternidad musulmana» ha ganado con comodidad; socialistas y republicanos, temerosos de que el Frente Nacional de Marine Le Pen pudiera acceder al poder en estos comicios, han asegurado aquel triunfo. La Francia que fue antaño cristiana, luego laica, tiene ahora, por primera vez, un presidente musulmán, Mohammed Ben Abbes.

Contrariamente a lo que se temía, los «grupos identitarios» (nacionalistas y xenófobos), no han entrado en zafarrancho de combate y parecen haberse resignado a lo ocurrido con unos cuantos alborotos y algún crimen, algo que, por lo demás, los discretos medios de comunicación apenas mencionan. El país muestra una insólita pasividad ante el proceso de islamización, que empieza muy de prisa en el ámbito académico. Arabia Saudita patrocina con munificencia a la Sorbona, donde los profesores que no se convierten deben jubilarse, eso sí, en condiciones económicas óptimas. Desaparecen las aulas mixtas y los antiguos patios se llenan de jovencitas veladas. El nuevo presidente de la universidad, Rediger, autor de un *best seller* que ha vendido tres millones de ejemplares: *Diez preguntas sobre el Islam*, defiende la poligamia y la practica: tiene dos esposas legítimas, una veterana y otra de apenas quince años.

Quien cuenta esta historia, François, es un oscuro profesor de literatura que se pasó siete años escribiendo una tesis sobre Joris-Karl Huysmans y ha publicado un solo libro, *Vértigo de neologismos*, sobre este novelista decimonónico. Solterón, apático y anodino, nunca le interesó la política pero ésta entra como un ventarrón en su vida cuando lo echan de la universidad por no convertirse y pierde a su novia, Myriam, que, debido al cambio de régimen, debe emigrar a Israel con toda su familia al igual que la mayoría de judíos franceses.

François observa todos estos enormes cambios que suceden a su alrededor —por ejemplo, que la política exterior francesa se vuelque ahora a acercar a Europa y en especial a Francia a todos los países árabes— con un fatalismo tranquilo. Éste parece ser el estado de ánimo dominante entre sus compatriotas, una sociedad que ha perdido el *élan* vital, resignada ante una historia que le parece tan irremediable como un terremoto o un tsunami, sin reflejos ni rebeldía, sometida de antemano a todo lo que le depara el destino. Basta leer unas pocas páginas de esta novela de Michel Houellebecq para entender que el título le viene como anillo al dedo: *Sumisión*. En efecto: ésta es la historia de un pueblo sometido y vencido, que, enfermo de melancolía y de neurosis, se va viendo desaparecer a sí mismo y es incapaz de mover un dedo para impedirlo.

Aunque la trama está muy bien montada y se lee con un interés que no decae, a ratos se tiene la impresión no de estar enfrascado en una novela sino en un testimonio psicoanalítico sobre los fantasmas macabros de un inconsciente colectivo que se tortura a sí mismo infligiéndose humillaciones, fracasos y una lenta decadencia que lo llevará a la extinción. Como este libro ha sido leído con avidez en Francia por un enorme público, cabe suponer que en él se expresan unos sentimientos, miedos y prejuicios de que es víctima un importante sector de la sociedad francesa.

Es simplemente inverosímil que alguna vez ocurra en Francia aquello que parece profetizar *Sumisión*, un retroceso tan radical hacia la barbarie del país que entronizó por primera vez los Derechos del Hombre, cuna de las revoluciones que, según Marx, se proponían «asaltar el cielo», y de la literatura más refractaria al *statu quo* de toda Europa. Pero tal vez semejante pesimismo se explique recordando que la modernidad ha golpeado de manera inmisericorde a Francia, que nunca ha sabido adaptarse a ella —por ejemplo sigue arrastrando un Estado macrocefálico que la asfixia y unas prestaciones generosas que no puede financiar—, al mismo tiempo que el terrorismo se ha encarnizado en su suelo impregnando de inseguridad y desmoralización a sus ciudadanos. Por otra parte su clase política, que ha ido decayendo y parece haber perdido por completo su capacidad de renovarse, no sabe cómo enfrentar los problemas de manera radical y creativa. Esto explica el crecimiento enloquecido del *Front National* y el repliegue tribal al nacionalismo de orejeras que proponen sus dirigentes como remedio a sus males.

La novela de Michel Houellebecq da forma y consistencia a esos fantasmas de manera muy eficaz y seguramente contribuye a difundirlos. Lo hace con pericia literaria y una prosa fría y neutral. Es difícil no sentir cierta simpatía por François y tantos infelices como él, sobre los que se abate la desgracia sin que atinen a ofrecer la menor resistencia a unos acontecimientos que, como diría el buenazo de Monsieur Bovary, parecen «la falta de la fatalidad». Pero todo esto es puro espejismo y, una vez concluida la magia de la lectura, conviene cotejar la ficción con el mundo real.

Verdad que la población musulmana en Francia es, comparativamente, la más numerosa de Europa, pero, también, que se trata de la menos integrada y que la tensión y violencias que a veces estallan entre ella y el resto de la sociedad se deben en buena parte al estado de marginación y desarraigo en que se encuentra. Por otro lado, es importante recordar que el mayor número de víctimas del terrorismo de los islamistas fanáticos son los propios musulmanes y que, por lo tanto, presentar a esta comunidad cohesionada e integrada política e ideológicamente como hace la novela de Houellebecq es irreal. Y, también, suponer que una de las sociedades que está más a la vanguardia en el mundo en cuestiones sociales —de sexo, de religión, de género y derechos humanos en general— podría involucionar hacia prácticas medievales como la poligamia y la discriminación de la mujer con la facilidad con que describe *Sumisión*. Semejante conjetura va más allá de cualquier licencia poética.

Y, sin embargo, entre tantas mentiras hay algunas verdades que se insinúan y prevalecen en el libro de Michel Houellebecq. Son los prejuicios, la xenofobia y la paranoia que inspiran esa siniestra fantasía, aquella sensación mentirosa de que el futuro está determinado por fuerzas contra las cuales el hombre común y corriente es impotente y no tiene otra opción que la de acatarlo o suicidarse. No es cierto que la libertad no exista y los seres humanos sean ciegos intérpretes de un guion preestablecido. Siempre hay algo que se puede hacer para enfrentarse a derroteros adversos. Si el fatalismo que postula *Sumisión* frente a la historia fuera cierto, nunca habríamos salido de las cavernas. Gracias a que es posible la insumisión ha habido progreso. Vivir con la sensación de la derrota en la boca, como viven los personajes de esta novela, da una lastimosa imagen del ser humano. François acata lo que considera su sino y se somete; al final de libro, se tiene la sospecha de que, pese a su secreta e invencible repugnancia contra todo lo que ocurre, terminará por convertirse también, de modo que pueda volver a enseñar en la Sorbona, prepare la edición de la *Pléiade* de las novelas de J. K. Huysmans y acaso, como Rediger, hasta se case con varias mujeres.

Madrid, mayo de 2016

Literatura anglosajona

Hemingway: ¿Un hombre de acción?

Los diarios nos habían acostumbrado a confundirlo con uno de sus personajes, a ver en él lo contrario de un intelectual. ¿Su biografía? La de un hombre de acción: viajes, violencias, aventuras y, a ratos, entre una borrachera y un safari, la literatura. Habría practicado ésta como el boxeo o la caza, brillante, esporádicamente: para él lo primero era vivir. Emanaciones casi involuntarias de esa vida azarosa, sus cuentos y novelas deberían a ello su realismo, su autenticidad. Nada de eso era cierto o, más bien, todo ocurría al revés, y el propio Hemingway disipa la confusión y pone las cosas en orden en el último libro que escribió: *A Moveable Feast*.

¿Quién lo hubiera creído? Este trotamundos simpático, bonachón, se inclina al final de su vida sobre su pasado y, entre las mil peripecias —guerras, dramas, hazañas— que vivió, elige con cierta nostálgica melancolía la imagen de un joven abrasado por una pasión interior: escribir. Todo lo demás, deportes, placeres, aun las menudas alegrías y decepciones diarias y, por supuesto, el amor y la amistad, giran en torno a este fuego secreto, lo alimentan y encuentran en él su condena o su justificación. Se trata de un hermoso libro en el que se muestra sencilla y casualmente lo que tiene de privilegiado y de esclavo una vocación.

La pasión de escribir es indispensable, pero sólo un punto de partida. No sirve de nada sin esa *good and severe discipline* que Hemingway conquistó en su juventud, en París, entre 1921 y 1926, esos años en que «era muy pobre y muy feliz» evocados en su libro. Aparentemente, eran años de bohemia: pasaba el día en los cafés, iba a las carreras de caballos, bebía. En realidad, un orden secreto regía esa «fiesta movible» y el desorden significaba sólo disponibilidad, libertad. Todos sus actos convergían en un fin: su formación. La bohemia, en efecto, puede ser una experiencia útil (pero no más ni menos que cualquier otra), si uno es un jinete avezado que no deja que se desboque su potro. A través de anécdotas, encuentros, diálogos, Hemingway revela las leyes rígidas que se había impuesto para evitar el naufragio en las aguas turbias que navegaba: «Mi sistema consistía en no beber jamás después de comer, ni antes de escribir, ni mientras estaba escribiendo». En cambio, al final de una jornada fecunda, se premia con un trago de kirsch. No siempre puede trabajar con el mismo entusiasmo; a veces, es el vacío frente a la página en blanco, el desaliento. Entonces, se recita en voz baja: «No te preocupes. Hasta ahora siempre has escrito y ahora escribirás. Todo lo que tienes que hacer es escribir una buena frase. Escribe la mejor frase que conozcas». Para estimularse, se fija objetivos fabulosos: «Escribiré un cuento sobre cada una de las cosas que sé». Y cuando termina un relato «se siente siempre vacío, a la vez triste y feliz, como si acabara de hacer el amor».

Iba a los cafés, es cierto, pero ocurre que ellos eran su escritorio. En esas mesas de falso mármol, en las terrazas que miran al Luxemburgo, no soñaba con las musarañas ni hacía frases como los bohemios sudamericanos de la Rue Cujas: escribía sus primeros libros de cuentos, corregía los capítulos de *The Sun also Rises*. Y si alguien lo interrumpía, lo echaba con una lluvia de insultos: las páginas donde narra cómo recibe a un intruso, en la Closerie des Lilas, son una antología de la imprecación. (Años más tarde, Lisandro Otero divisó una noche a Hemingway en un bar de La Habana Vieja. Tímido, respetuoso, se acercó a saludar al autor que admiraba y éste, que escribía de pie, en el mostrador, lo ahuyentó de un puñetazo). Después de escribir, dice, tiene necesidad de leer, para no seguir obsesionado por lo que está relatando. Son épocas duras, no hay dinero para comprar libros, pero se los proporciona Sylvia Beach, la directora de Shakespeare and Company. O amigos como Gertrude Stein, en cuya casa, además, hay bellos cuadros, una atmósfera cordial, buenos pasteles.

Su voluntad de «aprender» para escribir está detrás de todos sus movimientos: determina sus gustos, sus relaciones. Y aquello que puede constituir un obstáculo es, como aquel intruso, rechazado sin contemplaciones: su vocación es un huracán. Por ejemplo: las carreras. Se ha hecho amigo de *jockeys* y de entrenadores y recibe datos; un día de suerte los caballos le permiten ir a cenar a Chez Michaux donde divisa a Joyce que habla en italiano con su mujer y sus hijos. El mundo de las carreras, por otra parte (él lo presenta como razón principal), le suministra materiales de trabajo. Pero una tarde descubre que esa afición le quita tiempo, se ha convertido casi en un fin. Inmediatamente la suprime. Lo mismo sucede con el periodismo, que es su medio de vida; renuncia a él pese a que las revistas norteamericanas rechazan todavía sus cuentos. Preocupación constante, esencial, del joven Hemingway, la literatura, sin embargo, casi nunca es mencionada en *A Moveable Feast*. Pero ella está ahí, todo el tiempo, disimulada en mil formas, y el lector la siente, como un ser invisible, insomne, voraz. Cuando Hemingway sale a recorrer los muelles e investiga como un entomólogo las costumbres y el arte de los pescadores del Sena, durante sus charlas con Ford Madox Ford, mientras enseña a boxear a Ezra Pound, cuando viaja, habla, come y hasta duerme, emboscado en él hay un espía: lo observa todo con ojos fríos y prácticos, selecciona y desecha experiencias, almacena. «¿Aprendiste algo hoy, Tatie?», le pregunta a Hemingway, cada noche, su mujer, cuando él regresa al departamento de la Rue du Cardinal Lemoine.

En los capítulos finales de *A Moveable Feast*, Hemingway recuerda a un compañero de generación: Scott Fitzgerald. Célebre y millonario gracias a su primer libro, cuando era un adolescente, Fitzgerald, en París, es el jinete que no sabe sujetar las riendas. El potro de la bohemia los arrastra a él y a Zelda a los abismos: el alcohol, el masoquismo, la neurosis. Son páginas semejantes a las del último episodio de *Adiós a las armas*, en las que bajo la limpia superficie de la prosa, discurre un río de hiel. Hemingway parece responsabilizar a Zelda de la decadencia súbita de Fitzgerald; celosa de la literatura, ella lo habría empujado a los excesos y a la vida histérica. Pero otros acusan al propio Fitzgerald de la locura que llevó a Zelda al manicomio y a la muerte. En todo caso, hay algo evidente: la bohemia puede servir a la literatura sólo cuando es un pretexto; si ocurre a la inversa (es lo frecuente) el bohemio mata al escritor.

Porque la literatura es una pasión y la pasión es excluyente. No se comparte, exige todos los sacrificios y no consiente ninguno. Hemingway está en un café y, a su lado, hay una muchacha. Él piensa: «Me perteneces, y también me pertenece París, pero yo pertenezco a este cuaderno y a este lápiz». En eso, exactamente, consiste la esclavitud. Extraña, paradójica condición la del escritor. Su privilegio es la libertad, el derecho a verlo, oírlo, averiguarlo todo. Está autorizado a bucear en las profundidades, a trepar a las cumbres: la vasta realidad es suya. ¿Para qué le sirve este privilegio? Para alimentar a la bestia interior que lo avasalla, que se nutre de todos sus actos, lo tortura sin tregua y sólo se aplaca, momentáneamente, en el acto de la creación, cuando brotan las palabras. Si la ha elegido y la lleva en las entrañas, no hay más remedio, tiene que entregarle todo. Cuando Hemingway iba a los toros, recorría las trincheras republicanas de España, mataba elefantes o caía ebrio, no era alguien entregado a la aventura o al placer, sino un hombre que satisfacía los caprichos de una insaciable solitaria. Porque para él, como para cualquier otro escritor, lo primero no era vivir, sino escribir.

París, septiembre de 1964

Un anarquista entre *gentlemen* (Norman Mailer en Londres)

Con motivo de la aparición en Londres de la última novela de Norman Mailer, *An American Dream*, el editor André Deutsch invitó a Gran Bretaña a este revoltoso escritor norteamericano que se hizo célebre hace veinte años con un libro que ha dado la vuelta al mundo: *Los desnudos y los muertos* (desgraciadamente esa excelente novela ha sido menos leída que vista, en la siniestra adaptación cinematográfica que hizo Hollywood). Mailer ha publicado otras dos novelas (*Barbary Shore* y *The Deer Park*) y dos volúmenes donde reúne artículos, ensayos, reportajes, prólogos, fragmentos de relatos, polémicas. Sólo conozco uno de ellos, *Advertencias a mí mismo*, libro irritante y apasionante a la vez, confuso y subversivo, de una franqueza despiadada y que constituye un retrato vivo de la personalidad singular de este autor. Entiendo que luego de endiosarlo y dedicarle las mayores alabanzas por su primer libro, los críticos norteamericanos le atacaron sin misericordia por todos los otros; en las *Advertencias...* hay una página masoquista que reproduce los terribles insultos con que fue recibido en Nueva York *The Deer Park*. Pero esto no ha mermado la popularidad de Mailer ni la difusión de sus libros. Según confesión propia, la edición de *An American Dream* en Estados Unidos le ha significado hasta ahora cerca de medio millón de dólares de derechos. Probablemente, esta vasta audiencia no se deba tanto a las virtudes literarias de la obra de Mailer como a sus tomas de posición violentas sobre toda clase de asuntos, a los escándalos políticos, sexuales y sociales en que se ha visto mezclado (una vez declaró en la televisión «I think President Eisenhower is a bit of a woman»), que han hecho de él una estrella de la prensa sensacionalista y, según *The Times*, «un ídolo de la juventud norteamericana».

Entre las múltiples actividades organizadas en Londres durante la estancia de Mailer, figuraba una conferencia, sin tema fijo. La idea, parece, era que Mailer expusiera algunas de sus convicciones sobre los grandes temas que lo obseden —el sexo, la violencia, el problema negro, el porvenir político de su país, etcétera— y que luego, estimulado con este aperitivo, interviniera el público y se abriera un debate. Se pensaba, tal vez, que las afirmaciones osadas o inusitadas de Mailer irritarían a los oyentes y surgirían vivos diálogos, acusaciones, reproches y que entonces comenzaría lo bueno: parece que, al igual que ciertos toros de lidia y algunos boxeadores, Mailer se crece (es bajito, delgado y de voz tímida) en el castigo y embiste mejor cuando lo atacan. Pero todas estas previsiones se frustraron por culpa de un público compuesto de seres capaces de «creer en Dios por cortesía», como diría Quevedo.

Reconozcamos que Mailer hizo lo que pudo. ¿Cuál es el drama capital de Estados Unidos? Que la mujer norteamericana sea frígida: esto ha propagado un sentimiento de impotencia entre los hombres, y por complejo de frustración son algunos racistas, otros belicistas, otros morfinómanos y otros delincuentes. El ciclo vital de la mujer en Estados Unidos consta de cuatro fases: noviazgo, matrimonio, maternidad, divorcio; las más dotadas repiten este proceso dos o más veces. El sexo no sólo tiene una importancia social preponderante en la actualidad; también, una significación literaria mayor porque es el único reducto inconquistado, el único tema que no agotaron los novelistas del siglo pasado y de comienzos del actual. ¿Un novelista debe escribir para comer o comer para escribir? Si el novelista es serio, hace ambas cosas. Si come sólo para escribir, no es más que un poeta, un diletante o un pobre crítico enjaulado hasta que su editor le permita salir a devorar un nuevo libro. ¿Cuál es mi posición política? La de un marxista-anarquista: es posible que haya alguna contradicción entre estos dos términos, pero se trata de una contradicción provechosa para hacer algo original en el dominio del pensamiento. En nuestra sociedad, el artista debe consagrar toda su energía y su coraje a ser rebelde, aventurero y lúcido.

Silencioso, inmóvil, sumamente atento, el público que atestaba la sala no daba muestras de entusiasmo ni de fastidio; algunas personas tomaban notas en pequeños cuadernos, otras pestañeaban con discreción y, cuando las pausas del conferencista se prolongaban más allá de lo usual, se escuchaban incluso unos aplausos muy moderados y corteses que parecían decir: «Siga, no tema, es muy interesante». Heroicamente, Mailer seguía: los críticos que se indignan porque el héroe de *An American Dream* sienta placer después de asesinar a su mujer, no han comprendido la novela. «A mí no me interesan las consecuencias que esta clase de afirmaciones puedan tener en el dominio social; todo lo que sé es que un hombre se siente satisfecho después de cometer un crimen, es decir, inmediatamente después. ¿Conocen ustedes algún soldado que regrese de la guerra con sentimientos de culpa? No, regresan felices de haber matado. Si hubiera escrito otra cosa, habría mentido». Pero tampoco esta vez el auditorio pareció extrañado ni turbado, y cuando Mailer pasó a explicar la política del presidente Lyndon Johnson como una tentativa para fabricar un «mito nacional», y los bombardeos de Vietnam del Norte como una maniobra de distracción para debilitar el movimiento por la igualdad racial en Estados Unidos, los oyentes siguieron impasibles, fríamente correctos, sin reflejos. Había llegado la hora de las preguntas. ¿Alguien quería alguna aclaración? No, nadie. ¿Alguien quería impugnar parcial o totalmente las tesis del orador? No, nadie. Desmoralizado y casi balbuciente, Mailer agradeció al auditorio su amable atención y añadió que, en realidad, no había que tomar al pie de la letra lo que había dicho; en realidad, sobre muchos puntos, tenía dudas y tal vez se equivocaba. Lo aplaudieron de nuevo, sin alegría y dos viejecitas con sombreros coronados de flores le pidieron autógrafos.

Al día siguiente aparecieron los primeros comentarios de prensa británicos a *An American Dream*. John Coleman, en *The Observer*, recordaba que «hubo una vez un interesante y logrado novelista llamado Norman Mailer» y, después de esbozar rápidamente la trayectoria literaria del autor de *Los desnudos y los muertos*, calificaba el nuevo libro de esta manera: «No sólo es malo; es absolutamente horrible, pésimo y una de las más lastimosas cosas que uno puede ver impresas». Menos brutal, pero igualmente severo, Cyril Connolly, el crítico del *Times*, confesaba que las primeras páginas de la novela de Mailer lo habían entusiasmado; luego, descomponía el libro así: legible hasta la página cien, casi ilegible hasta la ciento sesenta y cinco, imposible de leer en adelante. Pero, lleno de benevolencia, reconocía las ambiciones del autor, le recordaba que muchos han fracasado antes de encontrar el éxito y terminaba así: «Inténtelo de nuevo».

Londres, abril de 1965

Un manifiesto a favor de la vanguardia

Las modas literarias y artísticas nacidas en el continente rara vez han encontrado en Inglaterra un clima hospitalario. Al rendir homenaje a Breton, con motivo de su muerte, los críticos ingleses señalaron, sin preguntarse por qué, la escasa influencia que tuvo el surrealismo en la poesía y las artes plásticas británicas. Aún hoy día, la mayor parte de los libros de Breton permanecen sin traducción inglesa. El futurismo, el dadaísmo, pasaron desapercibidos aquí, y algo semejante ocurrió con el movimiento existencialista. Los libros de Camus constituyeron un fracaso económico para el editor inglés hasta que el Premio Nobel les abrió el camino de las ediciones de bolsillo. Sartre ha sido leído con más curiosidad que entusiasmo, y su pensamiento ha promovido más objeciones que elogios (véase, como ejemplo, el ensayo de Philip Thody que ha publicado Seix Barral en castellano). Ni la novela italiana de la posguerra, ni los *beatniks* norteamericanos, ni el neoexpresionismo alemán, ni el movimiento europeo de renovación y revisión del marxismo han conmovido profundamente a los escritores británicos, y no sería exagerado afirmar que el gran público apenas si se ha enterado de su existencia.

En cuanto a la vanguardia literaria francesa, la situación es todavía más grave. Algunas novelas de Robbe-Grillet, Nathalie Sarraute, Claude Simon y otros aparecieron en Londres, pero en vista del desdeñoso recibimiento que les brindaron la crítica y los lectores, las editoriales dejaron de interesarse por esos autores. El *Times Literary Supplement* revela esta semana que los últimos cinco libros de Michel Butor todavía no encuentran editor en Londres.

Curiosamente, en cambio, un libro de ensayos de una escritora norteamericana (*Against Interpretation*, de Susan Sontag) que es un brillante manifiesto a favor de las nuevas tendencias experimentales en la literatura, el cine y las artes plásticas, y una radical refutación de los argumentos más frecuentes que sirven para negar significación a movimientos como el de «la nueva ola» cinematográfica francesa, la novela objetiva, los *happenings* o la llamada sensibilidad *camp*, ha merecido aquí un reconocimiento casi unánime. A primera vista, resulta sorprendente que el mismo crítico (el del *Sunday Times*) que reseñó una novela de Nathalie Sarraute, con apenas dos frases irónicas, dedique media columna a alabar el libro de Susan Sontag, en el que se defiende fogosamente una tendencia literaria de la que Nathalie Sarraute es exponente principal. En realidad, dicho crítico tiene razón; las ideas de Susan Sontag sobre la vanguardia literaria y artística contemporánea son extraordinariamente seductoras, novedosas y estimulantes, aun para quienes, como el autor de esta nota, las obras más representativas de aquella vanguardia resultan muy discutibles y, con frecuencia, inanes. Por lo demás, el caso de *Against Interpretation* no es el primero de este tipo. Los ensayos de Robbe-Grillet, Nathalie Sarraute y Michel Butor sobre la novela son infinitamente más originales y ricos que las obras de ficción que han escrito hasta la fecha.

Según Susan Sontag, un malentendido que tiene sus orígenes en la antigüedad griega —el arte entendido como una «mimesis», imitación de la realidad— impide a la sociedad moderna una cabal comprensión de la obra de arte. En abstracto, dice, los críticos han descartado la teoría del arte como «representación» de una realidad ajena, en favor de la teoría del arte como «expresión subjetiva», pero en la práctica continúan aferrados a la antigua noción y siguen juzgando las creaciones literarias y artísticas, no como realidades independientes, autónomas, sino en relación con un modelo muy vasto: la realidad. Esto lleva a la crítica a practicar en la obra de arte una separación absurda entre «forma» y «contenido», y a centrar su atención y fundar sus juicios en este último. Pero como el «contenido» —las ideas— de una obra de arte, sobre todo moderna, es rara vez explícito y meridiano, el crítico estima que su función (y obligación) consiste en hacer visibles aquellas ideas que la obra de arte esconde en su seno, en sacarlas a la luz; es decir, en «interpretar» la obra de arte, en «traducir» o «esclarecer» lo que el creador quiso decir. De este modo, el crítico altera la obra de arte, la desnaturaliza. «Como los gases de los automóviles y de las industrias enrarecen la atmósfera urbana —dice Susan Sontag—, la lluvia de interpretaciones en materia artística envenena hoy nuestra sensibilidad. En una cultura cuyo dilema clásico es la hipertrofia del intelecto a expensas de la energía y la capacidad sensual, la interpretación es la venganza del intelecto contra el arte».

Susan Sontag propone que la crítica renuncie de una vez, en la práctica, a su manía interpretativa, acepte la obra de arte como una totalidad indisoluble de «contenido» y «forma» y concentre toda su atención en esta última. El estilo, dice, constituye un aspecto orgánico de la obra de un creador y «nunca algo meramente decorativo». Es preciso señalar, sin embargo, que la tesis de Susan Sontag no desemboca de ningún modo, como pudiera parecer a estas alturas de su exposición, en un formalismo más o menos gaseoso, en una defensa de, digamos, la crítica filológica o estilística. «Una obra de arte es una experiencia, no un testimonio o una respuesta a una cuestión. El arte no es algo sobre algo; es algo. Una obra de arte es una cosa en el mundo y no sólo un texto o un comentario sobre el mundo». Esto no significa, desde luego, que la obra de arte sea un objeto sin contacto con el mundo real, que su sola utilidad consista en arrebatar durante un breve periodo de tiempo al lector o espectador a la realidad y lo devuelva luego a ella, indemne; no se trata de ver en un libro, un cuadro o una película algo semejante a una siesta o una borrachera. Susan Sontag sostiene, únicamente, que la experiencia que significa una obra de arte no proporciona un conocimiento conceptual, a la manera de la filosofía, sociología, psicología o la historia, etcétera, sino «algo que es excitación, compromiso, juicio en un estado de servidumbre o cautiverio. Lo que quiere decir que el conocimiento que adquirimos a través del arte es una experiencia de la forma o estilo de conocer algo, más que del conocimiento de algo (como un hecho o un juicio moral) en sí mismo». Esta afirmación es, sin duda, muy exacta y abre una perspectiva nueva a la crítica literaria o artística.

La exposición teórica comprende los dos primeros ensayos del libro de Susan Sontag; los otros veinticuatro son análisis concretos de libros, filmes, dramas o hechos culturales contemporáneos a partir de estos supuestos críticos. Lo cierto es que en la práctica, Susan Sontag se toma a veces algunas libertades con respecto a sus propios principios y, por ejemplo, en su excelente revisión de la «crítica literaria de Georg Lukács» y en su examen de *El vicario* de

Rolf Hochhuth, sus observaciones se apoyan casi exclusivamente en la estructura ideológica de las obras y aluden muy de paso a su forma. Esto no debe ser entendido como un reproche, desde luego. La crítica literaria que no es ante todo obra de arte en sí misma —es decir, que carece de dignidad formal, riqueza imaginativa y coherencia interna— es a la larga efímera, por rigurosa, laboriosa que sea. Los ensayos de Susan Sontag pueden ser discutidos desde muchos puntos de vista, y a menudo no resulta fácil compartir sus entusiasmos por manifestaciones como el *camp* o los *happenings*, a los que ella confiere una significación artística exagerada; pero, en cambio, es difícil dejar de admirar, en cada uno de sus textos, la precisión, inteligencia y agudeza con que expone sus puntos de vista, y la originalidad con que, en cada caso, emprende la justificación o el rechazo de la obra de un autor. Su prosa tiene un exterior frío y racional, pero está cargada de pasión subterránea, y uno recuerda a veces, leyéndola, los mejores ensayos de Simone de Beauvoir. Ambas escritoras tienen en común, además, una sólida formación filosófica, y una curiosidad cultural sin fronteras. Susan Sontag opina con idéntica seguridad y versación sobre poesía, novela, cine, teatro e incluso antropología (su ensayo sobre *Tristes trópicos* de Lévi-Strauss, «El antropólogo como héroe», es tal vez el mejor del libro). Aun en sus ensayos menos convincentes, Susan Sontag resulta siempre una escritora excitante: sus tesis, ejemplos, opiniones inciden infaliblemente en problemas que tienen una vigencia crucial, y aun cuando las soluciones que ella propone no convenzan, por lo menos sus reflexiones señalan nuevos puntos de partida para abordarlos. Pero en muchos casos sus tesis son convincentes. Su reivindicación de Bresson, como uno de los mayores creadores del cine, o su autopsia de las películas de ciencia ficción (en las que ella ve representados los terrores y esperanzas reprimidas de la sociedad) son extraordinariamente lúcidas. Su libro, además, por la variedad de sus temas, constituye una verdadera introducción panorámica a la vanguardia en la literatura y las artes modernas.

Londres, junio de 1967

El joven Faulkner

Hasta ahora no había caído en mis manos la segunda novela de William Faulkner, *Mosquitoes*, que se publicó en 1927 y de la que había oído decir que era muy mala. En efecto, es malísima, uno de esos libros en los que es difícil concentrarse porque todo en ellos suena falso: la anécdota, los personajes, la estructura, el estilo.

Está situada en Nueva Orleans y describe una accidentada excursión en yate que dura cuatro días y en la que participan una docena de intelectuales y esnobs de la ciudad. Quiere ser una sátira, mostrar la frivolidad y la estupidez con que ciertos ricos entienden la cultura y la vanidad y el cinismo de ciertos artistas, lo corruptibles que son. Pero todo es tan obvio, repetitivo y caricatural en la historia que lo que el libro realmente consigue es aburrir. Hay en sus páginas una sobrecarga que hace más patentes sus defectos. Por ejemplo, el afán de experimentación, que ha llevado al autor a emplear distintos puntos de vista, de tono, a abusar de las metáforas (algunas de un chirriante mal gusto modernista: «Las ratas eran arrogantes como cigarrillos»), en vez de dar mayor complejidad a la ficción, acentúa su naturaleza artificial, ese desajuste entre las partes que es siempre un obstáculo para que la historia sea persuasiva, obligatoria y hechice. Entre los personajes —escultores neuróticos, señoras lesbianas, involuntarias libertinas, poetas estreñidos, un inglés ridículo y un maníaco sexual— ninguno es todavía «faulkneriano», con la excepción tal vez de Mr. Talliaferro, premonición de los grandes cretinos obsesos del condado de Yoknapatawpha.

No se puede decir que *Mosquitoes* sea un pecado de juventud porque Faulkner tenía casi treinta años cuando la escribió y había publicado ya una novela, *Soldier's Pay* (1926), sobre un héroe de guerra que retorna a su poblado sureño convertido poco menos que en una planta por las heridas, que, sin estar a la altura de sus mejores creaciones, es sin embargo una buena novela. En *Mosqui-*

toes hay un material autobiográfico explícito y, sobre todo, una actitud que, lo sabemos ahora, fue uno de los rasgos definitorios de Faulkner. Me refiero a su alergia a las *coteries* literarias, algo que en última instancia era un rechazo a entender la literatura, el arte, la cultura en general, como un saber separado de la experiencia de la gente común, monopolio de comunidades de especialistas, autosuficientes y desgajados del tronco social.

El único periodo en el que Faulkner hizo «vida literaria» fue a mediados de los años veinte, en Nueva Orleans, donde Sherwood Anderson —quien lo ayudaría a publicar su primer libro— hacía de pontífice. La experiencia fue breve —parte del año 1925— pero la repugnancia hacia la bohemia, la pedantería, la suficiencia y el oportunismo que percibió en esa atmósfera, le duró el resto de la vida. Nunca más frecuentó la sociedad literaria y, a los grandes centros de cultura, prefirió el poblado de Oxford, en el corazón de Mississippi, donde, cuando no escribía, se emborrachaba con pequeños granjeros y comerciantes tan hoscos, rudos y pintorescos como los que inmortalizó. El disgusto por ese medio estaba fresco cuando escribió *Mosquitoes* e impregna toda la novela, en la que la invectiva y el sarcasmo reemplazan a menudo a la farsa. En ese sentido, la novela es instructiva.

No deja de ser paradójico que uno de los más oscuros y difíciles escritores de nuestro tiempo —alguien que llevó las técnicas de narrar a un retorcimiento sin precedentes— fuera rabiosamente antiintelectual, casi un «populista» convencido de que el arte que no vivía a plena luz, enquistado en la experiencia cotidiana del común de la gente, se marchitaba y moría. Esta actitud es de signo ambivalente. De un lado es sana, una aspiración generosa a favor de un arte enraizado en la vida y al alcance de todos, preservado de la esclerosis académica y de la adulteración farisea por su estrecha dependencia de un gran público. De otro es ingenua y quimérica. Si alguna vez, en los comienzos de la civilización, fue posible que la cultura fuera algo creado, practicado y apreciado por todos de la misma manera, en la época de Faulkner, de alta especialización y diferenciación del conocimiento, aquello era ya inconcebible, porque, al igual que la ciencia y la técnica, el arte tendía también inevitablemente a constituir un saber aparte y a establecer jerarquías entre sus cultores y consumidores. Su propia obra es el mejor ejemplo: inaccesible para el profano, sólo puede ser disfrutada en toda su riqueza con un adiestramiento previo, después de otras lecturas literarias.

Pero *Mosquitoes* es también un libro esclarecedor en otro sentido, gracias a sus deficiencias. Resulta apenas creíble que el autor de este trabajado mamarracho y el que inventó la saga de los Compson y de los Snopes, o la tragedia de Joe Christmas, sean la misma persona. Que lo sean es aleccionador sobre la forja del genio, esa facultad de crear una obra imperecedera en la que reconocemos algo que simultáneamente nos expresa en nuestra verdad más secreta y nos trasciende, tendiendo un vínculo, misterioso e irrompible, con los hombres del pasado y los venideros. Hay algo turbador, desconcertante y hasta temible en quienes son capaces de producir aquello que, según Cyril Connolly, debía ser la obsesión del artista: la obra maestra. Cuando uno lee *La guerra y la paz*, *Moby Dick*, el *Quijote* o *Hamlet* tiene, junto con el deslumbramiento, la deprimente sensación del accidente o el milagro, es decir, de algo inhumano.

Faulkner es, creo, el único, o, en todo caso, el más flagrante entre los narradores modernos que haya creado una obra que por su intensidad, diversidad y profundidad, sea comparable a la de un Cervantes, Tolstói o Shakespeare. Es bueno poder comprobar, en su caso, gracias a su obra inicial, la lenta, insegura trayectoria de su talento, advertir que éste surgió entre tropiezos y equivocaciones. Su primera obra maestra, *El sonido y la furia*, es de 1929, cuando era ya un hombre de treinta y cuatro años, con una abundante bibliografía —tres novelas, decenas de cuentos, dos libros de poemas— en la que nada parecía anunciar lo que vendría. Toda esa obra primera, olvidable, como las espantosas tragedias en verso que escribió el joven Balzac, o los verbosos novelones líricos del joven Flaubert, retroactivamente se cargan de significación. Las obras posteriores convierten a esos textos en una preparación y una búsqueda, en una ascesis, en una adolescencia, en el precio que hay que pagar, en una imaginación que se busca y una disciplina que se aprende. Esas obras, como *Mosquitoes*, nos aburren pero también nos levantan el ánimo pues nos hacen creer algo que, después de todo, quizá no sea absolutamente falso: que el genio no es una disposición innata, un destino escrito, sino una terquedad, un prolongado esfuerzo.

Washington, agosto de 1980

Una visita a Charles Dickens

La casa de Dickens está en las inmediaciones del Museo Británico, en Doughty Street, una impersonal callecita londinense cuyas viviendas idénticas, de ladrillos blanqueados, producen cierta angustia. Convertida en museo hace medio siglo por los devotos del novelista, no es un sitio que atraiga muchedumbres, pero para el entusiasta de Dickens y el fetichista literario (soy ambas cosas) visitarlo resulta divertido y estimulante.

Dickens vivió en esta casa sólo dos años y medio, entre los veinticinco y los veintisiete años, un periodo muy importante para él, porque cuando se mudó a Doughty Street era un joven que iniciaba una carrera literaria, y al irse, un escritor famoso. Aquí escribió, además de *Pickwick Papers* y *Nicholas Nickleby*, su mejor novela: *Oliver Twist* (1938). Es un libro que yo había leído de niño, como todo el mundo, y que recordaba más por sus versiones cinematográficas (también como todo el mundo, supongo), hasta que hace algún tiempo, al ver el apetito con que uno de mis hijos lo devoraba, comencé a hojearlo. Es una novela que no se puede soltar, que se lee subyugado, con todas las defensas críticas desbaratadas por la formidable hechicería con que está concebida, matizada y ejecutada. Como sus pares, *Los tres mosqueteros* o *Los miserables*, esa facilidad que la pone al alcance de todos los públicos es engañosa, pues, por debajo de la sencilla anécdota, que el lector tiene la impresión de entender a cabalidad, hay un mundo complejo y profundo en el que comparecen todas las experiencias humanas primordiales, incluidas las más turbias. Pero las historias de Dickens, aunque incluyan el mal y el infortunio, rebosan salud, un empecinado optimismo, dan idea de una realidad gobernada por una justicia inmanente en la que, no importa cuantos sufrimientos y reveses deba padecer el hombre, a la larga la bondad es reconocida y la maldad castigada.

La casa de Doughty Street exhibe testimonios elocuentes de esa facilidad y esa felicidad que parecen indisociables de Dickens y que el público de su tiempo consagró con un favor que han tenido pocos autores. Hay anécdotas sorprendentes. Por ejemplo, que Dickens podía continuar la redacción de *Oliver Twist* —debía entregar los capítulos a plazo fijo a una revista— durante las tertulias vespertinas con amigos y familiares.

Una carta de su cuñado, Henry Burnett, nos lo muestra en una de esas reuniones, escribiendo alegremente un episodio y levantando de rato en rato la pluma para intervenir en el diálogo. ¿Cómo explicar ese poder de concentración que permite al novelista entrar y salir de su mundo imaginario sin el menor esfuerzo en cualquier circunstancia? Tal vez para él no había fronteras entre lo imaginario y lo vivido. Hay toda una concepción de la literatura y del escritor implícita en aquella anécdota. Es decir, que la ficción es nada más y nada menos que una prolongación de la vida, su fiel reflejo, y el creador alguien que traduce en palabras las experiencias de todos los días (acompañadas, quizá, de un comentario moral). ¿Qué tiene de extraño que el relator de la existencia cotidiana cumpla su tarea inmerso en ella?

La integración de escritor y público alcanza con Dickens, en el mundo de lengua inglesa, un momento privilegiado (como con Victor Hugo en Francia). Después será distinto: el «gran público» le perderá la confianza al «gran escritor» y la buena literatura dejará de ser la primera de las diversiones públicas. La casa de Dickens nos muestra aquella envidiable simbiosis del escritor y sus lectores. Es sabido que el autor de *David Copperfield*, quien siempre serializó sus novelas en periódicos y revistas antes de publicarlas en volúmenes, comenzó también en sus últimos doce años a leerlas en público. Aquí están los carteles anunciando las funciones, los precios de las entradas, los programas con los capítulos que «interpretaba» y los comentarios en la prensa, reseñando esas lecturas como un estreno teatral.

Los guiones que escribía Dickens no sólo contienen indicaciones sobre los cambios de voz, sino también sobre los ademanes: «Aquí, levantar el brazo», «Dar una palmada», «En este momento, besarse la mano». En un cuarto está el pupitre forrado en terciopelo que él mismo diseñó para la segunda gira de lecturas que hizo por teatros de Estados Unidos, en la que ganó la suma, impresionante para la época, de un cuarto de millón de dólares. La leyenda dice que, al terminar las lecturas londinenses de sus novelas aún inéditas, salían jinetes llevando a las aldeas los nuevos incidentes y que, de pronto, en la alta noche, los campesinos de un poblado eran estremecidos en sus camas con este terrible pregón: «¡Hoy murió Carker!» (personaje de *Dombey and Son*).

Dickens fue en su tiempo algo semejante a lo que Hollywood sería en el nuestro. Hizo soñar a su época, materializó las fantasías de sus contemporáneos en historias y personajes en que todos creían (querían) reconocerse. Su mundo inventado se incorporó a la vida de millones de seres, incluidos muchos que no lo leyeron porque no sabían leer. Los personajes saltaban de sus novelas al instante a los dibujos y caricaturas de las publicaciones y toda una industria prosperó gracias a ellos, pues los miembros del Club Pickwick y los protagonistas de casi todas las historias aparecen en envolturas de tabacos, en la vajilla casera, en objetos de adorno, en juguetes y ropas, y, por supuesto, en avisos publicitarios. (El museo conserva productos comerciales que el propio Dickens accedió a promover, como hacen hoy muchas estrellas de cine).

¿Ha aumentado o decaído la popularidad de Dickens? En términos cuantitativos, el museo demuestra que es hoy más célebre que nunca, a juzgar por traducciones y ediciones (sólo en la URSS se han impreso siete millones y medio de ejemplares de sus novelas desde 1945). Pero no hay que dejarse engañar por los números. Ni él ni ningún otro escritor representa hoy lo que él representó para su tiempo. La palabra escrita era entonces el eje de la vida cultural, el medio a través del cual se producía y divulgaba el conocimiento, y la literatura, el producto artístico que alcanzaba públicos más vastos. En ese momento nadie imaginaba siquiera que un alto nivel de creatividad podría llegar a ser poco menos que incompatible con los patrones intelectuales del lector medio. Un genio que en sus obras enriquecía el arte de contar podía, a la vez, enriquecer a un inmenso público para el que sus libros eran, ante todo, una fuente de diversión. Dickens es uno de esos contados casos que se acercan al ideal utópico que quisiera que los productos culturales pudieran ser disfrutados por todos y de la misma manera. Cuando la radio, el cine y la televisión reemplacen a la literatura como fuente primera de entretenimiento e información, el «público» crecerá de una manera impresionante, pero al precio del sacrificio de la creatividad artística. Los Dickens de nuestro tiempo serán las radionovelas, las telenovelas, las películas de gran espectáculo, como *Tiburón y Rocky*, o la literatura de Corín Tellado.

Es imposible visitar un museo sin elegir algo que uno se llevaría a escondidas, si pudiera. Lo que yo me llevaría de la casita de Doughty Street es un monito de cerámica que Dickens tuvo siempre en su escritorio, mientras trabajaba, como un amuleto. Es un animalucho feo, pero, ¿no es cierto que le trajo suerte?

Londres, septiembre de 1980

Faulkner en Laberinto

La reyerta ha estallado en el interior de una cantina, pero inmediatamente se traslada a la calle. Cuando, alertado por el ruido, salgo a ver, diviso a un hombre en calzoncillos al que atacan a puñetazos y a pedradas tres o cuatro individuos. Debe ser él quien ha iniciado la pelea, pues uno de sus atacantes tiene la cara partida y sangra profusamente. Entre el polvo, las palabrotas y los golpes, una criatura llora a gritos, tratando de prenderse de las piernas del que sangra. Cuando el atacado opta por huir y todos los curiosos retornan al interior de las cabañas a seguir emborrachándose, el llanto de esa niña perdura, como una lluviecita desafinada que atravesara los techos de hojas de palma y los tabiques de tablas de las viviendas de Laberinto.

Es imposible no pensar en Faulkner. Éste es el corazón de la Amazonía y está muy lejos de Mississippi, desde luego. Son otros el idioma, la raza, las tradiciones, la religión y las costumbres. Pero los ciudadanos de Yoknapatawpha County y los de este caserío del departamento de Madre de Dios, a orillas del ancho río de ese nombre, al que la fiebre del oro ha convertido en poco tiempo en una especie de andrajoso millonario, tienen muchas cosas en común: la violencia, el calor, la codicia, una naturaleza indomeñable que parece reflejar esos instintos que las gentes no tratan de embridar, y, en suma, la vida como una aventura que confunde, tan inextricablemente como el bosque el ramaje de los árboles, lo grotesco, lo sublime y lo trágico.

En el avión que me trajo de Lima a Puerto Maldonado, y en el albergue de esa localidad (aquí a la luz rancia de una vela) he estado leyendo *Banderas sobre el polvo,* la tercera novela de Faulkner (1927), su primera obra maestra, la iniciadora de la saga, y cuya versión integral sólo se conoció en 1973. La publicada en 1929, con el título de *Sartoris,* había sido privada de una cuarta parte de sus páginas y reordenada por Ben Wasson, el agente literario de Faulkner. Once editoriales rechazaron el manuscrito, considerándolo confuso, y la que por fin se animó a publicarlo puso como condición esos cortes y remiendos destinados a simplificar la historia. Con la perspectiva actual, podemos apiadarnos de los patrones narrativos imperantes en Estados Unidos a fines de los años veinte, tan pobres que impidieron a los lectores de once casas editoriales neoyorquinas advertir que tenían ante sus ojos una obra mayor destinada a cambiar sustantivamente la naturaleza misma de la ficción moderna.

Pero ese género de críticas a posteriori son fáciles. La novedad era demasiado grande, en efecto, y, por otra parte, Nueva York estaba tan lejos en el tiempo y en el espacio de Jefferson, la tierra de los míticos Bayard y John Sartoris, de Jenny du Pre y del porcino Byron Snopes, como lo está Lima de Laberinto. La de Faulkner es una América subdesarrollada y primitiva, de gentes rudas e incultas, prejuiciosas y galantes, capaces de vilezas y noblezas extraordinarias pero incapaces de romper por un instante su provincialismo visceral, ese encantamiento que hace de ellos, desde que nacen hasta que mueren, hombres de la periferia, silvestres y anticuados, preindustriales, marcados a fuego por una historia de explotación inicua, sangriento racismo, elegancias caballerescas, audacia pionera y guerras perdidas. Ese mundo con que Faulkner amasa su universo, no era el de Nueva York, Boston, Chicago o Filadelfia. No era el espejo en el que quería mirarse la América de las máquinas ultramodernas y los conglomerados financieros, de las universidades especializadas y las ciudades erizadas de rascacielos y de intelectuales hechizados —como T. S. Eliot o Ezra Pound— por los refinamientos espirituales de Europa. En esta América, las novelas de Faulkner tardaron en ser aceptadas: ellas representaban un pasado y un presente que ella quería a toda costa olvidar. Fue sólo cuando París descubre a Faulkner y autores como Malraux y Sartre proclaman a los cuatro vientos su genio, que el novelista sureño gana derecho de ciudad en su propio país. Éste lo acepta, entonces, por motivos similares a los de los franceses, como un brillante producto exótico.

El mundo de Faulkner no era el suyo, en efecto. Era el nuestro. Y nada mejor para comprobarlo que llegar hasta este perdido caserío de la selva de Madre de Dios al que, por el encrespamiento y los remolinos del río que lo baña, bautizaron los lugareños con el hermoso nombre de Laberinto. La población que le da personalidad y color no vive aquí, en esta veintena de chozas rústicas acosadas por la vegetación, sino, como la de Jefferson, desperdigada por los alrededores. Ella busca y lava oro, así como los de Yoknapatawpha cultivan algodón y crían caballos. Pero los domingos todos acuden al pueblo para hacer sus transacciones, aprovisionarse y divertirse (lo que quiere decir emborracharse).

Serranitos que apenas chapurrean español y que viven aturdidos por este calor desconocido en las alturas de Cusco o de Puno que han dejado para convertirse en mineros; jóvenes miraflorinos que han cambiado la tabla hawaiana y las carreras de autos por las botas de siete suelas del explorador; extranjeros sedientos de aventura y riqueza instantánea; aguerridas rameras venidas desde los prostíbulos limeños a trabajar como «visitadoras» en los campamentos, donde cobran por planilla, y, en los ratos libres, intentar también suerte escarbando la grava de la orilla en busca del preciado metal; sudorosos policías abrumados por la magnitud de unas responsabilidades que los desbordan. Si supieran leer, o se dieran tiempo para hacerlo, estos hombres y mujeres de Laberinto se sentirían en su casa en las novelas de Faulkner y se maravillarían de saber que alguien que nunca estuvo aquí, que no tenía manera de sospechar que algún día el destino los aventaría a todos ellos hasta aquí y los haría compartir tantas ilusiones y dificultades, hubiera sido capaz de describir tan bien la efervescencia de sus vidas y de sus almas.

Éste es el mundo de Faulkner. Las personas se conocen por sus nombres y está aún lejos la civilización industrial, esa sociedad impersonalizada en la que las gentes se comunican por intermedio de las cosas. Es verdad que aquí todo es elemental, arcaico, y, todopoderosas, la incomodidad, la suciedad, la fuerza bruta. Pero, al mismo tiempo, nada parece aquí predeterminado: todo está por hacerse, haciéndose, y se tiene la impresión estimulante de que con un poco de suerte y mucho coraje y resistencia cualquier hombre o mujer puede cambiar mágicamente de vida. Hay ese contacto cálido, inmediato, bienhechor, con los elementos naturales —ese aire, esa agua, esa tierra y ese fuego que las gentes de la ciudad ignoran— y la sensación de que el alimento que se come es, como la cabaña en que uno vive, algo que uno produce con sus propias manos.

La violencia está a flor de piel y, con cualquier pretexto, estalla. Pero, al menos, se trata de una violencia descubierta, física, natural, con algo de esa dignidad mínima que tiene la violencia entre los animales, que se atacan y entrematan sólo obedeciendo a la ley primera de la vida —la de sobrevivir—; no la de la violencia solapada, ciudadana, civilizada, institucionalizada en leyes, códigos, sistemas, contra la que no hay defensa pues carece de cuerpo y de cara. Aquí tiene nombre y facciones, es individualizada y, por horrible que parezca, todavía humana.

No es raro que, a la vez que en los medios cultos de su país una íntima resistencia alejaba a los lectores de Faulkner, la obra de éste fuera inmediata y unánimemente celebrada en América Latina. La razón no era sólo el hechizo de esas vidas turbulentas del condado de Yoknapatawpha, ni las proezas formales de unas ficciones construidas como nidos de avispas. Era que, en la turbulencia y complejidad del mundo «inventado» por Faulkner, los lectores latinoamericanos descubríamos, transfigurada, nuestra propia realidad, y aprendíamos que, como en Bayard Sartoris o en Jenny du Pre, el atraso y la periferia contienen, también, bellezas y virtudes que la llamada civilización mata. Escribía en inglés, pero era uno de los nuestros.

Lima, abril de 1981

Koestler, el disidente

Era un hombre bajito y fortachón, con una cara de pocos amigos, cuadrada y abrupta. No figuraba en la guía de teléfonos y a los candidatos al doctorado que preparaban tesis sobre él y se atrevían a tocar la puerta de su departamento, en el barrio de Knightsbridge, los despedía con brusquedad. Quienes lo divisaban, en las grises mañanas londinenses, bajo los árboles frondosos de Montpelier Square, paseando a un terranova peludo, se lo imaginaban un típico inglés de clase media, benigno y fantasmal.

En realidad, era un judío nacido en Hungría (en 1905) que había escrito buena parte de su obra en alemán y vivido muy de cerca los acontecimientos más notables de nuestro tiempo —la utopía del sionismo, la revolución comunista, la captura de Alemania por los nazis, la guerra de España, la caída de Francia, la batalla de Inglaterra, el nacimiento de Israel, los prodigios científicos y técnicos de la posguerra—, nacionalizado británico por necesidad. La sorpresa de sus vecinos con su muerte debe de haber sido tan grande como la de la empleada doméstica que los encontró, a él y a su esposa Cynthia, sentados en la salita de tomar el té, pulcramente muertos por mano propia. No estaban enfermos, eran prósperos, hubieran podido vivir muchos años. ¿Por qué se suicidaron, entonces? Porque ambos habían decidido —fieles a los principios de Exit, la sociedad de la que Koestler era vicepresidente— partir de este mundo a tiempo y con dignidad, antes de perder las facultades, sin pasar por el innoble trámite de la decadencia intelectual y física. El gesto puede ser discutido por razones religiosas y morales, pero es difícil no reconocerle elegancia.

El apocalipsis doméstico de Montpelier Square pinta a Arthur Koestler de cuerpo entero: la vorágine que fue su vida y su propensión hacia la disidencia y el escándalo. Vivió nuestra época con una intensidad comparable a la de un André Malraux o un Hemingway y testimonió y reflexionó sobre las grandes opciones éticas y políticas con la lucidez y el desgarramiento de un Orwell, un Sartre o un Camus. Lo que escribió tuvo tanta repercusión (y motivó tantas controversias) como los libros y las opiniones de aquellos «ilustres comprometidos», a cuya estirpe pertenecía. Fue menos artista que todos ellos (incluido Sartre), por el carácter estrictamente funcional de su prosa, pero los superó a todos en conocimientos científicos, por lo que su obra, en un estricto sentido cuantitativo, ofrece una visión más diversa de la realidad contemporánea que la de aquéllos.

Al mismo tiempo, es una obra más perecedera, por su estrecha dependencia de la actualidad. Se trata, en su conjunto, de una obra periodística, en el sentido egregio y creador que puede alcanzar este género gracias al talento y al rigor con que algunos escritores, como él, asumen la tarea de investigar, interpretar y relatar la historia inmediata. No escribió para la eternidad, sustrayendo del acontecer contemporáneo ciertos asuntos y personajes que gracias a la fuerza persuasiva del lenguaje y a la astucia de una técnica trascenderían su tiempo para alcanzar la intemporalidad de las obras maestras de la literatura. Aunque a veces —como en su libro más leído, *Darkness at Noon*— se disfrazaran de novelas, sus libros fueron siempre ensayos, o más exactamente, panfletos, testimonios, documentos, manifiestos, en los que, amparado en una información siempre copiosa, en experiencias de primera mano y a menudo dramáticas —como sus tres meses en una celda de condenado a muerte, en la Sevilla sometida a la férula del general Queipo de Llano, durante la guerra civil—, y una capacidad dialéctica poco común, atacaba o defendía tesis políticas, morales y científicas que estaban siempre en el vértice de la actualidad. (En su autobiografía dijo, con justicia: «Arruiné la mayor parte de mis novelas por mi manía de defender en ellas una causa: sabía que un artista no debe exhortar ni pronunciar sermones, y seguía exhortando y pronunciando sermones»).

Defendía a veces, pero en lo que sobresalió (y lo que hizo con tanta valentía como brillo y, con frecuencia, arbitrariedad) fue en atacar, oponerse, tomar distancia, cuestionar. El famoso *dictum* que se atribuye a Unamuno —«¿De qué se trata, para oponerme?»— parece haber sido la norma que guio la vida de Koestler. Era un disidente nato, pero no por frivolidad o narcisismo, sino por una muy respetable ineptitud a aceptar verdades absolutas y una suerte de horror a cualquier tipo de fe. Lo que no fue obstáculo, sin embargo, para que, cada vez, defendiera esas convicciones transeúntes que fueron siempre las suyas, con el apasionamiento y la intransigencia de un dogmático.

Bastaba que abrazara una causa para que empezara a cuestionarla. Le ocurrió así con el sionismo de su juventud, que lo llevó a compartir la aventura de los pioneros que emigraban a Palestina, entonces una perdida provincia del Imperio otomano. Pronto se desencantó de ese ideal y lo criticó hasta atraerse la hostilidad y el repudio de sus antiguos compañeros. Nacido y educado en una familia judía, condición que reivindicaba sin complejos de superioridad ni de inferioridad, escribió un libro —*The Thirteen Tribe* (La tribu número trece)— que provocó la indignación de incontables judíos. El ensayo sostiene que, probablemente, los judíos europeos no descienden de aquellos que Roma expulsó de Palestina, sino de los kazhares, centroeuropeos de un breve imperio medieval, surgido entre el mar Negro y el Caspio, y cuyos habitantes, para defender mejor su identidad, amenazada por las tentaciones fronterizas del cristianismo y el islam, se convirtieron al judaísmo.

Pero la deserción que lo hizo célebre fue la del Partido Comunista, al que se había afiliado en Alemania, a principios de 1931, y del que se apartó siete años más tarde, después de haber sido militante y agente a tiempo completo, disgustado de la mentalidad y las prácticas estalinistas. «Tenía veintiséis años cuando ingresé en el Partido Comunista y treinta y tres cuando salí de él —escribió—. Nunca antes ni después fue la vida tan plena de significado como en aquellos siete años. Tuvieron la grandeza de un hermoso error por encima de la podrida verdad». Su renuncia fue espectacular porque, desde que cayó en manos de los franquistas en España y lo salvó del fusilamiento una campaña internacional, Koestler se había hecho famoso. *Darkness at Noon* (Oscuridad al mediodía), novela que ilustra los mecanismos de la destrucción de la personalidad y el envilecimiento de las víctimas que pusieron en evidencia los procesos de Moscú, de los años treinta —en los que toda una generación de dirigentes de la III Internacional colaboraron con sus verdugos autoacusándose de los crímenes y traiciones más abyectos antes de ser fusilados—, generó polémicas interminables, se dice que influyó en la derrota comunista en el referéndum de 1946 en Francia y convirtió a Koestler en la bestia negra de los comunistas de todo el mundo, que, durante años, organizaron campañas de desprestigio contra él. (Recuerdo que en los pasquines que editábamos en San Marcos, a comienzos de los años cincuenta, lo llamábamos «hiena», «perro rabioso del anticomunismo» y cosas así). Los tiempos han atenuado la acidez de ese libro: comparadas con los horrores que relataron después Solzhenitsin y otros sobrevivientes del Gulag, las acusaciones de Koestler resultan hoy tibias.

En los años cincuenta, después de una exitosa campaña contra la pena de muerte en Inglaterra, de la que salió su ensayo *Reflections on Hanging* (Reflexiones sobre la horca), formidable alegato histórico y moral en contra de la máxima pena, Koestler anunció que se desinteresaba de la política y que no escribiría ni opinaría más sobre ese asunto. Cumplió puntualmente esta norma y nadie más pudo arrancarle una firma, un artículo o una declaración sobre cuestiones políticas.

Pero no se había retirado a sus cuarteles de invierno ni renunciado a la polémica intelectual y a posturas sacrílegas. Ejerció esas disposiciones, desde entonces, en el campo científico. Había sido su primer amor, había estudiado Ciencias en la Universidad de Viena y trabajado como periodista especializado en cuestiones científicas en Alemania y en Francia. Tenía una formación que le permitió moverse con desenvoltura en el complejo y cambiante escenario de las grandes transformaciones de la física, la biología, la química, la astronomía y las matemáticas. También la parasicología imantó su curiosidad y provocó sus impertinencias. Porque, naturalmente, lo que escribió sobre estas disciplinas no fue jamás mera divulgación sino —como en los quehaceres anteriores— interpretación polémica y flagrantes herejías. Es, tal vez, en lo único que fue consecuente de principio a fin: en buscarle siempre tres pies al gato aunque pareciera obvio que tenía cuatro. Por eso, como antes los sionistas, los judíos, los comunistas y los psicoanalistas, los científicos recibieron por lo general con incomodidad o antipatía los trabajos de Koestler sobre la técnica, las máquinas, el acto de creación o las raíces del azar.

Conociéndolo, podemos estar seguros de que, si no lo impidiera ahora una causa mayor, a la corta o a la larga habría terminado también por exasperar a sus aliados de la última hora, esos caballeros tan ingleses que se han asociado para ayudar a «salir» de esta vida a los que están ya hartos o aburridos de ella. Del escritor que fue se puede decir mucho de bien y sin duda algo de mal. Pero hay que reconocer que fue una figura apasionante, un fiel barómetro que registró las tormentas más recias de nuestro tiempo. Releer sus libros es pasar revista a lo más vibrante y trémulo de la época que nos ha tocado.

Lima, marzo de 1983

Oscuridad al mediodía

Entre agosto de 1936 y marzo de 1938 tuvieron lugar en Moscú unos juicios que asombraron al mundo. Decenas de bolcheviques de la primera hora, héroes de la revolución que habían alcanzado cargos en el Partido Comunista y en la III Internacional, como Zinóviev, Kamenev, Merejkovski, Bujarin, Piatakov, Rukov y otros, fueron juzgados y ejecutados por crímenes que incluían desde conjuras terroristas para asesinar a Stalin y a otros dirigentes del Kremlin hasta complicidad con la Gestapo y los servicios de inteligencia de Japón y Gran Bretaña con miras a socavar el régimen soviético. Entre sus delitos, figuraba incluso el sabotaje a la producción valiéndose de métodos tan salvajes como mezclar la harina y la mantequilla con vidrio y clavos para envenenar a los consumidores. Lo extraordinario era que los acusados reconocían estos crímenes y en las sesiones competían con el fiscal Vishinski en autolapidarse como «fascistas, pérfidos y trotskistas degenerados» y, algunos, en reclamar como castigo a sus acciones contrarrevolucionarias la pena de muerte.

Un malestar estupefacto recorrió todo Occidente ante estos juicios. ¿Qué había ocurrido exactamente? Para quien conocía algo del movimiento obrero resultaba inconcebible que hubieran cometido tales delitos y mostrado semejante duplicidad los mismos hombres que, codo a codo con Lenin, habían dirigido el Partido en la clandestinidad, encabezado la Revolución de Octubre, combatido en la guerra civil y organizado al país en los heroicos años iniciales del socialismo. De otro lado, ¿qué podía haberlos llevado a ofrecer al mundo ese abyecto espectáculo de autovilipendio y humillación? La humanidad no había visto nada parecido desde los grandes fastos de la Inquisición. Parecía poco probable que gentes como Bujarin, Kamenev y Zinóviev hubieran actuado así bajo presión. ¿Acaso no habían pasado todos ellos, sin doblegarse, por las cámaras de tortura de la policía zarista, y, algunos, por los calabozos fascistas de Europa? ¿Cómo entender el comportamiento de estos viejos dirigentes ante sus jueces? El inmenso éxito que tuvo la segunda novela de Koestler, *Darkness at Noon* (Oscuridad al mediodía) se debió a que proponía una respuesta, que en su momento pareció convincente, al inquietante enigma que desasosegaba a tantos comunistas, socialistas y demócratas de todo el mundo.

Para entender cabalmente la desilusión y el pesimismo que impregnan la novela hay que tener en cuenta el momento en que fue escrita: entre el Pacto de Múnich, en el que el Occidente democrático se rindió diplomáticamente ante Hitler, y abril de 1940, pocas semanas antes de la ocupación de Francia. También, la situación personal del autor en ese periodo que Koestler relató, en trazos ágiles, en su testimonio autobiográfico, *Scum of the Earth* (Escoria de la tierra). En los meses que precedieron y siguieron al estallido de la Segunda Guerra Mundial, Koestler, como miles de antifascistas refugiados en Francia, fue acosado sin misericordia por el Gobierno democrático de París, que requisó todos sus papeles —el manuscrito de la novela se salvó de milagro—, lo sometió a interrogatorios y encarcelamientos varios hasta, por último, encerrarlo en un campo de concentración cerca de los Pirineos. Más tarde, ya libre, Koestler vagó como un paria por la Francia ocupada, tratando de escapar de los nazis de cualquier manera —intentó, incluso, enrolarse en la Legión Extranjera—, hasta que, luego de peripecias de toda índole, consiguió huir a Inglaterra, país en el que, luego de otra temporada en la cárcel, pudo por fin entrar en el Ejército. Para quienes, como él, habían dedicado buena parte de su vida a luchar por el socialismo, y vieron, en ese año, avanzar el nazismo por Europa como una tempestad incontenible, se sintieron tratados como delincuentes por los Gobiernos democráticos a los que habían pedido protección, y debieron —suprema decepción— tragarse el escándalo del pacto nazi-soviético, el mundo tuvo que parecer un irrespirable absurdo, una trampa mortal. Incapaces de soportar tanta ignominia muchos intelectuales amigos de Koestler, como Walter Benjamin y Carl Einstein, se suicidaron. La atmósfera de desesperación y fracaso que vivieron esos hombres es la que respira, de principio a fin de la novela, el lector de *Darkness at Noon*.

La novela, una suerte de glacial teorema, transcurre en la prisión a la que ha sido conducido un dirigente de la vieja guardia bolchevique caído en desgracia, Rubashov, personaje, según cuenta Koestler en sus memorias, calcado en sus ideas de Nikolai Bujarin y en la personalidad y rasgos físicos de León Trotski y Karl Radek. Aunque, para debilitar su resistencia, Rubashov es sometido a mortificaciones, como impedirle dormir y enfrentarlo a reflectores deslumbrantes, no se puede decir que sea torturado. En verdad, es dialécticamente persuadido por los dos magistrados que preparan su juicio —Ivanof, primero, y luego Gletkin— de autoculparse de una larga serie de delitos y traiciones contra el Partido.

La tarea de Ivanof y Gletkin es posible porque entre ellos y Rubashov hay un riguroso denominador común ideológico. Los tres son «almas inflexibles», seres convencidos de que «el Partido es la encarnación de la idea revolucionaria en la Historia», y de que la Historia, que no conoce escrúpulos ni vacilaciones, «nunca se equivoca». El revolucionario auténtico, según ellos, sabe que la humanidad importa siempre más que los individuos y no teme seguir cada uno de sus pensamientos hasta su conclusión lógica. Los tres sienten idéntico desprecio por el sentimentalismo burgués y sus nociones hipócritas del honor individual y de una ética no subordinada a los intereses de la prensa política. Los verdugos y la víctima creen ciegamente que la «verdad es aquello que es útil a la humanidad» y «la mentira lo que le es perjudicial».

Todo el trabajo de Gletkin consiste, pues, en demostrar lógicamente a Rubashov que, al criticar la línea del Partido fijada por el líder máximo, se ha equivocado. La mejor prueba de ello es su derrota. Es la Historia, encarnada en el Partido y en Stalin (quien en la novela aparece sólo como el Número Uno), la que lo ha arrojado al calabozo y la que lo va a fusilar. Como buen revolucionario, consecuente con su propio modo de razonar, Rubashov debe sacar las conclusiones pertinentes. ¿Qué importa que, en el trivial acontecer cotidiano, él no haya conspirado con el enemigo ni saboteado las fábricas? Objetivamente ha sido un opositor, es decir, un traidor, pues si su oposición hubiera tenido éxito habría provocado una división en el Partido, tal vez la guerra civil y ¿acaso eso no hubiera favorecido a la reacción y a los enemigos exteriores?

Utilizando con impecable técnica los escritos y argumentos del propio Rubashov, Gletkin convence al viejo militante que le toca ahora a él dar pruebas concretas de su antigua convicción según la cual el revolucionario, para facilitar la acción de las masas, debe «dorar lo bueno y lo justo y oscurecer lo malo y lo injusto». Si de veras cree que hay que preservar ante y sobre todo la unidad del Partido —«ya que éste es el único instrumento de la Historia»— Rubashov tiene ahora, en su derrota, la ocasión de prestar un último servicio a la causa, mostrando a las masas que la oposición al Número Uno y al Partido es un crimen y los opositores unos criminales. Y es preciso que lo haga de manera sencilla y convincente, capaz de ser asimilada por esos humildes campesinos y obreros a los que conviene inculcar esa «verdad útil». Ellos no entenderían jamás las complicadas razones ideológicas y filosóficas que indujeron al viejo bolchevique a cuestionar la política del Partido. En cambio, comprenderán en el acto, si Rubashov, llevando hasta el límite extremo la lógica de su actuación, da a sus errores las formas gráficas de la conjura terrorista, la complicidad con la Gestapo y otras infamias igualmente evidentes. Rubashov acepta, asume esos crímenes, es condenado y recibe un pistoletazo en la nuca convencido de haber llevado a buen término, como lo ha dicho Gletkin, la última misión que le confió el Partido.

Esbozado así el argumento de *Darkness at Noon*, podría dar la impresión de que la novela es una tragedia de corte shakespeariano sobre el fanatismo, una subyugante parábola moral. En realidad, es un libro sobrecogedor pero frío, una demostración abstracta, en el que los discursos de los personajes se suceden unos a otros como manifestaciones de una sola conciencia discursiva que se vale de episódicas comparsas, sobre el fracaso de un sistema que ha querido valerse exclusivamente de la razón para explicar el desenvolvimiento de la sociedad y el destino del individuo. Querer suprimir la posibilidad del error, del azar, del absurdo y de factores irracionales inexplicables en el destino histórico, ha llevado al sistema, pese a su rigurosa solidez intelectual interna, a apartarse de la realidad hasta volverse totalmente impermeable a ella. Por eso, sólo puede sobrevivir, en esa Historia que usa como coartada para todo, a costa de ficciones y crímenes como los que protagonizan Gletkin y Rubashov.

«Tal vez la causa más profunda del fracaso de los socialistas es que han tratado de conquistar el mundo por la razón», escribió Koestler en *Scum of the Earth*. Curiosamente, algo semejante puede decirse de *Darkness at Noon* en nuestros días: la explicación que ofrece de lo ocurrido en los juicios de Moscú de los años treinta fracasa por su excesivo racionalismo. Cuarenta y pico de años después sabemos que los viejos bolcheviques que se inmolaron en ellos no lo hicieron —la mayoría de ellos al menos— por el altruismo fanático y lógico de Rubashov sino, según lo reveló al mundo el Informe de Jruschov en el XX Congreso, porque fueron torturados durante meses, como Zinóviev, o porque querían salvar a algún ser querido, como Kamenev (a quien se amenazó con ejecutar al hijo que adoraba) o salvarse a sí mismos de la muerte, como Radek, quien ingenuamente creyó que si «confesaba» lo que le pedían iría a prisión en vez de ser ejecutado. De todos los reos de la fantástica mojiganga, sólo uno, al parecer, Merejkovski, actuó ante el tribunal por una convicción semejante a la de Rubashov, pues fue convencido por sus interrogadores que su confesión era necesaria para impedir que las masas soviéticas descontentas se volvieran contra el régimen, lo que hubiera significado no sólo el derrumbe de Stalin sino del socialismo en el mundo.

Eso que ocurrió en la realidad, esas menudas y legítimas pequeñeces humanas de las víctimas —el pavor ante la muerte, el miedo al dolor físico, el deseo de salvar a un ser querido, el abatimiento y el hartazgo— está ausente en la novela de Koestler y es lo que le resta verosimilitud psicológica. La verdad histórica, más pobre que la ficción, ha vuelto a la novela inactual y algo fantástica. Hoy sabemos que detrás del horror de las purgas hubo menos fanatismo ideológico y más mezquindad, egoísmo y crueldad; que víctimas y verdugos no fueron esos superhombres dialécticos y sin apetitos ni sentimientos que fabuló Koestler, sino hombres comunes, espoleados, unos, por la codicia del poder absoluto, y, otros, doblegados por la violencia y la coacción moral, que enmascaraban sus miserias bajo el ropaje mentiroso de la ideología.

Lima, abril de 1983

Pesadilla en México

El escritor Malcolm Lowry (1909-1957) es autor de una de las novelas maestras de nuestro siglo —*Under the Volcano* (Bajo el volcán), escrita cuatro veces, a lo largo de diez años, y publicada en 1947—, una de las dos ficciones más ambiciosas que un autor extranjero haya situado en un escenario latinoamericano (la otra es *Nostromo*, de Joseph Conrad). Lowry es también autor de algunas cartas notables; una de ellas, dirigida a su editor, defendiendo *Under the Volcano* de unos cortes que pretendían hacerle y que impresionó tanto a Jonathan Cape que no sólo no hizo los cortes, sino que publicó la voluminosa carta como un libro aparte (es todavía el estudio más iluminador que existe sobre la novela).

Otra de sus célebres cartas está dirigida a un abogado de California, Ronald Paulsen, el 15 de junio de 1946, y refiere una tragicómica aventura sufrida por Lowry y su esposa, Margerie, en México, entre marzo y mayo de ese mismo año, en el curso de un viaje que había comenzado como una apacible excursión turística. La extraordinaria misiva, además de constituir un perfecto relato, está llena de enseñanzas sobre la incomunicación cultural y el porqué de la fascinación que el mundo mexicano ejerció sobre Lowry.

Malcolm y Margerie obtuvieron un visado para México en el consulado de Los Ángeles, donde se les entregó dos tarjetas de turistas válidas hasta el 10 de junio de 1946. El 12 de diciembre de 1945 llegaron a México y se instalaron en Cuernavaca, donde Malcolm Lowry y su primera mujer habían vivido la mayor parte del tiempo de una estancia anterior de Lowry en ese país, de noviembre de 1936 a junio de 1938. Los tres primeros meses de esta segunda visita transcurrieron con toda felicidad y sin ningún percance. Malcolm y Margerie hacían cortos viajes a Oaxaca, Puebla, Tlaxcala y, de tanto en tanto, Lowry corregía las citas en español del manuscrito de su novela. El 8 de marzo viajaron a Acapulco para darse unos baños de mar.

Una semana después se presentaron en el hotelito de los Lowry dos funcionarios de Migraciones a pedirles sus documentos. Ellos habían dejado en Cuernavaca sus pasaportes y tarjetas de turistas. Recibieron entonces órdenes de permanecer en Acapulco hasta que llegaran «instrucciones de México». Así comienza la desopilante aventura. Después de largas esperas e incontables averiguaciones con diversos funcionarios, Lowry cree descubrir cuál es el problema. Se le acusa de no haber pagado una multa de cincuenta pesos que le impuso la Administración por haber prolongado indebidamente su permanencia en México durante su venida anterior, ocho años atrás. El Gobierno mexicano, por algún embrollo burocrático, no había registrado su salida del país, en julio de 1938, y todavía lo creía en México en 1943. El malentendido parecía rápidamente solucionable con la simple revisión de su pasaporte, o, en último caso (posibilidad que, hecho significativo, no se le pasa por la cabeza a Lowry), pagando la insignificante multa. En realidad, éste sería apenas el primer episodio de un kafkiano proceso.

Los Lowry quedan confinados en Acapulco por veinte días, en espera de unas instrucciones de la capital federal que nunca llegan. No se les permite ir a Cuernavaca a traer los documentos que les piden, y el jefe de la Oficina de Migraciones, donde deben comparecer muchas horas al día, asfixiándose de calor y aburrimiento, confunde, en los telegramas que envía a sus superiores, a la primera mujer de Lowry, que le acompañó en su visita anterior, con Margerie, la actual, quien es la primera vez que ha puesto los pies en México. Los esfuerzos de Malcolm para rectificar la confusión son vanos. Las incontables llamadas telefónicas y los telegramas que, a costa de los Lowry, hacen los funcionarios de Acapulco a sus jefes de la capital no merecen contestación. Las personas que les interrogan los tratan de manera contradictoria: a veces son amables y hasta serviles; otras, amenazadores y despóticos.

Por fin, a las tres semanas, Margerie obtiene permiso para viajar a Cuernavaca en busca de los documentos. La señora Lowry va también a la ciudad de México a pedir ayuda al consulado británico. El despistado vicecónsul que la atiende, Percival Hughe —me lo imagino con corbata pajarita y pantalones muy bolsudos—, examina los documentos y decreta que los Lowry tienen su situación de turistas perfectamente en orden y, por lo mismo, nada deben temer; él hará gestiones en el Departamento de Migraciones para solucionar el enredo. Sin embargo, el cónsul inglés, con mejor olfato, aconseja pagar la simbólica multa (entre llamadas, viajes, telegramas y el hotel los Lowry habían gastado ya bastante más que los cincuenta pesos).

Pero, naturalmente, ya es tarde para optar por esta solución. Cuando Malcolm paga la multa, le indican que no puede salir de Acapulco por una razón que nadie identifica. Luego de enervantes e infinitas gestiones, el subjefe de Migraciones insinúa a Lowry que el núcleo del problema pudiera ser la fotografía con la que figura en el expediente de su visita anterior: allí luce una barba que ahora ya no lleva. ¿Es grave eso?, se inquietan los confinados. Sí, tal vez podría serlo. Y, de pronto, un puntillazo: los superiores de la capital hacen saber que jamás recibieron ni los telegramas ni las llamadas de Acapulco pidiendo instrucciones sobre el caso Lowry. El enigma debe resolverse en la ciudad de México, donde la pareja debe acudir al Departamento de Migraciones el día 8 de abril.

Previsiblemente, el galimatías de Acapulco se repite, corregido y aumentado de picantes anécdotas, algunas de un subido grotesco, en la ciudad de México, donde los Lowry deben trasladarse, desde su casita de Cuernavaca, varias veces por semana. En las recurrentes citas «nunca se nos hizo esperar menos de tres horas, y algunas veces hasta cuatro o cinco». Los documentos de los Lowry son requisados en la primera entrevista, en la Oficina de Inspección, por el jefe, un personaje llamado Corona. A partir de ese momento, Lowry ya no podrá saber qué cargos pesan contra él, pues, cada vez que tiene la impresión de estar a punto de saberlo, algo ocurre que mata su ilusión.

Un buen día, en el curso de esas enloquecedoras entrevistas donde el señor Corona o sus adjuntos, en las que, por lo demás, con relamida cortesía se le asegura que «todo está en orden», «que no tiene por qué preocuparse» y que le devolverán sus documentos «mañana o pasado» (a veces, sin embargo, es tratado con suma grosería), un funcionario señala a Lowry que su situación de ilegalidad se debe a que, en su tarjeta de turista, en el rubro «profesión» él ha puesto «escritor». Si Lowry es escritor, y está escribiendo durante su estadía en México, debería haber solicitado un permiso de trabajo en el ministerio respectivo. Gran agitación de Lowry y angustiosos esfuerzos para demostrar al señor Corona y compañía que, en verdad, no ha escrito una línea en los meses anteriores ni recibido un centavo por sus escritos, de persona o institución mexicana, etcétera. Pero esta acusación, igual que las otras, se desvanece de una manera mágica cuando él pretende refutarla. Así, el problema, en vez de resolverse, se va agravando día a día, pues, privados de documentos, los Lowry no pueden marcharse del país ni siquiera cobrar los giros que les envían del extranjero. La historia se prolonga siete semanas más. No vale la pena reconstruir todos los episodios, sórdidos y cómicos, de que se compone, pues lo que llevo resumido es ya aleccionador. Todo el problema reside, pura y simplemente, en el diálogo de sordos entre Lowry y los funcionarios. Nada se aclara y todo se enreda, porque no hablan el mismo lenguaje ni obedecen a los mismos códigos, aunque haya cada vez un traductor bilingüe y unos y otros parezcan personas modernas. La incomunicación está en que ninguno entiende la mentalidad, las costumbres y los reflejos morales del otro.

¿Por quién sentir más compasión? Lo cierto es que, leyendo la maravillosa carta, uno no puede dejar de apiadarse, también, del señor Corona y los otros funcionarios, y adivinar lo frustrados y desesperados que debían sentirse luego de cada reunión con este gringo tonto que les daba un trabajo endemoniado y los obligaba a fastidiarle la vida por su granítica incapacidad para actuar como es debido. Ellos le envían todas las señales necesarias; le ponen los escollos y demoras habituales, con insinuaciones clarísimas de que, todo ello, tiene arreglo pronto y módico. Pero él, cada vez, en lugar de entender y hacer lo que le corresponde —sacar la cartera, preguntar: «¿Cuánto?», o, más cortésmente, inquirir con un gesto delicado: «¿No habría alguna manera de...?»— complica perversamente las cosas haciendo lo que se le pide, discutiendo la justicia o injusticia de los cargos que se le formulan y tratando de esclarecer lo inesclarecible. ¿Que habrán pensado de él esos atónitos funcionarios cuando lo vieron apresurarse a pagar la fianza de mil pesos que, en un momento dado, le sugieren como posible medicina para sus males? No sólo que era un irremediable imbécil, sino, sobre todo, un sujeto peligroso, un extravagante que, con su creencia de que las leyes y reglamentos se han hecho para ser cumplidos y las palabras de los administradores para ser tomadas al pie de la letra, podía causar graves trastornos y calamidades a la sociedad mexicana. El desprecio y la cólera que acabó por inspirarles a los funcionarios que lidiaron con él está patente en el desenlace de la historia. Los Lowry fueron fotografiados y fichados como delincuentes y arrojados a un calabozo (donde les robaron sus equipajes) antes de ser llevados, en un tren de tercera clase, por un policía armado, hasta la frontera con Texas y expulsados del país como indeseables.

Lowry no era un hombre que careciera de experiencias. Había viajado por el mundo como marinero y se había emborrachado, con truhanes de lo peor, en otros varios continentes. Pero a la hora de enfrentarse a la ley, su educación puritana, de antiguo alumno del Leys School y del St. Catherine's College, de Cambridge, le perdió. Entraron en funcionamiento esos poderosos resortes de su formación, para la que eran inseparables las nociones de ética y ley, el convencimiento de que hay una justicia inmanente en todo sistema jurídico.

Fue una gran cosa para la literatura que Malcolm Lowry resultara incapaz de entender ese otro sistema, el de la «mordida», y el papel primordial que desempeña en la sociedad mexicana (y en tantas otras). El país donde ocurrían esas cosas tenía que fascinarlo, como fascinan a los niños los países de las hadas y las brujas, mundos en los que las cosas y los seres operan bajo el efecto de leyes tanto más bellas cuanto más ignotas. Por eso lo eligió para su escenario de la trágica odisea del Geoffrey Firmin de *Bajo el volcán*, alcohólico y ex diplomático, marido frustrado e intelectual en ruinas, que, en el infierno violento e incomprensible del mítico Quauhnahuac, se embriaga y arriesga hasta morir literalmente como un perro. La profunda incomprensión de ese país que amó y temió con igual fuerza estimuló la fantasía de Lowry y le impulsó a recrearlo con los colores majestuosos y siniestros con que aparece en *Under the Volcano* y a convertirlo, como dijo, «en una metáfora del mundo».

Lima, abril de 1983

361

La Arcadia y los mosquitos

Una moda de nuestro tiempo es condenar la civilización industrial y sostener que el retorno a la naturaleza es el antídoto para los venenos que la humanidad ha estado inhalando por culpa del mal llamado progreso. Esta tesis ha seducido a muchos jóvenes y en algunos países —como Alemania Federal, donde los «verdes» acaban de entrar al Parlamento— los movimientos políticos que la defienden constituyen un factor cada vez más importante.

La verdad, no se trata de algo nuevo, sino de la resurrección contemporánea de una utopía que ha acompañado al hombre desde los albores de la civilización urbana. El mito de la arcadia, edad de oro en la que los seres humanos, consubstanciados con la naturaleza, habrían sido puros y felices, asoma detrás de las recurrentes doctrinas que proponen un regreso a lo natural como medicina para los males y vicios que habría acarreado a la sociedad el paso de la vida rural a la del comercio y la industria y la consiguiente hegemonía de la ciudad en la historia. Tolstói fue el más elocuente predicador de estas ideas en el siglo pasado. En América Latina, el indigenismo de los años veinte y treinta fue una variante regional de la misma filosofía.

No es extraño que el continente latinoamericano, con sus grandes extensiones de tierras más o menos vírgenes, sus selvas, cordilleras, sabanas y desiertos a medio domesticar y sus centenares de culturas arcaicas, haya inflamado la imaginación de los primitivistas. Sentó la pauta el propio Cristóbal Colón, quien, en sus diarios, describió toda clase de maravillas vistas y tocadas por él en las nuevas tierras. León Pinelo fue aún más lejos, pues demostró, con citas bíblicas, que el paraíso terrenal estuvo situado en el nuevo mundo, exactamente en la Amazonía. Esta tendencia vive y colea en el mundo desarrollado donde continuamente están apareciendo libros de viaje que describen la Amazonía, con todos sus riesgos y peligros —generalmente magnificados para dar más dramatismo al relato— como un territorio idílico e incontaminado, un enclave donde no ha cesado la primavera humana.

La última novela de Paul Theroux, *The Mosquito Coast* (La costa del mosquito), pertenece al linaje narrativo que ha dado ficciones tan espléndidas como *Green Mansions*, de Hudson, o *Los pasos perdidos*, de Alejo Carpentier. Con una diferencia: la naturaleza americana que aparece en ella no es paradisíaca sino pesadillesca, y, además, tiene la siniestra característica de envilecer a todos los productos de la modernidad que la tocan.

Dicho así, el tema de la novela puede parecer serio y aburrido. En realidad, se trata de un libro inmensamente entretenido, de una comicidad que provoca la carcajada con frecuencia, y de un dinamismo anecdótico que no abunda en las ficciones contemporáneas. Es, al mismo tiempo, una novela que, por debajo de su vivacidad y su humor, plantea asuntos complejos y defiende una tesis polémica.

La familia Fox —los padres y cuatro niños, uno de los cuales, Charlie, narra la historia— vive en una granja de la costa este de Estados Unidos, el rincón acaso más próspero y tecnificado del planeta. El Padre —la mayúscula es obligatoria en su caso—, figura extraordinaria, está dotado de una habilidad genial para las artes manuales y las hazañas científicas. Este inventor y dínamo humano profesa, sin embargo, una repugnancia ilimitada por el mundo que lo rodea —la civilización industrial, la dictadura del objeto manufacturado, el consumismo, el armamentismo, la ciudad— y está convencido de que se halla al borde del apocalipsis.

Apoyado por su familia, que le rinde un culto religioso, el resuelto Mr. Fox decide romper por lo sano con esta sociedad y buscar refugio en las selvas supuestamente impolutas de América Central, por el lado de Honduras. Su propósito no es egoísta sino mesiánico. No se trata, para él, sólo de salvar a su familia de la irremediable hecatombe nuclear, sino, a la vez, de reconstruir la aventura humana desde las bases sanas, que, para su desgracia, en un momento de la historia, el hombre traicionó, apartándose de la naturaleza, de lo necesario y lo simple, y precipitándose hacia la producción de lo superfluo y artificial, objetos que lo han esclavizado y que ahora lo aniquilarán. En el dédalo tropical por el que la familia

Fox se interna, con un puñado de pertenencias rigurosamente purgadas de todo aquello que podría envenenar a la nueva sociedad, el Padre se propone ser, con los suyos, la simiente de una nueva humanidad que, en el futuro, vivirá en armonía y estrecho contacto con el mundo natural y en la que jamás arraigarán los vicios urbanos.

Pero ¿existe todavía el mundo natural? Consternado, el Padre descubre que en las comarcas más inaccesibles de la selva hondureña, la maldita civilización ha puesto ya los pies, traída por misioneros modernísimos que se desplazan en aviones privados, predican con la televisión a color y vuelven adictos a la Coca-Cola a los nativos, y por buscadores de oro, gánsteres que han introducido la codicia, el dinero y la bala en tribus que no han acabado de salir de la Edad de Piedra.

Pese a estos tétricos augurios, el Padre se pone manos a la obra. Se instala en un apartado recodo del río, selva adentro, y allí, derrochando ingenio y esfuerzo, consigue, por espacio de un año, materializar sus sueños. El campamento de la familia Fox —que ha adoptado a un pequeño grupo de nativos— parece que va a convertirse en la diminuta sociedad modelo que el Padre ha diseñado. Erradican los ponzoñosos mosquitos, siembran la tierra, aclimatan vegetales, erigen unas viviendas sólidas, son autosuficientes. Gozan incluso de un confort que en nada trastorna la esencia del medio en el que han echado raíces. Gracias al hielo que fabrica mediante uno de sus inventos caseros, el Padre adquiere prestigio en la región, lo que le permite iniciar su apostolado laico: enseñar a las comunidades indias aquellas técnicas que les permitirán progresar, pero sin caer en el pecado maquinístico.

Las aventuras se multiplican, fértiles y risueñas; por la historia desfila una muchedumbre de personajes insólitos y divertidos. Al mismo tiempo, como al sesgo, el lector va advirtiendo que las obsesiones del Padre asumen características delirantes y que, en un momento dado, ya es incapaz de percibir la realidad de manera objetiva. El mundo se convierte en una proyección de sus fobias y fantasmas. Su familia le cree que Estados Unidos y todo el Occidente ha desaparecido, arrasado por las explosiones y que, en el resto del planeta, apenas sobreviven los residuos grotescos de una humanidad sin esperanzas.

Pero, de pronto, ese mundo natural que parecía tan hospitalario con los Fox, se vuelve contra ellos. Los demonios naturales se desencadenan en una orgía destructora que pulveriza su obra. La violencia social, de la que se creían a salvo, reaparece y el Padre se ve obligado a recurrir a los peores engendros industriales, desde los explosivos hasta el fusil, para defenderse de reales y supuestos enemigos. El paraíso muda en infierno. Los últimos capítulos describen un homérico viaje de los Fox, en una balsa de troncos, río arriba, bajo un diluvio, en busca de un nuevo oasis. No lo encuentran. El Padre termina devorado por los buitres, en una playa de aguas pútridas, en la que no es posible bañarse por las tortugas hambrientas. La moraleja de la historia está resumida en una imagen codiciable que asalta a Charlie, el narrador, al final de la indescriptible aventura. Cubierto de harapos, medio muerto de hambre, convencido de que nunca saldrá de esta costa perdida, está contemplando a las aves carniceras que rondan sobre sus cabezas, esperando sus cadáveres. Entonces, con lágrimas en los ojos, recuerda la nevera del hogar, allá en Hatfield, sus luces amarillas a cuyo resplandor se divisaban las botellas de leche, los jugos de fruta, los botes de mantequilla, los embutidos, los huevos frescos.

Además de imaginativa, novedosa y escrita con astucia, la novela de Paul Theroux es persuasiva en su sangrienta burla de las quimeras antimodernistas. El mundo natural es arcádico sólo en la fantasía y el mito. En la realidad, es cruel, insoportable y destructor, a menos que uno lo enfrente con las herramientas de la civilización. No hay manera de renunciar a la cultura moderna. Por el simple hecho de existir, ésta ha modificado el mundo natural, el que llega de manera débil y distorsionada. Los prófugos idealistas que pretenden escapar del mundo moderno no hacen más que propagarlo por donde van y a veces de manera perniciosa. Ni siquiera la locura es un refugio contra la actualidad. Mr. Fox es aquello que odia, es decir, un hombre en el que la modernidad se expresa en esas fobias antimaquinistas que, en el fondo, no son otra cosa que un amor masoquista.

Londres, junio de 1983

1984: Un careo

Dentro de pocos meses el mundo entrará en el año en el que Orwell situó su escalofriante profecía totalitaria: *1984*. Publicada en 1949, pocos meses antes de su muerte, esta novela clausuró una de las más lúcidas trayectorias literarias de nuestro tiempo. En novelas, artículos, ensayos, Orwell no dejó prácticamente nunca de intervenir en el debate político de su siglo, aportando ideas personales y polémicas, así como testimonios de primera mano, sobre sinnúmero de temas importantes: la condición obrera en Inglaterra, la guerra de España, la vida de los miserables en París y Londres, el colonialismo y el imperialismo, el fascismo y el socialismo, la abdicación de los intelectuales ante el hechizo del poder, el avance de las ideas totalitarias.

Orwell fue mejor ensayista que novelista y, aunque en *Animal Farm* —brillante sátira sobre las revoluciones que dejan de serlo una vez que triunfan— había mostrado la astucia de un buen inventor de ficciones, ninguna de sus novelas anteriores permitía augurar la obra maestra que es *1984*. Ensayo disfrazado de novela, novela disfrazada de ensayo, el libro se lee con la ansiedad de una intriga policial y la angustia de una ficción de horror. A la vez, es imposible abandonarse enteramente a su magia imaginaria porque, como esas pesadillas novelescas de que el marqués de Sade se valía para exponer sus tesis filosóficas, *1984* está continuamente apelando a la razón del lector y obligándolo a confrontar los fantasmas de la ficción con los seres de carne y hueso que lo rodean, las experiencias del mundo inventado con las de la realidad en que vive.

¿Qué resulta de ese careo, hoy, cuando el año de la anticipación novelesca de Orwell y la vida real están por coincidir? ¿Es mejor o peor el mundo de lo que la novela predijo? ¿Hay razones más poderosas hoy que en 1949 para creer que la civilización marcha hacia ese totalitarismo absoluto descrito en *1984* o, por el contrario, para considerar el peligro descartado?

En la novela, los tres estados en que está dividido el planeta —Oceanía, Eurasia y Estasia— han implantado un equilibrio de terror que los provee de una coartada perfecta para la dictadura interna. El estado de guerra permanente, además, les permite mantener en un bajísimo nivel de vida a sus grandes masas. El control minucioso a que se hallan sometidos los individuos no sería suficiente para frenar en ellos impulsos rebeldes, si, además, no viviesen en condiciones tales de ignorancia, escasez, rutina y precariedad —animalidad, en suma— que les impiden tener conciencia cabal del estado en que son mantenidos. Ésa es la función de la guerra en *1984*: consumir toda la sobreproducción que, si revirtiera sobre los ciudadanos, elevaría su condición, humanizándolos y haciéndolos conscientes de su miserable suerte (es decir, potenciales rebeldes). Ahora bien, esta guerra permanente se lleva a cabo dentro de ciertas reglas de juego precisas, a fin de que no haya nunca en ella vencedores ni vencidos, sólo periódicos y momentáneos reveses, en la región difusa de las fronteras, las que tampoco cambian jamás de manera decisiva.

Es obvio que, en este campo, el mundo no ha estado a la altura del pesimismo de Orwell. Aunque, estirando un poco los conceptos, podría hablarse de una distribución del globo en tres vastos dominios de influencia política —con Washington, Moscú y Pekín como ejes—, el equilibrio del terror, una realidad, opera de modo más pasivo que activo. La alucinante acumulación de arsenales bélicos en las grandes potencias, en vez de desencadenar una nueva conflagración, la ha prevenido y ha vuelto a los superestados sumamente prudentes uno frente al otro. La forma en que han optado por combatirse es a través de terceros, esos países de la periferia cuyos desgarramientos y desastres no afectan casi a las potencias que los teledirigen. A diferencia de lo que imaginó Orwell, las guerras de la actualidad no son las de cohetes que devastarían «con ciencia y moderación» los barrios de las grandes capitales; son, como hace medio siglo, las guerras revolucionarias en las que, ahora mucho más que antes, las grandes potencias tienen la dirección intelectual, la elección de los medios y la estrategia de las acciones.

En un aspecto, los hechos históricos han evolucionado en la dirección sugerida por la novela. En términos geográficos, desde 1949 el número de países sometidos a regímenes totalitarios ha aumentado de manera considerable en tanto que, salvo en el pequeño reducto de Europa occidental y el norte de América, donde el sistema democrático está sólidamente arraigado, la democracia, entendida como un régimen de libertad política, instituciones representativas, elecciones y prensa libre, pierde terreno por todas partes. Cuando no es sustituida por dictaduras marxistas, lo es por regímenes militares autoritarios ferozmente represivos. La razón de este fenómeno no está sólo en el hecho incuestionable de que la democracia difícilmente puede sobrevivir en países con las enormes desigualdades económicas y sociales de los del Tercer Mundo; también, y acaso de manera más acusada, en que, en tanto que los grandes centros de poder totalitario no ahorran gasto ni esfuerzo para expandir su zona de influencia, los países occidentales, paralizados por escrúpulos morales o por la crítica opositora o por simple inconsciencia e incluso mezquindad, no están dispuestos ni remotamente a hacer algo equivalente en defensa de la democracia. Esto es lo que hace que la instalación del marxismo en Cuba o Vietnam sean hechos prácticamente irreversibles, en tanto que la vuelta a la democracia en Bolivia o Ecuador sean fenómenos precarios, transitorios, pequeños paréntesis entre golpes de Estado.

En un aspecto, *1984* ha dado en el blanco. Con el desarrollo de la técnica, el control de la información puede ser absoluto, y el control absoluto de la información confiere a una dictadura contemporánea un poder sobre el individuo que no ha tenido ni la más inquisitorial satrapía del pasado. Un control semejante sólo es posible, claro está, mediante la centralización de la economía, el monopolio estatal de los órganos de la producción. Asegurado este monopolio, el Estado puede, como en *1984*, no sólo manipular los hechos contemporáneos, sino también, como lo hacían los incas, alterar el pasado de acuerdo a las conveniencias políticas del presente y hacer desaparecer de la conciencia humana las nociones mismas de mentira y verdad.

Pero el espíritu de resistencia es más fuerte en el hombre —por lo menos lo ha sido hasta ahora— de lo que Orwell supuso. Si es verdad que los Estados totalitarios son hoy militarmente más poderosos ¿no es cierto, también, que hay más razones ahora que entonces para dudar de su monolitismo interno? Fenómenos como el de Polonia muestran que, por severo y elaborado que sea el sistema represor del pensamiento y la conducta, la inventiva humana encuentra manera de burlarlo y, en el momento propicio, de rebelarse contra la mecanización esclava de la vida. El caso de los disidentes soviéticos, por otra parte, muestra que, si en las democracias occidentales y en los países del Tercer Mundo, los intelectuales han pasado a ser, a menudo, como en la siniestra utopía de Orwell, los peores enemigos de la libertad, en los Estados policiales, en cambio, el intelectual puede convertirse en el vocero de esa aspiración a decidir su propia vida —sus actos, sus creencias, sus sueños—, con un mínimo de interferencia externa, que evidentemente está mucho más enraizada en el ser humano de lo que *1984* deja suponer.

Pero hay un tema, sobre todo, en el que, afortunadamente, el tiempo ha contradicho a Orwell. En *1984*, por caminos distintos, los sistemas sociales que se reparten el planeta han llegado al mismo punto. El socialismo y la democracia son en la novela las vías por las cuales ha degenerado la sociedad humana hacia el totalitarismo absoluto. Eso (todavía) no es verdad. Con todos sus defectos y limitaciones, sin duda grandes, la democracia sigue siendo un sistema más humano y vivible, más abierto y cambiante, que el de las dictaduras (totalitarias o autoritarias). A diferencia de lo que sucede en *1984*, en 1984 todavía hay en el mundo regímenes mejores y peores. Pero, más todavía. ¿Ha evolucionado el sistema comunista en el sentido previsto por la novela? Sin hacerse demasiadas ilusiones, se puede decir que hay indicios de lo contrario. En comparación con las matanzas de la era estalinista y sus extremos de terror policial, el mundo socialista, en gran parte gracias al desarrollo, ha tenido que suavizar sus métodos, dar un margen más grande a la iniciativa individual y permitir, a veces, una neutralidad en su seno que parecía inconcebible hace cuarenta años. Lo que ocurre en China, por ejemplo, insinúa una evolución de rumbo exactamente opuesto al de *1984*.

¿Son estas razones suficientes para estimar que la historia moderna ha vuelto obsoleta a la novela? Ciertamente, no. A lo más, podemos decir que sus terrores, siempre válidos para el hombre futuro, no se han concretado en el plazo fatídico.

Lima, julio de 1983

Tragicomedia de un judío

Como sobre Cervantes, Goethe o Dante, sobre Shakespeare se ha dicho todo lo que hay que decir y mucho más, de modo que cada nuevo análisis e interpretación nacen por lo general gastados, erudiciones o trivialidades que van a engrosar las montañas de literatura crítica que cercan, y a veces parecen asfixiar, la obra genial. Y, sin embargo, el libro que John Gross ha dedicado a uno de los más imperecederos personajes shakespeareanos, Shylock, se lee con el placer y el interés que provocan las obras genuinamente originales.

Un personaje literario se inmortaliza y vuelve leyenda cuando, como el Quijote, Hamlet o el rey Artús resume en su imagen y peripecias una condición o ideal alimentado, a lo largo del tiempo, por hombres y mujeres de muy distinta procedencia, que en aquella figura de ficción ven encarnados ciertos miedos o ambiciones o experiencias que necesitan para vivir o de los que no encuentran modo de librarse. El prestamista de Venecia, empeñado en cobrar la libra de carne de su acreedor Antonio, que no pudo pagar en el tiempo debido el dinero que aquél le prestó, pertenece a esa misteriosa genealogía de personajes míticos, amasados por el prejuicio, el miedo y la fascinación por la crueldad que han cruzado los siglos y las culturas sin envejecer y que lucen en nuestros días tan lozanos como cuando aparecieron, en los endebles corrales del teatro isabelino.

El antisemitismo que produjo a Shylock era, en tiempos de Shakespeare, religioso, y en los años inmediatamente anteriores a la elaboración de *El mercader de Venecia* había habido en Inglaterra un escándalo político, en el que el médico de la Reina, un judío portugués acusado de querer envenenar a la soberana, fue ahorcado y descuartizado. El clima de hostilidad hacia los judíos, de viejas raíces medievales, se había crispado con motivo de este episodio y los críticos ven una reverberación de ello, por ejemplo, en *El judío de Malta*, de Christopher Marlowe, cuyo personaje principal es un monstruo de maldad. Cuando Shakespeare se dispone a escribir su obra, aprovechando una antiquísima leyenda con versiones romanas e italianas, lo hace, a todas luces, con el propósito de halagar los sentimientos antisemitas de sus contemporáneos, reavivados por el episodio del médico portugués.

Sin embargo, el resultado final sería mucho más indefinible y complejo que la cristalización de un prejuicio religioso en una truculenta ficción y en un personaje caricatural. Como John Gross muestra en su libro, es una pretensión risible la de querer, leyendo entre líneas y deconstruyendo *El mercader de Venecia*, ver en la obra una intención de denuncia o de rechazo del prejuicio antisemita. Éste se halla presente en el texto en su versión de época, y negarlo es desnaturalizar la obra tanto como la desnaturalizaron quienes, en la Alemania de los años treinta, la representaban para ilustrar y justificar las teorías racistas de los nazis. En verdad, el concepto racial no aparece para nada en la historia de Shylock, cuya hija Jessica, y él mismo al final de la pieza, pasan a formar parte de la normalidad social, es decir, a integrar la grey cristiana. Para Hitler la condición judía no era reversible, por eso había que liquidarla físicamente.

Religioso o racial, el antisemitismo es siempre repulsivo, uno de los desaguaderos más nocivos de la estupidez y la maldad humanas. Lo que profundamente se expresa en él es la tradicional desconfianza del hombre por quien no forma parte de su tribu, ese «otro» que habla una lengua distinta, tiene una piel de otro color y practica ritos y magias desconocidos. Pero se trata de un sentimiento genérico, que en su incomprensión y odio abraza a todos quienes forman parte de la otra tribu y no hace distingos ni excepciones. ¿Es Shylock un personaje genérico, representativo de todos quienes, como él, niegan la divinidad de Cristo y esperan aún la venida del Mesías? Lo es sólo por momentos, cuando recuerda a sus adversarios que los judíos tienen también ojos y manos y de cuyas venas, si son pinchados, brota sangre roja, como la de los demás mortales. Pero no lo es cuando, loco de furor por la fuga de su hija, que además de escaparse con un cristiano le ha robado, clama venganza y quiere desfogar su rencor y su cólera contra Antonio, a quien las circunstancias convierten en víctima propiciatoria. Y tampoco lo es cuando, ante los jueces del tribunal, exige que se aplique la ley, a pie juntillas, sin desfallecimientos sentimentales, y recuerda que los contratos, como los reglamentos y los decretos y ordenanzas, están hechos de palabras concretas, de ideas traducibles en actos, no de emociones ni gestos virtuosos.

Como padre celoso, como prestamista burlado, como frío defensor del cumplimiento estricto de la ley (de cualquier ley), Shylock alcanza formas terribles de inhumanidad, pero en su violenta postura reconocemos muchas otras expresiones de lo humano, ajenas a lo judío, y también a un individuo singular, soliviantado hasta lo bestial por una fermentación del odio, la sed de venganza, el despecho o el rencor de los que no está exento ningún cristiano. Este fondo de humanidad en la inhumanidad de Shylock, en la que todos los espectadores de *El mercader de Venecia* no pueden dejar de reconocer (con un escalofrío) algo de sí mismos, es, acaso, el atributo más extraordinario del personaje y la principal razón de su perennidad.

La contrapartida de estos brotes de humanidad en la inhumanidad de Shylock son los abundantes rasgos de escasa o nula humanidad, e incluso de inhumana conducta, entre los cristianos de la obra. Salvo Antonio, quien aparece como un ser generoso, dispuesto a servir a un amigo aun a costa de su propia vida, los otros personajes están lejos de ser un dechado de virtudes. La astuta Porcia juega su amor a la lotería, o poco menos, y el marido que le depara el azar, Bassanio, busca y consigue a la bella dama atraído por su dinero, y gracias a una operación mercantil, financiada por su amigo Antonio. En cuanto a los amores de Lorenzo y Jessica, pretexto para la efusión lírica más hermosa de la pieza, ¿no resultan acaso de una fuga/secuestro y un robo cometido por una hija que destroza el corazón de su padre?

El libro de John Gross, en su fascinante inventario de las transformaciones que ha experimentado la figura de Shylock y su terrible historia en sus casi cinco siglos de existencia, revela cómo, de esa siniestra urdimbre de conflictos y contradicciones morales, cada época, sociedad y cultura extrajo una enseñanza diferente, y cómo *El mercader de Venecia* fue representada con propósitos políticos e ideológicos diversos —a veces radicalmente antagónicos—

sin que esta diversidad de variantes traicionara la proteica naturaleza de la obra.

Por lo menos en un aspecto es obvio que los espectadores de hoy podemos juzgar con mayor conocimiento de causa la conducta de Shylock. La función que desempeñan en ella el dinero y el comercio aparecía como algo muy distinto a los contemporáneos de Shakespeare. Estos temas son centrales en la historia de «la libra de carne», recordémoslo. El desprecio de los caballeros cristianos de Venecia hacia Shylock se debe tanto a su religión como al oficio con el que se gana la vida: prestamista que presta dinero a cambio de un interés. Obtener un beneficio con el dinero prestado —como hace Shylock y como lo harán todos los banqueros del futuro— les parece al noble Antonio y a sus amigos un acto indigno, una canallesca inmoralidad. El sarcástico comentario de Shylock, profetizando a Antonio que si sigue actuando como lo hace —prestando dinero sin interés— arruinará su negocio, podía parecer en el siglo XVI de un pragmatismo repugnante a la ética cristiana. Hoy sabemos que Shylock, diciendo lo que dice y trabajando para incrementar su patrimonio, anunciaba la modernidad y ponía en práctica un principio básico de la actividad económica —la búsqueda de un beneficio o plusvalía—, punto de partida de la generación de la riqueza y del progreso de la sociedad.

Que ese principio, librado a sí mismo, sin el freno de una cultura de la solidaridad y una cierta ética de la responsabilidad, puede llegar a extremos monstruosos también es cierto y eso está alegóricamente anticipado en *El mercader de Venecia* en el aberrante compromiso del prestatario de entregar una libra de carne de su cuerpo al prestamista si no devuelve a tiempo el dinero que recibió. Las dos caras de Jano del sistema capitalista, que, a la vez que lanzaba el imparable desarrollo de Occidente, producía enormes desigualdades de ingreso y sacrificios tremendos en ciertos sectores sociales, aparecen anunciadas en la peripecia tragicómica del judío veneciano.

La crítica literaria de nuestro tiempo, sobre todo en versión académica, se ha vuelto difícil de leer, con sus jeroglíficas deconstrucciones que disparan la literatura a una artificiosa irrealidad, o con su obsesión lingüística, que reduce la poesía, el teatro y la novela a una experimentación con las formas gramaticales y desdeña lo ideológico, lo psicológico y lo histórico, como si todo ello no formara también parte sustancial de la literatura. La obra que John Gross ha dedicado al inagotable Shylock forma parte de la gran tradición crítica europea, la que vinculaba el quehacer literario y artístico a todas las experiencias sociales e individuales. En ella rastreamos las fuentes que sirvieron a Shakespeare para construir al personaje y el contexto histórico y social que orientó el desenvolvimiento de la anécdota, la fascinante carrera de la obra desde sus primeros montajes hasta los más recientes, y sus mutaciones a lo largo del espacio y del tiempo, así como los buenos y malos usos que han hecho de ella la religión, las doctrinas sociales, los fanatismos y la política.

Madrid, junio de 1994

¡Cuidado con Elizabeth Costello!

El surafricano J. M. Coetzee es uno de los mejores novelistas vivos y no digo el mejor porque, para hacer una afirmación semejante, habría que haberlos leído a todos. Pero, entre los que conozco, muy pocos tienen su maestría y sutileza contando historias. Con sus novelas *Life and Times of Michael K* (1983) y *Disgrace* (1999) ganó, por dos veces, el Booker Price, la más prestigiosa distinción literaria en Gran Bretaña. Ambas son excelentes, y, además, la última, estremecedora, por la revulsiva y dramática representación que ofrece de los conflictos sociales y lesiones psíquicas a los que se enfrenta África del Sur desde la caída del régimen del *apartheid* y el establecimiento de la democracia. Hay en *Disgrace* (desafortunadamente traducida en español con el título melodramático de *Desgracia* cuando en verdad su equivalente es «Caer en desgracia») uno de los episodios más difíciles de narrar en una novela sin naufragar en la truculencia irrealizante —la violación de una granjera blanca por un grupo de negros— y Coetzee lo resuelve admirablemente, mediante un dato escondido, un silencio tan locuaz y significativo que él va contaminando de tragedia y tensión todo lo que antecede y sigue a ese cráter narrativo.

Es también un ensayista polémico y radical, y tan astuto que cuando uno se enfrenta a sus ensayos debe mantenerse con sus cinco sentidos alertas y una conciencia movilizada en zafarrancho de combate para no ser sobornado por la elegante estrategia de ilusionista con que presenta y defiende sus atrevidas y discutibles teorías. Por ejemplo, su exaltación del vegetarianismo y consecuente abominación de los carnívoros, a quienes, en *The Lives of Animals* (2000), su último libro, por matar vacas, chanchos y corderos y comérnoslos nos compara con los nazis perpetradores del Holocausto judío. ¿Él lo hace? Bueno, no exactamente: ahí está la astucia de ese soberbio fabulador que es John Coetzee. Lo hace Elizabeth Costello, un personaje de ficción, que él se ha inventado para que vaya por allí, frágil e indómita, por ese mundo mal hecho en que vivimos, deshaciendo entuertos, dando mandobles contra invisibles demonios y atacando molinos de viento.

Elizabeth Costello es una novelista australiana, ya entrada en años, a quien vemos en aquella historia conferenciando en una universidad de Estados Unidos y oponiendo su delicada y tierna sensibilidad a las abstractas y desalmadas razones con que sociólogos y filósofos tratan de refutar su convicción de que los seres humanos venimos perpetrando, con el mundo animal, desde tiempos inmemoriales —pero ahora más que nunca—, genocidios y crueldades vertiginosas, exterminándolos y sometiéndolos a vejaciones y torturas indecibles —a su juicio los camales y los campos de exterminio de Auschwitz y Treblinka son equivalentes—, y, lo que acaso sea todavía peor, haciendo de ellos meros animales, es decir, anulando su capacidad de respuesta a las agresiones humanas, servidumbre o esclavitud de la que sólo se habrían liberado algunas escasas especies, como las repulsivas ratas, o los insectos, o los microbios, quienes, dice Elizabeth Costello no sin cierta admiración, «no se han rendido, están todavía luchando, y acaso podrían aún vencernos». Expuestas en un discurso racional y directo, según las clásicas coordenadas de un ensayo, las tesis de Elizabeth Costello difícilmente merecerían la absorbente atención del lector que ellas consiguen encarnadas en la ficción —o acaso sería mejor decir la fábula— de *The Lives of Animals*, donde sus ideas y argumentos (o, si se quiere, sus sofismas) tienen el aval de la transparente integridad de su persona y de su espíritu generoso, de esa valentía moral que la ha llevado, incluso, a apartarse de su propia familia y vivir en soledad, como una apestada, para ser consecuente con sus ideas. Cuando cerré el libro me descubrí furiosamente irritado contra todo lo que ella sostenía y a la vez conmovido hasta los huesos por esa viejecita pugnaz y formidable.

Ahora me acabo de encontrar otra vez a Elizabeth Costello, en la ciudad holandesa de Tilburg, en una conferencia organizada por el Nexus Instituut, que dirige Rob Riemen, y que este año versaba sobre el tema de «El Mal». Una veintena de escritores, teólogos, filósofos, críticos y sociólogos, confinados de diez de la mañana a diez de la noche en un auditórium sin ventanas, intentaron ver claro en ese escabroso asunto. Mi impresión es que, al final, para muchos de los participantes, yo entre ellos, como era de esperar, en vez de esclarecerse, el asunto en cuestión se oscureció bastante más de lo que ya estaba, lo cual no impidió, por cierto, que las ponencias y debates fueran interesantes y a veces apasionantes. Uno de esos momentos fue la exposición de J. M. Coetzee sobre «El problema del mal». En vez de una conferencia, leyó una historia, en la que Elizabeth Costello viajaba de Australia a Holanda para hablar del mismo tema que allí nos tenía reunidos. Y la novelista lo hacía, claro está, con la misma desarmante pureza y endemoniada habilidad con la que, quienes la conocíamos, la habíamos ya visto romper lanzas por los derechos animales.

Resumo —estropeándolo y empobreciéndolo, claro— el texto en cuestión. En vez de abordar de frente el asunto del mal, Elizabeth Costello lo hizo de manera indirecta, refiriendo el sufrimiento, el bochorno y la vergüenza que padeció leyendo una novela de Paul West, *The Very Rich Hours of Count von Stauffenberg*, en la que el novelista inglés describe (o, más bien, inventa) la manera como fueron perseguidos, torturados y ejecutados los participantes en aquella fracasada conjura para asesinar a Hitler. «¿Por qué me hace esto a mí?», se pregunta Elizabeth, sublevada de horror, al verse arrastrada en las páginas del relato a esos sótanos de infierno donde debe ser testigo de la minuciosa violencia que debieron sufrir aquellos hombres, y de la innoble, ignominiosa muerte que les infligieron los verdugos. Que la novela la someta a semejante degradación y crueldad la veja y la ofende. La palabra que inmediatamente viene a su conciencia es: «Obsceno». Paul West ha cometido una obscenidad exponiendo a la luz pública aquellas escenas que expresan las peores formas de la vileza y el sadismo de que es capaz el alma humana. A ella, esa lectura no la ha enriquecido en modo alguno; más bien, la ha ensuciado, enmelándole el espíritu con algo de las miasmas de inhumanidad y salvajismo que exhalaban sus páginas.

Y, entonces, la novelista australiana se dice que, así como cierta literatura hace a las gentes mejores, otra las hace peores, y que ello, evidentemente, no depende sólo de lo bien o mal hecha que esté, de su factura artística, sino también de lo que diga o calle, de lo que silencie o exponga. En otras palabras, de su factura moral (eso lo digo yo, porque Elizabeth Costello es demasiado inteligente para hablar de «moral» en su exposición, aunque eso sea exactamente lo que toda su argumentación sugiere). La literatura puede ser peligrosa, entonces, porque, obligado como está todo artista a embellecer el material que trabaja, el mismísimo mal puede resultar atractivo, fascinante, vestido y enjoyado con los bellos espejismos que inventan ciertos escribidores. ¿Cuál es la solución, pues, para que la literatura no cause daño y haga a los lectores peores de lo que eran antes de la lectura? Respetar los «lugares prohibidos» (*forbidden places*), eludir ciertos temas y motivos cuya sola aparición en un libro tiene la maléfica consecuencia de aumentar las dosis de dolor y violencia en la vida de los seres humanos.

A estas alturas de su razonamiento, Elizabeth Costello invenciblemente me recordó a mi abuelita Carmen, una de las personas que yo más he querido, quien, con mucha pena me hizo saber, hace cuarenta años, que, luego de encontrarse con tres palabrotas en la primera página de mi primera novela, había renunciado a leerme para siempre. Como ella, Elizabeth Costello es una mujer buena y decente que con todo derecho piensa que en la vida de todos los días hay ya suficiente crueldad y fealdad para que, además, la literatura venga a infligir a los maltratados seres humanos raciones suplementarias de horror y de maldad. Nada que objetar a esa decisión, siempre que ella se confine a la esfera de lo personal, y no pretenda erigirse en una norma a la que debamos someternos todos los escribidores y lectores y el ejercicio mismo de la literatura.

Porque, si así fuera, ésta desaparecería, o, mejor dicho, la reemplazaría una usurpadora que valiéndose del mismo nombre sería en verdad una rama de la religión, de la política o de la ética, dominios muy respetables desde luego pero que, cuando se confunden con la literatura, acaban con ella. Acabar con la literatura es algo perfectamente posible, desde luego. Lo intentaron los inquisidores españoles prohibiendo la novela durante trescientos años en las colonias españolas de América porque a su juicio (un juicio muy defendible, por lo demás) el género novelesco podía desasosegar el espíritu de los nativos, volverlos díscolos y alejarlos de Dios. Lo intentó Stalin, ordenando a los escritores que manufacturaran sus libros de acuerdo a las consignas del poder y se convirtieran en «ingenieros de almas», es decir, en propagandistas y publicistas del régimen. El resultado fue ese basural de literatura realista socialista que ya nadie lee ni recuerda. Como Elizabeth Costello, aunque por razones mucho menos nobles que las de ella, los inquisidores, Stalin y todos los comisarios y censores que en el mundo ha habido —y han sido innumerables— han sostenido que la literatura no podía ser dejada al libre albedrío de quienes la escriben, pues hay «lugares prohibidos» que la ficción literaria no debe violar, porque hacerlo es obsceno, inmoral, o pecador, o reaccionario, etcétera, y tiene efectos perniciosos en la sociedad. La literatura debe hacer «mejores» a hombres y mujeres y para ello hay que fijarle ciertos límites.

En verdad quienes así piensan tienen una idea errada de la literatura: le atribuyen poderes que no hay manera de demostrar que ella posea y quieren imponerle funciones para las que está visceralmente negada. Por lo pronto, es una empresa inútil tratar de averiguar si una gran obra literaria hace más buenos o más malos a sus lectores, porque la manera como un poema, una novela o un drama opera sobre una sensibilidad o un carácter varía al infinito, y mucho más en razón del lector que de la obra. Leer a Dostoievski puede, en algunos casos, tener consecuencias traumáticas y criminales y, en cambio, no es imposible que las iniquidades seminales del marqués de Sade hayan aumentado el porcentaje de lectores virtuosos, vacunados contra el vicio carnal. En verdad, la literatura no nació para estimular el vicio ni la virtud (aunque ambas cosas sin duda también resultan de ella, pero de una manera infinitamente diversa e incontrolable), sino para dar a los seres humanos aquello que la vida real es incapaz de darles, para hacerlos vivir más vidas de las que tienen y de manera más intensa de la que viven, algo que su imaginación y sus deseos les exigen y la vida real, la vida confinada y mediocre de sus existencias reales, les niega cada día.

La literatura no hace ni más felices, ni más buenos, ni más malos, a los lectores. Los hace más lúcidos, más conscientes de lo que tienen y de lo que les falta para colmar sus sueños, y por lo mismo más insumisos contra su propia condición, más desconfiados frente a los poderes espirituales y materiales que ofrecen recetas definitivas para alcanzar la dicha, y más inquietos y fantaseadores, menos aptos para ser manipulados y domesticados. Es verdad que en los grandes momentos de hechizo en que los sumen las obras literarias logradas, sus vidas se enriquecen extraordinariamente

379

y que aquéllas les deparan una exaltación que es dicha, goce supremo. Pero, luego, cuando el hechizo se cierra con las páginas del libro, lo que la literatura depara es una brutal comprobación: que la vida real, la vida vivible, es infinitamente más mediocre y pobre que la vida soñada de la literatura. Nada de eso nos hace más buenos ni más malos, expresiones que ellas solas, de por sí, ya presuponen un conocimiento tan absoluto y tan tajante de lo que es bueno y malo que está en contradicción flagrante con algo que toda la gran literatura parece haberse empeñado siempre en mostrar: que aquellas nociones, la bondad y la maldad, sólo se diferencian y oponen de esa manera esencial en las abstractas disquisiciones de los moralistas —o teólogos, o ideólogos— pero, a menudo, en la vida real y concreta andan tan confundidas y mezcladas que se necesita una acerada y poco menos que omnisciente percepción para conseguir separarlas.

Cuidado con Elizabeth Costello: si su idea de la literatura prevaleciera, no es nada seguro que los humanos seríamos menos depredadores y feroces; pero, sí lo es, que la vida sería bastante más aburrida, rutinaria y conformista. Y, los lectores, menos libres.

Tilburg, junio de 2002

380

Literatura española

Una explosión sarcástica en la novela española moderna

Juan Marsé, el ganador del Premio Biblioteca Breve 1965, nació hace treinta y dos años en Barcelona, en una familia modesta, y fue durante un buen tiempo operario en una taller de joyería. Se ha ganado la vida luego desempeñando vagos y, me imagino, aburridos trabajos periodísticos y cinematográficos, y el año que pasó en París sobrevivió barriendo la oficina y limpiando las probetas y frascos de un investigador del Instituto Pasteur, Jacques Monod, que acaba de obtener el Premio Nobel de Medicina. Tiene dos novelas publicadas (*Encerrados con un solo juguete*, 1960, y *Esta cara de la luna*, 1962) que pueden asimilarse a esa corriente narrativa, un tanto gris y monocorde, que se ha llamado «naturalista» o «neorrealista» y que prospera todavía, a la sombra declinante de Pavese, en Italia y en España.

La novela premiada de Marsé, *Últimas tardes con Teresa*, es un laborioso manuscrito de cerca de quinientas páginas y su lectura, sin la menor duda, irritará a todo el mundo. En muchos campos —pero principalmente en tres: la literatura, la sociología y la política— el libro destila una agresividad tan hiriente y corrosiva que su razón de ser se diría es la exclusiva provocación. Su materia profunda es la anarquía; su lenguaje, el sarcasmo, y sus estructuras, las del inverosímil folletín. Más todavía: casi no hay una página en la que no invada el relato, impúdicamente, el propio autor, para disparar sus flechas de humor ácido contra los indefensos personajes y, a través de ellos, contra los seres, las ideas, las conductas y los mitos que éstos pretenden (no siempre lo consiguen y esto es una suerte, ya veremos por qué) encarnar. La caricatura, la truculencia, la gracejería, los venenos más mortíferos de la literatura, fluyen caudalosamente por las barrocas frases descriptivas y por los diálogos irónicos de la novela y, como si no fuera bastante, una voz forastera, suficiente y burlona se insinúa todo el tiempo en los oídos del lector, dogmatizando sobre el sexo, la riqueza, el marxismo y la cultura. Leyendo *Últimas tardes con Teresa*, he tenido la impresión de asistir a los minuciosos e impecables preparativos de un suicidio que está cien veces a punto de culminar en una hecatombe grotesca y que siempre se frustra en el último instante por la intervención de una oscura fuerza incontrolable y espontánea que anima las palabras y comunica la verdad y la vida a todo lo que toca, incluso a la mentira y a la muerte, y que constituye la más alta y misteriosa facultad humana: el poder de creación. Pocas veces ha reunido un autor tan variados y eficaces recursos para escribir una mala novela, y por eso mismo resulta tan notable y asombrosa la victoria de su talento sobre su razón. El libro, en efecto, no sólo es bueno, sino tal vez el más vigoroso y convincente de los escritos estos últimos años en España.

La novela narra los equívocos amores de un rufián de los suburbios, llamado el Pijoaparte, con Teresa, joven universitaria de buena familia, que juega a la subversión con algunos compañeros de la facultad, ricos como ella y algo tontos. Un doble e imposible malentendido precipita esta relación erótica y la mantiene algunas semanas, el tiempo que dura la novela: Teresa confunde al ladrón de motocicletas con un militante obrero clandestino cuyo amor, piensa, la arrancará de su clase y la salvará de sí misma, y el Pijoaparte ve en Teresa la mujer-lotería que habrá de introducirlo al mundo burgués, que él imagina aseado, rijoso, próspero y multicolor. Los personajes principales arrastran tras de sí su suciedad y su paisaje: él vive en el Carmelo, una barriada de Barcelona promiscua y miserable, habitada por vagos, malhechores y rameras, y ella conspira verbalmente con sus amigos señoritos en su suntuosa casa de la playa o en los bares y cafeterías elegantes de la ciudad. Ambos mundos están descritos con una equilibrada ferocidad: a la hipocresía, el egoísmo y la prejuiciosa ceguera de los ricos se enfrenta la sordidez, la moral turbia y el beato conformismo de los pobres. Dos mundos paralelos, infranqueables, devorados por tóxicos equivalentes. Esta visión agria y catastrófica de la sociedad tiene reminiscencias barojianas, pero recuerda, sobre todo, a la del apocalíptico Louis-Ferdinand Céline. El pesimismo de éste, su humor desesperado y visceral y esos repentinos, involuntarios arrebatos de dolorosísima ternura que salpican sus libros, aparecen también en la novela de Marsé, aunque difícilmente puede hablarse de influencia. Hay entre ambos como una secreta fraternidad.

Entre el Pijoaparte y el autor se transparenta a lo largo de toda la novela una complicidad, una alianza sumamente antipática y, en todo caso, desleal para con los demás personajes del libro. Este rufián apuesto, desenvuelto y locuaz, parece haber sido concebido como un instrumento de descrédito, como la mano justiciera que rasgará el velo que disimula la impostura de Teresa y de su círculo. En efecto, la osada intromisión del ladrón en este mundo basta (o, más bien, debería bastar según los flagrantes propósitos del autor) para destruir las apariencias y sacar a la luz la falsedad de la rebeldía de estos jóvenes, su mentira profunda, su inconfesable solidaridad con el orden que simulan combatir, sus alienaciones, sus traumas sexuales y sus mitos. En el último capítulo del libro, Teresa se ha casado con un pariente que adivinamos *playboy* y sus amigos se han reintegrado al sistema: son respetables piratas industriales e intelectuales decadentes. La moraleja es que estaban perdidos de antemano, eran burgueses de fatalidad. Y el Pijoaparte retornará también a su mundo, a sus robos, a sus proezas eróticas de callejón, escarmentado e igual a sí mismo. En apariencia nada ha cambiado y el final de la historia nos devuelve la inmutable realidad del principio.

Sin embargo no es así, y casi podría decirse que todo ocurre al revés. La excelencia de la novela reside, precisamente, en una curiosa metamorfosis que se opera en su seno, en violación manifiesta de los cálculos y los deseos del autor. Como en ciertas comedias risueñas del siglo XVI, aquí también los papeles cambian y, súbitamente, la víctima se transforma en juez y el orden establecido en un magnífico desorden. En un momento difícil de precisar, estos personajes imaginados como simples testaferros, condenados al escarnio, adquieren un relieve, una densidad, una vibración que rompe las fronteras que les impuso el autor y una brusca soberanía los anega e independiza: comienzan, parece cosa de brujería, a vivir por cuenta propia. La humillada, la abrumada Teresa se despoja de su camisa de fuerza («niña rica enferma de virginidad y de ideas reformistas») y cobra una personalidad singular, nítida y conmovedoramente auténtica. Estaba ahí, como un maniquí, clasificada y rígida, para exhibir la estupidez, la mitomanía y la frustración sexual, y ahora se mueve y anda a tientas, tropezándose tironeada por fuerzas enemigas que batallan en su ser y la atormentan, luchando apenas, pero «verídicamente», por una liberación que nunca alcanzará porque así lo decretó el autor, y de pronto ese combate perdido es el mío y mía también la confusión de esa muchacha, y ella cree que el rufián guapo le gusta porque es un militante, y yo creo que le gusta porque es un militante, y ella que le gusta porque el militante es guapo, y yo creo que porque es guapo. Cuando un personaje se levanta de la horizontal y quieta realidad literaria y anula la conciencia del lector y la reemplaza con la suya y le contagia su espíritu y se consuma esa posesión mágica entre un hombre y un fantasma, el novelista es un verdadero creador y su libro una auténtica novela. La «distanciación» brechtiana es una quimera en el género narrativo o, más bien, un privilegio exclusivo de los autores sin talento.

Medio desconcertado aún por la sangrienta burla que juega en este libro, da su autor ese indefinible poder de animación, ese flujo profundo que recorre a sus personajes y, a Teresa sobre todo, los emancipa y desvía de la esquemática función que les había trazado, no puedo dejar de pensar qué alto y fascinante monumento literario hubiera sido éste si todo el aparato racional de la novela estuviera al servicio y no en contra de este chorro vital, si éste no debiera vencer tantos y tan claros obstáculos para manifestarse.

París, 1966

386

Reivindicación del conde don Julián
o el crimen pasional

Hay que desconfiar de los novelistas que hablan bien de su país: el patriotismo, virtud fecunda para militares y funcionarios, suele ser pobre literariamente. La literatura en general y la novela en particular, son expresión de descontento: el servicio social que prestan consiste en recordar a los hombres que el mundo *siempre* estará mal hecho, que la vida *siempre* deberá cambiar. Esta misión no es superior a la del funcionario empeñado en defender lo establecido: es sólo opuesta. Y, al mismo tiempo, complementaria: una sociedad sin funcionarios no es concebible, pero una en la que los funcionarios silencian a los escritores se convierte rápidamente en infierno. Hay quienes afirman, con candoroso oportunismo: «Aceptamos la función "subversiva" de la literatura en una sociedad capitalista pero no en una socialista porque en esta última ser "subversivo" es servir a la contrarrevolución». Se diría que el socialismo, como una varita mágica, muda instantáneamente una sociedad en el Paraíso, que la liquidación de la burguesía suprime, en el acto, todo motivo de insatisfacción humana. Por desgracia, la justicia social resuelve (por lo demás, nunca de manera absoluta) sólo una parte de los problemas humanos. Mientras éstos no desaparezcan, la rebeldía seguirá latiendo, como un secreto corazón, en el seno de la literatura. Hay que abolir esa falacia: la literatura no es esencialmente distinta en una sociedad socialista que en una sociedad burguesa, en ambas es producto de la infelicidad y de la ambición de algo distinto, y, por lo mismo, se trata del controlador más acucioso de los detentadores del poder: Iglesias, ideologías, Gobiernos.

No todos los escritores lo admitirían; muchos ejercen a ciegas esta tarea de socavadores del optimismo oficial, y viven convencidos de ser celosos defensores del orden existente. En sus libros la impugnación de la realidad adopta formas indirectas, un simbolismo inconsciente. En otros, en cambio, es explícita y hasta destemplada: es el caso de *Reivindicación del conde don Julián*, de Juan Goytisolo. La novela haría las delicias de la censura española: su tema obsesivo es la abominación de España y su designio, la destrucción verbal de «lo español». Atención, no se trata de una «crítica constructiva» (piadosa etiqueta con que algunos fiscales ofrecen coartadas a la literatura) sino únicamente «destructiva». No es posible distinguir en el libro más que una España, corroída por un mal ecuménico y tentacular, presente en todos los contenidos del vocablo —una geografía, una historia, una cultura, unas costumbres— y ya es tarde para la cirugía salvadora: sólo cabe la autopsia. Ni siquiera, más bien la incineración; autopsiar es todavía investigar, usar la razón para entender al cadáver. Nada de eso: el narrador de *Reivindicación del conde don Julián* sólo quiere injuriar, agredir, desahogar una ira convulsiva contra su país.

La anécdota es muy simple. Un narrador anónimo, exiliado voluntario en Tánger, contempla las costas de España, y, metódicamente, impreca contra ella: «Tierra ingrata, entre todas espuria y mezquina, jamás volveré a ti», «adiós, Madrastra inmunda, país de siervos y señores; adiós tricornios de charol, y tú, pueblo que los soportas». El hispanicidio ocupa toda la vida de este narrador sin silueta y sin historia, voz pertinaz que desacredita y afrenta. Su furor es sólo negativo (no quiere corregir, mejorar, sino demoler) y universal. Lo abarca, en rigor, todo. Desde lo verdaderamente grave (una tradición oscurantista y fanática, de explotación económica, hipocresía moral, intolerancia religiosa y brutalidad política; una cultura cosificada por la falta de libertad, la imposición de mitos y el provincialismo) hasta lo más accesorio y menudo: el flamenco, los toros, el paisaje de Castilla. Pero su blanco central es la lengua, donde todas las falsedades, horrores y tonterías que lo abruman han dejado una marca. Contra ese impalpable enemigo descarga su mayor ferocidad. Es la parte propiamente literaria de esta catarsis moral. Aquí el ataque no puede ser externo, no tendría sentido. Es interno, consiste en el sabotaje, en la artera desintegración de esa lengua atrofiada por la sumisión al pasado (el academicismo, el casticismo), pomposa, hueca, esotérica, incapaz de aprehender con imaginación y audacia la realidad viviente, o de crearla. Dos son las tácticas: la invención de un nuevo discurso, a caballo entre la poesía y la prosa, compuesto de versículos separados por dos puntos, puertas abiertas que remiten una a otra como la sucesión de imágenes de una pesadilla, y cuya sintaxis reiterativa va creando un clima encantatorio. En *Señas de identidad* Goytisolo había ensayado este tipo de frase, pero aquí resulta mucho más suelta y eficaz, porque representa, a un nivel formal, la paranoia de ese protagonista solitario que fustiga. La otra táctica es insidiosa, masoquista. Consiste en un *collage* que viene sin aviso, disuelto en su contexto, que el lector sólo puede olfatear, adivinar, al verse enfrentado, de pronto, con frases de una asombrosa chatura o de una engolada nimiedad. Así, paradójicamente, el libro se alimenta en buena parte de lo que denuncia, está construido con lo que aborrece. Por momentos se superponen a la voz del narrador voces ajenas, para mostrar directamente lo que ella ataca: «Églogas, odas patrióticas, sonetos de quintaesenciada religiosidad!... poemas, eructos espirituales, borborigmos anímicos».

Esta agresión contra «lo hispánico» no sólo es real —sarcasmos, invectivas— sino también fingida. «La patria es la madre de todos los vicios: y lo más expeditivo y eficaz para curarse de ella consiste en venderla, en traicionarla», piensa el narrador. Es lo que él hace, a la medida de sus fuerzas, es decir, con su mente, mientras merodea sin rumbo fijo por las tortuosas callecitas de los zocos de Tánger. Sueña abominables traiciones, se imagina un nuevo don Julián, una versión moderna de aquel al que rinde homenaje el título del libro, el legendario conde Ulyan u Olián, gobernador de Ceuta, que, en el año 711, abrió las puertas de la Península a los ejércitos musulmanes. El narrador, viciosamente, se introduce bajo la piel del vilipendiado traidor de las historias patrióticas y maquina, con prolija malignidad, una nueva invasión, definitiva y sangrienta. Su fantasía trabaja, como la de un artista pop (un Berni, por ejemplo) sobre desechos existentes, sobre basuras concretas, recogidas en las hagiografías piadosas, en los manuales edificantes, en los mitos e imágenes fabricados para fortalecer «el espíritu cristiano nacional» y las «esencias hispánicas». Los horrores que las «harkas» islámicas desatadas sobre España perpetran, en la mente belicosa e incesante del narrador, son, justamente, los dibujados por los tabúes y las represiones y los que ponen en circulación las más cándidas postales folclóricas: bereberes que se ciernen, húmedos de lascivia, sobre níveas vírgenes castellanas; curvas cimitarras que cercenan rizadas cabecitas de niños-jesuses, ciudades pasadas a cuchillo por muchedumbres oscuras que esgrimen pendones con medialunas y que se encarnizan, sobre todo, con los ancianos y las monjitas: «Paciencia, la hora llegará: el árabe cruel blande jubilosamente la lanza: guerreros de pelo crespo, beduinos de pura sangre cubrirán algún día toda la espaciosa y triste España acogidos por un denso concierto de ayes, de súplicas, de lamentaciones». Este ramal imaginario del libro no sólo es el más ágil y creativo, con sus imágenes épicas, desenfadadas y burlonas, su dinamismo inventivo y lo certeros que suelen ser sus tiros, sino que sirve, en cierto modo, de contrapeso al resto, al que aligera de su hosca, incandescente severidad.

Queda aún por decir de este libro lo que T. S. Eliot dijo del satanismo de Baudelaire en un ensayo célebre: tanta maldad es sospechosa, cuando se insulta a Dios con esa devoción es casi como si se le rezara. El narrador de *Reivindicación del conde don Julián* está lejos de haberse «curado» de España como pretende; está envenenado, atormentado hasta la locura por su tierra, con la que, para su mal, se siente visceralmente identificado: «consciente de que el laberinto está en ti...». No hay la menor duda: su furor es genuino, la insolencia iconoclasta que corre por las venas del libro es sincera. Pero no cabe duda, tampoco, que tan devastadora indignación sólo puede estallar estimulada por algo que se siente muy próximo y muy hondo. El libro es un crimen pasional, algo así como el disparo enfurecido del amante celoso contra la mujer que lo engaña. Es una tentativa de purificación por el fuego, atrozmente amorosa, no ajena a cierta utopía cuya proyección política ha tenido en España, precisamente, un arraigo sin equivalentes en Europa: el anarquismo. La sentencia de Bakunin: «El deseo de destrucción es a la vez un deseo creador» podría servir de epígrafe a *Reivindicación del conde don Julián*. Es también una empresa de saneamiento histórico. Así lo han entendido, por lo menos, dos lectores españoles —Jorge Semprún y José María Castellet— que, apenas acabaron de leer este libro —el más desesperado, el más conmovedor de Juan Goytisolo— se apresuraron a sugerir que estas páginas destructoras fueran declaradas libro de texto en los colegios de España.

23 de julio de 1971

La *Autobiografía de Federico Sánchez*

El hecho de que la *Autobiografía de Federico Sánchez* haya ganado el Premio Planeta de novela puede originar un malentendido sobre este libro, que, a ojos vista, no es una novela ni ha sido escrito por el relumbrón de un certamen literario. Pero, después de leerlo, comprendo por qué Jorge Semprún se ha aventurado a correr el riesgo de ese malentendido: para que su testimonio, políticamente sacrílego en el contexto de la España de hoy, llegue a ese vasto sector del público cuyo comercio con la literatura es muy escaso y las más de las veces se reduce, justamente, a leer los premios Planeta de novela.

Ese amplio sector de las clases medias españolas es aquel hacia el cual ha ido principalmente orientada la (habilísima) campaña de Santiago Carrillo y del Partido Comunista para imponer su nueva imagen: la del eurocomunismo. Es decir, la de una organización y un líder emancipados de la tutela soviética y de la camisa de fuerza de un marxismo dogmático, ahora democráticos y tolerantes, convencidos de la necesidad de congeniar la revolución social con el pluralismo político, la libertad de prensa y los derechos humanos. ¿Hasta qué punto esta nueva imagen es genuina, corresponde a una realidad profunda, y no a una transitoria táctica? Yo no sabría decirlo con certeza y Jorge Semprún tampoco, a juzgar por su libro. Pero a él, en todo caso, le interesaba averiguarlo, y creo que la *Autobiografía de Federico Sánchez* es, entre otras cosas, su manera (habilísima, también) de hacerlo. Recordar en estos precisos momentos, con ejemplos que queman las manos de puro calientes, que sólo antes de ayer, ayer, y aun esta mañana, ese mismo dirigente y el partido que conduce, y que a todo el mundo (salvo a un puñado de energúmenos) parecen hoy tan permeables al diálogo y a la discrepancia, a la urbanidad política, practicaban un rígido e ideológico sectarismo, el culto a la personalidad, el autoritarismo moral y la excomunión y el exorcismo contra toda forma de crítica y oposición interna, no es sólo una flagrante prueba de inoportunidad y mala educación políticas (muy típicas de un escritor que merezca este nombre). Es, también, una manera de poner a prueba el nuevo organismo: ¿digerirá este sólido bocado sin indigestarse o, cediendo a reflejos atávicos, lo devolverá en un vómito de bilis? El propósito de Semprún al dirigirse a ese público particular, con la ayuda inesperada del Premio Planeta, no es alertarlo *contra* el Partido Comunista y su líder, sino, más bien, contra la ingenuidad de aceptar cualquier «imagen» política sin someterla a la prueba de fuego, que no consiste en escuchar lo que los dirigentes y los partidos políticos dicen, sino relacionar lo que han hecho y lo que hacen con lo que dicen. Son esos ingredientes, sumados y contrastados, los que constituyen la imagen fidedigna de un ente político.

Curiosamente, pese a la dureza que en ciertas páginas alcanza el requisitorio de Semprún contra su antiguo partido y contra el marxismo oficial, y pese al tono ácidamente escéptico de algunas de sus reflexiones, su libro está lejos de ser un ensayo pesimista, del que se desprenda una sombría moraleja sobre la imposibilidad de la revolución y, por lo mismo, sobre la inutilidad de toda acción e ilusión políticas. Ocurre que la violencia de aquella crítica contra los demás está como contrarrestada por la ferocidad con que el autor se despelleja a sí mismo, insistiendo sobre todo en mostrar en su propia persona aquellos estigmas que denuncia en sus antiguos camaradas: desde los poemas realista-socialistas, ingenuos y simplotes, que escribió de joven, hasta la cuadratura mental que pudo ser la suya, en el análisis de la realidad, en múltiples ocasiones, por la naturaleza religiosa de su adhesión ideológica. Hay en esta constante exhibición autopunitiva de sí mismo, que resulta a veces desgarradora, algo mucho más constructivo que ese «masoquismo de intelectual» que verán en él ciertos lectores apresurados. Hay, como un esfuerzo inconsciente, oscuro, pertinaz, por —desde esas tinieblas exteriores a las que fue arrojado por disidente— seguir discutiendo con sus viejos camaradas, pese a que ellos clausuraron ya el debate, por seguir convenciéndolos de la urgencia imprescindible de un cambio de mentalidad y de actitud para la victoria de su causa, y apelando para ello en última instancia al argumento más dramático: el ejemplo de una despiadada autocrítica. Leyendo este libro me he preguntado varias veces si Semprún se ha dado cuenta que, aun en esos exordios con que a veces interrumpe su relato para clamar que ahora sí se halla libre de toda servidumbre mental, se sigue transparentando con fuerza una honda y terca fidelidad a los ideales que hicieron de él un militante, y que a pesar de todas sus vicisitudes personales en ese quehacer y de su toma de conciencia de los fracasos y los terribles errores cometidos por los partidos comunistas (en el poder o en la clandestinidad), su idea de la justicia social y de un hombre liberado siguen siendo para él indisociables del marxismo como filosofía y del comunismo como práctica. No sólo me parece esto evidente en esa melancolía que como una suave brisa pasa por las páginas ardientes de la *Autobiografía de Federico Sánchez*, dando un respiro a los lectores, sino, sobre todo, por el cuidado con que el autor se encarga de dejar en claro, con homicidas descargas que deshacen a la socialdemocracia y al liberalismo, que pese a la enormidad de los defectos que pudiera haber contraído a lo largo de la historia, no existe otra alternativa seria y real que la del comunismo para la liberación del hombre.

En eso no creo estar ya de acuerdo con él, si es verdad que esta convicción late, como un corazón, en el trasfondo de su libro. Lo creí algún tiempo, pero ahora, después de algunas decepciones y unos cuantos porrazos (pequeños, en comparación con los que él recibió), me he vuelto más escéptico. O, mejor dicho, más ecléctico en materia política. Las soluciones verdaderas a los grandes problemas, me parece, no serán nunca «ideológicas», productos de una recomposición apocalíptica de la sociedad, sino básicamente pragmáticas, parciales, progresivas, un proceso continuo de perfeccionamiento y reforma, como el que ha hecho lo que son, hoy, a los países más vivibles (o, los menos invivibles) del mundo: esas democracias del Norte, por ejemplo, cuyo progreso anodino es incapaz de entusiasmar a los intelectuales, amantes de terremotos. Pero leyendo la *Autobiografía de Federico Sánchez* me he sentido íntimamente solidario de Semprún. Estoy seguro que este libro, el primero que escribe en español, el primero en el que desnuda crudamente su historia y la de tantos amigos y enemigos de su vida política, ha debido ser una empresa no sólo difícil sino amarga y amenazada a cada segundo de fracaso por una inevitable autocensura. Que la haya llevado a cabo hasta el final, en una buena prosa castellana, envolvente, versátil, irónica, belicosa, tierna a ratos, y nostálgica, y que haya sido capaz de infringir en casi cada página todos los tabúes del intelectual de izquierda haciendo blanco de su crítica, de su sarcasmo o de su humor a todos los monstruos sagrados que aquél teme o reverencia —desde Fidel Castro hasta Althusser, pasando por la soporífera revista *Tel Quel* y el polisémico Roland Barthes— es una sana manifestación de independencia, de rebeldía y de juventud intelectual. No hay la menor duda que este libro le ganará un bombardeo de injurias, desde todas las tiendas políticas. ¿No será ésa, acaso, otra prueba de que ha conseguido con él una victoria literaria? Porque la literatura, en sus más altos momentos, ha sido siempre una agresión profunda al conformismo social cuyo precio inmediato suelen ser la incomprensión y la impopularidad. Semprún, al escribir este libro, ha demostrado que sigue teniendo el mismo coraje que durante diez años le permitió jugarse la libertad y tal vez la vida como dirigente comunista clandestino en la España de Franco.

Cambridge, noviembre de 1977

Carlos Barral, hombre de gestos

El mejor episodio, en el segundo volumen de las memorias de Carlos Barral,* ocurre en mayo de 1959, durante unas Conversaciones poéticas que congregan en Mallorca a buen número de escritores españoles y europeos. Una noche, el joven poeta y editor, estimulado por la atmósfera cálida, la fraterna sobremesa con los compañeros y una secreta debilidad por las mujeres compactas, se lanza al mar, trepa unas rocas y hace el amor con una estatua. Él lo cuenta así: «Crucé las pocas brazas de agua hasta la roca que apeanaba la figura y rendí homenaje genital —quién sabe si de verga empinada, el alcohol a veces lo puede todo— a los muslos de la robusta muchacha lunar».

El placer de ese acoplamiento granítico debió ser muy escaso —glacial, áspero—, pero el gesto es bello y todavía lo es más su mitificación literaria. Todo el encanto del libro de Barral está resumido en esa cita: la desenvuelta prosa, solemne y arcaizante, el tono irónico, la alusión culta, la observación inteligente, el buen sentido plástico. Inmediatamente se advierte que, para quien escribe así, la escritura no es un medio destinado a referir algo que le ocurrió, sino un fin artístico al que no vacila en sacrificar la exactitud de lo ocurrido. La diferencia es capital pues es la que separa historia y literatura. Quiero decir que estas memorias, con ser importantes para conocer un periodo de la vida española, tal como fue vivido por un intelectual que tendría una función decisiva en la renovación editorial del país y estaría en el centro de la batalla por abrir las puertas de España a la cultura contemporánea, lo son todavía más como obra de creación. Al igual que en una novela lograda, en *Los años sin excusa* el mundo real es deshecho y rehecho a fin de que

---

* Carlos Barral: *Los años sin excusa. Memorias II.* Barcelona, Barral Editores, 1978. *(N. del E.)*

plasme los caprichos, las nostalgias y las fantasías de un narrador, convertido en un objeto estético cuya ambición no es informar sino existir, conmover más que educar. Por eso, el libro expresa una verdad humana más permanente y universal que la estricta experiencia española de los años cincuenta.

Anécdotas teatrales, como el idilio con la estatua, se suceden y van componiendo la silueta del protagonista: poeta al que las circunstancias más que la vocación llevan a ejercer cierto liderazgo en la lucha cultural contra el franquismo: conspirador y militante de izquierdas que, sin embargo, no acaba nunca de tomarse en serio y aun en los momentos de peligro se mira y mira a sus compañeros de aventura con burla y escepticismo: romántico conradiano que no cesa de jugar al lobo de mar hasta que el juego termina por adquirir una suerte de realidad en los fines de semana y los veranos mediterráneos de Calafell. Barral se muestra en sus memorias como un hombre de gestos al que, en el fondo, sólo un puñado privilegiado de temas importan: unos cuantos amigos, el padre ido y su mitología, un pueblito de pescadores, la poesía. Desde luego que su vida está atiborrada de otras cosas —la dictadura sofocante, el trabajo de Seix Barral, la úlcera, los viajes, el premio literario que arma con ayuda de una docena de editores extranjeros, gentes que vienen y van—, pero, si hemos de creerlo, todos esos quehaceres y responsabilidades, en su fuero íntimo, le interesan poco o nada. Mucho menos en todo caso que la literatura. Pues de ella se trata. Los otros héroes del libro, sus amigos, son en realidad el símbolo de la propia vocación; el recuerdo del padre y su reinvención cotidiana son un ejercicio esencialmente literario y Calafell es el escenario donde, solo o en compañía de seres de elección, puede realizar todos los gestos que la fantasía reclama, volver la vida poesía.

Además de las bellas anécdotas, abundan en las memorias los retratos de personajes. Están hechos a la manera decimonónica, con una eficacia de detalles pintorescos y una maestría en la gradación de los efectos que pueden llamarse balzacianas. Retratos a veces patéticos (como el de Joan Petit), a veces sutiles y perversos (como el de Jaime Salinas), a veces de una vivacidad folletinesca (como el del Barón D'Anthès), son todos magistrales y dejan en la memoria del lector una galería de tipos comparable a la de los mejores retratistas de la novela española (un Baroja o un Galdós).

Incluso los rápidos trazos con que cruzan el libro ciertas personas —Camilo José Cela levantando en peso a una dama con una mano, Gerardo Diego formulando este saludo original: «¡Qué propio viene usted!»— impresionan como excelentes instantáneas.

Al mismo tiempo que su buena prosa, resulta conmovedor en estas memorias el empeño de Barral en minimizar con aire sarcástico su actuación como resistente y promotor cultural durante el franquismo. En un momento en que todo aquel que hizo algo por resistir a la dictadura se apresura a mostrarlo y a pedir el reconocimiento político consiguiente, es muy típico de Carlos Barral, hombre siempre elegante, hacer lo contrario: escamotear sus méritos. Porque lo cierto es que, con convicción o sin ella, hizo una labor enormemente valiosa y no sólo en beneficio de sus compatriotas sino también de los hispanoamericanos. Consistió en editar, a costa de esfuerzos a veces ciclópeos, una literatura que resultaba fantásticamente refrescante y viva en el ambiente embotellado y anacrónico en que se desenvolvía la vida intelectual en la España de los años cincuenta. Pero, además, esta labor fue contagiosa, generó actitudes similares por parte de otros editores, aunque a veces fuera por simples razones de emulación comercial, y así se fraguó ese movimiento de presión contra la censura que terminaría por imponerse. Hay fenómenos, como el de la difusión y el reconocimiento crítico internacional de la narrativa latinoamericana que, simplemente, no hubieran ocurrido, o hubieran tardado mucho, sin las iniciativas y el entusiasmo de Carlos Barral, quien fue el primero en introducirla en España y en promoverla a través de la caja de resonancia de los premios Biblioteca Breve, International y Formentor. De otro lado, toda una generación de escritores —yo, entre ellos— salimos del anonimato y pudimos llegar a un público amplio gracias a la terquedad y la fe del amante de la estatua, quien, para publicarnos, debió a menudo llevar a cabo operaciones de novela picaresca. Algo cuenta en *Los años sin excusa* de lo pintoresca que fue la publicación de *La ciudad y los perros*. Pero el asunto da para mucho más.

Confío que en el siguiente volumen de las memorias —éste sólo llega al comienzo de los sesenta— Barral desarrolle un tema que aquí apenas esboza: el de la censura. Él la conoció y la combatió mejor que nadie y, con las aptitudes de narrador que ha demostrado, está en posición inmejorable para relatar la historia extraordinaria de esa institución que es siempre el mejor espejo de una dictadura. Yo recuerdo haber seguido alguna vez, asombrado, en las oficinas de su editora, la intrincada estrategia que diseñaba Barral para que un manuscrito se enfrentara a la censura: gestiones a fin de que profesores respetados por el régimen recomendaran tolerancia, propagación de rumores sobre el escándalo internacional que sobrevendría en caso de prohibición, infinitos viajes a Madrid para discutir, dialogar, implorar. Era una lucha larga, costosa, llena de peripecias, que continuaba aun en la etapa de corrección de pruebas para, mediante alguna treta feliz, salvar una frase, un adjetivo.

Mi primera conversación con Carlos Barral, en la primavera del 62, en un café de París, fue justamente sobre la censura. Me contó que en una novela de Juan Marsé a punto de publicarse aquélla había suprimido, varias veces, la palabra sobaco. Es algo que me ha quedado grabado, que me da siempre vueltas en la cabeza. La imagen de ese censor, seguramente calvito y cincuentón, acaso miope, revisando con susto y ansiedad los manuscritos de sus víctimas, a la caza de sobacos, palabra demoníaca que inspira malos pensamientos y provoca erecciones.

Lima, junio de 1978

Lorca: ¿Un andaluz profesional?

En nuestra época la popularidad de un escritor suele conspirar contra su prestigio, como si cierto esoterismo, el difícil acceso para el profano, fuera indispensable garantía de calidad artística. El arte inmediatamente aceptado por el gran público resulta sospechoso para el entendido, que suele acusarlo de tramposo y superficial. Pude comprobar esto, hace algunos años, en una reunión convocada en homenaje al centenario de Rubén Darío, donde la mayoría de los poetas, en vez de homenajear a su ilustre antecesor, se dedicaron a ridiculizar sus princesas y sus cisnes. Mi impresión fue que lo que, en el fondo, les desagradaba no eran los pajarracos y las damiselas de sus poemas, sino su fama; que, en una época, hasta las piedras hubieran memorizado sus poemas.

Con García Lorca pasa algo parecido. La difusión de sus escritos, el hecho de que aun personas que jamás abren un libro sean capaces de recitar «La casada infiel» y quienes jamás pisan un teatro hayan visto *Yerma* y *Bodas de sangre* ha creado resistencias y hasta hostilidad hacia su obra en el medio intelectual. Mientras vivió Franco estos sentimientos fueron acallados, por razones políticas y éticas, ya que Lorca era una prueba rotunda de la barbarie del régimen. Pero hoy las circunstancias han cambiado y ya no hay escrúpulos, en España e Hispanoamérica, para decir, por ejemplo, que su gloria ha sido más consecuencia de su trágico fin que del valor intrínseco de su obra, que sin el asesinato de Granada jamás hubiera tenido la audiencia que tiene, y que sus gitanos, sus toreros y sus viudas telúricas son personajes de cartón-piedra, meramente decorativos y hasta cursis.

«Un andaluz profesional» le ha llamado Borges. Ingeniosa y perversa, la sentencia condensa lo que para buen número de escritores de hoy resulta dudoso y criticable en el autor del *Romancero gitano*: su «indigenismo», el hecho de que buena parte —lo más conocido— de su obra gire en torno a aquellos motivos folclóricos —la castañuela, el traje de luces, la procesión, el puñal— más desnaturalizados (si es que alguna vez fueron genuinos) por la explotación política y comercial. Se reprocha a Lorca haber escrito una obra que prestigia y vuelve mito artístico a aquella España mentirosa de la pandereta que ha servido para ocultar y caricaturizar a la España real. Lorca habría confundido el disfraz con el hombre, el relumbrón y el oropel con la vida. Lo pintoresco le habría impedido ver (y escribir sobre) las experiencias realmente cruciales de su tiempo.

Nunca he compartido esta opinión sobre Lorca, así como siempre he creído que Darío es un extraordinario poeta. En el rechazo que ambos inspiran se mezclan un prejuicio y un malentendido. El primero es resultado de un fenómeno —trágico en la historia de Occidente— ocurrido en la segunda mitad del siglo pasado, cuando la rama más creativa de la poesía comenzó a seguir una trayectoria de complejidad formal creciente que llegó a convertirla, a menudo, en un saber aparte, sólo al alcance de públicos minoritarios. El prejuicio está en creer que el gran arte de nuestra época deba obligatoriamente ser así. En otras lenguas —como la portuguesa y la rusa— no ocurrió lo que en la inglesa y la francesa y en ellas la gran poesía siguió siendo tan «popular» como la prosa. En nuestra lengua, periódicamente, ha habido creadores que, sin sacrificar la originalidad de contenido y la temeridad formal, han sido lo bastante accesibles como para conquistar vasta audiencia. Ése es el caso de un García Lorca, en quien, como en el Neruda romántico de la primera época y el épico del *Canto general* —no el de *Residencia en la tierra*, claro está—, una visión rica y una imaginación poderosa cristalizan en una expresión cuya magia seduce por igual al lector refinado y al basto.

El malentendido consiste en confundir la palabra poética con el objeto que designa, o, mejor dicho, que parece designar. Ambas cosas no coinciden jamás en el caso de los creadores dignos de ser llamados así. Las princesas y los cisnes de Rubén Darío no son reproducciones de otros, preexistentes en la realidad objetiva, sino, literalmente, las princesas y los cisnes de Rubén Darío. Es decir, seres fraguados por él, para poblar un mundo surgido de urgencias y sentimientos íntimamente experimentados —y en los que, por supuesto, repercutían no sólo los incidentes de su vida individual sino también las circunstancias de su tiempo y su medio— y a los que su genio verbal pudo insuflar movimiento, color, música, soberanía. Esos cisnes y princesas en los que muchos ven la debilidad de un nicaragüense enajenado por las imágenes de una Europa irreal que llegaban a las colonias culturales, son, en verdad, una audaz reelaboración americana de una materia que era patrimonio de la época y en la que un poeta fuera de serie imprimió una vitalidad y un simbolismo propios, que lo expresaban a él y en la que un inmenso público se sentiría también expresado.

Algo semejante sucede con los gitanos, las vírgenes, los cuchilleros y los amores trágicos de Lorca. Ese mundo es «regionalista» sólo en apariencia. Representa tan poco a la Andalucía real como los cisnes y las princesas de Darío a sus supuestos modelos. Ambos poetas encontraron en ese material pintoresco un vehículo eficaz para materializar los fantasmas que los habitaban y, en este proceso, gracias a su fantasía y destreza verbal, ese material quedó sutilmente transmutado en algo distinto, se emancipó de sus fuentes originales y pasó a reflejar, en vez de a éstas, a su creador.

¿Son acaso los reyes históricos de Shakespeare retratos de personajes reales? Los gitanos, torerillos, vírgenes recalcitrantes y hasta los chopos y las aceitunas de Lorca expresan un mundo subjetivo, trascienden la realidad específica de donde fueron tomados y son símbolos de una visión del hombre, del amor, de la muerte y del arte lo bastante persuasiva como para conmover a un inmenso público.

Estas reflexiones vienen con motivo de la publicación en Estados Unidos de la prosa de García Lorca* que, a diferencia de su teatro y de su poesía, no había sido aún traducida. El recopilador y traductor, Christopher Maurer, ha verificado la exactitud de los textos en los archivos de la familia y los ha anotado con abundante y sólida información. El libro contiene casi todo lo importante que escribió Lorca en prosa, como su conferencia sobre la poética de Góngora, con motivo del tricentenario del autor de las *Soledades* y sus ensayos sobre el cante jondo, las canciones de cuna y la teoría

_____

* Federico García Lorca: *Deep Song and Other Prose* (ed. y trad. Christopher Maurer). Nueva York, New Directions, 1980. *(N. del E.)*

del «duende», así como las notas que usó para sus recitales de poemas del *Romancero gitano* y de *Poeta en Nueva York.*

Este material, secundario en el conjunto de su obra, es útil en la medida en que nos descubre las fuentes y las ambiciones de sus poemas. A veces nos revela que no siempre un autor es buen juez de lo que escribe ni enteramente lúcido sobre el significado de su obra. En tanto que algunos textos nos muestran su aptitud para trastocar lo particular en universal —como un fragmento inédito sobre el toreo, misterioso y bellísimo en su barroca intuición—, otros, como el consagrado a las «nanas» andaluzas, suenan incómodamente folclóricos y patrioteros.

Pero quizá lo mejor en esta colección de prosas sean los chispazos de algo que Lorca, desgraciadamente, se llevó con él: su encanto personal, esa aptitud para fascinar a la gente que todos los que le conocieron le reconocen. En los apuntes que borronea para sus conferencias hay siempre una obsesión: no aburrir a la gente. Parece que lo consiguió siempre, que tuvo como nadie ese «duende» sobre el que versa una de sus charlas y que oírle era siempre quedar seducido. En ninguna de sus prosas es esto tan evidente como en su «Elegía a la pintora María Blanchard». Una vez leído, el lector descubre que en este texto Lorca ha hablado más de las jorobas que afeaban a la pobre pintora que de sus cuadros y, sin embargo, lo ha hecho con tanta gracia y simpatía que, no hay la menor duda, la ha homenajeado más conmovedoramente que nadie. Esa brujería sigue operando, con la misma fuerza, cada vez que uno le lee.

East Hampton, Long Island, 1980

Semblanza de una escribidora

Asturias es conocida en el mundo por sus montañas, por sus minas de carbón y de hierro, por la fabada y la sidra. Pero acaso su principal producto de exportación sean las historias sentimentales de una escribidora: Corín Tellado.

Vive en Roces, una localidad de las afueras de Gijón, y sobrelleva sus cincuenta y pico de años con mucho decoro. Su casa es muy cómoda y amplia, con piscina, cancha de tenis y de futbito y un bello jardín, y debe quedarles algo grande a ella, sus dos hijos y la señora que la acompaña desde siempre, una mujer-orquesta que hace un poco de todo, desde empleada doméstica hasta secretaria.

Corín Tellado es bajita y simpática, de ojos astutos y lengua desenvuelta y un carácter que se adivina rectilíneo en la manera que tiene de sentarse, pararse y hablar. Su vida podría ser la de una de sus heroínas, esas que hacen suspirar a tanta gente. Nació en una familia de marinos, ha vivido casi siempre junto al mar, en una geografía diminuta, entre Galicia y Asturias. Ha viajado poco, casi exclusivamente dentro de España. Es, para todos los efectos prácticos, una señora de la periferia —y muy orgullosa de serlo—. Se casó muy joven y tuvo un hijo varón y otro hembra, pero su matrimonio duró apenas cuatro años. Ella misma pidió la separación, pero no volvió a casarse, ni lo hará nunca, pues, aunque no se entiende con él, todavía quiere a su marido y, además, cree en la indisolubilidad del sacramento católico.

Inventa tantos amores, y con tanta facilidad, que no le hace falta alguna enamorarse de nuevo. Su carrera de escribidora comenzó exactamente hace treinta y cinco años, con una historia de guardiamarinos que tituló *Atrevida apuesta*. Ella tenía entonces diecisiete años y una imaginación fértil, aunque encorsetada por la pudibundez imperante en la provincia española. El tema de la novela era arcangélico: un joven cadete apostaba que conseguiría besar a una chica y ganaba la apuesta gracias a un apagón de luz en medio de una fiesta. Desde entonces, conforme se ensanchaban los parámetros morales de la sociedad y las costumbres amorosas se volvían más picantes, sus historias se han vuelto mucho más audaces y pecaminosas hasta colindar a veces con la pornografía.

Ha escrito muchas. Cerca de tres mil, si nos atenemos a las publicadas en libro. Si añadimos los cuentos aparecidos en revistas, los radioteatros, las fotonovelas, las telenovelas y las novelas en casetes que ahora le graban en Miami, la cifra debe ascender a algunos millares más. Le da risa cuando oye decir que hay quienes piensan que Corín Tellado no existe, que es un nombre ficticio bajo el que se oculta un ejército de plumíferos a sueldo de una editorial con ojos de lince para el negocio. No, las ha escrito ella sola, de la primera a la última porque, para ella, escribir es la cosa más fácil del mundo, algo como respirar o comer. Es, también, lo que más le gusta y a lo que dedica todo su tiempo.

La mujer-orquesta la despierta cada mañana a las cinco de la madrugada y ella se encierra en un sótano sin ventanas donde tiene su escritorio. Permanece allí diez horas, de corrido, con una pausa brevísima, a las ocho, para tomar desayuno, frente a frente con la máquina de escribir. Trabaja como un reloj suizo, sin adelantarse ni atrasarse. Al salir del sótano tiene escritas cincuenta páginas, es decir, la mitad de una novela —que nunca pasa de cien—. No reescribe ni corrige nunca y afirma, sin la más mínima duda, que su problema como escribidora es que su cabeza funciona mucho más rápido que su mecanografía. Que si no fuera por la lentitud de sus manos escribiría más, mucho más. Sus costumbres son frugales. Al salir del escritorio duerme una siesta y lee cuatro periódicos —dos locales, más el *ABC* y *El País*— y a veces un libro. En las tardes de invierno va alguna vez a visitar a una amiga, o a un cine, y a cenar a Gijón cuando muere un obispo. Pero a las diez de la noche está ya de vuelta y lista para la cama. En verano no sale jamás de su casa y sus diversiones son la piscina y el tenis.

Esas novelitas que termina al ritmo de una cada dos días, su editor español le dice que las publica en tirajes de treinta mil ejemplares, pero ella cree que es mentira (yo también). Está muy reconocida, en cambio, a *Vanidades* y a sus editores de Miami, que, dice, le han hecho siempre cuentas muy claras y pagado con puntualidad. Es gracias a ellos, sobre todo, que ha podido comprarse esta casa, y un piso en Gijón, y la casita del pueblecito donde nació. Pero está lejos de ser rica, entre otras cosas porque cometió la barbaridad de invertir sus ahorros en unas acciones que se llevaron los vientos.

Sus ideas son tan transparentes como sus historias. Es católica, pero sin prejuicios, ni de derechas ni de izquierdas, sino de su casa y no le interesa la política porque todos los políticos son unos seres ávidos de protagonismo. Se resigna a que las chicas de este tiempo ya no lleguen vírgenes al matrimonio y, en materia de homosexualismo tolera a los que lo son de nacimiento, pero no de vicio. El dinero no le parece esencial, pero sí una necesidad de este mundo en el que, al que lo tiene, le llaman don y al que no, din.

No se hace ilusiones exageradas sobre lo que escribe. Simplemente, como no todo el mundo puede comprender a Shakespeare ni a Goethe, y hay mucha gente que quiere leer historias de amor, sencillas, claras y realistas, ella escribe eso. Saca sus temas de la vida, es decir, de aquí y de allá. Toda anécdota, experiencia, chisme o habladuría que cae en sus manos, paf, la vuelve novela. Su literatura se podría definir como la realidad embellecida por la fantasía.

No ha leído lo que Cabrera Infante escribió sobre ella y comenzó a leer el ensayo de Andrés Amorós —*Sociología de una novela rosa*— pero no lo terminó. Además, ¿de qué «novela rosa» hablaba ese caballero si todos sus ejemplos eran tomados de Corín Tellado y de nadie más?

Acepta de buena gana ser el autor más leído de la lengua, pero protesta, se defiende y dice que de ninguna manera cuando se le sugiere que ha tenido y tiene una influencia enorme en el comportamiento de las gentes, que miles y acaso millones de personas sienten, piensan, sufren y aman como los personajes de Corín Tellado. No es verdad, ni es cierto. Son las gentes las que tienen influencia sobre ella, Corín Tellado no hace más que metamorfosear en literatura lo que ocurre a su alrededor. Lo toma tan a pecho como si eso de influir en sus lectores equivaliera a hacerla responsable de todo el dolor y todas las porquerías que alberga el mundo.

Es un personaje que me fascina desde que, hace veinte años, vi llegar a una chiquilla peruana a París con un maletín lleno de sus novelitas, para no quedarse sin lecturas románticas en ese año que iba a pasar en la Sorbona, y desde que descubrí una librería en Londres donde sólo vendían historias de Corín Tellado (a las camareras y sirvientas españolas de la ciudad) y me quedaría horas, días, oyéndola y viéndola hasta contagiarme y ser capaz, como ella y Balzac, de escribir una novela en dos días. Pero van a ser las diez de la noche y me retiro para que pueda levantarse a las cinco en punto de la mañana a inventar su historia de amor.

Lima, julio de 1981

Azorín

¿Todavía tiene lectores Azorín? Me temo que pocos y es injusto. Yo lo leo de vez en cuando y me atrevo a decir que es el autor ideal para leer de vez en cuando: cuando falta el tiempo o el ánimo para emprender libros de aliento y lo que uno necesita es un texto breve, conciso, limpio, sugerente, grato y rápido. No hay mejor compañía que la suya en un taxi o un ómnibus, al despertar o al acostarse, en una peluquería o en un cuarto de baño, y en esos periodos en que otras ocupaciones, preocupaciones y enajenaciones nos comen la vida y nos impiden la dedicación y la concentración que exige siempre un gran libro.

Azorín fue lo que injustamente llamó Flaubert a Balzac: un genio de segundo orden. No hay nada peyorativo en esto de «segundo orden»; sólo la mención del género en el que el maestro levantino descolló y al que muy pocos autores de nuestra lengua han dado la elegancia que Azorín: el artículo. Aunque también escribió teatro y novela y, sobre todo en este último género, su obra tuvo un mérito experimental, y fue premonitoria de lo que medio siglo más tarde se llamaría la antinovela o la novela-objetiva de los formalistas franceses, lo cierto es que Azorín no tuvo en los géneros dilatados la originalidad que alcanzó en el pequeño formato, esas cuatro o cinco cuartillas con las que llegó a hacer verdaderos prodigios.

Fue, en esto, un típico exponente de su generación, gracias a la cual el periodismo se convirtió en un género literario de alto valor, un lugar de encuentro de la inteligencia y el gran público. Cuando uno advierte hasta qué punto se ha empobrecido el periodismo contemporáneo, resulta melancólico recordar que buena parte de la obra de escritores como Ortega y Gasset, Unamuno, Alfonso Reyes y José Carlos Mariátegui nació en forma de colaboraciones para diarios y revistas. Nunca han estado tan cerca, como entonces, los intelectuales y el gran público, y esa vecindad que hizo posible el periodismo, a la vez que daba a aquéllos vitalidad y agilidad, vacunaba al lector promedio contra esas formas seudoliterarias que más tarde erradicarían a la literatura de los medios de comunicación masiva. Azorín fue, durante muchos años, un producto de consumo, semejante a lo que serían, después, *Hola, Vanidades* o *Buen Hogar*.

«Primores de lo vulgar», tituló Ortega y Gasset el ensayo que le dedicó. En el contraste de ambos conceptos está perfectamente resumido el arte azoriniano, hecho de menudencias, minucias, inanidades e insignificancias que, gracias a la limpidez del estilo, la sutileza de la observación y la audacia de la estructura se vuelven objetos merecedores de reverencia y cariño.

Un artista se sirve de todo para crear, comenzando por sus limitaciones. Si uno juzga las actitudes y proclividades de Azorín, separadas de la obra en que se hicieron literatura, el cuadro no es nada sugestivo: apatía, desilusión, morosidad, hechizo por lo nimio. Todo eso sugiere el bostezo y la impaciencia para el lector. Y, sin embargo, en las crónicas de Azorín esos ingredientes crean un mundo inusitado, de rica espiritualidad, que sorprende y encanta. En él es esencial la brevedad. Cuando se alarga —como en *Don Juan, Doña Inés* o *Antonio Azorín*— generalmente fracasa. Sus novelas en cámara lenta o absolutamente inmóviles, amalgamas de cuadros sin acción ni, a veces, ilación, adolecen de la misma manía descriptiva, fascinación por el mundo objetal y fobia de la psicología que las que escribiría muchos años después Alain Robbe-Grillet y son, como las del francés, letárgicas, abúlicas, pesimistas, misóginas, visuales, deshilvanadas; las ficciones de Azorín, pese a ocasionales observaciones felices y a sus momentos de bella prosa, son incapaces de fijar la atención del lector y suspender su juicio crítico (que es la victoria del contador de historias). Algo muy distinto ocurre con sus artículos, siempre hechiceros y, a menudo, pequeñas obras maestras.

Escribió cientos, acaso millares, sobre todos los temas imaginables —política, viajes, actualidades, sociales, deportes, teatro, cine, ciencia, historia, folclore—, y todos forman parte de la literatura por la inquebrantable calidad de su estilo y la astucia de su enfoque y construcción, que convierten a muchos de ellos, por encima de su carácter informativo, en esas arquitecturas imaginarias, ceñidas y resumidas que son los cuentos logrados.

«He intentado no decir sino cosas sencillas y directas», escribió en el prólogo a sus *Páginas escogidas*, en 1917. Esto, si es cierto, demuestra, una vez más, el abismo que puede abrirse entre las intenciones y los resultados de un creador. El mundo de Azorín es «sencillo y directo» en la fachada. Tras la diafanidad del lenguaje y lo asequible de sus asuntos hay, con frecuencia, un denso contexto y la compleja urdimbre de ocultamientos y revelaciones, simulacros y pistas falsas, cambios de tono y de ritmo y juegos de tiempo de las ficciones más audaces. Y es gracias a estas trapacerías sabias que el mundo «vulgar» de Azorín se levanta de su vulgaridad y adquiere brillo, solvencia, misterio, sugerencia.

Quisiera dar un ejemplo de esa maestría con que Azorín metamorfosea una opinión o informe periodístico en invención artística: «El buen juez», un texto incluido en *Los pueblos*, una recopilación de 1904. A simple vista, es la reseña de un libro, *Novísimas sentencias del presidente Magnaud*, que Azorín escribe presionado por el editor. Extraño comentario: jamás se dice quién era el «presidente Magnaud», ni hay una palabra sobre el contenido del libro reseñado. El articulista evita lo central y se extravía en lo accesorio. El volumen viajó de Barcelona hasta Ciudad Real, allí estuvo ahuesándose en una librería hasta que fue adquirido por un transeúnte que lo obsequia a un tal don Alonso. Éste, juez del lugar, lo deposita junto al expediente de un pleito sobre el que debe pronunciar sentencia. Es un caso sencillo y don Alonso ya sabe en qué sentido fallará. Antes de dormir, hojea el libro que le han regalado. Pero no puede librarse de él hasta que asoma el día. Se levanta y esa mañana dicta sentencia, en el sentido opuesto al que pensaba la víspera, lo que causa sorpresa y escándalo en la ciudad manchega. Pero don Alonso regresa a su casa feliz porque, gracias a una lectura, ha hecho justicia «apartándose de la Ley, pero con arreglo a su conciencia».

Esa corta historia, llena de elusiones, nos instruye más luminosamente sobre las *Novísimas sentencias del presidente Magnaud* que un tratado erudito. Pero, sobre todo, nos mantiene suspensos, con sus hiatos, circunloquios y desvíos. Hemingway demostró que la mejor manera de valorizar un hecho en una ficción podía ser suprimirlo. Buena parte de la técnica periodístico-narrativa de Azorín se basa en una estrategia parecida. «En la vida nada hay que no revista una trascendencia incalculable», escribió. Esto no es cierto. Pero la gran hazaña suya, como escritor, es haber probado que, si no en la vida, en el arte, lo aburrido puede ser ameno, lo feo bello y lo intrascendente trascendente.

Lima, julio de 1981

410

La vieja que pasa llorando

Entre los numerosos elogios y diatribas que ha merecido *El bucle melancólico*, de Jon Juaristi, nadie parece haber advertido que se trata de un libro de crítica literaria. Es un indicio de lo poco serio que es considerado en nuestros días este género, al que un sentimiento generalizado considera distanciado para siempre de los grandes problemas, los que sólo son encarados ahora por las llamadas ciencias sociales (la historia, la antropología, la sociología, etcétera). Es un sentimiento justificado, por desgracia. Con honrosas pero escasas excepciones, la crítica literaria ha dejado de ser el hervidero de ideas y el vector central de la vida cultural que fue hasta los años cincuenta y sesenta, cuando empezó a ensimismarse y frivolizarse. Desde entonces se ha ido bifurcando en dos ramas que, aunque formalmente distintas, exhiben una idéntica vacuidad: una, académica, pseudocientífica, pretenciosa y a menudo ilegible, de charlatanes tipo Derrida, Julia Kristeva o el difunto Paul de Man, y la otra, periodística, ligera y efímera, que, cuando no es una mera extensión publicitaria de las casas editoriales, suele servir a los críticos para quedar bien con los amigos o tomarse mezquinos desquites con sus enemigos. No es raro por eso que, con la excepción acaso de Alemania, no haya, hoy, en los países occidentales, sociedad alguna donde la crítica literaria influya de manera decisiva en el quehacer cultural y sea una referencia obligada en el debate intelectual.

Por eso, cuando aparece un libro como *El bucle melancólico. Historias de nacionalistas vascos*, que se sitúa en la mejor tradición de la crítica literaria, aquella que trata de desentrañar en la obra de poetas y prosistas lo que, a partir del placer estético que depara, agrega o resta a la vida, a la comprensión de la existencia, del fenómeno histórico y de la problemática social, nadie lo reconoce como lo que es, y se lo toma por «un ensayo psicosocial» (así lo califica uno de sus detractores).

A mí, desde las primeras páginas, el libro de Jon Juaristi me ha recordado a *Patriotic Gore*, el ensayo que uno de los más admirables críticos modernos, Edmund Wilson, dedicó a la literatura surgida en torno a la guerra civil norteamericana, un libro que leí, entusiasmado, en la hospitalaria British Library del Museo Británico. Entusiasmado pese a que, aunque todas las páginas de ese voluminoso libro me estimulaban intelectualmente, estaba seguro de que, salvo los de Ambrose Bierce y unos poquísimos autores más, no hubiera resistido la lectura de la inmensa mayoría de textos analizados por Wilson. Algo semejante me ha ocurrido con *El bucle melancólico*. Con la excepción de los de Unamuno, tengo la impresión de que la mayor parte de los poemas, canciones, ficciones, artículos, historias, memorias que Jon Juaristi escudriña tienen escaso valor literario y no trascienden un horizonte localista. Sin embargo, la agudeza del crítico nos revela, como en *Patriotic Gore*, en la misma indigencia artística o la pobreza conceptual de aquellos textos, unos contenidos sentimentales, religiosos e ideológicos que resultan iluminadores sobre la razón de ser del nacionalismo en general y del terrorismo etarra en particular. Un crítico que sabe leer es capaz de sacar inmenso provecho de la mala literatura.

Con ayuda de Freud, Jon Juaristi llama melancolía a la añoranza de algo que no existió, a un estado de ánimo de feroz nostalgia de algo ido, espléndido, que conjuga la felicidad con la justicia, la belleza con la verdad, la salud con la armonía: el paraíso perdido. Que éste nunca fuera una realidad concreta no es obstáculo para que los seres humanos, dotados de ese instrumento terrible, formidable, que es la imaginación, a fuerza de desear o necesitar que hubiese existido, terminen por fabricarlo. Para eso existe la ficción, una de cuyas manifestaciones más creativas ha sido hasta ahora la literatura: para poblar los vacíos de la vida con los fantasmas que la cobardía, la generosidad, el miedo o la imbecilidad de los hombres requieren para completar sus vidas. Esos fantasmas a los que la ficción inserta en la realidad pueden ser benignos, inocuos o malignos. Los nacionalismos pertenecen a esta última estirpe y a veces los más altos creadores contribuyen con su talento a este peligrosísimo embauque. Es el caso del gran poeta William Butler Yeats, que en su drama patriótico irlandés

Cathleen ni Houlihan (1902) inventó aquella imagen —de larga reverberación en las mitologías nacionalistas— de «la vieja que pasó llorando», personificación de la Patria, claro está, humillada y olvidada, esperando que sus hijos la rediman. Jon Juaristi consagra a esta imaginería patriotera uno de los más absorbentes capítulos de su libro. Con perspicacia y seguridad, Juaristi documenta el proceso de edificación de los mitos, rituales, liturgias, fantasías históricas, leyendas, delirios lingüísticos que sostienen al nacionalismo vasco, y su enquistamiento en una campana neumática solipsista, que le permite preservar aquella ficción intangible, inmunizada contra toda argumentación crítica o cotejo con la realidad. Las verdades que proclama una ideología nacionalista no son racionales: son dogmas, actos de fe. Por eso, como hacen las Iglesias, los nacionalistas no dialogan: descalifican, excomulgan y condenan. Es natural que, a diferencia de lo que ocurre con la democracia, el socialismo, el comunismo, el liberalismo o el anarquismo, el nacionalismo no haya producido un solo pensador, o tratado o filosofía, de dimensión universal. Porque el nacionalismo tiene que ver mucho más con el instinto y la pasión que con la inteligencia y su fuerza no está en las ideas sino en las creencias y los mitos. Por eso, como prueba el libro de Jon Juaristi, el nacionalismo se halla más cerca de la literatura y de la religión que de la filosofía o la ciencia política, y para entenderlo pueden ser más útiles los poemas, ficciones y hasta las gramáticas, que los estudios históricos y sociológicos. Él lo dice así: «Creo que hay que empezar a tomarse en serio tanto las historias de los nacionalistas, por muy estúpidas que se nos antojen, como sus exigencias de inteligibilidad autoexplicativa, porque tales son las formas en que el nacionalismo se perpetúa y crece».

Que la ideología nacionalista está, en lo esencial, desasida de la realidad objetiva, no significa, claro está, que no sirvan para atizar la hoguera que ella enciende, los agravios, injusticias y frustraciones de que es víctima una sociedad. Sin embargo, leyendo *El bucle melancólico* se llega a la angustiosa conclusión de que, aun si el País Vasco no hubiera sido objeto, en el pasado, sobre todo durante el régimen de Franco, de vejaciones y prohibiciones intolerables contra el eusquera y las tradiciones locales, la semilla nacionalista hubiera germinado también, porque la tierra en que ella cae y los abonos que la hacen crecer no son de este mundo concreto. Sólo existen, como los de las novelas y las leyendas, en la más recóndita subjetividad, y aparecen al conjuro de esa insatisfacción y rechazo de lo existente que Juaristi llama melancolía. Por su entraña constitutivamente irracional deriva con facilidad hacia la violencia más extrema y, como ha ocurrido con ETA en España, llega a cometer los crímenes más abominables en nombre de su ideal. Ahora bien, que haya partidos nacionalistas moderados, pacíficos, y militantes nacionalistas de impecable vocación democrática, que se empeñan en actuar dentro de la ley y el sentido común, no modifica en nada el hecho incontrovertible de que, si es coherente consigo mismo, todo nacionalismo, llevando hasta las últimas consecuencias los principios y fundamentos que constituyen su razón de ser, desemboca tarde o temprano en prácticas intolerantes y discriminatorias, y en un abierto o solapado racismo. No tiene escapatoria: como esa «nación» homogénea, cultural y étnica, y a veces religiosa, nunca ha existido —y si alguna vez existió ha desaparecido por completo en el curso de la historia—, está obligado a crearla, a imponerla en la realidad, y la única manera de conseguirlo es la fuerza.

Se equivocan quienes suponen que este libro sólo tiene interés para quienes están interesados en el problema vasco. La verdad es que muchos de los mecanismos psicológicos y culturales que él describe como fuentes del nacionalismo resultan esclarecedores para un fenómeno que, por debajo de las diferencias de tiempo y espacio, es —y me temo mucho lo será cada vez más en el siglo que viene— universal. A mí me ha impresionado descubrir en el libro de Juaristi muchas coincidencias con las conclusiones a que llegué, analizando el fenómeno del indigenismo andino a partir de la obra de José María Arguedas, en *La utopía arcaica*: la misma invención de un pasado impoluto, con la greda del arte y la literatura, que acaba por tomar cuerpo y operar sobre la realidad, imponiendo sus mitos y fantasías sobre las verdades históricas. Pocos libros como éste explican, con ejemplos vivos, cómo y por qué nacen, y a qué abismos conducen, los nacionalismos.

Para escribirlo se necesitaba no sólo talento y rigor. También, mucha fuerza moral y coraje. De sus páginas deduzco que Jon Juaristi vivió en carne propia, desde la cuna y en el medio familiar, primero, y luego como militante, la tragicomedia etarra. Y que, como muchos otros compañeros de generación, fue capaz de tomar luego distancia y emanciparse de aquella enajenación, que, ahora, pone al descubierto en este libro admirable.

Marbella, julio de 1998

El sueño de los héroes

Mi amigo Fernando Iwasaki me conminó a que leyera *Soldados de Salamina*, de Javier Cercas, y, como me fío de su gusto literario, le hice caso. He quedado feliz con su recomendación: el libro es magnífico, en efecto, uno de los mejores que he leído en mucho tiempo y merecería tener innumerables lectores, en esta época en que se ha puesto de moda la literatura ligera, llamada de entretenimiento, porque así aquellos comprobarían que la literatura seria, la que se atreve a encarar los grandes temas y rehúye la facilidad, no tiene nada de aburrida, y, al contrario, es capaz también de encandilar a sus lectores, además de afectarlos de otras maneras.

El narrador de *Soldados de Salamina* insiste mucho en que lo que cuenta no es una novela sino «una historia real» y seguramente se lo cree, igual que muchos que han celebrado el libro como una rigurosa reconstrucción de un hecho fidedigno, ocurrido en las postrimerías de la guerra civil española, cuyo protagonista fue Rafael Sánchez Mazas, escritor y fascista, fundador de la Falange Española, íntimo amigo de José Antonio Primo de Rivera y futuro ministro en el primer Gobierno de Franco. Pero esto no es cierto; si lo fuera, el libro no valdría más que por los datos que contiene y su existencia —su valor—, como en el caso de un reportaje periodístico, dependería por completo de una realidad ajena y exterior a él, que la investigación de que da cuenta el texto habría contribuido a esclarecer. La verdad es otra: *Soldados de Salamina* es más importante que Rafael Sánchez Mazas y el fusilamiento del que escapó de milagro (cráter de la historia), porque en sus páginas lo literario termina prevaleciendo sobre lo histórico, la invención y la palabra manipulando la memoria de lo vivido para construir otra historia, de estirpe esencialmente literaria, es decir, ficticia.

La fantasía de un escritor no se vuelca siempre en lo anecdótico; a veces, como en este caso, se centra en la disposición de los materiales que constituyen el relato, en la manera de organizar el tiempo, el espacio, la revelación y la ocultación de los datos, las entradas y las salidas de los personajes. Aun cuando todo lo que *Soldados de Salamina* cuenta fuera verdad, y los protagonistas que en la historia aparecen hubieran sido en la realidad tal como allí se los describe, el libro no sería menos novelesco, fantasioso y creativo, debido a la astuta manera como está edificado, al sutil artificio de su construcción. Y, también, claro, a la fuerza persuasiva de su palabra, a la eficacia de su estilo, una realidad más consistente e imperecedera que la realidad histórica que finge evocar. Aunque sean muy distintos de contenido, a mí me ha recordado un libro que leí hace siglos, *The Quest for Corvo*, de A. J. A. Symons, en apariencia una biografía del ininteresante novelista británico autor de *Adriano VII* pero, en verdad, una detectivesca descripción de las mil y una aventuras que vivió el propio Symons para escribir su biografía. Como en aquella historia, en la de Javier Cercas la estrategia del narrador es más inusitada y fascinante que lo que aparenta narrar.

Los personajes de *Soldados de Salamina* y sus peripecias tienen una vida relevante por la destreza con que son evocados y comentados por el inteligente narrador, un narrador que se las arregla, a la vez que nos cuenta cómo Rafael Sánchez Mazas escapó dos veces de la muerte, primero del pelotón de fusilamiento y luego de un compasivo soldado republicano que le perdonó la vida, y cómo sobrevivió en los bosques de Cataluña gracias a la conmiseración de una familia campesina y a dos desertores, para contarnos cómo consiguió él contarnos esta historia, cómo nació la idea, qué problemas enfrentó mientras la escribía, qué ayudas tuvo, las depresiones que debió vencer, y la misteriosa manera como la tumultuosa vida real compareció para ayudarlo a llenar los blancos e inyectarle confianza cada vez que su empresa literaria parecía hacer agua. Siento mucho tener que afirmar que esta otra historia —la de las oscuras frustraciones, ambiciones y empeños de un joven escritor que, escribiendo estas páginas, luchaba a muerte contra la amenaza del fracaso de su vocación— es más rica y conmovedora que la del polígrafo falangista y sus desventuras en la guerra civil, y la que ha contagiado a esta última su vitalidad y poderío. Sin esta intrusión exhibicionista del propio narrador, relatando la desesperada apuesta que hace con este libro para resucitar una vocación que hasta ahora siente frustrada, los percances que hace sesenta años padeció Sánchez Mazas en el santuario del Collell y la comarca circundante tendrían escaso interés, no mayor que el de los miles y miles de episodios que atosigan las bibliotecas, ilustrando el caos, la crueldad, la estupidez, y a veces también la generosidad y el heroísmo —todo mezclado— que caracterizan todas las guerras. Lo que les imprime un carácter singular y apasionante es la obsesión que ellos inspiran al narrador y su voluntad de investigarlos y contarlos hasta su último resquicio, con un encarnizamiento de fanático. En verdad, lo que sin proponérselo nos cuenta *Soldados de Salamina* es la naturaleza de la vocación de un escritor, y cómo nace, deshaciendo y rehaciendo la realidad de lo vivido, la buena literatura.

Este libro, que se jacta tanto de no fantasear, de ceñirse a lo estrictamente comprobado, en verdad transpira literatura por todos sus poros. Los literatos ocupan en él un puesto clave, aunque no figuren en el libro como literatos, sino en forma de circunstanciales peones que, de manera casual, disparan en la mente del narrador la idea de contar esta historia, de hacerla avanzar, o la manera de cerrarla. La inicia Sánchez Ferlosio, revelándole el episodio del fusilamiento de su padre, y, cuando está detenida y a punto de naufragar, la relanza Roberto Bolaño, hablando a Javier Cercas del fabuloso Antoni Miralles, en quien aquél cree identificar, por un pálpito que todo su talento narrativo está a punto de convertir en verdad fehaciente en las últimas páginas del libro, al miliciano anónimo que perdonó la vida a Sánchez Mazas. Este dato escondido queda allí, flotando en el vacío, a ver si el lector se atreve a ir más allá de lo que fue el narrador, y decide que, efectivamente, la milagrosa coincidencia tuvo lugar, y fue Miralles, combatiente de mil batallas, miliciano republicano en España, héroe anónimo de la columna Leclerc en los desiertos africanos y compañero de la liberación en Francia, el oscuro soldadito que, en un gesto de humanidad, salvó la vida al señorito escribidor falangista convencido de que, a lo largo de la historia, siempre un pelotón de soldados «había salvado la civilización».

Javier Cercas maneja con soltura los diálogos y sabe aligerar con chispazos de humor —atribuidos casi siempre a la deliciosa malhablada que se llama Conchi— las páginas excesivamente densas del relato. Pero no incurre nunca en la pirotecnia, en el mero efectismo. Y es capaz de reflexionar sobre asuntos peligrosamente truculentos, como el heroísmo, la moral de la historia, el bien y el mal en el contexto de una guerra civil, sin caer en el estereotipo ni la sensiblería, con una transparente claridad de ideas y una refrescante limpieza moral. Por eso, aunque las historias que nos cuenta su libro deban más a la invención y a la magia verbal de que está hecha la buena literatura que a un rastreo de testimonios y datos verdaderos, *Soldados de Salamina* tiene sus raíces muy hundidas en una realidad histórica sin la cual esta hermosa ficción no hubiera sido posible.

La realidad que el libro saca a la luz y pone en primer plano, modelándola con formas de gran nitidez y emocionante autenticidad, es la de los pobres diablos que, a diferencia de los Rafael Sánchez Mazas de que está plagada la historia, no glorifican la guerra ni la proponen como panacea de las miserias sociales, ni creen que la verdad de la filosofía está en la boca de un fusil o en el ejercicio del terror, sino padecen en carne propia estos apocalipsis que otros, más cultos, más inteligentes y más poderosos que ellos, conciben, planifican y desatan, para materializar un sueño que, a la postre, resulta siempre un sueño infernal. El gran personaje del libro de Cercas, el más novelesco y el más logrado, no es el inteligente y culto Sánchez Mazas, es el pobre Miralles, guerrero de las buenas causas por pura casualidad, héroe sin quererlo ni saberlo, que, desfigurado por una mina después de pasarse media vida batallando, sobrevive como un discreto, invisible desgraciado, sin parientes, sin amigos, recluido en una residencia de ancianos de mala muerte, a donde va a sacudirlo de su inercia y su aburrida espera del fin un novelista empeñado en ver épicas grandezas, gestos caballerescos —pura literatura— donde el viejo guerrero sólo recuerda rutina, hambre, inseguridad, y la imbécil vecindad de la muerte.

Luego de entrevistar a Miralles, en Dijon, el narrador regresa a Barcelona, y, en el tren, se siente primero eufórico porque esa entrevista le permitirá terminar su libro. Luego, recordando lo que acaba de oír y de ver, fantasea y llora, condolido hasta los huesos por la maldad, la estupidez y el absurdo que delata, en la vida de los humanos, la vida del pobre Miralles. Esta escena peligrosísima, donde el libro se acerca a las orillas mismas de la sensiblería, es en verdad el gran triunfo de *Soldados de Salamina*: una conclusión a la que da fuerza y legitimidad todo lo que hasta ahora el libro ha contado.

Quienes creían que la llamada literatura comprometida había muerto deben leerlo para saber qué viva está, qué original y enriquecedora es en manos de un novelista como Javier Cercas.

Salzburgo, agosto de 2001

Debilidad por los enanos

Con la escritora Rosa Montero me ocurre algo curioso. Tengo la sensación de que somos amigos inmemoriales, que nos vemos con mucha frecuencia y que, en nuestros innumerables cafés, cenas y compadrazgos compartidos, celebramos estupendas chismografías y discusiones. Y, sin embargo, lo cierto es que la veo a la muerte de un obispo y casi siempre en esas caóticas presentaciones de libros o conferencias donde se cambian abrazos y sílabas, pero jamás se traba una conversación completa.

¿De dónde viene aquella falsa sensación, entonces? De que la sigo muy de cerca, en las mil y una batallas que libra a la vez, todos los días, en sus artículos, ensayos, libros y entrevistas, rompiendo lanzas por todas las víctimas y los desvalidos del mundo, empezando por las mujeres y terminando por los animales, con un larguísimo intermedio —los inmigrantes, los disidentes, los marginales, los invidentes, las minorías, los sordos, los perseguidos, etcétera— y opinando, en alta voz y con una franqueza temeraria, sobre todos los horrores de la actualidad. Casi siempre estoy de acuerdo con ella, pero, aun cuando discrepe, sus opiniones me parecen tan limpias, tan políticamente incorrectas, tan faltas de oportunismo y de cálculo, tan transparentemente inspiradas en un ideal de integridad y de justicia, que estas diferencias, en vez de disminuir, aumentan el respeto que le tengo. Ahora se lo tengo todavía más, después de leer *La loca de la casa*, un libro sobre la ficción que, aparentando ser un ensayo sobre el mundo de la novela y de los novelistas, se las arregla para ser también ficción e ilustrar él mismo las tesis y reflexiones de Rosa Montero sobre los fabuladores de historias.

En las antípodas de los dómines y profesores que pretenden explicar científicamente la naturaleza de la ficción, hablando con neutralidad olímpica, este libro es un testimonio subjetivo a más no poder, donde la autora se ofrece en espectáculo a sus lectores, desvelando su intimidad para rastrear en ella los orígenes de su vocación, las fuentes que la alimentan, los alicientes que la ayudan a vencer las dificultades, las expectativas que cifra en aquello que fabula, y el misterioso encaminamiento que en su memoria y en su vida siguen ciertas imágenes antes de cuajar en personajes, temas, trayectorias, novelas.

El libro, como ocurre con todas las ficciones, está lleno de trampas, de principio a fin. Escrito con una prosa tersa y directa, que rehúye el desplante y la pretensión, todo aquello que dice parece muy claro y explícito. Y, sin embargo, es lo contrario: un campo minado de fantasías. La seguridad con que el lector lo va leyendo al principio, engañado por lo cristalino de la exposición, va desapareciendo a medida que advierte, aquí y allá, contradicciones, incongruencias, repeticiones, que, sólo al final, en un verdadero malabar de la diestra prestidigitadora que es la autora, le revelan otra historia, soterrada bajo la aparente, es decir, la verdadera que el libro quiere contar. Esta historia es una demostración práctica de la manera como la imaginación —a la que Santa Teresa de Jesús llamó magníficamente la loca de la casa— desordena la vida de los humanos para que sea más rica, más intensa, y, sobre todo, más tolerable.

Escribir es una manera de vivir, decía Flaubert, y este libro de Rosa Montero lo confirma en cada página. Un escritor no escribe solamente con lo que sabe, ha aprendido, sueña, recuerda e inventa, sino con todo lo que lleva dentro, y, principalmente, con aquellos íncubos que ha sepultado en lo más profundo del subconsciente, porque no quiere saber de ellos y porque su sola existencia lo espanta. Por eso, para explicar el lugar que ocupa la vocación en la vida de un escritor, hay que hablar de todo lo que hay en esta vida, sin excepción: los amores y los odios, las grandezas y pequeñeces, y las extrañas fobias y simpatías que trazan en torno esos crucigramas irrellenables que son las personalidades humanas. Rosa Montero lo hace con desenvoltura y mucha gracia, atenuando con chispazos de ironía y buen humor las truculencias de su biografía —su pasado *hippy*, su desorden doméstico, las locas pasiones de la juventud— y, confesando que, en lo que se refiere a los varones, sus preferencias son inequívocamente hollywoodenses: rubios apolíneos de recios pectorales, aquejados de timidez y, si no es mucho pedir, dotados también de algo de sesos. (Viniendo de una feminista como Rosa, ni qué decir que estas inclinaciones producirán un suspiro de alivio en sus lectores encandilados por las muñecas plateadas y curvilíneas).

¿Cómo se compagina este prototipo varonil estilo Mel Gibson con la debilidad de Rosa Montero por los enanos? En las páginas acaso más divertidas de *La loca de la casa*, la autora confiesa su flaqueza —no, más que eso: su amor— por las mujeres y los hombres pequeñitos, aquellos gnomos queridos que, por lo demás, burlando incluso sus resueltas prevenciones a la hora de escribir, se las arreglan siempre para filtrarse y comparecer en roles estelares en todas sus historias. La explicación que ella misma ofrece de su inclinación por la humanidad liliputiense es inconvincente, aunque bonita. De niña, su madre la habría fotografiado vistiéndola y maquillándola como a una mujer adulta, por lo que Rosa creció viéndose en aquella imagen transformada en una enanita: de ahí su amor a esos congéneres. En verdad, la foto susodicha, que adorna la portada del libro, no es nada de lo que ella dice, sino la de una niña normalísima, y niñita a más no poder. La explicación debe de ser otra, si es que existe, o tal vez no la haya y todo sea atribuible a esos desaguisados que produce la loca de la casa en la vida de las personas sensibles, cuando le abren los brazos con toda la felicidad del mundo como hace Rosa Montero.

Un novelista se hace viviendo, escribiendo y, sobre todo, leyendo. Hipnotizado por las grandes novelas se contrae el vicio de escribir, y en ellas se aprenden los sortilegios del oficio: a organizar el tiempo de las historias, una invención no menos neurálgica que la del narrador, la de los puntos de vista y la de los datos que se ocultan para que resulten a la larga más visibles, y las pequeñas astucias para mantener la expectativa y el hechizo y los clímax y los anticlímax que van vistiendo una novela con las apariencias de la vida. Rosa Montero habla de sus maestros, pero no se detiene en los libros que escribieron y gracias a los cuales ella los conoció y admiró, hurga también en sus vidas y se enoja con sus pequeñeces y miserias —el egoísmo de Tolstói, el salvajismo de Rimbaud, los fracasos de Robert Walser, las concesiones de Goethe, las contradicciones de Zola, la vanidad de Calvino y la frivolidad de Truman Capote— o se entusiasma con los escritores que, además de grandes prosistas y pensadores, fueron también, como Voltaire con el asunto de Jean Callas, grandes justicieros. A Rosa Montero le gustaría que todos los buenos escritores que tanto le han dado fueran también buenos a secas, y su espíritu generoso, de irredimible enderezadora de entuertos, se rebela al comprobar que algunos de los más eximios prosistas y más audaces inventores fueron también, en su vida familiar o en su conducta cívica, unas basuras. Lo importante, en todo caso, es que, aunque a veces sus autores estén lejos de ser unos dechados humanos, las grandes novelas tienen siempre un efecto benéfico en los lectores, aguzando su sensibilidad, su conocimiento de la vida y ofreciéndoles un orden en el cual refugiarse cuando sienten que a su alrededor crecen el caos y la confusión.

¿Cuál es el secreto vínculo que hermana a la novela con la ciudad? Ambas nacieron y crecieron juntas, y sin la ayuda de la otra ninguna sería lo que es. París sin Balzac, Londres sin Dickens, Madrid sin Galdós y Baroja no existirían; pero es cierto que esta dependencia es reversible: sin la ciudad habría teatro, poesía, no novelas. La condición urbana de la novela ha sido subrayada una y otra vez por los críticos, Lukács por ejemplo, quien precisaba, sin embargo, que era sobre todo a la burguesía a quien la novela tenía ligada su suerte, y cuyas aspiraciones, ideales, intereses, mitos y costumbres las ficciones habrían representado mejor y de modo más auténtico que ningún otro género. Para Rosa Montero la novela y la ciudad poseen «un afán innato de orden y estructura». La vida de la urbe —sus calles, plazas, murallas, avenidas, construcciones, erigidas según un plan preconcebido y en contraste con los tumultos y ritmos espontáneos de la naturaleza que prefiguran la vida agraria— dotó a la novela de una morfología que reflejaba los modos de vivir y de soñar de escribidores y lectores. Género urbano, la novela es también social, historia de individuos inmersos en un entramado colectivo, que van definiéndose y eligiendo su destino dentro de la telaraña de sus relaciones con los otros miembros de la comunidad. A diferencia de la poesía, que puede expresar el yo único en su soledad metafísica, la ficción expresa siempre la vida gregaria, los usos, los dramas y los mitos vividos por hombres y mujeres particulares en el seno de una comunidad. Tal vez por eso la novela sea un género condenado a la imperfección, a no alcanzar jamás esos paradigmas de pureza formal y perfección artística —el absoluto— que la gran poesía sí llega a encarnar. A ningún gran novelista se le ha llamado jamás «divino», como a Dante o Shakespeare. No pueden ser dioses: Cervantes, Tolstói, Joyce, Proust, con toda su descomunal grandeza, son humanos a más no poder, prójimos nuestros, los seres del montón.

Las inteligentes observaciones de Rosa Montero sobre el género que practica y que conoce tan bien no serían lo divertidas que son si en *La loca de la casa* no las hubiera trenzado con multitud de anécdotas, confesiones, revelaciones de su vida privada, que, a la vez que ilustran sus ideas, van haciendo de ella un personaje, con el que el lector termina por encariñarse e identificarse como le ocurre con los héroes de la ficción. La curiosidad hormiguea a medida que el relato va soltando nuevos datos íntimos sobre aquella apasionada aventura sentimental que protagonizó la autora con aquella estrella del celuloide. ¿Quién era ese anónimo actor de la Meca del Cine con quien Rosa se extravió aquella noche de trementina y largos besos en los laberínticos pasillos de la Torre de Madrid? ¿Hicieron o no hicieron el amor como dos anacondas? ¿Y qué demonios pasó después? ¿Se encontraron años más tarde en un festival de cine? ¿Fue cierto que su hermana gemela le arrebató aquella conquista? ¿Y aquel encuentro crepuscular, casi de ex combatientes, bajo unas sábanas chilenas, tuvo realmente lugar? Cuando el lector comienza a sospechar que en esta historia hay más mentiras que verdades y a decirse que acaso no sólo ella, sino todo el sabroso festín de infidencias que tan morbosamente ha paladeado a lo largo del libro, era nada más —era nada menos— que una monumental fabulación, ha comprendido a carta cabal qué son, cómo son y para qué existen las ficciones.

La loca de la casa se lee, de principio a fin, en un puro movimiento de placer. Es un libro que, para mí, tiene además el encanto suplementario de que leyéndolo me hizo sentir que, por fin, celebraba aquella demorada conversación que nunca tuve con Rosa Montero, mi íntima amiga de ficción.

Madrid, mayo de 2003

Tirant lo Blanc, novela sin fronteras

Tirant lo Blanc tiende un puente entre la Edad Media y el Renacimiento, pues en sus páginas la tradición caballeresca de la novela de aventuras, con su desmesura anecdótica y lo rudimentario de la construcción, se refina y enriquece con sutilezas formales, humor e ironías que anuncian ya la gran literatura narrativa del Siglo de Oro, y muy especialmente a Cervantes, lector aprovechado de Joanot Martorell, a quien homenajeó en el *Quijote* salvando a su novela de la quema inquisitorial y llamándola «el mejor libro del mundo».

Aunque nacida dentro de la novela de caballerías, *Tirant lo Blanc* va mucho más lejos que sus congéneres pues el espíritu que la anima, su amplitud de miras y la riqueza de su factura artística le confieren un semblante de modernidad del que carecen las otras, incluso las mejores, como el Amadís de Gaula o Tristán de Leonís. Por eso, la gran novela valenciana, que durante muchos siglos estuvo, por prejuicios absurdos y una política represora contra la lengua en que fue escrita, injustamente arrinconada en bibliotecas y academias, lejos del gran público, ha hecho su reingreso en la vida literaria contemporánea por todo lo alto, conquistando en los últimos treinta años, en su lengua original y en viejas o nuevas traducciones —al castellano, el alemán, el italiano y el francés, entre ellas—, no sólo el interés de la crítica universitaria, también el de esos lectores comunes y corrientes que son los que mantienen a los libros vivos, lozanos y cambiantes o, con su indiferencia, los convierten en piezas de museo.

Nada más justo que los lectores de distintos países de la Europa que en estos años trata de disolver sus fronteras y unirse en una comunidad fraterna, multicultural y multirracial, descubran los méritos de esta ambiciosa novela que merece, como pocas, ser calificada de europea. Porque media Europa y todo el Mediterráneo

son el escenario por el que se desplaza como por su casa el protagonista de la historia, un hombre que se siente en su patria por igual
en Inglaterra o en Bretaña, en Grecia o en España, y que no reconoce otras fronteras entre los seres humanos que las que separan el
honor del deshonor, la belleza de la fealdad y la valentía de la cobardía. Es verdad que, en lo que se refiere a la religión, tabú supremo de esa época de ortodoxias impuestas por la espada y el tormento, no puede mostrar la flexibilidad de que hace gala en lo tocante
a las lenguas, las culturas, las costumbres y los ritos de las distintas
sociedades por las que circula —la separación entre los creyentes de
la verdadera religión y los infieles de la «secta mahomética» es la
más rígida en el libro—, pero, incluso en este campo, en el *Tirant
lo Blanc* hay cierto prurito de imparcialidad, pues los reyes y príncipes musulmanes tienen tanto derecho a expresarse y exponer sus
creencias como los cristianos, y figuran entre ellos personalidades
dignas y simpáticas (aunque casi siempre terminan por desertar de
su fe y convertirse al cristianismo).

Tirant lo Blanc es una novela sin fronteras en muchos sentidos,
además del literal de no estar confinada en un solo país o región.
Lo es, también, porque en ella alienta ese afán totalizador de las
grandes novelas de todos los tiempos que, como el *Quijote*, *La
guerra y la paz*, *La comedia humana*, *Moby Dick* o la saga de Faulkner, parecen querer emular al Ser Supremo en la creación de un
mundo tan diverso, complejo y autosuficiente como el mundo
real, de una ficción que compita con la vida en su proliferante variedad. Por eso, *Tirant lo Blanc* produce en el lector que se sumerge
en su oceánica lectura una sensación de vértigo: ante sus ojos y su
fantasía desfila un universo, como en la pequeña pantalla ideada
por Borges en *El Aleph* donde comparece todo lo que ha sido, es y
será.

Novela épica y de costumbres, realista y fantástica, militar y
erótica, risueña y sentimental, puede ser abordada desde cualquier
perspectiva sin que ninguno de los prismas elegidos para analizarla
agote su proteica riqueza. Aunque Martorell se valió, para escribir-
la, de todo el arsenal de temas y tópicos imperantes en la cultura de
su tiempo, su novela es mucho más que un reflejo más o menos fiel
de la literatura y el mundo que lo formó. Él le impuso un sello
propio, a partir de sus experiencias, manías y obsesiones persona-

les, lo que le da un perfil que se distingue nítidamente de otras novelas de aventuras de su época, a menudo indiferenciables. Aunque esto se advierte en muchos órdenes, como el del humor, la ironía y ese realismo cotidiano que colorea ciertos episodios, acaso sea en el tratamiento de la vida del cuerpo y los sentidos, de la experiencia sexual, donde *Tirant lo Blanc* nos sorprende más, por la insólita libertad con que en sus páginas los personajes reivindican sus deseos y se entregan al goce carnal sin remilgos ni remordimientos, como a una exaltante fiesta. Y es también notable la manera como en este libro sale a la superficie el más profundo trasfondo de la vida psicológica, lo que sólo siglos más tarde se describirá como la dimensión inconsciente de la personalidad, esa oscura matriz del espíritu donde se forjan las raíces de la conducta humana.

Pero, acaso, destacar todos estos aspectos relevantes e innovadores de *Tirant lo Blanc* sea menos importante que subrayar lo amena y regocijante que es como novela, lo inesperado y suntuoso de sus aventuras y la rica orfebrería con que se despliegan sus ceremonias, la desmesura con que sus personajes viven sus pasiones y satisfacen sus apetitos. Es verdad que, a veces, la narración se alarga demasiado y que los discursos y parlamentos de los personajes —todos ellos padecen de ecolalia y diarrea verbal, al igual que el narrador— pueden ser excesivos, pero esas larguras eventuales están más que compensadas por la gracia y la elegancia que derrochan innumerables episodios —todos aquellos donde aparece la bella y gentil alcahueta Plaerdemavida son una pura delicia— y por el dramatismo épico de sus combates y pasos de armas que nos hacen vivir las acciones guerreras como si estuviéramos en el corazón de la contienda.

Una serie de documentos aparecidos en los últimos años, con nuevos datos sobre la biografía del autor de *Tirant lo Blanc*, el elusivo Joanot Martorell, nos revelan que, además de los desafíos y cartas de batalla que envió a algunos adversarios, hubo en su vida credenciales poco aleccionadoras y que fue un aventurero mezclado en hechos violentos y con cuentas que saldar con la justicia. Tal vez sin haber pasado por ello Joanot Martorell no hubiera podido fantasear una vida tan tremebunda, tan espléndida y tan brutal como la de Tirant. Y todavía menos referirla con la cercanía expresiva y el realismo hechicero con que lo hizo.

Los lectores franceses sólo pueden sentirse en su casa en esta novela de un héroe que, a fin de cuentas, es bretón, y en la que encontrarán compatriotas tan delicadas y sutiles como esa reina de Francia de piel tan blanca que se veía al vino descender por su garganta. Ojalá le concedan el recibimiento que se merece.

Madrid, septiembre de 2003

Dos muchachas

Dos jovencitas, la una barcelonesa, la otra madrileña, dan cuenta a través de sus aventuras, inventadas y escritas por dos novelistas casi tan jóvenes como ellas, de la prodigiosa transformación de la sociedad española a lo largo de medio siglo, mejor de como lo harían muchos volúmenes de sociólogos e historiadores. Para medir el abismo que separa a esos dos mundos y, al mismo tiempo, disfrutar de unas horas de excelente lectura recomiendo leer, o releer, una tras otra, *Nada*, de Carmen Laforet (1944), y *Las edades de Lulú*, de Almudena Grandes (1989).

Hasta que yo vine a España, en 1958, no creo haber leído a escritores españoles contemporáneos residentes en la Península, por un prejuicio tan extendido por la América Latina de aquellos años como injusto: que todo lo que se publicaba *allá* rezumaba ñoñez, sacristía y franquismo. Por eso, sólo ahora he conocido la delicada y sofocante historia de Andrea, la adolescente pueblerina que llega a la Barcelona grisácea de principios de los cuarenta, llena de ilusiones, a estudiar Letras, que Carmen Laforet relata con una prosa entre exaltada y glacial, donde lo que se calla es más importante que lo que se dice, y que mantiene al lector sumido en una angustia indescriptible, de principio a fin de la novela. No hay en esta minuciosa autopsia del ánimo de una muchacha encarcelada en una familia hambrienta y medio enloquecida de la calle Aribau la menor alusión política, salvo quizá, muy de paso, una referencia a las iglesias quemadas de la guerra civil. Pero, sin embargo, la política gravita sobre toda la historia como un ominoso silencio, como un cáncer proliferante que lo carcome y devasta todo, esa universidad purgada de vida y aire fresco, esas familias burguesas calcificadas de buenas maneras y putrefacción visceral, esos jovencitos confusos que no saben qué hacer, dónde volver la vista, para escapar a la enrarecida atmósfera en que languidecen de aburrimiento, privaciones, prejuicios, miedos, provincianismo y una ilimitada confusión.

Es admirable la maestría con que, a base de leves apuntes anecdóticos y brevísimas pinceladas descriptivas, va surgiendo ese paisaje abrumadoramente deprimente que parece una conspiración del universo entero para frustrar a Andrea e impedirle ser feliz, igual que a casi todos quienes la rodean. Y, pese a ello, hay en esta adolescente desvalida un espíritu tenaz, indoblegable, que le impide entregarse a la desesperación y vengarse de la mala vida, como hace la bestia de su tío Juan, moliendo a golpes a su mujer, o el tío Román, el artista fracasado, degollándose con una navaja de afeitar, o la abuela, refugiándose en la demencia senil donde se sufre menos que encarando la sórdida realidad. Fuera de Andrea y el perro *Trueno*, en esa espantosa familia sólo es simpática Gloria, la maltratada esposa de Juan, la tahúr que recorre los garitos del bajo mundo barcelonés timbeando para dar de comer a los inútiles que la rodean.

En el mundo de *Nada* —el inmejorable título lo dice todo sobre la novela y el lugar en que transcurre— sólo hay ricos y pobres, y como en cualquier país tercermundista la clase media es una delgada membrana que se encoge y, como la familia de Andrea, tiene ya medio ser hundido en esa mezcolanza popular donde se confunden trabajadores, pordioseros, vagos, parados, marginados, mundo que la espanta y al que trata de mantener a raya a base de feroces prejuicios y delirantes fantasías. Nada existe más allá de ese mundillo larval que rodea a los personajes; incluso el pequeño enclave bohemio que han construido en el barrio antiguo los jóvenes pintores que a veces frecuenta Andrea y que quisieran ser rebeldes, insolentes y modernos, pero no saben cómo, tiene algo de caricatura y campanario.

Pero es sobre todo en el dominio del amor y del sexo donde los personajes de *Nada* parecen vivir fuera de la realidad, en una misteriosa galaxia en la que los deseos no existen o han sido reprimidos y canalizados hacia actividades compensatorias. Por ejemplo, la violencia. Es imposible no advertir —aunque él ni siquiera lo sospeche— que la manera como la moral reinante ha ido empujando al tío Juan a satisfacer sus pulsiones sexuales es a través de las golpizas sangrientas que inflige a su mujer de pronto y sin razón, como para descargar unas energías sobrantes que lo ahogan. Si en casi todos los aspectos de la vida, el mundo de la novela delata una moral pacata hasta lo inhumano que enajena a hombres y mujeres y los empobrece, en éste, el del sexo, aquella distorsión alcanza proporciones inverosímiles y es, seguramente, en muchos casos, la secreta explicación de las neurosis, la amargura, el desasosiego, el desconcierto vital de que son víctimas casi todos los personajes, incluso Ena, la amiga vivaz y emancipada a quien Andrea admira y envidia.

¿Sospechaba esa muchacha de veintitantos años que era Carmen Laforet cuando escribió su primera novela que en ella retrataba de manera tan implacable como lúcida una sociedad brutalizada por la falta de libertad, la censura, los prejuicios, la gazmoñería y el aislamiento, y que en la historia de su conmovedora criatura, Andrea, esa niña ingenua a la que en la historia «le roban un beso» y la escandalizan, ejemplificaba un caso de desperada y heroica resistencia contra la opresión? Acaso no, acaso todo ello resultó, como ocurre a menudo en las buenas novelas, por obra de la intuición, la adivinanza y la autenticidad con que buscaba, al escribir, atrapar una elusiva y peligrosa verdad que sólo a través de los laberintos y símbolos de la ficción era expresable. Lo consiguió y, medio siglo después de publicada, su hermosa y terrible novela sigue viva.

A diferencia de Andrea, la Lulú de Almudena Grandes —el verdadero nombre de esta encantadora señorita es María Luisa Ruiz Poveda y García de la Casa, aunque usted no se lo crea— no vive en un mundo desasexuado por una moral ignominiosamente represiva. Por el contrario, ella se mueve alegremente, como Andrea entre chopos dorados y edificios y recintos universitarios, entre falos enhiestos, vaginas engordadas por el placer y chorros de semen. Quienes piensan que *Las edades de Lulú* fue un mero «caso», que debió su éxito a la circunstancia excepcional de que testimoniaba con cierta insolencia sobre los excesos de la famosa «movida» madrileña, harían bien en releerla ahora, quince años después, cuando la «movida» está muerta y enterrada, como he hecho yo. Descubrirían entonces que es una espléndida novela, escrita con madura solvencia, y que, además de captar el «espíritu de una época» con la certera precisión con que lo hizo *Nada* para los años cuarenta, mantiene en nuestros días toda la pugnacidad crítica, el humor acerbo, la gracia verbal y las audacias imaginativas que sorprendieron tanto, al aparecer, hace tres lustros. También en este caso sorprende que, en su primera novela, una autora de apenas veintitantos años como tenía Almudena Grandes cuando la escribió, construyera su historia con semejante brío, seguridad y solidez y creara un personaje tan rico en matices, atrevimientos, un espíritu tan reacio a la domesticación y al compromiso, al lugar común y al escarmiento, como la traviesa Lulú.

¿Es éste el mismo país donde, cuarenta y cinco años atrás, la virginal Andrea trataba de descubrir la verdadera vida detrás de las máscaras y fantasmas que la encubrían? Lulú, desde que, aún colegiala quinceañera, el profesor y poeta Pablo, amigo de su hermano Marcelo, le da su primera lección coital, se empeña en descubrir todas las posibilidades de la vida del sexo, preferentemente las más barrocas y enfurruñadas, y nada la arredra en una investigación de la que no está exento el placer sino todo lo contrario, y corre incluso el riesgo de morir dilacerada con azotes de púas y vibradores dentados en esa ceremonia sadomasoquista de la que la salva Pablo, en el cinematográfico final. El Madrid donde ocurren las temeridades de esa jovencita audaz es una ciudad de inconformistas, con las puertas y ventanas abiertas de par en par, por las que circulan los vientos de los cuatro puntos cardinales, un país donde, junto con la libertad y la prosperidad y una robusta y creciente clase media que impone sus gustos y valores, sacude a los jóvenes un apetito descomedido de diversión y de ruptura —«el desarreglo de todos los sentidos», lo llamaba Rimbaud—, un frenesí, un hambre de desmesura que quiere romper todos los límites.

Si no fuera por la buena prosa, el humor, la ironía y la inteligencia que la sostienen, *Las edades de Lulú* sería irresistible después de las primeras veinte páginas, porque una historia centrada casi exclusivamente en orgasmos y fornicaciones naufraga muy pronto, de manera fatal, en la monotonía y la banalidad. Por eso, la mayor parte de las novelas pornográficas son una bazofia, literariamente hablando. La proeza de Almudena Grandes en esta historia consiste en que, sin dejar de ser una novela donde los verdaderos héroes son el falo y la vagina —acaso también el ano y la boca y, apenas, la mano—, *Las edades de Lulú* es también una penetrante indagación en los secretos de la intimidad femenina, en los fantasmas recónditos que gobiernan desde la sombra la conducta humana.

Lulú no nos seduce por el desenfado con que se entrega a ese sexo que su gurú y marido le ha enseñado a independizar del amor, sino porque lo hace tomando cierta distancia con las experiencias que vive. Esa perspectiva risueña le permite describirlas con gracia y sabiduría, al mismo tiempo que con un deleite nostálgico, lo que da una dimensión intelectual a sus placeres. Esta muchachita no es sólo una raja ávida; es, también, una mujer sensible y con ideas, que, no lo olvidemos, en su frenética peripecia entre chulos, maricas, travestidos, estupradores, etcétera, se ha dado maña para traducir y hacer una edición de los epigramas de Marcial.

Como es una chica inteligente, Lulú advierte pronto que, también en el ámbito sexual, en la frontera que separa a la libertad del libertinaje lo humano comienza a deshumanizarse, a deteriorarse y a tornarse violencia pura y autodestrucción. Por eso, a medida que va cada vez más lejos en su búsqueda del placer, lo encuentra menos y la invade un sentimiento de fracaso. Lulú descubre a los treinta años que la realidad no puede elevarse nunca a las alturas de la fantasía, que intentar vivir el deseo hasta los últimos extremos a que puede extenderlo la imaginación humana significa pura y simplemente inmolarse. Por eso el marqués de Sade, que sabía de estas cosas, escribió que el erotismo consistía en acercar el amor a la muerte.

Pese a las siderales distancias que separan a la frágil Andrea y a la impetuosa Lulú hay algo que las une: la juventud, la voluntad de ser distintas a lo que el medio y el tiempo en que nacieron quisieron hacer de ellas, la integridad con que asumen esas vidas contra la corriente que son las suyas. Las une también la fértil materia verbal que les dio vida y la maleable sociedad en que vieron la luz, la una a la sombra de una dictadura y la otra en la borrachera reciente de la libertad, y el que, ambas, inciertas sobre su futuro, estén siempre dispuestas a aprovechar la menor ocasión para vivir, vivir intensamente, hasta la saciedad.

Madrid, noviembre de 2004

Una novela para el siglo XXI

Antes que nada, *Don Quijote de la Mancha*, la inmortal novela de Cervantes, es una imagen: la de un hidalgo cincuentón, embutido en una armadura anacrónica y tan esquelético como su caballo, que, acompañado por un campesino basto y gordinflón montado en un asno, que hace las veces de escudero, recorre las llanuras de la Mancha, heladas en invierno y candentes en verano, en busca de aventuras. Lo anima un designio enloquecido: resucitar el tiempo eclipsado siglos atrás (y que, por lo demás, nunca existió) de los caballeros andantes, que recorrían el mundo socorriendo a los débiles, desfaciendo tuertos y haciendo reinar una justicia para los seres del común que de otro modo éstos jamás alcanzarían, del que se ha impregnado leyendo las novelas de caballerías, a las que él atribuye la veracidad de escrupulosos libros de historia. Este ideal es imposible de alcanzar porque todo en la realidad en la que vive el Quijote lo desmiente: ya no hay caballeros andantes, ya nadie profesa las ideas ni respeta los valores que movían a aquéllos, ni la guerra es ya un asunto de desafíos individuales en los que, ceñidos a un puntilloso ritual, dos caballeros dirimen fuerzas. Ahora, como se lamenta con melancolía el propio don Quijote en su discurso sobre las Armas y las Letras, la guerra no la deciden las espadas y las lanzas, es decir, el coraje y la pericia del individuo, sino el tronar de los cañones y la pólvora, una artillería que, en el estruendo de las matanzas que provoca, ha volatilizado aquellos códigos del honor individual y las proezas de los héroes que forjaron las siluetas míticas de un Amadís de Gaula, de un Tirante el Blanco y de un Tristán de Leonís.

¿Significa esto que *Don Quijote de la Mancha* es un libro pasadista, que la locura de Alonso Quijano nace de la desesperada nostalgia de un mundo que se fue, de un rechazo visceral de la modernidad y el progreso? Eso sería cierto si el mundo que el Quijote añora y se empeña en resucitar hubiera alguna vez formado parte de la historia. En verdad, sólo existió en la imaginación, en las leyendas y las utopías que fraguaron los seres humanos para huir de algún modo de la inseguridad y el salvajismo en que vivían y para encontrar refugio en una sociedad de orden, de honor, de principios, de justicieros y redentores civiles, que los desagraviara de las violencias y sufrimientos que constituían la vida verdadera para los hombres y las mujeres del Medioevo.

La literatura caballeresca que hace perder los sesos al Quijote —ésta es una expresión que hay que tomar en un sentido metafórico más que literal— no es «realista», porque las delirantes proezas de sus paladines no reflejan una realidad vivida. Pero ella es una respuesta genuina, fantasiosa, cargada de ilusiones y anhelos y, sobre todo, de rechazo, a un mundo muy real en el que ocurría exactamente lo opuesto a ese quehacer ceremonioso y elegante, a esa representación en la que siempre triunfaba la justicia, y el delito y el mal merecían castigo y sanciones, en el que vivían, sumidos en la zozobra y la desesperación, quienes leían (o escuchaban leer en las tabernas y en las plazas) ávidamente las novelas de caballerías.

Así, el sueño que convierte a Alonso Quijano en don Quijote de la Mancha no consiste en reactualizar el pasado, sino en algo todavía mucho más ambicioso: realizar el mito, transformar la ficción en historia viva.

Este empeño, que parece un puro y simple dislate a quienes rodean a Alonso Quijano, y sobre todo a sus amigos y conocidos de su anónima aldea —el cura, el barbero Nicolás, el ama y su sobrina, el bachiller Sansón Carrasco—, va, sin embargo, poco a poco, en el transcurso de la novela, infiltrándose en la realidad, se diría que debido a la fanática convicción con la que el Caballero de la Triste Figura lo impone a su alrededor, sin arredrarlo en absoluto las palizas y los golpes y las desventuras que por ello recibe por doquier. En su espléndida interpretación de la novela, Martín de Riquer insiste en que, de principio a fin de su larga peripecia, don Quijote no cambia, se repite una y otra vez, sin que vacile nunca su certeza de que son los encantadores los que trastocan la realidad para que él parezca equivocarse cuando ataca molinos de viento, odres de vino, carneros o peregrinos creyéndolos gigantes o enemigos. Eso es, sin duda, cierto. Pero, aunque el Quijote no cambia, encarcelado como está en su rígida visión caballeresca del mundo, lo que sí va cambiando es su entorno, las personas que lo circundan y la propia realidad que, como contagiada de su poderosa locura, se va desrealizando poco a poco hasta —como en un cuento borgiano— convertirse en ficción. Éste es uno de los aspectos más sutiles y también más modernos de la gran novela cervantina.

LA FICCIÓN Y LA VIDA

El gran tema de *Don Quijote de la Mancha* es la ficción, su razón de ser, y la manera como ella, al infiltrarse en la vida, la va modelando, transformando. Así, lo que parece a muchos lectores modernos el tema «borgiano» por antonomasia —el de *Tlön, Uqbar, Orbis Tertius*— es, en verdad, un tema cervantino que, siglos después, Borges resucitó, imprimiéndole un sello personal.

La ficción es un asunto central de la novela, porque el hidalgo manchego que es su protagonista ha sido «desquiciado» —también en su locura hay que ver una alegoría o un símbolo antes que un diagnóstico clínico— por las fantasías de los libros de caballerías, y, creyendo que el mundo es como lo describen las novelas de Amadises y Palmerines, se lanza a él en busca de unas aventuras que vivirá de manera paródica, provocando y padeciendo pequeñas catástrofes. Él no saca de esas malas experiencias una lección de realismo. Con la inconmovible fe de los fanáticos, atribuye a malvados encantadores que sus hazañas tornen siempre a desnaturalizarse y convertirse en farsas. Al final, termina por salirse con la suya. La ficción va contaminando lo vivido y la realidad se va gradualmente plegando a las excentricidades y fantasías de don Quijote. El propio Sancho Panza, a quien en los primeros capítulos de la historia se nos presenta como un ser terrícola, materialista y pragmático a más no poder, lo vemos, en la Segunda parte, sucumbiendo también a los encantos de la fantasía, y, cuando ejerce la gobernación de la Ínsula Barataria, acomodándose de buena gana al mundo del embeleco y la ilusión. Su lenguaje, que al principio de la historia es chusco, directo y popular, en la Segunda parte se refina y hay episodios en que suena tan amanerado como el de su propio amo.

437

¿No es ficción la estratagema de que se vale el pobre Basilio para recuperar a la hermosa Quiteria, impedir que se case con el rico Camacho y lo haga más bien con él? (I, 19 a 21, págs. 166-187*). Basilio se «suicida» en plenos preparativos de las bodas, clavándose un estoque y bañándose en sangre. Y, en plena agonía, pide a Quiteria que, antes de morir, le dé su mano, o morirá sin confesarse. Apenas lo hace Quiteria, Basilio resucita, revelando que su suicidio era teatro, y que la sangre que vertió la llevaba escondida en un pequeño canutillo. La ficción tiene efecto, sin embargo, y, con la ayuda de don Quijote, se convierte en realidad, pues Basilio y Quiteria unen sus vidas.

Los amigos del pueblo de don Quijote, tan adversos a las novelerías literarias que hacen una quema inquisitorial de su biblioteca, con el pretexto de curar a Alonso Quijano de su locura recurren a la ficción: urden y protagonizan representaciones para devolver al Caballero de la Triste Figura a la cordura y al mundo real. Pero, en verdad, consiguen lo contrario: que la ficción comience a devorar la realidad. El bachiller Sansón Carrasco se disfraza dos veces de caballero andante, primero bajo el seudónimo del Caballero de los Espejos, y, tres meses después, en Barcelona, como el Caballero de la Blanca Luna. La primera vez el embauque resulta contraproducente, pues es el Quijote quien se sale con la suya; la segunda, en cambio, logra su propósito, derrota a aquél y le hace prometer que renunciará por un año a las armas y volverá a su aldea, con lo que la historia se encamina hacia su desenlace.

Este final es un anticlímax un tanto deprimente y forzado, y, tal vez por ello, Cervantes lo despachó rápidamente, en unas pocas páginas, porque hay algo irregular, incluso irreal, en que don Alonso Quijano renuncie a la «locura» y vuelva a la realidad cuando ésta, en torno suyo, ha mudado ya, en buena parte, en ficción, como lo muestra el lloroso Sancho Panza (el hombre de la realidad) exhortando a su amo, junto a la cama en que éste agoniza, a que «no se muera» y más bien se levante «y vámonos al campo vestidos de pastores» a interpretar en la vida real esa ficción pastoril que es la última fantasía de don Quijote (II, 74, pág. 1102).

---

* Miguel de Cervantes: *Don Quijote de la Mancha*, edición del IV Centenario. Madrid, Alfaguara, 2004. *(N. del E.)*

Ese proceso de ficcionalización de la realidad alcanza su apogeo con la aparición de los misteriosos duques sin nombre, que, a partir del capítulo 31 de la Segunda parte, aceleran y multiplican las mudanzas de los hechos de la vida diaria en fantasías teatrales y novelescas. Los duques han leído la Primera parte de la historia, al igual que muchos otros personajes, y cuando encuentran al Quijote y a Sancho Panza se hallan tan seducidos por la novela como aquél por los libros de caballerías. Y, entonces, disponen que en su castillo la vida se vuelva ficción, que todo en ella reproduzca esa irrealidad en la que vive sumido don Quijote. Por muchos capítulos, la ficción suplantará a la vida, volviéndose ésta fantasía, sueño realizado, literatura vivida. Los duques lo hacen con la intención egoísta y algo despótica de divertirse a costa del loco y su escudero; eso creen ellos, al menos. Lo cierto es que el juego los va corrompiendo, absorbiendo, al extremo de que, más tarde, cuando don Quijote y Sancho parten rumbo a Zaragoza, los duques no se conforman y movilizan a sus criados y soldados por toda la comarca hasta encontrarlos y traerlos de nuevo al castillo, donde han montado la fabulosa ceremonia fúnebre y la supuesta resurrección de Altisidora. En el mundo de los duques, don Quijote deja de ser un excéntrico, está como en su casa porque todo lo que lo rodea es ficción, desde la Ínsula Barataria donde por fin realiza Sancho Panza su anhelo de ser gobernador, hasta el vuelo por el aire montado en Clavileño, ese artificial cuadrúpedo escoltado por grandes fuelles para simular los vientos en los que el gran manchego galopa por las nubes de la ilusión.

Al igual que los duques, otro poderoso de la novela, don Antonio Moreno, que aloja y agasaja al Quijote en la ciudad de Barcelona, monta también espectáculos que desrealizan la realidad. Por ejemplo, tiene en su casa una cabeza encantada, de bronce, que responde a las preguntas que se le formulan, pues conoce el futuro y el pasado de las gentes. El narrador explica que se trata de un «artificio», que la supuesta adivinadora es una máquina hueca desde cuyo interior un estudiante responde a las preguntas. ¿No es esto vivir la ficción, teatralizar la vida, como lo hace don Quijote, aunque con menos ingenuidad y más malicia que éste?

Durante su estancia en Barcelona, cuando su huésped don Antonio Moreno está paseando a don Quijote por la ciudad (con rótulo a la espalda que lo identifica), le sale al paso un castellano que apostrofa así al Ingenioso Hidalgo: «Tú eres loco ... [y] tienes propiedad de volver locos y mentecatos a cuantos te tratan y comunican» (II, 62, pág. 1025). El castellano tiene razón: la locura de don Quijote —su hambre de irrealidad— es contagiosa y ha propagado en torno suyo el apetito de ficción que lo posee.

Esto explica la floración de historias, la selva de cuentos y novelas que es *Don Quijote de la Mancha*. No sólo el escurridizo Cide Hamete Benengeli, el otro narrador de la novela, que se jacta de ser apenas el transcriptor y traductor de aquél (aunque, en verdad, es también su editor, anotador y comentarista) delata esa pasión por la vida fantaseada de la literatura, incorporando a la historia principal de don Quijote y Sancho historias adventicias, como la de *El curioso impertinente* y la de Cardenio y Dorotea. También los personajes participan de esa propensión o vicio narrativo que los lleva, como a la bella morisca, o al Caballero del Verde Gabán, o a la infanta Micomicona, a contar historias ciertas o inventadas, lo que va creando, en el curso de la novela, un paisaje hecho de palabras y de imaginación que se superpone, hasta abolirlo por momentos, al otro, ese paisaje natural tan poco realista, tan resumido en formas tópicas y de retórica convencional. *Don Quijote de la Mancha* es una novela sobre la ficción en la que la vida imaginaria está por todas partes, en las peripecias, en las bocas y hasta en el aire que respiran los personajes.

UNA NOVELA DE HOMBRES LIBRES

Al mismo tiempo que una novela sobre la ficción, el *Quijote* es un canto a la libertad. Conviene detenerse un momento a reflexionar sobre la famosísima frase de don Quijote a Sancho Panza: «La libertad, Sancho, es uno de los más preciosos dones que a los hombres dieron los cielos; con ella no pueden igualarse los tesoros que encierra la tierra ni el mar encubre; por la libertad así como por la honra se puede y debe aventurar la vida, y, por el contrario, el cautiverio es el mayor mal que puede venir a los hombres» (II, 58, págs. 984-985).

Detrás de la frase, y del personaje de ficción que la pronuncia, asoma la silueta del propio Miguel de Cervantes, que sabía muy bien de lo que hablaba. Los cinco años que pasó cautivo de los moros en Argel, y las tres veces que estuvo en la cárcel en España por deudas y acusaciones de malos manejos cuando era inspector de contribuciones en Andalucía para la Armada, debían de haber aguzado en él, como en pocos, un apetito de libertad, y un horror a la falta de ella, que impregna de autenticidad y fuerza a aquella frase y da un particular sesgo libertario a la historia del Ingenioso Hidalgo.

¿Qué idea de la libertad se hace don Quijote? La misma que, a partir del siglo XVIII, se harán en Europa los llamados liberales: la libertad es la soberanía de un individuo para decidir su vida sin presiones ni condicionamientos, en exclusiva función de su inteligencia y voluntad. Es decir, lo que varios siglos más tarde, un Isaiah Berlin definiría como «libertad negativa», la de estar libre de interferencias y coacciones para pensar, expresarse y actuar. Lo que anida en el corazón de esta idea de la libertad es una desconfianza profunda de la autoridad, de los desafueros que puede cometer el poder, todo poder.

Recordemos que el Quijote pronuncia esta alabanza exaltada de la libertad apenas parte de los dominios de los anónimos duques, donde ha sido tratado a cuerpo de rey por ese exuberante señor del castillo, la encarnación misma del poder. Pero, en los halagos y mimos de que fue objeto, el Ingenioso Hidalgo percibió un invisible corsé que amenazaba y rebajaba su libertad «porque no lo gozaba con la libertad que lo gozara si [los regalos y la abundancia que se volcaron sobre él] fueran míos». El supuesto de esta afirmación es que el fundamento de la libertad es la propiedad privada, y que el verdadero gozo sólo es completo si, al gozar, una persona no ve recortada su capacidad de iniciativa, su libertad de pensar y de actuar. Porque «las obligaciones de las recompensas de los beneficios y mercedes recibidas son ataduras que no dejan campear al ánimo libre. ¡Venturoso aquel a quien el cielo dio un pedazo de pan sin que le quede obligación de agradecerlo a otro que al mismo cielo!». No puede ser más claro: la libertad es individual y requiere un nivel mínimo de prosperidad para ser real. Porque quien es pobre y depende de la dádiva o la caridad para sobrevivir, nunca es totalmente libre. Es verdad que hubo una antiquísima época, como recuerda el Quijote a los pasmados cabreros en su discurso sobre la Edad de Oro (I, 11, pág. 97) en que «la virtud y la bondad imperaban en el mundo», y que en esa paradisíaca edad, anterior a la propiedad privada, «los que en ella vivían ignoraban estas dos palabras de *tuyo* y *mío*» y eran «todas las cosas comunes». Pero, luego, la historia cambió, y llegaron «nuestros detestables siglos», en los que, a fin de que hubiera seguridad y justicia, «se instituyó la orden de los caballeros andantes, para defender las doncellas, amparar las viudas y socorrer a los huérfanos y a los menesterosos».

El Quijote no cree que la justicia, el orden social, el progreso, sean funciones de la autoridad, sino obra del quehacer de individuos que, como sus modelos, los caballeros andantes, y él mismo, se hayan echado sobre los hombros la tarea de hacer menos injusto y más libre y próspero el mundo en el que viven. Eso es el caballero andante: un individuo que, motivado por una vocación generosa, se lanza por los caminos, a buscar remedio para todo lo que anda mal en el planeta. La autoridad, cuando aparece, en vez de facilitarle la tarea, se la dificulta.

¿Dónde está la autoridad, en la España que recorre el Quijote a lo largo de sus tres viajes? Tenemos que salir de la novela para saber que el rey de España al que se alude algunas veces es Felipe III, porque, dentro de la ficción, salvo contadísimas y fugaces apariciones, como la que hace el gobernador de Barcelona mientras don Quijote visita el puerto de esa ciudad, las autoridades brillan por su ausencia. Y las instituciones que la encarnan, como la Santa Hermandad, cuerpo de justicia en el mundo rural, de la que se tiene anuncios durante las correrías de don Quijote y Sancho, son mencionadas más bien como algo lejano, oscuro y peligroso.

Don Quijote no tiene el menor reparo en enfrentarse a la autoridad y en desafiar las leyes cuando éstas chocan con su propia concepción de la justicia y de la libertad. En su primera salida, se enfrenta al rico Juan Haldudo, un vecino del Quintanar, que está azotando a uno de sus mozos porque le pierde sus ovejas, algo a lo que, según las bárbaras costumbres de la época, tenía perfecto derecho. Pero este derecho es intolerable para el manchego, que rescata al mozo reparando así lo que cree un abuso (apenas parte, Juan Haldudo, pese a sus promesas en contrario, vuelve a azotar a Andrés hasta dejarlo moribundo) (I, 4, pág. 50). Como en éste, la novela está llena de episodios donde la visión individualista y libérrima de la justicia lleva al temerario hidalgo a desacatar los poderes, las leyes y los usos establecidos, en nombre de lo que es para él un imperativo moral superior.

La aventura donde don Quijote lleva su espíritu libertario a un extremo poco menos que suicida —delatando que su idea de la libertad anticipa también algunos aspectos de la de los pensadores anarquistas de dos siglos más tarde— es una de las más célebres de la novela: la liberación de los doce delincuentes, entre ellos el siniestro Ginés de Pasamonte, el futuro maese Pedro, que fuerza el Ingenioso Hidalgo, pese a estar perfectamente consciente, por boca de ellos mismos, que se trata de rufiancillos condenados por sus fechorías a ir a remar a las galeras del rey. Las razones que aduce para su abierto desafío a la autoridad —«no es bien que los hombres honrados sean verdugos de los otros hombres»— disimulan apenas, en su vaguedad, las verdaderas motivaciones que transpiran de una conducta que, en este tema, es de una gran coherencia a lo largo de toda la novela: su desmedido amor a la libertad, que él, si hay que elegir, antepone incluso a la justicia, y su profundo recelo de la autoridad, que, para él, no es garantía de lo que llama de manera ambigua «la justicia distributiva», expresión en la que hay que entrever un anhelo igualitarista que contrapesa por momentos su ideal libertario.

En este episodio, como para que no quede la menor duda de lo insumiso y libre que es su pensamiento, el Quijote hace un elogio del «oficio de alcahuete», «oficio de discretos y necesarísimo en la república bien ordenada», indignado de que se haya condenado a galeras por ejercerlo a un viejo que, a su juicio, por practicar la tercería debería más bien haber sido enviado «a mandallas y a ser general de ellas» (I, 22, pág. 202).

Quien se atrevía a rebelarse de manera tan manifiesta contra la corrección política y moral imperante, era un «loco» *sui generis*, que, no sólo cuando hablaba de las novelas de caballerías decía y hacía cosas que cuestionaban las raíces de la sociedad en que vivía.

LAS PATRIAS DEL *QUIJOTE*

¿Cuál es la imagen de España que se levanta de las páginas de la novela cervantina? La de un mundo vasto y diverso, sin fronteras geográficas, constituido por un archipiélago de comunidades, aldeas y pueblos, a los que los personajes dan el nombre de «patrias». Es una imagen muy semejante a aquella que las novelas de caballerías trazan de los imperios o reinos donde suceden, ese género que supuestamente Cervantes quiso ridiculizar con *Don Quijote de la Mancha* (más bien, le rindió un soberbio homenaje y una de sus grandes proezas literarias consistió en actualizarlo, rescatando de él, mediante el juego y el humor, todo lo que en la narrativa caballeresca podía sobrevivir y aclimatarse a los valores sociales y artísticos de una época, el siglo XVII, muy distinta de aquella en la que había nacido).

A lo largo de sus tres salidas, el Quijote recorre la Mancha y parte de Aragón y Cataluña, pero, por la procedencia de muchos personajes y referencias a lugares y cosas en el curso de la narración y de los diálogos, España aparece como un espacio mucho más vasto, cohesionado en su diversidad geográfica y cultural y de unas inciertas fronteras que parecen definirse en función no de territorios y demarcaciones administrativas, sino religiosas: España termina en aquellos límites vagos, y concretamente marinos, donde comienzan los dominios del moro, el enemigo religioso. Pero, al mismo tiempo que España es el contexto y horizonte plural e insoslayable de la relativamente pequeña geografía que recorren don Quijote y Sancho Panza, lo que resalta y se exhibe con gran color y simpatía es la «patria», ese espacio concreto y humano, que la memoria puede abarcar, un paisaje, unas gentes, unos usos y costumbres que el hombre y la mujer conservan en sus recuerdos como un patrimonio personal y que son sus mejores credenciales. Los personajes de la novela viajan por el mundo, se podría decir, con sus pueblos y aldeas a cuestas. Se presentan dando esa referencia sobre ellos mismos, su «patria», y todos recuerdan esas pequeñas comunidades donde han dejado amores, amigos, familias, viviendas y animales, con irreprimible nostalgia. Cuando, al cabo del tercer viaje, después de tantas aventuras, Sancho Panza divisa su aldea, cae de rodillas, conmovido, y exclama: «Abre los ojos, deseada patria, y mira que vuelve a ti Sancho Panza tu hijo...» (II, 72, pág. 1093).

Como, con el paso del tiempo, esta idea de «patria» iría desmaterializándose y acercándose cada vez más a la idea de nación (que sólo nace en el siglo XIX) hasta confundirse con ella, conviene precisar que las «patrias» del *Quijote* no tienen nada que ver, y son más bien írritas, a ese concepto abstracto, general, esquemático y esencialmente político, que es el de nación y que está en la raíz de todos los nacionalismos, una ideología colectivista que pretende definir a los individuos por su pertenencia a un conglomerado humano al que ciertos rasgos característicos —la raza, la lengua, la religión— habrían impuesto una personalidad específica y diferenciable de las otras. Esta concepción está en las antípodas del individualismo exaltado del que hace gala don Quijote y quienes lo acompañan en la novela de Cervantes, un mundo en el que el «patriotismo» es un sentimiento generoso y positivo, de amor al terruño y a los suyos, a la memoria y al pasado familiar, y no una manera de diferenciarse, excluirse y elevar fronteras contra los «otros». La España del *Quijote* no tiene fronteras y es un mundo plural y abigarrado, de incontables patrias, que se abre al mundo de afuera y se confunde con él a la vez que abre sus puertas a los que vienen a ella de otros lares, siempre y cuando lo hagan en son de paz, y salven de algún modo el escollo (insuperable para la mentalidad contrarreformista de la época) de la religión (es decir, convirtiéndose al cristianismo).

UN LIBRO MODERNO

La modernidad del *Quijote* está en el espíritu rebelde, justiciero, que lleva al personaje a asumir como su responsabilidad personal cambiar el mundo para mejor, aun cuando, tratando de ponerla en práctica, se equivoque, se estrelle contra obstáculos insalvables y sea golpeado, vejado y convertido en objeto de irrisión. Pero también es una novela de actualidad porque Cervantes, para contar la gesta quijotesca, revolucionó las formas narrativas de su tiempo y sentó las bases sobre las que nacería la novela moderna. Aunque no lo sepan, los novelistas contemporáneos que juegan con la forma, distorsionan el tiempo, barajan y enredan los puntos de vista y experimentan con el lenguaje, son todos deudores de Cervantes.

Esta revolución formal que significó el *Quijote* ha sido estudiada y analizada desde todos los puntos de vista posibles, y, sin embargo, como ocurre con las obras maestras paradigmáticas, nunca se agota, porque, al igual que el *Hamlet*, o *La divina comedia*, o la

Ilíada y la *Odisea*, ella evoluciona con el paso del tiempo y se recrea a sí misma en función de las estéticas y los valores que cada cultura privilegia, revelando que es una verdadera caverna de Alí Babá, cuyos tesoros nunca se extinguen.

Tal vez el aspecto más innovador de la forma narrativa en el *Quijote* sea la manera como Cervantes encaró el problema del narrador, el problema básico que debe resolver todo aquel que se dispone a escribir una novela: ¿quién va a contar la historia? La respuesta que Cervantes dio a esta pregunta inauguró una sutileza y complejidad en el género que todavía sigue enriqueciendo a los novelistas modernos y fue para su época lo que, para la nuestra, fueron el *Ulises* de Joyce, *En busca del tiempo perdido* de Proust, o, en el ámbito de la literatura hispanoamericana, *Cien años de soledad* de García Márquez o *Rayuela* de Cortázar.

¿Quién cuenta la historia de don Quijote y Sancho Panza? Dos narradores: el misterioso Cide Hamete Benengeli, a quien nunca leemos directamente, pues su manuscrito original está en árabe, y un narrador anónimo, que habla a veces en primera persona pero más frecuentemente desde la tercera de los narradores omniscientes, quien, supuestamente, traduce al español y, al mismo tiempo, adapta, edita y a veces comenta el manuscrito de aquél. Ésta es una estructura de caja china: la historia que los lectores leemos está contenida dentro de otra, anterior y más amplia, que sólo podemos adivinar. La existencia de estos dos narradores introduce en la historia una ambigüedad y un elemento de incertidumbre sobre aquella «otra» historia, la de Cide Hamete Benengeli, algo que impregna a las aventuras de don Quijote y Sancho Panza de un sutil relativismo, de un aura de subjetividad, que contribuye de manera decisiva a darle autonomía, soberanía y una personalidad original.

Pero estos dos narradores, y su delicada dialéctica, no son los únicos que cuentan en esta novela de cuentistas y relatores compulsivos: muchos personajes los sustituyen, como hemos visto, refiriendo sus propios percances o los ajenos en episodios que son otras tantas cajas chinas más pequeñas contenidas en ese vasto universo de ficción lleno de ficciones particulares que es *Don Quijote de la Mancha*.

Aprovechando lo que era un tópico de la novela de caballerías (muchas de ellas eran supuestos manuscritos encontrados en sitios exóticos y estrafalarios), Cervantes hizo de Cide Hamete Benenge-li un dispositivo que introducía la ambigüedad y el juego como rasgos centrales de la estructura narrativa.

Y también produjo trascendentales innovaciones en el otro asunto capital de la forma novelesca, además del narrador: el tiempo narrativo.

LOS TIEMPOS DEL *QUIJOTE*

Como el narrador, el tiempo es también en toda novela un artificio, una invención, algo fabricado en función de las necesidades de la anécdota y nunca una mera reproducción o reflejo del tiempo «real».

En el *Quijote* hay varios tiempos que, entreverados con maestría, inyectan a la novela ese aire de mundo independiente, ese rasgo de autosuficiencia, que es determinante para dotarla de poder de persuasión. Hay, de un lado, el tiempo en el que se mueven los personajes de la historia, y que abarca, más o menos, un poco más de medio año, pues los tres viajes del Quijote duran, el primero, tres días, el segundo un par de meses y el tercero unos cuatro meses. A este periodo hay que sumar dos intervalos entre viaje y viaje (el segundo, de un mes) que el Quijote pasa en su aldea, y los días finales, hasta su muerte. En total, unos siete u ocho meses.

Ahora bien, en la novela ocurren episodios que, por su naturaleza, alargan considerablemente el tiempo narrativo, hacia el pasado y hacia el futuro. Muchos de los sucesos que conocemos a lo largo de la historia, han sucedido ya, antes de que empiece, y nos enteramos de ellos por testimonios de testigos o protagonistas, y a muchos de ellos los vemos concluir en lo que sería el «presente» de la novela.

Pero el hecho más notable y sorprendente del tiempo narrativo es que muchos personajes de la Segunda parte de *Don Quijote de la Mancha*, como es el caso de los duques, han leído la Primera. Así nos enteramos de que existe otra realidad, otros tiempos, ajenos al novelesco, al de la ficción, en los que el Quijote y Sancho Panza existen como personajes de un libro, en lectores que están, algunos dentro, y otros, «fuera» de la historia, como es el caso de nosotros, los lectores de la actualidad. Esta pequeña estratagema, en la que hay que ver algo mucho más audaz que un simple juego de ilusionismo literario, tiene consecuencias trascendentales para la estructura novelesca. Por una parte, expande y multiplica el tiempo de la ficción, la que queda —otra vez una caja china— encerrada dentro de un universo más amplio, en el que don Quijote, Sancho y demás personajes ya han vivido y sido convertidos en héroes de un libro y llegado al corazón y a la memoria de los lectores de esa «otra» realidad, que no es exactamente aquella que estamos leyendo, y que contiene a ésta, así como en las cajas chinas la más grande contiene a otra más pequeña, y ésta a otra, en un proceso que, en teoría, podría ser infinito.

Éste es un juego divertido y, a la vez, inquietante, que, a la vez que permite enriquecer la historia con episodios como los que fraguan los duques (conocedores por el libro que han leído de las manías y obsesiones de don Quijote), tiene también la virtud de ilustrar de manera muy gráfica y amena, las complejas relaciones entre la ficción y la vida, la manera como ésta produce ficciones y éstas, luego, revierten sobre la vida animándola, cambiándola, añadiéndole color, aventura, emociones, risa, pasiones y sorpresas.

Las relaciones entre la ficción y la vida, tema recurrente de la literatura clásica y moderna, se manifiestan en la novela de Cervantes de una manera que anticipa las grandes aventuras literarias del siglo XX, en las que la exploración de los maleficios de la forma narrativa —el lenguaje, el tiempo, los personajes, los puntos de vista y la función del narrador— tentará a los mejores novelistas.

Además de éstas y otras muchas razones, la perennidad del *Quijote* se debe asimismo a la elegancia y potencia de su estilo, en el que la lengua española alcanzó uno de sus más altos vértices. Habría que hablar, tal vez, no de uno, sino de los varios estilos en que está escrita la novela. Hay dos que se distinguen nítidamente y que, como la materia novelesca, corresponden a los dos términos o caras de la realidad por las que transcurre la historia: el «real» y el ficticio. En los cuentos e historias intercalados el lenguaje es mucho más engolado y retórico que en la historia central en la que el Quijote, Sancho, el cura, el barbero y demás aldeanos hablan de una manera más natural y sencilla. En tanto que en las historias añadidas el narrador utiliza un lenguaje más afectado —más literario—

con lo que consigue un efecto distanciador e irrealizante. Estas diferencias se dan, también, en las frases que salen de las bocas de los personajes, según la condición social, grado de educación y oficio del hablante. Incluso entre los personajes del sector más popular, las diferencias son notorias según hable un aldeano de vida elemental, que se expresa con gran transparencia, o lo haga un galeote, un rufiancillo de ciudad, que se vale de la germanía, como los galeotes cuya jerga delincuencial resulta a ratos totalmente incomprensible para don Quijote. Éste no tiene una sola manera de expresarse. Como don Quijote, según el narrador, sólo «izquierdeaba» (exageraba o desvariaba) con los temas caballerescos, al tocar otros asuntos habla con precisión y objetividad, buen juicio y sensatez, en tanto que, cuanto aparecen aquéllos en su boca, ésta torna a ser un surtidor de tópicos literarios, rebuscamientos eruditos, referencias literarias y fantásticos delirios. No menos variable es el lenguaje de Sancho Panza, quien, ya lo hemos visto, cambia de manera de hablar a lo largo de la historia, desde ese lenguaje sabroso, rebosante de vida, cuajado de refranes y dichos que expresan todos el acervo de la sabiduría popular, al retorcido y engalanado del final, que ha adquirido por la vecindad de su amo, y que es como una risueña parodia de la parodia que es en sí misma la lengua del Quijote. A Cervantes debería corresponder por eso, más que a Sansón Carrasco, el apodo del Caballero de los Espejos, porque *Don Quijote de la Mancha* es un verdadero laberinto de espejos donde todo, los personajes, la forma artística, la anécdota, los estilos, se desdobla y multiplica en imágenes que expresan en toda su infinita sutileza y diversidad la vida humana.

Por eso, esa pareja es inmortal y cuatro siglos después de venida al mundo en la pluma de Cervantes, sigue cabalgando, sin tregua ni desánimo. En la Mancha, en Aragón, en Cataluña, en Europa, en América, en el mundo. Ahí están todavía, llueva, ruja el trueno, queme el sol, o destellen las estrellas en el gran silencio de la noche polar, o en el desierto, o en la maraña de las selvas, discutiendo, viendo y entendiendo cosas distintas en todo lo que encuentran y escuchan, pero, pese a disentir tanto, necesitándose cada vez más, indisolublemente unidos en esa extraña alianza que es la del sueño y la vigilia, lo real y lo ideal, la vida y la muerte, el espíritu y la carne, la ficción y la vida. En la historia literaria ellos son dos figuras inconfundibles, la una alargada y aérea como una ojiva gótica y la otra espesa y chaparra como el chanchito de la suerte, dos actitudes, dos ambiciones, dos visiones. Pero, a la distancia, en nuestra memoria de lectores de su epopeya novelesca, ellas se juntan y se funden y son «una sola sombra», como la pareja del poema de José Asunción Silva, que retrata en toda su contradictoria y fascinante verdad la condición humana.

Madrid, septiembre de 2004

La sombra del padre

Tuve una relación desastrosa con mi padre, y los años que viví con él, entre los once y los dieciséis, fueron una verdadera pesadilla. Por eso siempre envidié a mis amigos y compañeros de infancia y adolescencia, que se llevaban bien con sus progenitores y mantenían con ellos, más que una relación jerárquica de autoridad y subordinación, de cariño y complicidad. Recuerdo, de manera muy nítida, por ejemplo, cómo me hubiera gustado tener con el mío ese cálido contubernio que exhibía mi condiscípulo de La Salle, el flaco Ramos, con su padre, quien lo llevaba y traía todos los sábados a los entrenamientos del equipo de fútbol del colegio, e iba luego a hacerle barra en los partidos emocionándose hasta las lágrimas cuando su hijo metía un gol. Alguna vez tuve la suerte de acompañar a Ramos hijo y Ramos padre al estadio, a ver jugar a la U, y a mí me distraían de lo que ocurría en la cancha las bromas y burlas que ellos se gastaban todo el tiempo, como si fueran no un padre y un hijo sino un par de compinches de la misma edad. ¡Vaya suerte que tenía el flaco Ramos! Probablemente desde esa época se me ocurrió pensar que una buena relación con el padre debe dejar en quienes la viven algo positivo en el carácter, tal vez eso que llaman buena entraña.

Ésa, aparte de lo bien hecho que está, debe ser una de las razones por las que me ha emocionado leer el último libro de Juan Cruz Ruiz, *Ojalá Octubre*, una memoria enteramente construida en torno a la figura paterna que marcó profundamente la niñez del autor y que ha sobrevivido en su corazón y en su memoria en imágenes vívidas, sentidas y dispersas sobre las que se estructuran los distintos capítulos de su libro. Se trata de una memoria literaria, no histórica, lo que significa que hay en ella no sólo recuerdos, también seguramente fantasía y algunas libertades con lo vivido, pero sobre un sustrato emotivo y sentimental que se adivina muy auténtico y que está expuesto en esas páginas con tanta discreción como elegancia. Al igual que algunos de los últimos libros de Juan Cruz, *Ojalá Octubre* es una alianza de géneros, en la que el lirismo, el relato, la evocación, la introspección, la nostalgia y la viñeta se confunden en un texto hermafrodita, a caballo entre la poesía y la prosa, la autobiografía y la ficción.

El título proviene de una frase de Truman Capote, quien, en una época en que pasaba una temporada muy feliz, le escribió a un amigo: «Me gusta tanto este mes que ojalá siempre fuera octubre». La frase es bonita pero contiene una falacia esencial, pues si uno siempre fuera feliz sería siempre desdichado, o por lo menos un indiferente, ya que la felicidad, como el placer, una de sus manifestaciones más excelsas, sólo existe como un contraste, algo que rompe excepcionalmente la rutina de una normalidad que para el común de los seres humanos es a veces más bien infeliz, aunque por lo general monótona e insípida. Es una frase que sólo vale como un sueño utópico, paradisíaco, la de prolongar, aboliendo el tiempo, por una eternidad aquella intensa y vertiginosa experiencia que por un breve lapso nos saca de las obligaciones y las preocupaciones y limitaciones múltiples en que discurre nuestra vida y nos exalta y colma y nos da la ilusión de ser otros, en absoluta concordancia con nuestro íntimo ser y materializando nuestros sueños más recónditos.

Lo curioso es que aquella infancia que Juan Cruz evoca con tanta nostalgia y ternura en *Ojalá Octubre*, transcurrida a la sombra del padre, estuvo muy lejos de ser un lecho de rosas. Por el contrario, fue la de un niño pobre y enfermizo, víctima de periódicos ataques de asma que le cortaban la respiración y lo ponían a orillas del desmayo y que su familia, tinerfeña, de origen campesino, muy humilde y de rudimentaria instrucción, curaba a baldazos de agua fría. La vida era escasez, deudas, cobradores incesantes, inseguridad, dietas de papas y algunos días los niños de la familia no podían ir a la escuela fiscal pues no había con qué pagar el boleto de la guagua (el autobús). La madre, la típica matriarca española que haciendo milagros daba de comer a todo el mundo —aunque fuera plátanos y más plátanos— y mantenía a flote la barca de la bíblica familia sorteando con diestra mano e incombustible buen humor todos los diarios remolinos y tempestades, parece haber afrontado todo aquello con la más absoluta naturalidad, sin una queja, totalmente inconsciente de su grandeza moral y su heroísmo cotidiano, como si la vida fuera eso y no pudiera ser nada más que eso. Uno de los mejores logros de *Ojalá Octubre* es hablar de la pobreza y de los pobres sin la menor truculencia ni autocompasión, más bien con una soterrada ternura, y, a la vez, arreglárselas para hacernos sentir todo lo que hay de cruel e injusto en semejante condición.

En esa casita donde ocurre buena parte de lo que se cuenta y que me imagino endeble, contrahecha, rústica, rodeada de platanales, por la que se pasean las gallinas y en la que se hacina en unos pocos cuartos un enjambre humano, hay un niño que, a veces, la oreja pegada al receptor, escucha ansioso la radio, un aparato que, supongo, debía ser prehistórico. Pero, más a menudo, encogido bajo un foco sin mampara que cuelga de un cordón mecido por el aire, vive las más esforzadas aventuras, leyendo a Julio Verne. Sus padres lo miran como un bicho raro, pero lo dejan hacer. Leer es una pasión precoz, una aventura gracias a la cual se ha transformado su existencia, pues lo compensa de todo aquello que no tiene ni vivirá; la otra pasión de su vida —no lo dice pero la va haciendo sentir con ligeras alusiones, con anécdotas, referencias, hasta que ella llega a impregnar la atmósfera del libro— es su padre, ese hombre al que, en la incierta luz del amanecer, espía cuando se afeita ante un espejito diminuto y que parece poseído por el mal de San Vito, pues está siempre saliendo, yéndose, en busca de algo o alguien que nadie, empezando por él, sabe qué ni quién es.

La figura del padre está maravillosamente bosquejada en el libro, al trasluz, a base de silencios y datos escondidos. Rara vez lo oímos hablar, nunca lo vemos hacer un cariño ni decirle un halago a ese hijo que lo sigue y lo contempla como un perrito faldero; la única vez que le pega y, luego, se arrepiente, trata de reconciliarse con él con una frase tan parca y hosca como las que pronuncia de vez en cuando y que parecen destinadas no a propiciar la comunicación y el diálogo sino más bien a impedirlos. Y, sin embargo, en este ser estoico, fatalista, hosco, que no sabe sujetarse los pantalones como es debido y anda a veces como un espantapájaros, y al que los acreedores persiguen hasta en los sueños, late, detrás de esa fachada fría y dura, una humanidad cálida y sabrosa, que asoma de pronto en ciertos gestos, como cuando abre la puerta del camión en que trabaja y le indica al niño, con un ademán, que se siente allí a su lado pues lo acompañará en su recorrido de esta jornada, o lo hace trepar a la motocicleta de los repartos prendido a su espalda, o, los fines de semana, lo lleva, a campo traviesa, a ver trepado en una cerca los partidos de fútbol que disputan los equipos del barrio en la cancha junto al cementerio. Esas ocasiones colman al niño de una dicha inexpresable que, buen hijo de su padre, evita formular con adjetivos, pero consigue como por ósmosis, mediante sutiles reminiscencias o insinuaciones del estilo, comunicar al lector, tocándole fibras muy íntimas.

Al igual que la pobreza, la solidaridad familiar y el amor filial están evocados con tanto pudor en el libro que el efecto es precisamente el opuesto: en vez de minimizarlos, magnificarlos. La pobreza está allí, por doquier, frustrando y recortando las vidas de todos, grandes y chicos, parientes cercanos y lejanos, salvo quizá la de aquellos que consiguen emigrar a Venezuela, pero lo que el libro de Juan Cruz hace sobre todo sentir al lector es cómo, pese a ese entorno, quienes vivían todo aquello, no sólo sobrevivían: eran también capaces de gozar, a ratos, arrancándole a la mala vida de privaciones y fracasos, momentos de alegría y entusiasmo, los de la amistad, los del deporte, los de las visitas y las grandes reuniones familiares, los de la ilusión, los de las excursiones a lugares desconocidos, por ejemplo aquel, secreto y misterioso, donde había caído un meteorito.

Estoy seguro de que, si tuviera que elegir una entre todas sus vocaciones y profesiones, Juan Cruz elegiría el periodismo. Él es un hombre de entusiasmos y yo, que lo conozco hace tiempo, lo he visto entusiasmarse muchas veces. Pero, nunca, con el frenesí delirante que puede embargarle una entrevista, una crónica, una primicia que logró para el diario o la revista y que le salió redonda. Ahora bien, la literatura que hace está en los antípodas del periodismo; es avara con la información y rehúye el espectáculo, la prosa, muy cuidada, se interpone entre el lector y la realidad como una realidad propia, hecha de evanescencias y siluetas en sombras, de ligeros apuntes sobre los que la conciencia divaga o se interroga, sin concluir. Una demostración más de que la literatura es casi siempre un contrapunto de la realidad que vivimos y de lo que somos, una operación mágica que nos permite vivir otra vida y ser distintos de lo que parecemos. Ahora bien, en este *Ojalá Octubre*, embebido de una visión tan generosa y comprensiva de la vida, lo que transpira de manera irresistible es un espíritu sin recovecos ni miserias, sano y limpio incluso cuando se codea con la bajeza y la ruindad. O sea que, por lo menos en el caso de Juan Cruz Ruiz, aquella teoría o prejuicio mío de la buena entraña sí funciona.

Madrid, 5 de agosto de 2007

En favor de Pérez Galdós

Tengo a Javier Cercas por uno de los mejores escritores de nuestra lengua y creo que, cuando el olvido nos haya enterrado a sus contemporáneos, por lo menos tres de sus obras maestras, *Soldados de Salamina*, *Anatomía de un instante* y *El impostor*, tendrán todavía lectores que se volcarán hacia esos libros para saber cómo era nuestro presente, tan confuso. Es también un valiente. Quiere su tierra catalana, vive en ella y, cuando escribe artículos políticos criticando la demagogia independentista, es convincente e inobjetable.

En la muy civilizada polémica que tuvo sobre Benito Pérez Galdós hace algún tiempo con Antonio Muñoz Molina, Cercas dijo que la prosa del autor de *Fortunata y Jacinta* no le gustaba. «Entre gustos y colores, no han escrito los autores», decía mi abuelo Pedro. Todo el mundo tiene derecho a sus opiniones, desde luego, y también los escritores; que dijera aquello en el centenario de la muerte de Pérez Galdós, cuando toda España lo recuerda y lo celebra, tenía algo de provocación. A mí no me gusta Marcel Proust, por ejemplo, y por muchos años lo oculté. Ahora ya no. Confieso que lo he leído a remolones; me costó trabajo terminar *En busca del tiempo perdido*, obra interminable, y lo hice a duras penas, disgustado con sus larguísimas frases, la frivolidad de su autor, su mundo pequeñito y egoísta, y, sobre todo, sus paredes de corcho, construidas para no distraerse oyendo los ruidos del mundo (que a mí me gustan tanto). Me temo que si yo hubiera sido lector de Gallimard cuando Proust presentó su manuscrito, tal vez hubiera desaconsejado su publicación, como hizo André Gide (se arrepintió el resto de su vida de este error). Todo esto para decir que, en aquella polémica, estuve al lado de Muñoz Molina y en oposición a mi amigo Javier Cercas.

Creo injusto decir que Benito Pérez Galdós fuera un mal escritor. No sería un genio —hay muy pocos—, pero fue el mejor escritor español del siglo XIX y comienzos del XX, probablemente, el primer escritor profesional que tuvo nuestra lengua. En aquellos tiempos en España o América Latina era imposible que un escritor viviera de sus derechos de autor, pero Pérez Galdós tuvo la suerte de tener una familia próspera, que lo admiraba y que lo mantuvo, garantizándole el ejercicio de su vocación y, sobre todo, la independencia, que le permitía escribir con libertad.

Había nacido en Las Palmas de Gran Canaria, el 10 de mayo de 1843, hijo del teniente coronel Sebastián Pérez, jefe militar de la isla, que, además, tenía tierras y varios negocios a los que dedicaba buena parte de su tiempo. Tuvo diez hermanos y la madre, doña María de los Dolores de Galdós, de mucho carácter, llevaba los pantalones de la casa. Ella decidió que Benito, quien, al parecer, enamoraba a una prima que a ella no le gustaba, se viniera a Madrid cuando tenía diecinueve años a estudiar Derecho. Benito le obedeció, vino a Madrid, se matriculó en la Complutense, pero se desencantó muy rápido de las leyes. Lo atrajeron más el periodismo y la bohemia madrileña —la vida de los cafés donde se reunían pintores, escribidores, periodistas y políticos— y se orientó más bien hacia la literatura. Lo hizo con un amor a Madrid que no ha tenido ningún otro escritor, ni antes ni después que él. Fue el más fiel y el mejor conocedor de sus calles, comercios y pensiones, sus tipos humanos, costumbres y oficios, y, por supuesto, de su historia.

Hay fotos que muestran la gran concentración de madrileños el día de su entierro, el 5 de enero de 1920, que acompañaron sus restos hasta el cementerio de la Almudena; al menos treinta mil personas acudieron a rendirle ese póstumo homenaje. Aunque todos aquellos que siguieron su carroza funeraria no lo hubieran leído, había adquirido una enorme popularidad. ¿A qué se debía? A los *Episodios nacionales*. Él hizo lo que Balzac, Zola y Dickens, por los que sintió siempre admiración, hicieron en sus respectivas naciones: contar en novelas la historia y la realidad social de su país, y, aunque sin duda no superó ni al francés ni al inglés (pero sí a Émile Zola a veces), con sus *Episodios* estuvo en la línea de aquéllos, convirtiendo en materia literaria el pasado vivido, poniendo al alcance del gran público una versión amena, animada, bien escrita, con personajes vivos y documentación solvente, de un siglo decisivo de la historia española: la invasión francesa, las luchas por la independencia contra los ejércitos de Napoleón, la reacción absolutista de Fernando VII, las guerras carlistas.

Su mérito no es haberlo hecho sino cómo lo hizo: con objetividad y un espíritu comprensivo y generoso, sin *parti pris* ideológico, tratando de distinguir lo tolerable y lo intolerable, el fanatismo y el idealismo, la generosidad y la mezquindad en el seno mismo de los adversarios. Eso es lo que más llama la atención leyendo los *Episodios*: un escritor que se esfuerza por ser imparcial. Nada hay más lejos del español recalcitrante y apodíctico de las caricaturas que Benito Pérez Galdós. Era un hombre civil y liberal, que, incluso, en ciertas épocas se sintió republicano, pero, antes que político, fue un hombre decente y sereno; al narrar un periodo neurálgico de la historia de España, se esforzó por hacerlo con imparcialidad, diferenciando el bien del mal y procurando establecer que había brotes de los dos en ambos adversarios. Esa limpieza moral da a los *Episodios nacionales* su aire justiciero y por eso sentimos sus lectores, desde *Trafalgar* hasta *Cánovas*, gran cercanía con su autor.

Escribía así porque era un hombre de buena entraña o, como decimos en el Perú, muy buena gente. No siempre lo son los escritores; algunos pecan de lo contrario, sin dejar de ser magníficos escribidores. El talento de Pérez Galdós estaba enriquecido por un espíritu de equidad que lo hacía irremediablemente amable y creíble.

Se advierte también en su vida privada. Permaneció soltero y sus biógrafos han detectado que tuvo tres amantes duraderas y, al parecer, muchas otras transeúntes. A la primera, Lorenza Cobián González, una asturiana humilde, madre de su hija María (a la que reconoció y dejó como heredera), que era analfabeta, le enseñó a escribir y leer. Sus amoríos con doña Emilia Pardo Bazán, mujer ardiente salvo cuando escribía novelas, son bastante inflamados. «Te aplastaré», le dice ella en una de sus cartas. No hay que tomarlo como licencia poética; doña Emilia, escritora púdica, era, por lo visto, un diablillo lujurioso. La tercera fue una aprendiz de actriz, bastante más joven que él: Concepción Morell Nicolau. Pérez Galdós apoyó su carrera teatral y el rompimiento, en el que intervinieron varios amigos, fue discreto.

Su gran defecto como escritor fue ser preflaubertiano: no haber entendido que el primer personaje que inventa un novelista es el narrador de sus historias, que éste es siempre —personaje o narrador omnisciente— una invención. Por eso sus narradores suelen ser personajes «omniscientes», que, como Gabriel Araceli y Salvador Monsalud, tienen un conocimiento imposible de los pensamientos y sentimientos de los otros personajes, algo que conspira contra el «realismo» de la historia. Pérez Galdós disimulaba esto atribuyendo aquel conocimiento a los «historiadores» y testigos, algo que introducía una sombra de irrealidad en sus historias; pasaban, a la larga, desapercibidos, pero sus lectores más avezados debían de adaptar su conciencia a aquellos deslices, después de que Flaubert, en las cartas que escribió a Louise Colet mientras hacía y rehacía *Madame Bovary*, dejara claro esta revolucionaria concepción del narrador como personaje central, aunque a menudo invisible, de toda narración.

Madrid, abril de 2020

Literatura de otros países

Kafka inédito

Autora de excelentes ensayos, crítica y traductora de importantes escritores alemanes, Marthe Robert, que publicó hace dos años una documentada *Introducción a la obra de Freud*, acaba de dar a conocer al público francés una selección de la *Correspondencia completa* de Kafka (1902-1924) que debe publicar en breve la editorial Gallimard. Hace años que esta obra era esperada con impaciencia por partidarios y adversarios del judío de Praga, a quien muy pocos ya se atreven a negar el papel de piedra angular de la sensibilidad moderna. Pero, a juzgar por los fragmentos de su correspondencia aparecidos en el último número de *Les Temps Modernes*, la divulgación de sus cartas inéditas no disipará los enigmas, el misterioso velo que rodea su obra de ficción y, al contrario, suministrará nuevos argumentos a las dispares y contradictorias interpretaciones tejidas en torno a ella.

Al revés de lo que ocurre, por ejemplo, con Flaubert, cuya correspondencia arroja una luz definitiva sobre la personalidad del escritor y es indispensable para la perfecta inteligencia de su obra, la de Kafka no contiene respuestas a las preguntas innumerables que quedan flotando en el espíritu del lector de *El proceso* o de *El castillo*, sino nuevas interrogantes, que se añaden a aquellas y contribuyen de este modo a oscurecer una obra de por sí terriblemente compleja y sutil. Las cartas de Kafka no esclarecen la obra narrativa de éste, la prolongan. «Aunque tengan la espontaneidad, la libertad y a veces la prisa propia del género —dice Marthe Robert—, a pesar de que ofrecen y piden las noticias más banales y que no puedan ser consideradas en ningún caso como "cartas de escritor", ellas constituyen una obra literaria en el sentido exigente que Kafka daba a este término, de manera que son tan claras o tan indescifrables como el resto de su obra, y que la única explicación cierta que se pueda sacar de ellas es, justamente, esa unidad de la escritura que se manifiesta en el relato más acabado como en el mensaje más insignificante». Esto no significa que Kafka, en su correspondencia privada, sacrificara la voluntad de comunicación a un prurito estético (nadie más lejos que él de escribir para la «posteridad»), sino que, para él, la literatura y la vida no fueron nunca disociables.

Las cartas dadas a conocer por Marthe Robert, dirigidas la mayoría a Max Brod, comprenden un periodo corto pero decisivo: de 1917 a 1921, todas las preocupaciones esenciales de sus relatos y novelas figuran ya en ese puñado de textos enviados al amigo desde el sanatorio: la soledad, el absurdo, la angustia, la obsesión del padre. Por lo menos tres de esas cartas muestran de manera explícita que Kafka era consciente del sentimiento antisemita que comenzaba a propagarse abyectamente alrededor suyo (incluso en el mismo sanatorio), lo que coincide con las tesis de críticos como Ernst Fischer y Garaudy que quieren explicar el resultado de una intuición profética del cataclismo racista que se avecinaba. Pero otras cartas son testimonios patentes de esa perpetua sensación de hostilidad que acosaba al gran creador y que puede ser igualmente atribuida a conflictos íntimos, que tienen que ver mucho con la familia, con el sexo y con los lentos pero implacables estragos que la tuberculosis hacía en su organismo.

Sobre un punto en discusión, la correspondencia es reveladora: la influencia de Kierkegaard. Si ésta es innegable en la vida de Kafka, contrariamente a lo que se creía, es casi nula en su obra. El autor de *La metamorfosis* comenzó a leer seriamente al filósofo en 1918, es decir, cuando ya había escrito sus libros principales (con excepción de *El castillo*). Esta indicación refuta una creencia establecida por Max Brod y repetida por numerosos críticos. Lo curioso es que las cartas donde Kafka cuenta su descubrimiento de la obra de Kierkegaard, y la admiración y la aversión que alternativamente le produce su lectura, están dirigidas al propio Max Brod. Pero puede haber ocurrido que dichas cartas no llegaran jamás al destinatario. Es sabido que la timidez y la indecisión de Kafka eran tales que muchas veces no osaba despachar los mensajes que escribía. Así sucedió con una de las piezas claves de su obra, la *Carta al padre, y* también con una hermosísima carta a Franz Werfel, que aparece en la selección de Marthe Robert, y en la que resplandece su concepción severa, intransigente, casi feroz, de la literatura.

Werfel, que estimaba a Kafka, había hecho un largo viaje sólo para pasar junto a él unas horas en el sanatorio. Unos días antes, había enviado a Kafka un drama suyo, *Schweiger*. «Su visita —cuenta Kafka a Max Brod— me ha sumido en la desesperación. Él vino a verme con una amabilidad encantadora y yo lo recibí, por primera vez después de tantos años, con juicios sobre su obra que son casi inexpresables. Pero no pude actuar de otra manera y eso me alivió un poco el corazón. Pero por culpa de ese episodio he sufrido toda la tarde y toda la noche». En la carta a Werfel trata de excusar su actitud, pero no rectifica su opinión sobre *Schweiger*, cuyos personajes «no son seres humanos». Esta actitud de Kafka en lo relativo a sus convicciones literarias no constituye una excepción. En la misma selección hay otro episodio que puede vincularse estrechamente al anterior. Un tal Josef Körner, director de una revista de índole patriótica, *Donauland*, visita a Kafka a fin de pedirle una colaboración. Éste, que probablemente no conocía dicha publicación, accedió y prometió enviar un texto. Pero después de hojear *Donauland* cambió de opinión y escribió unas líneas a Körner: «Permítame serle franco: *Donauland* me parece una incurable mentira. Es posible que en ella colaboren los mejores hombres, y que la parte literaria sea dirigida con las mejores intenciones y con la mayor energía (tiene que ser así, tratándose de usted), pero la impureza no puede ser purificada cuando la fuente en que se alimenta debe necesariamente seguir surtiendo nuevas impurezas. Con esto no estoy diciendo nada contra Austria, nada contra el militarismo, nada contra la guerra, sino más bien contra la mezcla particular, la mezcla deliberadamente criminal que da origen a *Donauland*».

El temeroso, el atormentado, el delicadísimo Kafka sabía ser ejemplarmente claro cuando se hallaban en juego sus convicciones literarias. También en este sentido hay que ver en él un escritor modelo.

París, agosto de 1965

La obra de arte y el infinito

Los libros más interesantes publicados en París en los últimos meses no pertenecen al dominio de la ficción sino al de la crítica, y sus autores no son franceses sino extranjeros. La semana pasada, me referí brevemente a la excelente biografía de Marcel Proust realizada por el inglés George D. Painter, que se ha convertido en el *best seller* de la temporada; hace dos o tres meses apareció un libro de ensayos del poeta alemán Hans Magnus Enzensberger, *¿Cultura o acondicionamiento?*, que ha tenido también una acogida triunfal entre el público francés. Y ahora acaba de aparecer la traducción de uno de los libros más importantes publicados en Europa en los últimos años en el campo de la crítica: *La obra abierta*, del italiano Umberto Eco.

Opera aperta fue publicado en Italia en 1962 y esta traducción se halla enriquecida con anotaciones, aditivos y rectificaciones hechas por el autor especialmente para la edición francesa. Se trata de una serie de ensayos sobre temas muy diversos, pero enlazados por una concepción muy particular de la obra de arte y que constituyen una contribución de primer orden para la comprensión de la estética de nuestro tiempo.

Umberto Eco parte de una reflexión minuciosa sobre la naturaleza de la obra de arte, de la que extrae una sola comprobación: la obra de arte es un mensaje fundamentalmente ambiguo. De este principio derivan todas sus afirmaciones y convicciones. Según él, esta ambigüedad no constituye de ningún modo una limitación o una deficiencia. Al contrario, en ella radica su mérito mayor, su originalidad. Por eso mismo, dice, los artistas contemporáneos recurren a lo informal, el desorden, el azar, a la indeterminación, a todo aquello que puede favorecer «la apertura de la obra, es decir, a dotarla de un largo abanico de posibilidades interpretativas». La obra de arte auténtica no se deja aprisionar dentro de las redes de una significación única, su naturaleza es necesariamente múltiple y ella admite no sólo significados distintos sino incluso contradictorios. También en este sentido la obra de arte es «semejante» a la realidad.

Umberto Eco afirma que esa voluntad del artista y del escritor de crear obras de personalidad ambigua no es una característica contemporánea, sino que nace con el arte y que es manifiesta en las más remotas creaciones. Pone como ejemplo la Edad Media. «Esta época asistió al desarrollo del alegorismo, teoría según la cual la Santa Escritura puede ser interpretada según cuatro sentidos diferentes: literal, alegórico, moral y analógico». Esta concepción es válida, según Eco, para la literatura, la poesía y las artes figurativas, y puede resumirse así: el lector o el espectador de una obra de arte debe comprender que cada frase, cada imagen, cada personaje, cada emblema, cada detalle esconden significados múltiples que tiene la obligación de descubrir y que, una vez identificados, lo enfrentarán a visiones del mundo profundamente diferentes.

Los ensayos que comprenden la primera parte de *La obra abierta* son testimonios de diversa índole destinados a mostrar de qué manera se lleva a cabo la búsqueda de la ambigüedad en las artes y las letras de nuestros días. «Los músicos contemporáneos como Stockhausen, Berio, Pousseur, Boulez —dice— conceden en sus composiciones una máxima libertad al ejecutante, invitándolo a intervenir en la estructura misma de la obra, a modificarla en un acto de interpretación creadora». En el campo de la escultura, Calder aparece como un típico creador de «obras abiertas»: sus móviles se definen como obras en movimiento que engendran sin cesar su propio espacio y sus propias dimensiones. En lo relativo a la arquitectura, Eco cita un ejemplo venezolano: «Los arquitectos de la Universidad de Caracas construyen escuelas que se inventan cada día, en las que las aulas, constituidas por paneles móviles, se adaptan a las necesidades y a las condiciones de trabajo de los alumnos». En la literatura, los ejemplos son muy numerosos, pero él insiste particularmente en el caso de Kafka. Su obra, afirma, «es el modelo mismo de la obra "abierta", en la que las interpretaciones existencialista, teológica, clínica, psicoanalítica de los símbolos no agotan, cada una, sino una parte de las infinitas posibilidades de significación». Y Mallarmé murió sin haber realizado esa obra que ambicionaba y que conocemos sólo por algunos borradores: un Libro que habría sido «una obra total», polimorfa, sin comienzo ni fin, capaz de desarrollarse de manera infinita, una «mecánica de combinaciones al servicio de una revelación de tipo órfico». Entre los escritores franceses contemporáneos, el proyecto de Mallarmé encuentra un eco en las tentativas de Michel Butor, de Philippe Sollers, de Jean-Pierre Faye y otros. Y un libro como *Rayuela*, de Julio Cortázar, revela también una ambición semejante: la de escribir un libro que abrace la realidad total y que sea, como ésta, inagotable.

Umberto Eco orienta sus análisis en todas las direcciones. Su enorme información le permite explorar sucesivamente el arte informal, el cine, la televisión, el periodismo y en todos estos niveles de la cultura cita ejemplos precisos y convincentes en apoyo de su teoría.

Pero su ejemplo esencial es el de Joyce, a quien dedica cerca de la mitad de las páginas de su libro. En este espléndido ensayo, Umberto Eco analiza de manera deslumbrante lo que entiende por «un caso mayor de creación abierta al infinito en sus estructuras y en su mensaje». El *Ulises* se presenta, ante él, como un mundo complejo e interminable que, a medida que vamos descubriendo, nos revela nuevos horizontes, fronteras más lejanas. Es una novela-ciudad a la que se puede penetrar, en cualquier momento y por cualquier parte, y con la que es posible establecer innumerables modos de comunicación y de diálogo. El genio y la maestría del escritor han conseguido presentarnos los elementos de una historia de tal manera que «el lector puede reconstruirlos, combinarlos e inventarlos sin tregua a fin de encontrar, a través de ellos, su propio mundo». Y el inconcluso *Finnegans Wake* va todavía más lejos en el propósito (aunque no en la realización). Este libro, dice Eco, «es el verdadero universo einsteiniano curvado sobre sí mismo», que se ofrece a nosotros como una obra «acabada y a la vez ilimitada». La inagotable ambigüedad creadora del relato es el resultado de una construcción en la que todos los materiales, sin ninguna excepción, son «ambiguos»: las palabras, los motivos, las técnicas, los ambientes, las anécdotas, los seres.

París, marzo de 1966

La censura en la URSS y Alexandr Solzhenitsin

Los reproches que la señora Svetlana Stalin ha hecho a las autoridades soviéticas por su política cultural no pueden ser tomados muy en serio, como tampoco su conversión religiosa y su brusca adhesión al sistema «democrático». Su caso se parece demasiado a esos turbios casos, que proliferaron durante los años críticos de la Guerra Fría, de personajes que «elegían la libertad», se refugiaban en Occidente y escribían autobiografías envenenadas de ataques a la URSS que repetían escrupulosamente (a veces aumentándolos hasta extremos risibles) los eslóganes, ucases y diatribas de la prensa anticomunista más reaccionaria y chúcara. Tal vez yo sea injusto y, efectivamente, la señora Svetlana Stalin haya sentido en su corazón, una mañana, al despertarse, el llamado simultáneo de Dios y del liberalismo, pero las circunstancias en que se produjo su fuga espectacular, su conducta en Nueva York, sus declaraciones y el provecho que, con su anuencia, están sacando de todo ello los enemigos del socialismo, justifican las mayores dudas sobre su sinceridad.

Es muy distinto, en cambio, el caso de Alexandr Solzhenitsin. La carta que envió a los delegados del IV Congreso de Escritores Soviéticos —que se celebró en Moscú del 22 al 25 de mayo—, y que ha sido reproducida en un órgano tan responsable como *Le Monde* (31 de mayo), contiene cargos tan graves y tan sólidamente fundamentados contra la política cultural de las autoridades soviéticas que no pueden dejar de alarmar y apenar a ningún escritor, y sobre todo a aquellos que estamos convencidos de los gigantescos beneficios que trajo la revolución al pueblo ruso y ambicionamos una solución de carácter socialista para los problemas de nuestros propios países. Acabo de leer un despacho de la France Presse, fechado en Moscú, informando que ochenta y dos escritores soviéticos, entre ellos Evtuchenko, Voznesensky y Ehrenburg, han firmado un manifiesto pidiendo un debate público sobre el mensaje de Solzhenitsin, y ésta es la mejor prueba de la existencia de ese texto. En cuanto a la veracidad de sus informaciones, parece casi imposible albergar alguna duda: ¿cómo y por qué razón se expondría un escritor que vive en la URSS a lanzar acusaciones tan firmes y en términos tan claros si ellas pudieran ser desmentidas? La señora Svetlana Stalin, en su cómodo refugio, puede decir lo que le plazca contra la URSS sin ningún riesgo; pero Alexandr Solzhenitsin está a trescientos kilómetros de Moscú y sus críticas sólo pueden traerle problemas, en ningún caso dólares; es más que improbable que las hiciera sin un convencimiento profundo.

El mensaje de Solzhenitsin es una exposición minuciosa de los estragos que causa la censura —«que faculta a personas sin cultura a tomar medidas arbitrarias contra los escritores»— en la literatura soviética. Reprocha a la Unión de Escritores de la URSS no haber defendido a sus miembros, cuando, en la época de Stalin, fueron enviados a campos de concentración o fusilados. Pero luego de recordar los abusos cometidos en el pasado («después del XX Congreso supimos que más de seiscientos escritores, inocentes de todo crimen, fueron dócilmente abandonados a su suerte en las prisiones y en los campos por la Unión») se refiere a la situación actual de la literatura. La Constitución soviética no autoriza la censura, dice, y por lo tanto ésta es ilegal. «Excelentes manuscritos de autores jóvenes, aún desconocidos, son rechazados por los editores con el único argumento de que no pasarán la censura». Debido a los censores, los escritores que quieren ver publicados sus libros se ven obligados a menudo «a capitular en lo relativo a la estructura y orientación de sus obras; a reescribir capítulos, páginas, párrafos, frases». «Lo mejor de nuestra literatura ha aparecido mutilado». La literatura, añade, no puede desarrollarse dentro de las categorías de «lo permitido» y «lo prohibido». Una literatura que no respira el mismo aire de su sociedad, que no puede mostrar a la sociedad sus temores y sus dolores, que no puede alertar a tiempo sobre los peligros morales y sociales, no merece el nombre de literatura sino de «cosméticos». Por culpa de la censura, prosigue, «nuestra literatura ha perdido la posición principal que ocupaba en el mundo a fines del siglo pasado y a principios de éste; ha perdido, también, la pasión experimental que la distinguió en los años veinte. La literatura de nuestro país aparece hoy para todo el mundo infinitamente más pobre, más chata y débil de lo que es en realidad, de lo que sería si no estuviera restringida y se le permitiera desarrollarse».

Solzhenitsin pide al IV Congreso de Escritores que «solicite y obtenga» la abolición de toda clase de censura para las obras artísticas y libere a las editoriales de la obligación de obtener permiso de las autoridades antes de publicar cualquier libro. Pide también que, en sus estatutos, la Unión de Escritores formule las garantías que debe brindar a sus miembros cuando son objeto de calumnias o persecuciones injustas, a fin de que no se repitan «las acciones ilegales» del pasado.

Luego, en los párrafos más dramáticos de su mensaje, Solzhenitsin expone su caso. «Mi novela *El primer círculo* me fue arrebatada por el servicio de seguridad del Estado, que me había prohibido presentarla a los editores. De otro lado, y en contra de mi voluntad y sin ser siquiera yo informado, esta novela fue publicada en una edición limitada para que fuera leída por un seleccionado y escaso número de lectores. El libro se puso al alcance de funcionarios literarios pero apartado de la mayoría de los escritores». Añade que, junto con ese manuscrito, le fueron confiscados sus archivos literarios de quince o veinte años, que comprendían textos que él no pensaba publicar, y que «extractos tendenciosos» de esos archivos son actualmente distribuidos en «ediciones limitadas» entre el mismo círculo selecto de funcionarios. «En los últimos tres años se ha llevado a cabo una irresponsable campaña de calumnias contra mí. En realidad, pasé toda la guerra al mando de una batería y fui por ello condecorado. Y ahora se ha dicho que pasé los años de la guerra cumpliendo una sentencia como delincuente común o que me rendí al enemigo (en realidad, nunca fui prisionero de guerra), que traicioné a mi país o serví a los alemanes. De esta manera se trata de explicar los once años que estuve exiliado y detenido por haber criticado a Stalin». Solzhenitsin dice que trató en vano de responder a las calumnias apelando a la Unión de Escritores y a la prensa: la Unión no contestó sus cartas, los diarios no publicaron sus textos. Explica luego que su segundo libro, que fue recomendado para publicación por la sección moscovita de la Unión de Escritores, ha sido prohibido, y que sus relatos aparecidos en *Novy Mir* (*La jornada de Ivan Denisovich*, *La casa de Matriona*) tampoco han podido ser reunidos en libro. Al mismo tiempo, las autoridades le han prohibido «cualquier contacto con los lectores, incluidas conferencias públicas o charlas radiofónicas». «De este modo, mi obra ha sido estrangulada, deformada y dañada».

Éste es un resumen muy escueto del extenso texto, pero más que suficiente para juzgar a qué extremos absurdos, a qué injusticias, deformaciones y abusos conduce inevitablemente la pretensión de dirigir y planificar la creación por parte del Estado. La aberración de la censura literaria y artística comienza desde el momento mismo en que se establece. ¿A quiénes se pondrá al frente de este organismo? Ningún escritor medianamente digno, ningún artista que tome en serio su vocación, aceptará convertirse en un policía cultural, en un inquisidor. Serán los deshonestos, los mediocres, los frustrados, los pigmeos de las artes y las letras quienes asumirán, amparados en el anonimato casi siempre, el nauseabundo oficio de tachar, cortar, prohibir, decidir qué es inmoral, qué es incorrecto, qué obras deben ser editadas o expuestas, cuáles prohibidas. Da vértigo tratar de imaginar el número, la variedad, la negra riqueza de los argumentos empleados para demostrar que, en este caso, tal adjetivo es inadmisible y debe ser cambiado, este muslo cubierto o amputado, este personaje moralizado o políticamente mejorado y éste rebajado, envilecido un poquito más, a fin de que el lector no se confunda y sepa dónde está el bien y dónde el mal. Y no resulta difícil adivinar al invisible funcionario entronizado como censor perpetrando impunemente sus pequeñas venganzas personales, desahogando cada mañana de un plumazo sus rencores; de un tijeretazo, sus complejos; haciéndole pagar caro en este cuadro a su mujer la pelea de la víspera, escarmentando furiosamente en este libro, en esta película, al superior que lo trató mal, al amigo que le puso cuernos. Es grotesco y también trágico.

Siempre será difícil hacer entender a los funcionarios y políticos —de cualquier país, de cualquier sistema— que la censura, aun mínima, es para la literatura un veneno mortal. Por la sencilla razón de que no hay censura mínima: si se admite una sola razón válida para prohibir un libro, al final se deberá admitir la prohibición de la literatura universal. Si el pretexto adoptado es el de la moral, no será difícil demostrar que desde la *Ilíada* hasta el *Ulises* todas las grandes obras literarias son inmorales; si es político, que son subversivas y disolventes; si es religioso, que son heterodoxas,

impías, blasfemas o irreverentes. La censura fomenta la arbitrariedad y desemboca en el absurdo. Su origen es la incomprensión del
acto creador, un inconfesable temor a la obra de arte, y la estúpida
creencia de que un libro, un cuadro, un poema o una película no
son sino instrumentos para la propaganda política o religiosa, vehícu-
los para difundir y acuñar en la sociedad las consignas y la ideología del poder. La Iglesia católica se empeñó, durante siglos, en
domesticar a los creadores y no ahorró ningún método, desde la
tortura y el crimen hasta el halago y el soborno, para convertirlos
en dóciles ventrílocuos: sólo consiguió enemistarse con la literatura y las artes. Las autoridades soviéticas deberían comprender esta
terrible lección, jubilar cuanto antes a sus censores o destinarlos
a quehaceres menos abyectos, y dejar que sus escritores se comuni-
quen libremente con los lectores soviéticos, que son mayores de
edad hace ya tiempo y pueden juzgar sin intermediarios lo que es
bueno o malo, cierto o falso, justo o injusto. Entonces la URSS
podrá también exhibir ante el mundo, en el campo de la literatura,
realizaciones tan magníficas como las que ha logrado en los dominios de la ciencia y de la justicia social. Porque es mentira que el
socialismo esté reñido con la libertad de creación. Así lo reconoce
una publicación tan poco sospechosa de izquierdismo como el *Times Literary Supplement*, que en su editorial del 8 de junio afirma:
«No hay precedente en la ideología marxista de una censura semejante a la que existe en la Unión Soviética. Y quienes lo pongan en
duda, que interroguen a los cubanos, cuya literatura, altamente
sofisticada desde 1958, denota muy pocos signos de represión».

Londres, 1967

Czesław Miłosz

Tiene unas cejas encrespadas, de Mefistófeles, y una cara con surcos que parecen abiertos a hachazos. La dureza de la expresión se evapora por momentos, cuando una sonrisa llena de malicia ilumina y distiende su rostro severo. Tiene setenta años, que apenas se notan. Su cuerpo, sus maneras y su atuendo son los de un campesino que nunca acabó de acostumbrarse a la ciudad. Bajo su caparazón hosco y sus gestos rotundos, sin embargo, se adivina una humanidad desbordante, un espíritu que conoció los peores cataclismos de nuestro tiempo. Se llama Czesław Miłosz, es un gran poeta, enseña literaturas eslavas en la Universidad de Berkeley y obtuvo el último Premio Nobel de Literatura.

En su biografía se refractan buena parte del absurdo y el horror de la historia moderna. Nació en Vilna, Lituania, en una familia de lengua polaca. En menos de medio siglo su ciudad natal perteneció a los rusos, a los alemanes, a los lituanos, a los polacos, a los lituanos otra vez, otra vez a los alemanes y, por último, nuevamente a los rusos. Durante la Revolución soviética, las diversas ocupaciones y las dos guerras mundiales murieron no sólo gran número de sus familiares y amistades, sino, literalmente, la sociedad en que creció y se formó, su ciudad y su país. Innumerables compañeros de su generación sucumbieron ante sus ojos en los genocidios perpetrados por los nazis o desaparecieron en los campos de concentración de Stalin cuando se llevó a cabo la sovietización forzada de los países bálticos. Se comprende que un hombre al que los caprichos de la historia hicieron cambiar de nacionalidad cuatro o cinco veces en su vida sea aceradamente irónico cuando toca el tema del nacionalismo, esa peste a la que la Europa del siglo xx debe la mitad de sus catástrofes (la otra mitad se las debe al internacionalismo). En su conmovedora autobiografía,* los personajes acaso más patéticos son esos «chauvinistas» de extrema derecha que, tanto en Lituania como en Polonia, se armaban de bastones para apalear a sus conciudadanos judíos y se disputaban como fieras unos metros de terreno sin darse cuenta siquiera de que, en nombre de apetitos nacionalistas semejantes, la Alemania nazi y la Rusia de Stalin se tragarían a ambos países muy pronto.

¿Qué es Miłosz? ¿Un poeta lituano? ¿Un polaco? ¿Simplemente un paria? ¿O un norteamericano, como dice su pasaporte? Puesto que la patria primordial de un escritor es la lengua en la que escribe y Miłosz ha escrito siempre en la lengua en la que aprendió a hablar, se trata de un escritor polaco. Pero los infortunados bosques de Lituania están invictos en su corazón y aparecen a menudo en sus poemas, destilando en ellos un aturdimiento nostálgico y sentimental, lo que no es frecuente en una poesía tan austera y racional, tan reacia al desborde emotivo, como es la suya. En *Native Realm* tal vez las mejores páginas son las reminiscencias históricas sobre esas tierras bálticas, aisladas y feraces, donde el paganismo siguió imperando todavía mucho tiempo después de que el cristianismo arraigara en el resto de Europa y donde reinaban esos «nobles salvajes» a los que Miłosz llama orgulloso «sus ancestros». La incorporación de esas «tribus bárbaras» a la Iglesia católica la llevó a cabo la Orden Teutónica de los Caballeros de la Cruz, y esta conquista, dice Miłosz, fue una «épica de crímenes, violencia y vandalismo», realizada bajo la coartada de la religión, que hizo de él, desde que leyó esas historias en su infancia, un alérgico instinto «hacia toda forma de violencia disfrazada de ideología», y un escéptico radical frente a las «apologéticas de todos los civilizadores».

Cuando la ocupación nazi de Polonia, Miłosz, que había estudiado leyes y publicado tres libros de poemas que le dieron cierta fama de «poeta vanguardista», participó en la resistencia y estuvo vinculado a grupos socialistas. Los cuadros de Varsovia bajo el dominio nazi de su autobiografía son estremecedores por la frialdad con que están pintados. Lo que más sorprende es su serenidad, el esfuerzo que se advierte en cada línea para relatar ese infierno de

---

* Czesław Miłosz: *Native Realm. A Search for Self-definition.* Nueva York, Doubleday Company, Inc., 1980. *(N. del E.)*

matanzas, hambre, corrupción moral y física, sin sobresaltos emocionales, como una experiencia que debería abrirnos los ojos sobre la naturaleza humana y los abismos de sufrimiento a que las ideologías autoritarias y las utopías sociales pueden arrastrar a los hombres. La serenidad no está reñida con la severidad. Miłosz puede ser implacable consigo mismo y con otros intelectuales de su generación al mostrar cómo esa experiencia límite que vivieron no sólo los mató, encarceló, acosó y atormentó, sino que también con frecuencia los envileció y destruyó artísticamente.

¿Qué llevó a Miłosz a asilarse en Francia en 1951? La respuesta está en un libro que escribió poco después y que sólo ahora, con casi treinta años de atraso, se traduce al español: *El pensamiento cautivo*.* Publicado en plena Guerra Fría, cuando el estalinismo y el maccarthismo se disputaban los espíritus y parecía imposible escapar a ese maniqueísmo demencial, este ensayo sobre los avatares de la vida intelectual en las democracias populares no provocó en Occidente la consternación que originarían más tarde las denuncias de Solzhenitsin y otros disidentes. Sin embargo, en *El pensamiento cautivo* todo estaba ya dicho, revelado en sus detalles y analizado con una lucidez de escalpelo. Lo que lo llevó a abandonar su país —decisión trágica para un poeta, pues significa, como él lo ha dicho en un penetrante ensayo sobre el exilio, cortarse de sus fuentes anímicas, de su idioma, del público, que es su principal estímulo, y escoger la soledad y una especie de sonambulismo cultural— a este hombre frugal y casi ascético no fue la abundancia del Occidente capitalista, por la que siente, visiblemente, poca simpatía, ni ese «instinto adquisitivo» desarrollado hasta extremos aberrantes en las sociedades de economía de mercado, y que él fustiga en sus ensayos y poemas, sino únicamente la certidumbre, nacida de la experiencia personal, de que en los países sometidos a un régimen estalinista las opciones abiertas al escritor son sólo tres: convertirse en un publicista programado por la burocracia; ser un oportunista cínico que conquista un cierto espacio de libertad para escribir sobre temas inocuos a cambio de hacer todas las concesiones, o asumir la condición del refractario, lo que en aquel momento

---

* Czesław Miłosz: *El pensamiento cautivo*. Barcelona, Tusquets Editores, 1981. (*N. del E.*)

conducía inevitablemente a la mudez y, a menudo, a la prisión y a la tumba.

Cuatro capítulos de *El pensamiento cautivo* ilustran otros tantos casos de escritores polacos. La actitud con la que Miłosz cuenta sus vidas, tironeadas hasta el desgarramiento por el mecanismo establecido por quienes proclaman haber descubierto las leyes de la historia y creen que el futuro, del que se sienten dueños, puede justificar todas las atrocidades que se cometen en el presente, no es condenatoria ni piadosa. Miłosz describe las torturas del intelectual, que vacila entre prestarse atado de pies y manos a la tarea de funcionario del espíritu —«ingeniero de almas»— o renunciar a su vocación; las vilezas del que lava su prontuario de antisemita y fascista asumiendo el papel de comisario, censor y delator de sus colegas, y las bufonerías del poeta payaso y dipsómano, cuyos malabarismos y gracejerías son tolerados por el poder sólo mientras puede sacarles algún provecho político. Lo hace sin animosidad y sin compasión, como fenómenos irremediables en una sociedad aprisionada en las redes de la utopía dialéctica.

Leído en estos días, el ensayo de Miłosz resulta extraordinariamente instructivo sobre lo que está ocurriendo en Polonia. Severo, y hasta cruel, con esos seres privilegiados del mundo socialista que son los escritores —siempre que sean dóciles—, la prosa de Miłosz se dulcifica y enternece cuando habla de los obreros, y, sobre todo, de los campesinos de su país, de esas masas anónimas que son las víctimas inmemoriales de esa historia de conquistas y reconquistas, ocupaciones, liberaciones y nuevas ocupaciones, que signan la vida de Polonia.

Sin idealizarlas (mencionan sus defectos), los ensayos y poemas de Miłosz —que a menudo parecen desesperar de los hombres de cultura— rezuman una profunda fe en el espíritu de resistencia a la adversidad de aquellas masas, una confianza en que, tarde o temprano, serán capaces de recobrar su soberanía y dignidad, recortadas en nombre de una ideología abstracta. Debe haber sido una satisfacción mucho mayor que la de recibir el Nobel, para Czesław Miłosz, descubrir que, al cabo de treinta años, el pueblo polaco le daba la razón.

Lima, mayo de 1981

La comedia macabra

La historia de los huesos de Dante que cuenta Indro Montanelli en su amena sinopsis del tiempo en que aquél vivió (*Dante e il suo secolo*, Rizzoli, Milano, 1974) parece una comedia de humor negro filmada por Berlanga con guion de Azcona. Es, además, una parábola instructiva sobre la disposición necrológica de los pueblos en general (y de los italianos en particular).

Dante murió en Rávena, entre el 13 y el 14 de septiembre de 1321, de unas fiebres contraídas durante un viaje a Venecia. Pocos días antes había terminado los últimos versos del Paraíso, culminando así la *Commedia*, su ópera magna, que comenzó a escribir quince años antes. Llevaba veinte años de exilio político y su ciudad natal, Florencia, además de deportarlo, multarlo, declararlo traidor, arrasar su casa y despojarlo de todos sus bienes, lo había condenado en contumacia a ser quemado vivo. Estos sentimientos, en los años finales de la vida del poeta, fueron recíprocos, pues en una de las últimas cartas que se han conservado de él, maldice a sus conciudadanos, y en los nueve círculos de su infierno puso más florentinos que habitantes de cualquier otra ciudad.

El culto a su figura tardó en prender, aunque desde un principio hubo entusiastas y devotos de su poesía en Rávena y en la propia Florencia. La Iglesia mantuvo reticencias hacia él por siglo y medio. Seis años después de su muerte, el cardenal de Poggetto quemó *De Monarchia* como libro herético y pidió que sus cenizas fueran desenterradas y dispersadas al viento, indignidad máxima para la época que pudo ser evitada por sus amigos.

Cincuenta años más tarde, Florencia inicia el proceso de reconciliación y desagravio y la reconquista de su antigua víctima. Establece una cátedra de estudios dantescos —que confía a Boccaccio— y poco después comienza a reclamar a Rávena los restos del poeta, para instalarlos en Santa Maria dei Fiori. Rávena, naturalmente, se niega. La disputa se prolonga por dos siglos, sin mayores incidentes, hasta que en 1519 un papa florentino, León X, pide a los raveneses que entreguen el cadáver. El pedido va acompañado de memoriales en que los principales vecinos de Florencia —entre ellos un descendiente de Beatriz— reclaman los restos, para los cuales construirá un sepulcro Miguel Ángel.

¿Cómo desobedecer al papa? Rávena accede. En medio de religiosa unción, entre dignatarios eclesiásticos y civiles, la tumba es abierta. ¡Oh sorpresa! Sólo hay en ella tres insignificantes huesecillos y las hojas secas del laurel con que Guido Novella, su amigo y mecenas, coronó a Dante muerto. ¿Qué ha ocurrido al resto del cadáver? Las autoridades de Rávena suministran una explicación dantesca: el poeta estaría haciendo, luego de fallecido, lo que hizo en inmarcesibles endecasílabos cuando vivo, es decir, trajinando por el purgatorio, el cielo o el infierno. ¿Cómo hubiera podido la Iglesia descartar una hipótesis que tan armoniosamente conjugaba la reencarnación del alma, la *terza rima* y el destino sobrenatural del poeta de la lengua italiana?

Discurren tres siglos y medio en el curso de los cuales la intrigante desaparición del cadáver es motivo de imaginativas conjeturas y chismografías. El misterio se aclara de manera rocambolesca —como corresponde a la época, que es la de *Los misterios de París*, la de *El conde de Montecristo*— precisamente en los días en que Italia se dispone a celebrar el sexto centenario del nacimiento del poeta. Es 1865 y unos operarios están abriendo una zanja entre dos capillas de un convento medieval de Rávena. De pronto, bajo el zócalo de una puerta, con la madera comida por la humedad y la vejez, aparece un cajón. Hay en él un esqueleto masculino, al que faltan tres huesecillos, y dos cartas, fechadas en junio y octubre de 1677, en las que el prior del convento Antonio Santi atestigua que estos restos son de Dante y que fueron sustraídos por los monjes de la Orden, en tiempos de León X, para impedir su traslado a Florencia. El cajón había sido enterrado en aquel lugar sólo en 1810. ¿Dónde permaneció entre 1519 y 1810? Es otro misterio aún sin resolver; la hipótesis más aceptable es que estuvo escondido en una catacumba, donde la congregación guardaba sus secretos más íntimos lejos de las curiosidades forasteras.

¿Fin de la historia? Nada de eso. Trece años más tarde un nuevo acontecimiento resucita la excitación popular sobre los huesos peripatéticos del Alighieri. El octogenario burócrata don Pasquale Miccoli, secretario del municipio de Rávena, al jubilarse confía a su sucesor un paquete en el que —le confiesa— se hallan varios huesos del Divino Poeta, birlados por él mismo del cajón descubierto en el convento de Antonio Santi. Cuatro personalidades de la ciudad, cómplices del hurto, dan fe de que los huesos en cuestión pertenecían al majestuoso esqueleto.

No se había recuperado aún Italia de la sorpresa de semejante hallazgo cuando uno nuevo vino a dar nuevos bríos operáticos a la historia. En 1886 los herederos de un vecino de Rávena recientemente fallecido —Felipe Mordani— entregaron solemnemente al municipio un cofre de vidrio con incrustaciones metálicas que contenía un hueso y una esquela. En ésta, el difunto revelaba haber recibido esta reliquia corporal de Dante de manos del prior del convento donde reposaron los restos desde el siglo XVI. ¿Cuántos otros particulares se habían procurado segmentos, astillas, filamentos, de los despojos inmortales? Un buen número, sin duda, porque, así, de tiempo en tiempo, fueron llegando hasta el municipio de Rávena nuevos fragmentos que devolvían los herederos de los coleccionistas necrófagos. El último en aparecer, en 1900, pertenecía a un abogado, el doctor Malagola, quien se lo había regalado a su mujer, Electra, y ésta a un amigo, quien lo restituyó a la ciudad.

Eran demasiados huesos, incluso para esqueleto tan por encima del común de los mortales. Con ocasión del sexto centenario de la muerte de Dante (1921), el Gobierno italiano decidió poner las piezas auténticas en el lugar debido y expurgar las espúreas. Observados por una nación en éxtasis, dos eminencias —los profesores Sergi y Frassetto— procedieron, durante cuatro días, al escrutinio y ensamblaje de la egregia momia. Para evitar que, en las noches, ésta fuera víctima de más depredaciones, una guardia de honor se estableció, de caballeros prestigiosos que dormían en un catre de campaña, junto a la urna.

Los profesores detectaron, entre las piezas dantescas, algunos infames contrabandos —huesos de conejo y de ternera— y algunas ausencias, afortunadamente insignificantes: una falange y un pedacito de esternón. Con lo demás pudieron armar una estructura que permite sacar algunas conclusiones sobre el físico del poeta. Ellas son la emocionante nota humana en medio de la pintoresca moji-ganga. Dante fue un hombre de baja estatura (un metro sesenta y cuatro), dolicocéfalo, de frente muy ancha y despejada, con el arco superciliar izquierdo más levantado que el derecho, lo que debía de dar a su cara una expresión inquisitiva, grave. Tenía la nariz larga y con el hueso desviado, por lo que respiraba, sin duda, con cierta dificultad. Era de cuerpo flaco y anguloso, de piel olivácea y de barba y cabellos muy negros.

La recuperación *post mortem* que llevan a cabo las naciones con sus réprobos ilustres es una operación universal. Da origen, a veces, a episodios de la macabra comicidad que tienen las vicisitudes de los huesos de Dante, y, a veces, a incongruencias fariseas, como la entronización oficial, en Francia, de Verlaine y Rimbaud, un asun-to que inspiró a Luis Cernuda un inconmensurable furor (y uno de sus mejores poemas: «Birds in the Night»). En lo que a mí concier-ne, no tengo nada que objetar a esta canibalización de los grandes artistas muertos. Que ellos sean objeto de un culto parecido al que merecen los santos sólo debería sorprender o indignar a quienes piensan que la hazaña de un Dante es menor que la de un San Francisco de Asís. Yo no lo creo. Con su obra, Dante estableció la lengua italiana y creó espiritualmente la unidad de un país seis si-glos antes de que ello fuera una realidad política. Escribió, con la *Commedia*, uno de los más altos monumentos literarios del Occi-dente y una fuente inagotable de maravilla y de placer para los lectores de todas las épocas. El fetichismo que persigue a su fantas-ma no es sólo un homenaje y un reconocimiento; es, como el que acosa a los santos, un oscuro intento de apropiación mágica de esa facultad o milagro —la santidad, el genio— que, para el hombre común, resulta tan remota como incomprensible.

Lima, septiembre de 1983

Presencia real

El último libro de George Steiner, *Real Presences* (*Presencias reales*) es un elocuente indicador de lo enloquecida que anda la brújula cultural en nuestra época: fue concebido como un libro transgresor y heterodoxo, para desafiar las ideas establecidas sobre la creación artística, y se ha vuelto un *best seller*, unánimemente celebrado en el mundo occidental. La culpa la tiene Francia, inigualable en entronizar modas y mandarines culturales, propios o ajenos, donde el libro, luego de una brillante entrevista a Steiner en la televisión (la brillantez y el talento no tienen por qué coincidir, pero en su caso sí van de la mano) pasó a ser el tema del día y a agotarse en las librerías. En el Reino Unido el éxito ha sido más lento, pero no menos firme, y ninguna de las reseñas que he leído —del obispo de Durham a las páginas progresistas del *New Statesman*— ha puesto en duda ni la solidez de su argumentación ni la fuerza de sus conclusiones.

¿Qué pensará de esto el propio Steiner? En vez del destino de libro maldito que esperaba para él («Sé que esta formulación será inaceptable no sólo para la mayor parte de aquellos que leen un libro como éste, también para el clima de pensamiento y sentimiento que prevalece en nuestra cultura», afirma en el último capítulo), *Real Presences* sólo recibe aplausos. Ninguna oposición. Ningún rechazo. Es algo que debe dejarle un cierto mal gusto en la boca, pues su ensayo fue escrito para provocar la controversia, un debate intelectual sobre temas trascendentes, no para quemarse dulcemente entre los fuegos fatuos del lucimiento y la publicidad. Pero, por lo visto, no hay escapatoria. En materia intelectual, lo que nuestro tiempo no entierra, lo frivoliza.

Ésta es la comprobación que sirve de punto de partida a la reflexión de Steiner: la literatura, las artes plásticas y la música se han vaciado de sentido en nuestra época porque los intérpretes y teorizadores —que han sustituido a los creadores como protagonistas del quehacer intelectual y artístico— las han desnaturalizado, con lecturas, reducciones y abstracciones que las volvieron fantasmas de sí mismas. Los comentaristas han llegado a persuadirnos de que la razón de ser de un libro como el *Quijote* es introducir variantes y temblores en una cierta tradición de estructuras formales y de que la única aproximación crítica posible a Kafka y a Joyce es desintegrando sus cuentos y novelas en los vericuetos de la intertextualidad.

Ésta es la parte menos polémica del libro, me parece. Es cierto que vivimos una *cultura del comentario*, de lo *parásito*, en lo que Steiner llama «la era del epílogo». La crítica ha olvidado su función, la de *servir*, facilitando la comprensión y revelando la complejidad y sutileza de la obra de arte al lector, espectador u oyente, y, como el genio de la lámpara maravillosa, ha esclavizado a su amo, sometiéndolo a sus caprichos. Las críticas de Steiner a las grandes doctrinas totalizadoras —el psicoanálisis, el estructuralismo, las teorías deconstruccionistas de Derrida y Paul de Man— son penetrantes, a veces feroces, y con chispazos de humor, como el cotejo que hace de la división triangular de la psiquis freudiana con la tradicional casa burguesa de tres pisos: sótano, sala de estar y dormitorios. La pretensión de todas ellas de explicar científicamente la obra de arte le parece arrogante y condenada al fracaso.

Porque la obra de arte —poema, novela, escultura, cuadro, sinfonía— no se puede *explicar*. Por lo menos, no como la ciencia explica un mineral o una enfermedad: describiéndolos objetivamente, con datos que prescinden de la sensibilidad y fantasía individuales. Un gran crítico puede explicarse a sí mismo —o a sus contemporáneos y a su sociedad— a través de los poemas o las pinturas que estudia. O puede enriquecer la lectura y apreciación de una obra de arte gracias a la investigación histórica, filológica, sociológica, etcétera, que fijen el texto y revelen su contexto y establezcan sus múltiples conexiones. O puede usar la literatura, la música o las artes plásticas existentes para, partiendo de ellas, elaborar algo nuevo como lo hicieron Joyce con Homero, y Picasso, con Goya y Velázquez. Estas opciones de la crítica han producido algunos pilares de la cultura de Occidente, desde el doctor Johnson hasta Walter Benjamin y Adorno, pasando por Sainte-Beuve, Johan Huizinga, Mathew Arnold o Edmund Wilson (y, en nuestra lengua, a un Borges, un Dámaso Alonso y un Octavio Paz).

Pero, dice Steiner, ningún *comentario* puede agotar la infinita urdimbre, la maraña de referencias, asociaciones y significados —lingüísticos, emotivos, filosóficos, éticos, teológicos, históricos— que contienen *La tempestad* de Shakespeare, *La ronda nocturna* de Rembrandt, o el *Don Giovanni* de Mozart y explicamos estas obras de manera estable e irreversible. Porque en toda obra de arte lograda hay un elemento último, esquivo al análisis racional, que nuestra época ha enturbiado y se empeña en no reconocer. La pérdida del *sentido* en las obras de arte es la culminación de una larga historia. Comienza con la muerte de Dios decretada por la filosofía. Sigue con la del hombre. Y, por último, con la del *contenido* en la literatura y las artes. El resultado es la torre de Babel que habitamos. Han desaparecido los viejos consensos y ya no hay casi manera de diferenciar al genio del impostor, a la genuina creación de la superchería y el fraude.

La demolición de las certidumbres empezó, según Steiner, con Mallarmé y Rimbaud. (Esto parece arbitrario. ¿Por qué no Baudelaire y Flaubert, por ejemplo? Ambos son figuras tan centrales como aquéllos en la forja de la sensibilidad moderna). Aquél cortó el cordón umbilical, que parecía irrompible, entre el lenguaje y el mundo, revelando la naturaleza autónoma de las palabras, su capacidad de emanciparse de su referente y tener una vida propia, autosuficiente. Rimbaud, por su parte, con su famosa afirmación «Je est un autre» (Yo es otro), inició el proceso de disolución de la identidad y de lo humano que, con el tiempo, llevaría a Sartre a negar la naturaleza humana y a Foucault a afirmar la inexistencia del hombre, el que sería, como el género para cierto feminismo, una *mera* creación cultural.

En realidad, dice Steiner, todas las teorías que pretenden explicar la creación, sean sutiles como en Freud, artificiosas como en Derrida o banales como en el marxismo, escamotean lo esencial: aquella *presencia real* que, leyendo a Proust, contemplando la *Pietà* de Miguel Ángel, o escuchando el *Moisés y Arón* de Schönberg, dentro del hechizo y maravillamiento que estas experiencias estéticas nos hacen vivir, nos arranca de nuestro mundo y nos pone en contacto con otro, ajeno a la contingencia y lo inmanente, que la razón no llega nunca a entender, sólo la fe. El *sentido* profundo de toda obra de arte lo da Dios, la búsqueda o el miedo o la adivinación e incluso el odio de ese supremo Creador con mayúsculas del que todo creador con minúsculas —poeta, novelista, músico, pintor o escultor— es una mínima (a veces genialmente mínima) versión.

«Hay creación estética porque hubo *creación*», dice Steiner. «Hay construcción formal porque fuimos hechos forma». Crear es oscuramente imitar el primer *fiat*, ese acto fundador del tiempo, de la vida, de la historia, en que de la nada surgió el ser, del vacío el espacio, los astros, la causalidad. Esa *humedad última* del texto literario que, cuando yo era estudiante, don Dámaso Alonso y sus discípulos nos enseñaban a cernir auscultando con lupa los resquicios del lenguaje, es inapresable, un pequeño Big Bang metafísico con el que el poeta y el artista intentan reproducir aquella trayectoria de la que resultaron ellos y lo que los rodea, es decir, el intento de «dar un salto absoluto fuera de la nada e inventar una manera de enunciar tan nueva, tan propia a su inventor, que, de manera literal, volvería anacrónico todo el mundo que lo precedió».

En las páginas más indóciles del libro, Steiner desliza una explicación del escaso número de creadoras mujeres, sobre todo en las artes plásticas y en la música, lo que, curiosamente, no parece haber violentado hasta ahora a las feministas. El hecho de que la mujer experimente en su propio cuerpo el fenómeno de la creación —dar la vida, ser escenario de la reproducción— habría mermado en ella ese impulso creador tan activo en el hombre, para quien el acto de la gestación y alumbramiento es remoto, inconcebible, e incapaz, por tanto, de moderar o saciar el hambre de absoluto y trascendencia —el vacío del ser— del que nace la voluntad de creación.

Sin que ello signifique restar méritos a esta obra ni a su autor, de quien se puede decir que es uno de los más versados y versátiles críticos de nuestro tiempo —pues Steiner se mueve con igual desenvoltura por todas las llamadas ciencias humanas, de la filosofía a la lingüística, y su curiosidad literaria abarca desde los clásicos griegos hasta Beckett y Borges, pasando por Tolstói y Dostoievski, sobre quienes ha escrito un hermoso libro—, conviene recordar que la tesis de la naturaleza religiosa de la literatura y el arte está lejos de ser novedosa. Su robusta tradición fue enriquecida hace apenas unas décadas por pensadores tan sugestivos como T. S. Eliot y Johan Huizinga. Pero es verdad que un libro como *Real Presences* hace apenas veinte años hubiera sido inimaginable. De haber sido escrito, en vez de una calurosa bienvenida, habría merecido ataques destemplados o sonrisas irónicas: Dios estaba pasado de moda y había sido relegado al desván de las antiguallas.

No hay duda de que ahora sale del ostracismo y asoma, por aquí y por allá, y no sólo en los países en los que el desplome de las ideologías ha originado un tremendo renacimiento religioso; también, en la vida cultural de Occidente, donde el excesivo caos reinante —verborrea filosófica, experimentalismo frenético, frivolidad, solipsismo artístico, galimatías y tiniebla en lo referente a los valores— ha ido generando una nostalgia por ese *orden* que, como se comprueba leyendo este ensayo de Steiner, la presencia divina garantiza en la vida y en el arte.

A mí la tesis central de *Real Presences* me deja algo escéptico. He leído el libro con entusiasmo, seducido por la inteligencia de Steiner y la vastedad de sus lecturas, pero, al final, me ha quedado en el ánimo la sensación de haber asistido al parto de los montes. Que la creación estética sea manifestación privilegiada de ese vacío ontológico que lleva a los hombres a creer en Dios y fundar religiones es algo en lo que, cualquiera que no sea un dogmático, puede convenir. Pero es una generalidad tan grande, un denominador tan vago que, a fin de cuentas, no aclara gran cosa sobre la cegadora diversidad que existe en el seno de cada género artístico, sobre los abismos que distancian a las obras de arte entre sí.

Es probablemente cierto que para esa minoría de seres humanos que —como creadores o consumidores— han hecho de la literatura y las artes una necesidad vital, el quehacer artístico represente algo equivalente a lo que se entiende por experiencia religiosa: una manera de escapar a la servidumbre de la cronología y lo material, de alcanzar una forma de plenitud, de vivir intensamente lo espiritual. Pero que aquel quehacer sea un epifenómeno del sentimiento religioso, que siempre dé testimonio de la búsqueda o el encuentro con Dios, no me parece demostrable. «No conozco creador alguno que sea un deconstruccionista», dice Steiner, a la vez que asegura que toda gran creación artística «se inspira en la religión o se refiere a ella». Hay abundantes ejemplos que contradicen esta afirmación. Entre otros, el de un autor al que Steiner admira tanto como yo: Flaubert. Las novelas que escribió son empecinadamente de este mundo y uno de sus rasgos más singulares es que en ellas, gracias a ese arte *materialista* que el autor de *Madame Bovary* perfeccionó como nadie, Dios y los asuntos religiosos se vacían de contenido trascendente y se vuelven terrenales, casi objetos. El mundo que Flaubert creó puede ser llamado muchas cosas, pero no religioso.

Sin embargo, aunque discrepo de él en este punto, tiendo a dar la razón a Steiner cuando supone que hablar de una *cultura laicista* es una ingenuidad o un disparate. No soy creyente, y me hallo muy consciente de los estropicios que han causado las religiones en la historia, de su contribución a la intolerancia, el dogmatismo, las censuras y los muros que han levantado —unas más, otras menos, pero ni el benigno budismo escapa a la regla— contra la libertad humana. Ahora bien, sin ellas la historia de la humanidad hubiera sido sin duda peor, un aquelarre de salvajismos y violencia de los que tal vez hubiera resultado la extinción de la vida sobre el planeta. Con todo el alto precio que ha costado, la religión ha sido la institución que más ha servido para acercarse a ese inalcanzable fin: amortiguar la bestialidad humana, el instinto destructor que anida en el fondo de la especie. Sólo una minoría insignificante de seres humanos puede sustituir a la religión por una filosofía y una moral laicas y encontrar en éstas el sustento espiritual que permite vivir y actuar en la ciudad de manera medianamente responsable. De otro lado, una cultura laicista sería tan ciega y sorda para con la tradición y el contexto cultural dentro del que nos movemos —gran parte de los cuales son incomprensibles disociados de unas creencias y unas prácticas religiosas—, que sin duda nos retrocedería a un estado primario de barbarie, algo no muy distinto de lo sucedido en China durante la Revolución Cultural. Como escribió Steiner en *Lenguaje y silencio*, el siglo XX ha demostrado —con el estalinismo y el nazismo— que «las humanidades no humanizan».

Los dos intentos más osados para emancipar al hombre de Dios y de la religión —la Revolución francesa de 1789 y la rusa de 1917— son suficientemente instructivos para no insistir una tercera vez. Está visto que, para su bien o para su mal, la mayoría de los hombres no puede vivir sin esa *presencia real*, y que, sin ésta, librada la comunidad a la sola diosa razón, las iniquidades y los crímenes, en vez de amainar, arrecian y se multiplican. La experiencia histórica aconseja, pues —tomando, eso sí, las precauciones del caso para que no se enciendan de nuevo las piras—, acordarle a la religión un derecho de ciudad por razones de ética y de estética.

Londres, agosto de 1991

El alejandrino

El departamento donde el poeta Constantino Cavafis (1863-1933) vivió en Alejandría sus últimos veintisiete años está en un edificio venido a menos, en el centro de la ciudad, en una calle que se llamó Lepsius cuando habitaban el barrio los griegos y los italianos y que se llama ahora Charm-el-Sheik. Todavía quedan algunos griegos por el contorno, a juzgar por unos cuantos letreros en lengua helénica, pero lo que domina por doquier es el árabe. El barrio se ha empobrecido y está lleno de callejones hacinados, casas en ruinas, veredas agujereadas y —signo típico de los distritos miserables en Egipto— las azoteas han sido convertidas por los vecinos en pestilentes basurales. Pero la bella iglesita ortodoxa a la que acudían los creyentes en su tiempo está todavía allí, y también la airosa mezquita, y el hospital. En cambio, ha desaparecido el burdel que funcionaba en la planta baja de su piso.

El departamento es un pequeño museo a cargo del consulado griego y no debe recibir muchas visitas, a juzgar por el soñoliento muchacho que nos abre la puerta y nos mira como si fuésemos marcianos. Cavafis es poco menos que un desconocido en esta ciudad que sus poemas han inmortalizado —ellos son, con la famosísima Biblioteca quemada de la antigüedad y los amores de Cleopatra, lo mejor que le ha pasado desde que la fundó Alejandro el Grande en el 331 a. C.— donde no hay una calle que lleve su nombre ni una estatua que lo recuerde, o, si las hay, no figuran en las guías y nadie sabe dónde encontrarlas. La vivienda es oscura, de techos altos, lúgubres pasillos y amoblada con la circunspección con que debió estarlo cuando se instaló aquí Cavafis, con su hermano Pablo, en 1907. Este último convivió con él apenas un año y luego se marchó a París. Desde entonces, Constantino vivió aquí solo, y, al parecer, mientras permanecía dentro de estos espesos muros, con irrenunciable sobriedad.

Éste es uno de los escenarios de la menos interesante de las vidas de Cavafis, la que no dejó huella en su poesía y que nos cuesta imaginar cuando lo leemos: la del atildado y modesto burgués que fue agente en la Bolsa del algodón y que, durante treinta años, como un burócrata modelo, trabajó en el Departamento de Irrigación del Ministerio de Obras Públicas, en el que, por su puntualidad y eficiencia fue ascendiendo, hasta llegar a la Subdirección. Las fotos de las paredes dan testimonio de ese prototipo cívico: los gruesos anteojos de montura de carey, los cuellos duros, la ceñida corbata, el pañuelito en el bolsillo superior de la chaqueta, el chaleco con leontina y los gemelos en los puños blancos de la camisa. Bien rasurado y bien peinado, mira a la cámara muy serio, como la encarnación misma del hombre sin cualidades. Ése es el mismo Cavafis al que mató un cáncer en la laringe y que está enterrado en el cementerio greco-ortodoxo de Alejandría, entre ostentosos mausoleos, en un pequeño rectángulo de lápidas de mármoles, que comparte con los huesos de dos o tres parientes.

En el pequeño museo no hay una sola de las famosas hojas volanderas donde publicó sus primeros poemas y que, en tiradas insignificantes —treinta o cuarenta copias— repartía avaramente a unos pocos elegidos. Tampoco, alguno de los opúsculos —cincuenta ejemplares el primero, setenta el segundo— en los que reunió en dos ocasiones un puñadito de poemas, los únicos que, durante su vida, alcanzaron una forma incipiente de libro. El secretismo que rodeó el ejercicio de la poesía en este altísimo poeta no sólo tenía que ver con su homosexualidad, bochornosa tara en un funcionario público y un pequeño burgués de la época y del lugar, que en sus poemas se explayaba con tan sorprendente libertad sobre sus aficiones sexuales; también, y acaso sobre todo, con la fascinación que ejercieron sobre él la clandestinidad, la catacumba, la vida maldita y marginal, que practicó a ratos y a la que cantó con inigualable elegancia. La poesía, para Cavafis, como el placer y la belleza, no se daban a la luz pública ni estaban al alcance de todos: sólo de aquellos temerarios estetas hedonistas que iban a buscarlos y cultivarlos, como frutos prohibidos, en peligrosos territorios.

De ese Cavafis, en el museo hay solamente una rápida huella, en unos dibujitos sin fecha esbozados por él en un cuaderno escolar cuyas páginas han sido arrancadas y pegadas en las paredes, sin protección alguna: muchachos, o acaso un mismo muchacho en diferentes posturas, mostrando sus apolíneas siluetas y sus vergas enhiestas. A este Cavafis me lo imagino muy bien, desde que lo leí por primera vez, en la versión en prosa de sus poemas hecha por Marguerite Yourcenar, aquel Cavafis sensual y decadente que discretamente sugirió E. M. Forster en su ensayo de 1926 y el que volvió figura mítica el *Cuarteto de Alejandría* de Lawrence Durrell. Aquí, en su ciudad, pululan todavía los cafetines y las tabernas de sus poemas y que, como éstos, carecen casi totalmente de mujeres y de parejas heterosexuales. No me consta, pero estoy seguro de que, en ellos, todavía, entre el aroma del café turco y las nubes de humo que despiden los aparatosos fumadores de *shisha*, en esas muchedumbres masculinas que los atestan se fraguan los ardientes encuentros, los primeros escarceos, los tráficos mercantiles que preceden los acoplamientos afiebrados de los amantes de ocasión, en casas de citas cuya sordidez y mugre aderezan el rijo de los exquisitos. Hasta diría que lo he visto, en las terrazas de La Corniche, o en los cuchitriles humosos que rodean el mercado de las telas, caballero de naricilla fruncida, labios ávidos y ojitos lujuriosos, a la caída de la noche, bajo la calidez de las primeras estrellas y la brisa del mar, espiando a los jóvenes de aire forajido que se pasean sacando mucho el culo, en busca de clientes.

A diferencia de la serenidad y la naturalidad con que los hombres —mejor sería decir los adolescentes— se aman entre ellos en los poemas de Cavafis, y disfrutan del goce sexual con la buena conciencia de dioses paganos, para él esos amores debieron ser extremadamente difíciles y sobresaltados, impregnados a veces de temor y siempre de ilusiones que se frustraban. Lo genial de su poesía erótica es que aquellas experiencias, que debieron ser limitadas y vividas en la terrible tensión de quien en su vida pública guardaba siempre la apariencia de la respetabilidad y rehuía por todos los medios el escándalo, se transforman en una utopía: una manera suprema de vivir y de gozar, de romper los límites de la condición humana y acceder a una forma superior de existencia, de alcanzar una suerte de espiritualidad laica, en la que, a través del placer de los sentidos y de la percepción y disfrute de la belleza física, un ser humano llega, como los místicos en sus trances divinos, a la altura de los dioses, a ser también un dios. Los poemas eróticos de Cavafis arden de una sensualidad desbocada y, pese a ello, y a su utilería romántica de decadencia y malditismo, son sin embargo curiosamente fríos, con cierta distancia racional, la de una inteligencia que gobierna la efusión de las pasiones y la fiesta de los instintos, y, a la vez que la representa en el verso, la observa, la estudia y, valiéndose de la forma, la perfecciona y eterniza.

Sus temas y su vocación sexual estaban infiltrados de romanticismo decimonónico —de exceso y transgresión, de individualismo aristocrático—, pero, a la hora de coger la pluma y sentarse a escribir, surgía del fondo de su ser y tomaba las riendas de su espíritu, un clásico, obsesionado con la armonía de las formas y la claridad de la expresión, un convencido de que la destreza artesanal, la lucidez, la disciplina y el buen uso de la memoria eran preferibles a la improvisación y a la desordenada inspiración para alcanzar la absoluta perfección artística. Él la alcanzó, y de tal manera, que su poesía es capaz de resistir la prueba de la traducción —una prueba que casi siempre asesina a la de los demás poetas— y helarnos la sangre y maravillarnos en sus distintas versiones, a quienes no podemos leerla en el griego demótico y de la diáspora en que fue escrita. (A propósito, la más hermosa de las traducciones que he leído de los poemas de Cavafis es la de los veinticinco poemas que vertió al español Joan Ferraté. La publicó Lumen en 1970, en una bella edición ilustrada con fotografías, y, por desgracia, que yo sepa no ha sido reimpresa).

Ése es el tercer Cavafis de la indisoluble trinidad: el extemporáneo, el que en alas de la fantasía y la historia vivió, al mismo tiempo, bajo el yugo británico contemporáneo y veinte siglos atrás, en una provincia romana de griegos levantiscos, judíos industriosos y mercaderes procedentes de todos los rincones del mundo, o unas centenas de años después, cuando cristianos y paganos se cruzaban y descruzaban en una confusa sociedad donde proliferaban las virtudes y los vicios, los seres divinos y los humanos y era casi imposible diferenciar a los unos de los otros. El Cavafis heleno, el romano, el bizantino, el judío, salta fácilmente de un siglo a otro, de una civilización a la siguiente o a la anterior, con la facilidad y la gracia con que un diestro danzarín realiza una acrobacia, conservando siempre la coherencia y la continuidad de sus movimientos. Su mundo no es nada erudito, aunque sus personajes, lugares, batallas, intrigas cortesanas, puedan ser rastreados en los libros de historia, porque la erudición antepone una barrera glacial de datos, precisiones y referencias entre la información y la realidad, y el mundo de Cavafis tiene la frescura y la intensidad de lo vivido, pero no es la vida al natural, sino la vida enriquecida y detenida —sin dejar de seguir viviendo— en la obra de arte.

Alejandría está siempre allí, en esos poemas deslumbrantes. Porque en ella ocurren los episodios que evoca, o porque es desde esa perspectiva que se vislumbran o recuerdan o añoran los sucesos griegos, romanos o cristianos, o porque quien inventa y canta es de allí y no quiere ser de ninguna otra parte. Era un alejandrino singular y un hombre de la periferia, un griego de la diáspora que hizo por su patria cultural —la de su lengua y la de su antiquísima mitología— más que ningún otro escritor desde los tiempos clásicos. Pero ¿cómo podría ser adscrito, sin más, a la historia de la literatura griega moderna europea, este medio oriental tan identificado con los olores, los sabores, los mitos y el pasado de su tierra de exilio, esa encrucijada cultural y geográfica donde el Asia y el África se tocan y confunden, así como se han confundido en ella todas las civilizaciones, razas y religiones mediterráneas?

Todas ellas han dejado un sedimento en el mundo que creó Cavafis, un poeta que con todo ese riquísimo material histórico y cultural fue capaz de crear otro, distinto, que se reaviva y actualiza cada vez que lo leemos. Los alejandrinos de hoy día no frecuentan su poesía y la gran mayoría de ellos ni siquiera conoce su nombre. Pero, para quienes lo hemos leído, la Alejandría más real y tangible, cuando llegamos aquí, no es la de su hermosa playa y su curvo malecón, la de sus nubes viajeras, sus tranvías amarillos y el anfiteatro erigido con piedras de granito traídas de Asuán, ni siquiera la de las maravillas arqueológicas de su museo. Sino la Alejandría de Cavafis, aquella en la que discuten e imparten sus doctrinas los sofistas, donde se filosofa sobre las enseñanzas de las Termópilas y el simbolismo del viaje de Ulises a Ítaca, donde los vecinos curiosos salen de sus casas a ver a los hijos de Cleopatra —Cesáreo, Alejandro y Tolomeo— asistir al Gimnasio, cuyas calles apestan a vino e incienso cuando pasa el cortejo de Baco, inmediatamente después de los dolidos funerales a un gramático, donde el amor es sólo cosa de hombres y donde, de pronto, sobreviene el pánico, porque ha corrido el rumor de que pronto llegarán los bárbaros.

Alejandría, febrero de 2000

Günter Grass en la picota

No entiendo las proporciones desmesuradas que ha tomado en el mundo la revelación, hecha por él mismo, de que Günter Grass sirvió unos meses, a los diecisiete años, en la Waffen-SS y de que ocultó sesenta años la noticia, haciendo creer que había sido soldado en una batería antiaérea del Ejército regular alemán. Aquí, en Salzburgo, donde paso unos días, no se habla de otra cosa y los periodistas que la editorial Suhrkamp envía a entrevistarme apenas si me preguntan sobre mi última novela, recién publicada en Alemania, porque lo que les interesa es que comente «el escándalo Grass».

No tenía la menor intención de hacerlo, pero como ya circulan supuestas declaraciones mías sobre el tema en las que no siempre me reconozco, prefiero hacerlo por escrito y con mi firma. No me sorprende en absoluto que Grass ocultara su pertenencia a una tropa de élite visceralmente identificada con el nazismo y que tuvo tan siniestra participación en tareas de represión política, torturas y exterminación de disidentes y judíos, aunque, como ha dicho, él no llegara a disparar un solo tiro antes de ser herido y capturado por los norteamericanos. ¿Por qué calló? Simplemente porque tenía vergüenza y acaso remordimientos de haber vestido aquel uniforme y, también, porque semejante credencial hubiera sido aprovechada por sus adversarios políticos y literarios para descalificarlo en la batalla cívica y política que, desde los comienzos de su vida de escritor, Günter Grass identificó con su vocación literaria.

¿Por qué decidió hablar ahora? Seguramente para limpiar su conciencia de algo que debía atormentarlo y también, sin duda, porque sabía que tarde o temprano aquel remoto episodio de su juventud llegaría a conocerse y su silencio echaría alguna sombra sobre su nombre y su reputación de escritor comprometido, y, como suele llamársele, de conciencia moral y cívica de Alemania.

En todo esto no hay ni grandeza ni pequeñez, sino, me atrevo a decir, una conducta impregnada de humanidad, es decir, de las debilidades connaturales a cualquier persona común y corriente que no es, ni pretende ser, un héroe ni un santo.

¿Afecta lo ocurrido a la obra literaria de Günter Grass? En absoluto. En la civilización del espectáculo que nos ha tocado vivir, este escándalo que parece ahora tan descomunal será pronto reemplazado por otro y olvidado. Dentro de pocos años, o incluso meses, ya nadie recordará el paso del escritor por la Waffen-SS y, en cambio, su trilogía novelesca de Danzig, en especial *El tambor de hojalata*, seguirá siendo leída y reconocida como una de las obras maestras de la literatura contemporánea.

¿Y sus pronunciamientos políticos y cívicos que ocupan una buena parte de su obra ensayística y periodística? Perderán algo de su pugnacidad, sin duda, sus fulminaciones contra los alemanes que no se atrevían a encararse con su propio pasado ni reconocían sus culpas en las devastaciones y horrores que produjeron Hitler y el nazismo, y se refugiaban en la amnesia y el silencio hipócrita en vez de redimirse con una genuina autocrítica. Pero, que quien estas ideas predicaba con tanta energía tuviera rabo de paja, pues él escondía también algún muerto en el armario, no significa en modo alguno que aquellas ideas fueran equivocadas ni injustas.

La verdad es que muchas de las tomas de posición de Günter Grass han sido valientes y respetables, y lo siguen siendo hoy día, pese al escándalo. Lo dice alguien que discrepa en muchas cosas con él y ha sostenido con Günter Grass hace algunos años una polémica bastante ácida. No me refiero a su antinorteamericanismo estentóreo y sistemático, que lo ha llevado a veces, obsedido por lo que anda mal en los Estados Unidos, a negar lo que sí anda bien allá, sino a que, durante los años de la Guerra Fría, una época en la que la moda intelectual en Europa consistía en tomar partido a favor del comunismo contra la democracia, Günter Grass fue uno de los pocos en ir contra la corriente y defender a esta última, con todas sus imperfecciones, como una alternativa más humana y más libre que la representada por los totalitarismos soviético o chino. Tampoco se vio nunca a Günter Grass, como a Sartre, defendiendo a Mao y a la Revolución Cultural china, ni buscando coartadas morales para los terroristas, como hicieron tantos de-

495

construccionistas frívolos en las épocas de *Tel Quel*. Pese a sus destemplados anatemas contra los Gobiernos y la política de Alemania Federal, Günter Grass hizo campaña a favor de la socialdemocracia y prestó un apoyo crítico al Gobierno de Willy Brandt en lo que demostró, ciertamente, mucha más lucidez y coraje político que tantos de sus colegas que irresponsablemente tomaban, sin arriesgar un cabello, eso sí, el partido del apocalipsis revolucionario.

Mi polémica con él se debió justamente a que me pareció incoherente con su muy respetable posición en la vida política de su país que nos propusiera a los latinoamericanos «seguir el ejemplo de Cuba». Porque si el comunismo no era, a su juicio, una opción aceptable para Alemania y Europa, ¿por qué debía serlo para América Latina? Es verdad que, para muchos intelectuales europeos, América Latina era en aquellos años —lo sigue siendo para algunos retardados todavía— el mundo donde podían volcar las utopías y nostalgias revolucionarias que la realidad de sus propios países había hecho añicos, obligándolos a resignarse a la aburrida y mediocre democracia.

Grass ha sido uno de los últimos grandes intelectuales que asumió lo que se llamaba «el compromiso» en los años cincuenta con una resolución y un talento que le ganaron siempre la atención de un vasto público, que desbordaba largamente el medio intelectual. Es difícil saber hasta qué punto sus manifiestos, pronunciamientos, diatribas, polémicas, influyeron en la vida política y tuvieron efectos sociales, pero no hay duda de que en el último medio siglo de vida europea, y sobre todo alemana, las ideas de Günter Grass enriquecieron el debate cívico y contribuyeron a llamar la atención sobre problemas y asuntos que de otra manera hubieran pasado inadvertidos, sin el menor análisis crítico. A mi juicio, se equivocó oponiéndose a la reunificación de Alemania y, también, poniendo en tela de juicio la democratización de su país, pero, aun así, no hay duda de que esa vigilancia y permanente cuestionamiento que ha ejercido sobre el funcionamiento de las instituciones y las acciones del Gobierno es imprescindible en una democracia para que ésta no se corrompa y se vaya empobreciendo en la rutina.

Tal vez el formidable escándalo que ahora rodea su figura tenga mucho que ver con esa función de «conciencia moral» de la sociedad que él se impuso y que ha mantenido a lo largo de toda su vida, a la vez que desarrollaba su actividad literaria. No me cabe duda de que Günter Grass es el último de esa estirpe, a la que pertenecieron un Victor Hugo, un Thomas Mann, un Albert Camus, un Jean-Paul Sartre. Creían que ser escritor era, al mismo tiempo que fantasear ficciones, dramas o poemas, agitar las conciencias de sus contemporáneos, animándolos a actuar, defendiendo ciertas opciones y rechazando otras, convencidos de que el escritor podía servir también como guía, consejero, animador o dinamitero ideológico sobre los grandes temas sociales, políticos, culturales y morales, y que, gracias a su intervención, la vida política superaba el mero pragmatismo y se volvía gesta intelectual, debate de ideas, creación.

Ningún joven intelectual de nuestro tiempo cree que ésa sea también la función de un escritor y la sola idea de asumir el rol de «conciencia de una sociedad» le parece pretenciosa y ridícula. Más modestos, acaso más realistas, los escritores de las nuevas generaciones parecen aceptar que la literatura no es nada más —no es nada menos— que una forma elevada del entretenimiento, algo respetabilísimo desde luego, pues divertir, hacer soñar, arrancar de la sordidez y la mediocridad en que está sumido la mayor parte del tiempo el ser humano, ¿no es acaso imprescindible para hacer la vida mejor, o por lo menos más vivible? Por otra parte, esos escritores que se creían videntes, sabios, profetas, que daban lecciones, ¿no se equivocaron tanto y a veces de manera tan espantosa, contribuyendo a embellecer el horror y buscando justificaciones para los peores crímenes? Mejor aceptar que los escritores, por el simple hecho de serlo, no tienen que ser ni más lúcidos ni más puros ni más nobles que cualquiera de los otros bípedos, esos que viven en el anonimato y jamás llegan a los titulares de los periódicos.

Tal vez sea ésa la razón por la que, con motivo de la revelación de su paso fugaz por la Waffen-SS cuando era un adolescente, haya sido llevado Günter Grass a la picota y tantos se encarnicen estos días con él. No es con él. Es contra esa idea del escritor que él ha tratado de encarnar, con desesperación, a lo largo de toda su vida: la del que opina y polemiza sobre todo, la del que quiere que la vida se amolde a los sueños y a las ideas como lo hacen las ficciones que fantasea, la del que cree que la del escritor es la más formidable de las funciones porque, además de entretener, también educa, enseña, guía, orienta y da lecciones. Ésa era otra ficción con la que nos hemos estado embelesando mucho tiempo, amigo Günter Grass. Pero ya se acabó.

Salzburgo, 24 de agosto de 2006

El hombre que nos describió el infierno

Como en la última etapa de su vida se dedicó a lanzar fulminaciones bíblicas contra la decadencia de Occidente y a defender un nacionalismo ruso sustentado en la tradición y el cristianismo ortodoxo, se había vuelto una figura incómoda, hasta antipática, y ya casi no se hablaba de él. Ahora que, a sus ochenta y nueve años, un ataque cardíaco acabó con su vida, se puede formular un juicio más sereno sobre este intelectual y profeta moderno, acaso el escritor que más tumultos y controversias haya provocado en todo el siglo veinte.

Digamos, ante todo, que su corazón resistiera ochenta y nueve años las indescriptibles penalidades que debió afrontar —la guerra mundial contra el fascismo, las torturas y el confinamiento de tantos años en los campos de exterminio soviético, el cáncer, el exilio de otros tantos años en el páramo siberiano, la persecución y la censura, las campañas de calumnia y descrédito, la expulsión deshonrosa y la privación de la ciudadanía, el secuestro de sus manuscritos, etcétera— es un milagro de la voluntad imponiéndose a la carne miserable, una prueba inequívoca de que aquella potencia del espíritu para sobreponerse a la adversidad no es sólo patrimonio de los héroes epónimos que glorifican las religiones e inventan las sagas y los cantares de gesta, pues encarna a veces, de siglo en siglo, en alguna figura tan terrestre y perecedera como el común de los mortales.

No fue un gran creador, como lo fueron sus compatriotas Tolstói y Dostoievski, pero su obra durará tanto o más que la de ellos y que la de cualquier otro escritor de su tiempo como el más desgarrado e intenso testimonio sobre los desvaríos ideológicos y los horrores totalitarios del siglo xx, las injusticias y crímenes colectivos de los que fueron víctimas entre treinta y cuarenta millones de personas, una cifra tan enorme que vuelve abstracto y casi desvanece en su gigantismo astral lo que fue el miedo cerval, el dolor inconmensurable, la humillación y los tormentos psicológicos y corporales que precedieron y acompañaron el exterminio de esa humanidad por la demencia despótica de Stalin y del sistema que le permitió convertirse en uno de los más crueles genocidas de toda la historia.

Archipiélago Gulag es mucho más que una obra maestra: es una demostración de que, aun en medio de la barbarie y el salvajismo más irracionales, lo que hay de noble y digno en el ser humano puede sobrevivir, defenderse, testimoniar y protestar. Que siempre es posible resistir al imperio del mal y que si esa llamita de decencia y limpieza moral no se apaga a la larga termina por prevalecer contra el fanatismo y la locura autoritaria.

No es un libro fácil de leer, porque es denso, prolijo y repetitivo, y porque desde sus primeras páginas una asfixia se apodera del lector, una terrible desmoralización por la suciedad moral y la estupidez que anima los crímenes políticos, las torturas, las delaciones, los extremos de ignominia en que verdugos y víctimas se confunden, el miedo convertido en el aire que se respira, con el que hombres y mujeres se acuestan y se levantan, y los recursos ilimitados de la imaginación dogmática para multiplicar y refinar la crueldad. Todo aquello viene hasta nosotros a través de la literatura, pero no es literatura, es vida vivida o mejor dicho padecida año tras año, día a día, en el desamparo y la ignorancia totales, sin la menor esperanza de que algo o alguien venga por fin a poner punto final a semejante agonía.

¿De dónde sacó fuerzas este hombre del común, oscuro matemático, para resistir todo aquello y, una vez salido del infierno, volver a él y dedicar el resto de su vida a reconstruirlo, documentarlo y contarlo con minuciosa prolijidad, sin olvidar una sola vileza, maldad, pequeñez o inmundicia, para que el resto del mundo se enterara de lo que es vivir en el horror?

Había en Solzhenitsin algo de esa estofa de la que estuvieron hechos esos profetas del Antiguo Testamento a los que hasta en su físico terminó por parecerse: una convicción granítica que lo defendía contra el sufrimiento, un amor a la verdad y a la libertad que lo hacían invulnerable a toda forma de abdicación o de chantaje. Fue uno de esos seres incorruptibles que nos asustan porque su sola existencia delata nuestras debilidades. Cuando las circunstancias lo obligaron a dejar su amado país —porque lo increíble es que amó siempre a Rusia con la inocencia y la terquedad de un niño, pese a todas las pruebas que su país le infligió— creyó que, en el mundo occidental al que llegaba, iba a ver confirmado todo aquello con lo que, en el aislamiento del Gulag y la tundra siberiana, había soñado: una sociedad donde la libertad fuera tan grande como la responsabilidad de los ciudadanos, donde el espíritu prevalecía sobre la materia, la cultura domesticaba los instintos y la religión humanizaba al individuo y fomentaba la solidaridad y la conducta moral.

Como esa visión del Occidente era tan ingenua como su patriotismo, el espectáculo con el que se encontró le causó una decepción de la que nunca se curó: ¿para eso les servía la libertad y la democracia a las privilegiadas gentes del Occidente? ¿Para acumular riquezas y derrocharlas en la frivolidad, el lujo, el hedonismo y la sensualidad? ¿Para fomentar el cinismo, el egoísmo, el materialismo, para dar la espalda a la moral, al espíritu, para ignorar los peligros que amenazaban esos valores cívicos, políticos y morales que habían traído la prosperidad, la legalidad y el poderío al Occidente?

Desde entonces comenzó a tronar, con acento olímpico, contra la degeneración moral y política de las sociedades occidentales y a encasillarse en esa idea utópica de que Rusia era distinta, de que en ella, a pesar del comunismo, y tal vez debido a esos ochenta años de expiación política y social, podía venir, con la caída del régimen soviético, ese ideal que combinara el nacionalismo y la democracia, la vida espiritual y el progreso material, la tradición y la modernidad, la cultura y la fe. Lo extraordinario es que, en los años finales de su vida, Solzhenitsin identificara semejante utopía con el autoritarismo de Vladímir Putin y legitimara con su enorme prestigio moral al nuevo autócrata de Rusia y callara sus desafueros, sus recortes a la libertad, sus atropellos políticos y sus matonerías internacionales.

Ahora bien, que se equivocara en esto no rebaja en modo alguno la extraordinaria hazaña política e intelectual que fue la suya: emerger del infierno concentracionario para contarlo y denunciarlo, en unos libros cuya fuerza documental y moral no tienen paralelo en la historia moderna, unos libros sobre los que habrá siempre que volver para recordar que la civilización es una delgada película que puede quebrarse con facilidad y precipitar de nuevo a un país en el infierno del oscurantismo y la crueldad, que la libertad, una conquista tan preciosa, es una llamita que, si dejamos que se apague, estalla una violencia que supera todas las peores pesadillas que han pintado los grandes visionarios de la maldad humana, los horrores dantescos, las atrocidades del Bosco o de Goya, las fantasías sadomasoquistas del divino marqués. *Archipiélago Gulag* mostró que, tratándose de crueldad, el fanatismo político puede producir peores monstruosidades que el delirio perverso de los artistas.

Yo nunca lo conocí en persona, pero estuve cerca de él, en Cavendish, el pueblecito del estado de Vermont, en Estados Unidos, donde vivió de 1976 a 1994, en el exilio. «Vale la pena que vayas allá sólo para que veas cómo lo cuidan los vecinos», me había dicho mi amigo Daniel Rondeau, uno de los pocos que consiguió cruzar la casita-fortaleza en que vivía encerrado, escribiendo. Fui, en efecto, y pregunté por él a la primera persona que encontré, una señora que abría a paladas un caminito entre la nieve. «No quiero molestar al señor Solzhenitsin —le dije—, sólo ver su casa de lejos. ¿Me puede indicar dónde está?». Sus indicaciones me llevaron al borde de un abismo. Pregunté a tres o cuatro personas más y todas me engañaron y desviaron de la misma manera.

Por fin, un bodeguero me confesó la verdad: «Nadie en la vecindad le mostrará la casa del señor Solzhenitsin. Él no quiere que lo molesten y nosotros en el pueblo nos encargamos de que sea así. Lo mejor que puede usted hacer ahora es irse». Estoy seguro que todas las banderas de las casas del bello pueblecito nevado de Cavendish flotan hoy día a media asta.

Lima, agosto de 2008

Lisbeth Salander debe vivir

Comencé a leer novelas a los diez años y ahora tengo setenta y tres. En todo ese tiempo debo haber leído centenares, acaso millares de novelas, releído un buen número de ellas y algunas, además, las he estudiado y enseñado. Sin jactancia puedo decir que toda esta experiencia me ha hecho capaz de saber cuándo una novela es buena, mala o pésima y, también, que ella ha envenenado a menudo mi placer de lector al hacerme descubrir a poco de comenzar una novela sus costuras, incoherencias, fallas en los puntos de vista, la invención del narrador y del tiempo, todo aquello que el lector inocente (el «lector-hembra» lo llamaba Cortázar para escándalo de las feministas) no percibe, lo que le permite disfrutar más y mejor que el lector-crítico de la ilusión narrativa.

¿A qué viene este preámbulo? A que acabo de pasar unas semanas, con todas mis defensas críticas de lector arrasadas por la fuerza ciclónica de una historia, leyendo los tres voluminosos tomos de *Millennium*, unas dos mil cien páginas, la trilogía de Stieg Larsson, con la felicidad y la excitación febril con que de niño y adolescente leí la serie de Dumas sobre los mosqueteros o las novelas de Dickens y de Victor Hugo, preguntándome a cada vuelta de página «¿Y ahora qué, qué va a pasar?» y demorando la lectura por la angustia premonitoria de saber que aquella historia se iba a terminar pronto sumiéndome en la orfandad. ¿Qué mejor prueba que la novela es el género impuro por excelencia, el que nunca alcanzará la perfección que puede llegar a tener la poesía? Por eso es posible que una novela sea formalmente imperfecta, y, al mismo tiempo, excepcional. Comprendo que a millones de lectores en el mundo entero les haya ocurrido, les esté ocurriendo y les vaya a ocurrir lo mismo que a mí y sólo deploro que su autor, ese infortunado escribidor sueco, Stieg Larsson, se muriera antes de saber la fantástica hazaña narrativa que había realizado.

Repito, sin ninguna vergüenza: fantástica. La novela no está bien escrita (o acaso en la traducción el abuso de jerga madrileña en boca de los personajes suecos suena algo falsa) y su estructura es con frecuencia defectuosa, pero no importa nada, porque el vigor persuasivo de su argumento es tan poderoso y sus personajes tan nítidos, inesperados y hechiceros que el lector pasa por alto las deficiencias técnicas, engolosinado, dichoso, asustado y excitado con los percances, las intrigas, las audacias, las maldades y grandezas que a cada paso dan cuenta de una vida intensa, chisporroteante de aventuras y sorpresas, en la que, pese a la presencia sobrecogedora y ubicua del mal, el bien terminará siempre por triunfar.

La novelista de historias policiales Donna Leon calumnió a *Millennium* afirmando que en ella sólo hay maldad e injusticia. ¡Vaya disparate! Por el contrario, la trilogía se encuadra de manera rectilínea en la más antigua tradición literaria occidental, la del justiciero, la del *Amadís*, el *Tirant* y el *Quijote*, es decir, la de aquellos personajes civiles que, en vista del fracaso de las instituciones para frenar los abusos y crueldades de la sociedad, se echan sobre los hombros la responsabilidad de deshacer los entuertos y castigar a los malvados. Eso son, exactamente, los dos héroes protagonistas, Lisbeth Salander y Mikael Blomkvist: dos justicieros. La novedad, y el gran éxito de Stieg Larsson, es haber invertido los términos acostumbrados y haber hecho del personaje femenino el ser más activo, valeroso, audaz e inteligente de la historia y de Mikael, el periodista fornicario, un magnífico segundón, algo pasivo pero simpático, de buena entraña y un sentido de la decencia infalible y poco menos que biológico.

¡Qué sería de la pobre Suecia sin Lisbeth Salander, esa *hacker* querida y entrañable! El país al que nos habíamos acostumbrado a situar, entre todos los que pueblan el planeta, como el que ha llegado a estar más cerca del ideal democrático de progreso, justicia e igualdad de oportunidades, aparece en *Los hombres que no amaban a las mujeres*, *La chica que soñaba con una cerilla y un bidón de gasolina* y *La reina en el palacio de las corrientes de aire*, como una sucursal del infierno, donde los jueces prevarican, los psiquiatras torturan, los policías y espías delinquen, los políticos mienten, los empresarios estafan, y tanto las instituciones y el *establishment* en general parecen presa de una pandemia de corrupción de proporciones priistas o fujimoristas. Menos mal que está allí esa muchacha pequeñita y esquelética, horadada de colguijos, tatuada con dragones, de pelos puercoespín, cuya arma letal no es una espada ni un revólver sino un ordenador con el que puede convertirse en Dios —bueno, en Diosa—, ser omnisciente, ubicua, violentar todas las intimidades para llegar a la verdad, y enfrentarse, con esa desdeñosa indiferencia de su carita indócil con la que oculta al mundo la infinita ternura, limpieza moral y voluntad justiciera que la habita, a los asesinos, pervertidos, traficantes y canallas que pululan a su alrededor.

La novela abunda en personajes femeninos notables, porque en este mundo, en el que todavía se cometen tantos abusos contra la mujer, hay ya muchas hembras que, como Lisbeth, han conquistado la igualdad y aun la superioridad, invirtiendo en ello un coraje desmedido y un instinto reformador que no suele ser tan extendido entre los machos, más bien propensos a la complacencia y el delito. Entre ellas, es difícil no tener sueños eróticos con Monica Figuerola, la policía atleta y giganta para la que hacer el amor es también un deporte, tal vez más divertido que los aeróbics pero no tanto como el *jogging*. Y qué decir de la directora de la revista *Millennium*, Erika Berger, siempre elegante, diestra, justa y sensata en todo lo que hace, los reportajes que encarga, los periodistas que promueve, los poderosos a los que se enfrenta, y los polvos que se empuja con su esposo y su amante, equitativamente. O de Susanne Linder, policía y pugilista, que dejó la profesión para combatir el crimen de manera más contundente y heterodoxa desde una empresa privada, la que dirige otro de los memorables actores de la historia, Dragan Armanskij, el dueño de Milton Security.

La novela se mueve por muy distintos ambientes, millonarios, rufianes, jueces, policías, industriales, banqueros, abogados, pero el que está retratado mejor y, sin duda, con conocimiento más directo por el propio autor —que fue reportero profesional— es el del periodismo. La revista *Millennium* es mensual y de tiraje limitado. Su redacción, estrecha, y para el número de personas que trabajan en ella sobran los dedos de una mano. Pero al lector le hace bien, le levanta el ánimo entrar a ese espacio cálido y limpio, de gentes que escriben por convicción y por principio, que no temen enfrentar enemigos poderosísimos y jugarse la vida si es preciso, que preparan cada número con talento y con amor y el sentimiento de estar suministrando a sus lectores no sólo una información fidedigna, también y sobre todo la esperanza de que, por más que muchas cosas anden mal, hay alguna que anda bien, pues existe un órgano de expresión que no se deja comprar ni intimidar, y trata, en todo lo que publica e investiga, de deslindar la verdad entre las sombras y veladuras que la ocultan.

Si uno toma distancia de la historia que cuentan estas tres novelas y la examina fríamente, se pregunta: ¿cómo he podido creer de manera tan sumisa y beata en tantos hechos inverosímiles, esas coincidencias cinematográficas, esas proezas físicas tan improbables? La verosimilitud está lograda porque el instinto de Stieg Larsson resultaba infalible en adobar cada episodio de detalles realistas, direcciones, lugares, paisajes, que domicilian al lector en una realidad perfectamente reconocible y cotidiana, de manera que toda esa escenografía lastrara de realidad y de verismo el suceso notable, la hazaña prodigiosa. Y porque, desde el comienzo de la novela, hay unas reglas de juego en lo que concierne a la acción que siempre se respetan: en el mundo de *Millennium* lo extraordinario es lo ordinario, lo inusual lo usual y lo imposible lo posible.

Como todas las grandes historias de justicieros que pueblan la literatura, esta trilogía nos conforta secretamente haciéndonos pensar que tal vez no todo esté perdido en este mundo imperfecto y mentiroso que nos tocó, porque, acaso, allá, entre la «muchedumbre municipal y espesa», haya todavía algunos quijotes modernos, que, inconspicuos o disfrazados de fantoches, otean su entorno con ojos inquisitivos y el alma en un puño, en pos de víctimas a las que vengar, daños que reparar y malvados que castigar. ¡Bienvenida a la inmortalidad de la ficción, Lisbeth Salander!

Madrid, septiembre de 2009

El escritor en la plaza pública

Claudio Magris está en Lima y se presta sin desánimo a las servidumbres de la fama: entrevistas, conferencias, autógrafos, doctorados *honoris causa*. Tanto en sus presentaciones públicas como en sus respuestas a los periodistas que lo acosan evita los lugares comunes, no hace concesiones a la galería ni a la corrección política y se esfuerza de manera denodada para no sacrificar la complejidad y el matiz cada vez que habla de política. Todo lo que ha dicho sobre Berlusconi, la situación en Italia, el problema de la inmigración, las tendencias xenófobas y racistas y el temor al integrismo islámico en la Europa de nuestros días es de una rigurosa lucidez, como suelen serlo sus ensayos y artículos. Resulta estimulante comprobar que, en plena civilización de la frivolidad y el espectáculo, todavía quedan intelectuales que creen, como decía Sartre, que «las palabras son actos» y que la literatura ayuda a vivir a la gente y puede cambiar la historia.

Desde que, a fines de los años ochenta, leí *Danubio* tengo a Magris por uno de los mejores escritores de nuestro tiempo y, acaso, entre sus contemporáneos, el que mejor ha mostrado en sus libros de viaje, sus estudios críticos, sus ficciones y artículos periodísticos cómo la literatura, junto con el placer que nos depara cuando es original y profunda, nos educa y enriquece como ciudadanos obligándonos a revisar convicciones, creencias, conocimientos, percepciones, enfrentándonos a una vida que es siempre problemática, múltiple e inapresable mediante esquemas ideológicos o dogmas religiosos, siempre más sutil e inesperada que las elaboradas construcciones racionales que pretenden expresarla.

Ésa es una de las grandes lecciones de *Danubio*: para encontrar un rumbo y no extraviarse en esa vorágine de lenguas, razas, costumbres, religiones, mitos e historias que han surgido a lo largo de los siglos en las orillas del gran río que nace en un impreciso rincón de Alemania y va a desaguar en el mar Negro luego de regar Austria, Chequia, Eslovaquia, Yugoslavia, Hungría, Bulgaria y Rumanía, son más útiles las fantasías novelescas y los poemas de los escritores danubianos que los voluminosos tratados sociológicos, históricos y políticos surgidos en su seno a los que a menudo las querellas nacionalistas y étnicas privan de objetividad y probidad. En cambio, sin siquiera proponérselo, la literatura que inspiró —Kafka, Céline, Canetti, Joseph Roth, Attila József y muchos otros menos conocidos— revela los secretos consensos que prevalecen soterrados bajo esa diversidad, un denominador común que delata lo artificial y sanguinario de las fronteras que erizan esa vastísima región bautizada, creo que por él, como *Mitteleuropa*.

Libro de viaje, autobiografía, análisis político-cultural, *Danubio* es ante todo un libro de crítica literaria, entendida ésta, en contra de la tendencia dominante en nuestro tiempo de autopsia filológica o deconstrucción lingüística de un texto separado de su referente real, como una aproximación a la realidad histórica y social a través de las visiones que de ella nos da la creación literaria y su cotejo con las que las ciencias sociales nos proponen. Para Magris, en las antípodas de un Paul de Man o un Jacques Derrida, la literatura no remite sólo a ella misma, no es una realidad autosuficiente, sino una organización fantaseada de esa protoplasmática confusión que es la vida que se vive sin poder tomar distancia ni perspectiva sobre ella, un orden creado que da sentido, coherencia y cierta seguridad al individuo. Lo mismo hacen las religiones, filosofías e ideologías, desde luego. Pero la gran diferencia entre la literatura y estos otros órdenes inventados para enfrentar el caos de lo vivido, según explica Magris en uno de sus más sutiles y persuasivos ensayos incluido en su libro *La historia no ha terminado*, «Laicidad, la gran incomprendida», es el carácter «laico» de aquélla, un conocimiento no sectario ni dogmático sino crítico y racional. Laico no significa enemigo de la religión sino ciudadano independiente, emancipado del rebaño, que piensa y actúa por sí mismo, de manera lúcida, no por reflejos condicionados: «Laico es quien sabe abrazar una idea sin someterse a ella, quien sabe comprometerse políticamente conservando la independencia crítica, reírse y sonreír de lo que ama sin dejar por ello de amarlo; quien está libre de la necesidad de idolatrar y de desacralizar, quien no se hace trampas a sí mismo encontrando mil justificaciones ideológicas para sus propias faltas, quien está libre del culto de sí mismo». ¿Qué mejor manera de decir que la literatura contribuye de manera decisiva a formar ciudadanos responsables y libres?

Borges dijo alguna vez: «Estoy podrido de literatura». Quería decir que gracias a la irrealidad creada por las fantasías de los grandes escritores había vivido más tiempo fuera del mundo real que dentro de él. La suya es una metáfora que contiene una visión de la literatura como una realidad paralela que permite a los lectores refugiarse en ella para huir del mundo real y confinarse en la pura fantasía. La literatura, para Claudio Magris, es, por el contrario, no una fuga sino una inmersión intensa y profunda en la realidad, acaso la más acerada, exquisita e instructiva manera de entender esa realidad de la que formamos parte, en la que aparecemos y desaparecemos y de la cual jamás tendríamos aquella distancia que permite el conocimiento si, creyendo sólo contar y escribir historias para entretenimiento de las gentes, no hubiéramos inventado un mecanismo que nos emancipa de lo vivido para entenderlo mejor.

Él también está «podrido» de literatura y por eso suele ser tan certero cuando, en sus artículos y ensayos del *Corriere della Sera*, en el que escribe hace más de cuarenta años, opina sobre política, religión, economía, arte, sociedad, la mafia, el terrorismo, la guerra y demás temas de actualidad. Sea cual sea el asunto sobre el que opina, la literatura siempre asoma, no como adorno ni desplante erudito, más bien como un punto de vista que enriquece, matiza o cuestiona las lecturas supuestamente objetivas e imparciales de lo que ocurre a nuestro alrededor. Tal vez ningún otro escritor de nuestra época haya hecho tanto como Magris para demostrar prácticamente cómo la literatura, en vez de estar disociada de la vida y ser una realidad aparte, confinada en sí misma, es una manera privilegiada y excelsa de vivir, entendiendo lo que se vive y para qué se vive: cómo en la vida hay jerarquías, valores y desvalores, opciones que defender y que criticar y combatir, por ejemplo las fronteras.

Nacido en Trieste, lugar que ha sido nudo y crucero de culturas, Magris es un especialista en fronteras. Equipado con esa arma literaria que en sus manos puede ser mortífera ha dedicado buena parte de su vida a estudiarlas y a demolerlas. Germanista de formación, también domina las lenguas románicas y esa rica asimilación de tantas literaturas le permite mostrar que la llamada globalización no es un fenómeno de nuestra época, sino la extensión actual, al campo económico y político, de una vieja herencia que en el campo de la cultura practicaron los fundadores de la literatura occidental, empezando por Homero. Leer a los clásicos sirve para advertir lo artificiales y efímeras que son las fronteras cuando se trata de encarar lo esencial de la condición humana, la vida, la muerte, el amor, la amistad, la pobreza y la riqueza, la enfermedad, la cultura, la fe. Las fronteras físicas, culturales, religiosas y políticas sólo han servido para incomunicar a los seres humanos e intoxicarlos de incomprensión y de prejuicios hacia el prójimo y nada lo ha mostrado de manera más dramática que la buena literatura. Por eso, todo lo que contribuya a debilitar y desvanecer las fronteras es positivo, la mejor manera de vacunarse contra futuros apocalipsis como las dos guerras mundiales del siglo xx. La construcción europea puede merecer muchas críticas, sin duda, pero sólo a partir de un reconocimiento imprescindible: que el mero hecho de que semejante proyecto sea una realidad en marcha, la progresiva desaparición de las fronteras entre pueblos que se han entrematado por ellas a lo largo de siglos, es un paso formidable en el camino de la civilización.

En estos días grisáceos con los que el invierno se despide de Lima, ha sido grato leer y escuchar a Claudio Magris, un anuncio de los buenos días de cielo despejado y luz cálida que se avecinan.

Lima, diciembre de 2009

La casa de Boccaccio

El pueblecito toscano de Certaldo conserva sus murallas medievales, pero la casa donde hace siete siglos nació Giovanni Boccaccio fue bombardeada durante la Segunda Guerra Mundial. Ha sido reconstruida con esmero y desde su elevada terraza se divisa un paisaje de suaves colinas con olivares, cipreses y pinos que remata, en una cumbre lejana, con las danzarinas torres de San Gimignano.

Lo único que queda del ilustre polígrafo es una zapatilla de madera y piel carcomida por el tiempo; apareció enterrada en un muro y acaso no la calzó él sino su padre o alguno de los sirvientes de la casa. Hay una biblioteca donde se amontonan los centenares de traducciones del *Decamerón* a todas las lenguas del mundo y vitrinas repletas con los estudios que se le dedican. El pueblecito es una joya de viviendas de ladrillos, tejas y vigas centenarias, pero minúsculo, y uno se pregunta cómo se las arregló el señor Boccaccio papá para, en lugar tan pequeño, convertirse en un mercader tan próspero. Giovanni era hijo natural, reconocido más tarde por su progenitor y se ignora quién fue su madre, una mujer sin duda muy humilde. De Certaldo salió el joven Giovanni a Nápoles, a estudiar banca y derecho, para incrementar el negocio familiar, pero allí descubrió que su vocación eran las letras y se dedicó a ellas con pasión y furia erudita. Eso hubiera sido sin la peste negra que devastó Florencia en 1348: un intelectual de la élite, amante de los clásicos, latinista, helenista, enciclopédico y teólogo.

Tenía unos treinta y cinco años cuando las ratas que traían el virus desde los barcos que acarreaban especias del Oriente llegaron a Florencia e infectaron la ciudad con la pestilencia que exterminó a cuarenta mil florentinos, la tercera parte de sus habitantes. La experiencia de la peste alejó a Boccaccio de los infolios conventuales, de la teología y los clásicos griegos y latinos (volvería años más tarde a todo ello) y lo acercó al pueblo llano, a las tabernas y a los dormideros de mendigos, a los dichos de la chusma, a su verba deslenguada y a la lujuria y bellaquerías exacerbadas por la sensación de cataclismo, de fin del mundo, que la epidemia desencadenó en todos los sectores, de la nobleza al populacho. Gracias a esta inmersión en el mundanal ruido y la canalla con la que compartió aquellos meses de horror, pudo escribir el *Decamerón*, inventar la prosa narrativa italiana e inaugurar la riquísima tradición del cuento en Occidente, que prolongarían Chaucer, Rabelais, Poe, Chéjov, Conrad, Maupassant, Chesterton, Kipling, Borges y tantos otros hasta nuestros días.

No se sabe dónde escribió Boccaccio el centenar de historias del *Decamerón* entre 1348 y 1351 —bien pudo ser aquí, en su casa de Certaldo, donde vendría a refugiarse cuando las cosas le iban mal—, pero sí sabemos que, gracias a esos cuentos licenciosos, irreverentes y geniales, dejó de ser un intelectual de biblioteca y se convirtió en un escritor inmensamente popular. La primera edición del libro salió en Venecia, en 1492. Hasta entonces se leyó en copias manuscritas que se reprodujeron por millares. Esa multiplicación debió de ser una de las razones por las que desistió de intentar quemarlas cuando, en su cincuentena, por un recrudecimiento de su religiosidad y la influencia de un fraile cartujo, se arrepintió de haberlo escrito debido al desenfado sexual y los ataques feroces contra el clero que contiene el *Decamerón*. Su amigo Petrarca, gran poeta que veía con desdén la prosa plebeya de aquellos relatos, también le aconsejó que no lo hiciera. En todo caso, era tarde para dar marcha atrás; esos cuentos se leían, se contaban y se imitaban ya por media Europa. Siete siglos más tarde, se siguen leyendo con el impagable placer que deparan las obras maestras absolutas.

En la veintena de casitas que forman el Certaldo histórico —un palacio entre ellas— hay una pequeña *trattoria* que ofrece, todas las primaveras, «El suntuoso banquete medieval de Boccaccio», pero, como es invierno, debo contentarme con la modesta *ribollita* toscana, una sopa de migas y verdura, y un vinito de la región que rastrilla el paladar. En los carteles que cuelgan de las paredes de su casa natal, uno de ellos recuerda que, en la década de 1350 a 1360, entre los mandados diplomáticos y administrativos que Boccaccio hizo para la Señoría florentina, figuró el que debió conmoverlo más: llevar de regalo diez florines de oro a la hija de Dante Alighieri,

Sor Beatrice, monja de clausura en el monasterio de Santo Stefano degli Ulivi, en Rávena.

Descubrió a Dante en Nápoles, de joven, y desde entonces le profesó una admiración sin reservas por el resto de la vida. En la magnífica exposición que se exhibe en estos días en la Biblioteca Medicea Laurenziana de Florencia —*Boccaccio: autore e copista*—, hay manuscritos suyos, de caligrafía pequeñita y pareja, copiando textos clásicos o reescribiendo en 1370, de principio a fin, veinte años después de haberlas escrito, las mil y pico de páginas del *Decamerón* que poco antes había querido destruir (era un hombre contradictorio, como buen escritor). Allí se ve a qué extremos llegó su pasión dantesca: copió tres veces en su vida la *Comedia* y una vez la *Vita Nuova*, para difundir su lectura, además de escribir la primera biografía del gran poeta y, por encargo de la Señoría, dictar cincuenta y nueve charlas en la iglesia de Santo Stefano di Badia explicando al gran público la riqueza literaria, filosófica y teológica del poema al que, gracias a él, comenzó a llamarse desde entonces «divino».

En Certaldo se construyó hace años un jardín que quería imitar aquel en el que las siete muchachas y los tres jovencitos del *Decamerón* se refugian a contarse cuentos. Pero el verdadero jardín está en San Domenico, una aldea en las colinas que trepan a Fiesole, en una casa, Villa Palmieri, que todavía existe. De ese enorme terreno se ha segregado la Villa Schifanoia, donde ahora funciona el Instituto Universitario Europeo. Aquí vivió en el siglo XIX el gran Alejandro Dumas, que ha dejado una preciosa descripción del lugar. Nada queda, por cierto, de los jardines míticos, con lagos y arroyos murmurantes, cervatillos, liebres, conejos, garzas, y del soberbio palacio donde los diez jóvenes se contaban los picantes relatos que tanto los hacían gozar, descritos (o más bien inventados) por Boccaccio, pero el lugar tiene siempre mucho encanto, con sus parques con estatuas devoradas por la hiedra y sus laberintos dieciochescos, así como la soberbia visión que se tiene aquí de toda Florencia. De regreso a la ciudad vale la pena hacer un desvío a la diminuta aldea medieval de Corbignano, donde todavía sobrevive una de las casas que habitó Boccaccio y en la que, al parecer, escribió el *Ninfale fiesolano*; en todo caso, muy cerca de ese pueblecito están los dos riachuelos en que se convierten Africo y Mensola, sus personajes centrales.

Todo este recorrido tras sus huellas es muy bello pero nada me emocionó tanto como seguir los pasos de Boccaccio en Certaldo y recordar que, en este reconstruido local, pasó la última etapa de su vida, pobre, aislado, asistido sólo por su vieja criada Bruna y muy enfermo con la hidropesía que lo había monstruosamente hinchado al extremo de no poder moverse. Me llena de tristeza y de admiración imaginar esos últimos meses de su vida, inmovilizado por la obesidad, dedicando sus días y noches a revisar la traducción de la *Odisea* —Homero fue otro de sus venerados modelos— al latín hecha por su amigo el monje Leoncio Pilato.

Murió aquí, en 1375, y lo enterraron en la iglesita vecina de los Santos Jacobo y Felipe, que se conserva casi intacta. Como en el Certaldo histórico no hay florerías, me robé una hoja de laurel del pequeño altar y la deposité en su tumba, donde deben quedar nada más que algunos polvillos del que fue, y le hice el más rápido homenaje que me vino a la boca: «Gracias, maestro».

Florencia, febrero de 2014

Lecciones de Tolstói

Leí *Guerra y paz* por primera vez hace medio siglo, en Perros-Guirec, un volumen entero de la Pléiade, durante mis primeras vacaciones pagadas en la Agence France-Presse. Escribía entonces mi primera novela y estaba obsesionado con la idea de que, en el género novelesco, a diferencia de los otros, la cantidad era ingrediente esencial de la calidad, que las grandes novelas solían ser también grandes —largas— porque ellas abarcaban tantos planos de realidad que daban la impresión de expresar la totalidad de la experiencia humana.

La novela de Tolstói parecía confirmar al milímetro semejante teoría. Desde su inicio frívolo y social, en esos salones elegantes de San Petersburgo y Moscú, entre esos nobles que hablaban más en francés que en ruso, la historia iba descendiendo y esparciéndose a lo largo y a lo ancho de la compleja sociedad rusa, mostrándola en su infinito registro de clases y tipos sociales, desde los príncipes y generales hasta los siervos y campesinos, pasando por los comerciantes y las señoritas casaderas, los calaveras y los masones, los religiosos y los pícaros, los soldados, los artistas, los arribistas, los místicos, hasta sumir al lector en el vértigo de tener bajo sus ojos una historia en la que discurrían todas las variedades posibles de lo humano.

En mi memoria, lo que más destacaba en esa gigantesca novela eran las batallas, la prodigiosa odisea del anciano general Kutúzov que, de derrota en derrota, va poco a poco mermando a las invasoras tropas napoleónicas hasta que, con ayuda del crudo invierno, las nieves y el hambre, consigue aniquilarlas. Tenía la falsa idea de que, si había que resumir *Guerra y paz* en una frase, se podía decir de ella que era un gran mural épico sobre la manera como el pueblo ruso rechazó los empeños imperialistas de Napoleón Bonaparte, «el enemigo de la humanidad», y defendió su soberanía; es decir, una gran novela nacionalista y militar, de exaltación de la guerra, la tradición y las supuestas virtudes castrenses del pueblo ruso.

Compruebo ahora, en esta segunda lectura, que estaba equivocado. Que, lejos de presentar la guerra como una virtuosa experiencia donde se forja el ánimo, la personalidad y la grandeza de un país, la novela la expone en todo su horror, mostrando, en cada una de las batallas —y acaso, sobre todo, en la alucinante descripción de la victoria de Napoleón en Austerlitz—, la monstruosa sangría que acarrea y las infinitas penurias e injusticias que golpean a los hombres comunes y corrientes que constituyen la inmensa mayoría de sus víctimas; y la estupidez macabra y criminal de quienes desatan esos cataclismos, hablando del honor, del patriotismo y de valores cívicos y marciales, palabras cuyo vacío y nimiedad se hacen patentes apenas estallan los cañones. La novela de Tolstói tiene mucho más que ver con la paz que con la guerra y el amor a la historia y a la cultura rusa que sin duda la impregna no exalta para nada el ruido y la furia de las matanzas sino esa intensa vida interior, de reflexión, dudas, búsqueda de la verdad y empeño de hacer el bien a los demás que encarna el pasivo y benigno Pierre Bezújov, el héroe de la novela. Aunque la traducción al español de *Guerra y paz* que estoy leyendo no sea excelente, la genialidad de Tolstói se hace presente a cada paso en todo lo que cuenta, y mucho más en lo que oculta que en lo que hace explícito. Sus silencios son siempre locuaces, comunicativos, excitan una curiosidad en el lector que lo mantiene prendido del texto, ávido por saber si el príncipe Andréi se declarará por fin a Natasha, si la boda pactada tendrá lugar o el atrabiliario príncipe Nikolái Andréievich conseguirá frustrarla. Prácticamente no hay episodio en la novela que no quede a medio contar, que no se interrumpa sin hurtar al lector algún dato o información decisivos, de modo que su atención no decaiga, se mantenga siempre ávida y alerta. Es realmente extraordinario cómo en una novela tan vasta, tan diversa, de tantos personajes, la trama narrativa esté tan perfectamente conducida por ese narrador omnisciente que nunca pierde el control, que gradúa con infinita sabiduría el tiempo que dedica a cada cual, que va avanzando sin descuidar ni preterir a nadie, dando a todos el tiempo y el espacio debidos para que todo parezca avanzar como avanza la vida, a veces

516

muy despacio, a veces a saltos frenéticos, con sus dosis cotidianas de alegrías, desgracias, sueños, amores, fantasías.

En esta relectura de *Guerra y paz* advierto algo que, en la primera, no había entendido: que la dimensión espiritual de la historia es mucho más importante que la que ocurre en los salones o en el campo de batalla. La filosofía, la religión, la búsqueda de una verdad que permita distinguir nítidamente el bien del mal y obrar en consecuencia es preocupación central de los principales personajes, incluso los jerarcas militares como el general Kutúzov, personaje deslumbrante, quien, pese a haberse pasado la vida combatiendo —todavía luce la cicatriz que le dejó la bala de los turcos que le atravesó la cara— es un hombre eminentemente moral, desprovisto de odios, que, se diría, hace la guerra porque no tiene más remedio y alguien tiene que hacerla, pero preferiría dedicar su tiempo a quehaceres más intelectuales y espirituales.

Aunque, «hablando en frío», las cosas que ocurren en *Guerra y paz* son terribles, dudo que alguien salga entristecido o pesimista luego de leerla. Por el contrario, la novela nos deja la sensación de que, pese a todo lo malo que hay en la vida, y a la abundancia de canallas y gentes viles que se salen con la suya, hechas las sumas y las restas, los buenos son más numerosos que los malvados, las ocasiones de goce y de serenidad mayores que las de amargura y odio y que, aunque no siempre sea evidente, la humanidad va dejando atrás, poco a poco, lo peor que ella arrastra, es decir, de una manera a menudo invisible, va mejorando y redimiéndose.

Ésa es probablemente la mayor hazaña de Tolstói, como lo fue la de Cervantes cuando escribió el *Quijote*, la de Balzac con su *Comedia humana*, la de un Dickens con *Oliver Twist*, de un Victor Hugo con *Los miserables* o de Faulkner con su saga sureña: pese a sumergirnos en sus novelas en las cloacas de lo humano, inyectarnos la convicción de que, con todo, la aventura humana es infinitamente más rica y exaltante que las miserias y pequeñeces que también se dan en ella; que, vista en su conjunto, desde una perspectiva serena, ella vale la pena de ser vivida, aunque sólo fuera porque en este mundo podemos no sólo vivir de verdad, también de mentiras, gracias a las grandes novelas.

No puedo terminar este artículo sin formular en público esta pregunta que, desde que lo supe, me martilla los oídos: ¿cómo fue posible que el primer Premio Nobel de Literatura que se dio fuera para Sully Prudhomme en vez de Tolstói, el otro contendiente? ¿Acaso no era tan claro entonces, como ahora, que *Guerra y paz* es uno de esos raros milagros que, de siglo en siglo, ocurren en el universo de la literatura?

Madrid, septiembre de 2015

Herederos de Necháiev

El asesinato del joven estudiante Ivanov, en noviembre de 1869, por una banda terrorista, causó una gran impresión en toda Rusia. Ivanov, que pertenecía al grupo, anunció a sus compañeros que había decidido apartarse de ellos. El jefe, Sergéi Necháiev, un discípulo del pensador anarquista Mijaíl Bakunin y autor de un folleto que circuló profusamente, *El catecismo de un revolucionario*, convenció a los miembros de la organización que había el peligro de que aquél los denunciara a la policía. Entonces lo ejecutaron. La policía zarista capturó muy pronto a la banda, menos a Necháiev, que había huido a Suiza; pero fue extraditado y murió en prisión en 1882.

Una de las buenas cosas que resultaron de ese crimen fue *Los demonios*, la novela de F. M. Dostoievski, que acabo de releer luego de muchos años, y que aquél escribió para mostrar su agrio rechazo de quienes, como la banda de Necháiev, creían que mediante la violencia podían resolver los problemas políticos y sociales, y, de una manera más general, buscaban fuera de Rusia, en la Europa culta, los modelos que a su juicio debía importar su país para convertirse en una sociedad moderna, próspera y democrática. Él era entonces, cuando hablaba de política, un «reaccionario», muy en contra de quienes, como Herzen y Turguénev, sostenían que para salir del despotismo zarista y la barbarie social, Rusia debía «europeizarse», volverse laica, romper con el oscurantismo religioso y optar por Gobiernos elegidos en vez del anacronismo zarista. Éstas habían sido las convicciones del Dostoievski joven, cuando era miembro del Círculo Petrashevski, de ideas socialistas, que en 1849 fue arrasado por la policía de Nikolai I, y él mismo condenado a ser ejecutado por fusilamiento. De hecho, fue víctima de un simulacro de ejecución y luego pasó cuatro años en Siberia. Lo ayudó a sobrevivir de aquella experiencia una conversión religiosa y una adhesión a las tradiciones populares y, se diría, un rechazo que lindaba con la xenofobia hacia toda aquella corriente intelectual «europeísta» que veía en los socialistas utópicos, como Saint-Simon, Fourier, Proudhon y Louis Blanc, las ideas y principios que podían salvar a Rusia del atraso y la injusticia en que estaba sumida.

Como Balzac, cuando escribía novelas, el «reaccionario» Dostoievski dejaba de serlo y se volvía alguien muy distinto; no precisamente un progresista, pero sí un enloquecido libertario, alguien que exploraba la intimidad humana con una audacia sin límites, escarbando en las profundidades de la mente o del alma (para designar de alguna manera aquello que sólo mucho después Freud llamaría el subconsciente) las raíces de la crueldad y la violencia humanas. En *Los demonios* se advierte de manera clarísima esta extraordinaria transformación. No hay duda que Sergéi Necháiev es el modelo que sirvió a Dostoievski para construir al personaje de Stépan Trofímovich Verjovenski, un ideólogo más o menos estúpido que para salvar a la humanidad está dispuesto primero a desaparecerla con crímenes, incendios y atrocidades diversas.

¿Pero, y al extraordinario Nikolái Stavroguin, el verdadero héroe de la novela, de dónde lo sacó? Para escribir ese capítulo, «La vida de un gran pecador», a Dostoievski no le bastaba recorrer el espectro de los tipos políticos, sociales o intelectuales de su tiempo; era indispensable que cerrara los ojos, se abandonara a la intuición y a la imaginación que, en su caso, como en el de Balzac, eran siempre más importantes que las ideas, y se dejara guiar por sus propios fantasmas hasta las raíces mismas de la crueldad humana, donde moran el espanto, las horribles tentaciones, aquellos demonios que, en la vida cotidiana, pasan muchas veces desapercibidos detrás de las buenas maneras que dictan las convenciones. Llamo «héroe» a Stavroguin porque creo que es uno de los personajes más genialmente concebidos en la historia de la literatura, pero muy consciente de que es la encarnación del mal, de todo lo que puede haber de repulsivo en un ser humano, un verdadero demonio. Como Balzac, tolerando a la hora de escribir sus novelas que sus instintos e intuiciones prevalecieran sobre sus convicciones, Dostoievski trazó en *Los demonios* una radiografía que permite a los seres humanos descubrir los fondos más tortuosos e indómitos de la personalidad, y la secreta raíz de buena parte de las ignominias que desafían a diario en todo el mundo aquello que llamamos la civilización, el frágil puentecillo en el que ésta se balancea sobre ese abismo estruendoso donde anidan los espantos.

Estoy en una pequeña aldea suiza rodeada de nieve, montañas y lagos, donde la vida parece muy sosegada y apacible; pero releer este libro soberbio me enseña que no debo confundir las apariencias con realidades, las que, a menudo, están a años luz de aquellas. Estos discretos caminantes y muchachas que hacen gimnasia con los que cambio venias y saludos en las mañanas, podrían, como el carismático Nikolái Stavroguin de la novela, clavarme un cuchillo por la espalda y echar luego mi cadáver a los perros o comérselo ellos mismos.

La novela me enseña también que en manos de los viejos maestros todo ya se inventó hace años y siglos, y que las vanguardias suelen «revolucionar» las formas que ya habían sido revolucionadas una y mil veces por los clásicos. En *Los demonios*, la astucia con que está concebido el narrador es deslumbrante, pero es dificilísimo comprobarlo cuando uno está capturado por el hechizo de la historia, por su lento y absorbente desarrollo. A primera vista la novela está narrada por un narrador personaje, don Antón Lavréntievich, un joven solterón que frecuenta los salones de Varvara Petrovna, es amigo de algunos personajes como Kirillov, Shatov y Piotr Verjovenski y se siente incluso muy atraído por Liza Tushina, aunque nunca se atreve a decírselo. Un narrador-personaje da un testimonio cercano de la historia, pues se cuenta a la vez que cuenta, pero también tiene sus limitaciones, pues sólo puede narrar aquello que ve, oye o le dicen, y no puede seguir a los otros personajes cuando se apartan de él y se repliegan en la intimidad. Sin embargo, de pronto, ya avanzada la novela, el lector descubre que aquel narrador-personaje se ha volatilizado y ha sido reemplazado por otro, el narrador omnisciente, capaz de narrar aquello que aquél no vio ni pudo ver ni saber, como son las sensaciones, emociones y pensamientos de los demás personajes cuando se alejan del que narra. Que haya dos narradores en la novela no incomoda en absoluto la lectura, es posible que muchísimos lectores ni siquiera lo adviertan, por la sutil manera en que se producen las mudas entre uno y otro narrador, que se alternan para contar la historia con tanta sabiduría. Sólo olvidándose de la historia y concentrándose en la manera que está contada se notan estos tránsitos. Y estas dos perspectivas desde las que la historia se cuenta son complementarias, acercan y alejan la visión, subrayando los silencios, las distancias y las emociones mediante las cuales el narrador mantiene la atención subyugada del lector.

Cuando Dostoievski comenzó a escribir *Los demonios*, a fines de 1869, estaba en Dresde, profundamente disgustado de su experiencia europea y lleno de nostalgia por su tierra natal. Creía estar escribiendo algo así como una diatriba contra la violencia política, pero su novela resultó mucho más que eso, una exploración profunda de la intimidad humana, de todas las violencias que padecemos y cometemos y se han cometido y cometerán. Él, cuando no escribía, creía que la salvación de Rusia estaba en buscar el remedio en su propia historia, en sus creencias y en su tradición. A sus lectores nos dejó, sin embargo, con la sensación de que, pura y simplemente, siendo los seres humanos lo que somos, no hay salvación.

Suiza, febrero de 2019

La historia omitida

Ver la bella Taormina sin turistas es tristísimo. Las casas aparecen colgadas de los cerros como a punto de descolgarse sobre un mar nublado; los hoteles, los bares, los restaurantes y las tiendas lloran de pena con sus dueños y empleados cruzados de brazos en las puertas, esperando a los imposibles clientes que los salven de la ruina. Pero en medio de esta desolación está esa fuerza de la naturaleza, Antonella Ferrara, que ha hecho posible este milagro: que el festival literario Taobuk se celebre un año más, y con Svetlana Alexiévich, la periodista bielorrusa que ganó el Premio Nobel de Literatura, como invitada de honor. La ceremonia tendrá lugar en el bellísimo teatro griego (que es, en realidad, romano), como siempre.

Aunque adoro Taormina, y Sicilia, yo estoy aquí por Svetlana, sobre todo. Leí este año su libro sobre Chernóbil (*Voces de Chernóbil*) y, creo que por primera vez en la vida tuve ganas de conocer a su autora y conversar con ella. La conversación se frustró, porque ella habla sólo ruso, además del bielorruso, y andaba con una traductora que era búlgara, lo que no facilitaba las cosas. Es una mujer muy sencilla, de setenta y dos años, que estudió y se ha dedicado al periodismo toda su vida y ahora está en problemas con el chacal que aterroriza su país hace veintiséis años —Alexandr Lukashenko— porque ella es uno de los siete líderes del Consejo de Coordinación que dirige la oposición contra el fraude electoral que aquél perpetró recientemente para eternizarse en el poder. Luego de Taormina, Svetlana se refugiará en Alemania, porque teme ser detenida en Minsk, donde reside.

En *Voces de Chernóbil*, y supongo que en sus otros reportajes publicados en revistas y periódicos, y recogidos luego en libros, ella dialoga con centenares de hombres y mujeres sobre el hecho central, y luego transforma esas conversaciones en monólogos de personas aisladas o de grupos humanos, que vierten una gran diversidad de opiniones y despliegan un riquísimo muestrario sobre lo ocurrido —en el caso de Chernóbil, el estallido de uno de los cuatro reactores de la central nuclear—, que permiten al lector hacerse una opinión al respecto o, como en este caso, flotar en un mar de dudas.

¿Qué pasó realmente en esa pequeña ciudad ucrania, situada muy cerca de la frontera bielorrusa y rusa, el 26 de abril de 1986 a la una y veintitrés minutos de la madrugada, cuando, debido a la explosión, quedó destruido el cuarto bloque energético y el edificio que lo contenía, de aquella central nuclear? Nos enteramos del hecho de una manera fragmentaria: por la esposa recién casada de un bombero, que es llamado a apagar el incendio y que parte allí como está, con un pantalón y una camisita sin mangas. Y por los gatos aprensivos que súbitamente dejan de comerse a los millares de ratones muertos que aparecen en las calles. La esposa del bombero volverá a encontrar a su marido en un hospital de Moscú, días más tarde, agonizando, con el cuerpo cubierto de llagas putrefactas, y los gatos de Chernóbil perecerán también, contaminados por las radiaciones o abatidos por los soldaditos a quienes han comisionado para no dejar un animal vivo en la región que pueda contagiar a la gente. Así van apareciendo campesinos, maestros, dirigentes políticos, adolescentes, ancianos, médicos, historiadores, militares, pastores, y esos extraños oficios surgidos de la nada, los merodeadores, las dosimetristas, los liquidadores, y los abuelitos de aquella niña aterrorizada que se ahorcó.

Eran los tiempos de Gorbachov y de la *perestroika* y aquél quería salvar el comunismo y la URSS, abriendo el diálogo y con asomos de libertad por todas partes. Pero ya era muy tarde, el comunismo y la URSS estaban muertos y enterrados, y las apariciones en la televisión del nuevo líder, calmando los ánimos, asegurando que en Chernóbil se había restablecido la normalidad, no las creía nadie, y principalmente los que, en la larguísima zona afectada, seguían contagiándose, enfermando, muriendo, y las mujeres pariendo niños calvos, sin dedos, sin orejas y sin ojos. Las iglesias se llenaban de gente y los comisarios lloraban a lágrima viva con los cuerpos atacados por los *rem* o los *roentgen*, que habían aprendido a diferenciar al fin, inútilmente.

Pocas veces he leído un libro tan estremecedor, que tan claramente presentara el porvenir que nos espera si seguimos siendo tan suicidas y estúpidos de repletar el mundo de centrales nucleares que podrían desaparecernos, como a las víctimas de Chernóbil, en una escabechina mundial, de la que no se escaparía nadie, salvo, tal vez, alguna especie de bacterias medio seres vivientes, medio piedras.

La mujer que lo escribió, Svetlana Alexiévich, está frente a mí y no ha perdido la razón escribiendo esas páginas explosivas. Come despacio, con algún apetito, apartando los velos que le cubren a medias la cara, y que, según las lenguas viperinas, se deben a las radiaciones que sufrió mientras recolectaba aquellos materiales de Chernóbil. No es cierto, por supuesto. Tiene la cara limpia y diáfana. Pasando por el ruso y el inglés, que ella apenas chapurrea, le digo que su libro me dejó desvelado varias noches, y ella me pregunta por los incas. ¿Existe mucha literatura sobre su mitología? Le digo que sí, pero, como aquéllos no conocían la escritura, fueron los cronistas españoles los que recogieron los primeros testimonios sobre los dioses y milagros del Incario. Svetlana no conoce América Latina y le gustaría ir allá, alguna vez.

No le pregunto, por supuesto, lo que en su libro no dice y tampoco en la espléndida serie que se hizo sobre él, y que nadie sabe y que, por supuesto, nunca nadie sabrá: ¿qué fue exactamente lo que pasó en Chernóbil aquella noche de espanto? ¿Quién tuvo la culpa? ¿Fue un error humano? ¿Fue una máquina mal concebida? ¿Por qué explotó aquello que no debía explotar en ningún caso? Eran las preguntas que se hacían todos, empezando por Gorbachov, y que tanto en el libro como en la película subyacen a esa encuesta extraordinaria y casi perfecta de la que resultaron las *Voces de Chernóbil*. Preguntas que no tienen respuesta por una razón obvia pero inmencionable. Nadie lo sabe, o, mejor dicho, todos lo saben, pero no se puede ni se debe decir. ¿Por qué? Por una razón muy sencilla: porque todos somos culpables a la vez, por acción o por falta de acción. Desde el funcionario de última categoría que falseaba sus informaciones para ponerse en valor y justificarse en su trabajo, hasta el director de la central que hacía lo mismo, y por las mismas razones que el último de sus empleadillos, para hacer saber a sus jefes que allí sí marchaban bien las cosas, porque había alguien que sabía hacer su trabajo, etcétera. Todos alteraban un poquito o mucho la verdad, porque no podían hacer otra cosa sin debilitarse y volverse vulnerables a las sanciones y a la silenciosa lucha contra todos que era la vida dentro del sistema. ¿Quién, qué falló? Todos y ninguno, nadie falló, simplemente ocurrió así, y no es posible ni conveniente perder el tiempo tratando de averiguarlo. Lo mejor —y en eso están la genialidad del libro y de la serie— es callar y tratar de hacer frente a las consecuencias de lo ocurrido, aunque sea suicidándose, como ese profesor que se vuela la tapa de los sesos, después de descalzarse, como todas las noches.

Me despido de Svetlana Alexiévich diciéndole que la admiro mucho, que pocos escritores han hecho por la literatura de este tiempo lo que ella escribiendo un libro que creía era sólo periodismo.

Madrid, octubre de 2020

3. Bibliotecas, librerías y universidades

Cambridge y la irrealidad

«Cambridge es el limbo —me habían advertido—. Te aburrirás y terminarás sintiéndote un fantasma». Lo cierto es que no me he aburrido estos meses aquí, pues, como mis obligaciones eran mínimas —una clase por semana— he tenido tiempo de sobra para las cosas que me gustan: leer y escribir. Cada lunes a medianoche, además, durante quince semanas he podido ver o volver a ver, en un cine-club, las películas de Buñuel, y, un trimestre, aprendí muchas cosas asistiendo a un seminario sobre novelas de caballerías.

Pero es cierto que he vivido este tiempo con una sensación de irrealidad. El modelo de universidad que Cambridge representa ha desaparecido o está en vías de desaparecer en el mundo (para ser reemplazado nadie sabe todavía por qué) pero aquí sigue gozando de buena salud y se diría que esta comunidad ni se ha enterado de la crisis universitaria. Muchas cosas han cambiado desde que, a mediados del siglo XIII, unos clérigos vinieron a instalarse con sus discípulos a orillas del río Cam, pero da la impresión de que al menos en dos hay una continuidad entre aquellos fundadores y sus descendientes. La primera, en considerar que aquí se viene sobre todo a estudiar y a enseñar y, la segunda, en entender estas actividades más como un fin en sí mismas que como un medio. La idea de que el saber es algo desinteresado, que encuentra en su propio ejercicio su justificación, no figura en los escudos de Cambridge, pero parecería ser la concepción secreta que sostiene esta universidad. Síntoma de ello es, sin duda, la abundancia de disciplinas *imprácticas*, empezando por las «divinidades» y terminando por la formidable colección de materias clásicas, que todavía es posible estudiar en Cambridge. El catedrático de portugués se sorprendió mucho de que yo me sorprendiera cuando me contó, después de explicarme el programa de su cátedra, que este año sólo tenía un estudiante.

Hace unas semanas murió en Cambridge el legendario F. R. Leavis, que fue durante varias décadas el crítico literario más influyente en los países de lengua inglesa. En una polémica célebre con C. P. Snow, en la que éste —literato y científico— defendió la tesis de que era preciso reorganizar la universidad de acuerdo a las necesidades científicas y tecnológicas de la nación, Leavis, en unos artículos de tanta vehemencia como brillo, sostuvo lo contrario. Formar los cuadros profesionales que la sociedad requiere, dijo, debería encomendarse a institutos y escuelas politécnicos. La función de la universidad no es utilitaria. Consiste en garantizar la perennidad de la cultura y, para ello, es indispensable preservarla como un enclave donde se estudie, se investigue y se especule *libremente*, con prescindencia del provecho tangible e inmediato que pueda resultar de ello para la sociedad. Un rumor que hacían correr, en los años de aquella polémica, los adversarios del doctor Leavis —el último crítico literario convencido de que la literatura podía mejorar el mundo— era que su universidad ideal sería aquella donde el programa de estudios, de cualquier especialidad, tendría como eje los cursos de literatura y éstos, a su vez, girarían obligatoriamente en torno a la literatura inglesa.

Yo me refería a otra «irrealidad»: la condición de privilegio en que se halla el universitario de Cambridge. Hay un profesor por cada seis alumnos y el estudiante, ahora como en el pasado, se halla inmerso en dos sistemas simultáneos e independientes: la Universidad y el *College*. La Universidad le ofrece los cursos, las conferencias, las prácticas y le toma exámenes. En el *College*, que es donde vive, recibe clases individuales de «supervisores» —tantos como cursos lleva— que, a la vez que complementan su enseñanza, vigilan sus progresos. Son condiciones extraordinariamente favorables; la contrapartida es la severa exigencia: entiendo que ser desaprobado una vez equivale a ser expulsado.

¿Es esta exigencia la que ha mantenido apolítica a la universidad? ¿Es, simplemente, porque no tienen tiempo que los estudiantes no hacen política? Supongo que, al menos en parte, es la razón. Alguna vez me he asomado a los paraninfos donde hablaban luminarias políticas de paso. Nunca tuve dificultad en entrar y el desinterés de la gente era visible, lo que no ocurre cuando vienen estrellas intelectuales. (Por ejemplo, Karl Popper, a quien no pude escuchar porque las entradas para su charla se agotaron con dos meses de antelación). Me dicen que incluso durante los sesenta, cuando la onda política que recorrió las universidades europeas también llegó (débilmente) a Gran Bretaña, aquí en Cambridge no se sintió y que la única vez que las organizaciones de estudiantes realizaron míti- nes callejeros fue —en esos años— pidiendo más cunas maternales. He oído criticar el apoliticismo de Cambridge: una universidad así formaría ciudadanos incompletos. Quizá esto sea menos grave, más remediable en todo caso, que el fenómeno contrario, el que se da en el Perú, por ejemplo, donde la universidad forma buenos militantes políticos y *nada más que eso*.

Hay, de otro lado, el mundo de los ritos, esa tradición que, pese a todo —varios *colleges* aún se niegan a admitir mujeres—, se mantiene. Las críticas dicen que el tipo de vida que llevan aquí los estudiantes fomenta el esnobismo y el prejuicio social. ¿Es posible que, en 1978, a estos jóvenes todavía se les tienda las camas y se les sirva la comida como en un hotel de lujo? Y esas togas, ceremonias y acciones de gracias en latín ¿no son anacronismos? En una época estos ritos podían ser vistos como expresión formal de una sociedad de castas rígidamente separadas, una sola de las cuales tenía acceso a la universidad. Hoy no tienen el mismo sentido, pues Cambridge es «elitista» pero no clasista. Los estudiantes ingresan aquí por mé- ritos intelectuales, no familiares ni sociales, y sus estudios y su vida están garantizados sea cual sea el nivel económico de sus familias. (El sistema universitario inglés es democrático; no lo es, en cambio, el escolar, donde las diferencias entre la escuela privada y la pública son profundas). Esos ritos, aparte de tener un encanto teatral, son laicos, no tienen las implicaciones sombrías que los que acompa- ñan a la vida castrense y a la religiosa, y pueden entenderse como una voluntad de ser fiel a la idea de cultura y civilización que Cam- bridge simboliza.

Un peligro de transformar la universidad en fábrica de profe- sionales es que, con la desaparición de la vieja universidad, se suele venir abajo una fuente de fermento y preservación de la cultura de un país, que ninguna otra institución reemplaza. En muchas par- tes, acabar con la universidad «elitista» de antaño no ha servido de gran cosa, pues la nueva sólo produce hasta ahora caos y frustra- ción, además de títulos. Es sensato que los contribuyentes de un país acepten el sacrificio que significa una universidad como Cambridge, pues, como creía el impetuoso doctor Leavis, a la larga es el saber no utilitario, el que se adquiere y forja por curiosidad y placer, el más útil para un país. Un día que unos jóvenes me invitaron a cenar a Trinity College, luego de mostrarme, en el alto refectorio, los retratos del rollizo fundador, Enrique VIII, y de dos ex alumnos ilustres —Byron y Tennyson— distraídamente me informaron: «¿Sabía que este *College* tiene más premios Nobel que Francia?».

Cambridge, abril de 1978

Reflexiones sobre una moribunda*

I

Quisiera comenzar estas reflexiones con una anécdota que me ocurrió a fines de 1967, en Italia. La editorial Feltrinelli, de Milán, acababa de publicar una novela mía y me invitó para la aparición del libro. En el programa que organizó, figuraba una conferencia mía en la Universidad de Turín, sobre la novela latinoamericana. Había preparado la charla con cuidado porque el tema me gustaba (había descubierto la novela latinoamericana con retraso, pero estaba encantado con el descubrimiento y la leía sin descanso). Puedo decir que la tarde que salí de Milán rumbo a Turín, con mis papeles en el bolsillo, acompañado de dos amigos, Valerio Riva y Enrico Philippini, entonces editores y ahora periodistas, me sentía ilusionado.

Al llegar a las puertas de la universidad, me sorprendió descubrir que el vetusto centro de estudios tenía un semblante sanmarquino: paredes y ventanas pintarrajeadas con eslóganes, cristales pulverizados, puertas tapiadas, racimos de jóvenes en los techos, armados de palos como para repeler una invasión. Sí, la Universidad de Turín estaba de *sciopero*, ese deporte italiano que se volvería pronto más popular que el fútbol.

Íbamos a emprender la retirada, cuando la puerta de la universidad se abrió y apareció una comisión de recibimiento. La presidía una joven profesora. Era hispanista y parecía una reina de belleza. Se dirigió a mí de inmediato: «¿Era yo el dirigente revolucionario

---

* Estas reflexiones fueron inicialmente una conferencia dictada en diciembre de 1979, en Lima, dentro de un ciclo sobre la ciencia y la universidad que organizó la Universidad Cayetano Heredia. A base de las notas que usé para aquella charla escribí luego estos seis artículos que aparecieron en la revista *Caretas*. (N. del A.)

sudamericano?». Le expliqué que era apenas un novelista del Perú. Hubo entonces, en los comisionados, desconcierto. ¿No veníamos acaso de donde Feltrinelli? Sí, de allí veníamos. ¿Y entonces? Ellos tenían todo dispuesto para recibir al revolucionario latinoamericano que les habían prometido. Los estudiantes estaban reunidos en el gran auditorio, esperándolo. Curiosos, sin duda, por familiarizarse con las experiencias estudiantiles de América Latina, que podían serles útiles en esos momentos (habían capturado la universidad hacía una semana). ¿Cómo era posible que, en vez de ese plato fuerte, Feltrinelli les fletara a un novelista que, encima de ser un dudoso revolucionario, para colmo de colmos vivía expatriado hacía diez años en Europa? Roído por los complejos, yo quería desaparecer de allí cuanto antes, pero, al final, tuve que rendirme a la solución granguiñolesca que tramaron para el malentendido mis amigos editores y la bella hispanista. Es decir, penetrar en el recinto ocupado por los huelguistas turineses y, para evitar a éstos una decepción, adoptar la sugestiva identidad de un dirigente universitario latinoamericano que venía a compartir experiencias con sus colegas italianos. Obviamente, la conferencia que yo había preparado era impronunciable en esas circunstancias. «De ninguna manera, ustedes tres serían linchados», decía la reina de belleza.

Entré a la ciudadela y, escarbando en el recuerdo de mis años de estudiante sanmarquino y de delegado al Centro Federado de Letras, y de un remoto libro de Gabriel del Mazo, improvisé una charla sobre la reforma universitaria: las luchas estudiantiles y sus reivindicaciones, en la década del veinte. Salí del apuro mal que mal. Como mi auditorio no parecía saber una palabra de lo que había sido el movimiento por la reforma universitaria en América Latina, no me lincharon y hasta se mostraron amables. Algunas de las aspiraciones de la reforma —el derecho de tachar a los profesores, el tercio estudiantil en el gobierno de la universidad, las cátedras paralelas y la solidaridad obrero-estudiantil— les causaron buena impresión y les abrieron tal vez el apetito. En esa época, la radicalización de las universidades italianas no iba tan lejos como para fijarse todas esas metas, o en esas proporciones. Después, como es sabido, los muchachos italianos se han puesto al día y no tienen ya nada que envidiarnos. Sus universidades se han seguido radicalizando y ahora, algunas de ellas, como la de Bolonia, han

534

dejado atrás en materia de radicalismo a cualquier centro de estudios sudamericano. Cito a Bolonia, esa universidad casi milenaria, porque está muy de moda: de sus aulas han salido algunos de los más inspirados teóricos del terrorismo contemporáneo (otro deporte que se populariza como el *sciopero* en Italia). Bien, esta historia que cuento terminó como debía, a la italiana, en una *trattoria*, tomando vino y tratando (infructuosamente) de seducir a la hispanista.

¿Por qué esta anécdota? Por dos razones. La primera, para recordar que la crisis universitaria no es un fenómeno peruano, ni latinoamericano, sino que ha hecho mella también —lo ocurrido en mayo del 68 en París fue la prueba concluyente— en sociedades de alta cultura, con una tradición universitaria de muchos siglos. Francia, Italia, España, Alemania y otros países europeos han experimentado o experimentan, como Perú, Colombia, México, Venezuela, una crisis profunda de su sistema universitario, y, desde hace años, dan manotazos de ciego en busca de una solución que no parece fácil ni inmediata. En todos estos países, las universidades viven un trauma. Ese trauma comenzó a hacerse flagrante, en América Latina, hace medio siglo, en la época en que estallaron las luchas por la reforma universitaria. Ésa es la otra razón de la anécdota: asociar —como en la folletinesca charla de Turín— la crisis de la universidad y la reforma, aquel movimiento cuyo espíritu y orientación, de un modo u otro, por acción o por reacción, preside desde los años veinte el destino de la universidad latinoamericana.

Quisiera dejar en claro que, cuando hablo de la crisis de la universidad, me refiero únicamente a la universidad nacional, pues el caso de las universidades privadas no es idéntico. Si ellas padecen una crisis, no es ni tan profunda ni de la misma naturaleza que la de aquélla.

El movimiento reformista, que se inició en la ciudad argentina de Córdoba a principios de los años veinte, repercutió en toda América y sus consecuencias fueron grandes, pero más políticas que universitarias. O, mejor dicho, el saldo positivo del movimiento por la reforma se dio en el campo político, en tanto que en el universitario tengo la impresión de que este saldo ha sido más bien negativo. Entre los resultados políticos de signo positivo, hay que señalar que muchas promociones y partidos —como es el caso del

APRA, en el Perú— tuvieron, en el movimiento por la reforma, un principio de gestación, un coagulante generacional, y recibieron de él impulso, audiencia popular y algunas banderas ideológicas.

Es axioma que el movimiento por la reforma sensibilizó a la universidad sobre los problemas sociales y la democratizó, abriendo sus aulas a capas de la sociedad que antes permanecían excluidas de ella y haciéndola más permeable a las ideas de vanguardia.

Esto es cierto y nadie puede negar que ello resultó benéfico para los claustros. Desde luego que es bueno —más, imprescindible— que la universidad sea consciente de la problemática del país propio, que reclute sus miembros no en uno sino en todos los sectores de la población y que sea receptiva a las ideas de avanzada. Aunque —y esto es muy importante— no sólo a ellas: también a las de retaguardia y a las de los flancos (para emplear esa terminología militar que los ideólogos han infligido al vocabulario cultural), porque la universidad es la tierra de elección de las ideas, el recinto a donde todas las ideas tendrían que llegar (además de nacer allí) para ser examinadas, criticadas y enfrentadas unas a otras. Ésta es una función clave de la universidad. De ese cotejo constante extrae su dinamismo y su utilidad pública y cuando no lo realiza porque deja de ser un hervidero de ideas en libertad y se convierte, por ejemplo, en un museo de ideas muertas (eso son los dogmas), entonces la universidad perece espiritualmente.

Ahora bien, los beneficios políticos que trajo el movimiento por la reforma han oscurecido el otro lado de la medalla. Pues lo que podríamos llamar la crisis de identidad de la universidad arranca, también, del proceso que se inició en Córdoba. La reforma acuñó una idea de universidad que era sencillamente impracticable, incompatible con el funcionamiento y los alcances de ningún centro de estudios superiores. La prueba de ello es que, al intentar materializar el modelo de universidad surgido con el movimiento por la reforma, se hizo trizas no sólo la vieja universidad oligárquica y feudal, sino la universidad a secas. En muchos casos, dejó de ser un centro de cultura para volverse una institución amorfa y desgraciada, que atraviesa crisis tras crisis sin encontrar su destino.

II

La reforma instituyó el dogma de la universidad como institución que no es ni debe ser un fin en sí mismo, sino un *instrumento*, el de que enseñar, aprender e investigar (el saber, en suma) es algo que sólo se justifica si la sociedad puede sacar de ello provecho mensurable. La prédica a favor de la universidad instrumental no nació con la reforma, venía de bastante atrás. En un célebre discurso sobre las profesiones liberales, que pronunció en 1900, Manuel Vicente Villarán acusó a la universidad de producir graduados de conocimientos imprácticos, pensadores literarios y juristas, en vez de los agricultores, colonos, empresarios, ingenieros, capaces de producir riqueza y modernizar el país.

La reforma fue más lejos; ella no quería que la universidad produjera industriosos capitalistas, sino revolucionarios. Hay que leer, para ver hasta qué punto la reforma concebía la universidad como una institución cuya meta es formar activistas y militantes, convertirse en una máquina de demolición de la sociedad burguesa, las páginas que le dedica José Carlos Mariátegui en los *Siete ensayos*. Mariátegui ve con simpatía el movimiento de la reforma porque le parece un aspecto —en el campo burgués y juvenil— de la lucha por la destrucción de la sociedad capitalista y su reemplazo por la socialista. La reforma dejó flotando en el aire de América la idea de que la universidad (y la cultura) no debía subordinar la política a sus fines y quehaceres sino subordinar éstos a la acción y los ideales políticos.

Esta concepción sigue hoy día en pie. Un ejemplo, entre muchos. El profesor Darcy Ribeiro, sociólogo brasileño, fundador de la Universidad de Brasilia y asesor durante algún tiempo de la dictadura militar peruana, en su libro sobre *La universidad peruana* (1974)* define así la misión de la universidad: «... Llevar adelante el proceso revolucionario en curso, anticipando dentro de la universidad las nuevas formas de estructuración social que ella deberá extender mañana a toda la sociedad» (pág. 22). Esto es lo que el profesor Ribeiro llama su «utopía concreta»: reformar la universidad a fin de «que sirva a la revolución necesaria». Es el mismo espíritu: la

---

* Darcy Ribeiro: *La universidad peruana*. Lima, Ediciones del Centro de Estudios de Participación Popular, 1974. *(N. del E.)*

universidad como arma de la revolución. (Dejemos en claro, de paso, que la revolución de la que habla Darcy Ribeiro no es la de Mariátegui sino la del finado general Velasco).

De otro lado, el movimiento de la reforma propuso soluciones erradas a problemas auténticos y creó falsas expectativas. La historia ha mostrado que querer materializar las utopías (que son siempre abstractas) puede tener consecuencias opuestas a las esperadas. ¿Podía de veras ser la universidad el vivero y el instrumento de la revolución socialista? El peligro está en que el socialismo se demore en llegar y en que, al refugiarse exclusivamente en la universidad, la paralice. O que la universidad, empeñada en representar en su seno el espectáculo revolucionario, se vuelva una caricatura de ambas cosas: de revolución y de universidad.

Una universidad deja de ser operante cuando cesa de hacer aquello para lo cual nació, y que ha seguido haciendo hasta ahora en los lugares (como Inglaterra, por ejemplo, uno de los países donde ha salido airosa de todas las crisis) en los que, aunque se han modernizado sus métodos, se ha conservado su espíritu tradicional, de fin en sí mismo, de institución forjada para ejercitar una vocación: la preservación, la creación y la transmisión de la cultura. Esta finalidad no es incompatible con la de formar buenos profesionales, esas gentes prácticas como quería Manuel Vicente Villarán, o dinamiteros de la sociedad burguesa, como quería Mariátegui, e incluso seudorrevolucionarios velasquistas, a condición de que ello sea una consecuencia de lo otro, un resultado complementario, lateral, de aquella vocación primera. Esta diferencia en la jerarquía de sus metas es la que existe, creo, entre las universidades que lo son y las que han dejado de serlo, aunque no lo hayan advertido.

Criticar a una universidad que se aparta de su finalidad constitutiva —preservar, crear y transmitir la cultura— o que la cumple mal, es legítimo, y ésa fue al principio la razón de la reforma: desapolillar las cátedras, abrirlas a las ideas y métodos nuevos que las viejas castas de profesores rechazaban por prejuicio o desconocimiento. Este aspecto del movimiento, en favor de la modernidad y el rigor, fue positivo y el ejemplo más alto de ello, en el Perú, fue el célebre Conversatorio en el que se dio a conocer, en San Marcos, esa generación de Raúl Porras, Jorge Basadre y Luis Alberto Sánchez que representa uno de los vértices de nuestra historia universitaria.

Pero el movimiento se convirtió luego en un proceso eminentemente político y eso lo sacó del cauce en el que debe concebirse y por lo tanto reformarse a la universidad.

Falla capital del movimiento por la reforma fue inculcar la creencia de que ser universitario era algo que concedía más derechos que deberes. El movimiento se proclamó defensor de los «derechos estudiantiles», dando por supuesto que los estudiantes eran trabajadores explotados y la universidad la empresa explotadora. Esto llevó a idear, para deficiencias ciertas, curas absurdas.

Veamos una de las reivindicaciones: la asistencia libre. En teoría, se trataba de proteger, no al estudiante perezoso, sino al pobre, aquel que no podía asistir a clases porque tenía que ganarse la vida trabajando. El remedio resultaba arriesgado y no era seguro que curase la enfermedad. Pues hay otras maneras de concretar esa intención loable, ayudar al estudiante sin recursos, como son los sistemas de becas y de préstamos, o de cursos vespertinos y nocturnos. Pero el único que, desde el punto de vista universitario, no tenía mucho sentido, y podía resultar altamente perjudicial, era el de exonerar al estudiante de ir a clases (lo que, en sociedades sin exagerado sentido de responsabilidad cívica, se traducía por: exonerarlo de estudiar). Con eso no se suprimía la pobreza, se ofrecían coartadas para la pereza y se daba carta de ciudadanía a esa especie numerosa: el universitario fantasma. En última instancia, se ponía a los profesores ante la alternativa terrorista de consentir que sus alumnos no estudiaran ni aprendieran y sin embargo aprobaran los cursos y obtuvieran títulos, o de aparecer, si no lo consentían, como cómplices de la explotación de los pobres.

En este ejemplo se ve la sutil distorsión que, por razones obviamente políticas, introduce la reforma en la universidad, partiendo de principios justos. Ayudar al estudiante sin recursos es una obligación de la universidad, claro está. Pero es evidente que esta ayuda sólo puede prestarla dentro de sus posibilidades, sin renunciar a sus funciones específicas. La asistencia libre es una de las falsas soluciones a un problema real con que la reforma lesionó a la universidad latinoamericana. Ocurre que la reforma no fue, en realidad, reformista: en vez de reformar, quiso revolucionar la universidad, cambiar sus raíces. En unos casos la volvió ingobernable; en otros, engendró la reacción contraria, atrayendo hacia ella la represión más severa, el establecimiento de sistemas verticales y antidemocráticos, donde campea la censura y el dogmatismo conservador, lo que fue igualmente nefasto. Como la demagogia y el caos, la dictadura anula también la universidad, al privarla de libertad, pues no hay cultura genuina sin pluralidad de ideas y sin crítica.

Una falsa expectativa originada por la reforma fue la gratuidad absoluta de la enseñanza universitaria. Es otro remedio de incierta eficacia para un auténtico mal. Desde luego que la gratuidad de la enseñanza es deseable. Pero el problema radica en saber si es realista. ¿Está en condiciones un país con recursos exiguos de establecer un sistema universitario que sea a la vez eficiente y gratuito? La solución irreal es siempre una falsa solución. Si una universidad debe pagar el precio de la enseñanza gratuita renunciando a contar con los laboratorios, equipos, bibliotecas, aulas, sistemas audiovisuales indispensables para cumplir con su trabajo y mantenerse al día, sobre todo en esta época en que el desenvolvimiento de la ciencia es veloz, aquella solución es una falsa solución. Si para mantener ese principio, la universidad ofrece a sus profesores sueldos de hambre y de este modo se ve privada cada vez más de docentes capaces, debido a que éstos se ven obligados a buscar otros trabajos, a menudo en universidades extranjeras, entonces la gratuidad de enseñanza es una falsa solución desde el punto de vista universitario. ¿Es una buena solución desde el punto de vista político? Dudo que lo sea. No ayuda a transformar la sociedad el que la universidad se estanque y el que sus graduados tengan una formación deficiente. Por el contrario, ello ayuda a mantener el país en el subdesarrollo, es decir, la pobreza, la desigualdad y la dependencia.

La manera como una universidad contribuye al progreso social es, justamente, elevando sus niveles académicos, manteniéndose al día con el desarrollo del saber, produciendo científicos y profesionales bien capacitados para diseñar soluciones a los problemas del país, empleando los recursos con que éste cuenta de la manera más apta. Para ello la universidad necesita de recursos y el Estado, en nuestros países, porque a menudo es pobre y porque casi siempre quienes deciden el empleo de sus recursos son incultos, no alcanza a cubrir las necesidades de la universidad. Tampoco es bueno que sea él sólo quien las cubra. La dependencia exclusiva del Estado puede recortarle independencia, aherrojarla políticamente. Para conjurar ese riesgo, es preciso que la universidad cuente con recursos propios. Uno de estos recursos, indudablemente, son los propios estudiantes. Desde luego que los universitarios sin medios no pueden verse privados del acceso a la universidad por esta razón, ni deberían erogar igual que los de familias de ingreso mediano o elevado. Pero pedir que, de acuerdo al ingreso familiar, contribuyan al mantenimiento del lugar en el que estudian, parece no sólo lógico sino ético. Este tipo de razonamiento, sin embargo, por culpa de los dogmas creados por la reforma ha pasado a ser inconcebible. Quien lo defiende es acusado de querer una universidad «elitista».

III

Uno de los blancos contra los que insurgió la reforma universitaria fue la universidad *elitista*. Éste es un galicismo que ha hecho carrera, se lo encuentra por doquier en la pluma o en la boca de quienes se ocupan de la crisis universitaria. Como ocurre con las palabras cuando se usan de manera ritual, sin precisar su significado, el concepto de universidad *elitista* —la lucha contra la universidad elitista— ha pasado a ser un tópico. El tópico que arraiga es fuente de confusión y de extravío. Por eso, vale la pena acercarse a este tópico y espiar qué hay detrás de él.

¿Qué es una universidad elitista? Si es una institución que selecciona a sus miembros en razón de su posición social, económica, ideológica o religiosa, o por su raza (como en la Colonia, donde indios y mestizos estaban prohibidos de estudiar en la universidad) no hay duda que ese género de discriminación es escandaloso e inaceptable. Ahora bien, si significa que selecciona a sus miembros en razón de su aptitud, todas las universidades del mundo son elitistas y no veo cómo se puede considerar ello un yerro moral o una falta contra la cultura. ¿Puede acaso funcionar una universidad abriendo sus puertas de manera indiscriminada y universal? Sostener que ello es posible, es crear falsas expectativas, abandonar la realidad concreta y, en brazos de la ideología, volar a la irrealidad. Esta operación —volar a la irrealidad— ha dado buenos resultados en el dominio artístico. En el político y social no: la perspectiva irreal enturbia la visión de los problemas. Para resolver un problema lo primero es conocerlo. Para ello el sentido común y el principio de realidad suelen ser más útiles que la ideología.

Es frecuente oír a derecha y a izquierda que hay que combatir el elitismo, que éste es el defecto de nuestra universidad. Conviene despejar ese malentendido. La universidad es, por naturaleza, elitista, pues sólo puede funcionar si selecciona a sus miembros. Lo importante es que haga esta selección con un criterio justo y realista. Justo quiere decir en estricta razón de su aptitud intelectual. Desde luego que debe ser repelido cualquier otro rasero discriminatorio. Pero, en este caso, la justicia no basta. Es imprescindible que la acompañe el realismo. La universidad debe recibir a quienes está realmente en condiciones de educar. Esas condiciones dependen, en parte, de las necesidades del país, y, principalmente, de las posibilidades de la propia universidad: sus recursos materiales e intelectuales. Cuando la universidad abandona este criterio realista comete una equivocación tan grave como cuando viola el principio de justicia en la selección. Cuando, como ha ocurrido en América Latina, a veces por razones políticas, a veces por razones comerciales, la universidad recibe más alumnos de los que está en condiciones de recibir, el resultado es, a corto o largo plazo, la merma sustantiva de su nivel intelectual, su empobrecimiento cualitativo. Y, repitámoslo, la cultura es cualidad del conocimiento antes que cantidad de conocimientos.

Contratar más profesores de los que puede razonablemente pagar para que tengan un nivel de vida decoroso es condenar al profesorado a la desmoralización o al heroísmo, obligarlo a dividir su tiempo en trabajos paralelos, a menudo clandestinos, para poder sobrevivir, y el corolario de ello es la baja de su rendimiento y dedicación. Abrir las puertas de la universidad a más estudiantes de los que caben en sus aulas, que puedan usar sus laboratorios, sus bibliotecas, o ser atendidos con seriedad por sus docentes, es provocar a la corta o a la larga el resquebrajamiento de la universidad, como cuando se mete un elefante en un cuartito de vidrio para protegerlo de la lluvia: al final el cuartito se hace trizas y el elefante termina empapado y además cortado.

Los problemas concretos no se resuelven con soluciones abstractas, los males de la realidad no se curan con saltos dialécticos hacia la irrealidad. Una universidad no deja de ser elitista porque en vez de tener diez mil tenga veinte mil almas, pero en cambio puede ocurrir, si ese crecimiento es desproporcionado con sus posibilidades, que ello la vuelva inoperante. Si para obtener una victoria estadística, la universidad sufre una derrota intelectual —baja del nivel de formación profesional, asfixia de la investigación, retraso ante el desenvolvimiento del saber en el resto del mundo—, ¿quién se beneficia con ello? ¿No resultan burlados millares de estudiantes en sus anhelos? ¿No se ven afectados en su trabajo y vocación los profesores? ¿Y no se ve engañado el país entero? El país, es decir, esa enorme masa de personas que, en efecto, no llegan a la universidad y de cuyo esfuerzo y sacrificio vive también la universidad, y que tienen por tanto el derecho de exigirle que cumpla con formar profesionales y técnicos capaces de lidiar con los desafíos del medio, investigadores y creadores equipados con los conocimientos y métodos más modernos para encontrar solución pronta y viable a sus problemas. Es a esa sociedad no universitaria a la que la universidad traiciona cuando se traiciona a sí misma, y, con el argumento de no ser elitista sino democrática, se empobrece espiritual y científicamente.

Una universidad no deja de ser democrática por ser elitista. Si las reglas de selección son justas y realistas y se aplican con honestidad, el principio básico de la democracia —que haya igualdad de oportunidades para todos— es respetado. La democracia no quiere decir que todos hagan las mismas cosas sino que puedan optar en principio por hacerlas. En el campo universitario, lo importante es tratar de crear las condiciones para que ese mismo punto de partida para unos y otros realmente exista.

Conozco las objeciones a lo que digo. ¿No es acaso una ilusión pensar que en un país con las desigualdades económicas y sociales del Perú, haya realmente justicia en la selección para el ingreso a la universidad? ¿Acaso los jóvenes de clase media o alta cuyos padres han podido enviarlos a buenos colegios, y que han tenido una niñez sin privaciones, no llegan mejor preparados a la universidad? ¿No indica ello que esta selección, aunque tenga la apariencia de ser hecha en función de la aptitud intelectual, se hace en el fondo a partir de los privilegios de clase y de fortuna? ¿No disimula esto una flagrante discriminación económica y social?

En la raíz de esta argumentación hay una dolorosa verdad. No hay duda que en un país subdesarrollado un muchacho de media o alta burguesía recibe casi siempre una mejor educación escolar que el hijo de un obrero o de un campesino (una buena parte de los cuales no reciben educación alguna), que son la mayoría de la sociedad, y no hay duda tampoco que ésta es una lacra que el país tiene la obligación moral de erradicar. Mi pregunta es: ¿se combate ese mal debilitando académicamente a la universidad? Si así fuera, en todos estos años en que la universidad se ha hundido más y más en la crisis, en parte por culpa de su «democratización» ficticia, ello habría aliviado el problema en algo. Ha ocurrido más bien lo contrario. Una democratización así concebida de la universidad es una falsa solución al problema de las desigualdades escolares y al más ancho de las desigualdades económicas y sociales del país.

Con una universidad de veras estudiosa y rigurosa, que forme cuadros capacitados y sensibles, esos problemas sociales tienen más posibilidades de aliviarse que mediante el sacrificio de sí misma. En cambio, el colapso académico de la universidad estatal no sólo no ha contribuido en nada a la lucha contra el subdesarrollo sino que ha apuntalado paradójicamente las desigualdades de la sociedad. No hay que olvidar que el desarrollo y la proliferación de universidades privadas es consecuencia directa de las deficiencias de la universidad estatal. No estoy contra las universidades privadas. En verdad, en países como el mío, ellas han venido a salvar a la universidad. Pero lo cierto es que esta división ha extendido a nivel universitario lo que ocurría en el campo escolar, y esta división entre centros de estudios superiores privados y estatales tiene por desgracia un contenido clasista que era mucho menos acusado en la universidad de antaño. Por eso es conveniente que el realismo y el sentido común prevalezcan cuando entran en colisión con la ideología. Ésta despega fácilmente hacia la quimera y las soluciones quiméricas traen casi siempre más perjuicios de los que quieren remediar.

Pretender corregir los yerros del sistema escolar mediante el empobrecimiento del nivel académico universitario es pretender curar a un enfermo contagiando la enfermedad a su vecino, es querer popularizar la cultura apuntando a los topes más bajos, como hace la televisión con sus programas para llegar a un público mayor. Eso no es popularizar la cultura sino la incultura. Las desigualdades del sistema escolar deben corregirse en el propio sistema escolar, mejorándolo cuantitativa y cualitativamente, o como consecuencia de una mejora de la condición general del país, que disminuya las diferencias entre sus clases. Pero no imponiendo a la universidad exigencias que, sin resolver aquellos problemas, sólo sirven para infligirle otros problemas, aparte de los que ya tiene.

IV

El factor que ha contribuido, más que ningún otro, al desplome intelectual de la universidad, ha sido la politización de los claustros. No soy partidario de la universidad apolítica, estrictamente técnica, que forma profesionales eficientes pero que es sorda y ciega para todo lo que no concierne a la especialidad. Ese género de educación fragmenta el saber, genera incomunicación social y, en última instancia, incultura. La cultura, repitámoslo, es cualidad y la universidad apolítica produce una cultura esencialmente cuantitativa. Alfonso Reyes escribió: «Querer encontrar el equilibrio moral en el solo ejercicio de una actividad técnica, más o menos estrecha, sin dejar abierta la ventana a la circulación de las corrientes espirituales, condena a los pueblos y a los hombres a una manera de desnutrición y de escorbuto. Este mal afecta al espíritu, a la felicidad, al bienestar y a la misma economía».

La universidad tiene la obligación de proporcionar, a la vez que conocimientos específicos, una formación general que familiarice al estudiante con las carencias y las urgencias de su realidad y forje en él la conciencia crítica, el compromiso moral ante tal situación. Esto es imposible si se prescinde de la política.

¿Qué clase de política debe propiciar la universidad? Aquella que constituye conocimiento, controversia de ideas, ejercicio intelectual, aprendizaje de la crítica. Es útil que los estudiantes analicen y discutan los problemas políticos; es sano que los partidos y sus dirigentes se vean confrontados con las aulas. Esta actividad completa la formación universitaria, sensibiliza al joven cívicamente, lo incita a participar en la vida pública y sirve, también, para elevar la propia vida política, obligándola a ser pensamiento e imaginación, algo más que mitin callejero, polémica de actualidad o cruda disputa por el poder. La política como tarea intelectual, si se practica dentro de un clima de respeto a la discrepancia, sin exclusivismos, es enriquecedora para la universidad pues mantiene a los claustros en ósmosis con la vida del país.

Pero nada de esto ha ocurrido. En América Latina la politización de la universidad ha tenido otras características y el resultado no ha sido acercarla al país sino encerrarla dentro de una muralla erizada de irrealidad ideológica. La política no entró a la universidad como quehacer intelectual sino como activismo partidario. La universidad se convirtió en un objetivo que debía ser capturado por las facciones políticas como una herramienta en su lucha por el poder, como un primer peldaño para llegar al Gobierno. La responsabilidad de los partidos que desde hace medio siglo han alentado esta acción es grave, pues lo que han conseguido con ello es dividir y distorsionar de tal manera a la universidad que en algunos momentos la han puesto al borde de la desintegración. Han conseguido, asimismo, que, en vez de que la universidad civilizara las costumbres políticas, éstas barbarizaran a la universidad.

Todos saben de qué hablo, todos los que pasan frente a esas fachadas pintarrajeadas con más faltas de ortografía que ideas lo descubren en el acto. Esa politización que ha tornado a los claustros monumentos a la suciedad y al abandono, también los ha socavado intelectualmente. Otra parte de responsabilidad incumbe, desde luego, a los docentes. Ellos admitieron que arraigara esa imagen falaz de la universidad como microcosmos de la estructura económica y social del país, en el que, por tanto, se podía ensayar esa toma de poder que, luego de haber capturado la universidad, llevaría a la facción victoriosa a controlar la sociedad. La universidad se convirtió en un teatro para representar a la revolución, con todos sus ingredientes: la huelga general, la lucha de clases, la destrucción de los grupos dominantes, la dictadura del proletariado, las purgas y la instauración del dogmatismo ideológico.

Este juego, que ha tenido escasas consecuencias políticas fuera de los claustros, ha sido trágico para la universidad. En vez de facilitar la toma del poder por los grupos que se enseñorearon de los claustros, ha atraído hacia ellos la represión o el desfavor del Estado. En el pasado, estos grupos fueron a veces de centro o de derecha. Hoy son exclusivamente de izquierda: ellos han «radicalizado» la universidad.

¿En qué ha consistido la radicalización? En el progresivo desplazamiento, en los organismos estudiantiles, de los más moderados por los más extremistas: lo que no quiere decir quienes proponen ideas más audaces sino eslóganes más estridentes o los que tienen mayor capacidad de intimidación. Este proceso afectó a las instituciones a través de las cuales la reforma quería democratizar la universidad. El cogobierno, en vez de fomentar el espíritu de responsabilidad del estudiante, fue a menudo un vehículo para promover a una facción y relegar y hostilizar a los adversarios. El criterio ideológico prevaleció con frecuencia en la provisión de cátedras, en la elaboración de programas, en el dictado de los cursos y hasta en la calificación de los exámenes.

El famoso derecho de tacha, aunque no *de iure*, funcionó *de facto*. El derecho de tachar a los profesores —uno de los ideales de la reforma— pretendía impedir la esclerosis de los cursos, obligar a los catedráticos a ser más exigentes consigo mismos. Es cierto que este derecho sólo fue reconocido excepcionalmente. Pero en la práctica se estableció un sistema de tacha de signo contrario. Desmoralizados ante la anarquía y los abusos que trajo la radicalización, muchos profesores se vieron en el disparadero de claudicar intelectual y moralmente para llevarse en paz con las facciones o alejarse de la universidad si querían llevarse en paz con su conciencia. Muchos de los que se quedaron, optaron por echarse el alma a la espalda, desinteresarse íntimamente del trabajo universitario, haciendo lo más poco y lo menos riesgoso. Esta dimisión facilitó el reinado del dogmatismo ideológico. De buen número de programas y departamentos fue eliminada toda forma de pensamiento distinta del marxismo (en sus variantes más primarias) y por falta de cotejo de doctrinas opuestas se impuso una visión esquemática y unilateral de la realidad.

Es grande la culpa de los docentes en este proceso. No fueron capaces de establecer reglas claras para evitar que el activismo sustituyera el debate intelectual, el análisis y la crítica seria. Lo cierto es que hubo entre ellos quienes utilizaron la agitación y la querella militante para eliminar a quienes les hacían sombra y obtener ventajas personales. Luego, un buen día, muchos fueron atrapados por la maquinaria que habían contribuido a poner en marcha y se vieron, a su vez, desilusionados, discriminados, impulsados a partir.

La radicalización de la universidad estatal ha alejado de ella a hombres valiosos, a los que desvió hacia la universidad privada o el extranjero. La contrapartida de esta hégira ha sido, a veces, que docentes mal preparados y aun incapaces los reemplazaran y que fueran ellos los que atizaran la radicalización para hacer méritos políticos, ya que no estaban en condición de hacer méritos intelectuales. Ha servido también para matar la vocación académica de muchos jóvenes. Es sintomático que, en el Perú, en los últimos años, la mayoría de los estudios históricos, sociológicos, económicos importantes sean de investigadores que trabajan en universidades privadas o en institutos independientes. La conclusión es instructiva: para seguir fieles a su vocación muchos de esos autores, que procedían de la universidad estatal, tuvieron que apartarse de ella.

Quienes se marchan no son siempre gentes hostiles al marxismo. Nada de eso. Los propios marxistas, si plantean su trabajo a un alto nivel de rigor, resultan con frecuencia víctimas del dogmatismo, como los llamados reaccionarios. Pues el dogmatismo ideológico significa sobre todo abaratamiento intelectual, reemplazo del esfuerzo y la imaginación por la rutina del lugar común.

La universidad ha perdido contactos que le hubieran sido útiles, posibilidades de intercambio con otras universidades, de ayuda de centros de estudio y fundaciones extranjeras en razón del puro prejuicio político. De este modo, se ha sido hundiendo en una crisis que parece cada día más profunda e irreversible.

V

Quisiera referirme por lo menos a una de las manifestaciones prototípicas de la radicalización universitaria: la huelga. Cierto que ella es inseparable de la democracia, un derecho que sólo los Estados autoritarios —neofascistas o comunistas— no toleran. ¿Significa esto que una universidad democrática debe admitir huelgas en su seno? La huelga es un arma legítima de los trabajadores en defensa de sus derechos, cuando considera que estos derechos no son reconocidos por las empresas. La legislación democrática, por lo demás, no sólo legitima las huelgas: también las reglamenta. Me pregunto cómo una institución congénita al mundo de la producción puede trasplantarse al ámbito de la universidad. El trabajador es un hombre que, según el propio marxismo, alquila su fuerza de trabajo al dueño de los medios de producción y cuando considera que éste incumple el pacto que los une, y la vía de la negociación se cierra, le retira esta fuerza.

¿Cómo, en qué forma, de qué modo se puede homologar esta relación trabajador-empleador con la del estudiante y la universidad? Es patente que el universitario y los claustros no encarnan los antagonismos de interés entre un obrero y un patrón, ni que estudiar en la universidad pueda ser equiparable a alquilar la fuerza de trabajo. La comparación sólo es posible a partir de un malentendido: confundir a la universidad con un vivero de la revolución, un espacio que refleja el todo social como un espejo y en el que, por tanto, se pueden ensayar y perfeccionar las tácticas e instituciones revolucionarias. Cuando los estudiantes y los maestros —pues se han visto casos en que han sido los docentes quienes propiciaban las huelgas— dejan de trabajar, no perjudican los intereses de ningún patrón sino los suyos propios. Esta operación, si no fuera trágica para la cultura del país, sería cómica, pues recuerda a ese niño que amenazaba a sus padres con darse de cabezazos contra la pared si no le permitían ver la televisión. Pero ese niño tenía cinco años, la que no es habitualmente la edad cronológica de un universitario, aunque, en el caso de algunos, parezca su edad psicológica.

La mejor manera de deslindar este malentendido es volviendo al principio de las cosas. En verdad, no se trata de algo abstruso. En cualquier país, pero sobre todo en países con las desigualdades y problemas de los latinoamericanos, un universitario, docente o alumno, no es un trabajador víctima de la explotación: es un privilegiado. Pues tiene una educación primaria y secundaria y está teniendo una superior, algo que apenas logra una minoría, y eso es algo que sólo se alcanza, además del esfuerzo propio, por el sacrificio de los otros, aquellos que con su trabajo y también con su miseria sostienen a la universidad. Así, quienes gozan del privilegio de ser universitarios, tienen contraída una profunda deuda moral con quienes han hecho posible que esos claustros existan y funcionen y que ellos estén allí. Y esa responsabilidad los impele ante todo a sacar el máximo provecho de la universidad en lo que ella es: el lugar donde se preserva, se forja y se transmite la cultura. Eso quiere decir estudiar, formarse y capacitarse científicamente. Desde luego que parte de esta formación es adquirir una conciencia cívica y que puede ser, asimismo, contraer un compromiso político, una militancia. Pero esto último sólo debería ser consecuencia, complemento de lo primero, que es lo primordial. Porque es la capacitación intelectual la que permitirá más tarde al universitario retribuir el privilegio que la sociedad le ha concedido, contribuyendo, desde su vocación particular, a la solución de los males del país.

La radicalización de la universidad tiene consecuencias nefastas no sólo para la universidad sino para el país entero. Una de estas consecuencias es que, en vez de acelerar el progreso social, lo retarda, favoreciendo de este modo a los sectores más retrógrados y oscurantistas. Las acciones revolucionarias en los claustros hacen las veces de exutorio, de inofensiva vía de escape para la rebelión de los jóvenes, que las clases dominantes no tienen inconveniente en tolerar pues no daña sus intereses —ellas son más nocivas contra la cultura que contra el capital—. Pero estas acciones sirven igualmente para desencadenar la represión autoritaria, de corte fascista, contra la universidad. Hemos visto lo ocurrido en nuestros días en las universidades de Chile, Argentina, Uruguay. Las dictaduras militares han aplicado allí su propio sistema de barbarie, expulsando, exiliando, encarcelando (e incluso matando) a todo lo que representaba la disidencia, la crítica y a veces la simple inteligencia. En muchas de ellas, la paz de los sepulcros ha venido a reemplazar a la mojiganga revolucionaria. Pero, cuidado: esta represión, incivil y anticultural, que ha ahuyentado de la universidad a mucho de lo más valioso que tenía, no debe llevarnos a justificar lo que ella vino a acabar de destruir. En muchos casos, esa represión sólo dio el tiro de gracia a una institución que se encontraba malherida.

En otros países latinoamericanos, como el Perú, ha ocurrido algo más sutil aunque no menos triste con la universidad estatal. En vez de la represión, la indiferencia: abandonar la universidad a su suerte, dejarla rodar por la pendiente, ver cómo poco a poco se precipitaba hacia el desastre sin mover un dedo. La política de dar la espalda a la universidad, por parte del poder, dejarla que se fuera minando a consecuencia de eso que los marxistas llaman las contradicciones internas, ha sido menos brutal que la represión, pero no menos perjudicial para la cultura del país.

La crisis de la universidad laica y popular ha servido para ahondar las distancias entre ella y las universidades privadas —sobre todo, las de buen nivel académico— y, en última instancia, para acentuar la división clasista de la cultura en esos países. Esto es automático si una universidad produce buenos profesionales y la otra sólo regulares o deficientes, si la una investiga y publica y la otra se amodorra y enmudece, si la una se renueva continuamente y la otra se apolilla. Quienes juegan a la sociedad sin clases en la universidad colaboran de este modo, mejor de lo que habría querido el más pérfido reaccionario, a que la dirigencia técnica, profesional e intelectual del país perpetúe, en vez de corregirla, la estructura clasista de la sociedad. La universidad privada y la estatal deben coexistir, competir, pues esa pluralidad enriquece la cultura, pero es malo que ocurra lo que ha ocurrido en muchos países de América Latina: que la universidad privada (y a menudo confesional) haya dejado académicamente rezagada a la estatal.

Y una cosa en cierto modo parecida viene ocurriendo también, en esos mismos países, entre la universidad estatal y los institutos superiores de las Fuerzas Armadas. Ellos sí se han beneficiado, en los últimos años, de una atención y estímulo constantes por parte de ese poder que volvía las espaldas a la universidad radicalizada. Los institutos militares han recibido un apoyo que ella no recibía y ni siquiera se molestaba en pedir.

Nadie se alegra tanto como yo de que los futuros marinos, aviadores y militares latinoamericanos reciban, además de su entrenamiento profesional, una formación científica e intelectual de primer orden. ¡Albricias! Ojalá esas promociones salgan cada vez mejor instruidas y más cultas porque entonces, en el futuro, habrá menos cuartelazos y las instituciones militares estarán en mejores condiciones de servir a sus países en vez de reprimirlos. Pero que esta elevación del nivel intelectual de los futuros oficiales coincida con el descenso académico acelerado de la universidad estatal presagia para el porvenir una eventualidad que, por lo visto, ninguno de los revolucionarios de los claustros se ha puesto a considerar: que los mejores cuadros para gobernar y administrar el país podrían egresar, no de la universidad laica y popular, sino de las universidades privadas y de los planteles especializados de las Fuerzas Armadas. ¿Es eso lo que anhelaban quienes, pretendiendo ganar batallas contra el imperialismo y la burguesía, sumían a la universidad latinoamericana en el marasmo intelectual?

VI

Definir la universidad como institución que preserva, crea y transmite la cultura aclara poco si no decimos antes qué entendemos por cultura. Es sabido que hay abundantes y contradictorias definiciones de esta palabra. Con ella ocurre, sin embargo, algo parecido que con la palabra libertad. Aunque es difícil definirla, es fácil identificarla, o comprobar su ausencia. No precisamos de una definición para reconocer un medio culto o inculto, para diferenciar a una persona culta de otra que no lo es. De manera general, antropólogos, sociólogos y filósofos admiten que la cultura es el conjunto de características de un pueblo: lo que éste hace, crea, inventa, teme u odia, sus productos materiales al igual que los intelectuales, científicos y artísticos; la forma como recuerda su pasado y concibe el futuro. Pero cultura no puede ser sólo acumulación de ingredientes, algo cuantitativo, sino lo que hay de común en esos ingredientes, lo que les da sentido y relaciona. Esa «cualidad» es, sobre todo, la cultura. Octavio Paz recuerda que esta palabra es de origen agrario: «Cultivar la tierra es labrarla para que dé frutos —dice—. Cultivar el espíritu es labrarlo para que dé frutos. Así, hay en la palabra cultura un elemento productivo, creativo: dar frutos». Además de totalidad, cultura es complejidad, ambigüedad, variedad. T. S. Eliot, en *Notas para la definición de la cultura*, hizo un distingo esclarecedor entre los tres contenidos de la palabra cultura, según se trate del individuo, del grupo o la clase social, y de la sociedad en su conjunto.

Los peruanos estamos bien situados para entender esta diversidad y complejidad, pues en el Perú hay culturas, no cultura. No somos un país integrado. Hay culturas de distinta naturaleza, de distinto grado de desarrollo, de distinta lengua y que mantienen escasas y ásperas relaciones entre sí. La incomunicación entre los diferentes estratos sociales del país no resulta solamente (aunque sí principalmente) de las desigualdades económicas. También, de la ignorancia: culturas que por falta de diálogo se desconocen, se desprecian. Un indio de los Andes es con frecuencia analfabeto. ¿Significa que es inculto? Nada de eso. Es un hombre inmerso en una cultura propia, sin duda arcaica, que no se desarrolló pero que él ha sabido conservar y que le ha permitido vivir integrado y en solidaridad con otros hombres como él, relacionarse con el pasado y con la tierra que trabaja, que lo ha dotado de fuerzas espirituales para resistir toda clase de adversidades, desde la explotación hasta las catástrofes naturales. Ese campesino, aunque analfabeto, es ciertamente más culto que muchos universitarios que, aunque sepan leer y escribir, viven intelectualmente de préstamos, repitiendo ideas que han aceptado de manera mecánica y que, por lo mismo, en vez de servirles para conocer la realidad en la que viven, los divorcian de ella.

Un cuadro minucioso de todas las variantes culturales del Perú nos enfrentaría a un archipiélago: la sierra, la selva y la costa; el Norte y el Sur; el Perú castellano y el quechua. Y las divisiones verticales: una pequeña cúspide cosmopolita, amplios sectores medios seducidos por cánones norteamericanos, un medio campesino tradicional.

El mayor desafío para el Perú es integrar este archipiélago de culturas en una civilización, en la que todas ellas se irriguen mutuamente mediante el diálogo y la crítica y se sientan, todas, solidarias del fondo común. Por desgracia, será muy difícil conseguirlo. Hasta ahora el desarrollo —bajo cualquier signo ideológico— ha significado, de manera fatídica, el desplazamiento y la absorción de las culturas arcaicas por las modernas y ello ha traído consigo, también de manera inevitable, una mutilación y una injusticia para amplios (y a veces mayoritarios) sectores de la población, cuyas costumbres, lengua, mitos, creencias se han visto destruidos, empobrecidos. Tratar de contrarrestar esa tendencia niveladora que trae el progreso es un imperativo para países como el nuestro. Casi es innecesario señalar que en esta ardua empresa cabe a la universidad función preponderante. Por su naturaleza, ella, antes que nadie, debe ser el lugar de encuentro y de rescate de todas esas diferentes maneras de vivir y de inventar que hoy siguen separando a los peruanos, pero que pueden, en el futuro, si cristalizan en una civilización, unirlos y ser su mejor patrimonio.

La universidad es el medio ideal para llevar a cabo esta operación indispensable de conectar a las distintas culturas que forman nuestro ser. Octavio Paz ha dicho sobre México cosas que valen para el Perú, cambiando sólo algunos nombres. También nosotros somos de un lado la cultura grecorromana y la tradición cristiana y española, a la vez que herederos del Incario y de ese haz de culturas prehispánicas, el Tiahuanaco, el Gran Chimú, los Chancas, Nazca, Paracas, etcétera. Somos algo del África que nos trajeron los negros y del Oriente que llegó a nuestras playas con los chinos y japoneses. Somos el siglo XX que entra a nuestras casas con la televisión y somos el mito y la magia de la mentalidad primitiva que reina en ciertos lugares de la Amazonía. Los esfuerzos de integración económica y social del mosaico peruano, para ser eficaces, deben ir acompañados de un esfuerzo paralelo por lograr la integración cultural. Ésta es una operación extremadamente delicada, pues aquí se trata —contrariando en lo posible aquella ley fatídica de que el desarrollo uniformiza— sobre todo de conservar, de encontrar fórmulas originales que permitan la coexistencia, dentro de la civilización peruana del futuro, de ese abanico de formas culturales, respetuosas las unas de las otras, de impedir que una de ellas ahogue totalmente a las demás. Ésta es una misión que la universidad no debe descuidar. A ella corresponde probar que no hay culturas mejores ni peores, sino distintas, que esa heterogeneidad que nos caracteriza y que puede parecer hoy la cara de nuestro atraso es, también, lo que puede darnos soberanía cultural. La universidad debe trabajar incansablemente por el mutuo conocimiento y el respeto recíproco de los distintos sistemas culturales del Perú. En ese dominio, el del conocimiento, la reflexión y la imaginación, la universidad puede y debe ser «revolucionaria», rompiendo los moldes establecidos, inventando métodos y cuestionando lo existente. Esta revolución es menos estridente que la otra, pero constituye una aventura audaz, riesgosa, idealista e infinitamente más valiosa para la sociedad.

La universidad puede fijarse muchas tareas, como complemento de la formación de profesionales, desde la dirección de las campañas de alfabetización hasta ser el eje del intercambio artístico e intelectual con el resto del mundo, desde el análisis de los problemas urgentes hasta el fomento, fuera de los claustros, de la ciencia y el arte. Una de las ventajas de un país donde tantas cosas quedan por hacer, es que nadie tiene por qué aburrirse ni sentirse inútil. La universidad puede desplegar innumerables programas además de aquellos que le son consustanciales. Lo importante es que todos ellos se conciban y realicen en el plano intelectual que es el suyo y no la aparten de él.

Y, así como comencé estas reflexiones, quisiera terminarlas con otra nota personal. Por una razón de rebeldía, yo estudié en San Marcos, contrariando el deseo familiar de que fuera a la Católica, la universidad donde preferían ir entonces los jóvenes de eso que la huachafería nacional llamaba las familias «decentes». Ingresé a San Marcos porque esa universidad representaba para mí el Perú laico y popular, y, también, de algún modo, el de esas víctimas de la sociedad con las que quería ardientemente identificarme. Fui a San Marcos seducido por su tradición inconforme, la única digna en un país con las injusticias del nuestro. Allí, esa disposición (sin duda, buena) se vio desnaturalizada y frustrada por el mecanismo que he tratado de describir. Quiero decir que, con la pasión de los dieciséis años, también jugué el juego de la revolución: pinté paredes, promoví huelgas, intenté tachar profesores y participé en las conspiraciones de rigor. Luego, cuando el juego revolucionario me hastió, jugué el otro juego, y fui el estudiante sonámbulo que se dedica a sus asuntos y espera alegremente que discurra el tiempo para que, como un premio a la paciencia, aterrice un título en sus brazos.

Más tarde, las circunstancias han hecho que pasara temporadas en universidades de otras partes, algunas de muy alto nivel, y que pudiera ver de cerca lo que significa allí enseñar y sobre todo aprender, el esfuerzo y responsabilidad con que los viejos y los jóvenes encaraban el trabajo intelectual. Y allí, a la vez que comprobaba mis enormes vacíos de formación, descubría mi ingenuidad juvenil, ese gran desperdicio. Quizá esto explica el apasionamiento de algunas afirmaciones hechas en estas notas. Como tantos otros, yo colaboré con un granito de arena a la empresa de demolición de la universidad peruana. Lo recuerdo para que quede claro que estas críticas no están exentas de una buena dosis de autocrítica.

Lima, diciembre de 1979

El paraíso de los libros

El pueblecito galés de Hay está al pie de una cordillera misteriosa, llena de leyendas —las Black Mountains—, en la margen derecha de un río cuyo nombre semirrima con el suyo: el Wye. La frontera se halla tan cerca que, cuando los vecinos salen a dar una vuelta, cruzan y descruzan muchas veces, sin saberlo, el invisible lindero que separa Gales de Inglaterra. En lo alto del pueblo hay un castillo de origen normando, donde hace ocho siglos vivió William el Ogro, cuya mujer, Matilda, una giganta musculosa, lanzaba piedras que llegaban a Llowes, un pueblo a dos millas de distancia. Aquí recaló, un día de 1962, un joven de veintitrés años llamado Richard Booth. Había pasado por Oxford, hecho vagos estudios de historia e intentado, a instancias de su padre, un coronel retirado, ganarse la vida como contador y comerciante de antigüedades. Afortunadamente para Hay y los lectores de este mundo, en ambos empeños fracasó.

En realidad, era un excéntrico. La excentricidad es una institución británica tan antigua y tan respetable como el Parlamento, una forma vistosa y extrema del individualismo que está detrás de muchas cosas buenas que ha producido este país, empezando por su sistema político. Richard Booth enriquecería aquella tradición notablemente.

En Hay y por una suma ínfima —seiscientas libras— compró la antigua estación de bomberos. Allí abrió su primera librería de libros de lance. La segunda, en la ex carnicería del lugar. Pronto, los libros viejos y viejísimos que Booth iba adquiriendo en incesantes correrías por las campiñas galesa, inglesa e irlandesa comenzaron a invadir el centenar y pico de viviendas de Hay, ante los ojos atónitos de los granjeros que se preguntaban quién demonios iba a comprar —¡en Hay!— esas montañas de papel impreso.

Ahora, casi treinta años después, Hay-on-Wye es la capital mundial del libro de ocasión y Richard Booth figura en los récords de Guinness como el hombre que tiene más kilómetros de estantes y más librerías de libros viejos en todo el planeta. Viven en Hay unos mil quinientos vecinos y se calcula que la cifra promedio de libros que se ofrecen en venta no baja nunca del millón y medio. A Booth no le fue difícil, en el empobrecido pueblito que era Hay, adquirir todas las casas que hacían falta para los libros que compraba. El gran problema era construir anaqueles y armarios donde exhibirlos. Según Kate Clarke, que ha escrito una amena historia de esta aldea convertida en paraíso de bibliófilos —*Book of Hay*—, la Providencia o el azar hizo que entre los vecinos del lugar hubiera uno que en audacia y extravagancia no tenía mucho que envidiar al propio Booth. Su nombre era Frank English. Anarquista, amante de los libros, bebedor oceánico, era también un eximio carpintero. Obra suya parecen haber sido —hasta el año pasado, en que murió— gran parte de esos centenares de estantes que cubren las paredes, las escaleras, los vestíbulos, los entretechos, los establos y, se diría, todo espacio protegido de la lluvia y el viento en esta inesperada encarnación del cuento borgiano «La biblioteca» que es Hay-on-Wye. Estuve aquí por primera vez hace algún tiempo, apenas por unas horas, para participar en un Festival de Literatura que trae hasta este pueblo a muchos escritores cada comienzo de verano. Me quedé tan desmoralizado por haber tenido la miel junto a la boca y no haber podido saborearla, que ahora he vuelto. No me arrepiento de haberlo hecho. Comprar libros es un placer casi tan grande como leerlos, una aventura excitante y secreta que pone en acción todos los recursos del cuerpo y del alma: la fantasía, la intuición, la vista, el tacto. Recuerdo que mi amigo el poeta mexicano José Emilio Pacheco, con quien salí una vez en una expedición bibliográfica, ponderaba los libros, antes que por el título, el papel, el empaste o la grafía, por el olor. Se los llevaba a la cara y cerrando los ojos los aspiraba como quien tiene ante las narices un perfume o una flor: la fragancia le decía si tenía en las manos una obra maestra o una birria. Las expediciones librescas deben hacerse, de preferencia, en soledad. A un exquisito gastrónomo le oí decir una vez: «Cuando uno quiere comer bien no puede tener más diálogos que con el *maître* y el *sommelier*. La compañía mata el placer de la mesa». Pasa lo mismo con las librerías, y sobre todo con las de libros viejos, donde, si la concentración y la disponibilidad del explorador no son totales, el gran descubrimiento, el hallazgo feliz, suelen no ocurrir. En cambio, quien, abstraído del mundo circundante, olvidado de todo y principalmente del tiempo, se va transubstanciando con ese bosque de signos y cartones, tablas, grabados, papeles, que lo rodea, merodeando, hurgando, escrutando, palpando, volviendo una y otra vez sobre los anaqueles ya andados, en lo que parece un itinerario caótico, pero es, en verdad, un orden secreto, sabe que más tarde o más temprano el milagro sucederá. Y ahí aparecerá, semioculta entre un esquinero y una enciclopedia, aquella primera edición tan añorada o, vejado por telarañas, el panfleto aquel de aquel poeta que siempre quisimos tener o el ejemplar de esa revista que todos citaban y nunca nadie vio. Parecían estarnos esperando, haber hecho una larga y misteriosa peripecia preparándose para este encuentro con nosotros. Las librerías de libros antiguos a mí me han ayudado a entender eso que se llama amor a primera vista y el azar maravilloso de las teorías surrealistas. Pero es verdad que esta humanidad de bibliómanos, apiñada en los vericuetos de Hay-on-Wye, con la que he convivido este fin de semana, es peligrosa. El adicto al libro pasa sin dificultad del arrobo místico, en que lo sume la contemplación del incunable, a un furor envidioso propenso al crimen si alguien le gana la mano en un ejemplar que le interesa. A un caballero con sombrero bombín y mostachos paleolíticos, con el que habíamos cambiado sonrisas mientras inspeccionábamos las existencias literarias del ex cinema Plaza, convertido también en librería, cometí la perversidad de mostrarle la primera edición de *The Unquiet Grave*, de Cyril Connolly, que acababa de desenterrar de una pirámide de nimiedades. Aprobó, con media sonrisa civil. Pero un rato después, hablando solo, masculló algo sobre los «dagos» (equivalente al «sudaca» español).

¿Está la civilización del libro condenada a perecer? Cada vez oigo a más Casandras anunciarlo. Y, técnicamente, parece posible. Todo el conocimiento científico, técnico y humanístico preservado hoy en bibliotecas estará más seguro una vez que sea totalmente trasladado a las computadoras, donde ya se halla buena parte de él. Y éstas serán, en el futuro, de eso no hay duda, el vehículo primero para producirlo, almacenarlo y transmitirlo. Pantallas, parlantes, auriculares sustituirán, y con creces, la que fue la función del papel.

Ni más ni menos que como éste reemplazó al pergamino medieval y éste al papiro egipcio y éste a la tablilla babilónica.

No pienso ponerme a llorar. Acepto la hipótesis de que el proceso acarreará ventajas considerables en términos de educación colectiva, comunicaciones, información, desarrollo de la tecnología y los experimentos científicos. Eso sí, me intriga la suerte de la literatura en medio de estas mudanzas. ¿Sobrevivirá, en la era audiovisual? Seguramente sí. Pero cada vez como una cultura más al margen de la principal, la que concentre la atención, la dedicación y la diversión del mayor número, algo que está ocurriendo ya en la mayoría de los países considerados cultos. En contrapartida, será tal vez más personal y más libre.

Lo cierto es que la literatura tuvo siempre una vocación universal, pero nunca lo fue en la práctica en ninguna sociedad. El libro estuvo siempre confinado en una minoría, aquella que tenía la educación necesaria y las condiciones materiales mínimas para adquirirlo y disfrutar de él. Eso, hasta hace relativamente pocas décadas, ponía al margen de la cultura del libro a grandes sectores de la población, incluso en los países más desarrollados. Sólo en la época contemporánea, y apenas en un puñado de naciones que, gracias a la cultura democrática, han alcanzado un desarrollo y una prosperidad sin precedentes en la historia, existen de veras las posibilidades de que la sociedad materialice esa predisposición hacia lo universal que anida en toda literatura auténtica. Pero ya es tarde. Porque las pantallas —primero la grande y luego la chica— han ido desplazando invenciblemente al libro como primer entretenimiento de la gente.

Éstas son especulaciones a muy largo plazo. En lo inmediato, para contento mío y de muchos, los libros gozan de buena salud. Basta estar aquí, en este lluvioso domingo de Hay-on-Wye, para comprobarlo. Ni los negros nubarrones agoreros, ni las trombas de agua que caen del cielo, ni el viento glacial del supuesto verano, desaniman a los millares de bibliómanos, venidos de todos los rincones del globo, que se meten a todas las casas-librerías, husmean los armarios, manosean los libros con amorosa delectación y sonríen de pronto, enarbolando una presa, como el rabdomante que encontró agua.

¿Y qué fue de Richard Booth, el causante de todo esto? Tuvo tanto éxito que terminó comprándose el castillo de la giganta

Matilda, al que naturalmente atiborró también de libros antiguos. Asimismo, se compró un Rolls-Royce y se casó y descasó muchas veces. Y dio fiestas tan extravagantes en su empinada mansión sobre el río Wye que la prensa se ocupó de ellas tanto como de sus proezas librescas. Este fin de semana no está aquí, sino en los Estados Unidos, adonde va regularmente a comprar bibliotecas que luego trae a Hay, desmenuza y vende (sobre todo a estadounidenses) a destajo. Todo el mundo lo conoce y cuenta anécdotas sobre él. Mi impresión es que la mitad del pueblo lo adora y la otra mitad lo detesta. Dicen que recorre a diario los pubs del lugar, con una coleta de vivos, que beben a su costa y escuchan, complacientes, sus proyectos delirantes.

En 1977 declaró a Hay una monarquía independiente y, en una publicitada ceremonia, desde la terraza de su castillo, se entronizó rey con el nombre de Ricardo Corazón de los Libros. En el mismo acto rebautizó a su caballo con el apelativo de Calígula y lo nombró primer ministro. Desde entonces vende títulos nobiliarios y pasaportes de su imperio de papel a precios módicos. Más en serio, dedica buena parte de su tiempo y sus recursos a defender el medio ambiente y la cultura rural de este rincón de Gales contra el avance de la civilización industrial a la que, por lo visto, teme más que a la polilla. Acaba de extender sus redes bibliográficas a un pueblecito del sur de Francia, Montolieu, en las vecindades de Carcasonne, al que se ha empeñado en transformar en una versión francesa de esta aldea. Ha comprado dos viviendas e instalado sus dos primeras librerías. Un librero de Bélgica y otro de Holanda han seguido su ejemplo. Espero que tenga éxito, para ir hasta allí y ser feliz en Montolieu como lo he sido en Hay-on-Wye.

Hay-on-Wye, 1991

Epitafio para una biblioteca

Ayer tuve la prueba de que mi acogedor y querido refugio londinense me será arrebatado sin remedio. Entré al Reading Room de la Biblioteca, en el corazón del Museo Británico, y en vez de la cálida atmósfera de costumbre me recibió un espectáculo desolador: la mitad de los vastos estantes que circundan el local habían sido vaciados y en lugar de las elegantes hileras de millares de libros encuadernados vi unas maderas descoloridas y, algunas, con manchas que parecían telarañas. No creo haber experimentado un sentimiento de traición y soledad semejante desde que, al cumplir los cinco años de edad, mi madre me llevó al Colegio de La Salle, de Cochabamba, y me abandonó en el aula del hermano Justiniano. Vine por primera vez a este recinto hace treinta y dos años, recién llegado a Londres, para leer los libros de Edmund Wilson, cuyo ensayo sobre la evolución de la idea socialista —*To the Finland Station*— me había entusiasmado. Antes que la riqueza de su colección —unos nueve millones de volúmenes—, me deslumbró la belleza de su principal sala de lectura, abrigada por aquellos estantes olorosos a cuero y a papel y sumida en una luz azulina que discretamente descendía sobre ella de la increíble cúpula erigida por Sidney Smirke, en 1857, la más grande del mundo después de la del Panteón, en Roma, que la aventaja apenas por dos pies de diámetro. Habituado a trabajar en bibliotecas, impersonales e incómodas, como la de París, tan atestada siempre que, en épocas de exámenes, había que ir a hacer cola a la Place de la Bourse una hora antes de que se abriera para poder ser admitido, no podía creer que ésta, además de ser tan agraciada, fuera tan cómoda, tan silenciosa y hospitalaria, con sus mullidos asientos y sus largas mesas donde uno podía desplegar sus cuadernos, sus fichas y altas pilas de libros sin incomodar a los vecinos. Aquí había pasado buena parte de su vida el viejo Marx, según contaba Wilson, y todavía se conservaba en los sesenta, a mano derecha de la entrada, su pupitre, que, a mediados de los ochenta, desapareció con los de toda esa fila, destinada a los ordenadores.

Sin exageración puedo decir que en el Reading Room de la British Library he vivido cuatro o cinco tardes por semana de todas mis estancias londinenses a lo largo de tres décadas y que aquí he sido inmensamente feliz, más que en ningún otro lugar del mundo. Aquí, arrullado por el secreto rumor de los carritos que van repartiendo los pedidos de lector en lector, y tranquilizado con la íntima seguridad de que ningún teléfono repicará, ni sonará un timbre, ni comparecerá alguna visita, preparaba las clases de literatura cuando enseñé en Queen Mary College y en King's College, aquí he escrito cartas, artículos, ensayos, obras de teatro y media docena de novelas. Y aquí he leído centenares de libros y gracias a ellos aprendido casi todo lo que sé. Pero, principalmente, en este recinto he fantaseado y soñado de la mano de los grandes aedos, de los formidables ilusionistas, de los maestros de la ficción.

Me habitué a trabajar en las bibliotecas desde mis años universitarios y en todos los lugares donde he vivido he procurado hacerlo, de tal modo que, en mi memoria, los recuerdos de los países y las ciudades están en buena medida determinados por las imágenes y anécdotas que conservo de sus bibliotecas. La de la vieja casona de San Marcos tenía un aire denso y colonial y los libros exhalaban un polvillo que hacía estornudar. En la Nacional, de la avenida Abancay, los escolares hacían un ruido de infierno y más aún los celadores, que los callaban (emulaban, más bien) con estridentes silbatos. En la del Club Nacional, donde trabajé, leí toda la colección erótica Les Maîtres de l'Amour, que dirigió, prologó y tradujo Guillaume Apollinaire. En la helada Biblioteca Nacional, de Madrid, a fines de los cincuenta, había que tener puesto el abrigo para no resfriarse, pero yo iba allí todas las tardes a leer las novelas de caballerías. La incomodidad de la de París superaba a todas las demás: si uno, por descuido, separaba el brazo del cuerpo, hundía el codo en las costillas del vecino. Allí, una tarde, levanté los ojos de un libro loco, sobre locos, de Raymond Queneau, *Les Enfants du limon*, y me di de bruces con Simone de Beauvoir, que escribía furiosamente sentada frente a mí.

La sorpresa más grande que en materia de biblioteconomía me he llevado me la dio un erudito chileno, encargado de la adquisi ción de libros hispanoamericanos en la Biblioteca del Congreso, en Washington, a quien le pregunté en 1965 cuál era el criterio que seguía para seleccionar sus compras y me respondió: «Facilísimo. Compramos todos los libros que se editan». Ésta era, también, la política millonaria de la formidable Biblioteca de Harvard, donde uno mismo tenía que ir a buscar su libro siguiendo un complicado itinerario trazado por la computadora que hacía de recepcionista. En el semestre que pasé allí nunca conseguí orientarme en ese laberinto, de manera que nunca pude leer lo que quise, sólo lo que me encontraba en mi deambular por el vientre de esa ballena bibliográfica, pero, no puedo quejarme, porque hice hallazgos maravillosos, como las memorias de Herzen —¡un liberal ruso, nada menos!— y *The Octopus*, de Frank Norris.

En la Biblioteca de Princeton, una tarde con nieve, aprovechando un descuido de mi vecino, espié el libro que leía y me encontré con una cita sobre el culto de Dionisos en la antigua Grecia que me llevó a cambiar de pies a cabeza la novela que estaba escribiendo y a intentar en ella una recreación andina y moderna de aquel mito clásico sobre las fuerzas irracionales y la embriaguez divina. En la Biblioteca de Nueva York, la más eficiente de todas —no se necesita carnet alguno de inscripción, los libros que uno pide se los alcanzan en pocos minutos— pero la de asientos más duros, era imposible trabajar más de un par de horas seguidas, a menos de llevarse una almohadilla para proteger el coxis y la rabadilla.

De todas esas bibliotecas y de algunas otras tengo recuerdos agradecidos, pero ninguna de ellas, por separado, o todas juntas, fue capaz de ayudarme, estimularme y servirme tan bien como el Reading Room. De los innumerables episodios con que podría ilustrar esta afirmación, escojo éste: haberme encontrado en sus catálogos con la minúscula revistita que los padres dominicos de la misión amazónica publicaban allá, en esas remotas tierras, hace medio siglo, y que son uno de los escasos testimonios sobre los machiguengas, sus mitos, sus leyendas, sus costumbres y su lengua. Yo me desesperaba pidiendo a amigos de Lima que la encontraran y fotocopiaran —necesitaba ese material para una novela— y resulta que la colección completa estaba aquí, en la British Library, a mi disposición. Cuando, el año 1978, el Gobierno laborista de entonces anunció que, debido a la falta de espacio, se construiría una nueva Biblioteca y que el Reading Room sería devuelto al Museo Británico, un escalofrío me recorrió la columna vertebral. Pero calculé que, dado el pésimo estado de la economía británica de entonces, aquel costoso proyecto tardaría probablemente más que los años de vida que me quedaban para materializarse. Sin embargo, a partir de los ochenta, las cosas empezaron a mejorar en el Reino Unido y el nuevo edificio, erigido en un barrio célebre sobre todo por sus chulos y sus prostitutas, St. Pancras, comenzó a crecer y a mostrar su horrenda jeta de ladrillos y rejas carcelarias. El historiador Hugh Thomas formó un comité para tratar de convencer a las autoridades de que, aunque la British Library se mudara al nuevo local, se preservara el Reading Room del Museo Británico. Fui uno de sus miembros y escribí cartas y firmé manifiestos, que no sirvieron para nada, porque el Museo Británico se emperró en recuperar lo que *de iure* le pertenecía y sus influencias y argumentos prevalecieron sobre los nuestros.

Ahora, todo está perdido. Ya se llevaron los libros a St. Pancras y aunque, en teoría, esta sala de lectura seguirá abierta hasta mediados de octubre y un mes después se abrirá la sala de humanidades que la va a reemplazar, ésta ya ha comenzado a morir, a pocos, desde que le arrancaron el alma que la hacía vivir, que eran los libros, y la dejaron convertida en un cascarón vacío. Vendremos todavía algunos sentimentales, hasta el último día, como se va a acompañar en su agonía a alguien muy querido, para estar a su lado hasta el estertor final, pero ya nada será lo mismo estos meses, ni el silente trajín de antaño, ni aquella confortable sensación con que allí se leía, investigaba, anotaba y escribía, poseído de un curioso estado de ánimo, el de haber escapado a la rueda del tiempo, de haber accedido en aquel cóncavo espacio de luz azul a esa atemporalidad que tiene la vida de los libros, y la de las ideas y la de las fantasías admirables que en ellos se encarnan.

Por supuesto, en estos casi veinte años que ha tardado su construcción, la Biblioteca de St. Pancras ya quedó pequeña y no podrá albergar todas las existencias, que seguirán dispersas en distintos depósitos regados por Londres. Y los defectos y deficiencias que parecen aquejarla hacen que *The Times Literary Supplement* la describa como «La Biblioteca Británica o el Gran Desastre». Yo, por supuesto, no la he visitado y cuando paso por allí miro a las esforzadas meretrices de las veredas, no a sus pétreas y sangrientas paredes, que hacen pensar en bancos, cuarteles o centrales eléctricas, no en tareas intelectuales. Yo, por supuesto, no pondré allí la suela de mis zapatos hasta que no me quede más remedio y seguiré proclamando hasta mi muerte que, sustituyendo aquel entrañable lugar por este horror, se ha cometido un crimen bochornoso, muy explicable por lo demás, pues ¿no son acaso estas mismas gentes las que mandaron a la cárcel al pobre Oscar Wilde y prohibieron el *Ulises* de Joyce y *El amante de Lady Chatterley* de Lawrence?

Londres, junio de 1997

Endecha por la pequeña librería

En la puerta de una de las librerías de Waterstone's, en Manchester, monta guardia Robert Topping, de cuarenta y tres años, su defenestrado ex director, acompañado de un grupo de aliados, agitando una pancarta. Pide que lo repongan en su puesto y lo ayuden a salvar a la más prestigiosa cadena vendedora de libros de Gran Bretaña de naufragar en un comercialismo despojado de todo contenido cultural. Mr. Topping fue echado porque se resistió a seguir las instrucciones de sus jefes de reducir drásticamente los depósitos de nuevas publicaciones y privilegiar de manera sistemática la exhibición y venta de *best sellers*. Su campaña cuenta con gran simpatía en todo el medio cultural y, sobre todo, de las editoriales pequeñas y de calidad —ensayos, poesía, experimentación— que, a diferencia de lo que ocurre en otras cadenas y gracias a algunos de sus empleados amantes de los libros como Robert Topping, hasta ahora encontraban hospitalidad en las estanterías de Waterstone's. Por lo visto, esta política llega a su fin, y dentro de algún tiempo las agradables y simpáticas librerías de la cadena que fundó en 1982 Tim Waterstone se parecerán mucho a los horrendos almacenes de WH Smith, donde los libros que se venden lucen todos estentóreos colorines y cuyas portadas parecen haber somatizado la vulgaridad y la chabacanería de las chucherías, revistas y adefesios para turistas entre los que andan mezclados. Ahora hablo bien de Waterstone's, pero, cuando las primeras casas de esa cadena comenzaron a aparecer en los barrios de Londres, a comienzos de los ochenta, las detesté. Ellas venían a reemplazar —a matar— a las antiguas y pequeñas librerías tan queridas que, desde que puse los pies en esta ciudad a mediados de los sesenta, yo recorría todos los sábados en la mañana, como quien va a misa. Estaban concentradas, desde hacía por lo menos un siglo, en Charing Cross y alrededores, y en muchas de ellas había libreros que parecían escapados de las novelas de

Dickens, con bonetes, viejas mantas, cabelleras revueltas y hasta lupas e impertinentes. Con ellos era posible conversar, y pasarse horas escarbando las existencias, en esa atmósfera cálida, inconfundible, de polvo intemporal y de religiosidad laica que tienen —que tenían— las pequeñas librerías. Mi recuerdo de todas las ciudades en que he vivido es inseparable de estas instituciones que permanecen en mi memoria como una referencia familiar. La librería-garaje de Ladislao Cabrera, en Cochabamba, donde cada semana iba a comprar el *Peneca* y el *Billiken*. La librería de Juan Mejía Baca, en la calle Azángaro del centro de Lima, que me permitía pagar los libros en modestas mensualidades, y Plaisir de France, bajo los portales de la plaza San Martín, donde la señora Ortiz de Zevallos me encargaba *Les Temps Modernes* y *Les Lettres Nouvelles*. Y, en el París de los sesenta, la inolvidable Joie de Lire, de la Rue Saint-Séverin, donde comprar libros, además de un placer, daba una buena conciencia progresista, y la librería española de la Rue Monsieur Le Prince, cuyo dueño, un anarquista catalán exiliado de corazón de oro, me rebajaba a veces los libros a escondidas de su furibunda mujer.

La cadena que abrió Tim Waterstone y que tuvo al principio mucho éxito fue una fórmula intermedia, entre las pequeñas librerías individuales incapaces de sobrevivir a la competencia con los gigantescos libródromos, y los almacenes tipo WH Smith, de consumo masivo, de los que estaban prácticamente excluidos todos los libros minoritarios. Éstos accedían también a sus librerías, en las que convivían —algo arrinconados, a veces— con los libros más populares y las ediciones de bolsillo. Sería injusto no reconocer que en los años ochenta y noventa Waterstone's fue un eficiente promotor de la vida cultural, pues en casi todas sus librerías había siempre recitales, mesas redondas, presentaciones de libros, con asistencia de intelectuales y escritores de primera línea. Pero, este valioso designio de conjugar la calidad y el consumo no ha dado buenos resultados, a juzgar por las intimidades financieras de la cadena, que lo ocurrido con el librero de Manchester ha sacado a luz. Waterstone's pierde millones de libras esterlinas, y su actual propietaria, una poderosa multinacional, HMV Media, tiene una deuda acumulada de un poco más de quinientos millones de libras. Ésa es la razón del despido de Robert Topping, un personaje totalmente incomprensible, con su afán por adquirir libros de poca salida a editoriales mínimas, para el nuevo director general, llamado David Kneale, un caballero que, antes, trabajaba para Boots, la exitosa cadena de farmacias. Mr. Kneale es un gran vendedor, sin duda, pero no un librero, como lo es el desventurado Robert Topping. En nuestro tiempo, aunque nos cueste admitirlo y nos parezca una tragedia de lesa cultura, ambas cosas se han vuelto incompatibles.

Toda mi simpatía está con el admirable librero de Manchester, ni qué decirlo, pero creo que, incluso si Waterstone's, cediendo a la campaña en su favor, lo reinstala en el puesto, su causa, a mediano plazo, está perdida. Los contadores terminarán por imponer su criterio, el financiero, y éste acabará prevaleciendo sobre toda otra consideración. Esto es lo que ha acabado con la pequeña librería tradicional en el Reino Unido, al igual que ha sucedido, está sucediendo o terminará por suceder en el resto del mundo desarrollado. Salvo como una empresa heroica y artesanal, como anticuario, o como una entidad especializada en libros de una temática determinada —viajes, cine, teatro, sexo— la pequeña librería tradicional que tanto amamos difícilmente podrá coexistir con los promiscuos libródromos, convertidos en los proveedores principales del gran público; sólo sobrevivir, en los márgenes o catacumbas de la vida social.

Para explicar mi pesimismo quisiera citar dos ejemplos. En el mismo ejemplar de *The Sunday Times* de esta mañana, donde leo la historia de Robert Topping, aparece en la sección económica una información sobre los considerables descuentos que pueden obtener los consumidores haciendo sus compras por el Internet. Enumera una serie de productos, y los diferentes precios que por cada uno de ellos ofrecen distintas compañías que sirven a sus clientes a través de la red. En cuanto a los libros —el volumen estudiado es el cuarto de *Harry Potter*, de J. K. Rowling—, las ocho compañías consultadas ponen el libro en manos de los compradores con reducciones que fluctúan entre el veinte y el treinta por ciento del precio con que se venderá en las librerías.

El otro ejemplo tiene que ver con una novela que yo admiro, *Tirant lo Blanc*.

En el *Times Literary Supplement* descubrí que acababa de publicarse en Inglaterra una colección de ensayos dedicada al clásico valenciano, editada por el hispanista Arthur Terry, y publicada por una editorial que presumo pequeña y universitaria. Corrí a comprarlo y la Waterstone's de Kensington no lo tenía y tampoco la Dillon's, próxima al Museo Británico. Esta última me propuso encargarlo, advirtiéndome que tardaría entre dos y tres semanas. Tascando el freno de la indignación, porque algo se rebela en mi fuero íntimo contra la idea de comprar libros por el correo electrónico, acudí al Internet: BookBrain.co.uk me traerá el libro a mi casa, en una semana, con un descuento del diez por ciento sobre el precio de librería. Más claro no canta el gallo: es más barato y expeditivo comprar libros por la pantalla electrónica que yendo a la librería. Las nuevas generaciones olisquearán el aire desconcertadas cuando los viejos les aseguremos que, hacerlo, no era perder tiempo y dinero, que era un gran placer.

En España, con motivo de una ley recién aprobada permitiendo que los libreros hagan todos los descuentos que quieran en los libros de texto —pero, conservando el precio fijo del libro decidido por el editor— hay en estos días una gran movilización de editores, libreros y escritores, argumentando que la medida significa poco menos que la pena de muerte para las pequeñas librerías —dos mil de ellas podrían desaparecer, aseguran— pues sólo los libródromos pueden permitirse radicales descuentos sin un quebranto económico, en tanto que las pequeñas librerías, que son las que mantienen viva la literatura de calidad y la minoritaria, y que podían hacerlo hasta ahora gracias a los márgenes de beneficio que les dejaban los libros de texto, serán barridas del mercado. Este argumento, bajo su exterior generoso y solidario con el pequeño librero, es poco democrático. Equivale a sostener que, para que las pequeñas librerías sobrevivan, hay que subsidiarlas, manteniendo artificialmente alto el precio de los libros de texto —eso es lo que ocurre cuando se prohíbe la competencia y la libertad de precios para un producto—, es decir, penalizar a los millones de consumidores que son los padres de familia, en beneficio de un sector al que, desgraciadamente, la modernización ha ido volviendo minoritario. El verdadero tema de discusión debería ser el siguiente: ¿va la liberación en los descuentos a bajar el precio de los libros de texto más de lo que lo hubiera bajado la eliminación del precio fijo de edición, que ahora se mantiene? Yo creo que no, que la medida, tal como ha sido dada, es incompleta, y que probablemente la libertad de precios de edición, junto con los de venta, habría sido más ventajosa para el consumidor. Es lo que terminará por ocurrir, sin duda, tarde o temprano, en un contexto europeo cada vez más alérgico a los subsidios, los monopolios, los mercados cautivos y las prácticas mercantilistas. Es una ilusión creer que, por tratarse de la vida cultural, los productos comerciales asociados a ella, como es el caso de los libros —o las películas, o las obras de arte—, recibirán un tratamiento especial que los excluya de los riesgos y percances inherentes a la libertad de mercado, en esa suerte de despotismo ilustrado que proponen ciertos intelectuales espantados con el abaratamiento y banalización de la vida cultural «democratizada», expuesta a los cuatro vientos de la libertad. Mi impresión es que, tratando de contrarrestar el mal, mediante la defensa del subsidio y el sistema de cuotas para los productos culturales, en vez de conjurarlo, lo agravan. Porque la libertad de elección es siempre preferible, aunque, la gran mayoría, a la hora de elegir una novela, una película o una canción, yerre en su elección. La solución del problema de la cultura está en la educación del público, no en la imposición de los productos culturales.

¿Hay, dentro de este mundo revolucionado por la globalización en el que se irán imponiendo los libródromos cada día más, espacio para la librería tradicional? Nada quisiera más que equivocarme, pero me temo que no. No, por lo menos, para aquella librería tradicional, más cercana a una biblioteca o taller o peña que a un comercio, regida por una persona que conocía de memoria no sólo los títulos de todos los libros que vendía sino también los nombres de pila de sus clientes. Ésa, la librería de nuestra infancia y juventud, la añorada y queridísima, difícilmente sobrevivirá, al igual que el almacén de la esquina donde comprábamos chupetines y caramelos y donde las amas de casa hacían las compras de la semana, y que, comparado a los glaciales supermercados que lo han desaparecido, nos parece en el recuerdo tan cálido y humano. El progreso trae cosas formidables para la gran mayoría, pero, también, altos costos y sorpresas que nos resistimos a aceptar. ¿Queríamos una cultura no elitista, democrática, al alcance de todos, que reemplazara a esa repugnante cultura clasista y aristocrática? Pues bien, ahí está. Y resulta que las masas prefieren leer bazofia literaria y comprarla barata, no en las lindas librerías cultas de antaño, sino en los libródromos o en el Internet.

Londres, julio de 2000

4. Escenarios

LeRoi Jones: Sexo, racismo y violencia

Los jóvenes dramaturgos norteamericanos han conquistado en estos últimos años los teatros de París. El gran éxito de la temporada pesada fue Edward Albee, cuya pieza *Who's afraid of Virginia Woolf?* sigue batiendo todos los récords de taquilla, y junto con él, Murray Shiegel, el autor de *Love*, ha merecido también los elogios de la crítica y el aplauso del público. La revelación de este año es LeRoi Jones. Dos obras suyas han sido estrenadas recientemente en el minúsculo y valiente escenario del Teatro de Poche, de Montparnasse, por Antoine Bourseiller (*El metro fantasma* y *El esclavo*) y la personalidad y las ideas de este escritor negro de treinta años son objeto ahora en Francia, como en Estados Unidos, de apasionadas discusiones.

¿Quién es LeRoi Jones? Para sus enemigos, un renegado racista de ideas disolventes; para sus partidarios, un poeta de elocuencia poco común y un testigo implacable del drama racial norteamericano. LeRoi Jones nació en el Norte, en el seno de una familia acomodada, y recibió una educación privilegiada. Una beca le permitió dedicarse, algún tiempo, exclusivamente a la poesía y fue más tarde profesor universitario en Nueva York. «Su elegancia de palabra y de indumentaria —dice un crítico que lo conoció en esta época— habrían hecho palidecer de envidia a un dandy de Oxford». Era uno de esos intelectuales negros «integrados» en el mundo de los blancos, satirizados por Baldwin, que hacía la vida bohemia de Greenwich Village, se declaraba discípulo del poeta Charles Olson, se había casado con una blanca y colaboraba en una revista *beatnik* cuyo título era una provocación: *Fuck you, a Magazine of the Arts*.

Hace cuatro años, LeRoi Jones tuvo una toma de conciencia racial. «Aceptar los valores blancos —explicó más tarde—, no sólo es someterse a un sistema discutible, que uno no ha elegido, sino, sobre todo, renunciar a su identidad de negro y, por lo tanto, de ser humano». Simbólicamente, Jones abandonó su elegante departamento de Manhattan para instalarse en una modesta vivienda de la calle 145, en el corazón de Harlem, se divorció de su mujer blanca para casarse con una negra y escribió varios ensayos políticos, explicando su nueva actitud. Poco después, organizó en Harlem la primera «Casa de la cultura negra», donde acuden los jóvenes a aprender un oficio manual o intelectual. En las noches, el Black Arts Repertory Theatre instala un rústico escenario en medio de la calle y ofrece, a un público compuesto sólo de negros, un espectáculo de jazz, de danza o de teatro.

La posición de LeRoi Jones se asemeja mucho a la de la secta extremista de los Black Muslims, por lo menos en su aspecto negativo. Él también rechaza los métodos no-violentos del pastor Luther King y la integración le inspira este comentario brutal: «¿Para qué pedir la integración? Es como si nos propusieran entrar a un asilo de alienados. Incluso si hace frío afuera, vale más permanecer en el frío que convivir con locos. Es verdad que uno puede arreglárselas para entrar a un manicomio, pero en ese caso uno termina contagiándose y acaba loco». Para Jones, el negro encarna los valores que el Occidente ha perdido o traicionado y, por ello, el peligro mayor que lo amenaza es el de renunciar a su «identidad» asimilando las costumbres y valores del «enemigo». «En el curso de los siglos —dice—, los negros han ido renunciando a valores y costumbres asociados a la esclavitud, por considerarlos demasiado "negroides". El cambio más radical en la conciencia negra sobreviene a principios de siglo, cuando surge la idea de que las raíces negras no son motivo de vergüenza, sino de orgullo». Como los indigenistas peruanos de hace treinta años, LeRoi Jones es un racista al revés y postula la superioridad de la raza oprimida sobre la raza opresora. «Yo soy partidario de un conflicto racial en escala mundial, un conflicto total, en todos los sentidos de esta palabra. Soy partidario de la destrucción de todos los jefes políticos de raza blanca, de la dominación del mundo por la mayoría, es decir, por los hombres de color...».

Ya se puede prever lo que estas ideas originan, encarnadas en personajes, disueltas en un argumento, movilizadas en una acción dramática e instaladas en un escenario: una violencia explosiva, casi físicamente intolerable. LeRoi Jones se sitúa en las antípodas del teatro del absurdo y, a su lado, el teatro de la crueldad de Antonin Artaud parece un juego de niños traviesos.

El metro fantasma es una alegoría destinada a mostrar el fracaso de cualquier tentativa de comunicación racial. Clay, negro burgués educado entre blancos, que cree haber «cruzado la frontera», encuentra en el túnel sombrío, ruidoso e interminable del metro de Nueva York, a Lula, una blanca «evolucionada» y sin prejuicios, dispuesta a vivir con él una aventura sexual. La experiencia se frustra rápidamente, sin embargo, porque ninguno de los personajes está decidido a aceptar al otro tal como es. Lula, rebelde esnob, ve en Clay un pasatiempo exótico y una confirmación de su libertad: ese negro en su lecho sería la prueba material de su emancipación de los tabúes y prejuicios de su raza. Pero resulta que Clay es un negro sólo a medias, que ha renegado de su condición para ser aceptado por los blancos, y que por esta misma razón los imita en su manera de vestir, de pensar y de hablar. Lula se siente frustrada. Clay, por su parte, aspira a servirse de Lula para convencerse a sí mismo de la superchería en la que vive: esa amante blanca hará de él un igual a ella, es decir, un blanco. Cuando comprende que Lula busca en él, precisamente, aquello que él ha renegado, su raza, se siente engañado y devuelto a un mundo del que había creído posible escapar. Su error será castigado con la muerte.

El esclavo es una fábula, un drama de anticipación histórica, como la célebre novela de Orwell, *1984*. Estamos a finales de este siglo, en Estados Unidos, donde ha estallado la guerra entre las razas. Walker Vessels, un negro intelectual, que había creído en «la integración» pacífica y estaba casado con una blanca, con la que tuvo dos hijos, ha comprendido que la no-violencia es un mito y que los blancos liberales que aprobaron la igualdad racial son impostores que se niegan a mover un dedo para que estas leyes se conviertan en hechos. Walker Vessels pasa entonces a la acción, se hace primero un activista, luego un guerrero. Abandona a su mujer y a sus hijos, se pone al frente de las tropas negras. Una noche, clandestinamente, se introduce en la ciudad enemiga, para ver de nuevo su antiguo hogar: su mujer, Anne, se ha casado con Bradford Easley, un liberal blanco que ha adoptado a los dos niños mestizos. En presencia de la mujer, en la noche estremecida por los obuses y las ráfagas de ametralladoras, los ex amigos confrontan sus tesis, discuten sus inconciliables ideas. Las palabras ya no son eficaces, la razón ha muerto, ha llegado el tiempo de la poesía, es decir, el de lo irracional y la cólera. La muerte de Bradford y de Anne, y el holocausto de los niños —ejemplo trágico de una imposible reconciliación racial— simboliza el fin de una era y el comienzo de otra.

Sería insensato exponer en una breve crónica lo que tiene de sensato y de arbitrario la actitud de LeRoi Jones, los aciertos y errores que, a mi juicio, se mezclan todo el tiempo en su planteamiento del problema negro. Sí se puede, en cambio, afirmar sin temor a equivocarse que se trata de un creador notable, de un poeta de voz excepcionalmente vigorosa y llamativa. Su teatro «comprometido», a pesar de sus evidentes intenciones pedagógicas y descriptivas, de su militancia propagandística, tiene una formidable vitalidad gracias a un lenguaje metafórico, que se adivina sólidamente enraizado en el habla popular, en la poesía callejera. Esta riqueza verbal es tan grande que consigue persuadir casi siempre al espectador de la verosimilitud de situaciones que, juzgadas en frío, no admitiría jamás. Sólo los creadores de genio son capaces de perpetrar contrabandos semejantes.

París, noviembre de 1965

Ionesco en la Comedia Francesa
(*La sed y el hambre*)

Eugène Ionesco es, probablemente, uno de los autores dramáticos contemporáneos más discutidos en el mundo entero. Sus primeras obras, breves y delirantes, se estrenaron discretamente hace unos quince años en escenarios confidenciales de París. Algunas siguen en cartelera, como ocurre con *La lección* y *La cantante calva* que se representan en el teatro de la Huchette, el más pequeño de París, desde hace siete años y sin interrupción. Pero ahora Ionesco figura también entre los autores de repertorio del más «ilustre» teatro de Francia, la Comedia Francesa, que acaba de estrenar su última obra: *La sed y el hambre*.

¿Significa esto que el autor maldito, el abanderado de la vanguardia, el imitado por tantos jóvenes de todos los rincones del mundo, se ha convertido en un escritor conformista, razonable, dócil, digno de un escenario oficial? En cierta forma, sí. Pero esto significa, también, que el teatro de Ionesco ha terminado por ser aceptado, y que el renovador de ayer viste desde la semana pasada el uniforme paralizante y adormecedor de un clásico vivo. Por lo demás, en dos ocasiones anteriores Ionesco había sido recibido en teatros oficiales: en 1960, con *Rhinocéros* y, en 1963, con *Le Piéton de l'air*, que fueron estrenadas en el Odeón, con el beneplácito de Jean-Louis Barrault.

En cuanto a la Comedia Francesa, es un hecho que esta solemne sala no ha vacilado a lo largo de su historia en brindar hospitalidad a los autores de «vanguardia». Las representaciones de *Tartufe*, en época de Molière, dieron lugar a verdaderos tumultos y más tarde, la célebre batalla de *Hernani*, de Victor Hugo, tuvo como escenario su alfombrada platea y sus elegantes palcos. En los últimos años, también se registraron algunos alborotos en el local. Disgustados por la insolencia reaccionaria de Henri de Montherlant, los estudiantes de la École Normal invadieron la Comedia

577

Francesa hace algunos años para frustrar el estreno del último «drama español» del académico y, no hace mucho, la representación de *La hormiga en el cuerpo* de Jacques Audiberti debió ser suspendida cuando el público, exasperado por las audacias de lenguaje y lo descabellado de ciertas escenas de la pieza, comenzó a vociferar y bombardear a los actores con improvisados proyectiles.

La sed y el hambre de Ionesco ha merecido, también, un pequeño escándalo. Ocurrió un martes, día reservado a los abonados de la Comedia Francesa, público muy especial, compuesto de viejos enamorados del teatro que van, puntualmente, todas las semanas a escuchar los versos de Racine, de Corneille o de Molière que ya conocen de memoria, y de jóvenes estudiantes de Liceo educados en el respeto religioso de la tradición, del endecasílabo, de la claridad y el orden cartesianos. El primer acto transcurrió sin incidentes, pero sólo muy ralos y tímidos aplausos se escucharon al caer el telón. Durante el desarrollo del segundo hubo murmullos desaprobadores, movimientos en las butacas, sofocadas exclamaciones de fastidio y, al final, en vez de aplausos, un silencio sepulcral y amenazador. A la mitad del tercer acto estallaron las protestas; la gota que colmó la medida fue la escena en ese extraño convento donde se ha refugiado el héroe, Jean, y en la que el temible hermano Tarabas atormenta a dos payasos grotescos encerrados en jaulas. «¡Esto es intolerable!», exclamó un señor de la platea, puesto de pie, congestionado de cólera. Y una dama, levantándose, agitó su programa como una honda: «¡Todos ustedes son una pandilla de locos!». Tras estos pioneros, surgieron otros refractarios: gritos vehementes, silbidos, zapateos. Las voces de los actores quedaron sumergidas por un estruendo. Fuera de sí, la estrella número uno de la Comedia Francesa, el gran actor Robert Hirsch, con toda la tensión acumulada en dos horas de presencia en las tablas, encaró al público y aulló: «¡Váyanse a la m...!». Silencio glacial y, luego, una de esas increíbles situaciones típicamente francesas en las que, como por arte de magia, el apasionamiento desenfrenado se proyecta en cuestión de segundos en un diálogo frío y racional. «El ser un gran actor no le da derecho a ser maleducado», exclama, calmada y dignamente, un espectador. Otro actor se adelanta y explica, con amabilidad y excelentes maneras, que interrumpir una representación es también «ineducado y descortés». Sugiere que el público espere el final del espectáculo para manifestar su desaprobación. Su sugerencia es aceptada pero, entonces, surge una imprevista complicación: el exasperado Robert Hirsch, la memoria alterada por el incidente, ha olvidado su papel y hace gestos, hacia las bambalinas, para que le soplen. La cólera del público se muda en benevolencia y buen humor. Los diarios han calificado este episodio, no sin razón, de típicamente «ionesquiano».

Ionesco ha definido su obra como una parábola. *La sed y el hambre*, ha dicho, es un título bíblico. «Todos tenemos hambre, todos tenemos sed. Varias clases de hambre, sed de alimentos terrestres, de agua, de whisky, de pan; tenemos hambre de amor absoluto. El pan, el vino y la carne que despiertan el hambre y la sed de Jean sólo son sustitutos de aquello que podría aplacar un hambre y una sed de absoluto». La obra es el relato de una búsqueda, de una persecución desesperada y estéril. El héroe, Jean, aparece como un hombre dueño de todo lo necesario para ser feliz: una mujer que lo quiere, una hija adorable, una posición confortable. Y, sin embargo, el departamento al que acaba de mudarse comienza a hundirse en el fango y su espíritu es víctima de espantosas pesadillas. Jean huye de la «dicha conyugal», se lanza por el mundo en pos de algo que sacie su hambre y su sed. Como en *El peatón del aire*, el héroe abandona la tierra y visita una región celeste y luminosa que tiene la apariencia del paraíso. Pero ese reino aéreo está deshabitado y la soledad no libera a Jean de la angustia, más bien acrecienta su apetito de quimeras. Regresa al mundo y se refugia en un curioso convento donde unos misteriosos monjes lo alimentan y le dan de beber. Pero pronto comprende que es un prisionero y no un huésped. El hermano Tarabas, en la escena de la tortura de los *clowns*, está encargado de enunciar la moraleja de la pieza: todos los ideales son equivalentes y, por lo tanto, se anulan unos a otros; ninguna forma de vida es superior a las demás; no existe para el hombre liberación posible y lo único sensato es aceptar el infierno.

Este mensaje pesimista, idéntico al que ilustraba *El Rey se muere*, está expresado aquí de una manera mucho menos seductora e imaginativa que en otras piezas «filosóficas» de Ionesco. Desde el comienzo del primer acto, la obra es una sucesión de ecos, derivaciones y repeticiones de piezas anteriores y sólo en breves momentos adquiere el lenguaje ese poder de invención, esa extraordinaria audacia de las primeras piezas de Ionesco. El absurdo, buscado con premeditación tan evidente, no resulta en esta obra la llave maestra que abre puertas hacia zonas inéditas, enigmáticas de la realidad, sino un fin en sí mismo, un recurso brillante pero hueco. En un autor que, según confesión propia, sólo pretende divertir y sorprender, la monotonía constituye una gravísima manifestación de decadencia.

París, marzo de 1966

La vanguardia: Brecht y el *Marat-Sade* de Weiss

Hace algunos años vi en París una representación de *La ópera de dos centavos*, de Brecht, por el Piccolo Teatro de Milán, que recuerdo como uno de los más brillantes espectáculos dramáticos que he presenciado. Mi mayor ambición, al llegar a Milán, era ver de nuevo a este conjunto, en la misma ciudad donde nació hace veintiún años. Unos amigos me arrojaron un balde de agua fría: «El Piccolo Teatro ha envejecido, es una sombra de lo que fue». Le reprochaban un apego demasiado mecánico a las teorías brechtianas, un criterio estrechamente «social» en sus programaciones, desdén de la vanguardia. El Piccolo Teatro daba el *Marat-Sade*, de Peter Weiss, en una puesta de un director joven, Rafael Maiello, y como yo tenía presente la versión de esta pieza de Peter Brook, alabada con justicia en todo el mundo y difícilmente superable, entré al local del Piccolo seguro de ir al encuentro de una decepción. A diferencia de lo que ocurre con los libros, que crecen en el recuerdo cuando son buenos, la memoria suele ser infiel con el teatro, que a la distancia se empobrece. Escribo esta crónica diez días después de haber asistido a la representación y, sin embargo, el entusiasmo de esa noche se conserva intacto, la impresión sigue siendo tan intensa como si la hubiera forjado una lectura laboriosa y no la visión pasiva de un par de horas de espectáculo. El pesimismo de mis amigos me deja perplejo: ¿cómo aceptar que se halla en decadencia un equipo capaz de montar un drama cuyas imágenes vuelven a la memoria, enriquecidas por la distancia, como las metáforas de un poema o las situaciones de una novela que nos hirieron poderosamente?

Es posible que la obra de Weiss sea el elemento principal de la recia descarga emotiva de esa noche. El *Marat-Sade* no es solamente una obra admirable; tal vez su mérito mayor sea histórico y no estético y consista en la reivindicación de un género tan desprestigiado que muchos consideraban ya difunto: el teatro social. Desde la muerte de Brecht, la incorporación de asuntos morales o políticos de actualidad al teatro, y, sobre todo, su tratamiento realista, parecía una empresa de mal gusto, destinada siempre al fracaso, en la que se empeñaban algunos escritores tan llenos de buenas intenciones como faltos de recursos creadores (por ejemplo: Arthur Adamov). El individualismo, la metafísica, lo imaginario, la experimentación monopolizaban a los más dotados. Ionesco y sus epígonos convertían el teatro en un juego brillante, en el que la fantasía discurría libremente por el mundo de lo absurdo, dinamitando el lenguaje convencional, purificándolo de toda emoción humana distinta del humor, en tanto que Beckett exploraba austeramente la miseria ontológica de la condición humana, en dramas de un diabólico pesimismo solipsista. Los norteamericanos e ingleses vinieron luego a inyectar un poco de vida a ese teatro invertebrado, que comenzaba a languidecer entre acrobacias oníricas, describiendo pequeños infiernos domésticos de clase media, con un cinismo desesperado (y a veces eficaz, como en el caso de Albee y Pinter). Pero la actitud general parecía ser la del repliegue evasivo frente a un orden de lo real, convertido poco menos que en tabú: lo político. La vanguardia ha rehuido sistemáticamente el tema político, o lo ha abordado con tanta timidez, enmascarándolo en fábulas, alegorías y pesadillas tan alambicadas y barrocas (como han hecho Genet y LeRoi Jones) que lo convertían en un simple pretexto, en un mero soporte de la imaginación poética. El *Marat-Sade* de Weiss, con su brutal inmersión en una problemática social e histórica presente —la Revolución francesa personifica en el drama una revolución que puede ser también la rusa, la china o la cubana; Sade es el príncipe libertino que creó a Juliette, pero también cualquier creador enfrentado a la conmoción revolucionaria y sus desgarradoras opciones; Marat es el «amigo del pueblo» y, al mismo tiempo, la encarnación de la imagen implacable de la pureza revolucionaria a la manera, digamos, de un Che Guevara—, constituye una ruptura insolente con la actitud de la vanguardia teatral en la elección y tratamiento de sus temas.

¿Hasta qué punto la sombra augusta de Brecht ha sido decisiva en el rechazo del teatro político por los dramaturgos contemporáneos? A muchos, el temor de repetir las fórmulas brechtianas los alejó de temas y problemas para los que el escritor alemán parecía haber creado una forma y una técnica de expresión únicas. Luego de Brecht resultaba difícil innovar, ser original, si se elegían «sus» asuntos. Este temor, tal vez legítimo, queda disipado gracias a la obra de Weiss, cuyas afinidades con el teatro brechtiano, aunque existan, no le restan en absoluto originalidad ni personalidad. Las afinidades son de intención y de tema, no de tratamiento, y en el teatro, como en la poesía y la novela, el tratamiento lo es todo: sólo de él dependen la victoria o el fracaso. Al igual que en Brecht, en Weiss la anécdota teatral desarrolla un asunto histórico cuyas implicaciones sociales, políticas y morales quieren arrojar luz sobre una situación presente. La pieza es una meditación sobre ciertos temas esenciales: el destino de las revoluciones, la legitimidad de la violencia, la pugna entre lo individual y lo social, los poderes encontrados de la imaginación y la acción. Pero probablemente las diferencias entre ambos escritores son más numerosas que las afinidades. Para conseguir esa «distanciación» entre espectáculo y público que debía, según él, permitir al espectador una toma de conciencia sobre la realidad inmediata a la luz de los conflictos ejemplares que había presenciado sobre las tablas, Brecht mantenía sus dramas en una rigurosa objetividad. El espectador no debía «creer» en lo que ocurría en el escenario, debía estar siempre consciente de su carácter ficticio e instructivo: su obligación era comprender, aprender. En el *Marat-Sade* todo transcurre en el dominio de la más exclusiva subjetividad. Las ideas y tesis que se discuten no dan consistencia, densidad, a los personajes de Sade y de Marat: es el drama humano, individual, de estos dos seres trágicos el que imprime a su diálogo ideológico su patética verdad. El éxito alcanzado por la pieza de Weiss no reside sólo en una dimensión intelectual: hay un vasto sector del público que ha sido impresionado sólo por el nivel más superficial de realidad, si se quiere, en que se desarrolla la obra: el anecdótico. El *Marat-Sade* es, ante todo, una ficción admirablemente construida, en la que se mueven un puñado de seres dotados de vida autónoma. Ni Sade, ni los locos de Charenton están allí —como ocurría, por ejemplo, con los personajes de *El vicario*, de Rolf Hochhuth, y con las peores de las piezas de Brecht— para transmitir ideas como los muñecos de un ventrílocuo: son seres de carne y hueso, con sus propios dramas individuales, que van a mimar una representación, encarnando a personajes históricos de la Revolución francesa, y en el curso del espectáculo, esta ambigüedad, esta duplicidad, está constantemente subrayada: los locos olvidan su libreto, deforman sus parlamentos, mezclan sus propias alucinaciones y apetitos a las de los seres que encarnan, provocando confusión y violencias. Hay un drama doble que se desarrolla simultáneamente, iluminándose mutuamente, y de ese cruce de realidades, independientes y a la vez inseparables, brota la ilusión de la vida: esa ilusión que hechiza al espectador y, aboliendo su conciencia, lo hace vivir la ficción como realidad. Pero este mundo de acciones fulgurantes, tenso y áspero, no es mero espejismo: lo mueven y le dan profundidad psicológica y moral una serie de ideas y emociones que, aunque le pertenecen, pertenecen también al mundo real. Esta dimensión intelectual se proyecta natural, libremente de la anécdota, y no a la inversa, como ocurre en las piezas políticas frustradas: es generada por ella como el sudor por la piel. De ahí deriva la fuerza vertiginosa que tiene el torneo dialéctico entre Sade y Marat: las ideas que ambos enfrentan aparecen al mismo tiempo encarnadas en dos existencias cuyo destino han marcado trágicamente. Se trata de un teatro político, o de ideas, pero ante todo de teatro: la grandeza de Weiss está en haber demostrado, en contra de lo que la moda contemporánea había establecido, que los asuntos políticos y los conflictos ideológicos no están reñidos de ninguna manera con la creación.

La puesta en escena del *Marat-Sade* por el Piccolo Teatro es menos vistosa que la de Peter Brook, pero tal vez más eficaz. Maiello no ha renunciado a sacar partido de todos los elementos espectaculares que ofrecía la pieza, pero no ha abusado de ellos ni permitido que distrajeran la atención del espectador respecto de su contenido esencial. La escenografía, el movimiento de los actores, las canciones, las escenas de violencia, no rompen nunca la continuidad del debate ininterrumpido y sin término que constituye la columna vertebral de la pieza; todo tiende a destacar y hacer más accesibles los argumentos que se esgrimen, las interrogaciones que se plantean. La escena final es una alusión significativa a los tiempos del nazismo: cuando los locos de Charenton, enardecidos, quedan abandonados a su suerte, de las esquinas del escenario se elevan, escupiendo gas, los tubos de las cámaras de exterminio de los campos de concentración. Con esta humareda de hecatombe termina la feliz representación de este drama que reduce a escombros la casi totalidad del teatro que se ha escrito en Europa en los últimos años.

Milán, 1968

Ubú presidente y el *arte pobre*

En los años sesenta circularon por Europa las teorías del «arte pobre». No sé si nacieron en España, pero allí tuvieron, en todo caso, eco mayor que en otras partes. Se habló de un «teatro pobre», de un «cine pobre», de una «plástica pobre». Se trataba de convertir el defecto en virtud, la limitación en mérito. El razonamiento era el siguiente. ¿Puede tener la creación características idénticas en sociedades prósperas avanzadas y en países pobres y con múltiples retrasos? No. Porque el arte debe reflejar las condiciones del medio para ser auténtico, y como estas condiciones difieren en los países ricos y en los pobres, los artistas de estos últimos sólo pueden crear a la manera de aquéllos traicionando su propia circunstancia, dando la espalda a su verdad histórica. El resultado será, por lo tanto, un arte hechizo, falaz.

Los teóricos del «arte pobre» pedían a los artistas de países atrasados asumir el atraso de su mundo y convertir los rasgos sociales, económicos y culturales de signo negativo en valores estéticos, en modos de expresión, en técnicas que, gracias a la imaginación, dieran a su arte una fisonomía propia y un sentido testimonial más profundo que el del naturalismo y el realismo, escuelas cuyas buenas intenciones sociales se vieron a menudo frustradas porque pretendían reflejar la pobreza (la injusticia) sólo a través de la anécdota.

El «arte pobre» debía reflejar la pobreza en la forma antes que en el contenido, ya que es la forma la que determina la excelencia o la mediocridad artística. ¿Tiene sentido, se preguntaban, que un cineasta del Tercer Mundo pretenda hacer películas como las hace Hollywood? Si lo intenta, lo probable es que fracase: él jamás contará con la infraestructura financiera e industrial del cine norteamericano. Y lo mismo le ocurrirá al director de teatro de país pobre que se empeñe en montar una pieza como puede hacerlo Peter Hall en la Royal Shakespeare Company de Londres.

La pobreza como forma significaba, por ejemplo, filmar películas con la cámara a la mano, en escenarios naturales o improvisados, en blanco y negro si era el caso, y procurando que las inevitables deficiencias de este sistema de trabajo se convirtieran, gracias a la intuición y a la audacia de directores, actores y resto del equipo, en un lenguaje necesario, inteligible y distinto. El «teatro pobre» podía prescindir de decorados, de vestuario, o reducir ambas cosas a un mínimo simbólico, sustituir el local convencional por la carpa de circo, el tabladillo de feria o las losetas de la plaza pública, y readaptar a ese marco rudimentario las obras clásicas o escribir las nuevas en función de él. La idea era no autoengañarse, pretendiendo disponer de unas facilidades de las que la sociedad carecía, y trocar en fuente de estímulo la precariedad.

Como suele ocurrir, la teoría del «arte pobre» funcionaba mejor en abstracto, como propuesta intelectual, que en la práctica. Recuerdo una exposición «arte pobre» de Antoni Tàpies, en el Museo de Arte Moderno del Ayuntamiento de París. Tàpies es uno de los pintores vivos que más admiro y jamás me ha decepcionado una muestra suya. Aquella tampoco fue una decepción. Las salas hervían de ingenio y de bellas sorpresas. La «pobreza» estaba en los materiales con que habían sido elaborados los cuadros: retazos de crudo, rajas de madera, cuerdas, hilachas, papeles de envolver, materiales de derribo, brocha gorda y carbón. Pero la teoría fallaba en lo esencial: Tàpies no es un pintor que pueda suscitar la imagen de la pobreza.

No importa de qué se sirva, a qué extremos de simplicidad y rusticidad reduzca el cuadro, su pintura siempre despierta en el espectador una sensación de refinamiento y exquisitez, de algo infinitamente depurado, riguroso y aparte. Un mundo, en última instancia, aristocrático. Lo notable de la muestra era, justamente, advertir que dos maderos clavados sobre un pedazo de costal y dos trazos ciegos de carboncillo le bastan a Tàpies para fabricar un objeto conmovedoramente grácil y delicado, una joya rara y exótica que arranca al espectador de su pobreza y lo traslada a un ámbito suntuoso donde todo, hasta lo que uno creía nimio y vil, es bello. Ahora bien, si en Tàpies la teoría no funcionaba en lo relativo a la «pobreza», en otros fallaba en lo que respecta al arte y eso era, claro está, más grave. Recuerdo un festival de cortometrajes, en la bella

Benalmádena, donde, ay, las películas «pobres» de varios cineastas lo eran, en efecto, pero en el sentido de la comezón y el bostezo.

Por eso nunca tomé en serio lo del «arte pobre». Y, sin embargo, hace unos días, viendo la representación de *Ubú presidente*, de Juan Larco, por el Teatro de la Universidad Católica, de Lima, aquella teoría cobró, de pronto, formidable veracidad. Es uno de los mejores espectáculos que he visto, perfecto en su concepción, deslumbrante en su ritmo, de una bufonería mágica que tiene al espectador en vilo, y una coordinación sin fallas en lo concerniente a actores, decorado, música, iluminación, vestuario. Pero esta representación no hubiera podido llevarse a cabo, así, en Londres, París, Nueva York o cualquier otro lugar de teatro «rico».

Su éxito se debe sobre todo al uso —genial— que Luis Peirano, el director, hace de las dificultades y estrecheces. La obra misma es un interesante caso de texto «pobre». Juan Larco trasplanta a América Central al célebre personaje de Alfred Jarry, el deslenguado usurpador sanguinario Ubú, rey de Aragón y de Polonia, que termina de galeote en las galeras del Gran Turco, y lo muda en el tiranuelo prototípico, ávido y cruel, payasesco y ruin, de la república bananera. La farsa sigue las grandes líneas de la pieza de Jarry —personajes, intrigas, trayectoria del héroe— pero vulgarizándola y politizándola, de modo que lo que era, en aquél, un brillante juego mordaz, se vuelve, aquí, una sarcástica y tremebunda opereta social. Todo en el presidente Ubú es primitivo, rudo, elemental: su lenguaje, su codicia, sus maldades, sus vicios y sus puntos de referencia. Este «empobrecimiento» no priva a la obra de la desmesura, truculencia y el humor grueso del modelo, pero le añade un ingrediente chillón y simplote que lo localiza muy exactamente en el medio en el que pretende ocurrir la historia.

La representación tiene lugar en un patio cuyos ángulos, puertas, recovecos, escaleras son astutamente utilizados para simbolizar, en el raudo movimiento de la farsa, la republiqueta tropical, subdesarrollada y violenta, donde vive Ubú su siniestra mojiganga. Los personajes son monigotes que hablan, gesticulan, se barajan, a un ritmo endiablado, sin abandonar un instante una vulgaridad íntima que cuadra maravillosamente con el atroz mal gusto con el que se visten y del que se rodean. Se diría que la ruindad moral de todos ellos ha tomado forma en sus ropas, comidas, ademanes, palabras.

Alberto Isola encarna al presidente Ubú de manera insuperable: monstruo pérfido a ratos, a ratos pobre diablo infeliz, egoísta esencial, valiente ante los débiles, cobarde ante los poderosos, cínico y astuto, inteligente y estúpido, primario y sutil, Isola consigue desplegar sucesiva y simultáneamente todas esas caras en la cara desmesurada y plural de Ubú. Actuando, se diría, con todos los músculos y articulaciones del cuerpo, metamorfoseándose sin tregua, a ratos sinuoso, a ratos chocarrero, simple, ubicuo, versátil, contagioso, gracias a su intérprete, Ubú se carga de una complejidad y una trascendencia que desbordan las que el texto le asigna. Algo de veras memorable. Triste destino el del teatro, donde un acontecimiento como éste, tan rico en su «pobreza», sea efímero y no tenga otra manera de sobrevivir que el recuerdo de los afortunados que lo presenciamos.

Lima, diciembre de 1980

Ángeles en América

Aunque no figuró en primer plano, el abogado Roy M. Cohn fue uno de los más influyentes cazadores de brujas en Estados Unidos, durante los años ignominiosos del senador McCarthy, marcados por una paranoia anticomunista y moralizante que devastó Hollywood, los teatros de Broadway e introdujo la censura y la autocensura en los medios de comunicación. Mano derecha de McCarthy, operaba desde la sombra, orientando las investigaciones sobre presuntos espías, intrigando para instalar en los tribunales y puestos claves de la Administración a validos y fieles ideológicos y para que los jueces dictaran sentencias draconianas contra sus víctimas. Estas malas artes, que ejercitaba con genio, fueron decisivas por lo visto en la condena a muerte de los esposos Julius y Ethel Rosenberg. Al mismo tiempo que defendía de este modo implacable la política más conservadora y las buenas costumbres, Roy M. Cohn tenía una vida secreta, de homosexual, y murió de sida, en 1986. Tony Kushner recrea su vida en *Angels in America* a partir del momento en que el poderoso abogado neoyorquino se entera de que ha contraído la enfermedad y, sin ceder un ápice en sus convicciones ultras, se va muriendo a pocos, cuidado por un enfermero negro, marica y travestista, llamado Belize y espiado por el fantasma vengativo de Ethel Rosenberg, a quien ve o imagina en el curso de los espasmos semimísticos que sobresaltan su agonía, y quien le canta un responso fúnebre en hebreo cuando expira.

Roy M. Cohn es el personaje más dramático de la obra, con su personalidad rectilínea, su filosofía darwiniana y sus desplantes convulsivos, pero no es la figura principal de esta ambiciosa «Fantasía *gay* sobre temas nacionales» (así se subtitula), que ha ganado todos los récords de taquilla en ambas ciudades desde que se estrenó. El héroe es el joven Prior Walter, quien, hasta contraer el siniestro virus, parece haber sido un oscuro muchacho sin historia de la babilónica Nueva York, donde vivía con Louis Ironson, un procesador de sistemas proclive a la pontificación política y a las conjeturas éticas. Pero, desde que el sida comienza a socavar su frágil osatura, Prior escucha voces de ultratumba, tiene visiones genealógicas, dialoga con un ángel de hermosísimas alas, visita la muerte y regresa a la vida con el espíritu en paz y cargado de sabiduría.

Por la obra deambula también una familia de mormones, cuya severísima moral se hace añicos a la vista del público, cuando el vástago Joseph Porter Pitt, funcionario de la Corte de Justicia, reconoce su vocación homosexual, su mujer Harper sucumbe a los paraísos artificiales de la Química —el Valium— y la madre de aquél, Hannah, espartana matrona que ha acudido a Brooklyn desde Salt Lake City para salvar a su hijo Joe del pecado, descubre el sexo nada menos que en brazos de un ángel (y, por añadidura, femenino).

Éste es, por supuesto, un resumen infiel y algo sesgado de una obra que consta de dos espectáculos —«Se acerca el milenio» y «Perestroika»— dura siete horas y media, tiene un montaje de maravilla y, en contra de lo que podría suponerse teniendo en cuenta los graves asuntos de que trata —el sida, la condición homosexual, la religión en la sociedad contemporánea—, hace gala de un humor chisporroteante y variado, a veces sarcástico y feroz en sus caricaturas y dardos, a veces sutil y tierno como en las ensoñaciones árticas de Harper, la esposa abandonada, y a veces, incluso, de astracanada intelectual (Roy M. Cohn, en su delirio agónico, imagina que la escritora Lillian Hellman, otra víctima del maccarthismo, lo envenenará cambiándole los remedios).

Pero, aunque el público se divierte mucho y, gracias a la sabida envoltura del humor que los atenúa y distancia, digiere sin traumas los dolorosos y a veces atroces sucesos que describe *Angels in America*, creo que sería una injusticia y un escamoteo decir de ella solamente que es una obra entretenida, una excelente representación que mantiene a sus espectadores todo el tiempo que dura con el ánimo regocijado. Porque esta ficción no quiere entretener sino agitar y remover los espíritus, abrir los ojos de los ciegos sobre una realidad que ignoran, estimular su visión crítica y aportar ideas nuevas para la comprensión de los más urgentes problemas actuales. En la tradición de Bertolt Brecht y en la del teatro existencialista,

Tony Kushner ha escrito una obra que aspira a ser, a la vez, pedagógica y comprometida.

Y esto es, para mí, lo que tiene de más precario y discutible. Porque no es verdad que el sida sea el problema número uno que enfrenta la humanidad, como no lo era la tuberculosis en el siglo XIX, cuando aparecía también como una enfermedad incurable y la mórbida sensibilidad de los románticos la mitificó y ennobleció artísticamente de manera muy semejante a la que emplean para hablar del sida películas como *Les Nuits fauves*, de Cyril Collard o piezas de teatro como *Angels in America*. Viéndolas, parecería que quienes son infectados por ese virus que condena a una muerte lenta y atroz, no son víctimas sino elegidos, seres a los que el sufrimiento físico indecible y el saberse condenados, espiritualiza y santifica.

Éste es el mensaje que se desprende de la extraordinaria transformación que se opera en Prior Walter desde que revela a Louis que pertenece «al orden lesionario» hasta que, cinco años más tarde, en la escena final, reivindica con cierto orgullo la enfermedad que, con la expiación física, le ha conferido la serenidad, el conocimiento de lo humano y la aprehensión de lo divino. El sida ha convertido al innocuo muchacho del principio en un profeta y un santón mesiánico, que da lecciones sobre la vida y contempla al resto de los humanos desde una perspectiva moral superior.

Esto es religión, no razón; ilusionismo mágico en vez de aquello que pretende ser: desmitificación descarnada de una realidad problemática. Ni el sida ni infecciones o males físicos menos homicidas enriquecen el espíritu o purifican el alma; todos ellos son una tragedia para el cuerpo y, consecuentemente, perjudiciales para la vida intelectual y espiritual. Y, por lo tanto, deben ser combatidos, por medio de la ciencia y no de conjuros y exorcismos (sobre todo por quienes, como es el caso de quien ha escrito *Angels in America* y de quienes hacen colas de tres meses para ver la obra en Broadway, no creen en conjuros y exorcismos).

El llamado a un acercamiento racional y no fetichista al problema del sida es tanto más urgente cuanto que en torno a este mal reinan todavía tenaces prejuicios en el mundo. Pese a que las estadísticas médicas son concluyentes, muchos piensan todavía que el virus que lo provoca sólo afecta a homosexuales y a grupos relativamente minoritarios (drogadictos, hemofílicos, etcétera), lo que fue cierto en un principio pero ahora es falso, pues el número de afectados entre los heterosexuales de ambos sexos tiende a crecer a un ritmo que se acerca, en todos los países donde hay estadísticas confiables, al de aquellos sectores sociales que fueron los más golpeados en el momento de la aparición del virus. El «problema del sida» no es pues, racionalmente hablando, el problema de los homosexuales —como parece sugerirlo *Angels in America*— sino el de toda la humanidad viviente, y ése es un problema cuyos estragos se pueden reducir con buenas campañas informativas y pedagógicas sobre los riesgos y la manera de evitarlos, y dedicando los recursos necesarios que permitan a la ciencia encontrar los medios de prevenirlo y curarlo. Mitificar el sida con el halo romántico de lo heroico y lo sagrado es proceder de la misma manera irracional y oscurantista de quienes lo consideran un azote de Dios contra pervertidos y viciosos.

Tampoco es la estrategia más eficaz para luchar contra el prejuicio y la discriminación de que son víctimas las minorías sexuales, mitificar el homosexualismo, dando a entender, como ocurre en la obra de Kushner, que quien lo practica y elige, por las sanciones sociales a que se expone y la incomprensión y hostilidad de que inevitablemente es víctima, alcanza una forma más intensa de humanidad, una sensibilidad más aguzada para la compasión, la solidaridad y la fraternidad. (Eso es lo que en la obra personifica Belize, el ex travestista, que dedica su vida a cuidar a enfermos de sida incluso tan repelentes como Roy M. Cohn). Y no lo es porque se trata de una flagrante mentira, como lo son todas las clasificaciones de la especie humana que disuelven lo individual en lo gregario. La verdad es que no existe «el homosexual» genérico, como tampoco existe «el heterosexual» prototípico. Existen homosexuales y heterosexuales y, en ambas variedades, tal miríada de subespecies y excepciones que invalida de entrada cualquier intento reduccionista y generalizador. Como la raza, la religión, la lengua o la cultura, el sexo es un dato entre muchos otros que, por sí solo, es incapaz de explicar suficientemente a un individuo, menos aún a una colectividad.

Tal vez estas consideraciones vayan demasiado lejos en el análisis de una obra cuyo gran mérito no es filosófico sino el de hacer descubrir la felicidad y el entusiasmo del buen teatro a un público que comenzaba a dar la espalda a los escenarios, Pero ocurre que *Angels in America*, además de destreza teatral, delata una gran ambición y el convencimiento de que aquella ceremonia ficticia, que el texto dramático y los actores representan, puede tener un efecto prolongado en la vida y, a través de los espectadores educados por ella, corregir lo que anda mal, orientar la historia. Yo no estoy muy seguro de que éstos sean los poderes ni los deberes de la ficción pero, si lo son, conviene que las lecciones que imparte la escena distingan claramente lo que es mito de lo que es realidad.

Nueva York, marzo de 1994

Distanciando a Brecht

Imposible vivir en Berlín en este año de 1998 sin toparse a cada paso con la vida, la obra y la cara triste de Bertolt Brecht, singularizada por sus anteojos de miope, su puro capitalista y su gorrita proletaria. El centenario de su nacimiento se celebra con una profusión de exposiciones, representaciones, publicaciones y debates que dan vértigo. Hasta la televisión alemana se ha sumado a los festejos adquiriendo los derechos para transmitir treinta y cuatro películas codirigidas, escritas y adaptadas por Brecht, o inspiradas en sus obras.

Yo, desde luego, lo celebro. Aunque siento una profunda antipatía moral por el personaje y discrepo frontalmente con sus tesis sobre el teatro y la literatura, sigo bajo el hechizo de su genio creador, que descubrí de adolescente, y que me ha llevado desde entonces a leerlo, verlo y oírlo en todas las lenguas a mi alcance. Contribuyo ahora a los homenajes que se le rinden, intentando, en mi insuficiente alemán, hacer lo mismo en el idioma al que —lo reconocen tirios y troyanos— enriqueció con su poesía y sus dramas como pocos escritores de este siglo. (Diré de paso que, en español, Brecht ha tenido suerte: las traducciones de sus obras hechas por Miguel Sáenz son espléndidas).

Su teoría más famosa es la de la distanciación, el teatro épico, crítico de la realidad social y sacudidor de la conciencia del espectador, que debía reemplazar al aristotélico, imitador de la Naturaleza, que sume al público en la ilusión, ahoga su razón en la emoción, y lo lleva a confundir el espejismo que es el arte con la vida real. Para cumplir su labor pedagógica, instruir a los espectadores en la verdad e incitarlos a actuar, el teatro —el arte— debía ser concebido de modo que alertara sobre su propia condición —hechiza, artificial— e hiciera visible la frontera que lo separa de lo vivido. Esta idea, que hubieran suscrito sin vacilar los teólogos vaticanos partidarios del arte edificante —en su caso, las verdades que el arte debía hacer patentes no eran la lucha de clases como motor de la historia y la revolución proletaria que acabaría con la sociedad burguesa, sino las consecuencias del pecado original y el misterio de la transubstanciación—, se hubiera evaporado sin pena ni gloria si, a la hora de ponerla en práctica, el talento de Brecht no hubiera sido capaz de perpetrar aquella operación fraudulenta que, según su teoría, el arte debía evitar mediante la distanciación: hacer pasar gato por liebre, la ilusión fabricada por la realidad vivida, algo que han hecho y seguirán haciendo todos los verdaderos creadores mientras el arte no sea sustituido del todo por la realidad virtual.

Porque, materializada en las obras que escribió y representada sobre un escenario, esta tesis adquiere una fuerza persuasiva tan grande como las prédicas sobre los valores cristianos en una obra bien montada de Calderón de la Barca. En ninguno de los dos casos este poder de persuasión es congénito a las supuestas verdades que aquellas obras pretenden comunicar; él nace de la destreza técnica, la elocuencia verbal y la astucia de la factura artística, tan ricas que dan un semblante de verdad —verdad científica o verdad revelada— a lo que no es más que ilusión, ficción o, más crudamente, en Brecht y Calderón, patraña ideológica y dogma religioso.

Además de escribir con un talento fuera de lo común, Brecht, desde los años treinta, pero, sobre todo, en el Berliner Ensemble, el teatro que fundó y dirigió en la República Democrática Alemana desde 1949 hasta 1956, desarrolló una técnica del trabajo actoral y del montaje escénico de una enorme originalidad, que tuvo una influencia extraordinaria en todo el mundo. Esta técnica pretendía, mediante recursos que abarcan desde detalles escenográficos, alteraciones del flujo temporal de la representación, cambios de ritmo en la actuación, hasta el uso de *collages* audiovisuales con referencias a hechos históricos ajenos a la anécdota, ir matando la ilusión, impidiendo al espectador abandonarse a la ficción artística, obligándolo a mantenerse consciente de que lo que está espectando es el teatro, no la vida, y sacando por tanto las conclusiones morales y políticas pertinentes de lo que veía respecto al mundo que lo rodeaba.

En la práctica, desde luego, esto no funcionó nunca como en la teoría. Ni en los tiempos en que Brecht y Helen Weigel eran funcionarios de la DDR, uno de los Estados policiales más oscurantistas y corruptores de la conciencia humana que haya conocido la historia, ni ahora, en que, convertido en museo viviente brechtiano, el envejecido Berliner Ensemble monta aún las obras del fundador respetando ortodoxamente el método distanciador (con desigual fortuna en los últimos meses: un excelente *Leben des Galilei*, un discutible *Arturo Ui* y una delicada posmodernización de *Vuelo sobre el Atlántico* hecha por Robert Wilson). En la realidad, la distanciación no sirvió para acabar con la naturaleza convencional de la puesta en escena, sino para sustituir una convención por otra, desdoblando el espectáculo de una obra en dos vertientes: la anécdota dramática y la técnica distanciadora. El aparato escenográfico y la conducta actoral destinados a remitir al espectador a la realidad y a mantenerle alerta la conciencia, de hecho, se constituyen de por sí en otra ficción, incorporada o añadida a la primera, en otra forma de ilusión, no menos hechiza y artificial que la de la obra dramática, a la que termina por integrarse, enriqueciéndola (en los montajes logrados) con una novedosa dimensión.

Ni antes, en las épocas en que las «verdades» del catecismo marxista que el teatro de Brecht creía difundir tenían una vasta audiencia en el mundo (en el mundo no sometido a la realidad de los Gobiernos marxistas, quiero decir), ni ahora, que, salvo puñaditos de despistados, nadie cree en ellas, han salido los espectadores de un espectáculo brechtiano a inscribirse en el Partido Comunista. (Tampoco salían corriendo en pos de un confesionario los de un auto sacramental de Calderón en el Siglo de Oro). Salían y salen, encantados, no de haber sido esclarecidos y educados por un conocedor de la verdad, un consejero que los ha enrumbado por la buena senda doctrinaria, sino de haber vivido una hermosísima mentira, una ilusión falaz, que, por unas horas, embelleció e hizo más intensas sus vidas, arrancándolos de la vida verdadera y sumergiéndolos en la impalpable e impredecible vida alternativa que crean los artistas. Ni más ni menos que cuando salen de ver una buena representación de Sófocles, Shakespeare, Valle-Inclán o Ionesco. Que vivir la ilusión no es algo inocuo, una fugaz diversión, que aquélla deja huellas, a veces muy profundas, en las conciencias, es indiscutible. Pero, también, que estos efectos del arte no los puede planificar ni determinar un creador, aun de tanto talento como Brecht, porque aquellos efectos tienen que ver con la infinita complejidad del fenómeno humano, y la del objeto artístico, que, al entrar en comunión, producen reacciones y consecuencias múltiples, divergentes, en función de la diversidad de los seres humanos y de las cambiantes circunstancias en que se hallan atrapados. No es imposible que un drama de Calderón precipitara en el ateísmo militante a algún espectador y otro saliera de una lección teatral-dialéctica brechtiana convencido de que Dios existe.

Afortunadamente es así, porque, si debiéramos juzgarlas por las racionales convicciones y esquemáticas creencias que propagan, salvo un puñado de obras que escaparon a la cota de malla ideológica —las primeras que escribió, como *Tambores en la noche*, *En la selva de las ciudades*, de resabios anarquistas, y las menos propagandísticas, como *La ópera de tres centavos*— poco quedaría hoy de los dramas «didácticos» de Bertolt Brecht. Ellos describen una realidad social e histórica en términos de un maniqueísmo rígido, donde los seres humanos son meros plenipotenciarios de abstractas teorías, huérfanos de misterio, libertad y soberanía, ni más ni menos que los títeres de las barracas. Eso sí, el titiritero que los mueve luce una destreza consumada, y es capaz, por ello, de insuflar una ilusión de vida y verdad adonde —si nos distanciamos para juzgarlo con la frialdad conceptual con que él quería que el arte juzgara a la vida— había sobre todo embauque y propaganda.

A la vez que rendimos un homenaje a su genio, y a sus aportes al teatro, no deberíamos olvidar, sin embargo, que detrás de las generosas proclamaciones en favor de la justicia, del progreso y de la paz, que chisporrotean en las obras de Brecht, estaba el Gulag, así como detrás de las piadosas moralizaciones de Calderón ardían las parrillas de la Inquisición. Mientras el autor de *Terror y miseria del Tercer Reich* recibía el Premio Stalin, muchos millones de inocentes —más aún que los que perecieron en los campos de concentración nazis— padecían tormento y morían en Siberia, y, entre ellos, innumerables militantes comunistas —algunos, buenos amigos suyos— caídos en desgracia. Semejantes horrores ocurrían bajo las narices del director del Berliner Ensemble; pero él miraba hacia otro lado, hacia el mal absoluto, el verdadero enemigo, el Occidente explotador y putrefacto, el imperialismo donde anidaba ya el nuevo nazismo. Que él sabía muy bien, o por lo menos mucho, de lo que ocurría a su alrededor, aparece ahora con luz cegadora en su correspondencia privada, que publica Suhrkamp. Pero, en público, él callaba. Recibía medallas, un buen salario, un teatro, honores, premios, de un régimen que lo utilizaba para su propaganda, y que, por lo demás, ni respetaba su obra ni tenía el menor escrúpulo en censurarlo. Él se dejaba utilizar, censurar, y, aunque deslizaba a veces algunos rezongos en oídos seguros —para redimirse ante la posteridad—, se prestó a la farsa y fue, en esos últimos siete años de su vida, lo que Neruda, otro genio de moral hemipléjica, hablando de los poetas franquistas, llamó un silencioso cómplice del verdugo.

¿Es mezquino hurgar en estas humanas debilidades del genio en medio del fuego de artificio y las fiestas con que el mundo celebra su primer centenario? No, si el genio, como ocurrió con Bertolt Brecht, quiso ser no sólo un buen escribidor, sino, también, un director de conciencia, un dómine en cuestiones morales y políticas, un profesor de idealismo. Para eso es indispensable, además de una pluma sutil y una imaginación fulgurante, una conducta coherente. Es decir, predicar con el ejemplo.

Berlín, febrero de 1998

La ciudad de los nidos

El Festival de Salzburgo se suma a la celebración del centenario de Bertolt Brecht (1898-1956), presentando este año por todo lo alto la ópera en tres actos que éste escribió en 1930, con música de Kurt Weill (1900-1950): *Ascensión y caída de la ciudad de Mahagonny*. El montaje de Peter Zadek es excelente, magnífica la orquesta sinfónica de Radio Viena dirigida por Dennis Russell Davies e impecable el abanico de voces del elenco, entre las que figuran las de Dame Gwyneth Jones, Catherine Malfitano, Jerry Hadley, Udo Holdorf y Wilbur Pauley.

Pero acaso más interesante todavía que el grandioso espectáculo que tiene lugar en el escenario de la Grosses Festspielhaus (no menos de cien figurantes y unos coros multitudinarios) es el de los millares de espectadores que atestan la platea y las galerías del local, vestidos de esmoquin los caballeros y las engalanadas damas rutilando de joyas y oliendo a exquisitas esencias, que han pagado entre trescientos y quinientos dólares por asiento para venir a deleitarse con una obra concebida por sus autores, en el vórtice de las grandes confrontaciones ideológicas de la República de Weimar, en los años veinte, como una fulminación incendiaria de la utopía capitalista norteamericana, el sueño mentiroso del éxito material al alcance de todos y el culto desenfrenado del dólar, el nuevo dios Mammón del siglo xx, cuyo espejismo enajenante ocultaba una pesadilla de explotación, degradación de las costumbres, imperio de las mafias y de la violencia gansteril.

A juzgar por las expresiones de respetuosa concentración durante las tres horas que dura la obra y los entusiastas aplausos con que premian a músicos, actores, cantantes y bailarines, da la impresión de que muy pocos, entre estos espectadores —altos ejecutivos, profesionales de éxito, rentistas de alto vuelo, banqueros, funcionarios de primer nivel, sirenas de la *jet-set*—, la encarnación misma del capitalismo triunfante en su expresión más satisfecha y menos acomplejada, advierten la deliciosa ironía de que son inconscientes protagonistas. Aquí están, divirtiéndose refinadamente con una bella obra que fue concebida como un explosivo artístico, por un escritor y un músico que los odiaban con todas las fuerzas de sus convicciones y que, con el enorme talento de que estaban dotados, trabajaron empeñosamente para desaparecerlos, junto con el sistema que les ha permitido llegar a esas alturas privilegiadas de vida cómoda y lujos artísticos de que disfrutan, a años luz de esas masas de pobres que, como los ingenuos pioneros de Alaska fantaseados por Brecht, sueñan con llegar alguna vez a Mahagonny, «la ciudad de los nidos», como la llama la viuda Leokadia Begbick, donde todos pueden encontrar aquel rincón de dicha, éxito y paz, que los haga sentirse seguros y arrullados como los pichoncitos bajo el ala maternal de la paloma. Por haber sucumbido a esta mentira y querer rebelarse luego contra ella, el infeliz Jimmy Mahoney y su amada Jenny Smith reciben el castigo que la sociedad de la libre empresa inflige a los insumisos: para él, la silla eléctrica, y, para ella, el burdel.

En el primoroso programa de la función (cuesta diez dólares, lo mismo que la copa de *champagne* del entreacto), ilustrado con severos retratos de Lucian Freud que muestran a los espíritus avisados la tristeza mortal y biliosa que el capitalismo inocula en los bípedos humanos, se han reunido, con una buena voluntad manifiesta, una serie de textos que no ahorran ejemplos y argumentos destinados a probar que aquella sociedad estadounidense de gánsteres-empresarios, alcohólicos, putañeros y voraces, denunciada por Brecht y Weill en su ópera de hace sesenta y ocho años, no ha variado en lo sustancial, aunque las apariencias digan lo contrario, y que, por lo tanto, la moral y la filosofía política que permean *Ascensión y caída de la ciudad de Mahagonny* siguen vigentes. Así, Eduardo Galeano explica que la dictadura de Pinochet en Chile fue parida por las teorías económicas de Milton Friedman, y Serge Halimi, apoyándose en un Karl Polanyi al que no parece haber entendido a cabalidad, reclama una nueva utopía social para reemplazar a la que se hizo trizas con el Muro de Berlín y enfrentar a la «utopía utilitarista» de Adam Smith. Dudo mucho que estos esforzados intelectuales persuadan al público que me rodea de las maldades intrínsecas del libre mercado, o que las laboriosas estadísticas compiladas por Jan Goossens, con ayuda de Noam Chomsky («En Estados Unidos, el uno por ciento de la población posee el treinta y nueve por ciento de la riqueza») al final del programa, le produzcan el menor remordimiento o ganen para la revolución proletaria a uno solo de estos elegantes. Más todavía: apostaría que ni uno de ellos se ha tomado el trabajo de leerse este programa que le abriría la conciencia.

En verdad, si algo demuestra esta representación de *Mahagonny* no es que las ideas políticas de Brecht hayan sobrevivido a la hecatombe del estatalismo y el colectivismo marxistas, sino, más bien, que su genio literario era más sutil y más profundo que la ideología que lo animaba, y que, en una obra como ésta, podía emanciparlo de los estereotipos y lugares comunes, y llevarlo a expresar, como entre las líneas del mensaje político consciente, unas ideas, mitos o imágenes de contenido histórico y moral más originales y perennes, que matizaban la ideología explícita e incluso la contradecían. La ciudad de Mahagonny, que, por intentar materializar la utopía de la sociedad perfecta, destruye los sueños y las vidas de los pobres ingenuos que, como Jimmy Mahoney y Jenny Smith, acuden a ella en pos de la felicidad, no se parece en nada a la sociedad norteamericana que tuvo en mente Brecht cuando escribió la obra: ese Estados Unidos del jazz y los rascacielos que arañaban las nubes que hechizó tanto como repelió a la *intelligentsia* alemana de la entreguerra. Más bien, las circunstancias han hecho que se asemeje cada vez más a aquello en que han quedado convertidas las sociedades como Rusia, que, al despertar de la enajenación del paraíso socialista que pretendía acabar con el espíritu de lucro y el egoísmo en las relaciones humanas, se encontraron en un verdadero infierno de anarquía, corrupción, violencia social, tiranía económica de las mafias, y lucha desenfrenada por el dinero (de preferencia, dólares). Si en alguna parte la prostitución se ha convertido, como en la Mahagonny manipulada por los implacables codiciosos que son la viuda Begbick y sus matones, en la única escapatoria posible del hambre y la frustración de las muchachas sin recursos, no es en Nueva York o Los Ángeles —donde las prostitutas ganan más que los escritores y, además, no pagan impuestos— sino en la Cuba de Fidel Castro, una sociedad, además, en la que la lucha por el billete verde ha alcanzado las características feroces e inhumanas con que aparece en la ciudad brechtiana.

La obra que Brecht escribió en 1930, y que Kurt Weill musicalizó maravillosamente mezclando melodías populares con ritmos americanos en un alarde modernista que, sin embargo, rescataba también el mejor legado de la tradición operística alemana —presente en las alusiones irónicas al *Fidelio* de Beethoven—, ha dejado de ser lo que en un principio fue, la crítica de la utopía de la sociedad capitalista y la creencia en el desarrollo económico ilimitado, para convertirse en la crítica de la utopía social a secas, de todas las utopías que pretenden traer el paraíso a la Tierra y establecer la sociedad perfecta. Ésta no existe, o, al menos, no en este mundo de la perpetua diversidad humana, en el que todo intento de imponer una única forma de felicidad a todos se ha saldado siempre, desde la noche de los tiempos, con cuantiosos saldos de desdicha e infelicidad para los más, y donde, mal que nos pese a quienes no nos resignamos a renunciar a la búsqueda tenaz del absoluto, de la realización plena, del paraíso terrenal, el único progreso real y múltiple —económico, social, moral y cultural— no ha premiado la ambición sino la modestia, las sociedades que se han fijado como meta, en vez de la perfección, los progresos parciales pero continuos, la renuncia a la utopía y la asunción de lo que Camus llamó «la moral de los límites», forma delicada y embellecedora de envolver la mediocridad y el pragmatismo democráticos.

Cuando *Ascensión y caída de la ciudad de Mahagonny* se estrenó, el 9 de marzo de 1930, en la ciudad de Leipzig, hubo violentos incidentes por la reacción exasperada de un sector del público; y, cuando, casi dos años más tarde, en diciembre de 1931, Brecht y Weill consiguieron un empresario berlinés que se atreviera a montar la obra en la capital alemana, el escándalo fue también enorme. Cuánta agua ha corrido bajo los puentes desde esos tiempos belicosos y románticos en que las obras de teatro y las óperas exaltaban o exasperaban a las gentes hasta la vociferación y el puñetazo. Las cosas han mejorado en muchos sentidos desde aquellos días en que, alrededor de la Puerta de Brandeburgo, los estalinistas y los nazis se mataban a tiros y palazos y los demócratas tiritaban, impotentes y miedosos, olfateando el inminente apocalipsis. Pero, al menos en algo, aquellos tiempos eran más claros que el presente.

Entonces, cuando iban al teatro, los burgueses sabían lo que les gustaba y lo que no les gustaba y lo hacían saber, aplaudiendo o pateando. Ahora ya no lo saben, y, los pocos que todavía distinguen entre sus gustos y disgustos artísticos, ya no tienen el coraje de manifestarlo. Aquí, en el Festival de Salzburgo, el temor de que los llamen filisteos y reaccionarios los lleva a aplaudir todo lo que el revoltoso Gérard Mortier les pone delante: el excelente *Mahagonny* de esta noche, por ejemplo. Pero, ayer, aplaudieron con la misma buena educación un *Don Carlo* de Verdi donde Felipe II aparecía con un coqueto sombrerito cordobés y don Carlo y don Rodrigo disfrazados de bailarines de flamenco (había también una procesión de inquisidores encapuchados, ajusticiados en la pira, campesinos con hoces y martillos, y guardias civiles garcialorquianos). Me aplaudirían también a mí, probablemente, si, trepado en el escenario y con música de fondo de Luigi Nono, les cantara el *Manifiesto comunista*, en clave de sol.

Fuschl, agosto de 1998

El diablo en la lechería

Desde que Gérard Mortier lo dirige, el Festival de Salzburgo es escenario de controversias, y muchos habituales están felices de que el belga se vaya —según ha anunciado— dentro de un par de años, pues lo acusan de haber aplebeyado y posmodernizado los festejos con que celebra el genio de Mozart su ciudad natal. Es verdad que lo ha hecho, pero no creo que, con su empeño en abrir Salzburgo a gente nueva, músicos y compositores recientes y a la vanguardia, haya traicionado al creador de *Don Giovanni*, espíritu irreverente y zumbón, y, en su época, adelantado de la modernidad. Por lo demás, sin Mortier jamás hubiera delirado Salzburgo, como lo hizo la noche del 19 de agosto, con el montaje de *La condenación de Fausto* (1848), de Héctor Berlioz, producido por la Fura dels Baus, con los coros del Orfeón Donostiarra y la dirección de Jaume Plensa. Para ganar mi ración de inmortalidad o de ignominia, diré de entrada que desde que comencé a asistir a la ópera, hace ya muchos lustros, éste es, con el montaje de *Moisés y Aarón*, de Arnold Schönberg, que hizo aquí mismo Peter Stein, lo más original, imaginativo y bello que me haya tocado ver sobre un escenario. No se equivoca el crítico Vela del Campo cuando dice que esta concepción de la obra de Berlioz «adelanta la estética operística del siglo XXI».

Una de mis constantes frustraciones como espectador de teatro y ópera con los montajes contemporáneos de los clásicos es que a menudo éstos se convierten en mero pretexto para el alarde egolátrico y narcisista de directores y productores, que no vacilan en desnaturalizar —a veces asesinar— la obra original para exhibir mejor su talento o lucir sus disfuerzos. Esta recreación de la leyenda dramática de Berlioz es vistosa, espectacular, absolutamente insólita, repleta de audacias y provocaciones, y, sin embargo, de una fidelidad esencial al espíritu, las ideas y la música de la obra original, que resultan gracias a ello realzados y enriquecidos. Semejante lectura no moderniza *La Damnation de Faust*; revela lo moderno de su contenido.

Berlioz leyó el *Fausto* de Goethe en la traducción francesa de Gérard de Nerval (1828) cuando era joven, y en sus memorias cuenta que la impresión le duró toda la vida. Compuso su célebre cantata, basada en el mito medieval del sabio que vende su alma para conocer mejor la vida, poco menos que a la carrera, durante una gira centroeuropea y, según su testimonio, con enorme facilidad, en trenes, albergues, barcos y tabernas. Situó la primera escena en Hungría, porque fue en Pest donde concibió la hermosa *Marcha de Rákóczy*, del cuadro inicial. Pero el estreno de la obra, el 6 de diciembre de 1846, en la Ópera Cómica de París, fue un fracaso monumental: duró apenas un par de días y, como el propio Berlioz costeó la producción, quedó en la ruina. Sólo treinta años más tarde, con el compositor ya muerto, resucitó *La condenación de Fausto*, para iniciar una carrera desigual, de triunfos, pero, también, de olvidos prolongados. Por su escasa movilidad, es más frecuente que se la escuche en recitales que se la vea en representaciones operísticas.

Sin embargo, después del montaje de Salzburgo ya nadie se atreverá a seguir reprochando a esta ópera de Berlioz ser demasiado estática. Porque, gracias a la versión de la Fura dels Baus, todo se mueve en ella, sin parar y a un ritmo a menudo frenético y enloquecedor. La transgresión principal cometida por Berlioz respecto a la versión goethiana del mito de Fausto es que, a diferencia de lo que ocurre en el poema, donde el alma de Fausto se salva para la vida eterna, en la ópera se condena, con deliberación, para redimir a Margarita (que ha asesinado a su madre). Sin embargo, la razón profunda de la condena de Fausto —de la victoria final de Mefistófeles— es su soberbia, su desmesurada ambición de forzar los límites de lo humano —los del tiempo, del saber y del amor—, de aspirar en cierto modo a no ser hombre sino Dios. Esta utopía es la que está simbólicamente castigada con su perdición eterna.

La puesta en escena de Jaume Plensa y quienes han colaborado con él en esta formidable hazaña teatral, saca a primer plano este rasgo casi siempre descuidado de la obra, con un desfile visionario de imágenes que aluden, todas, a ese antiquísimo sueño que se diría congénito a la humanidad y que ha sido, siempre, fuente de horrendos cataclismos: la utopía social, la quimera de una sociedad perfecta, hecha a la medida de los deseos y sueños humanos. En un gigantesco cilindro —un horno de fundición— se cuecen y fraguan los vástagos de una humanidad nueva, producto de la ciencia y la tecnología y liberada de la trascendencia, del accidente y del error, al compás de los macabros conciliábulos de Fausto y Mefistófeles y de la majestuosa violencia de la música —y los soberbios coros donostiarras— que parecen perforar la materia y adentrarse hasta las profundidades tremebundas del averno. Esta pesadilla utópica, la de una sociedad uniformada e igualada según las pautas de poderosos planificadores, está graficada en el montaje de manera luminosa en el atuendo regimentado de los figurantes y en dos objetos totémicos que empujan o cargan: unos moldes gigantescos —se diría que ellos regurgitarán a Frankenstein— y las lecheras de latón. Inofensivo, benigno, el multiplicado recipiente de leche adquiere, de pronto, una siniestra connotación, como la marca infamante que los negreros infligían a los esclavos o las cruces invertidas de los aquelarres demoniacos. El Diablo, lo sabemos, puede aquerenciarse en los lugares más inusitados: ¿pero, quién se lo hubiera imaginado en una lechería?

El montaje está lleno de citas y referencias sutiles a las grandes utopías macabras del cine y la literatura: *Un mundo feliz*, de Huxley, *Nosotros*, de Zamyatin, *1984*, de Orwell, las películas del expresionismo alemán sobre fábricas de esclavos y ciudades futuristas infernales, y hasta la apoteosis nazi de Leni Riefenstahl *Triumph des Willens*. Pero, sobre todo, a ese símbolo quintaesenciado del apetito de conocimiento universal que es *El Aleph* de Borges. En la recreación de Plensa, la minúscula pantalla del cuento borgiano se transforma en un gigantesco cilindro por el que circulan todas las imágenes de la historia civil y psicológica del ser humano encarnado en Fausto, incluido el director de orquesta —Sylvain Cambreling—, a quien vemos de pronto, magnificado y aéreo, conduciendo a la Staatskapelle de Berlín, en el estreno de *La Damnation de Faust*. Éste es uno de los brillantísimos hallazgos de la producción, que enfatiza con gran eficacia los ocultos contenidos de la ópera de Berlioz. Pero hay decenas, acaso centenares de otros, en el curso de una representación en que nada ha sido dejado al azar, donde todo se compagina y apoya, empezando por una increíble sincronización entre el movimiento de actores, los videos, los juegos de luces, las acrobacias, los desplazamientos y cambios del decorado, que se diría ritmados con las arias de los cantantes y las vibraciones de la batuta del director.

El mito de Fausto es apocalíptico, se enraíza en los miedos y apetitos más desaforados y ancestrales de la civilización occidental, el pánico a la condena eterna y el temerario designio de Luzbel —desafiar a Dios, reemplazar a Dios— y, por eso, una puesta en escena tan excesiva como ésta no desentona, más bien potencia lo que hay de desesperado y de grandioso en el tema de la obra: la lucha del ser humano contra su precariedad y su incertidumbre, y por trascenderse a sí mismo, liberándose de las limitaciones y frenos que su condición impone a sus deseos. En la versión de Goethe, Fausto, después de pasar por las horcas caudinas de la acción, se salva, y en esta redención se ha visto una apuesta optimista, de fe en la razón y el conocimiento como armas de progreso y salud para la humanidad futura. En la versión de Berlioz —la del romanticismo— la desintegración y ruina espiritual de Fausto preludia más bien un horizonte siniestro, de destrucción y fracaso repetidos en el dominio afectivo y anímico, pese al progreso material que la ciencia y la técnica puedan aportar a la sociedad venidera. No es imprescindible compartir este espíritu pesimista —en los umbrales del tercer milenio, además— para reconocer que, en su relectura del mito de Fausto, Héctor Berlioz acertó a adivinar una de las más angustiosas interrogantes que se plantearía la civilización, siglo y medio más tarde: ¿por qué el formidable desarrollo del conocimiento y de las técnicas, que ha sido capaz de llevar al hombre a las estrellas, que ha dado victorias definitivas contra la enfermedad, que ha creado instrumentos suficientes para acabar con la pobreza y el atraso en que viven tres cuartas partes de los seres humanos, es todavía incapaz de ganar batallas equivalentes en el dominio de la justicia, de la moral, de los derechos humanos, de la paz, de la solidaridad? ¿Qué progreso es éste, que permite que buena parte de la humanidad siga todavía sin salir del salvajismo y la barbarie?

Es posible que alguien me diga, blandiendo las memorias y las cartas del gran músico francés, que ninguna de estas preocupaciones aparece explícitamente formulada por él, cuando describió las intenciones y asuntos que quiso volcar en su cantata. Pero éste no es un argumento convincente. Una obra clásica —literatura, pintura, teatro o música— lo es no sólo cuando resulta ser cifra de una época dada. También, cuando tiene la capacidad de atravesar las épocas, renovándose sin tregua con la marcha de la historia, y hablando a cada una de ellas con un lenguaje actual, sin por ello renunciar a su naturaleza permanente. *La condenación de Fausto* no es una hermosa antigualla romántica; es un clásico de abrumadora actualidad, aunque casi nadie lo sabía. Habrá que agradecerle siempre a la Fura dels Baus (y, de paso, al detestado Gérard Mortier) haberlo demostrado.

Salzburgo, agosto de 1999

Hitler para menores

Para ver *The Producers*, el espectáculo más exitoso de Broadway en la actualidad, hay que esperar tres meses o comprar entradas de reventa que valen cuatro veces su precio de taquilla. El musical de Mel Brooks, coautor del guion y autor de la música y letra de las canciones, dirigido por Susan Stroman, creadora también de la coreografía, es una adaptación para el teatro de la película del mismo título que Brooks escribió y dirigió en 1968, y que interpretaron Zero Mostel y Gene Wilder. El film, aunque ganó algunos premios, no tuvo mucho éxito de público y no hay duda de que, quienes han visto *The Producers* en la pantalla y en el escenario, encontrarán que la versión teatral es más audaz, risueña, original y brillante que la cinematográfica, y que, por lo demás, justifica de sobra el entusiasmo que ha despertado.

La obra cuenta la historia de dos productores teatrales sinvergüenzas que deciden montar en Broadway un fiasco para quedarse con el dinero de las incautas damas que les financian los montajes; a fin de asegurar el fracaso, llevarán a escena la peor obra del mundo, encargarán dirigirla al director más chambón y encabezar el elenco a una birria de actor. La obra elegida para el fraude es un disparate hagiográfico del nazismo escrito por un enloquecido hitleriano llamado Franz Liebkind y titulada: «La primavera de Hitler». Pero, contrariamente a las expectativas, el espectáculo alcanza un éxito descomunal y los dos compinches —Max Bialystock y Leo Bloom— terminan tras las rejas del presidio de Sing-Sing. Naturalmente, ambos productores aprovecharán la experiencia carcelaria para montar un nuevo musical que remueva los cimientos de Broadway.

Antes que nada, debo decir que el espectáculo es una pura delicia de principio a fin, por la agilidad y la gracia de los diálogos, que chispean de ironías, hallazgos, burlas y sorpresas, así como por la belleza y variedad de las canciones y la perfección de los números de baile. Todo el espectáculo es un despliegue de destreza, profesionalismo y eficacia. Los dos principales actores, Nathan Lane y Matthew Broderick, cantan y danzan tan bien como actúan y presiden un verdadero aquelarre de felicidad histriónica en el que los decorados y los vestuarios se suceden a un ritmo delirante creando la ilusión de un mundo desmesurado y grotesco donde nada es estable ni respetable ni temible, porque en él todos los seres y todas las conductas terminan siempre por volverse caricatura de sí mismos, hechos para provocar la carcajada y un sentimiento contradictorio, el desprecio benévolo o la simpatía desdeñosa, algo así. Se trata de una farsa con toques de genialidad. Es imposible arrancarse al hechizo de lo que ocurre sobre las tablas y hasta un espectador tan poco apetente como yo para los musicales me encontré en varias ocasiones, levantado en peso del asiento, aplaudiendo a rabiar. El clímax del espectáculo es, claro está, aquella caja china en la que vemos reproducirse en escena «La primavera de Hitler» en la que un *führer* amanerado y marica, rodeado de blondas walkirias de larguísimas piernas con esvásticas en el brazo, canta y baila en lo alto de una escalera hollywoodense la canción «Heil Myself, Heil To Me». El público delira de risa y las salvas de aplausos resuenan en el teatro como repiqueteos de ametralladoras.

¿Es mezquino y estúpido buscarle peros a un espectáculo tan maravillosamente divertido, luego de haber estado sumido durante tres horas gracias a él en una efervescente ilusión? Tal vez lo sea. Pero, de todos modos, vale la pena dejar constancia de que, además de gratificar a manos llenas los sentidos y el ánimo de los espectadores, *The Producers*, también, de algún modo, se las arregla para adormecer los escrúpulos éticos que aquéllos todavía puedan alentar, demostrando que en nuestra época algo que parecía el último tabú —Hitler y el nazismo, responsables de la Segunda Guerra Mundial y del holocausto de seis millones de judíos— podía ser convertido en un producto manufacturado de consumo masivo para saciar el hambre de entretenimiento y diversión, la más seria y compartida pasión de nuestro tiempo.

Porque en *The Producers*, a diferencia de lo que ocurría con *El gran dictador* de Chaplin, cuyo humor estaba corroído de una pugnaz y virulenta crítica, el manifiesto objetivo del espectáculo —que desde luego consigue con creces— es regocijar y encantar al público y nada más que eso. No pongo en duda que eso sea ya mucho. Soy el primero en celebrar el talento —como director, arreglista y compositor— de Mel Brooks. Y creo que la banalización del tema de Hitler que su obra también representa, no hace sino manifestar, de una manera particular, un fenómeno mucho más general y característico de la mal llamada posmodernidad: el desplome de todos los valores tradicionales en el mundo de la cultura bajo la tiranía sacrosanta de la frivolidad lúdica, valor supremo y acaso único que nadie cuestiona en estos albores del tercer milenio. Él no está reñido con la originalidad artística ni con el genio literario o teatral, desde luego; pero sí con toda aspiración a hacer de las artes y las letras, además de una fuente de placer y ensoñación, un estímulo para la reflexión y la crítica intelectuales, una manera no pasiva de enfrentar la problemática humana y de incitar a la imaginación y a la sensibilidad a trascender los datos más evidentes de lo real en busca de las verdades escondidas.

Divertirse, sorprenderse, pasarla bien, adormecerse sin tener que hacer demasiado esfuerzo de inteligencia o imaginación, y, sobre todo, distanciarse a través de esas imágenes de estupefaciente entretenimiento de toda responsabilidad es lo que pide cada vez más el público que va al cine, al teatro o compra libros, y lo que suelen darle a raudales las películas, los espectáculos y las novelas. Hay toda una madeja de teorías que están detrás de esta tendencia dominante de la civilización de nuestro tiempo y que, mejor que ninguna otra, emblematiza la teoría deconstruccionista, según la cual, deconstruyendo las imágenes y las ideas que constituyen la cultura en vez de aparecer la naturaleza profunda de la realidad humana, ésta se deshace y eclipsa como un espejismo. Porque las palabras y las imágenes y las ideas en vez de remitir a lo vivido, a la experiencia concreta de los seres vivientes, remiten sólo a otras palabras, imágenes e ideas, en un laberíntico juego de espejos, un fuego de artificio autosuficiente en el que no sólo es pretencioso sino también inútil buscar explicaciones del mundo, de las relaciones humanas, de los destinos particulares. Como el aceite y el agua son insolubles, así lo es también el arte y la vida: dos dominios que coexisten sin mezclarse, soberanos y ensimismados, cada uno con su propia idiosincrasia, sus valores y su moral.

Si el arte es eso, puede permitírselo todo, salvo aburrir a las personas. Su única obligación moral es distraerlas, arrebatarlas en un juego tanto más eficaz cuanto más irresponsable, es decir, cuanto más ajeno a las coyundas, servidumbres y elecciones de que una vida humana está conformada. En *The Producers* Hitler no es más malvado ni pernicioso que los simpáticos vivillos de Broadway que, subiéndolo a las tablas, musicalizándolo y flanqueándolo de SS con minifaldas y atrevidos escotes que zapatean el paso de ganso, esperan embolsillarse un buen fajo de billetes. Es, simplemente, más payaso y ridículo que ellos, y, por eso mismo, más divertido. Su papel, comparado al de Max Bialystock y Leo Bloom es mucho más corto e intenso; porque si fuera tan largo como el de ellos Hitler sería el héroe del *show* y el que se llevaría los mejores aplausos.

¿Significan estas observaciones que está prohibido divertirse? ¿Que debemos resucitar los temas-tabú y que la literatura y el teatro deben adoptar siempre expresiones serias y enfurruñadas para ser serios y respetables? No. Significan que el arte y la ficción de nuestros días que intentan continuar el viejo empeño de los clásicos y los viejos maestros de ayudar a entender el mundo a espectadores y lectores, de corporizar en historias e imágenes los gaseosos fantasmas de una época, de sensibilizar y alertar a los humanos sobre las fuentes de su infortunio y frustración, van siendo cada vez más arrinconados en los márgenes de la vida social, y siendo reemplazados por lo que César Moro calificó como el arte-adormidera, unos espectáculos y ficciones de superficies inmensamente divertidas y brillantes pero de entrañas a menudo escapistas y cínicas. Porque sólo cuando se ha llegado a la lastimosa convicción de que este mundo no será nunca mejor ni diferente de lo que es se puede concluir que en él lo único que tiene sentido y razón es buscar la manera de escabullirse de la vida, embriagado en juegos de mentiras entretenidas de las que no se desprende nunca (como en el arte caduco) alguna verdad.

El humor y el juego no están reñidos con el gran arte; más bien, suelen ser sus ingredientes centrales. El *Quijote* es también una soberbia novela de humor y, en las tablas, como Shakespeare, Molière jugaba, se divertía y hacía reír a mares a sus oyentes con bromas e ironías que, además, mordían en carne viva en los temas más escabrosos de su tiempo. Pero las ficciones de nuestra época

—la de la civilización ligera, leve— se van pareciendo cada vez más a las seriales televisivas que, aunque pretendan ser serias, resultan siempre cómicas por la manera estentórea en que simplifican y banalizan la vida, reduciéndola a unos esquemas y fórmulas desprovistos de la libertad, la imprevisibilidad y la complejidad que caracterizan a todo quehacer humano. El disforzado Adolf Hitler que, en lo alto del trono de las estrellas, ruge y zapatea, descaderado, pidiendo la gloria de los vencedores, y obteniéndola de manera simbólica en las ovaciones de un público extasiado, es un símbolo de la entronización, por vías inesperadas, en la cultura contemporánea de lo que antaño se llamó «el arte por el arte». Porque, desde luego, es innegable que el Hitler de *The Producers* del admirable Mel Brooks es un personaje logradísimo y persuasivo a más no poder.

Nueva York, febrero de 2002

La costa de la Utopía

La noción de *intelligentsia* nació en Rusia, en el siglo XIX, para designar a una generación de intelectuales comprometidos con la modernización de su país y convencidos de que ella se llevaría a cabo a través de ciertas ideas provenientes de la filosofía, la literatura y la historia que, así como habían sacado a Europa occidental del oscurantismo, el despotismo y el atraso, en Rusia pondrían fin a la servidumbre del campesinado, el autoritarismo de los zares y la falta de justicia y libertad. Dos libros, entre otros, han descrito la odisea intelectual y las vidas trágico-heroicas de la *intelligentsia* rusa decimonónica, *Russian Thinkers*, de Isaiah Berlin, y *The Romantic Exiles*, de E. H. Carr, y es una suerte para el teatro contemporáneo que el dramaturgo inglés Tom Stoppard los leyera, pues de este encuentro ha resultado la trilogía épica *La costa de la Utopía* (nueve horas de duración y más de cuarenta personajes), que se representa ahora en el National Theatre, de Londres, en una soberbia puesta en escena de Trevor Nunn.

Todas las obras de Stoppard, además de una fiesta de la ironía y la destreza, son un despliegue de la inteligencia, algo que a los espectadores ingleses, distintos en esto de los franceses, provoca siempre incomodidad. En la tierra de Shakespeare, exhibir demasiada lucidez intelectual y preocupación por las ideas es tenido por una falta de educación. Pero al autor de *Jumpers* y *Travesties* se lo perdonan, pues Stoppard compensa esas desviaciones con un humor incandescente, una ironía serpentina y juegos de ingenio y de palabra que parecen quitar reciedumbre y fuego a las preocupaciones morales y políticas que asoman en todas sus obras. Sólo parecen, porque, en verdad, no hay hoy en Europa un dramaturgo que haya dado al teatro de ideas —expresión discutible, pues sugiere que se trata de un teatro desencarnado y sin vida— el vigor y la audacia con que, en cada una de sus obras, lo enriquece Stoppard.

Y en ninguna otra de manera tan ambiciosa como en este carrusel por el que desfilan, con sus sueños mesiánicos y sus aventuras románticas, sus polémicas y enemistades, sus tragedias familiares y fracasos políticos, ante el telón de fondo de la miríada de campesinos de las estepas embrutecidos por la explotación, los campos siberianos donde se pudren en vida los disidentes y la apolillada corte imperial, ese puñado de intelectuales que aprenden alemán y francés como si en ello les fuera la vida, leen ávidamente y pasan las noches en blanco discutiendo a Kant y a Fichte, a Hegel y a Schelling y hasta en las lacrimosas novelas de George Sand (cuando esquivan la censura del Zar) creen encontrar los explosivos que los ayudarán a dinamitar esa ciudadela de anacronismo autoritario y supersticioso en que se hallan confinados y a hacer de Rusia una sociedad moderna y libre.

Los héroes de la primera obra del tríptico, *Viaje*, son un joven aristócrata, Mijaíl Bakunin, harto del ejército donde lo ha metido su padre, hambriento de lecturas y de acción, simpático, brillante, inescrupuloso y de una temeridad ilimitada, cuyas proezas por el momento sólo tienen por escenario los salones elegantes de San Petersburgo y la finca familiar de Premukhino (de quinientos siervos), y un crítico literario, el humilde e iluminado Vissarion Belinski, para quien el camino de la salvación rusa pasa, no por la civilizada Europa occidental como sostienen sus amigos, sino por la literatura que los escritores rusos, siguiendo el ejemplo de Pushkin y de Gógol, deberán crear en el futuro, inspirándose en las crudas realidades rurales y urbanas de su propia sociedad. El personaje de Belinski que ha compuesto Stoppard es fascinante: sobreviviendo a duras penas a la miseria, los pulmones roídos por la tuberculosis, sus artículos y ensayos circulando con dificultades sobrehumanas debido a la censura que una tras otra cierra las publicaciones que los imprimen, su fe en la fuerza revolucionaria de la literatura para cambiar la vida y mejorar a los seres humanos es contagiosa y lo convierte en el centro de la atención y de la polémica en todos los lugares donde comparece, con sus atuendos miserables y su palabra centellante, su integridad y su inocencia a flor de piel y las feroces diatribas con que pulveriza todo aquello que odia: la frivolidad y el acomodo, las trampas intelectuales y la autocomplacencia. De una manera difícil de explicar, sentimos que sin esa élite de lectores educados por las ideas de un Belinski en torno al poder revulsivo de la literatura sobre el espíritu y la historia, difícilmente hubieran sido posibles no sólo Gógol y Pushkin; también un Chéjov, un Dostoievski, un Tolstói.

Si en *Viaje* la tensión del debate entre los intelectuales rusos separa a los europeístas tipo Bakunin, Turguénev y Nikolai Ogarev de los eslavistas como Belinski, en las dos obras siguientes, *Naufragio* y *Rescate*, la polémica es todavía más áspera e irá creando un abismo que se ahondará a lo largo del siglo, entre revolucionarios y reformistas, o, tal vez, más justamente, entre los grandes utopistas tipo Mijaíl Bakunin y Karl Marx —aún no enemigos—, seguros de que la historia tiene unas leyes inexorables que ellos han descubierto y que conducirán a la humanidad, luego del cataclismo final entre las clases adversarias o entre el poder y sus víctimas, al Paraíso —donde la historia cesará—, y los moderados o gradualistas como Alexander Herzen e Iván Turguénev, para quienes la historia no está escrita ni tiene leyes, y por eso el progreso real, el único posible, es el parcial y progresivo, el que se construye a diario, a veces con retrocesos y siempre con zigzags, mediante consensos, pactos, acuerdos, concesiones y un espíritu pragmático y realista que antepone los seres de carne y hueso, los de aquí y de ahora, a las grandes categorías abstractas, empezando por la insidiosa de la «humanidad futura» con la que los fanáticos justifican los crímenes políticos.

El héroe de estos dos otros frescos del tríptico que forman *La costa de la Utopía* es Alexander Herzen, a quien los libros de historia recuerdan como el fundador del «populismo socialista» ruso, expresión que se presta a las mayores confusiones, pues la palabra «populista» es hoy sinónimo de demagogia e irresponsabilidad, en tanto que Herzen (1812-1870) encarnó exactamente lo contrario. Socialista sí lo fue, pero no en el sentido que tuvo la palabra en el siglo XIX, sinónima de revolucionario, sino, de manera anticipatoria, en el que adquiriría sólo cien años más tarde, cuando, diferenciándose cada vez más del comunismo, se identificaría con la cultura democrática y optaría por la vía electoral, el pluralismo y, en nuestros días, por la economía de mercado. Eso es lo que fue Herzen: un socialista liberal, en una época en que ambos términos parecían repelerse con todas sus fuerzas, como encarnizados enemigos. Él, sin embargo, se empeñó, contra la corrección política entronizada en su tiempo, a sabiendas de que su empeño era poco menos que una quimera y que lo haría víctima de los peores malentendidos e injusticias, en defender aquella opción que rechazaban con el mismo desprecio Marx, Bakunin, los nihilistas, y todas las variedades y matices de la utopía: la de una reforma que, desde un primer momento, salvaguardara la libertad de los individuos concretos, que preservaría no sólo los contenidos sino también las formas de la legalidad (pues de otro modo la justicia sería un mero simulacro) y que no aceptaría jamás el sacrificio sangriento de la generación presente en nombre de una supuesta felicidad futura ni la suspensión de los valores democráticos en razón de una inverificable eficacia.

Con Herzen, Bakunin, Turguénev y otros exiliados rusos, *La costa de la Utopía* sale de Rusia y viaja por Alemania, Francia, Suiza, Italia, Inglaterra, compartiendo con aquéllos las ilusiones con que viven el estallido de las revoluciones burguesas de 1848 y la frustración que les provoca su fracaso y el triunfo de la contrarrevolución que a varios de ellos, como a Bakunin, los llevaría a peregrinar por las mazmorras políticas de media Europa, hasta terminar en Siberia, de donde vemos al anarquista evadirse años después, y, luego de recorrer medio mundo, arribar a Londres a casa de su amigo Herzen, con el espíritu incombustible, ¡y pidiendo ostras!

Descrita de esta manera sucinta podría parecer que la obra de Stoppard no sale del plano ideológico y político. Nada de eso. Uno de sus mayores aciertos es la continua rotación de la historia de los debates de ideas y los grandes asuntos públicos, a la vida privada de los personajes, incluso a los dominios más secretos de la intimidad de algunos de ellos, de manera que el espectador nunca tiene la impresión de que los protagonistas sean meros testaferros abstractos de las ideas que defienden, sino, en todo momento, individuos de carne y hueso viviendo un problema personal. El Herzen de Stoppard, inspirado tanto en el histórico como en el que recrearon Isaiah Berlin y E. H. Carr, quedará como uno de los más seductores y delicados personajes del teatro de nuestros días, una figura cuya finura y sensibilidad de héroe chejoviano se agiganta sin embargo por la firmeza de sus convicciones, su vocación de servicio público y su generosidad sin límites para abrir su bolsa y su hogar a todos los disidentes y exiliados, incluidos sus peores adversarios.

La grandeza de Herzen no se debe sólo a su lucidez, a su valentía para oponerse a la violencia como instrumento de acción política, a sus esfuerzos para mantener vivo el diálogo con quienes discrepa. También, a la entereza con que supo afrontar las terribles desgracias familiares que jalonaron su vida —el engaño de que lo hizo víctima su mujer, con un exiliado político al que él ayudaba, la muerte de su madre y de su hijo en un naufragio, la desaparición temprana de Natalie, la terrible sensación de desperdicio y de fracaso que lo atormentó todos los años del interminable exilio— y que nunca consiguieron erosionar su fe en la causa que defendía ni la esperanza de que, pese a todas las evidencias en contrario de la historia inmediata, Rusia vería llegar un día la hora de la libertad.

El teatro es un arte de composición y de colaboraciones múltiples. El texto dramático más admirable —éste lo es, como pocos de los últimos años— puede quedar convertido en una birria por culpa de un montaje torpe y unos actores inadecuados. La puesta en escena de Trevor Nunn, los decorados y vestuario de William Dudley, y la actuación del elenco (sobre todo las de Stephen Dillane en el papel de Herzen y de Will Keen en el de Belinski) son tan ricos y sacan tanto partido de *La costa de la Utopía* que las nueve horas del espectáculo literalmente pasan como un fuego fatuo. El embeleso y la hechicería son tan poderosos que, después de vivir la experiencia, cuesta trabajo decidir dónde está uno, cuál es la verdadera realidad que pisa, si la del Londres lluvioso en cuyo cielo pestañean unos irreales avisos fluorescentes y una muchedumbre de fantasmas con paraguas y sin caras se pasea a las orillas de un Támesis invisible, o la atronadora y fascinante que martillea aún en la memoria —en los oídos y las pestañas—, de esos seres soliviantados por la urgencia de cambiar la historia que sueñan, discuten, sufren, pelean y deliran en un mundo exultante donde las pasiones y las ideas tienen furia, música y color. ¿Cómo no dar la razón a Vissarion Belinski y aullar con él que la literatura es la expresión más sobresaliente de la vida, su mejor valedora?

Londres, 1 de septiembre de 2002

La gata en el tejado

La única vez que vi a Tennessee Williams fue en Cannes, en los años setenta. Él presidía el jurado del Festival de Cine, del que yo formaba parte. Asistió sólo a la primera reunión, para anunciarnos que, dado el clima de intolerable violencia que habían alcanzado las películas, no asistiría a ninguna proyección, ni participaría en las sesiones del jurado, y que se limitaría a firmar el acta respectiva, convalidando el fallo. Así lo hizo. Lo veíamos a veces, a lo lejos, en los pasillos del hotel, seguido por un secretario y una dama de compañía, que escoltaba los caniches. Era ya un hombre medio destruido por la neurosis, la soledad y el alcohol, que, aunque escribió todavía algunos dramas más, no volvería a alcanzar la genialidad de su madurez, en los años cuarenta y cincuenta.

Ahora se acaba de reponer en Broadway una de sus obras maestras, *La gata sobre el tejado de zinc caliente*, dirigida por Anthony Page, con tres magníficos actores en los roles estelares: Ashley Judd (Margaret), Jason Patric (Brick) y Ned Beatty (Big Daddy). Basta ver los primeros diez minutos de la representación para comprobar que pocos dramaturgos modernos han sido capaces de proyectar en un escenario, con tanta eficacia, la violencia de la vida moderna y las tremendas fracturas de la sociedad norteamericana encarnadas en historias y personajes de absorbente consistencia, como lo hizo Tennessee Williams.

Hubo tres versiones de esta obra. La original, que, a pedido de Elia Kazan, quien la dirigió en su estreno, en 1955, Williams debió enmendar para hacerla más compatible con los valores (los prejuicios) dominantes en la época, oscureciendo la aureola homosexual que tiñe la relación amistosa entre Brick y Skipper, presentando bajo una luz más crítica a la desenfadada y temeraria Margaret, y sugiriendo, al final de la obra, la redención de Brick, quien parecería encaminado a superar su alcoholismo, su derrotismo y a recomponer su matrimonio. Fue esta versión, todavía más depurada de sexualidad, la que se llevó al cine, en una película de gran éxito —con Elizabeth Taylor y Paul Newman— que Tennessee Williams siempre detestó. En 1974, para un nuevo montaje, el dramaturgo sureño rehízo buena parte del tercer acto, haciendo más transparente el trauma sexual de Skipper y Brick, restableciendo la simpatía invencible que, pese a todo, emana de Margaret, y devolviendo a su sombrío nihilismo autodestructor al hijo preferido de Big Daddy.

Muchas cosas han cambiado en Estados Unidos y en el mundo en el medio siglo transcurrido desde que *La gata sobre el tejado de zinc caliente* fue escrita. Por lo pronto, las grandes plantaciones algodoneras en el delta del Mississippi ya casi no existen, porque quebraron o se reconvirtieron en granjas agroindustriales muy modernas, sin los ejércitos de braceros negros que laboran los campos de Big Daddy, y tampoco la vida aristocrática y feudal que todavía era una realidad en aquellos latifundios intemporales que se divisan por las persianas donde Margaret, Brick y los demás miembros de esa trágica familia se desgarran y lucen sus demonios en las dos horas y media que dura la representación. Los sirvientes, ahora, serían muchos menos que entonces y, sin la menor duda, en vez de negros, latinoamericanos y probablemente ilegales. La fortuna de Big Daddy no sería agraria, sino industrial o financiera, y en vez de diez millones de dólares, ese patrimonio que codician con tanta ferocidad sus nueras y su hijo Gooper llegaría a cien o a mil.

Para Brick y Skipper las cosas hubieran sido mucho menos tremebundas si, como todo parece indicar, entre esos dos excelentes deportistas universitarios, nació una pasión homosexual que, dado el puritanismo feroz de su entorno, debieron reprimir, sólo para que esos sentimientos y deseos negados estallaran luego en sus vidas de torcidas maneras, precipitándolos en un infierno de drogas, alcohol, amargura y frustración, que mató a uno de ellos e hizo del otro un inútil. Acaso hubieran tenido que dejar el Deep South, pero ahora vivirían en Nueva York, San Francisco o Chicago una vida sin mayores complicaciones y bastante normal. Aunque, lejos de haber sido vencidos, los prejuicios contra los homosexuales van retrocediendo en una sociedad donde, esta mañana mismo, los diarios informan que tres generales y un almirante en retiro acaban de declararse gays y piden que las Fuerzas Armadas, en vez de la política actual de «no preguntar por la vocación sexual» de sus oficiales y soldados, admitan explícitamente en sus filas a los homosexuales. Y es muy posible que las tres mujeres de la familia, empezando por Big Mama y terminando por las dos nueras, Margaret y Mae, ya no tendrían el carácter ancilar, meramente parasitario, que tienen en la obra: serían profesionales, trabajarían y ya no parecerían tan patéticamente dependientes de los varones para sobrevivir.

Pero, aunque, como en éstos, en muchos otros aspectos la sociedad actual ya no corresponda a la que reconstruyó Tennessee Williams, su obra nos inquieta y golpea no como una vívida evocación de un pasado que se eclipsó, sino por su estremecedora actualidad. En muchos sentidos, de *La gata sobre el tejado de zinc caliente* se puede decir lo que se ha dicho de *La comedia humana* de Balzac: que el verdadero protagonista de esa saga es el dinero. Lo es también, y de manera abrumadora y corrosiva, en la tragedia de esta familia en la que, la inminente muerte del patriarca, Big Daddy, que acaba de anunciar el examen médico que ha llegado junto con su cumpleaños, debido a un cáncer terminal, saca a luz la codicia por la herencia que ha modelado toda la vida de Mae y Gooper y precipita a éstos en una guerra abierta, de hienas filicidas, con Margaret, decidida a defender su parte y la de Brick en la sucesión valiéndose también de todos los recursos (incluso, inventándose una preñez). En el primer acto de la obra, que es casi todo él un extraordinario monólogo de la bella Margaret, hay una aterradora —a la vez que deslumbrante— descripción de la importancia decisiva de ese valor supremo de la vida —el dinero— para forjar la desgracia o la felicidad de las gentes, hecha desde el recuerdo de lo que fue, para ella y su familia, ser pobres en esa sociedad donde todo, hasta la misma humanidad de la gente se diría, se mide exclusivamente en función de la cartera y las cuentas bancarias. Nadie en la obra cuestiona esa abyecta verdad; la misma víctima de esa despiadada avidez que despierta en torno su próxima desaparición, Big Daddy, coincidiría con sus vástagos y herederos en que lo que verdaderamente cuenta en esta vida, antes que nada y por encima de todo, es hacer dinero, mucho dinero, porque con el dinero un ser humano se realiza y justifica en este mundo (aunque ello no signifique, como lo demuestra de sobra su familia, alcanzar la felicidad o, al menos, la paz).

Ésta es la tercera vez que veo en escena *La gata sobre el tejado de zinc caliente* y nunca antes había advertido, como en este montaje de Anthony Page, la tremenda nostalgia que transpira esta historia por un mundo distinto, menos materialista y menos craso, más sensible, más culto, más espiritual, con seres humanos menos avasallados por la excluyente obsesión por el dinero, fuego destructor en el que todos terminan quemando sus alas y chamuscando sus vidas hasta volverlas anodinas, mecánicas o despreciables. En el hipnótico diálogo que Big Daddy y Brick llevan a cabo en el segundo acto, donde se produce una doble confesión que, sin embargo, en vez de comunicar por fin al padre y al hijo, los distancia de manera definitiva, aquél recuerda con acerba ironía sus viajes a una Europa pobrísima —y a una Barcelona de niños esqueléticos—, donde la histeria consumista de Big Mama lo deprime profundamente, sin entender muy bien por qué. Brick tampoco puede entenderlo. Pero nosotros, los espectadores, sí entendemos muy bien el vacío que de tanto en tanto se abre en las entrañas del exitoso sureño que, después de trabajar como una mula y acumular una formidable fortuna, siente de pronto que esos algodonales sin fin y esos diez millones de dólares en bonos y acciones que ha reunido no son suficientes para dar consistencia y justificación a una vida, como siempre ha creído y creen los que lo rodean. Y eso ensombrece y angustia sus últimos días. ¿Quién, qué ha fallado, para que él, que lo tiene todo, sienta de pronto que es un fracaso, que no tiene nada?

La respuesta que buen número de estadounidenses dan en estos días a esa angustiosa pregunta de Big Daddy que planea de principio a fin en *La gata sobre el tejado de zinc caliente* es la descristianización de una sociedad en la que, junto a la ética del trabajo, la práctica de la religión fue un rasgo principal en buena parte de su historia. Pero el remedio, la proliferación de una religiosidad beligerante y extremista, cargada de intolerancia, que desborda los límites de la vida privada y llega a veces a impregnar la vida política, puede resultar peor que la enfermedad, si llega a cuestionar los fundamentos laicos del Estado, indispensables de la vida democrática. Ese peligro es una realidad ominosa en la vida de Estados

Unidos, sobre todo desde los atentados terroristas del 11 de septiembre. Y, en vez de conjurar el materialismo y la idolatría del dinero como el valor supremo, los rebrotes de integrismo religioso sirven más bien con frecuencia para proveerlos de coartadas morales y de buena conciencia. Mientras esto no cambie, tragedias como las que deshacen las vidas de Margaret, Brick, Skipper y Big Daddy seguirán siendo la historia secreta de este país, el talón de Aquiles de su prosperidad y de su fuerza.

Nueva York, diciembre de 2003

Me llamo Rachel Corrie

Si pasa usted por Nueva York, olvídese de los suntuosos musicales de Broadway y trate de conseguir una entrada en un pequeño teatro cálido y desvencijado, el Minetta Lane Theatre, en la calle del mismo nombre, en la frontera entre Greenwich Village y Soho. Si la consigue y ve la obra que allí se presenta, *My Name is Rachel Corrie*, descubrirá lo estremecedor que puede ser un espectáculo teatral cuando hunde sus raíces en una problemática de actualidad y, sin prejuicios y con talento y verdad, representa en un escenario una historia que, por noventa minutos, nos instala en el horror contemporáneo por medio de una muchacha que, en su corta existencia, jamás pudo soñar que daría tanto que hablar, despertaría tantas polémicas y sería objeto de tanta reverencia y amor, así como de tantas calumnias.

La obra se estrenó el año último, en el Royal Court Theatre, en Londres y debió vencer grandes obstáculos para llegar a Manhattan. Las presiones de organizaciones extremistas proisraelíes consiguieron que su primer productor, el New York Theater Workshop, desistiera de montarla, lo que provocó manifiestos y protestas en los que participaron artistas e intelectuales de renombre, entre ellos Tony Kushner. Al fin, el espíritu liberal y tolerante de esta ciudad se impuso y ahora la obra, que ha merecido excelentes reseñas, funciona a sala llena.

El texto es un monólogo de la protagonista, encarnada en una joven actriz de mucho talento, Megan Dodds, elaborado por Alan Rickman y Katharine Viner a partir de los diarios, cartas a sus padres y amigos y otros escritos personales de Rachel Corrie. Nadie diría que una obra tan bien estructurada y que fluye de manera tan natural, sin el menor tropiezo, en la electrizante hora y media que dura, no fue concebida como un texto orgánico, por un dramaturgo profesional, sino hecha sólo de citas y remiendos.

Rachel nació en Olympia, un pueblo del estado de Washington y, por lo visto, desde niña se acostumbró a dialogar consigo misma, por medio de la escritura, en unos textos que muestran, de manera muy fresca y a ratos risueña, la provinciana vida de una muchacha que llega a la adolescencia, como tantas otras de su generación en los Estados Unidos, llena de desasosiego y confusión, presa de una rebeldía sin norte, un estado de ánimo profundamente insatisfecho y contra su vida privilegiada y el horizonte estrecho, pueblerino, en que discurre. Alienta la vaga intención de ser más tarde poeta, cuando crezca y se sienta capaz de emular a esos autores cuyos versos lee sin tregua y memoriza. No hay en ella nada excepcional, más bien las experiencias previsibles en una jovencita de clase media, normal y corriente, desconcertada ante el mundo que va descubriendo, sus entusiasmos con las canciones y los cantantes de moda, los efímeros coqueteos con los compañeros de estudios y, eso sí, constante, una insatisfacción informulada, la búsqueda de algo que, como la religión para los creyentes —ella lo es sólo a medias y en todo caso la práctica religiosa no colma ese vacío que a veces la atormenta— de pronto dé a su vida una orientación, un sentido, algo que la impregne de entusiasmo.

Esta parte de la historia de Rachel Corrie no es menos intensa ni interesante que la segunda, aunque sea menos dramática. Lo singular, dada la evolución de su historia personal, es que entre todas las inquietudes de que dan testimonios sus escritos privados, la que no figura ni por asomo es la política, algo que refleja muy bien una condición generacional. Hace treinta años, los jóvenes norteamericanos canalizaban su rebeldía y su inquietud en comportamientos, atuendos, aficiones, gestos, todo aquello nimbado en algunos casos de un discreto anarquismo individualista o, en el otro extremo, de una militancia religiosa, pero la política solía merecerles la indiferencia más total, cuando no el más abierto desprecio.

En la obra, tal vez porque este momento crítico de su existencia no quedó documentado en sus escritos, hay un gran paréntesis, aquel periodo que lleva a la jovencita provinciana que aspira a ser algún día poeta, a dar un paso tan audaz como ofrecerse, a comienzos del año 2003, como voluntaria para ir a luchar pacíficamente a la Franja de Gaza contra la demolición, por el Ejército de Israel, de

626

las casas de vecinos emparentados o relacionados con los palestinos acusados de terrorismo.

En el primer momento pensé que Rachel Corrie había ido a trabajar con mi amigo Meir Margalit, uno de los israelíes que más admiro, en su Comité de Israel contra la demolición de casas, sobre quien he hablado ya en esta columna. Pero, no, Rachel se inscribió en el Movimiento Internacional de Solidaridad, conformado sobre todo por jóvenes británicos, estadounidenses y canadienses que, en los territorios ocupados, yéndose a vivir en las viviendas amenazadas, tratan de impedir —sin mucho éxito, ni qué decirlo— una acción moral y jurídicamente inaceptable, pues parte del supuesto de una culpa colectiva de una población civil que debe ser castigada en su conjunto por los crímenes de individuos aislados.

Las cartas que Rachel escribe a padres y amigos desde Rafah, en el sur de Gaza, revelan una progresiva toma de conciencia de una joven que descubre, compartiéndola, la miseria, el desamparo, el hambre y la sed de una humanidad sin esperanza, arrinconada en viviendas precarias, amenazada de balaceras, de redadas, de expulsión, donde la muerte inminente es la única certidumbre para niños y viejos. Rachel, aunque duerme en el suelo como las familias palestinas que la acogen y se alimenta con las mismas magras raciones, se avergüenza de los cuidados y cariño que recibe, de lo privilegiada que sigue siendo, pues en cualquier momento ella podrá marcharse y salir de esa asfixia y, en cambio, ellos... Lo que más la aflige es la indiferencia, la inconsciencia de tantos millones de seres humanos, en el mundo entero, que no hacen nada, que ni quieren enterarse de la suerte ignominiosa de este pueblo en el que ella está ahora inmersa.

Era una joven idealista y pura, vacunada contra la ideología y el odio que ella suele engendrar, por la limpieza de sus sentimientos y su generosidad, que se vierten en cada línea de las cartas que dirige a su madre, explicándole cómo, a pesar del sufrimiento que ve a su alrededor —los niños que mueren en las incursiones israelíes, los pozos de agua cegados que dejan en la sed a manzanas enteras, la prohibición de salir a trabajar que va hundiendo en la muerte lenta a miles de personas, el pánico nocturno con las sirenas de los tanques o los vuelos rasantes de los helicópteros— hay de pronto, a su alrededor, en la celebración de un nacimiento o una boda o un cumpleaños, un estallido de alegría, que es como un abrirse un cielo de tormenta para que se divise allá, lejísimos, un cielo azul esplendoroso, lleno de sol.

Para cualquier persona no cegada por el fanatismo, el testimonio de Rachel Corrie sobre una de las más grandes injusticias de la historia moderna —la condición de los hombres y mujeres en los campos de refugiados palestinos, donde la vida es una pura agonía— es, al mismo tiempo que sobrecogedor, un testimonio de humanidad y de compasión que llega al alma (o como se llame ese residuo de decencia que todos albergamos).

Para quienes hemos visto de cerca ese horror, la voz de Rachel Corrie es un cuchillo que nos abre una llaga y la remueve.

El final de la historia ocurre fuera de la obra, con un episodio sobre el que Rachel no tuvo tiempo de testimoniar. El domingo 16 de marzo de 2003, con siete compañeros del Movimiento Internacional de Solidaridad —jóvenes británicos y estadounidenses— Rachel se plantó ante un *bulldozer* del Ejército israelí que se disponía a derribar la casa de un médico palestino de Rafah. El *bulldozer* la arrolló, destrozándole el cráneo, las piernas y todos los huesos de la columna. Murió en el taxi que la llevaba al hospital de Rafah. Tenía veintitrés años.

En la última carta a su madre, Rachel Corrie le había escrito: «Esto tiene que terminar. Tenemos que abandonar todo lo otro y dedicar nuestras vidas a conseguir que esto se termine. No creo que haya nada más urgente. Yo quiero poder bailar, tener amigos y enamorados, y dibujar historietas para mis compañeros. Pero, antes, quiero que esto se termine. Lo que siento se llama incredulidad y horror. Decepción. Me deprime pensar que ésta es la realidad básica de nuestro mundo y que, de hecho, todos participamos en lo que ocurre. No fue esto lo que yo quería cuando me trajeron a esta vida. No es esto lo que esperaba la gente de aquí cuando vinieron al mundo. Éste no es el mundo en que tú y mi papi querían que yo viviera cuando decidieron tenerme».

Nueva York, noviembre de 2006

Dickens en escena

Las colas empezaron a formarse la noche anterior ante las boleterías del Steinway Hall, uno de los teatros más grandes de Nueva York, y, al día siguiente, a las nueve de la mañana, al iniciarse la venta de las entradas, había más de cinco mil personas en la cadena humana que enroscaba aquella manzana de Manhattan. Mucha gente había llevado mantas y colchones para resistir el frío de la larga espera en el corazón del invierno neoyorquino. Era el 28 de diciembre de 1867 y esa noche por primera vez se presentaba Charles Dickens en un escenario de la metrópoli de los rascacielos leyendo episodios de sus novelas más famosas. Las entradas más caras costaban dos dólares. Las localidades se agotaron, por supuesto, y, al atardecer, los revendedores remataban los boletos a veintiséis y veintiocho dólares. Los dos mil quinientos espectadores que aquella noche atestaron el Steinway Hall y pudieron escuchar a Dickens refiriendo de viva voz ocurrencias de *David Copperfield* y su famoso *Cuento de Navidad*, al final atronaron la sala de aplausos, como lo habían hecho los días, meses y años anteriores los públicos de Boston y de Canadá, de Inglaterra, de Escocia y de Irlanda, que, al igual que los neoyorquinos, habían acudido en masa a ver en carne y hueso al fabulador que, al igual que Victor Hugo, había alcanzado en el mundo entero una popularidad inusitada tratándose de un escritor, un reconocimiento que desbordaba largamente su prestigio literario y hacía de él un ícono, un mito viviente, como es el caso, en nuestros días, de ciertos cantantes o estrellas de Hollywood.

Charles Dickens llevaba ya catorce años ejerciendo de contador de sus propias historias ante el público. Lo había hecho por primera vez en diciembre de 1853 en el Town Hall de Birmingham, ante un par de millares de personas que quedaron maravilladas con las dotes histriónicas del novelista no sólo más leído, sino el más querido de Inglaterra, un escribidor que, a través de sus historias, había conseguido infiltrarse en todos los hogares y hacer sentir a pobres y a ricos, a viejos y jóvenes, a hombres y a mujeres, que era el mejor amigo de la familia. Su decisión de subir a un escenario, como un cómico más, había provocado severísimas criticas e impugnaciones de sus hijos y editores, y sus amigos y colaboradores más cercanos habían tratado de disuadirlo, diciéndole que era una irresponsabilidad que alguien como él, que había alcanzado un inmenso respeto y consideración en todo el imperio gracias a sus libros, se expusiera de ese modo al ridículo y a la vergüenza, ejerciendo un oficio —el de actor— al que la gente bien miraba con desconfianza y hasta desprecio. Pero el señor Charles Dickens, bajo sus maneras suaves y afectuosas y su sonrisita cariñosa, tenía un carácter de hierro y nadie consiguió doblegar su decisión. Se salió con la suya, se subió a los escenarios y siguió haciéndolo por diecisiete años, hasta el 15 de marzo de 1870, pocas semanas antes de su muerte.

La historia de Dickens en los escenarios está maravillosamente recreada por el profesor Malcolm Andrews, en un libro que acabo de devorar y que es una pura delicia: *Charles Dickens and His Performing Selves. Dickens and the Public Readings* (Oxford University Press, 2007). La erudición se alía en sus páginas con la devoción por el personaje y por sus libros y, leyéndolo, uno llega a contagiarse del hechizo que el autor de *Oliver Twist* y tantas historias memorables inspiró a sus contemporáneos y a emocionarse con éstos hasta las lágrimas cuando, además de leerlo, pudieron verlo y oírlo reproduciendo sobre las tablas de un teatro o las plataformas de los vastos auditorios donde se presentaba, las aventuras y desventuras de Little Dombey, Nicholas Nickleby, Mr. Pickwick y tantos otros héroes o villanos de papel.

Las razones que Charles Dickens dio a su familia y amigos para subir a escena fueron económicas. En efecto, cuando tomó aquella decisión su vida familiar experimentaba una crisis que terminaría en la separación matrimonial y todo ello le acarreó muchos más gastos que antaño. Sus presentaciones públicas le dieron excelentes ingresos, tanto que el profesor Andrews ha calculado que los escenarios le hicieron ganar en esos últimos diecisiete años, más dinero que todos los libros y artículos que publicó en toda su vida. Pero la razón profunda no era la necesidad de nuevos ingresos, sino una vocación histriónica, o, por lo menos, de contador ambulante de cuentos, que se manifestó en él desde muy joven.

Hay una deliciosa anécdota que cuenta su hija Mamie que, un día, dormitando en el sofá, espiaba con los ojos semicerrados cómo escribía su padre. Advirtió, de pronto, que, a la vez que hacía correr la pluma sobre el papel, hacía muecas, gestos y mascullaba frases entre dientes, mimando aquello que contaba. En una de esas, lo vio ponerse de pie y correr a un espejo de la habitación y, contemplándose en él, enfrascarse un momento en una delirante representación en la que hacía morisquetas, guiños y caras, como midiendo las expresiones que quería describir. Y lo vio, con el mismo ímpetu, regresar a su escritorio y seguir escribiendo. Su padre escribía actuando. No es raro, por eso, que, en una de sus cartas, Dickens afirmara: «Todo escritor de ficciones escribe para el escenario». Por lo menos no hay duda que él lo hacía.

Siempre creí que los célebres *readings* de Dickens eran meras lecturas. Nada de eso. Malcolm Andrews demuestra, a base de los incontables testimonios que ha recogido de espectadores que asistieron a sus presentaciones públicas, y a los centenares de artículos y críticas de prensa, que llegó a dar forma a un espectáculo inusitado, en el que el lector, el actor, el mimo y el contador alternaban para dar una versión de las historias que era, al mismo tiempo, teatro, literatura, tertulia, confesión y hasta farsa y circo. En sus primeras funciones, en efecto, sólo leía. Pero los textos no eran una mera reproducción de capítulos o pasajes de sus novelas. Ellos habían sido sometidos a una transformación en guiones, con cortes, añadidos y abundantes acotaciones, pensando en la representación. Luego, Dickens aprendió de memoria aquellos textos y casi no ponía los ojos sobre las carpetas, aunque las tenía siempre sobre el pupitre y a veces las cogía y agitaba, para dar mayor énfasis o dramatismo a su actuación.

Era un profesional riguroso que ensayaba hasta el agotamiento, corrigiendo cada vez detalles a veces insignificantes —los movimientos de las manos, los silencios, sus balbuceos, tartamudeos, gritos o suspiros—, en busca de la ansiada perfección. Él mismo verificaba que las lámparas de gas estuvieran graduadas de tal manera que su figura, en escena, quedara como enjaulada dentro de ese marco dorado que la realzaba. Antes de la función, él mismo probaba la acústica del teatro o auditorio, con ayuda de su valet, que debía desplazarse a las localidades más apartadas a fin de comprobar que las palabras de Dickens llegaran bien a todas las localidades.

Siempre se presentó vestido de etiqueta, con guantes blancos de seda que no se enfundaba, y con el pequeño pupitre que él mismo diseñó, cubierto por un paño de terciopelo rojo, donde colocaba el vaso de agua, su carpeta, y una bolsa de papel con uvas por si se le secaba la garganta. El pupitre puede verse todavía, en el Museo Dickens de Bloomsbury, en Londres. La representación duraba siempre un par de horas, con un intermedio de quince minutos. Antes de la función cenaba generalmente solo, encerrado en su cuarto de hotel, cuya puerta defendían de los admiradores su valet y su mánager, que, cuando las circunstancias lo exigían, se transformaban en guardaespaldas. Permanecía así, solo, sumido en la reflexión o con la mente en blanco, creando en su espíritu un clima psicológico propicio a lo que iba a contar/representar.

Los testimonios de los espectadores sobre lo que hacía en el escenario varían, desde luego. Pero casi todos coinciden en que los momentos cumbres de su actuación eran aquellos en que mimaba las voces y los gestos de un grupo de personas en medio de un intercambio intenso de pareceres, una fogosa discusión por ejemplo sobre política, un crimen, un cataclismo o sobre la existencia o inexistencia de fantasmas. Parecía, entonces, multiplicarse, ser el hombre de las mil caras y las mil voces, una garganta capaz de pasar de los tropezones verbales de una viejecita sin dientes a la ronquera pedregosa de un lobo de mar o a los gallos de un chiquillo que cambia de voz. Sus largos silencios eran siempre oportunos y creaban un suspenso tierno, angustioso o aterrador. Oyéndolo y viéndolo la gente sufría, gozaba, se emocionaba e irritaba en perfecta sintonía con él, que, cada vez, también vivía lo que contaba, como sus lectores cuando lo leían.

Yo sé muy bien cuánto debió gozar Dickens en aquellas sesiones en que se transmutaba en esos personajes salidos de su imaginación y de su pluma que habían encandilado a medio mundo, cuando sentía que era posible insuflar carne, sangre y huesos y hacer hablar, reír y llorar a las criaturas de las novelas y, por un par de horas mágicas, convertir la horrible vida real en una hermosísima ficción. Las pocas veces que yo me he subido a un escenario a contar una historia he sentido también ese inquietante milagro que es, por un tiempo sin tiempo, encarnar la ficción, ser la ficción. Debió gozar inmensamente, como cuando escribía sus historias o acaso más, porque, si no, no hubiera seguido haciéndolo cuando los años y las enfermedades le prohibían hacerlo, cuando empeñarse en continuar haciéndolo era poco menos que un suicidio. En sus últimas actuaciones, ya con medio cuerpo paralizado, su médico particular, Thomas Beard y su hijo Charley se sentaban en la primera fila, listos para socorrerlo si —como estaba seguro su médico que ocurriría— se desplomaba en plena función. La última que ofreció fue el 15 de marzo de 1870. Tres meses después lo enterraban en Westminster Abbey. Estoy seguro que murió feliz.

Reims, 19 de septiembre de 2007

La casa de Molière

A fines de los años cincuenta, cuando vine a vivir a París, aunque uno fuera paupérrimo podía darse el lujo supremo de un buen teatro, por lo menos una vez por semana. La Comédie Française tenía las matinés escolares, no recuerdo si los martes o los jueves, y esas tardes representaba las obras clásicas de su repertorio. Las funciones se llenaban de chiquillos con sus profesores, y las entradas sobrantes se vendían al público muy baratas, al extremo que las del *gallinero* —desde donde se veía sólo las cabezas de los actores— costaban apenas cien francos (pocos centavos de un euro de hoy). Las puestas en escena solían ser tradicionales y convencionales, pero era un gran placer escuchar el cadencioso francés de Corneille, Racine y Molière (sobre todo el de este último), y, también, muy divertido, en los entreactos, escuchar los comentarios y discusiones de los estudiantes sobre las obras que estaban viendo.

Desde entonces me acostumbré a venir regularmente a la Comédie Française y lo he seguido haciendo a lo largo de más de medio siglo, en todos mis viajes a París: Francia ha cambiado mucho en todo este tiempo, pero no en la perfecta dicción y entonación de estos comediantes que convierten en conciertos las representaciones de sus clásicos.

Vine también ahora y me encontré que la Gran Sala Richelieu estaba cerrada por trabajos en la cúpula que tomarán todavía más de un año. Para reemplazarla se ha construido en el patio del Palais Royal un auditorio provisional muy apropiadamente llamado el Théâtre Éphémère. El local es precario, el frío siberiano de estos días parisinos se cuela por los techos y rendijas y los acomodadores (nunca había visto algo semejante) nos reparten a los ateridos y heroicos espectadores unas gruesas mantas para protegernos del resfrío y la pulmonía. Pero todos esos inconvenientes se esfuman cuando se corre el telón, comienza el espectáculo y el genio y la lengua de Molière se adueñan de la noche.

Se representa *Le Malade imaginaire*, la última obra que escribió Jean-Baptiste Poquelin, que haría famoso el nombre de pluma de Molière, y en la que estaba actuando él mismo la infausta tarde del 17 de febrero de 1673, en el papel de Argan, el enfermo imaginario, víctima de lo que los fisiólogos de la época llamaban deliciosamente «la melancolía hipocondríaca». Era la cuarta función y el teatro llamado entonces del Palais Royal estaba repleto de nobles y burgueses. A media representación el autoritario y delirante Argan tuvo un acceso de tos interminable que, sin duda, los presentes creyeron parte de la ficción teatral. Pero no, era una tos real, cruda, dura e inesperada. La función debió suspenderse y el actor, llevado de urgencia a su casa vecina con una vena reventada por la violencia del acceso, fallecería unas cuatro horas después. Había cumplido cincuenta y uno y, como no tuvo tiempo de confesarse, los comediantes de la compañía formada y dirigida por él, junto con su viuda, debieron pedir una dispensa especial al arzobispo de París para que recibiera una sepultura cristiana.

Buena parte de esos cincuenta y un años de existencia se los pasó Molière viviendo no en la realidad cotidiana sino en la fantasía y haciendo viajar a sus contemporáneos —campesinos, artesanos, clérigos, burócratas, comerciantes, nobles— al sueño y la ilusión. Las milimétricas investigaciones sobre su vida de ejércitos de filólogos y biógrafos a lo largo de cuatro siglos arrojan casi exclusivamente las idas y venidas del actor J. B. Poquelin a lo largo de los años por todas las provincias de Francia, actuando en plazas públicas, patios, atrios, palacios, ferias, jardines, carpas, y, luego de su instalación en París, escribiendo, dirigiendo y encarnando a los personajes de obras suyas y ajenas de manera incesante. Y, cuando no lo hacía, contrayendo o pagando deudas de los teatros que alquilaba, compraba o vendía, de tal modo que, se puede decir, la vida de Molière consistió casi exclusivamente —además de casarse con una hija de su amante y producir de paso unos vástagos que solían morirse a poco de nacer— en vivir y difundir unas ficciones que eran unos espejos risueños y deformantes, y, a veces, luciferinamente críticos de la sociedad y las creencias y costumbres de su tiempo.

Llegó a ser muy famoso y considerado por unos y otros el más grande comediante de la época, insuperable en el dominio de la farsa y el humor, pero, detrás de la risa, la gracia y el ingenio que a todos seducían, sus obras provocaron a veces violentas reacciones de las autoridades civiles y eclesiásticas —el *Tartufo* fue prohibido por ambas en varias ocasiones— y el propio Luis XIV, que lo admiraba e invitó a su compañía a actuar en Versalles y en los palacios de París y alrededores ante la corte, y fue a menudo a aplaudirlo al teatro del Palais Royal, se vio obligado también en dos ocasiones a censurar las mismas obras que en privado había celebrado.

El enfermo imaginario no tiene la complejidad sociológica y moral del *Tartufo*, ni la chispeante sutileza de *El avaro*, ni la fuerza dramática de *Don Juan*, pero entre el melodrama rocambolesco y la leve intriga amorosa hay una astuta meditación sobre la enfermedad y la muerte y la manera como ambas socavan la vida de las gentes.

Cuando escribió la obra, estaba de moda —él había contribuido a fomentarla— incorporar a las comedias números musicales y de danza —el propio rey y los príncipes acostumbraban a acompañar a los bailarines en las coreografías— y la estructura original de *El enfermo imaginario* es la de una opereta, con coros y bailes que se entrelazan constantemente con la peripecia anecdótica. Pero en este excelente montaje del fallecido Claude Stratz, esas infiltraciones de música y ballet se han reducido, con buen criterio, a su mínima expresión.

Paso dos horas y media magníficas y, casi tanto como lo que ocurre en el escenario, me fascina el espectáculo que ofrecen los espectadores: su atención sostenida, sus carcajadas y sonrisas, el estado de trance de los niños a los que sus padres han traído consigo abrigados como osos, las ráfagas de aplausos que provocan ciertas réplicas. Una vez más compruebo, como en mis años mozos, que Molière está vivo y sus comedias tan frescas y actuales como si las acabara de escribir con su pluma de ganso en papel pergamino. El público las reconoce, se reconoce en sus situaciones, caricaturas y exageraciones, goza con sus gracias y con la vitalidad y belleza de su lengua.

Viene ocurriendo aquí hace más de cuatro siglos y esa es una de las manifestaciones más flagrantes de lo que quiere decir la palabra civilización: un ritual compartido, en el que una pequeña colectividad, elevada espiritual, intelectual y emocionalmente por una vivencia común que anula momentáneamente todo lo que hay en ella de encono, miseria y violencia y exalta lo que alberga de generosidad, amplitud de visión y sentimiento, se trasciende a sí misma. Entre estas vivencias que hacen progresar de veras a la especie, ocupa un papel preponderante aquello a lo que Molière dedicó su vida entera: la ficción. Es decir, la creación imaginaria de mundos donde podemos refugiarnos cuando aquel en el que estamos sumidos nos resulta insoportable, mundos en los que transitoriamente somos mejores de lo que en verdad somos, mundos que son el mundo real y a la vez mundos soberanos y distintos, con sus leyes, sus ritmos, sus valores, su música, sus ideas, sostenidos por una conjunción milagrosa de la fantasía y la palabra.

Pocos creadores de su tiempo ayudaron tanto a los franceses, y luego al mundo entero, como el autor de *El enfermo imaginario*, a salir de los quebrantos, las infamias, la coyunda y las rutinas cotidianas y a transformar las amarguras y los rencores en alegría, esperanza, contento, a descubrir la solidaridad y la importancia de los rituales y las formas que desanimalizan al ser humano y lo vuelven menos carnicero. La historia, más que una lucha de religiones o de clases, ha opuesto siempre esos pequeños espacios de civilización a la barbarie circundante, en todas las culturas y las épocas y a todos los niveles de la escala social. Uno de esos pequeños espacios que nos defienden y nos salvan de ser arrollados del todo por la estupidez y la crueldad oceánicas que nos rodean es este que creó Molière en el corazón de París y no hay palabras bastantes en el diccionario para agradecérselo como es debido.

París, febrero de 2012

El doctor Chirinos

Por su prontuario, su narcisismo, sus delirios y sus crímenes parece un hombre inventado, pero el doctor Edmundo Chirinos existió y los españoles que van al teatro acaban de comprobarlo viendo en escena el espectáculo *Sangre en el diván* que dirige y protagoniza el director y actor venezolano Héctor Manrique.

En el monólogo de hora y media que mantiene al público sobrecogido y medio ahogado por las carcajadas, el propio doctor Chirinos nos cuenta su odisea: fue psiquiatra, rector de la Universidad Central de Venezuela, miembro de su Asamblea Constituyente, candidato a la presidencia lanzado por el Partido Comunista, y tuvo entre sus pacientes nada menos que a tres presidentes de la república: Jaime Lusinchi, Rafael Caldera y el comandante Hugo Chávez. Hombre influyente y poderoso, por su consultorio pasaron miles de pacientes, de los que abusó con frecuencia e incluso asesinó, como a la estudiante Roxana Vargas, un crimen por el que estuvo en la cárcel sus últimos años de vida.

Lo más extraordinario del espectáculo tal vez no sea la espléndida recreación que hace de semejante personaje Héctor Manrique, vistiéndose y desvistiéndose, cantando, bailando y delirando sin tregua, exhibiendo su egolatría y desmesura hasta extremos descabellados, sino que todo aquello que dice el doctor Chirinos en el escenario lo dijo de verdad a una periodista, Ibéyise Pacheco, que lo grabó y publicó luego en un libro que lleva el mismo título de la obra de teatro, adaptada y dirigida por el propio Héctor Manrique.

A Héctor lo conocí hace ya una punta de años, en Caracas, porque dirigió una obra mía, *Al pie del Támesis* —un bello montaje, diré al pasar—, que llevó luego a Colombia. El comandante Chávez sólo comenzaba la obra de demolición de una Venezuela cuya vida cultural fosforecía aún por su diversidad y riqueza. No sólo el teatro, también la danza, la pintura, la música y la literatura.

Pero el país vivía un peligroso encandilamiento con el militar golpista, cuyo levantamiento contra el Gobierno legítimo de Carlos Andrés Pérez había sido reprimido por un Ejército leal a las leyes y a la Constitución. Como es sabido, el comandante sedicioso, en vez de ser juzgado, fue indultado por el presidente Rafael Caldera y se convirtió al poco tiempo en un líder popular que arrasó en las elecciones.

A mí me costaba trabajo entenderlo. ¿Cómo un país que había sufrido dictaduras tan feroces en el pasado y que había luchado con tanta hidalguía contra el régimen espurio de un Marcos Pérez Jiménez podía caer rendido ante la demagogia de un nuevo caudillito matonesco, inculto y mal hablado? Con una excepción, sin embargo: los intelectuales. Ellos fueron mucho más lúcidos que sus compatriotas. Con pocas excepciones —apenas cabrían en una mano—, se mantuvieron en la oposición o al menos guardando una distancia prudente, sin participar en el embelesamiento colectivo, en la absurda creencia, tantas veces desmentida por la historia, de que un *hombre fuerte* podía resolver todos los problemas sin los enredos burocráticos de la inepta democracia.

La Venezuela de aquellos años, con sus grandes exposiciones, sus festivales internacionales de música y de teatro, con sus editoriales flamantes, sus museos y sus encuentros y congresos que atraían a Caracas a los pensadores, escritores y artistas más celebrados en el mundo, ahora está muerta y enterrada. Y tardará muchos años e ingentes esfuerzos resucitarla.

Los discursos que regurgita ante el público en *Sangre en el diván* el delictuoso doctor Edmundo Chirinos se parecen mucho a los del comandante Chávez, volcando una lluvia de injurias contra la morosa y corrupta democracia y prometiendo el paraíso inmediato a sus creyentes. A los venezolanos que le creyeron les ha ido tan mal como a los encandilados pacientes del psiquiatra que terminaban dejando su sangre en el diván. Muchos de ellos comen ahora sólo lo que encuentran en las basuras.

La obra que interpreta Héctor Manrique no ha sido prohibida en Venezuela —por el contrario, lleva cuatro años en cartelera y muchas decenas de miles de espectadores—, acaso porque los censores son menos perceptivos que lo que exigiría su triste oficio, y, también, porque, a primera vista, *Sangre en el diván* podría parecer

639

un caso aparte, el de un individuo fuera de lo común, la muy famosa excepción a la regla, el «mirlo blanco».

Sin embargo, no es así. Mucho de lo que después iría a ocurrir en Venezuela se muestra, resumido en el escenario, en la siniestra odisea del doctor Edmundo Chirinos, su poder acumulado a partir del fraude y su locuacidad enfermiza. Renunciar a la razón puede dar frutos extraordinarios en los campos de la poesía, la ficción y el arte, como lo sostuvieron el surrealismo y otros movimientos de vanguardia. Pero abandonarse a la sinrazón, a lo puramente emotivo y pasional, es peligrosísimo en la vida social y política, un camino seguro a la ruina económica, a la dictadura, en fin, a todos esos desastres que han llevado a uno de los países más ricos del mundo a ser uno de los más pobres y a ver a millones de sus habitantes lanzarse al exilio, aunque sea andando, para no morirse de hambre.

De nada de eso hablamos con Héctor Manrique cuando bajé a los camerinos del teatro a darle un abrazo y a felicitarlo. Le pregunté si es cierto que no hay una palabra en su monólogo que no dijera de verdad el doctor Chirinos, y me confirmó que es así, y me presentó además a Ibéyise Pacheco, que fue quien lo entrevistó, durante muchas horas, en la celda de la cárcel donde el asesinato de una paciente lo tenía confinado. Con Héctor me hubiera gustado recordar aquellos años hermosos en que la literatura y el teatro nos parecían las cosas más importantes del mundo, y también parecía creerlo así toda Venezuela, por las revistas culturales que aparecían cada semana, y la cantidad de nuevos escritores y artistas y compañías de teatro y de conciertos que surgían y disputaban las noches de Caracas. Aquello no sólo ocurría en la capital, también en el interior del país, donde aparecían nuevas universidades y nuevos artistas. Venezuela entera parecía recorrida entonces por una avidez frenética de cultura y creatividad. Y recordar a grandes amigos que ya no están más, como Salvador Garmendia o Adriano González León, el autor de *País portátil*, una magnífica novela, que, me dicen, cayó súbitamente muerto en el bar donde tomaba siempre la última copita, y de aquel grupo revoltoso de jóvenes, El Techo de la Ballena, que sembraron Caracas de escándalos anarquistas.

Lo único bueno de las dictaduras es que, aunque provocan desastres, siempre mueren. Con el paso del tiempo, su recuerdo se va empobreciendo y, a veces, los pueblos que las padecen llegan a olvidarse que las padecieron. Pero dudo que ocurra muy pronto con la que ha convertido a Venezuela en un país que no es ni sombra de aquel que conocí a mediados de los años sesenta. Ojalá que el horror que ha vivido todos estos años, convertida poco menos que en uno de los sanguinarios delirios del doctor Edmundo Chirinos, la preserve en el futuro de volver a renunciar a la razón y a la sensatez, que en política son la única garantía de no perder la libertad.

Madrid, diciembre de 2018

5. Pantallas

El silencio, de Bergman.
Un film sobre el mal

En las películas de Ingmar Bergman, oscuras fuerzas mueven a los individuos, esos solitarios que tratan desesperadamente de franquear las misteriosas barreras que los separan. Este mundo inexorable, donde no hay otra redención que la muerte, es la patria del mal. Todos lo encarnan de alguna manera; tanto los que lo combaten como los que lo asumen, se nutren de él y a la vez lo alimentan. Territorio hermético, sin amistad y sin amor, paraíso de humillación y de incomunicación, los seres que lo pueblan viven para expiar una atroz, desconocida culpa que es su patrimonio común, y su único diálogo profundo es el de la carne. En *El silencio*, su último film, Bergman ilustra sus convicciones con más claridad que otras veces y rara vez en su obra, creo, ha habido tanta belleza junto a tanto horror.

LA TIRANÍA DE LOS DEMONIOS

Dos hermanas y el hijo de una de ellas, que viajan de regreso a Suecia, deben detenerse en una ciudad, Timuka: Esther ha tenido en el tren un vómito de sangre. Se alojan en un hotel de curiosa elegancia, casi desierto: lo comparten con un viejo camarero y una comparsa de enanos. Intelectual, onanista, dipsómana, Esther además ama a su hermana, pero Anna, que alguna vez debió haber ardido en ellos, rehúsa ahora los fuegos del lesbianismo y del incesto. Pero no otros, tal vez ningún otro. La sensualidad es el aire que respira; incluso cuando acaricia a su hijo Johan parece tentar una futura presa. Mezclada a la multitud masculina de Timuka, bajo una luz casi blanca, rosada y observada por cuerpos que codicia y que la codician, Anna expresa lo que es la condición humana según el satanismo pesimista de Bergman: hormiga entre las hormigas, obediente a los demonios que lo tiranizan, un ser sólo puede llegar a sus semejantes por la piel. Pero sería irrisorio hablar de placer. Lo que Anna y el extraño que seduce cumplen, es algo así como la ejecución de una sentencia, una afanosa, jadeante y vana tentativa para colmar el vacío que los habita. Es decir, un simulacro. Porque el placer, como todas las acciones humanas en este universo demencial, no conduce a la plenitud sino a estratos más profundos de la soledad y de la angustia. Y, para que no quepa ninguna duda, está el histérico llanto de Anna en los brazos del extraño.

Frases como estocadas

En ciertas películas de Ingmar Bergman, la abundancia de alegorías y de símbolos —procedimientos siempre ambiguos, siempre irritantes— da origen a malentendidos: todavía se discute si la peste que devasta la campiña y siembra el pánico en *El séptimo sello* es la premonición del infierno o de la amenaza atómica. En *El silencio* en cambio, los significados son claros. La imposibilidad de entendimiento entre los seres, tema que obsesiona a Bergman, está subrayada por la situación de Anna, Esther y Johan en Timuka, donde las gentes hablan un idioma incomprensible (para todo el mundo, se trata de una lengua inventada por Bergman). «Es mejor que no nos entendamos», dice Anna al extraño. Y se comprende: aquí el lenguaje no es un instrumento que acerca a los hombres sino un arma de combate. En los escasos diálogos de *El silencio* —el título es significativo—, las frases, como estocadas en un duelo, centellean, arañan, desgarran. Todo parece indicar que, en su juventud, Esther dominó a Anna; ahora ésta se desquita con ensañamiento y por medio de palabras: revela a su hermana sus proezas eróticas, excita sus celos, la ofende. Más tarde, la abandona.

Un nihilismo moderado

Si la existencia es concebida como una pesadilla, la única liberación es la muerte. Pero relativamente, ya que el de Bergman es un nihilismo moderado: suprime a Dios pero no al Diablo (hace poco le dedicó una película). Y, además, la muerte no siempre llega pronto y sin dolor. La agonía de Esther, réplica física de su suplicio moral, es indescriptible. Las imágenes más osadas y terribles de *El silencio* no son, desde luego, las de esa infeliz que se masturba, ni las de ese acoplamiento lúgubre, sino las crueles, intolerables imágenes de las crisis de Esther. Hacía falta toda la maestría de un Bergman y el talento excepcional de una actriz como Ingrid Thulin, para que aquellos gemidos, convulsiones y retorcimientos, no fueran grotescos sino trágicamente veraces y hasta impregnados, parece mentira, de una especie de belleza pérfida.

Otros temas de *El silencio* son el descubrimiento de la absurdidad del mundo y el aprendizaje del mal. Johan, el hijo de Anna, es la inocencia arrojada a esa inmundicia: la vida. En *La fuente* un niño pastor asiste a la violación de una muchacha. Aquí, ante Johan, testigo mudo de grandes ojos indiferentes, desfilan la concupiscencia, la enfermedad, hombres-monstruos y, también, artefactos bélicos de destrucción: aviones de guerra, una columna de tanques. Hay un momento del film, sin embargo, en que la atmósfera rigurosamente glacial es alterada, un segundo apenas, por un relámpago de piedad: cuando el niño improvisa un espectáculo de títeres para distraer a su tía enferma.

Un estilo austero

La sobriedad de la forma contrasta en *El silencio* con la ferocidad del contenido, y salva al film de la irrealidad. Ningún artificio, ningún alarde de destreza, interrumpe la austera, hierática sucesión de imágenes heladas que amortiguan la crudeza de la anécdota. El menor exceso formal, un plano caprichoso o gratuito que hiciera sensible una presencia ajena al espectador y al infierno en que se halla sumido, y toda la construcción se hacía añicos, naufragaba en el melodrama. Pero Bergman es uno de los pocos cineastas que sabe lo que quiere decir y cómo decirlo. La adecuación de procedimientos y de materia es absoluta en *El silencio*, de principio a fin.

El silencio ha servido para que, una vez más, se confirmen la sinrazón y la hipocresía de esas pequeñas mafias que son las comisiones de censura. Si la función de los censores es preservar a los buenos ciudadanos de las malas tentaciones, *El silencio* no ofrecía peligro alguno. El film es todo menos un estimulante sexual. La carne es aquí algo abyecto y el sexo, como en todas las obras puritanas —por ejemplo las novelas de Faulkner—, una maldición. Ni una escena erótica del film glorifica el amor y, en cambio, todas lo exorcizan.

Películas de una vulgaridad insoportable merecen a diario el visado de la censura (y conquistan el favor de grandes públicos) porque tras la pornografía moderna —contrariamente a lo que ocurría en el siglo XVIII—, se emboscan siempre la ineptitud artística y el conformismo más vil. ¿A qué se debe, pues, el escándalo surgido en torno a *El silencio*? ¿Por qué las prohibiciones y mutilaciones? La mediocridad parece ser la condición indispensable para que las obras que abordan ciertos temas salven el escollo de la censura. Lo que a todas luces se le ha reprochado a Bergman no es explorar los abismos del comportamiento humano. Sino, más bien, testimoniar sobre ello de una manera personal y con talento.

París, julio de 1964

648

Totalitarismo en la Vía Láctea
(*Alphaville*, de Jean-Luc Godard)

¿El niño terrible del cine francés se está volviendo formal? Hace seis meses, cuando se estrenó *Une femme mariée*, admirable documento sobre la alienación de la mujer burguesa en la sociedad moderna, muchos críticos se preguntaron si Jean-Luc Godard había decidido, por fin, emplear su virtuosismo y su talento en realizaciones serias. La aparición de un nuevo film de Godard, *Alphaville*, en las carteleras parisienses constituye una respuesta provisionalmente afirmativa a esa pregunta. Hace ya varias semanas que la película se halla en exhibición, y aún no han cesado las polémicas que originó su estreno. Hay que decir, también, que ésta es la primera vez que Godard llega al gran público. Hasta ahora, sus películas no pasaban sino en cines de estudio del Barrio Latino. *Alphaville*, en cambio, realiza actualmente una carrera triunfal en un vasto circuito que comprende una veintena de salas, desde los Campos Elíseos hasta los suburbios. Pero no está claro si esto se debe a Godard, o al héroe del film, Eddie Constantine, uno de los actores más populares del cine francés.

¿Qué es *Alphaville*? Una película más de ciencia ficción, según algunos, y según otros un alegato feroz contra la sociedad esclavizada por la técnica del futuro (es decir, una utopía semejante a *1984* de George Orwell). En realidad, el film tiene algo de ambas cosas y se nutre de esas dos vertientes antagónicas que se disputan en el espíritu de Godard: una seria y otra frívola, una madura y otra infantil, una rebelde y otra conformista. Su naturaleza hermafrodita no impide en todo caso a *Alphaville* ser un film extraordinariamente excitante, que se sigue con entusiasmo a ratos, a ratos con ira, y casi en ningún momento con indiferencia.

La historia transcurre a fines de este siglo, en algún punto de la Vía Láctea llamado Alphaville, donde un sabio exiliado allí por los Países Exteriores (es decir, la tierra), el profesor Von Braun, ha construido una sociedad perfectamente lógica gracias a un gigantesco cerebro electrónico, Alpha 60, que regula la marcha de cuerpos y espíritus, determina lo bueno y lo malo, y dicta sus órdenes con una voz rauca, arrastrada y metálica. El principio que rige el funcionamiento de ese mundo es muy simple: todo lo que no es racional es pernicioso y debe ser suprimido. Así, todas las actividades artísticas y literarias han sido abolidas en Alphaville y cuando el agente secreto Lemmy Caution, enviado allí por los Países Exteriores para recuperar al profesor Braun (o matarlo, si se resiste a volver), hace circular clandestinamente un libro de poemas de Paul Éluard, los habitantes de Alphaville hojean atónitos sus páginas, sin comprender. Pero no sólo el arte y las letras son combatidas como nefastas, también los sentimientos «ilógicos»: la amistad, el amor. Los ciudadanos incapaces de adaptarse al sistema, aquellos que sucumben alguna vez al mandato de lo irracional, son ametrallados por la espalda y caen a una piscina (olímpica) donde jóvenes y esbeltas nadadoras los rematan con cuchillos. El único libro de lectura en ese paraíso científico es un Diccionario (lo llaman la Biblia), en el que diariamente se cambian o anulan ciertos términos con una finalidad semejante a la de ese Emperador chino del que habla Raymond Queneau que, para renovar las costumbres de sus súbditos, comenzó por modificar el lenguaje.

A diferencia de otros universos totalitarios de ciencia ficción, el de Jean-Luc Godard no es puritano. La sensualidad es admitida y alentada pero, desde luego, minuciosamente controlada por Alpha 60 que ha creado, por ejemplo, un Servicio de Seductores con categorías diversas.

La mayoría de los críticos cinematográficos, tanto partidarios como adversarios del film, le han reconocido a Jean-Luc Godard el mérito de la originalidad en la concepción de esa sociedad totalitaria estelar. Uno se queda perplejo; desde luego que *Alphaville* es una película digna de elogios, pero su novedad no reside precisamente en su argumento. Al contrario, en el transcurso de muchas secuencias del film, se tiene casi la certidumbre de ver, traspuestas en imágenes, páginas de la literatura reciente, el desaparecido Georges Bataille propuso ya, en uno de sus admirables ensayos, una interpretación de la literatura que corresponde exactamente a la del parpadeante e inflexible cerebro electrónico que rige los destinos de Alphaville. La literatura es el mal, decía Bataille, porque el fundamento de la vida social es la razón y crear es atentar contra ésta y negarla como principio regulador de la comunidad. Y de otro lado ¿no es asombroso el parecido del profesor Von Braun de Godard con el doctor Benway, el diabólico personaje que dicta las leyes en la *Freeland Republic*, esa dictadura médico-técnico-pederástica imaginada por William Burroughs en *The Naked Lunch*? Godard no inaugura nada en este sentido, y se limita a incorporarse al coro creciente de pensadores, escritores y artistas contemporáneos que claman contra los estragos de una ciencia y una técnica mal entendidas y peor aplicadas en el mundo moderno.

La originalidad de Godard consiste no en suscitar estos temas, que flotan en el aire hace un buen tiempo, sino en su manera de exponerlos, con un lenguaje que es, de un lado, exclusivamente cinematográfico y, de otro, inconfundiblemente personal. En este film (como en sus filmes anteriores) todo está pensado y dicho en imágenes visuales y por esto resulta tan difícil resumir su contenido con palabras. La idea de *Alphaville* que puede tener un lector por la reseña del argumento que figura en esta emisión es la de una vasta superproducción, la de una enorme ciudad-prisión, donde evolucionan los habitantes como ejércitos en un desfile de Fiestas Patrias. No hay nada de eso: el escenario son las instalaciones de un sector mínimo de la Maison de la Radio, la población de Alphaville un puñado de actores que se cuentan con dos manos y el engendro electrónico un modesto ventilador, una bombilla de luz y unos micrófonos. Sin embargo, esos parcos ingredientes bastan a Godard para lograr su objetivo con creces. Además, la simple mención de la anécdota del film parece indicar que el tono de la narración es, como aquélla, grave. Todo lo contrario: el humor proyecta sus ácidos, corrosivos o superficiales, casi en todas las secuencias: Lemmy Caution se presenta en Alphaville como periodista enviado por el diario *Figaro-Pravda*; los ciudadanos reticentes a las disposiciones de Alpha 60 son enviados a un HLM (esos rascacielos que construye Francia para sus funcionarios) de donde salen irremisiblemente curados; cuando el cerebro electrónico pregunta a Eddie Constantine: «¿En qué cree usted?», él contesta, muy serio: «En los dictados inmediatos de la conciencia», y al final, cuando Lemmy Caution y la heroína huyen hacia los Países Exteriores, lo hacen en un Chevrolet, por una autopista.

651

Es justamente ese exceso de humor lo que más habría que censurar en el film. Su función resulta desnaturalizadora. *Alphaville* plantea en varios momentos una problemática real, pero sus denuncias contra la tecnocracia deshumanizada, sus protestas a favor del individuo amenazado por la presencia invasora de una ciencia ciega, se debilitan y convierten muchas veces en mera retórica por esos alardes gratuitos de destreza formal, esos juegos de palabras, esos guiños pícaros al espectador, con que aparecen condimentadas. Es sabido que el humor (salvo contadas excepciones) es siempre ambiguo: atenúa, disimula, corrompe sutilmente lo que toca. En sus primeros filmes, cuando elegía temas frívolos, Godard solía emplear un humor consecuente con el anarquista que asegura ser: un humor insolente, sarcástico, de cuando en cuando feroz. En *Alphaville* ocurre algo muy distinto. Las gracias, burlas y gracejerías están allí hábilmente colocadas para amortiguar todo aquello que, dicho sin rodeos, podría resultar excesivo o chocante. Es verdad que, antes, Godard era un desconocido y ahora una celebridad y que si quiere seguir disfrutando de esta flamante situación tiene que andar con cuidado, «ser anarquista pero no imprudente».

París, julio de 1965

652

Luis Buñuel:
Un festival de malas películas excelentes

Un estudio de París ha tenido la maliciosa viveza de organizar un festival consagrado a las malas películas de Luis Buñuel, aquellas que por lo general no figuran en las «filmografías» del gran realizador español y que sus biógrafos y críticos omiten o reseñan muy de pasada, con frases discretas y benevolentes. Se trata de cinco filmes, rodados en México entre 1947 y 1953: *Gran Casino* (1947), *El gran calavera* (1949), *Don Quintín el amargao* (1951), *La ilusión viaja en tranvía* (1953) y *El río y la muerte* (1954). La obra conocida y admirada de Buñuel es anterior o posterior a estas cintas —con excepción de *Los olvidados* (1950)—, que tienen un carácter agresivamente «comercial» y constituyen, todas ellas, aunque en proporciones diversas, concesiones generosas a lo que el cretinismo mercantil llama el gusto del pueblo: sensiblería lacrimosa, folclore, machismo de tira cómica, sexualidad púdica apta para beatas y humor gris.

El cineasta es el más desventurado de los creadores porque es el que menos posibilidades tiene de hacer lo que le dé la gana. Un poeta, un pintor, un escritor pueden verse en dificultades para difundir sus obras si osan quebrantar los límites que ha fijado a la verdad la sociedad en la que viven, pero, aun si los editores se niegan a publicar sus libros o las galerías a exponer sus cuadros, gozan del relativo privilegio de crear en soledad, sin otras limitaciones que las que les dictan sus propias convicciones, y de guardar sus obras en espera de tiempos mejores. La censura social es un obstáculo que deben enfrentar tardíamente, una vez que el poema, la novela o el cuadro están ya terminados. El drama del cineasta consiste en que los prejuicios, las prohibiciones, los tabúes sociales son barreras que lo acosan prematuramente, antes de que comience a trabajar. En tanto que un narrador, mientras trabaja, debe luchar tan sólo contra sí mismo, es decir, contra sus neurosis y fantasmas, el cineasta está condenado a repartir sus fuerzas entre esa lucha interior y otra exterior, contra la codicia de las empresas, los caprichos de un productor, la indocilidad de técnicos y actores. En estas condiciones, uno se pregunta cómo es posible que hayan podido surgir un Bergman, un Losey, un Buñuel. En el caso de este último, y luego de echar un vistazo al festival de excelentes malas películas que exhibe el Studio 43 de Montmartre, parece posible responder: gracias a una picardía tan enorme como su genio.

Antes de refugiarse en México, luego de la catástrofe de la República española, Buñuel había realizado tres obras maestras [*El perro andaluz* (1928), *La edad de oro* (1930) y *Las Hurdes* (1932)], pero muy pocas personas se habían dado cuenta de ello y este exiliado desconocido no podía poner condiciones todavía. Me imagino que era entonces un creador «puro», decidido a no transigir en el dominio de su vocación, y esto explicaría ese extenso periodo de quince años en el que permaneció sin rodar un metro de película. Luego, bruscamente, se estrena *Gran Casino*, superproducción mexicana con media docena de monstruos sagrados, Libertad Lamarque, Jorge Negrete, Meche Barba, etcétera, y verdadera apoteosis de chabacanería y mal gusto. El artista inflexible ¿se había decidido, por fin, a delinquir? No, había comenzado a aplicar una curiosa y peligrosísima estrategia, que perfeccionaría dos años más tarde, con *El gran calavera*, otra obra cumbre de sentimentalismo ramplón.

Esta estrategia, que en un principio pudo pasar desapercibida, pero que ahora resulta flagrante cuando se ven las «malas películas» de Buñuel una tras otra, consiste en no rehuir los peores tópicos e ingredientes del cine rosa y vulgar, sino en aprovecharlos todos a la vez, resueltamente, en dosis tan cuantiosas y operando mezclas tan descabelladas, que se produzca en ellos un verdadero salto cualitativo y el humor transpire amargura y el dolor una comicidad infinita. Todo depende, claro, del cristal con que se miren estas películas. Yo recuerdo haber visto *El río y la muerte* en un cine limeño, hace diez años, y el público del Marsano seguía las interminables matanzas entre Angianos y Menchacas, con el ánimo serio y conmovido. Teníamos lo que habíamos ido a buscar: un dramón mexicano con tiros, tequila, amores trágicos y bailes populares. En el Studio 43, la otra noche, un público compuesto sobre todo de estudiantes se reía hasta las lágrimas en todo el desarrollo del film y en muchos momentos aplaudía: en ese cura pistolero y falaz reconocía el anticlericalismo de Buñuel, en el untuoso discurso del médico paralítico sobre «las bondades de la ciencia» encontraba al moralista sarcástico. Pero lo extraordinario es que ambos públicos tenían razón y que *El río y la muerte* es a la vez un impecable melodrama y un testimonio inequívoco de los múltiples tics, obsesiones e insolencias del espíritu esencialmente inconforme de Buñuel.

Lo admirable en estos filmes es, precisamente, esta habilísima duplicidad que los conforma, su hermafroditismo ambiguo. Se requiere un talento especial para realizar este género de proezas, una capacidad de simulación artística extraordinaria. Se trata, nada menos, de dar gusto a la vez a Dios y al Diablo, de quedar bien con todo el mundo. En la mayoría de los casos, quienes se aventuran por este dificilísimo camino suelen tropezar y no levantarse jamás. Son incontables los realizadores envilecidos por Hollywood y aquí, en Francia, un cineasta de talento, Claude Chabrol, acaba también de hacerse el harakiri. Fastidiado por el desdén con que acogían los productores sus proyectos, decidió realizar películas de «acción» para gran público. La última se llama *El tigre se perfuma con dinamita* y es un horrible coctel de exotismo, violencia y humor. Nada en este film recuerda el elegante preciosismo decadente del autor de *Le Beau Serge* y tampoco es una buena película policial porque no se ajusta a las reglas estrictas del género que exigen un suspenso sostenido, imágenes eficaces, amoralidad flaubertiana y ningún intelectualismo. Para hacer una buena mala película hay que respetar las leyes del juego y hacer una mala película que, además, sea buena. *La ilusión viaja en tranvía* es la historia de Caireles y Tarrajas, dos jóvenes empleados de una Compañía de Tranvías, apenados porque la empresa ha jubilado al viejo armatoste que condujeron varios años. Luego de una borrachera llorona, ambos deciden despedirse del viejo tranvía llevándolo a hacer un último recorrido por la ciudad. Durante el trayecto, ocurren multitud de peripecias, sobre todo cómicas, pero también sentimentales y dramáticas. Vista con ojos «realistas», la película está llena de buenas intenciones sociales, en su descripción de la vida de la gente humilde de México, y su humor es sencillo, respetuoso, muy aseado. Con un poco de mala fe, sin embargo, concentrando toda su atención en los detalles y no en el espinazo de la anécdota, en la manera como está narrada la historia y no en la historia misma, el espectador puede disfrutar de una película de corte surrealista en la que todos los datos de la realidad aparecen descritos en una dimensión onírica y maravillosa. Ambas aproximaciones son posibles y válidas y en esta ambigüedad reside la virtud mayor del film.

París, enero de 1966

Liliana Cavani en el abismo

Uno de los inconvenientes de la censura, entre otros varios, es que sirve de coartada a la ineptitud. «Esos cineastas, en el fondo, tienen talento, pero no pueden probarlo porque las tijeras mutilan sus ímpetus». Y bien, cuando le quitan la camisa de fuerza y uno espera que el genio desencadenado levante el vuelo, no es raro descubrir que era tullido. Esto se ha visto en el cine europeo, en lo que se refiere al sexo: la permisividad no ha traído consigo una floración de obras maestras, sino abundante chabacanería. No me refiero al cine pornográfico, muy respetable porque no pretende engañar a nadie, sino al artístico. Por ejemplo, a los disfuerzos barrocos de un Ken Russell (*Lisztomania*), o al mediocre *Casanova*, de Fellini, para no mencionar los atrevidos adefesios de Miklós Jancsó.

Una de las excepciones a esta regla es Liliana Cavani, a quien la apertura de los parámetros sexuales en el cine ha permitido hacer películas cada vez más audaces. Y es bastante indicativo que la misma crítica que relampaguea de admiración con *Padre Padrone* (aplicado documento de etnología rural, sin mayores méritos estéticos) se haya mostrado, de manera general, hostil con sus películas. Vi *Portero de noche* hace cuatro años, en un pueblecito de la frontera francoespañola que era un paraíso de películas prohibidas, y la impresión que me hizo esa historia de amor entre un ex verdugo nazi y su ex víctima del campo de concentración, que se encuentran años después y, contra toda lógica y todo sentido de conservación, reactualizan, en un cuarto de Viena, la vieja pasión sadomasoquista que los conducirá a la muerte, se ha repetido ahora, aumentada, con la nueva obra de la italiana: *Más allá del bien y del mal*. No sólo el título es nietzscheano; el filósofo es uno de los protagonistas, junto con otros personajes reales: Lou Andreas-Salomé y el médico Paul Rée. Se ha reprochado al film haber distorsionado la verdad histórica, por hacer de Nietzsche un ser algo bufón y vulgar, obsedido por el sexo hasta extremos grotescos, pero es injusto porque la película no tiene pretensiones biográficas. En realidad, aquí igual que en *Portero de noche*, la anécdota es un pretexto para explorar las raíces del comportamiento humano. Los personajes «históricos» son, en verdad, simples mecanismos de que se vale el film para efectuar un descenso psicoanalítico hacia las profundidades de la subjetividad, para, levantando la pesada losa de represiones que la religión, la moral y la cultura instalan sobre la conciencia individual, interrogarse sobre los fundamentos de la condición humana.

Lou Salomé debió de ser una mujer extraordinaria, para haber subyugado por igual a hombres tan distintos como Nietzsche, Rilke y Freud. En el film, ella es, sobre todo, una mujer liberada de los prejuicios y convenciones de su tiempo, que audazmente propone a Nietzsche y a su joven discípulo, Paul Rée, apenas los conoce, vivir juntos. La vida promiscua no hace feliz a ninguno de los tres, pero es útil al menos en el sentido que permite a cada cual descubrir los límites de su egoísmo, de su rebeldía, de su pudor. Quien sortea mejor la prueba es Lou Salomé, pero quizá porque —pese a su intenso comercio sexual— para ella lo erótico es menos importante y, en todo caso, menos complejo que para sus dos asociados. El deslumbramiento del filósofo con Lou no es sólo físico. Ella es, para él, la encarnación de ese espíritu dionisiaco castrado por la moral occidental judeocristiana cuya negación le parece el origen de la desdicha humana. Lou Salomé, pese a su fascinación por el saber y su empeño en estudiar, aparece ante Nietzsche, por su despreocupación ante la sociedad y la indiferencia con que desafía la moral establecida, como un prototipo del ser humano natural, de instintos en libertad, con quien es efectivamente posible una relación sin mentiras. Para Paul Rée ella es la plenitud, una fuente simultáneamente de placer físico e intelectual, la madre-maestra-amante que lo educará, hará gozar y le permitirá, al final, reconocer su verdadera naturaleza sexual.

La película comienza con unas imágenes realistas, en una plaza romana, y el espectador tiene la impresión de que va a asistir a una de esas hermosas reconstituciones de época viscontinianas. Pero, muy pronto, a medida que la historia va deslizándose del mundo de los hechos objetivos —los actos y las palabras— al de la subconciencia y a los bajos fondos del instinto, en las secuencias realistas se van trenzando imágenes que ya no corresponden a lo vivido, sino a lo soñado y a lo deseado, y esto añade al film una dimensión intemporal, abstracta, sin que por ello se desvanezca la anécdota, esa historia de tres destinos. La inmersión en el abismo no es risueña ni edificante. Lo que Liliana Cavani encuentra «más allá del bien y del mal» es de un pesimismo más freudiano que nietzscheano: la vocación destructiva, la negación de la vida. La película coincide con la tesis de Sade y de Bataille, según la cual quien remonta el sendero de la sexualidad hasta el vértice de su nacimiento encuentra fatalmente la voluntad de dar o recibir la muerte. Nunca se había mostrado tan trémulamente en el cine ese «instinto de muerte» como en la secuencia de este film, en la que Paul Rée, conmocionado por la noticia de la locura de su amigo, se imagina martirizado, sodomizado y asesinado por los mismos obreros a los que cura gratuitamente. En otra escena, de contenido idéntico, pero de mayor virtuosismo formal, Nietzsche descubre, entre sueños de opio, que la danza de Dionisos no concluye en la salvación, sino en el crimen. Es interesante, por más de un motivo, que sea una mujer la persona que con más osadía ha explorado en el cine la experiencia sexual.

Pero la originalidad de Liliana Cavani no se debe únicamente a la valentía con que elige sus temas, a lo ambicioso de sus proyectos. Lo que hace de ella una *rara avis* en el cine europeo es su visión antiideológica de la vida. Sus películas refutan todo planteamiento exclusivamente racional sobre la conducta humana. El hombre, la mujer y, por lo tanto, la colectividad (aunque ésta casi desaparezca tras el empeñoso individualismo de su mundo), tanto en *Portero de noche* como en *Más allá del bien y del mal*, no pueden ser totalmente explicados mediante las ideas. Éstas son insuficientes para entender esa complejidad tortuosa y adolorida que son sus personajes, seres en quienes la sinrazón, el puro instinto, operan como fuerzas que desafían y derrotan al sentido común y la inteligencia. Estas películas, sin sacar de ello argumentos a favor de la religión, se esfuerzan por mostrar que, por debajo de lo pensante —y tan importante como él—, hay en el hombre un sustrato apenas explorado de turbia energía —su medio de expresión privilegiado es la vida sexual— cuyas manifestaciones están siempre mostrando la indigencia de aquellos «cuerpos de ideas» que pretenden dar respuestas para todo lo que concierne a la historia de la sociedad y del individuo. Esta propuesta, en tiempos de frenético ideologismo como el nuestro, es, no hay duda, sumamente saludable.

Cambridge, abril de 1978

Los viernes, milagro

Durante quince años, uno de los programas más populares de la televisión francesa estuvo dedicado, no a las variedades, las canciones, los concursos, la actualidad política, los deportes, sino a los libros. Cada semana, los viernes en la noche, entre tres y cinco millones de telespectadores seguían fielmente los diálogos o discusiones de un grupo de autores, bajo la dirección de un amable periodista que nunca se presentó como crítico literario ni intelectual, sólo como un animador. Puedo dar testimonio de la popularidad de *Apostrophes*. A la mañana siguiente de pasar por el programa, un día de 1982, me reconocían los camareros de los *bistrots*, la boletera de un cine, gente en el metro y me pedía un autógrafo un aduanero del aeropuerto Charles de Gaulle. Dos veces estuve en *Apostrophes* en la década del ochenta y en ambas ocasiones se repitió ese fugaz pero amplísimo reconocimiento callejero, prueba inequívoca de la irradiación del programa en medios no conformados por frecuentadores de librerías.

El formato era muy simple. Aunque hubo algunos especiales —dedicados a un solo autor, como Nabokov, Marguerite Yourcenar, Albert Cohen o Georges Dumézil—, lo normal era que *Apostrophes* reuniera, durante setenta y cinco minutos, a cuatro o cinco autores de libros que tenían alguna afinidad temática, formal o de género. El conductor, Bernard Pivot, iba presentando cada libro con un rápido resumen de su contenido y luego interrogaba a su autor por algunos minutos sobre su trabajo, pretensiones y su propia interpretación de la obra. Insensiblemente, el diálogo iba incorporando a todos los invitados y transcurría así, con discretas intervenciones de Pivot para centrar la conversación si se iba por las ramas o para apaciguar los ánimos en caso de excesiva beligerancia polémica.

Al parecer, hubo pocos incidentes de factura mayor en las setecientas veinticuatro emisiones de *Apostrophes*: un par de bofetadas de un periodista a un panfletario antisemita, cuando ya aparecían en la pantalla los créditos del final, y la célebre emisión de 1978 en la que el espantoso cuentista Bukowski, luego de ingurgitar tres botellas de vino blanco ante las cámaras, comenzó a eructar y a delirar e intentó finalmente tocar los muslos de una señora (la que, magnífica, exclamó: «*Oh, ça, c'est le pompon!*»).

El programa comprendía a la literatura y el arte, a la filosofía y a la historia, a la política y a la ciencia, pero tenía un sesgo sobre todo literario. El género que más se promovió en él fue la novela. A tal extremo que la explicación que dio Pivot, el año pasado, para suprimir *Apostrophes* fue simplemente que ya estaba harto de leer ese torrente de novelas que disparaba contra él la actualidad editorial.

Porque Bernard Pivot leía *todos* los libros que aparecían en su programa. En una divertida entrevista con el historiador Pierre Nora (*Le métier de lire*, Gallimard, 1990), Pivot explica el estricto régimen a que debió someterse para cumplir este objetivo: renunciar al cine, al teatro, a la vida social, a los deportes —salvo un partido de tenis, los sábados por la mañana— y jornadas de lectura de doce a quince horas los siete días de la semana. Lo cual significa entre cuatro y cinco mil libros en quince años, cifra que, según Étiemble, lee a lo largo de toda su vida un buen lector.

Que Pivot hablara de lo que sabía, que sus comentarios y preguntas estuvieran apoyados en un conocimiento directo de los libros, contribuyó sin duda al éxito de *Apostrophes*. Había allí alguien responsable, cuyas opiniones, acertadas o no, partían siempre de un esfuerzo personal por entender lo que el autor había querido hacer. Pero acaso fue un factor aún más decisivo la invencible sencillez de la persona, su falta total de arrogancia, afectación y frivolidad.

Dos son los escollos que suelen hacer zozobrar a los programas culturales: aburrir o intimidar a los espectadores. El misterioso talento de Pivot consistía en dotar de una apariencia benigna, accesible, cotidiana, a los temas de la cultura —incluso a los enrevesados— sin por ello traicionarlos. Como ocurre con el Centro Pompidou, cuya desarbolada fealdad es uno de los secretos de su éxito, pues las gentes comunes no se sienten allí en «un museo» —un lugar donde hay que guardar la compostura y fingir espiritualidad, como en misa—, sino en algo tan vulgar y cálido como un estadio o una sala de fiestas de extramuros, la manera clara, amena y bonachona de Pivot se las arreglaba para hacer sentir a su público que las elucubraciones del filósofo Jankélévitch sobre el conocimiento o los sutiles análisis de Steiner sobre la tragedia griega les concernían íntimamente, y, además de entretenidos, eran temas de urgente actualidad. Creo que, en los quince años que duró, ningún viernes que me tocó estar en París dejé de ver *Apostrophes* y muchas veces, como su espectador prototipo, salí a comprar alguno de los libros reseñados, por el desasosiego en torno a él que el programa había conseguido contagiarme,

El poder que todo esto dio a Pivot y a su emisión fue enorme. Si hubiera sido mal usado —en provecho personal, para favorecer a un editor o a unos autores que no lo merecían— ello hubiera socavado el prestigio de *Apostrophes*. Pero también en esto Pivot fue cuidadoso, y hasta maniático, rehusando toda alianza, contrato, promiscuidad y hasta simple relación social susceptibles de ser malinterpretados. Sus escrúpulos llegaron a extremos casi cómicos, según le cuenta a Pierre Nora, al plantearse como dilema moral si debía seguir jugando tenis, los sábados, con un amigo de toda la vida que casualmente era también editor. Pero sus remilgos eran válidos: esos millones de telespectadores no le hubieran tenido la misma confianza si albergaban dudas sobre su independencia.

Aunque al terminar *Apostrophes*, el año pasado, toda Francia le rindió homenaje, en el curso de su trayectoria no se le ahorraron críticas, y no sólo por colegas envidiosos o autores resentidos. Algunas objeciones eran dignas de consideración. Las enumero. El programa daba una falsa buena conciencia cultural a su público, el que, con esa hora y cuarto de cada semana, se sentía eximido de más esfuerzo intelectual. Le daba, asimismo, una visión recortada y falaz, para la cual sentarse en el plató del programa determinaba quién era escritor y quién no lo era: los que no pasaban por esa falsa biblioteca de cartón piedra estaban condenados a las tinieblas, es decir, a que sus libros no rompieran nunca el reducido círculo del adicto o del especialista. De otro lado, ser *mediático* —tener buena presencia y desenvoltura ante la cámara— no tiene por qué coincidir con ser original y talentoso a la hora de escribir: a veces, las mediocridades destellan en la pequeña pantalla y los genios se marchitan frente a los reflectores. *Apostrophes* trastocaba el sistema de valores, enalteciendo o degradando a los autores en función de su imagen televisiva. Y, por último, es absurdo y peligroso que una persona, por solvente que sea, acumule la formidable autoridad de decidir qué lee y, sobre todo, qué deja de leer el gran público.

El detractor más ruidoso de *Apostrophes* fue Régis Debray, quien en 1982 lo acusó de ejercer un monopolio, actuar de manera arbitraria y constituir una *dictadura* cultural. Pero, años después, el ex guerrillero y asesor de Mitterrand pidió excusas públicas a Pivot y accedió a asistir al programa a discutir su libro *Comète, ma comète*.

Mi opinión al respecto es que, aunque todas aquellas críticas tienen cierta consistencia, los beneficios de un programa como el de Pivot para la promoción de la cultura, y de los libros en especial, superan oceánicamente los perjuicios. Y más todavía: que si los libros se salvan del destino de marginalidad y catacumba que a mediano plazo se cierne sobre ellos, se deberá a operaciones semejantes a la de Bernard Pivot, a iniciativas que consigan romper las barreras de hierro que apartan a los libros del hombre común y muestran a éste —le *muestren,* no le digan ni le enseñen— que leer buenos libros es una aventura tan excitante como un partido de fútbol, y a las muchachas y muchachos que una gran novela o un ensayo profundo estimulan el cuerpo y el espíritu ni más ni menos que el más frenético concierto de rock.

No se trata de frivolizar ni banalizar la cultura, para que parezca divertida: ella lo es, pero las gentes no lo saben y cada día tienen menos ocasiones de enterarse. Se trata de tender puentes entre las grandes creaciones artísticas e intelectuales y esa masa de hombres y mujeres a la que la creciente especialización y la agresiva competencia de los productos masivos de comunicación y sus subproductos seudo o semiculturales separan cada vez más de aquéllas. No es fácil, pero lo ocurrido con *Apostrophes* prueba que es posible mostrar de una manera viva, persuasiva, a este gran público, que aquellas ideas, imágenes, fantasías, propuestas, escondidas en los libros, además de ayudarle a entender mejor la problemática realidad en que está inmerso, a medirse con ella, a organizar la vida, pueden también suministrarle aquella intensidad emocional y esas dosis de placer sin las cuales la existencia sería intolerable.

La educación, instrumento indispensable para que haya lectores, no es nunca suficiente para crear adictos, gustadores de libros.

Porque la educación es siempre una imposición, un conocimiento obligado, y la lectura es básicamente un vicio, aunque tenga la apariencia de una práctica que merece el encomio social. Cuando el ciudadano común perciba que la relación entre los hombres y los libros no es nunca sana, que constituye un tráfico en el que comparecen inquietantes fantasmas, que en esa frecuentación se corren riesgos y se hacen a veces descubrimientos bochornosos sobre uno mismo y los otros, empezará a husmear con curiosidad las librerías.

Por eso hace tanta falta que algo, alguien, desde esos mismos medios masivos a los que el gran público acude —muy legítimamente, por lo demás— en busca de compensación y entretenimiento, huyendo de la rutina y la sordidez de cada día, lo induzca a buscar también de otra manera, en otra parte, esa otra vida que le hace falta para defenderse mejor, sufrir menos, poblar el vacío y colorear la grisura que lo rodea. En su inconspicua y simpática manera, Bernard Pivot cumplió esa función admirablemente y ojalá muchos otros, en muchas partes, siguieran su ejemplo.

Berlín, diciembre de 1991

Amor irreverente por John Huston

Debía yo de tener unos cinco años cuando mi madre me llevó al cine por primera vez, a una película del gordo y el flaco. Sólo alcancé a verla unos minutos, pues, asustado de la oscuridad, me eché a llorar y tuvieron que sacarme de la sala. La experiencia se repitió un par de veces hasta que conseguí vencer el miedo y sumergirme en la ilusión de la pantalla. El cine fue desde entonces una apasionante diversión que llenó mi infancia de imágenes, en blanco y negro y en tecnicolor. Las seriales, las policiales, las románticas, las de exploradores, las de Tarzán, las de Sabú, las de rancheros y de *cowboys*, todas las películas que he visto, salvo las de ciencia ficción y de terror, que detesto, sobreviven en mi memoria y a todas les guardo cariño y gratitud. Esa afición sigue intacta, y ha crecido, pues ahora veo tres o cuatro películas por semana, algo que no podía hacer de chico. Sin embargo, el cine no me ha parecido nunca algo demasiado *serio*, como me lo parecen los libros, sino un entretenimiento, que, aunque en algunos casos llega a ser genial, lo es siempre de manera efímera, como los grandes espectáculos de ilusionismo, en una pista de circo. Creo que los mejores cineastas son aquellos que, como John Huston, aceptan esta condición y ponen su talento al servicio de este modesto (pero muy difícil de alcanzar) empeño: contar bien su historia.

Huston lo consiguió, muchas veces. Por ejemplo, en la maravillosa *El tesoro de Sierra Madre* (1948), con Humphrey Bogart, Walter Huston y Tim Holt, adaptada por él mismo de una novela de Bernard Traven. La he visto tres veces y cada vez me ha parecido mejor. La historia de los tres aventureros de oro carece de complicaciones y está llena de tópicos —los indios mexicanos son ingenuos y astutos, los bandidos malvados absolutos, el oro corrompe los espíritus, la montaña castiga al que le arranca las entrañas, etcétera— pero está tan diestramente concebida, actuada, filmada y montada que transforma la mediocre novela que la inspira en formidable aventura: emocionante, intrigante, sentimental y con los inevitables ribetes cómicos para contrapesar la truculencia. Lo típico del entretenimiento es que hace pasar un excelente rato y luego se eclipsa, sin inquietar la conciencia. Las películas que son eso me gustan mucho, pero no toleraría una novela que se contentara con ser sólo eso. Así, no podría leer un *western*, pese a que, en la pantalla, es uno de mis géneros preferidos (¡viva John Ford!).

En general, no soporto a los cineastas que se toman demasiado en serio y no se resignan, como John Huston o John Ford, a entretener y pretenden ser *trascendentes*, valerse de la cámara para revolucionar la moral, interpretar la historia o trastocar los valores. Eso está fuera del alcance del cine, género compuesto y mediatizado por su naturaleza industrial —su dependencia de la técnica y del presupuesto—, que merma su libertad, y sólo produce aburridas imposturas, como los engendros de Oliver Stone.

Madrid, noviembre de 1997

El gigante y los enanos

Quienes están interesados en conocer las grandezas y miserias del periodismo en una sociedad industrial moderna, deben precipitarse a ver *The Insider*, una formidable película dirigida por Michael Mann, e interpretada por Al Pacino y Russell Crowe, que acaba de estrenarse en los Estados Unidos. El guion, escrito por el propio realizador y Eric Roth, está basado en un artículo periodístico, aparecido en *Vanity Fair*, revelando la historia del Dr. Jeffrey Wigand, un científico y director de investigaciones de una importante empresa fabricante de cigarrillos, que fue despedido de ella cuando sus escrúpulos morales hicieron temer a sus empleadores que Wigand hubiera dejado de ser un colaborador confiable. No se equivocaban. Pese a estar legalmente maniatado por un contrato severísimo, que le prohibía revelar un solo dato de lo que había conocido en el seno de la empresa, so pena de multas y procesos criminales, y luego de una verdadera odisea para sobrevivir a las amenazas y presiones de todo orden con que los siete grandes conglomerados (conocidos como Los Siete Enanos) trataron de silenciarlo, el Dr. Wigand testificó ante los tribunales que aquellas compañías habían aumentado las dosis de nicotina en los cigarrillos, a sabiendas de que esta sustancia era adictiva, y su testimonio fue objeto de uno de los más sonados escándalos periodísticos que haya vivido Estados Unidos. *The Insider* describe, con hipnótica eficacia, todas las interioridades de este asunto, que trasciende largamente el problema del tabaco e incide sobre el tema, aún más grave, de las posibilidades de la supervivencia de un periodismo independiente y crítico en la era de las todopoderosas corporaciones multinacionales.

El héroe de *The Insider* no es Jeffrey Wigand, a pesar de que la película revela el ilimitado coraje y la resistencia a la adversidad de que hizo gala durante todo este proceso, que destruyó su familia y casi lo lleva a la cárcel, sino Lowell Bergman, un productor de *60 Minutes*, programa periodístico de la CBS, que fue el factor determinante, gracias a su equipo de investigación, para que el científico se animara a emprender la quijotesca batalla contra Los Siete Enanos.

60 Minutes no es un programa de informaciones entre otros. Desde que apareció, en 1968, bajo la dirección de su creador, Don Hewitt, quien todavía sigue dirigiéndolo, y con un trío de presentadores entre los que figuraba Mike Wallace, ha batido todos los récords de audiencia de los informativos, y todavía ahora, treinta y un años después, sigue figurando entre los más populares e influyentes de la televisión norteamericana (unos treinta millones de televidentes como promedio). Desde la primera vez que lo vi, a fines de los sesenta, quedé impresionado con su rigor documental, penetración crítica y excelencia visual, y desde entonces, cada vez que he venido, de paso o por temporadas, a los Estados Unidos, me las he arreglado para reservar los domingos, de siete a ocho de la noche, a fin de no perderme el programa. Y nunca, en todos estos años, me he sentido defraudado por uno solo de ellos (no exagero). El formato de *60 Minutes* es muy simple. Tres pequeños temas o asuntos de trece minutos y medio cada uno, y, al final, un comentario libre de dos o tres minutos del periodista Andy Rooney. Lo verdaderamente notable del programa no es tanto la maquinaria de investigación de sus reporteros, que le permite hacer cada semana sorprendentes revelaciones, desbaratar poderosas operaciones políticas o financieras, documentar gravísimas acusaciones, sino que sea capaz de desarrollar cada uno de sus temas en el reducidísimo espacio de apenas trece minutos y medio, en el curso de los cuales el espectador tiene la impresión de haber sido informado de lo esencial del asunto tratado.

De la enfermiza, enloquecedora verificación a que someten los temas que tratan puedo dar testimonio personal, pues yo fui uno de sus entrevistados (iba a decir de sus víctimas). Nunca imaginé, cuando accedí a aparecer en *60 Minutes*, en 1989, lo que me esperaba. Una productora, rodeada de un equipo de investigadores, desembarcó en Lima, y durante dos semanas sometió a mis familiares, amigos y enemigos, y toda clase de gente capaz de dar informes sobre mi persona, a una verdadera inquisición sobre mi pasado, presente y futuro, y filmó no sé cuántos rollos de películas sobre todos los lugares relacionados con mi vida, de modo que cuando el periodista Ed Bradley me entrevistó, un mes más tarde, en mi biblioteca, estaba mejor informado sobre mi persona que yo mismo. Para esos trece minutos y medio que me dedicaron habían invertido más trabajo, tiempo y dinero que para un largometraje.

Lo increíble es que, tomando tantas precauciones, *60 Minutes* haya podido cometer errores y tenido que excusarse por ello ante su público. Hasta donde sé, ha ocurrido un par de veces: con motivo de un documental sobre el narcotráfico en Colombia, al que dio crédito y que resultó falsificado, y con una acusación al Pentágono, relacionada con Vietnam, que también se demostró ser falsa. Pero, sólo dos fallas de envergadura en más de treinta años es una credencial bastante decente.

No son sólo los vastos recursos económicos, ni el talento profesional de sus reporteros, presentadores y productores los que garantizan el éxito de un programa así. Es, ante todo, la libertad de que goza, el poder permitirse, en su trabajo informativo, enfrentarse a grandes intereses sin ser mediatizado ni silenciado. Esto no es nada fácil, desde luego, ni siempre ha sido así, como muestra *The Insider*. Cuando el productor Lowell Bergman descubrió el caso del científico Jeffrey Wigand, y diseñó una estrategia para que éste pudiese dar ante las cámaras su testimonio sobre el cinismo y la hipocresía delincuenciales de los ejecutivos de Los Siete Enanos, quienes habían jurado ante una comisión del Congreso, en Washington, ignorar por completo que la nicotina era adictiva, tuvo el apoyo entusiasta de todo el equipo de *60 Minutes*, incluido el de Don Hewitt y de Mike Wallace. La explosiva entrevista se grabó, a la vez que Wigand, pese a las amenazas legales de los abogados de las compañías afectadas —los mejores del país, qué duda cabe— testificaba, de manera privada, ante un juez de Mississippi, lo que lo liberó de la obligación de «confidencialidad» de su contrato.

Entonces, las presiones de Los Siete Enanos arremetieron contra *60 Minutes*, a través de la compañía madre, CBS, para impedir que la entrevista al Dr. Wigand se difundiera. Los abogados de la casa aseguraron a los ejecutivos que si el programa pasaba como estaba editado por Lowell Bergman y Mike Wallace, los fabricantes de cigarrillos entablarían un juicio que podría costar billones de dólares, y que, como consecuencia, CBS podía terminar siendo absorbida por Los Siete Enanos. Los directivos de CBS entonces ordenaron que la entrevista al científico fuera recortada a fin de evitar el riesgo legal. Sus órdenes fueron acatadas, aunque a regañadientes, por Don Hewitt y Mike Wallace. Mientras tanto, Los Siete Enanos preparaban la descalificación moral de Wigand, filtrando a los medios de prensa un expediente preparado por investigadores profesionales sacando a la luz una vida familiar traumática, crisis psicológicas, un matrimonio fracasado y menudas sordideces que apuntaban a una personalidad tornadiza e insolvente.

Quien salvó a Wigand de morir aplastado por el descrédito, y a *60 Minutes* del deshonor y de ser cómplice de una flagrante conspiración contra la libertad de expresión fue el oscuro periodista y productor del programa Lowell Bergman. ¿Cómo lo hizo? Aprovechando esa maravillosa herramienta de una sociedad democrática que es la competencia. Filtró la información sobre lo que ocurría a dos grandes diarios neoyorquinos, *The New York Times* y *The Wall Street Journal*, quienes, después de hacer sus propias verificaciones, revelaron el testimonio de Jeffrey Wigand, la campaña de desprestigio contra éste financiada por los fabricantes de cigarrillos y las presiones a las que *60 Minutes* se había rendido. Hecho público el escándalo, la CBS no tuvo más remedio que dar marcha atrás, y pasar, de nuevo, pero ahora completo, el programa sobre Wigand y los fabricantes de cigarrillos.

Convertido por un día en un verdadero gigante moral, Lowell Bergman derrotó a los poderosísimos Siete Enanos, a quienes, además, como consecuencia del testimonio devastador del Dr. Wigand, la acción judicial en su contra les costó la astronómica suma de doscientos cuarenta y seis mil millones de dólares. (Pero ahí están todavía, en pie, y ganando siempre mucho dinero). Sin embargo, la decepción con el programa en el que había trabajado catorce años lo llevó a apartarse de *60 Minutes* y a desaparecer en un oscuro programa de la televisión pública donde ahora trabaja. El Dr. Wigand regresó también a la oscuridad: es un empeñoso profesor de química en un colegio secundario de una remota provincia del Medio Oeste.

El final de esta historia, aunque a simple vista es feliz, nos deja un sabor agridulce en la boca. La pregunta es: ¿y si un periodista de la calidad ética de Bergman no hubiera estado allí, qué? Los Siete

Enanos se hubieran salido con la suya. Y la siguiente pregunta es: ¿en cuántos casos que nunca sabremos ocurrió así? Y todavía esta otra: ¿hasta cuándo podrá haber un periodismo independiente y crítico en este mundo en el que los grandes conglomerados económicos acumulan a veces más poder que muchos Estados reunidos?

¿Llegarán en el futuro próximo los intereses de las grandes empresas a conseguir aquello que los formidables Estados totalitarios se propusieron y fueron incapaces de lograr, un mundo enteramente robotizado e imbecilizado por la desinformación? No tengo respuesta para esta pregunta, sólo la angustiosa sospecha de que ella planeará, siniestra, cada vez más cerca de nuestras cabezas, en los años venideros.

Nueva York, noviembre de 1999

Héroe de nuestro tiempo

El agente federal Jack Bauer no come, ni bebe, ni duerme, porque esas funciones orgánicas le harían perder tiempo en la misión que, a él y al puñado de sus compañeros de la unidad antiterrorista, situada en Los Ángeles, les absorbe la vida entera: luchar contra la miríada de poderosas organizaciones internacionales de fanáticos y mercenarios que odian a Estados Unidos y quieren destruirlo, infectándolo con gases deletéreos, epidemias bacteriológicas o en un apocalipsis nuclear.

Cuando mi amigo Bobby Dañino me regaló la primera serie —seis discos con cuatro horas de episodios cada uno— de *24* (*Twenty four*), se lo agradecí, advirtiéndole de que nunca veía ese tipo de programas y que probablemente tampoco haría una excepción con su regalo. Me desdigo: lo vi de principio a fin y he visto, asimismo, las cuatro series siguientes y me propongo no perderme un solo episodio de la sexta que comenzará a difundirse en Estados Unidos a partir del próximo año. No conozco a nadie que se haya asomado a esa serie sin quedar enganchado a ella como yo y me parece perfectamente comprensible el éxito que ha tenido en su país de origen y en casi todo el resto del mundo, y merecidísimos, los premios Emmy que acaban de obtener sus productores y actores.

Las razones de ese éxito son las mismas que causaron la enorme difusión de los mejores folletines del siglo XIX, los que escribían Alejandro Dumas y Eugenio Sue, por ejemplo, o, siglos atrás, de las novelas de caballerías: bosques de historias de trepidante acción en las que justicieros individuales deshacen los entuertos de las autoridades y de los poderosos, de manera que prevalezca siempre la justicia, y en las que, al trasluz de sus gestas heroicas, se llega a palpar una realidad viviente, doméstica, y a conjurar los grandes demonios que atormentan al subconsciente colectivo. Luego del 11-S, el terrorismo ha pasado a ser el íncubo obsesionante en todos los países occidentales —con razón— y es secretamente tranquilizador saber que en el seno de ese imperio todopoderoso, al que se creía invulnerable, golpeado con tanta eficacia como crueldad por los fanáticos islamistas, existe aquella banda de hombres y mujeres fríos, eficientes, extraordinariamente diestros en el manejo de la tecnología, las armas y la resistencia física y psicológica a las peores violencias, que siempre se las arreglan para detectar las conspiraciones y atentados y frustrarlos (aunque, a veces, con elevadísimos costos).

Cada serie dura un solo día, y cada episodio ocurre en una hora, pero en ese breve tiempo suceden tantas cosas que uno tiene la sensación de que todo aquello se prolonga en verdad a lo largo de semanas o meses. Los guionistas cambian y como es lógico hay episodios más logrados que otros pero el formato está tan bien concebido, los personajes tan bien dibujados en sus estereotipos, y los altibajos de la acción tan bien graduados para mantener la expectativa y la ansiedad, con toques de sentimentalismo y de humor que equilibran las escenas de violencia, a veces casi intolerables, que la historia, con todas sus exageraciones e inverosimilitudes, fluye con naturalidad y mantiene capturada la atención del espectador como las mejores películas policiales.

Uno de sus aciertos es la alternancia constante de lo privado y lo público en el desarrollo de la acción. Ésta pasa de las discusiones más trascendentes en el cogollo del poder, la Casa Blanca, el presidente de Estados Unidos, sus ministros, los jefes militares y policiales, a las menudas pellejerías familiares de los agentes federales, héroes y heroínas de perfil legendario en el campo de batalla y, todos ellos, sin excepción, víctimas de sórdidos y lastimosos problemas conyugales, con maridos o mujeres, hijos o madres que les causan incontables quebrantos, y preocupados, como el común de los mortales, por si el modesto salario del que viven cubrirá los gastos del mes, conservarán o perderán sus empleos y si, en los próximos ascensos, figurarán entre los beneficiados.

Jack Bauer (un Kiefer Sutherland que, me temo, no podrá sacudirse ya nunca del magnífico personaje que ha encarnado) es un ejemplo emblemático de estos contrastes: presidentes y ministros lo admiran, le consultan, le encargan las misiones más delicadas, y, al mismo tiempo, su celo profesional sólo le acarrea inconvenientes, y, por su misma consecuencia, es un peligro para todo el mundo, empezando por sus jefes y sus subordinados. Para poder filtrarse en una banda de traficantes de droga mexicanos que colaboran con los terroristas se volvió un adicto a la heroína y esto, en vez de enriquecer su hoja de servicios, hace que lo echen de su puesto (pero después lo reincorporan, por supuesto). Su vida sentimental es un desastre: asesinan a su mujer, y su amante queda horrorizada de él cuando ve la glacial serenidad con la que tortura a reales o supuestos culpables para obtener información.

La serie es implacable en su presentación de la clase gobernante: ministros, generales, senadores, el propio presidente de la República, son, a menudo, mediocres, corruptos, ineptos, ávidos, dispuestos a sacrificarlo todo para mantener su cuota de poder. Sin Jack Bauer y sus compañeros de la unidad antiterrorista los conspiradores y enemigos de Estados Unidos, movidos por el fanatismo religioso o por la simple codicia, ganarían todas las batallas y pondrían de rodillas al sistema. Entre los propios militares y policías suele predominar una visión pedestre de lo que está en juego: no tomar decisiones es preferible a tomarlas siempre que haya un riesgo que ponga en peligro la estabilidad burocrática. A diferencia de los terroristas, que, sobre todo si son árabes, muestran una convicción de acero que se traduce en su predisposición al martirio, quienes llevan las riendas del poder en Estados Unidos parecen, con algunas escasas excepciones, desvaídos pobres diablos incapacitados para las tareas que tienen sobre las espaldas, siempre dubitativos, no tanto por escrúpulos morales y apego a la ley como por su horizonte intelectual y cívico rastrero, sus mezquinos apetitos y su falta de idealismo y de imaginación. Sólo en Estados Unidos, una sociedad que ha hecho un verdadero deporte de la autoflagelación, puede, una serie popular de televisión que ven decenas de millones de telespectadores, mostrar una imagen tan absolutamente deleznable y feroz de sus políticos y autoridades.

Es verdad que para compensar esas carencias están allí Jack Bauer y los suyos. Ahora bien: estos cruzados están lejos de ser epítomes de lo que debería ser una conducta democrática. Ellos y sus jefes creen, o en todo caso actúan como si creyeran, que ceñirse a la ley es incompatible con una acción eficaz contra el terror, y, por tanto, la violan todas las veces que lo creen necesario. La unidad antiterrorista tiene un centro de torturas en su propio local y especialistas en practicarla, a fin de arrancar confesiones a verdaderos o falsos culpables. Todo vale para conseguir la información indispensable: desde chantajear a una madre hasta dar tormento a un niño o someter a un detenido a descargas eléctricas. Desde luego que, entre las licencias que los agentes se toman, figura la de secuestrar a diplomáticos o ciudadanos extranjeros y, llegado el caso, asesinar a enemigos y cómplices para evitar el riesgo de que, si son procesados, puedan escapar al castigo o revelar hechos comprometedores para los propios servicios de seguridad estadounidenses. Así, aunque *24 (Twenty four)* no lo diga de manera explícita, claramente muestra que la filosofía de Jack Bauer es la adecuada, dadas las circunstancias: al terrorista contemporáneo sólo se lo derrota con sus propias armas. El problema es que si este criterio prevalece el terrorista ha ganado, pues la democracia ha aceptado sus reglas de juego.

¿Es demasiado forzado entrar en semejantes elucubraciones con una serie televisiva que sólo persigue divertir, y lo consigue estupendamente, y no hace alarde de pretensiones ideológicas ni siquiera políticas? Tal vez lo sea. Pero la verdad es que la ficción en particular, y la cultura en general, no son nunca gratuitas, tienen siempre unas raíces que se hunden en una problemática social, y éste es uno de los factores que determinan el éxito o el fracaso de los productos artísticos. Aunque una ficción sea inmediatamente reconocida como algo que no es una objetiva representación de la vida, si en ella, de algún modo, a veces muy indirecto y alegórico, el espectador —o lector— no se siente expresado, provocado, retratado, difícilmente se identificaría con sus personajes y sucesos y se dejaría seducir por ella al extremo de vivir sus mentiras como si fueran verdades.

24 (Twenty four) nos atrapa en sus redes por lo bien hecha que está, la excelencia de sus guiones y montajes y la impecable actuación de sus actores y sus técnicos, pero todo ello no hubiera servido de gran cosa si esta ficción no rezumara por todos sus poros uno de los terrores contemporáneos, que, como el pánico a la peste negra en la Edad Media, o a la tuberculosis en el siglo XIX, se ha apoderado de los espíritus occidentales desde el 11-S: la bomba que hará volar en pedazos el avión, el metro o el tren en que viajamos, o la operación que infectará de microbios homicidas el agua que bebemos o el aire que respiramos, e interrumpirá nuestro sueño tranquilo o nuestro trabajo en la oficina con aquella cegadora explosión que nos convertirá en polvo radioactivo. En esas condiciones, consuela fantasear que allá, en la sombra, insomnes, incansables, feroces, Jack Bauer y sus compañeros, esos terribles justicieros, a la manera del Amadís o de D'Artagnan, se llenan de sangre y de horror para salvarnos, y permitirnos vivir con la conciencia tranquila.

Madrid, septiembre de 2006

Los dioses indiferentes

Desde que la serie televisiva *The Wire* se transmitió he leído tantos elogios sobre ella que no exagero si digo que he vivido varios años esperando robar un tiempo al tiempo para verla. Lo he hecho, por fin, y he gozado con los episodios de las cinco temporadas como leyendo una de esas grandes novelas decimonónicas —las de Dickens o de Dumas— que aparecían por capítulos en los diarios a lo largo de muchas semanas.

Lo primero que sorprende es que la televisión de Estados Unidos —la HBO en este caso— haya producido una serial que critica a la sociedad y a las instituciones de ese país de una manera tan feroz. Probablemente en ningún otro hubiera sido posible; pero, esto no es novedad, pues tanto en el cine como en la televisión norteamericanos es frecuente esa visión destemplada y beligerante de sus políticos, empresarios, jueces, carceleros, banqueros, militares, policías, sindicalistas, profesores, etcétera. La diferencia es que aquellas críticas suelen ser individualizadas: son sujetos concretos los que se corrompen y delinquen, excepciones negativas que no afectan la esencia benigna del sistema. En *The Wire* ocurre al revés; es el sistema mismo el que parece condenado sin remedio, pese a que algunos de quienes trabajan en él sean gentes de buena entraña y hasta heroicos idealistas como Howard Colvin.

Aunque tiene el clásico esquema de una confrontación entre policías y delincuentes, *The Wire* rompe a cada paso ese maniqueísmo mostrando que, en el mundo en que transcurre la historia —los barrios negros y miserables de Baltimore, los colegios públicos de la periferia, las comisarías marginales, los almacenes y muelles del puerto, la redacción del principal periódico de la ciudad, *The Sun*, y las oficinas de la municipalidad— hay buenos y malos entreverados y que en muchos casos la bondad y la maldad coexisten en una misma persona por momentos y según las situaciones. Lo único que queda claro, al final, es que, en aquella sociedad, casi todos fracasan, y, los pocos que tienen éxito, lo alcanzan porque son unos pícaros redomados o por obra del azar.

Una obra semejante debería dejar una sensación profundamente pesimista en el espectador, y, sin embargo, sucede todo lo contrario. Pese al fatalismo que preside la vida de esas gentes, hay entre los policías, los camellos vendedores de drogas, los ladrones, los matones, los periodistas, los profesores, gentes tan entrañables como el detective borrachín y parrandero Jimmy McNulty, o el policía convertido en maestro de escuela Roland Prez Pryzbylewski, el tierno adicto y confidente Bubbles, o los estibadores que ven, impotentes pero risueños, la desaparición de los astilleros que les han dado de comer y ahora los dejarán en el paro y el hambre. Gracias a ellos, uno sale reconciliado con la fauna humana, esa sensación de que, a pesar de que todo anda mal, la vida vale la pena de ser vivida aunque sólo sea por aquellos momentos de alegría que se viven disfrutando un trago en el bar de la esquina con los compañeros, o recordando aquella noche de amor, o la emboscada que tuvo éxito y —¡por una vez!— mandó al asesino entre rejas.

Los dos autores de *The Wire*, el ex periodista David Simon y el ex policía Ed Burns, trabajaron muchos años en el mundo que describe la serie. El primero de ellos dice que la concibieron como una novela filmada, y, también, que la mayor influencia que ambos reconocen es la de la tragedia griega, pues, en su historia, también la suerte de los individuos está fijada desde antes de nacer, por «unos dioses indiferentes» contra los que es inútil rebelarse. Algo de cierto hay en ambas afirmaciones. *The Wire* tiene la densidad, la diversidad, la ambición totalizadora y las sorpresas e imponderables que en las buenas novelas parecen reproducir la vida misma (en verdad, no es así, pues la vida que muestran es la que inventan), algo que no he visto nunca en una serie televisiva, a las que suele caracterizar la superficialidad y el esquematismo. También es verdad que un destino fatídico parece regir la vida de toda la fauna humana que la habita, algo que, justamente, da a sus esfuerzos por escapar a ese cepo invisible que la atenaza un carácter dramático, patético y a veces hasta cómico.

¿Es la vida así, como la viven esos simpáticos y antipáticos pobres diablos? En absoluto. La vida de *The Wire* es la vida hechizada de las buenas ficciones, una vida amasada con pedazos de realidad que pasaron por la memoria, la imaginación y la destreza de unos guionistas, directores, actores y productores que se las arreglaron, por fin, para escapar de las banales series de entretenimiento a que nos tiene acostumbrados la pequeña pantalla y realizaron una obra auténticamente creativa: un mundo original, tan persuasivo en su coherencia y en su transcurrir, en la psicología de sus tipos humanos y en las peripecias de las que son autores o víctimas, en la riqueza de su jerga barriobajera, de sus dichos, de su mitología, de su mentalidad, que parece la pura verdad (ése es el triunfo de las grandes mentiras que son todas las buenas ficciones).

Como cada episodio de *The Wire* es tan endiabladamente entretenido, el espectador tiene la impresión de que, al igual que otras series, ésta también es pura diversión pasajera que se agota en ella misma. Pero no es así. La obra está llena de tesis y mensajes disueltos en la historia, que transpiran de ella e impregnan la sensibilidad de los televidentes sin que éstos lo adviertan. El más inequívoco es la convicción de que la lucha contra las drogas es una empresa costosa e inútil que nunca tendrá éxito, que sólo sirve para asegurar a la marihuana, la cocaína, el éxtasis y toda la parafernalia de estupefacientes naturales o químicos un mercado creciente, para causar más delincuencia y sangre en los barrios donde se trafica y para asegurar pingües ganancias a la multitudinaria maquinaria que se ocupa del tráfico.

La otra es todavía más inquietante: en las sociedades libres de nuestros días, la justicia pasa cada vez menos por las instituciones encargadas de garantizarla, como son la policía, las autoridades y los jueces, y cada vez más por las propias mafias y por individuos solitarios que, sabedores de la inutilidad de recurrir al sistema en busca de reparaciones o sanciones para los abusos de que son víctimas, ejecutan la justicia por su propia mano. Uno de los personajes más fascinantes de la serie es Omar, ladrón que roba a ladrones (y, por eso, según el refrán, debería tener cien años de perdón) y, de una manera más bien instintiva y casi animal, desface entuertos y castiga, infligiéndoles su propia medicina —es decir, la muerte—, a los asesinos del barrio. Que lo mate uno de esos niños de la barriada para los que su solo nombre es leyenda, tiene un siniestro simbolismo: en esos niveles de aislamiento y desamparo la civilización no llega ni llegará nunca y la única justicia a la que pueden aspirar los infelices que allí habitan la deparan los propios delincuentes o el azar.

The Wire no es menos pesimista en lo que se refiere a la política ni al periodismo. Ambas parecen actividades donde la decencia, la honradez y los principios son triturados por una maquinaria de malas costumbres, inmoralidad o negligencia contra la que no hay amparo. El alcalde Tommy Carcetti, antes de ser elegido, era un hombre bien intencionado y limpio, pero, apenas llega al poder municipal, tiene que hacer los pactos y concesiones necesarios para no perder terreno y termina tan hipócrita y cínico como su predecesor. El jefe de redacción del *The Baltimore Sun* descubre que uno de sus redactores falsea las noticias para hacerlas más atractivas y, al principio, trata de sancionarlo. Pero los dueños del diario están encantados con el material escandaloso y aquél, entonces, para salvar su puesto, debe inclinarse y mirar al otro lado. Que el periodista sinvergüenza reciba, al final de la serie, el Premio Pulitzer, lo dice todo sobre la visión amarga que *The Wire* ofrece sobre el alguna vez llamado cuarto poder del Estado.

Quisiera terminar con una crítica a la visión de la sociedad norteamericana de esta serie televisiva magistral: su existencia y el hecho de que haya sido difundida por HBO es el desmentido más flagrante a su desesperanza y a su sombría convicción de que no hay redención posible para Baltimore ni para el país que cobija a esa ciudad. Que se pueda decir lo que ella dice a los televidentes de esa manera tan eficaz y convincente es la prueba mejor de que aquellos dioses indiferentes no son omnipotentes, que, al igual que sus antecesores griegos, adolecen de vulnerabilidad y pueden ser a veces derrotados por esos humanos a los que zarandean y confunden.

Viena, octubre de 2011

El patrón del mal

La serie de la televisión colombiana *Escobar, el patrón del mal* ha tenido mucho éxito en su país de origen y no cabe duda que lo tendrá en todos los lugares donde se exhiba. Está muy bien hecha, escrita y dirigida, y Andrés Parra, el actor que encarna al famoso narcotraficante Pablo Emilio Escobar Gaviria, lo hace con enorme talento. Sin embargo, a diferencia de lo que ocurre con otras grandes series televisivas, como las norteamericanas *The Wire* o *24*, ésta se sigue con incomodidad, un difuso malestar provocado por la sensación de que, a diferencia de lo que aquéllas relatan, *Escobar, el patrón del mal* no es ficción sino la descripción más o menos fidedigna de una pesadilla que padeció Colombia durante unos años que vivió no bajo el imperio de la ley sino del narcotráfico.

Porque los setenta y cuatro episodios que acabo de ver, aunque se toman algunas libertades con la historia real y han cambiado algunos nombres propios, dan un testimonio muy genuino, fascinante e instructivo sobre la violenta modernización económica y social —un verdadero terremoto— que trajo a la aletargada sociedad colombiana la conversión, por obra del genio empresarial de Pablo Escobar, de lo que debía ser en los años setenta una industria artesanal, en la capital mundial de la producción y comercio clandestinos de la cocaína. Desafortunadamente, este aspecto de la trayectoria de Escobar —su miríada de laboratorios en la cordillera y en las selvas, las rutas clandestinas por las que la droga, cuya materia prima al principio era importada de Perú, Bolivia y Ecuador, y refinada en Colombia, luego se exportaba de allí a Estados Unidos y al resto del mundo— está apenas reseñado en la serie, que se concentra en la experiencia familiar del narcotraficante, sus vidas pública y clandestina, sus delirios y sus horrendos crímenes.

Su ambición era tan grande como su falta de escrúpulos, y los delirios y rabietas que lo inducían a ejercitar la crueldad con el refinamiento y frialdad de un personaje del marqués de Sade contrastaban curiosamente con su complejo de Edipo mal resuelto que lo convertía en un corderillo frente a la recia matriarca que fue su madre y su condición de esposo modelo y padre amantísimo. Cuando se antojaba de una «virgencita», sus sicarios le procuraban una y luego la mandaba matar para borrar las pistas. Siempre se consideró a sí mismo «un hombre de izquierda» y cuando regalaba casas a los pobres, les construía zoológicos y ofrecía grandes espectáculos deportivos, como cuando hacía explotar coches bomba que despanzurraban a centenares de inocentes, estaba convencido, según aseguraba en sus retóricas proclamas, de estar luchando por la justicia y los derechos humanos. Como creó millares de empleos —lícitos e ilícitos—, era pródigo y derrochador y encarnó la idea de que uno podía hacerse rico de la noche a la mañana pegando tiros, fue un ídolo en los barrios marginales de Medellín y por eso, a su muerte, millares de pobres lo lloraron, llamándolo un santo y un segundo Jesucristo. Él, al igual que su familia y su ejército de rufianes, era católico practicante y muy devoto del Santo Niño de Atocha.

Su fortuna fue gigantesca, aunque nadie ha podido calcularla con precisión, y acaso no fue exagerado que en algún momento se dijera de él que era el hombre más rico del mundo. Eso lo convirtió en el personaje más poderoso de Colombia, poco menos que en el amo del país: podía transgredir todas las leyes a su capricho, comprar políticos, militares, funcionarios, jueces, o torturar, secuestrar y asesinar a quienes se atrevían a oponérsele (a ellos y a veces también a sus familias). Lo que es notable es que, ante la alternativa en que Pablo Escobar convirtió la vida para los colombianos —«plata o plomo»— hubiera gente como el periodista Guillermo Cano, dueño y director del diario *El Espectador* y su heroica familia, y un puñado de jueces, militares y políticos que no se dejaron comprar ni intimidar y prefirieron morir, como Luis Carlos Galán y el ministro Rodrigo Lara Bonilla, o arruinarse antes que ceder a las exigencias demenciales del narcotraficante.

Lo que produce escalofríos viendo esta serie es la impresión que deja en el espectador de que, si el poder y la fortuna de que disponía no lo hubieran empujado en los años finales de su vida a excesos patológicos y a malquistarse con sus propios socios, a los que extorsionaba y mandaba asesinar, y se hubiera resignado a un papel menos histriónico y exhibicionista, Pablo Escobar podría haber llegado a ser, hoy, presidente de Colombia, o, acaso, el dueño en la sombra de ese país. Lo perdió la soberbia, el creerse todopoderoso, el generar tantos enemigos en su propio entorno y producir tanto miedo y terror con los asesinatos colectivos de los coches bomba que hacía explotar en las ciudades a las horas punta para que el Estado se sometiera a sus consignas, que sus propios compinches se apandillaran contra él y fueran un factor principalísimo en su decadencia y final.

Si un novelista pusiera en una novela algunos de los episodios que Pablo Escobar protagonizó, su historia fracasaría estruendosamente por inverosímil. Acaso el más delirante y jocoso sea el de su «entrega» al Gobierno colombiano, luego de haberle dado gusto éste en firmar decretos garantizando que ningún colombiano sería jamás extraditado a los Estados Unidos —la justicia norteamericana era el cuco de los narcos— y de construirle una cárcel privada, «La Catedral», de acuerdo a sus requerimientos y necesidades. Es decir: billares, piscina, discoteca, un prestigioso chef, equipos sofisticados de radio y televisión, y el derecho de elegir y vetar a la guardia encargada de vigilar el exterior de la prisión. Escobar se instaló en «La Catedral» con sus armas, sus sicarios, y siguió dirigiendo desde allí su negocio transnacional. Cuando quería, salía a Medellín a divertirse y, otras veces, organizaba orgías en la supuesta cárcel, con músicos y prostitutas que le acarreaban sus esbirros. En la misma cárcel se permitió asesinar a dos destacados socios suyos del cartel de Medellín porque no quisieron dejarse extorsionar. Como el escándalo fue enorme y la opinión pública reaccionó con indignación, el Gobierno intentó trasladarlo a una cárcel de verdad. Entonces, Escobar y sus pistoleros, alertados por los guardias a los que tenían en planilla, huyeron. Todavía alcanzó a desatar una serie de asesinatos ciegos, pero ya estaba tocado. Los Pepes (Perseguidos por Pablo Escobar) habían comenzado a actuar.

¿Quiénes eran los Pepes? Una asociación de rufianes, varios de ellos ex socios de Escobar en el tráfico de cocaína, el cartel de Cali que fue siempre adversario del de Medellín, las guerrillas ultraderechistas (comités de autodefensa) de Antioquia, y otros enemigos del mundo del hampa que Escobar había ido generando con sus caprichos y prepotencias a lo largo de su carrera. Ellos comprendieron que la visibilidad que había alcanzado aquel personaje ponía en peligro toda la industria del narcotráfico. Asesinaron a sus colaboradores, prepararon emboscadas, se convirtieron en informantes de las autoridades. En menos de un año el imperio de Pablo Escobar se desintegró. Su final no pudo ser más patético: acompañado de un solo guardaespaldas —todos los otros estaban muertos, presos o se habían pasado al enemigo— escondido en una casita muy modesta y delirando con el proyecto de ir a refugiarse en alguna guerrilla de las montañas, fue al fin cazado por un comando policial y militar que lo abatió a balazos.

La muerte de Escobar, ese pionero de los tiempos heroicos, no acabó con la industria del narcotráfico. Ésta es en nuestros días mucho más moderna, sofisticada e invisible que entonces. Colombia ya no tiene la hegemonía de antaño. Se ha descentralizado y campea también en México, América Central, Venezuela, Brasil, y los que eran sólo países productores de pasta básica, como Perú, Bolivia y Ecuador ahora compiten asimismo en el refinado y la comercialización y, al igual que en Colombia, tienen guerrillas y ejércitos privados a su servicio. La fuente principal de la corrupción, en nuestros días la gran amenaza para el proceso de democratización política y modernización económica que vive América Latina, sigue siendo y lo será cada vez más el narcotráfico. Hasta que por fin se abra camino del todo la idea de que la represión de la droga sólo sirve para crear engendros destructivos como el que construyó Pablo Escobar y que la delincuencia asociada a ella sólo desaparecerá cuando se legalice su consumo y las enormes sumas que ahora se invierten en combatirla se gasten en campañas de rehabilitación y prevención.

Madrid, agosto de 2013

6. Arte y arquitectura

Un cadáver exquisito

En 1924, André Breton publicaba el primer manifiesto surrealista, partida de nacimiento del más vasto, influyente e iconoclasta de los movimientos culturales de este siglo. Cuarenta años después, el surrealismo ingresa a la muy elegante y mundana Galería Charpentier de París, en una exposición que se presenta como una retrospectiva y un balance y es, casi, una partida de defunción.

Breton, siempre alerta, ha desautorizado la muestra. «Todavía estamos vivos», ha dicho. Pero aunque la constancia y la consecuencia de Breton son admirables («Un papa no abdica, sólo se fatiga», escribió un crítico), sería inútil engañarse: ni los jóvenes que se reúnen con Breton cada semana en un café de Les Halles equivalen a sus predecesores muertos, desertores o expulsados, ni *La Brèche* se compara a las revistas de antaño, ni el surrealismo —ortodoxo o heterodoxo— es ya subversivo ni inquietante. Una vez más la burguesía ha asimilado a sus hijos descarriados, ha institucionalizado una rebelión. Basta recorrer la exposición organizada por Patrick Waldberg con el título de «El Surrealismo: fuentes, historia, afinidades» para comprobar qué inofensivo, qué travieso parece ahora el movimiento que ambiciosamente quiso, con Marx, «transformar el mundo» y, con Rimbaud, «cambiar la vida».

Un extraño ambiente recibe al visitante cuando ingresa el salón principal, una atmósfera de visos malvas. Los muros han sido recubiertos con telas y papeles de color. «El surrealismo llega a su quinta fase hermética —explica el catálogo—. El alquimia, la cola del pavo real, que es el iris, es también la quinta fase del color y simboliza la purificación y la multiplicación». Después de todo, ¿por qué no? Los cardenales se visten de púrpura por cosas así.

Esta primera sala exhibe a los grandes surrealistas. Todos están allí, con obras que corresponden, generalmente, a su época de militancia activa. En los cuadros del belga René Magritte, seres y objetos diseñados con realismo clásico se asocian insólitamente. En su óleo de 1948, *La filosofía en el tocador*, un camisón y unos zapatos mudan de naturaleza: en aquél crecen senos de mujer y éstos terminan en unos delicados dedos de uñas rosadas. Luego está Giorgio de Chirico, y las cuatro telas suyas de la muestra justifican el elogio de Apollinaire: «El pintor más grande de su tiempo». Minúsculas siluetas, fríos paisajes urbanos de simetría rigurosa, formas arquitectónicas de colores cálidos, violentos. Por primera vez se exhibe aquí su *Retrato premonitorio de Guillaume Apollinaire*: una cabeza griega, de piel lívida, emboscada tras gafas oscuras. De Salvador Dalí hay una docena de cuadros y dibujos de la época en que el frenético, codicioso exhibicionista de hoy, aseguraba pintar según el método de la «paranoia-crítica». Ya deliraba entonces, pero tenía talento: los *Relojes blandos*, *La hora triangular* y ese *Homero femenino con un puñado de moscas en la boca* son de una fulgurante fantasía. Vienen después André Masson, al que nunca sabré por qué se admira, el chileno Matta con un gran panel titulado *Crucisferio*, en el que híbridos monstruos mecánicos evolucionan en un espacio cósmico amarillento. Luego, Francis Picabia. Su *Salomé*, de engañosos contornos superpuestos y la *Dama*, construida con palitos de fósforos, revelan a un limitado pintor, pero lleno de inventiva, humor y desenvoltura. Yves Tanguy está representado por obras que van desde su primera época, en la que, como en *Los artistas ambulantes*, practicaba un primitivismo risueño, de trazo tosco, sin perspectiva, hasta la última, de sombrías ficciones minerales (*Números imaginarios*) y zoologías de pesadilla (*Mar cerrada, mundo abierto*).

Una nutrida, espléndida colección de cuadros y esculturas de Max Ernst resume con acierto la obra de este gran creador. Desde la alucinante ascensión de un racimo de aves de 1927 (*Monumento a los pájaros*) hasta los bronces de 1960 (*El genio de la Bastilla*, *El imbécil* y *En las calles de Atenas*) todo en Ernst es rareza, poesía, candor y oficio de maestro. Su misteriosa *Ciudad entera* y esa delicadísima fábula plástica, *Pétalos y jardines de la ninfa Ancolía* figuran entre lo mejor de la exposición. Unas piezas conmemoran el efímero idilio de Giacometti con el surrealismo, y hay varios bronces, maderas y *collages* de Jean Arp. En el centro de la sala, además, se halla el célebre vidrio pintado de Marcel Duchamp (*La esposa desnudada incluso por sus solteros* o algo así), y viendo este vidrio, y la no menos célebre *Caja-valija* y los tanto más célebres *ready-made*, uno se pregunta ¿dónde está y en qué consiste el genio de Marcel Duchamp?

En la segunda sala están aquellos que el surrealismo designó como ancestros: un extraordinario Bosco (*El concierto en el huevo*), la *Flora* de Arcimboldo, estampas de Rodolfo Bresdin, el magnífico *Eneas en los infiernos* de Jean Brueghel de Velours, grabados de Grandville, muchos dibujos de Victor Hugo —algunos, como el *Recuerdo de un burgo de los Vosgos*, ejecutados automáticamente—, acuarelas de Gustave Moreau, dos telas de Odilon Redon y otros.

Y en la última sala se reúnen, eclécticamente, pintores que tuvieron fugaces contactos con el movimiento, como Picasso, Chagall y Balthus, representantes de focos surrealistas surgidos en diversos lugares del mundo (algunos inesperados, como la URSS, Hungría, Japón) y pintores y escultores cuyas obras acusan consonancias profundas o episódicas con las preocupaciones y búsquedas de Breton y sus amigos. La sola enumeración de los nombres sería larguísima y, por lo demás, se trata de un conjunto de calidad muy desigual. Vale la pena señalar, sin embargo, tres cuadros de Dorothea Tanning —*Birthday* sobre todo, llameante de sensualidad y de magia— y dos bellísimas telas de Leonora Carrington: el sutil, fascinante *Jardín encantado* y *Los gatos*. Menos afortunados que éstas, Miró, Domínguez, Moore, Lam y Leonor Fini se hallan representados por obras de segunda o tercera categoría.

Entre cuadros y esculturas, aquí y allá, hay vitrinas que exponen los libros y revistas surrealistas, las obras primeras de Breton, Éluard, Aragon, René Char, René Crevel, Benjamin Péret, una amplia colección de fotografías de Man Ray, y casi todos los panfletos, volantes y comunicados polémicos del movimiento. Entre ellos, uno de 1933, titulado *La movilización contra la guerra no es la paz*, en el que los surrealistas protestan por el fusilamiento de ocho marineros en el Perú, durante el régimen de Sánchez Cerro.

Y, por último, los objetos. Son de cuatro géneros: anónimos, recogidos al azar como un curioso biombo barroco de cinco hojas; naturales (piedras exóticas, animales disecados); salvajes (tótems africanos, máscaras primitivas, artefactos de brujería) y fabricados: los poemas-objeto. ¿Será insolente decir que estos últimos nos parecieron lo más vivo y sugerente de la exposición? Es verdad que muchos son desdeñables, de dudosa gracia y pobre artesanía. Pero hay decenas de ellos que hechizan por su riqueza imaginativa, lo singular de su composición, su carga emocional y sus efectos insólitos. Desde el delicioso poema de Breton interrumpido por la silueta de una ratita blanca de ojos pícaros que se agazapa sobre el papel y lo arruga, hasta la deslumbrante *Miss Gardenia* de la alemana Méret Oppenheim (un marquito dorado que hierve de volutas por el que asoma una respingada naricilla de yeso) muchos son de una calidad excepcional. El primero de todos, desde luego, uno de Félix Labisse: en un primoroso cofrecillo negro, una mano femenina, de largos dedos y uñas escarlatas, blanquísima, recién cortada: la muñeca sangra todavía. Yace junto a una rosa roja y lleva una tarjeta: «Amor mío, me pediste la mano, yo te la doy». Y cómo no mencionar *El paraíso de las alondras*. Del inglés Roland Penrose —unas gafas que sobrevuelan un botecito, dos remos y un asiento de madera—, las botellas eróticas de René Magritte o la pipa que exhala globos de Man Ray y se llama: *Lo que todos necesitamos*.

Nadie puede negar que el surrealismo fue un extraordinario instrumento de agitación espiritual y que en casi todos los órdenes de la creación contemporánea quedan huellas de su impacto. Pero, paradójicamente, el movimiento en sí produjo pocas obras perdurables, sobre todo en pintura. Y hasta su poesía se reduce hoy a unos cuantos libros admirables y a montañas de escorias. El mismo Breton es posible que sea recordado sobre todo por *Nadja*, esa magnífica novela escrita por el hombre que más detesta las novelas. Al salir de la exposición de la Galería Charpentier, uno tiene la sensación que el surrealismo —para decirlo con una de sus fórmulas— se ha convertido en un cadáver exquisito.

París, julio de 1964

¿Y si resucita dadá?

Discretamente, aprovechando ese verano torrencial que ha alejado de la ciudad a esos críticos que lo desdeñaban por su origen foráneo, el Pop Art ingresa al Museo de Arte Moderno del Ayuntamiento de París. Unos treinta pintores y escultores de distintas nacionalidades, pero radicados aquí, integran esta muestra que lleva por título «Mitologías cotidianas» y se presenta, ante todo, como una manifestación contra el arte no-figurativo.

La actualidad y los objetos

Por encima de las diferencias, principalmente verbales, que separan a los expositores —unos se llaman cultores de un «Nuevo Realismo», otros «pop» y otros «neodadaístas», y esta última etiqueta parece la más acertada—, el elemento común es en todos ellos una evidente voluntad de romper con la concepción de la pintura como un fin en sí mismo y de devolverle su vieja y (sólo en apariencia) más modesta función de instrumento de captura y expresión de la realidad exterior. Además, es muy visible también, en la mayoría de las obras, una deliberada y tenaz subordinación al momento presente, una incondicional servidumbre a la efímera y contingente actualidad cotidiana. La sociedad industrial, la gran urbe, la máquina y la tiranía del progreso, el hombre enajenado por la publicidad y los objetos que fabrica, son el terreno sobre el que operan estos artistas; casi todos dan la impresión de buscar su inspiración, sus temas y sus materiales, entre los bienes de consumo. Hacia ellos van su odio, sus protestas, a veces su amor. Pero esto último no resulta siempre claro, es difícil reconocer en estos cuadros y esculturas tan ligados al mundo, la actitud social del artista. En algunos asoma una cierta rebeldía, en otros un vago conformismo y, en la mayoría, una ambigua objetividad.

LO FEO Y LO MONSTRUOSO

La abstracción significaba un repliegue frente a la realidad, la primacía de la forma y el enclaustramiento del arte en la vida subjetiva. Estos jóvenes se vuelcan hacia la vida objetiva, la realidad cotidiana los subyuga. Su testimonio del mundo es sobre todo psicológico y moral y suele entrañar un desprecio dadaísta por la belleza y por «lo artístico». Lo feo, lo monstruoso no aparece en sus obras «traspuesto», es decir, estéticamente justificado, sino en estado natural. Y cuando emplean el artificio y crean la fealdad, se empeñan en alcanzar y dejar atrás a los peores ejemplos que de ella ofrecen la naturaleza y los hombres. Ribemont-Dessaignes afirmaba que dadá «conquistó para los creadores la libertad de servirse de lo que sea para hacer cualquier cosa» y la francesa Niki de Saint-Phalle y el argentino Antonio Berni usan y abusan de esa libertad. Aquélla, que, como muchos de sus compañeros, concilia artesanía, escultura y pintura, fabrica laboriosos muñecos de lana, alambre, yeso y cartón en los que todo es rigurosamente horrible. En su *Parto blanco*, un espantapájaros femenino engendra, imperturbable, un desportillado renacuajo. La madre tiene pájaros trenzados en los cabellos, en uno de sus brazos crecen flores y en el otro ratones, arañas, soldaditos de plomo; un cangrejo hunde sus tenazas en uno de sus senos, y en su vientre y muslos brotan de la carne forúnculos que son miembros mutilados, motocicletas y rosas. Berni reivindica la cursilería y el mal gusto, los exalta hasta la apoteosis con materiales recogidos en tachos de basura. Lo usado, lo inservible invade sus relieves barrocos de espantosas mujeres que lucen sus harapos chillones con aires de grandes señoras. El decorado que las rodea —retazos de tela, crudos, envolturas de chocolates, latas herrumbradas, horquillas, platinos, recortes de periódicos— evoca los muladares y la vida sórdida, larval, de los suburbios.

La irreverencia y el desdén contra los valores establecidos, actitud también dadaísta, lleva a algunos a copiar obras clásicas para ridiculizarlas. Así como Marcel Duchamp exhibía una Gioconda con bigotes, el mexicano Gironella encanalla a un personaje de Velázquez, lo desmembra y adorna con anillos y pulseras de pacotilla, lo hace escoltar por latas de sardinas. Y el español Arroyo se ensaña con Felipe II: lo muestra dieciséis veces, en rectángulos que parecen esos lentes deformantes de las ferias.

TIRAS CÓMICAS Y DIBUJOS ANIMADOS

Antaño, el mundo del circo, el teatro y la feria eran una fuente constante de inspiración, los artistas acudían a ellos como a islotes de ilusión y de poesía en el mar de la vulgaridad humana. En esta exposición, una serie de cuadros y esculturas son representaciones de los quioscos de las quermeses y parques de diversiones, de máquinas tragamonedas y futbolines. Pero la intención es muy distinta. Estos objetos son exhibidos como síntomas de cretinización colectiva. El francés Jacques Monory disocia los componentes de una caseta de tiro al blanco: los revólveres apuntan al público como acusadores airados; detrás, defendidos por esas armas, están los blancos y, al fondo, inalcanzables, los premios. El canadiense Edmund Alleyn saquea las revistas infantiles y los dibujos animados, sus personajes son el Pato Donald y Mickey Mouse y el norteamericano Peter Saul pinta pieles rojas y vaqueros. Pero ninguno de los dos está evocando tiernamente la infancia; ambos recuerdan a los mayores que el infantilismo es una enfermedad. El escultor alemán Klaus Geissler, también fascinado por la feria, no se limita a reproducir irónicamente los objetos de diversión colectiva ya conocidos: los reemplaza con invenciones suyas. Sus obras, grandes construcciones de vidrio y acero soldado, se apoyan en resortes flexibles y tienen ventanillas que permiten observar el interior. Allí, como en los calidoscopios de juguete que al girar forman constelaciones cambiantes de vidrios de colores, hay también imprevistas maravillas, siluetas equívocas, un cuerpo tendido en una parrilla y difuminado en resplandores rojizos, manos que acarician flores.

LOS NARRADORES

Sólo la pintura cuenta, decían los abstractos, muera la anécdota, el cuadro es el dominio exclusivo del color y de las formas. A este soberbio narcisismo, el húngaro Petr Foldes, el griego Yannis Gaitas y el alemán Jean Voss replican: basta de cuentos, el cuadro es un vehículo para contar historias, la pintura es narración. Gaitas utiliza el procedimiento alegórico, sus delicadas cucarachas viven peripecias humanas. Y Voss ha inventado un lenguaje inteligible en función de los garabatos que hacen los niños en sus cuadernos para combatir el aburrimiento de las clases. Sus figurillas, manchones, rayas, cuadraditos, números, son fábulas susceptibles de ser trasladadas a la escritura. Pero el más literario de los tres es Foldes, que no dibuja sus parábolas e historias: las escribe sobre la tela e ilustra con diseños. Uno de sus cuadros propone una interpretación personal de *La creación del hombre*. Otro describe la aventura de *La gran Diosa* que da de mamar a su niño, pero éste crece, y luego ya es un hombre y no hay manera de quitarle esa costumbre que ya resulta una mala costumbre.

ESCULTURA Y SARCASMO

Los escultores de la muestra, más homogéneos que los pintores, utilizan un procedimiento común, que es el sarcasmo, para poner de relieve la creciente dictadura de los objetos sobre los hombres en la sociedad industrial. Ellos también fabrican, como las máquinas ciegas, complicados, múltiples, ingeniosos productos semejantes a los que se anuncian en los paneles publicitarios; a veces, como en el caso del suizo Samuel Buri los proponen a los consumidores con señales luminosas, destacando, eso sí, su inutilidad, su gratuidad, como su virtud primordial. El más austero y hábil en la elaboración de estos objetos es el holandés Mark Brusse. Su *Relieve marítimo* son dos tablones sin pulir, una almohadilla blanca que de lejos parece una claraboya, y tres cadenas, y todo el conjunto transpira una extraña poesía irrisoria. El francés François Arnal construye tótems con elementos domésticos, un árbol de colchones y una *Máquina de cambio* con fuelles y rastrillos. El alemán Kalinowsky empasta cajones en cuero brillante y Harry Kramer, también alemán, elabora jaulas de alambre con piezas sueltas que giran gracias a un dispositivo eléctrico. El francés Jean-Pierre Raynaud ejecuta trabajos de carpintería: sobre sus maderas verticales, dispone señales de tránsito, y tablas de dimensiones diversas, a veces interruptores y, siempre, macetas pintadas de rojo.

NO UNA REVOLUCIÓN, SINO UN SÍNTOMA

Con excepción de Antonio Berni, todos estos artistas son jóvenes: sus edades oscilan entre los veinticuatro y los treinta y cinco años. Además de las invectivas, el exhibicionismo y los disfuerzos que contiene la exposición, es posible extraer de ella una comprobación saludable: confusa, anárquicamente todavía, los pintores y escultores nuevos que tratan de sacar a las artes plásticas de la atonía letárgica en que yace desde hace años. Por caminos diferentes, todos ellos intentan reincorporar en el arte el fenómeno humano.

París, julio de 1964

697

Picasso, en Nueva York

Ya se ha dicho todo probablemente sobre la exposición «Picasso» en el Museo de Arte Moderno de Nueva York y, sin embargo, vale la pena decirlo de nuevo. Ante todo, el esfuerzo que representa haber reunido ese millar de cuadros, dibujos, esculturas y grabados venidos de casi todo el mundo (la excepción fueron los museos de la URSS, que a último momento rehusaron prestar las piezas que habían ofrecido), que dan una idea cabal de lo que la obra de Picasso significa para el arte de nuestro tiempo y permiten seguir su evolución, desde el inicio precoz, en Málaga, hasta su culminación, en la Costa Azul, casi un siglo más tarde, pasando por todas sus etapas.

Abrumado y estimulado: así se siente quien acaba de hacer el recorrido, que dura entre tres y cuatro horas. Abrumado por la cantidad y la calidad, la diversidad y la intensidad de esa obra que a duras penas se puede concebir en una sola persona, no importa con qué fanática dedicación se haya consagrado a realizarla. Ella parece, más bien, la de toda esa generación que, en las primeras décadas de este siglo, provocó una revolución artística sin precedentes, removiendo los que parecían fundamentos incuestionables de la pintura y la escultura de Occidente desde sus orígenes helenos. Y estimulado porque una riqueza semejante de alguna manera nos enriquece a todos, probándonos que en el campo de la creación no hay límites, que en este dominio el hombre puede llevar a cabo ese género de hazañas que las religiones y mitologías confinan a los dioses: forjar mundos, poblarlos, animarlos, jugar con ellos, destruirlos, reconstruirlos. Sólo leyendo a escritores como Shakespeare, Tolstói o Balzac he tenido una sensación de omnipotencia y omnisciencia artísticas comparables a las que comunica esta exposición.

El nombre de Picasso está asociado específicamente al cubismo, pero, como ocurre siempre con las personalidades que se convierten en cifra de una época, prevalece un poco la impresión de que con él hubiera nacido la vanguardia, que todos los ismos y tendencias renovadoras del arte moderno fueran vástagos de ese torrente proteico que es su obra. Esta impresión es, desde luego, falsa, pero hay en ella un fondo de verdad: lo que Picasso no inventó se lo apropió, dándole un sello personal. Todo creador es un caníbal, a la vez que un inventor, alguien que, al mismo tiempo que aporta algo original, metaboliza lo ajeno en su visión del mundo y en sus técnicas. Esa capacidad de apoderarse de lo existente y metamorfosearlo en algo propio es el tema de una de las salas de la muestra, dedicada a las glosas o paráfrasis de obras célebres que Picasso realiza esporádicamente a partir de los años cincuenta. Velázquez, Ingres, Delacroix, Degas, Sisley y otros se convierten en temas de reflexión y de especulación, en materia de un juego, a veces risueño y a veces dramático, en el que el artista, usando como punto de partida la obra de sus predecesores, procede a autopsiar, descifrar, caricaturizar o prolongar en una dirección distinta lo que aquéllos hicieron, en obras cuya ambigüedad revela luminosamente esa alquimia de préstamos, invenciones y combinaciones que es la originalidad artística. En tanto que ciertos pintores trabajan por concentración, explorando en profundidad ciertas formas y experiencias —como un Bacon o un Dubuffet—, otros, como Picasso, lo hacen de manera extensiva, abarcando siempre esferas nuevas y nutriéndose de todo lo que aparece por el contorno. Ese hecho ha contribuido a que se convirtiera en el santo y seña del terremoto artístico de nuestro tiempo.

Uno de los objetivos de la muestra es subrayar que la obra de Picasso está hecha de adiciones, su carácter totalizador. Quien innovó de manera tan radical nunca rompió del todo con las formas que dejaba atrás; por el contrario, seguía sirviéndose de ellas y de este modo su mundo fue adquiriendo, al cabo de los años, esa naturaleza vasta y polifacética que tanto impresiona. Así, es interesante advertir que, entre los años diez y veinte, los más impetuosos del cubismo, cuando Picasso parece más absorbido por la experimentación con las nuevas formas —descomponer el objeto, alterar la perspectiva, percibir la realidad a través de figuras geométricas—, simultáneamente continúa pintando cuadros «realistas» y, entre ellos, retratos como los de Apollinaire, Max Jacob, Stravinsky,

Diaghilev y el de Olga Koklova, cuya maestría no impide que puedan ser considerados también académicos.

Lo mismo ocurre con otros temas: retornan de manera periódica en las distintas etapas de su pintura, estableciendo una permanencia en medio de lo que parece un convulso desasosiego. Los arlequines, por ejemplo, que lo fascinan a los veinte años, reaparecen una y otra vez, son materia de una obra maestra de la etapa cubista —*Los tres músicos* (1921)—, el disfraz con el que pinta a su hijo Pablo, un motivo que usa cuando se entusiasma con la cerámica ya en la vejez y el tema de uno de sus últimos dibujos. El caso opuesto es el de los personajes mitológicos —el Minotauro, sobre todo—, obsesivo en su obra en los años treinta, pero que, en verdad, apunta desde sus dibujos de adolescente. A lo largo de toda la trayectoria de Picasso se comprueba esa constante: lo nuevo no elimina nunca de manera definitiva lo que viene a reemplazar, sólo lo desplaza como centro dinámico, pero lo conserva como complemento o apoyo. Esa facultad totalizadora es la que da a su obra ese rango de gran fresco del arte de la época y uno de los señuelos que atraen cada día al Museo de Arte Moderno de Nueva York esas muchedumbres que sólo suelen verse en los estadios (los revendedores venden ahora las entradas a treinta dólares; el precio original es la sexta parte).

El mejor espectáculo que puede dar de sí mismo un artista consagrado es el de seguir arriesgándose, el de no importarle meter la pata. Esa prueba de juventud y de vitalidad es lo que más admiro en un viejo creador y lo que más echo de menos en aquellos a los que la gloria y los años han hecho cautos y rutinarios. Picasso siempre estuvo aventurándose en lo desconocido, empezando de nuevo aunque se equivocara. La exposición insiste, con razón, en ese otro rasgo picassiano: el movimiento perpetuo. Lo hace dividiendo la obra en los grandes periodos que la componen —época azul, época rosa, arlequines, cubismo, etcétera— y destacando algunos aspectos particulares de cada etapa para mostrar que ni siquiera sus grandes hallazgos dejaron a este hombre satisfecho, que siempre estuvo buscando. En los primeros años del cubismo, Picasso, al mismo tiempo que Braque, introduce en la superficie del cuadro objetos o fragmentos de objetos que representan una realidad distinta. Al comienzo el *collage* es una travesura, una improvisación. Poco después vemos a Picasso como un niño engolosinado con un juguete nuevo, absorbido por las posibilidades de este descubrimiento, empleándolo de distintas maneras hasta convertirlo, durante un tiempo, en el eje de su arte.

Nada envejece tan rápido como lo nuevo: es una perogrullada que vale para Picasso, pero sin las connotaciones peyorativas que tiene la palabra vejez. Para varias generaciones la palabra Picasso significó ruptura, experimento, negación del pasado, marginalidad. Ahora que esta obra ha entrado al museo, con los máximos honores, comprendemos que, a fin de cuentas, ella es una armoniosa continuación del arte que la precedió y que sus audacias, revisiones e insolencias hunden sus raíces en la tradición contra la que insurgió. Quizá ésa es la mejor prueba de su grandeza: haber expresado nuestro tiempo convulso tan genuinamente como el suyo los grandes artistas de ayer, mediante cambios y negaciones que, bajo su aparente iconoclasia, contribuían a enriquecer y mantener vivo el pasado. El único arte de vanguardia que dura es aquel que, como el de Picasso, puede pasar a formar parte luego de la retaguardia.

Washington, agosto de 1980

El cubismo como un cuento

De la bella retórica de *Las voces del silencio*, de André Malraux, recuerdo la idea de las formas artísticas que sobreviven a sus creadores y perduran, indemnes en el tiempo, como testimonio del paradójico poder de esos seres perecederos capaces, sin embargo, de crear obras inmortales. La concepción del arte como expresión de una voluntad de supervivencia, nacida del horror a la muerte, que, en sus fantasías y creencias eternizadas en cuadros y esculturas, añade libremente algo nuevo a la vida, parece ser el supuesto «malrauxiano» que ha servido para organizar la exposición «El cubismo esencial (1907-1920)» de la Tate Gallery de Londres.

Una exposición vale, más que por la riqueza de sus materiales, por su punto de vista: es decir, por la manera como aquello que exhibe ha sido seleccionado y expuesto. La impresión que deja ésta en el espectador se debe, sobre todo, a la claridad y al poder persuasivo de su mensaje. Uno sale de ella seguro de haber comprendido cómo nació el cubismo, por qué etapas pasó, quiénes fueron sus principales artistas y el aporte individual de cada uno al movimiento que revolucionaría, más que ningún otro, la pintura moderna. Puede ser una impresión discutible, seguramente el fenómeno cubista es más vasto y complejo de lo que muestran estas salas, pero el punto de vista elegido por la Tate Gallery tiene el mérito de proporcionar al visitante, a fin de que pueda orientarse sobre el trabajo de ese grupo de pintores y escultores que entre 1907 y 1920 llevaron a cabo una radical transformación de los valores pictóricos, una serie de llaves que son, además de inteligibles y convincentes, exclusivamente plásticas.

Los organizadores —Douglas Cooper y Gary Tinterow, el primero de los cuales ha escrito, en el catálogo, una divertida historia de los coleccionistas pioneros del cubismo— han colocado los cuadros y objetos de tal manera que la aparición y desenvolvimiento de la pintura cubista aparece como la historia de ciertas formas y técnicas en las que, a partir de 1907 y de manera casual, coinciden dos jóvenes pintores: Braque y Picasso. La perspectiva social, las referencias históricas, han sido evitadas. La crisis política y económica que precede a la Primera Guerra Mundial y el colapso de las certidumbres que trae consigo —y cuya consecuencia, en el arte, sería la sustitución del realismo tradicional por versiones subjetivas, simbólicas o abstractas de lo real— no es mencionada en la exposición porque a ella no le interesan las causas exteriores, no específicamente formales, de la historia del cubismo. Esta historia empieza, según ella —primera de las doce salas— con el impacto simultáneo que hacen en Braque y en Picasso el estilo de los cuadros pintados por Cézanne en la última etapa de su vida y las máscaras y el arte primitivo africano. Ambos modelos les sugieren innovaciones en la manera de pintar y los animan en su ambición de romper con lo que, en el lenguaje de la época, llaman el «idealismo» imperante en las artes plásticas.

Aunque Picasso había iniciado, unos meses atrás, la lenta y misteriosa elaboración de la obra a la que se considerará luego la partida de nacimiento del cubismo —*Les Demoiselles d'Avignon*—, la historia que nos cuenta —que nos muestra— esta exposición comienza en el verano de 1907. Braque está en L'Estaque, en las vecindades de Marsella, y Picasso en Horta de Ebro. Cada uno por su lado pinta una serie de cuadros en los que, con reminiscencias de aquellos ejemplos, se advierte una alteración de la perspectiva y del contorno de los objetos así como del tratamiento de la luz. Ha comenzado el asalto contra la percepción realista, el cuestionamiento de la visión objetiva, la incorporación en las telas de perspectivas conceptuales que, en teoría al menos, significan la presentación simultánea de un objeto desde los varios puntos de vista en que puede ser percibido, su descripción no sensorial sino conceptual, ritual y emblemática. La historia del cubismo va apareciendo como la progresiva desintegración de la realidad objetiva en un universo geométrico. Lo que al principio, años 1907 a 1911, era la comparecencia de prismas y cubos que estratificaban el paisaje e imponían a las siluetas humanas, a los árboles, a las frutas, una rigidez angular va, poco a poco, convirtiéndose en un mundo saturado de planos y contraplanos, espacios abstractos que han ido devorando sistemáticamente al mundo concreto, del que sólo sobreviven angustiosos residuos: las caderas de una guitarra, el perfil de una pipa, las letras de un periódico, la cabeza de un pez. Hasta 1912, el relato tiene a Braque y a Picasso como únicos protagonistas. Pero a partir de ese año —sala cuatro— otros personajes se suman a esta aventura de las formas aportando, cada cual, un matiz en el uso del color, en la temática, en los materiales, en las ocurrencias: Delaunay, Gleizes, Marcoussis, Metzinger, Villon. La antología de cada uno está hecha, siempre, atendiendo al propósito narrativo del conjunto, sin olvidar nunca que cada tela debe contribuir con un dato particular, una anécdota, un suspenso, una emoción distinta, a la cabal realización de la historia del cubismo.

Un capítulo entero está dedicado a Juan Gris, el español cuya importancia dentro del movimiento la exposición coloca inmediatamente después de la de las dos figuras estelares. Este pintor, que murió a los cuarenta años, representa, dentro del mundo frío y severo de figuras geométricas y espacios superpuestos y entreverados, de colores neutros o excesivos, la nota sentimental y delicada, una intimidad que se hace visible en el suave trazo de las líneas y en la luminosidad contenida que aureola los objetos. El salón dedicado a Juan Gris es uno de los más bellos de la muestra y constituye una verdadera apología de este gran artista al que no siempre se le asigna el lugar que le corresponde como uno de los fundadores del arte moderno.

En 1913 la historia del cubismo se enriquece con la invención del *collage*. Es Braque quien por primera vez pega un recorte de periódico en una tela y es él también el que primero tiene la idea —en un homenaje a Beethoven— de dibujar unas letras en una pintura. Pero es Picasso quien utilizará ambos procedimientos con más abundancia e ingenio. Una de las prerrogativas del genio —aquí se ve clarísimo— es patentar lo ajeno como propio, servirse de los hallazgos de los otros para robustecer su originalidad. El *papier collé* introduce el humor, la picardía, la burla, en un movimiento que hasta entonces había sido mortalmente serio. La sala dedicada a los *collages* alegra el espíritu y recuerda a los espectadores que los cubistas eran también gentes que se divertían y que gozaban, como niños con juguetes nuevos, con las cosas que inventaban.

Así, fiel a su estructura narrativa, la exposición nos refiere ahora cómo, en esta nueva etapa, el movimiento cubista, ya asentado en sus técnicas y coherente en sus designios, se permite ciertas libertades con sus propios principios, hace sitio a la diversión, al placer, y ofrece espectáculos de color y de destreza. La sala dedicada a Léger es una fiesta de rojos, amarillos, verdes y azules. En los violentos contrastes pictóricos de las telas, los elementos de la realidad objetiva llegan en algún momento —verano de 1912, en el cuadro *Mujer en azul*— a disolverse del todo en la abstracción. Ésta parecería ser la dirección hacia la que enrumba el cubismo en los años siguientes —el formalismo puro—, a juzgar por las obras de Léger de ese periodo, en las que sólo los títulos aluden a una realidad reconocible. Pero la guerra de 1914 corta en seco esta evolución, en el caso de este pintor. Llamado a filas, herido en el frente, cuando Léger vuelve a pintar, tres años más tarde, retorna —agresivamente— hacia la figuración y la geometría del cubismo primigenio.

En los años de la guerra, Picasso —sala ocho— sigue produciendo con la inventiva y la fecundidad que no lo abandonarán más. No sólo pinturas; también esculturas y objetos con los que el cubismo se vuelve juego, prodigio manual, magia de ilusionista. La estilización del objeto y de la figura humana aparece vaciada en bronce o es pretexto para metamorfosis deslumbrantes de materiales ruines y artículos de ocasión que el artista manipula con incomparable gracia. Cuatro pedacitos de madera y un pasador de zapatos se transforman en una alegre guitarra o en una mandolina y un clarinete; unos retazos de tela, una calamina y un alambre, en un violín. La última sala está ocupada por dos escultores cubistas: Henri Laurens y Jacques Lipchitz. He visto exposiciones más importantes que ésta, por su variedad y por el número de obras, pero creo que nunca me había tocado ver una muestra que cumpliera tan inteligentemente su objetivo didáctico ni preparara mejor al visitante, luego de la hora que tarda en recorrerla, para situar, entender y gustar una escuela pictórica. Una exposición, se puede decir, que es algo más que la suma de las obras que reúne, una demostración de que seleccionar y presentar al público las obras de arte puede ser en sí misma una obra de arte.

Londres, mayo de 1983

Arte degenerado

Una comisión de especialistas, nombrada por el *Reichsminister für Volksaufklärung und Propaganda* de Hitler, Joseph Goebbels, recorrió en 1937 decenas de museos y colecciones de arte por toda Alemania y confiscó unas dieciséis mil pinturas, dibujos, esculturas y grabados modernos. De esa vasta cosecha fueron seleccionadas las seiscientas obras que parecían más obscenas, sacrílegas, antipatrióticas, projudías y probolcheviques. Con ellas se organizó una exposición titulada «Entartete Kunst» —Arte degenerado— que se inauguró en Múnich ese mismo año y que atrajo multitudes. A lo largo de cuatro años, la muestra recorrió trece ciudades austríacas y alemanas y fue visitada por unos tres millones de personas, entre ellas el propio Führer, autor, al parecer, de la idea de esta exhibición destinada a revelar los extremos de decadencia y putrefacción del «modernismo».

El Museo de Arte de Los Ángeles tuvo la idea de recrear aquella muestra y consiguió reunir unas doscientas obras supervivientes, pues los nazis, al terminar la exposición, sólo destruyeron parte de los cuadros. Los demás los vendieron a través de una galería suiza para procurarse divisas. Ahora ha llegado al Altes Museum, de Berlín.

Hay que hacer una larga cola para entrar, pero vale la pena, por las mismas razones que vale la pena sepultarse unos días en los sólidos volúmenes que don Marcelino Menéndez y Pelayo dedicó a los heréticos, apóstatas e impíos de la España medieval y renacentista: porque en esos «heterodoxos» estaba la mejor fantasía creadora de su tiempo. Los amanuenses de Goebbels eligieron con un criterio poco menos que infalible. No se les escapó nadie importante: desde Picasso, Modigliani, Matisse, Kandinsky, Klee, Kokoschka, Braque y Chagall hasta los expresionistas y vanguardistas alemanes, como Emil Nolde, Kirchner, Beckmann, Dix y Käthe

Kollwitz. Y algo parecido puede decirse de los libros, las películas y la música que el Tercer Reich quemó o prohibió y a los que la exposición dedica también algunas salas: Thomas Mann, Hemingway, Dos Passos, el jazz, Anton Webern, Arnold Schönberg.

A mí esta muestra de «Entartete Kunst» me ha venido como anillo al dedo, por la predilección que siento por el «degenerado» arte alemán de principios de siglo y la posguerra y porque hace tiempo tomo notas para un pequeño ensayo sobre George Grosz, la más original y estridente figura de los fecundos años veinte berlineses. Él fue, claro está, estrella de aquella exposición y uno de los artistas con cuya obra se encarnizó el régimen. En la famosa ceremonia inquisitorial del 10 de mayo de 1932, ante la Universidad de Humboldt, más de cuarenta libros suyos o ilustrados por él fueron quemados y Max Pechstein, en sus *Memorias*, calcula que doscientos ochenta y cinco cuadros, dibujos y grabados de Grosz desaparecieron en las inquisiciones nazis. En 1938 le quitaron la nacionalidad alemana y, como a él no tenían qué quitarle, confiscaron los bienes de su mujer.

Pero, por lo menos, Grosz salvó la vida. En 1932 un comando de camisas pardas se presentó en su estudio con intenciones inequívocas. Sus aptitudes histriónicas le fueron de gran ayuda: los matones creyeron que era el sirviente del caricaturista. Partió a Estados Unidos apenas semanas antes del incendio del Reichstag y ya no volvería a Berlín sino a morir —alcohólico, frustrado y domesticado como artista— en 1959. Su amigo y compañero de generación, el gran Otto Dix, permaneció en Alemania durante el nazismo y la guerra, prohibido de pintar y de exponer. Cuando volvió a hacerlo, ya no había en sus telas ni sombra de la virulencia y la imaginación de antaño; en vez de los vistosos horrores que solían engalanarlas, ahora parecían estampitas: apacibles familias bajo la protección del buen Jesús. A muchos artistas que no llevó al campo de concentración, al exilio, al silencio o al suicidio, el nazismo los convirtió —como a Grosz y Dix— en sombras de sí mismos.

Todo eso pueden verlo y aprenderlo, de manera muy vívida, los jóvenes alemanes que visitan en estos días el Altes Museum. Pueden escuchar al Führer pronunciando el discurso con que inauguró el Museo de Arte Alemán y ver los musculosos desnudos de arios con cascos y las blondas, virtuosas, procreadoras walkirias del arte «sano» que el Tercer Reich quería oponer al de la decadencia de Occidente. Y comprobar que el parecido de esta estética monumentalista, patriotera y banal con la del realismo socialista que inundó las plazas y los museos de la extinta República Democrática Alemana es asombroso: nada las distingue salvo la proliferación, en una, de esvásticas, y, en otra, de hoces y martillos. Una persuasiva lección de que los totalitarismos se parecen y de que cuando el Estado regula, orienta o decide en materia de creación intelectual o artística el resultado es el embauque y la basura.

Esto vale también para las democracias, por supuesto, y hay ejemplos contemporáneos al respecto, aunque no sean toscos y directos como los del comunismo y el fascismo sino mucho más sutiles. Pasé dos horas espléndidas en la muestra de «Entartete Kunst» pero, luego, me sentí incómodo y desagradado, porque advertí que la exposición tiene, también, el efecto lateral de alimentar el fariseísmo y una errónea buena conciencia en las gentes que la visitan. La peor conclusión que puede sacarse de esta experiencia es decirse: «Eso era la pura barbarie, por supuesto. ¡Cómo han mejorado ahora las cosas para el arte! En nuestros días, ¿qué Gobierno democrático europeo se atrevería a ridiculizar o perseguir los experimentos y audacias de los artistas?».

En efecto, ningún gobernante occidental se atrevería a llamar «degenerado» a cuadro, escultura, película o libro alguno, para no ser equiparado a los salvajes hitlerianos o estalinistas, y eso, en el sentido del respeto a la libertad de creación, está muy bien. Lo está menos, sin embargo, si aquella prudencia expresa, al mismo tiempo, una total incapacidad para discernir lo bueno, lo malo o lo deplorable en materia artística y una irresponsable frivolidad.

Entre el Wissenschaftskolleg y mis clases de alemán yo debo recorrer dos veces al día la alegre y próspera avenida de las *boutiques* y los restaurantes de Berlín: la Kurfürstendamm. Nada más salir de Grunewald me doy de bruces, en la Rathenauplatz, con un bloque de cemento gris en el que hay sepultados dos automóviles, y que no tengo manera de no ver. Cuando dije una vez que era una lástima que una ciudad tan atractiva como ésta tuviera tantas esculturas espantosas sueltas por las calles, y cité como ejemplo la de los coches empotrados, alguien me reconvino, explicándome que se trataba «de un alegato contra el consumismo». ¿Contra qué alegará el bodrio tubular encorreado que me sale al encuentro unas manzanas después? ¿Las salchichas? ¿Los malos humores de la digestión? ¿Las correas con que pasean a sus perros los berlineses? Sus tripas grisáceas se levantan, se curvan y desaparecen, sujetas al suelo por una cuerda de metal. Cruzo varias esculturas más en mi diario recorrido y casi todas tan sin gracia y tan faltas de ideas, ingenio y destreza como aquellas dos.

Están allí porque ganaron concursos y fueron aprobadas por comisiones y jurados donde, seguramente, había críticos muy respetables que las explicaban con argumentos tan iridiscentes como el del ataque a la sociedad de consumo o la deconstrucción de la metafísica burguesa. En realidad, están allí porque, en la sociedad abierta y avanzada de nuestros días, la absoluta benevolencia para con todo lo que en materia de arte parece nuevo u osado ha llevado a un relativismo y confusionismo babélicos en el que ya nadie se entiende, ya nadie sabe qué es creación o impostura, y, si lo sabe, tampoco se atreve a hacerlo público para no ser considerado un «filisteo» o un «reaccionario». Éste es el estado de cosas ideal para que los gatos pasen por liebres. Es lo que ha estado ocurriendo hace ya bastante tiempo no sólo en Berlín, sino también en ciudades a las que una sólida tradición de consenso público en torno a valores estéticos y criterio artístico, como París, parecía poder defender mejor contra ese riesgo. ¿Cómo explicar, si no, la tranquila resignación de los franceses ante las columnas de colores que convirtieron el patio del Palais Royal en un damero y la acristalada pirámide que desbarató la simetría del Louvre?

A diferencia de los nazis y de los comunistas, convencidos de que el arte y la literatura eran «peligrosos» y debían ser por eso controlados e instrumentalizados por el poder político, la sociedad democrática y liberal ha conseguido volver al arte algo totalmente inocuo, cuando no fraudulento y risible, un quehacer disociado de la vida y los problemas, de las necesidades humanas, una prestidigitación sin alma, una mercancía con la que los mercaderes especulan y los políticos se publicitan a sí mismos y se autootorgan diplomas de mecenazgo y espíritu tolerante y progresista. Ésa es también una manera, muy barroca, de «degenerar» la vida cultural.

La libertad, valor seguro en todos los órdenes, resuelve problemas fundamentales pero crea otros, que exigen soluciones audaces y grandes esfuerzos de imaginación. En lo que concierne al arte, la sociedad abierta garantiza al artista una tolerancia y unas disponibilidades ilimitadas, que, paradójicamente, han servido con frecuencia para privarlo de fuerza y originalidad. Como si en los artistas, al sentir que lo que hacen ya no asusta ni importa a nadie, se marchitaran la convicción, la voluntad de crear, un cierto sentido ético frente a la vocación, y prevalecieran el manierismo, el cinismo y otras formas de la irresponsabilidad.

Por eso, aunque me alegra mucho que el pueblo alemán oriental se haya librado del régimen totalitario, yo no celebro que se demuelan tantas estatuas de Marx, Engels y compañía en la ex República Democrática Alemana, entre ellas, ese colosal Lenin de piedra al que ha costado fortunas traer abajo. Su portentosa presencia tenía el involuntario humor de una construcción *kitsch*. Entre fealdades, siempre será preferible aquella que no se vale de sofismas intelectuales, como el heroico combate contra el consumismo, para hacerse aceptar.

En mi camino cotidiano a enfrentarme con los entreveros y declinaciones del idioma alemán, la escultura que me alegra encontrar es una especie de serpiente de aluminio que sobrevuela la avenida, a manera de un arco agazapado. En su pesada y obvia naturaleza hay algo simpático, que congenia muy bien con los apresurados transeúntes, los altos edificios y el tráfago que la rodea. De cuando en cuando aparecen en ella pintarrajeados lemas góticos o ríos de color. ¿Que no es una escultura sino la cañería gigantesca de la manzana que ha debido ser desplazada mientras se echan los cimientos de un futuro rascacielos? Sí, lo es. Es una escultura transitoria y casual, un *ready-made* que materializa las potencialidades creativas de la industria, un monumento ferozmente sarcástico, como aquellos que inmortalizaron a Grosz en esta misma ciudad en los años veinte, del subconsciente colectivo berlinés contra la complaciente degeneración del quehacer artístico en estas últimas boqueadas del milenio.

Berlín, marzo de 1992

La paradoja de Grosz

En la primavera de 1985, en medio de una abrumadora gira de presentación de un nuevo libro, me escapé un par de horas al Palazzo Reale, de Milán, para ver una exposición dedicada a «Gli anni di Berlino», de George Grosz. Tres meses después, en el tórrido verano italiano, hice un viaje *ex profeso* para volver a ver la muestra, en la fantástica (plásticamente hablando) ciudad de Ferrara. Y, algún tiempo más tarde, tuve la suerte de recorrerla por tercera y última vez en la sala de exposiciones de la Mairie de París. Para entonces ya sabía que Grosz era un artista cuya obra y cuya vida me importaban sobremanera, más que buena parte de los pintores modernos que conservo en la memoria, por razones que tienen que ver con su talento, desde luego, pero también con su caso. Éste, al igual que su obra, ilustra de manera ejemplar un aspecto central de la creación artística: su relación con la historia y la vida, con la verdad y la mentira, el tipo de testimonio que la ficción ofrece sobre el mundo objetivo. Sabía también —y lo iría sabiendo cada vez más, en los años siguientes, mientras perseguía por el mundo las obras accesibles de o sobre Grosz— que mi fascinación con lo que pintó, dibujó, escribió e hizo o dejó de hacer en sus sesenta y tres años de vida se explicaba por afinidades y contrastes que, en el año que acabo de pasar en Berlín —la ciudad de Grosz—, he tratado de averiguar.

Nacido en 1893, en una pequeña aldea de Pomerania, Grosz encontró en el dadaísmo, que llegó a Berlín procedente de Zúrich, en 1918, un clima, una filosofía y unos métodos apropiados para dar rienda suelta a su anarquismo e iconoclasia, a sus furores y virulencias contra el régimen político y las instituciones de la naciente República de Weimar y a unos sueños revolucionarios, más destructivos que constructivos, que lo mantendrán hasta 1925 en el Partido Comunista, en el que ingresó, en diciembre de 1918, con otros dadaístas berlineses como Wieland Herzfelde y Erwin Piscator. Desde entonces colabora en todas las revistas, manifiestos y espectáculos-provocación de dadá, a la vez que imprime sus primeras carpetas de litografías, dirige e ilustra innumerables publicaciones de la vanguardia artística y la acción revolucionaria, protagoniza escándalos, hace exposiciones, es enjuiciado y multado tres veces por blasfemo y ofensor del Ejército, y vive hasta los tuétanos, sin desperdiciar, se diría, uno sólo, todos los desenfrenos, locuras, diversiones y polémicas de esos años veinte, preparatorios del segundo gran apocalipsis europeo, pero también de prodigiosa fecundidad artística.

Son los grandes años de Grosz. Nadie, en Berlín, en Alemania, personificará mejor en el dominio de las artes plásticas y gráficas los años de Weimar, nadie llevará el expresionismo más lejos en el camino de la virulencia y crispación. Alcanza un sólido prestigio, pero su obra es asimismo objeto de airadas críticas por los sectores conservadores, que le reprochan su obscenidad, antimilitarismo y blasfemias, y, a veces, por sus propios camaradas, que toman distancia con sus excesos iconoclastas. Lo cierto es que el mundo de Grosz, aunque esquemático, es, desde el principio, demasiado individualista, arbitrario, obsesivo y violento para servir los objetivos de un partido político, aun cuando éste se proponga hacer tabla rasa de la sociedad existente. La exaltación del proletario y de la futura sociedad sin clases es infrecuente en una obra que, hasta comienzos de los años treinta, parece exclusivamente orientada a satirizar y abominar militares, burgueses, gobernantes y religiosos, y a describir con alucinada minucia a prostitutas, depravados y criminales.

A partir de 1933 su vida y su obra experimentaron un vuelco radical. Gracias a una academia de arte neoyorquina, la Arts Students League, pudo trasladarse a Estados Unidos, muy a tiempo, pues dieciocho días después de su partida Hitler subía al poder y caía sobre Alemania la noche del Tercer Reich. Pocos artistas eran tan detestados por los nazis como él, y con toda razón. El encarnizamiento del régimen contra su obra fue implacable. Max Pechstein calcula que unas doscientas ochenta y cinco pinturas y dibujos de Grosz desaparecieron o fueron destruidos durante el nazismo, el que, además, le quitó la nacionalidad alemana y confiscó todos los bienes de su mujer (él no tenía patrimonio alguno).

Grosz vivió en Estados Unidos prácticamente el resto de su vida. Pero murió en Berlín, a poco de regresar, en 1959. Con la excepción de dos años, en que gracias a una beca Guggenheim pudo dedicar todo su tiempo a pintar, trabajó como profesor, en universidades y academias privadas. Sus esfuerzos por triunfar en su país de adopción como pintor o como ilustrador y caricaturista de grandes revistas —*The New Yorker, Esquire, Fortune*— fueron vanos. Hizo muchas exposiciones, y mereció a veces juicios elogiosos de la crítica —más por su obra pasada que por la reciente—, pero vendió poco, a veces nada, y jamás consiguió que sus dibujos y apuntes sobre la vida y las gentes de Estados Unidos —amables o de simpática ironía— interesaran al público.

Aunque sus cartas, sobre todo las de los años del nazismo y de la guerra, son amargas y con arrebatos de desesperación, su vida pública, al menos, fue, durante estos veintiséis años, la cómoda y atareada de un pequeño burgués de los suburbios, buen esposo y padre de familia modelo, cumplidor de sus obligaciones, al que aquella sociedad organizada por el mercado, de la que esperaba la fortuna y la gloria, nunca permitió rebasar una discreta medianía. El alcohol fue un compañero, al principio discreto y al final ominoso, de aquella época. A su casa de Long Island llegaban con frecuencia los exiliados alemanes, amigos y compañeros de los años de Berlín, con los que Grosz se encerraba noches íntegras, en su estudio, a fumar y beber. En la tranquila soledad del barrio se los oía discutir, en fogoso alemán, sobre Stalin y el marxismo, al que muchos de aquellos expatriados —como Wieland Herzfelde o Bertolt Brecht— seguían fieles y a los que Grosz execraba ahora tanto como a Hitler y al fascismo.

En esos veintiséis años, Grosz se convirtió en un ser muy distinto del que había sido en Alemania, y también en un artista cuyos designios y realizaciones parecen tener poco o nada que ver con los del exaltado creador que fue en su juventud. Es injusto descalificar en bloque, en términos estéticos, sus cuadros y dibujos de los años treinta y cuarenta, pues ellos delatan siempre el oficio de un artista de primer orden. Lo que brilla por su ausencia en esas telas y cartulinas son el odio, la irracionalidad, lo arbitrario, esas presencias que vienen de los estratos más oscuros y reprimidos de la subconsciencia, que impregnaban con tanta fuerza el fingido realismo de sus caricaturas berlinesas, cargándolas de esa fuerza espontánea, demoníaca, incontrolable, que Bataille llamaba el mal, lo que atenta contra la vida en comunidad y es amenaza de disolución para la especie. El mundo de Grosz de los años norteamericanos apela a la sensatez, la inteligencia, la razón, para no decir la bondad y la generosidad, así como el anterior se dirigía, más bien, a lo violento y retorcido de la naturaleza humana, aquellos instintos y pulsiones terribles asociados al sexo y a la muerte que la civilización trata de domesticar para que la vida en sociedad sea posible.

Por esas razones, morales antes que estéticas, rechazó el Grosz de esos años su obra anterior: «No me gusta la obra de mi periodo sucio; todo eso ha quedado atrás». Solía enfurecerse cuando alguien la elogiaba. Y vez que tuvo ocasión afirmó, de manera enfática, que en Estados Unidos su arte había alcanzado mayor maduración y excelencia. No debe verse en estas afirmaciones la necesidad de autoestímulo, natural en todo artista. En Grosz expresaban una verdad profunda: en esos años, pintar y dibujar era para él una manera de integrarse al mundo y de manifestar su aceptación de la sociedad en la que vivía, así como antes había sido la de destruir la realidad y metamorfosearla en una ficción hecha a la medida de sus pasiones y fobias.

La visión dogmática tiene consecuencias trágicas cuando un Gobierno basa en ella sus políticas, pues para poder aplicarlas debe recortar y violentar la realidad humana, siempre más compleja y sutil que los esquemas ideológicos y las cosmovisiones maniqueas. Éstas pueden, por el contrario, servir de maravilla para crear una obra de arte, que es siempre una ficción, una reducción esencial de la vida vivida, de lo real. La visión esquemática, la radiografía en blanco y negro de lo humano, si va apoyada, como en el caso de Grosz (o, para la literatura, de un Brecht), de una gran maestría técnica, de un inteligente control de los medios formales, puede traducirse en una poderosa y persuasiva realidad creada, en un mundo alternativo al de la experiencia vivida. A condición de no confundirla con la realidad real, de identificar en ella la fabulación que es, ese simulacro falaz de la vida, transubstanciado en obra artística, a la que el genio dota de apariencia de verdad, adquiere la legitimidad y la valencia positiva de las genuinas creaciones. Y aunque es una superchería, muchas veces se superpone a lo real y lo reemplaza. El mejor Grosz, en lo tocante a sus dibujos y pinturas, era el que odiaba y zahería sin piedad, soñaba con apocalipsis y crímenes, dividía la realidad en diablos (militares, curas, rameras, bu-

714

rócratas y capitalistas) y santos (revolucionarios y obreros) y volcaba todo ello en imágenes tan seductoras como mentirosas.

El otro Grosz, el apaciguado y reconciliado con la vida, el mundo y los hombres, sensible a la ambigüedad de la existencia, al que la furia y la intransigencia fanáticas de su pasado avergonzaban e irritaban, el del sentido común, el Grosz empeñado en pintar de acuerdo a los sanos, limpios y convencionales valores de la clase media —cuya expresión gráfica eran aquellas ilustraciones de Norman Rockwell, el benigno artista a quien tantas veces dijo en sus últimos años que le hubiera gustado parecerse—, produjo una obra sin nervio, hecha sólo de oficio, a veces de muy buen oficio, incapaz de suscitar el hechizo que provocaba como artista cuando dejaba salir de sí lo más ácido y negro, lo peor que lo habitaba.

Esto puede desmoralizar a quienes piensan que el arte debe nacer de los buenos sentimientos y de las ideas verdaderas, algo que, en efecto, ha ocurrido a veces. Pero no siempre ha sido así y, precisamente, es rasgo característico del arte moderno que ello no ocurra. En nuestro tiempo, debido a que, a diferencia de las culturas religiosas del pasado, en las que había una espiritualidad unificadora de la sociedad, un indivisible consenso sobre los valores éticos, artísticos y trascendentes, en la sociedad occidental contemporánea, escindida y fragmentada en todo lo que concierne a moral, religión, cultura política, el arte ha pasado a expresar, en vez de la regla, sólo la excepción. Ya no el sentir, el creer, el desear, del conjunto o de la mayoría, sino el de un espíritu solitario, magnificado por la cultura de la libertad. Ésta, no lo olvidemos, es la cultura del individuo soberano, así como las culturas totalitarias de la época moderna y las religiosas del pasado (o de nuestros días) eran y son las de la colectividad. El arte, hoy, expresa sobre todo al individuo excéntrico, a veces violentamente enfrentado contra el todo social, contra la misma existencia, y la obra artística, enteramente construida a partir de una diferencia —las obsesiones y sueños personales del artista—, erige un mundo autónomo, adversario y, en todo caso, diferente del real.

En esos mundos del arte y la literatura —los mundos de la ficción—, otros individuos encuentran a veces formuladas sus propias utopías secretas, el alimento conveniente para aplacar sus apetitos más íntimos o para reconocerlos. A mí me ocurre con la obra de Grosz, sobre todo la de los años de Berlín. Para admirarla no necesito coartadas éticas o políticas —antifascista, antiburguesa, premonitoria de cataclismos históricos—, ni psicológicas —obra descriptiva de pulsiones y reprimidos instintos—, porque, aun siendo muchos de ellos adecuados, estos razonamientos prescinden casi siempre de la verdad principal: que Grosz se sirvió de todo ello para construir su mundo, en vez de construirlo para servir a esas ideas o realidades ajenas a su propio egoísmo de creador.

Una gran obra artística es algo misterioso y complejo, a lo que es arriesgado aproximarse armado de barómetros ideológicos, morales o políticos, aunque no hacerlo es escamotear algo que también le es consustancial: que ella no nace en el vacío, que ejerce su influencia dentro de la historia. Algunas se dejan entender con facilidad y pueden ser instrumentalizadas de diversa manera, por su elasticidad, vaguedad o polivalencia. Otras, como la de Grosz, mucho menos, y por eso, a menudo, sus críticos denotan ante ella cierto malestar. Algunos pretenden juzgarla sólo por sus aciertos artísticos, como si las feroces distorsiones y violencias que opera sobre el mundo real no fueran tan constitutivas de su ser como sus amalgamas, formas y colores. Y los que toman en cuenta su anécdota a menudo se resisten a aceptar su contradictoria naturaleza, de obra que, a la vez que recriminación despiadada, es también exaltación y apoteosis de un mundo con el que —en contra de su razón, sin duda— el artista se identificaba íntimamente.

Grosz no era un artista social. Era un maldito. En una época en que toda obra artística original está, en cierto modo, condenada a serlo, pues, debido a los muy superficiales y movedizos consensos que se establecen en la civilización moderna en materia artística, toda obra novedosa aparece como excéntrica y marginal, esta denominación no quiere decir ahora gran cosa, No, en todo caso, lo que Baudelaire insinuaba con ella cuando la empleaba. Pero sí que la obra de Grosz nació de la más pura autenticidad, en el ejercicio de una libertad que no aceptaba bridas, que erigió sus fantasías revolviendo las sentinas de la sociedad y del corazón humano, y que a esta imperecedera impostura el tiempo ha terminado por dar más fuerza y verosimilitud que a su extinto modelo. Los años de Berlín no son, hoy, los que padeció y gozó Alemania, sino los que Grosz inventó.

Berlín, marzo de 1992

716

Botero en los toros

El estreno de *Sangre y arena*, con Tyrone Power y Rita Hayworth, en Cochabamba, Bolivia, a mediados de los cuarenta, fue un hecho capital en mi vida. Vi la película siete veces, en las matinales y matinés del cine Achá, y desde entonces, por muchos años, soñé con ser torero. La tentación había asomado, en mis desvelos, desde que el abuelo me llevó a ver mi primera corrida, en el modesto coso cochabambino; pero no fue la fiesta real, sino la pasada por Blasco Ibáñez y por Hollywood la que transformó aquel devaneo en furiosa urgencia.

¿Era aquella veleidad tauromáquica de mi niñez una epidemia generacional en América Latina? Porque por esos mismos días en que yo toreaba triciclos bolivianos, a miles de kilómetros de allí, en otra ciudad provinciana de los Andes, la verde y sinuosa Medellín, Fernando Botero se inscribía en una academia taurina y, a lo largo de dos años, tomaba clases para matador. Le llevó allí su tío Joaquín, un fanático de la fiesta, de la mano de quien fue muchas veces a ver lidiar toros y novillos en la flamante plaza de la Macarena y en los pueblos de las serranías vecinas, cuando no soñaba siquiera con ser algún día pintor. El lujo, la exaltación, el color, la indescriptible alianza de primitivo salvajismo y refinada exquisitez de aquellos espectáculos no se borrarían nunca más de su memoria. Por eso, no tiene nada de sorprendente que los primeros dibujos que Botero garabateó, en el colegio de los jesuitas de Medellín, fueran siluetas de toros. Aunque no deja de ser una premonición que la primera obra más o menos personal que se conserva de él sea la acuarela de un torero. Nunca sabremos, claro está, si su deserción de las sangrientas ceremonias de la fiesta taurina a las más benignas del caballete y la paleta fue una tragedia o una suerte para el arte de Manolete y de Belmonte. Pero, sin duda, para el de Goya y Velázquez resultó venturosa. Por lo demás, al cabo de los años, de los pinceles y de la destreza de este artista, la fiesta de los toros recibiría el más entusiasta y completo homenaje que le haya brindado un pintor contemporáneo. (Y conste que no me olvido de todas las maravillas que inspiró a Picasso).

Aunque experiencia central de su infancia y presencia pertinaz de sus primeras manifestaciones artísticas, este asunto —la corrida— parece desvanecerse luego de su pintura, en la que rara vez aparece, hasta la década de los ochenta. Botero fue siempre un aficionado, y visitó todas las plazas que pudo, pero ni los toros ni los toreros son protagonistas de aquellos cuadros de los años difíciles de su juventud, cuando tenía como modelos a los muralistas mexicanos, ni después, en los del laborioso aprendizaje de los clásicos, en España, Francia y, sobre todo, Italia. Asoman alguna vez, pero como sombras furtivas, luego de aquella tarde providencial de 1956, en un parque de México, cuando, como jugando, infló la mandolina que dibujaba y descubrió de pronto, como quien vive un milagro, el suntuoso mundo secreto de la opulencia que lo habitaba y su método de pintar.

En 1982 o 1983, ya célebre y con una vasta obra reconocida en medio mundo, volvió una tarde a ver una corrida en la plaza de la Macarena, en su ciudad natal. Y, dice, de inmediato sintió que allí tenía un mundo familiar y estimulante sobre el cual trabajar: «De allí empecé un cuadro después de otro, hasta el punto que me entusiasmé con el tema y en tres años no hice más que pintar toros. Después empecé a pintar otros motivos, pero también toros [...]».

Es un error creer que Botero engorda a los seres y las cosas sólo para hacerlos más vistosos, para darles mayor sustancia, una presencia más rotunda e imponente. En verdad, la hinchazón que sus pinceles imprimen a la realidad perpetra una operación ontológica: vacían a las personas y a los objetos de este mundo de todo contenido sentimental, intelectual y moral. Los reducen a presencias físicas, a formas que remiten sensorialmente a ciertos modelos de la vida real para oponerse a ellos y negarlos.

Y, a la vez, los saca del río del tiempo, de la pesadilla de la cronología; los instala en una inmovilidad eterna, en una realidad fija e imperecedera, desde la que, espléndidos en sus atavíos multicolores, inocentes y bovinos en su abundancia, congelados en algún instante del discurrir de sus vidas, cuando aún estaban en la historia —clavando una pica, haciendo un quite, adornándose con la capa o, lo más frecuente, mirando el mundo, mirándonos, con un ensimismamiento mineral, con una especie de indiferencia meta-física—, posan para nosotros y se ofrecen a nuestra admiración.

La verdad, es imposible no envidiarlos. Qué superiores y perfectos parecen comparados a nosotros, miserables mortales a quienes el tiempo devasta poco a poco antes de aniquilar. Ellos no sufren, no piensan, no se embrollan con reflexiones que dificulten o desnaturalicen sus conductas; ellos son acto puro, existencias sin esencias, vida que se vive a sí misma en un goce sin límites y sin remordimientos.

Entre los pintores modernos, Botero representa como pocos la tradición clásica, sobre todo la de sus modelos preferidos, los pintores del Cuatrocientos italiano, que no pintaban para expresar alguna disidencia con el mundo, para protestar contra la vida, sino para perfeccionar el mundo y la vida mediante el arte, proponiendo unos modelos y unas formas ideales a los que debían irse acercando el hombre, la sociedad, para ser mejores y menos infelices. Como en los grandes lienzos renacentistas, en la pintura de Botero hay una aceptación profunda de la vida tal como es, del mundo que nos ha tocado, y un esfuerzo sistemático para trasladar la realidad al dominio del arte depurada de todo lo que la afea, empobrece y pervierte. Ésta puede ser una tentativa quimérica, en estos tiempos en que nadie cree ya que el arte hace mejores y más dichosos a los hombres —las sospechas son, más bien, de que una sensibilidad aguzada es un pasaporte directo a la infelicidad—, pero ello no desmerece, más bien refuerza la singularidad de un artista incansable que, sin que variara nunca su amable timidez de andino y su circunspección provinciana, ha sido capaz a lo largo de toda su trayectoria como creador de nadar siempre contra la corriente: siendo realista cuando las modas exigían ser abstracto, buscando sus fuentes de inspiración en la comarca y lo local cuando era obligatorio beber las aguas cosmopolitas, atreviéndose a ser pintoresco y decorativo cuando estas nociones parecían írritas a la noción misma del arte y, sobre todo, pintando para expresar su amor y contentamiento de la vida cuando los más grandes artistas de su tiempo lo hacían para mostrar lo horrible y lo invisible que hay en ella.

Con Botero podemos ir a los toros a gozar con la sangre y la muerte, sin la menor mala conciencia.

Boston, agosto de 1992

Giacometti en La Coupole

En los años sesenta, en París, yo dedicaba todos los domingos a escribir un artículo. Tenía un acuerdo con una publicación de Lima que, a cambio de esas colaboraciones semanales, me pagaba un pasaje de avión que me permitía pasar mis vacaciones anuales en el Perú. Esos artículos me costaban un trabajo infernal. Eran sólo cuatro o cinco cuartillas a doble espacio, de tema libre, que, cada fin de semana, desde que comenzaba a escribirlos hasta que les ponía el punto final, me tenían atado a la máquina de escribir, fumando como una chimenea, rompiendo y rehaciendo papeles, ocho o diez horas por lo menos. Cuando acababa, ya entrada la noche, y si lo permitía el presupuesto, me premiaba yendo a La Coupole, en Montparnasse, a despachar un *carré d'agneau* con una cerveza de barril y unos huevos a la nieve, de postre. Allí estaba, sin fallar nunca, Alberto Giacometti. Su cara caballuna surcada a hachazos, su hirsuta melena, sus grandes manazas de campesino preindustrializado aparecían infaliblemente en las mesas de la terraza, o en las del restaurante, entre nubes de un humo que él mismo expelía por un rinconcito de la boca, en la que siempre colgaba, como en las fotos de Jacques Prévert, un distraído cigarrillo. Nunca crucé una palabra con él, pero coincidí tantas veces con su llamativa figura en esos domingos de La Coupole que llegó a ser para mí una presencia familiar, algo más que un conocido, casi un amigo. Siempre le tuve admiración y, además, un respeto que no recuerdo haber sentido por ninguno de los otros grandes artistas que tronaban y reinaban en el París de aquellos años, incluso aquellos, como Picasso, cuya genialidad estaba fuera de toda duda. Ocurre que Giacometti me dio siempre la impresión, en todas las obras que vi de él —esculturas, dibujos o pinturas—, y en todos los testimonios sobre su propio trabajo que leí, de ser constitutivamente incapacitado para la pose o el embauque, un enemigo acérrimo y permanente de

720

toda forma de facilismo o concesión, un artista que nunca se distrajo de la búsqueda obsesiva de la perfección. En el ensayo que le consagró, Sartre decía que hasta en las piezas más mínimas de Giacometti transpiraba ese empeño de tocar el absoluto que guiaba su vocación.

En la gran retrospectiva que le dedica en estos días la Royal Academy de Londres, uno descubre que aquello no era sólo un empeño o una búsqueda, pues, desde sus primeras pinturas de adolescente, hasta el busto del fotógrafo Elie Lotar en el que trabajaba cuando murió, Giacometti alcanzó un nivel de excelencia sostenido, sin caídas, mientras desarrollaba una obra cuya originalidad y profundidad quedarán sin duda como uno de los más altos logros cuando se haga el balance del arte contemporáneo. La época se refleja en esa obra, por supuesto; pero en ella hay mucho más que un pronunciamiento sobre la sensibilidad o los mitos reinantes, los valores estéticos en boga o la tradición: una visión de lo humano que desconocíamos y que se nos impone como cierta y auténtica, aunque no sea estimulante ni bella, sino, más bien, lastimosa y trágica.

Como era amigo de Sartre y Genet, que escribieron sobre él y lo adoptaron, se ha convertido en un lugar común decir que Giacometti fue un creador «existencialista», algo que no quiere decir gran cosa, o dice tantas cosas a la vez que no sirve para definir lo que hay en su obra de específico e intransferible. Pero «eso» que tienen de propio y único sus figurillas ahiladas, a las que el artista parece haber rescatado *in extremis*, cuando, inmersas en un proceso de progresiva escualidez, estaban a punto de desintegrarse, de volver a la inexistencia y a la nada, lo percibimos y sentimos, con absoluta nitidez, cuando nos encaramos con ellas, y las observamos dentro de esos cubos carcelarios en que a veces se encuentran, y nos sentimos observados por ellas, desde su remotísima soledad, y descritos, revelados en lo que hay en nosotros, bajo las apariencias engañosas, de insignificancia, nadería, soledad y perecimiento. Aunque la obra artística de Giacometti representa un vasto dominio —un universo— por su significación y resonancias, los materiales y experiencias con que fue elaborada son mínimos: su padre, su madre, su hermano Diego, un par de amantes y Annette, su mujer. Es verdad que vivió y trabajó cerca de cuarenta años en París —en dos cuartitos minúsculos de la Rue Hippolyte Maindron, que aparecen como fondo de alguno de sus cuadros—, pero no le hizo falta. Da la sensación, por la olímpica indiferencia que mostró a las modas transeúntes, que este provinciano suizo hubiera hecho lo mismo aun si no hubiera salido nunca del valle de Bregaglia. Sus escarceos con el cubismo y el surrealismo, en los años veinte, no lo apartaron de, pero sí sublimaron y estilizaron, su temática recurrente y maniática —la representación de la figura humana—, de modo que, pese a las diferencias formales y técnicas, sus piezas cubistas o surrealistas no constituyen una ruptura en ese medio siglo de quehacer artístico de Giacometti, que ahora aparece como una rectilínea e incesante recreación, en telas, cartulinas, piedras y metales, de rostros y cuerpos, aislados de su entorno geográfico y social, trasladados de lo histórico a un plano metafísico o abstracto y encapsulados en un espacio intemporal, que, en contraste o simbiosis con esas figuras, adquiere una presencia poco menos que visible y siempre sobrecogedora.

No es una metáfora decir que el espacio es un personaje en las piezas de Giacometti. Lo es en un sentido literal, tanto en sus esculturas, donde las figurillas esmirriadas e incomunicadas nos parecen estar siendo constreñidas, adelgazadas, por ese ámbito vacío tan amenazador que las circunda, como en sus maravillosos retratos al óleo —el de Annette, el de su madre, el de Genet, el de Diego y tantos otros—, donde las personas se hallan subsumidas, atrapadas, en una invisible tela de araña, por la presión feroz de un entorno que las va disminuyendo y deshaciendo. El espacio es, en estas obras, el tiempo, el gran erosionador, el lento e implacable sepulturero de lo existente, un escurridizo personaje al que las manos brujas de Giacometti consiguieron capturar y retratar de una manera sutil. Por eso, se podría decir de él que fue el artista moderno que reflejó mejor en su obra la condición humana, existencia fugaz abocada a la extinción.

Pero a Giacometti no le hubiera gustado que se dijera de su obra nada tan trascendente y solemne. Era un hombre frugal y muy sencillo, no sólo por la modestia con que siempre vivió; también, porque nunca pudo ver en su obra nada excepcional, sino un esfuerzo, siempre frustrado, en pos de una inalcanzable perfección. No había pose alguna cuando lo decía; era tan cierto como el malestar que le causaban los elogios, los premios. Él sabía, como auténtico creador que era, que, a la hora de la verdad, se hallaba tan desvalido e impotente como al principio, cuando descubrió su vocación y se sentía abrumado por el pánico de aventurarse por el sendero del arte, que su padre recorría ya con tanto éxito. Hasta el último día, Giacometti fue un perfeccionista irreductible; todo lo que hacía le parecía mal, y por eso lo deshacía y rehacía hasta rozar el masoquismo y la locura. Hay un maravilloso testigo (y víctima) de esta dureza autocrítica a la que Giacometti sometía su trabajo: el libro de su amigo y biógrafo, James Lord (*A Giacometti Portrait*), contando las horcas caudinas por las que pasó, posando para el artista, quien, cada mañana, a lo largo de semanas y semanas, deshacía y rehacía lo hecho, exigiendo a su modelo, además, una inmovilidad total. La imagen aparecía y desaparecía, con modificaciones mínimas, hasta que, al segundo mes, fue definitivamente fijada.

Un día de 1945, al salir de un cinema, Giacometti quedó impresionado por el espectáculo que lo rodeaba: «Gentes que parecían una extraña especie, máquinas inhumanas, seres mecánicos que iban y venían por la calle como las hormigas, cada cual dedicado a lo suyo, solitario, ignorado por los demás. Se cruzaban y descruzaban, sin mirar y sin verse». El resultado de esta impresión fue una de sus esculturas más famosas: *Tres hombres andando* (1948). Ella muestra, sobre una plataforma amplia, tres figurillas sin rostro que caminan, mirando adelante y como confinadas cada cual dentro de sí misma, en direcciones diferentes. El efecto es poderoso; la soledad e incomunicación que brota del conjunto rebasa lo anecdótico y adquiere una dimensión vital: esos seres sólo pueden estar solos, aunque estén juntos y casi tocándose, porque la soledad la llevan consigo como una cota de malla impenetrable. Esa visión del ser humano puede ser, como escribió Sartre, la del hombre alienado por la civilización urbana e industrial, convertido en pieza de recambio, en un mero útil de trabajo. O puede ser también la condición metafísica del ser humano, prisionero de sí mismo, suspendido en su existencia sobre el abismo del tiempo. Las interpretaciones pueden multiplicarse hasta el infinito. Pero el hecho es que una obra como *Tres hombres andando* las estimula, porque, ante ella, algo profundo y misterioso de lo que somos se nos revela y encarna, algo que tiene que ver no con lo fecundo y exaltante que también tiene la vida, sino con su vertiente más horrenda, aquella que nos asusta y atormenta. La grandeza de Giacometti está en haber sido capaz, en una época en que el gesto, el disfuerzo y la improvisación brillante se convertían en valores artísticos, de resistir todas las tentaciones y perseverar en la exploración del más antiguo de los temas: qué y cómo somos. Sus respuestas pueden no ser definitivas, pero ellas están ahí, como un hito de nuestro tiempo, y como prueba magnífica de que un artista puede ser moderno y revolucionario sin renunciar al rigor y a las preocupaciones de los clásicos.

Miami, octubre de 1996

Señoras desnudas en un jardín clásico

En los años sesenta, buena parte de los cuales viví en París, escuché muchos chistes sobre los belgas, tan malvados como los que los españoles inventan a los nacidos en Lepe, o los peruanos a los de Huacho, chistes con que los franceses provocaban siempre la carcajada a costa de una bobería ontológica que arrastrarían por la vida sus vecinos. Aquellos chistes describían a los belgas como previsibles, pedestres, bondadosos, circunspectos, bovinos y, sobre todo, huérfanos de imaginación.

En todos estos años, cada vez que los belgas se las arreglaban para ocupar los primeros planos de la actualidad y demostrar —ellos también— la falacia y el estereotipo que representan las supuestas psicologías nacionales, ya sea debido a las feroces querellas lingüísticas entre valones y flamencos que han estado, varias veces, a punto de desintegrar su país, o, últimamente, por el macabro deporte del asesinato y la pedofilia combinados practicado por alguno de sus ciudadanos, que llenó las calles de Bruselas de manifestantes enfurecidos protestando por la complicidad y negligencia de las autoridades policiales y judiciales con esos horrendos sucesos, aquellos chistes solían reaparecer en mi memoria, acompañados de remordimientos retrospectivos.

¿Poco fantasiosos, los naturales de ese chato país cuyos montes son, como cantaba Jacques Brel, las agujas de sus catedrales? En los campos de la política y del delito, por lo pronto, han demostrado ser tan excesivos, disparatados y feroces como el que más. ¿Y, en pintura? Apenas un trío de sus artistas —Magritte, Ensor y Delvaux— han fantaseado y soñado, ellos solos, más que colectividades enteras de pintores de los países más inventivos a lo largo del siglo que termina.

La obra de los dos primeros la conocía bien; la de Delvaux, en cambio, a pedazos, en exposiciones limitadas o en reproducciones que jamás dan una idea cumplida del original. Ahora, gracias a la retrospectiva organizada por el Museo Real de Bellas Artes, de Bruselas, que, con motivo del centenario de Paul Delvaux (1897-1994) reúne una cuarta parte de su obra (incluidos dibujos, grabados y medio centenar de carnets), ya sé por qué, si tuviera que quedarme con uno del gran trío, el elegido sería Delvaux. Fue el más obsesivo de los tres, el que sirvió más disciplinada y lealmente a sus demonios, el que logró congeniar mejor el pacto contra natura entre academicismo formal y delirio temático que es el denominador común del terceto y de tantos simbolistas y surrealistas.

Nadie hubiera sospechado, leyendo la biografía de este hijo y hermano de abogados, que en las fotografías de infancia aparece, escoltado por nodrizas en uniforme y sumido en caperuzas con pompones de niño mimoso, con la misma cara pasmada que tendrán más tarde las señoras desnudas que se exhiben en sus cuadros entre templos griegos, que este vástago apacible de la burguesía belga estaba dotado de una capacidad onírica tan desmedida ni de una irreverencia tan discreta pero persistente cara a los valores y principios enfermizamente conformistas del medio en que nació. Cuando sus padres le dijeron que la señorita Anne-Marie de Martelaere (Tam), de la que se había enamorado, no le convenía, les obedeció. (Pero siguió amándola y un cuarto de siglo más tarde, al encontrarla de nuevo, se casó con ella). Y no se atrevió a entrar a la academia de pintura hasta que su familia se resignó a que fuera artista, ya que había dado pruebas inequívocas de su ineptitud para ser abogado o arquitecto.

Toda la vida de Delvaux —una vida larga, monótona y minimalista en todo lo que no fuera pintar— está marcada por este respeto exterior a las convenciones y a las formas, por un conformismo con lo establecido y la autoridad que «sólo» se eclipsaba cuando cogía los lápices y pinceles, acto mágico que, se diría, con prescindencia de su voluntad, lo emancipaba de familia, medio social, país, y lo entregaba atado de pies y manos a una servidumbre más insolente y creativa: la de sus obsesiones.

Éstas fueron pocas y están bien documentadas, en su pintura y en su vida. Porque a Delvaux le ocurrieron apenas un puñado de cosas interesantes, aunque, eso sí, les sacó un provecho extraordinario. Lo deslumbraron las historias de Jules Verne que leyó de niño y medio siglo más tarde estaba todavía rememorando en sus fantasías plásticas al geólogo Otto Lidenbrock y al astrónomo Palmyrin Rosette del *Viaje al centro de la Tierra*. Los esqueletos humanos que bailoteaban en las vitrinas del colegio de Saint-Gilles, donde cursó la primaria, no desertaron jamás de su memoria, y fueron los modelos de la bellísima serie de *Crucifixiones* (y de las innumerables calaveras que deambulan por sus cuadros) presentada en la Bienal de Venecia en 1954. Ellas escandalizaron tanto, que el cardenal Roncalli (el futuro Juan XXIII) censuró la exposición.

Hacia 1929, en una feria popular junto a la Gare du Midi, de Bruselas, encontró una barraca que, con el pomposo título de El Museo Spitzner, exhibía, entre deformidades humanas, a una *Venus de cera*, que, gracias a un ingenioso mecanismo, parecía respirar. No diré que se enamoró de ella, porque en un caballero tan formal aquellas barbaridades que hacen los personajes de las películas de Berlanga resultarían inconcebibles, pero lo cierto es que aquella imagen lo exaltó y torturó por el resto de sus días, pues la fantaseó una y otra vez, a lo largo de los años, en la misma pose entre truculenta y misteriosa con que aparece, a veces bañada por un sol cenital y lujurioso, a veces medio escondida por la azulina y discreta claridad de la luna, en sus cuadros más hermosos. El Museo Spitzner le enseñó (lo diría en su extrema vejez) «que había un "drama" que podía expresarse a través de la pintura, sin que ésta dejara de ser plástica».

En sus carnets y cartas figuran todos los hechos decisivos que engendraron los motivos recurrentes de su mitología: las estaciones de tren, las arquitecturas clásicas, los jardines simétricos, y, por supuesto, aquella exposición en Bélgica, en mayo de 1934, de «Minotaure», donde vio por primera vez ocho paisajes «metafísicos» de Giorgio de Chirico. La impresión lo catapultó a confinarse en una aldea valona, Spy, de la que no salió hasta haber logrado pintar espacios como los del italiano, terriblemente vacíos pero llenos de algo amenazante e invisible, sorprendido por el pincel un instante antes de materializarse.

Pero probablemente la más importante experiencia en la vida de Delvaux —y juraría que tan tardía como el asumir su vocación de pintor— debió de ser descubrir que, debajo de aquellas abrigadas ropas que las cubrían, las mujeres tenían unas caderas, unos muslos, unos pechos, un cuerpo que cifraba, mejor que ningún otro ser u objeto, aquello que los surrealistas andaban persiguiendo con esplendorosos sustantivos: lo mágico, lo maravilloso, lo poético, lo intrigante, lo turbador, lo fantástico. Ellos lo buscaban; él lo encontró. No hay pintor contemporáneo que haya homenajeado con más devoción, delicadeza y fantasía el cuerpo femenino, ese milagro que Delvaux nunca se cansó de exaltar y del que seguiría dando testimonio, a sus noventa y pico de años, con el mismo deslumbramiento infantil, aunque ya con trazos temblorosos. Sus primeros desnudos, a finales de los años veinte, tienen restos de psicología. Luego, se depuran de emociones, sentimientos y rasgos particulares y funden en una sola forma, que, siendo genérica, no deja nunca de ser intensa y carnal. Generalmente rubia, de grandes ojos embelesados por alguna visión, de formas más bien opulentas, sin que jamás una sonrisa venga a aligerar la severísima concentración de su rostro, la mujer de Delvaux parece imitar a las estatuas, en esos jardines sin aire, al pie de aquellas columnas griegas o en sus estaciones desiertas. Basta echarle una mirada para saber que es inalcanzable e intocable, un ser sagrado, capaz de despertar el deseo ajeno pero incapaz de experimentarlo, aun en aquellas contadas ocasiones en que otra silueta —masculina o femenina— finge acariciarla. Sólo cuando muda en árbol, pez, flor o esqueleto parece cómoda. Éste es un mundo sin hombres, pues, cuando ellos aparecen, se advierte de inmediato que están de más. Lo dijo André Breton: «Delvaux ha hecho del universo el imperio de una mujer, siempre la misma...». Es verdad. Pero, también hizo de él un lugar increíblemente diferente al que conocemos y habitamos, riquísimo en insinuaciones y sugerencias de todo orden, que conmueve e inquieta porque, a la vez que ingenuo, frágil, sorprendente, parece esconder algo maligno y estar a punto de eclipsarse en cualquier momento, como los paisajes que visitamos en el sueño.

En los alrededores del Museo Real de Bruselas está el barrio de Sablon, lleno de anticuarios, galerías de arte y cafés y restaurantes con terrazas que se desbordan sobre las veredas y hasta los adoquines de la calzada. Es un día domingo con sol radiante y cielo azul marino, excelente para almorzar al aire libre, una *carbonnade*, por supuesto, y beber cerveza de barril, que los nativos de esta tierra preparan espesa y espumosa. En las mesas que me rodean hay familias de valones y flamencos que hacen todo lo posible por parecerse a los personajes de esos malvados chistes que los franceses atribuyen a los belgas y hacerme creer que son discretos, educados, bien vestidos, formalitos hasta la invisibilidad. Pero, a mí, esas apariencias no me engañan. ¿Después de haber pasado tres horas con Paul Delvaux? Jamás de los jamases. Ya sé que detrás de esas fachadas tan benignas y convencionales, se ocultan tentaciones tremebundas, audacias insólitas, inicuos monstruos, y que todos esos enloquecidos fantaseadores que fueron un Ghelderode, un Maeterlinck, un Ensor, un Magritte, un Delvaux, practicaban, para esconderse mejor, esa misma estrategia: mostrar caras de buenos vecinos, de burgueses tranquilos que sacan a mear a su perro, con puntualidad religiosa, todas las mañanas.

Bruselas, mayo de 1997

Caca de elefante

En Inglaterra, aunque usted no lo crea, todavía son posibles los escándalos artísticos. La muy respetable Royal Academy of the Arts, institución privada que se fundó en 1768 y que, cn su galería de Mayfair, suele presentar retrospectivas de grandes clásicos, o de modernos sacramentados por la crítica, protagoniza en estos días uno que hace las delicias de la prensa y de los filisteos que no pierden su tiempo en exposiciones. Pero, a ésta, gracias al escándalo, irán en masa, permitiendo de este modo —no hay bien que por mal no venga— que la pobre Royal Academy supere por algún tiempito más sus crónicos quebrantos económicos.

¿Fue con este objetivo en mente que organizó la muestra «Sensación», con obras de jóvenes pintores y escultores británicos de la colección del publicista Charles Saatchi? Si fue así, bravo, éxito total. Es seguro que las masas acudirán a contemplar, aunque sea tapándose las narices, las obras del joven Chris Ofili, de veintinueve años, alumno del Royal College of Art, estrella de su generación según un crítico, que monta sus obras sobre bases de caca de elefante solidificada. No es por esta particularidad, sin embargo, por la que Chris Ofili ha llegado a los titulares de los tabloides, sino por su blasfema pieza *Santa Virgen María*, en la que la madre de Jesús aparece rodeada de fotos pornográficas.

No es este cuadro, sin embargo, el que ha generado más comentarios. El laurel se lo lleva el retrato de una famosa infanticida, Myra Hindley, que el astuto artista ha compuesto mediante la impostación de manos pueriles. Otra originalidad de la muestra resulta de la colaboración de Jake y Dinos Chapman; la obra se llama *Aceleración Zygótica* y —¿como indica su título?— despliega a un abanico de niños andróginos cuyas caras son, en verdad, falos erectos. Ni que decir que la infamante acusación de pedofilia ha sido proferida contra los inspirados autores. Si la exposición es verdaderamente representativa de lo que estimula y preocupa a los jóvenes artistas en Gran Bretaña, hay que concluir que la obsesión genital encabeza su tabla de prioridades. Por ejemplo, Mat Collishaw ha perpetrado un óleo describiendo, en un primer plano gigante, el impacto de una bala en un cerebro humano; pero lo que el espectador ve, en realidad, es una vagina y una vulva. ¿Y qué decir del audaz ensamblador que ha atiborrado sus urnas de cristal con huesos humanos y, por lo visto, hasta residuos de un feto?

Lo notable del asunto no es que productos de esta catadura lleguen a deslizarse en las salas de exposiciones más ilustres, sino que haya gentes que todavía se sorprendan por ello. En lo que a mí se refiere, yo advertí que algo andaba podrido en el mundo del arte hace exactamente treinta y siete años, en París, cuando un buen amigo, escultor cubano, harto de que las galerías se negaran a exponer las espléndidas maderas que yo le veía trabajar de sol a sol en su *chambre de bonne*, decidió que el camino más seguro hacia el éxito en materia de arte era llamar la atención. Y, dicho y hecho, produjo unas «esculturas» que consistían en pedazos de carne podrida, encerrados en cajas de vidrio, con moscas vivas revoloteando en torno. Unos parlantes aseguraban que el zumbido de las moscas resonara en todo el local como una amenaza terrífica. Triunfó, en efecto, pues hasta una estrella de la Radio Televisión Francesa, Jean-Marie Drot, le dedicó un programa.

La más inesperada y truculenta consecuencia de la evolución del arte moderno y la miríada de experimentos que lo nutren es que ya no existe criterio objetivo alguno que permita calificar o descalificar una obra de arte, ni situarla dentro de una jerarquía, posibilidad que se fue eclipsando a partir de la revolución cubista y desapareció del todo con la no figuración. En la actualidad «todo» puede ser arte y «nada» lo es, según el soberano capricho de los espectadores, elevados, en razón del naufragio de todos los patrones estéticos, al nivel de árbitros y jueces que antaño detentaban sólo ciertos críticos. El único criterio más o menos generalizado para las obras de arte en la actualidad no tiene nada de artístico; es el impuesto por un mercado intervenido y manipulado por mafias de galeristas y *marchands* y que no revela gustos y sensibilidades estéticas, sólo operaciones publicitarias, de relaciones públicas y en muchos casos simples atracos.

Hace más o menos un mes visité, por cuarta vez en mi vida (pero ésta será la última), la Bienal de Venecia. Estuve allí un par de horas, creo, y al salir advertí que a ni uno solo de todos los cuadros, esculturas y objetos que había visto, en la veintena de pabellones que recorrí, le hubiera abierto las puertas de mi casa. El espectáculo era tan aburrido, farsesco y desolador como la exposición de la Royal Academy, pero multiplicado por cien y con decenas de países representados en la patética mojiganga, donde, bajo la coartada de la modernidad, el experimento, la búsqueda de «nuevos medios de expresión», en verdad se documentaba la terrible orfandad de ideas, de cultura artística, de destreza artesanal, de autenticidad e integridad que caracteriza a buena parte del quehacer plástico en nuestros días. Desde luego, hay excepciones. Pero, no es nada fácil detectarlas, porque, a diferencia de lo que ocurre con la literatura, campo en el que todavía no se han desmoronado del todo los códigos estéticos que permiten identificar la originalidad, la novedad, el talento, la desenvoltura formal o la ramplonería y el fraude y donde existen aún —¿por cuánto tiempo más?— casas editoriales que mantienen unos criterios coherentes y de alto nivel, en el caso de la pintura es el sistema el que está podrido hasta los tuétanos, y muchas veces los artistas más dotados no encuentran el camino del público por ser insobornables o simplemente ineptos para lidiar en la jungla deshonesta donde se deciden los éxitos y fracasos artísticos.

A pocas cuadras de la Royal Academy, en Trafalgar Square, en el pabellón moderno de la National Gallery, hay una pequeña exposición que debería ser obligatoria para todos los jóvenes de nuestros días que aspiran a pintar, esculpir, componer, escribir o filmar. Se llama «Seurat y los bañistas» y está dedicada al cuadro *Los bañistas de Asnières*, uno de los dos más famosos que aquel artista pintó (el otro es *Un domingo en la Grande Jatte*), entre 1883 y 1884. Aunque dedicó unos dos años de su vida a aquella extraordinaria tela, en los que, como se advierte en la muestra, hizo innumerables bocetos y estudios del conjunto y los detalles del cuadro, en verdad la exposición prueba que toda la vida de Seurat fue una lenta, terca, insomne, fanática preparación para llegar a alcanzar aquella perfección formal que plasmó en esas dos obras maestras.

En *Los bañistas de Asnières* esa perfección nos maravilla —y, en cierto modo, abruma— en la quietud de las figuras que se asolean, bañan en el río, o contemplan el paisaje, bajo aquella luz cenital que parece estar disolviendo en brillos de espejismo el remoto puente, la locomotora que lo cruza y las chimeneas de Passy. Esa serenidad, ese equilibrio, esa armonía secreta entre el hombre y el agua, la nube y el velero, los atuendos y los remos, son, sí, la manifestación de un dominio absoluto del instrumento, del trazo de la línea y la administración de los colores, conquistado a través del esfuerzo; pero todo ello denota también una concepción altísima, nobilísima, del arte de pintar, como fuente autosuficiente de placer y como realización del espíritu, que encuentra en su propio hacer la mejor recompensa, una vocación que en su ejercicio se justifica y ensalza. Cuando terminó este cuadro, Seurat tenía apenas veinticuatro años, es decir, la edad promedio de esos jóvenes estridentes de la muestra «Sensación» de la Royal Academy; sólo vivió seis más. Su obra, brevísima, es uno de los faros artísticos del siglo XIX. La admiración que ella nos despierta no deriva sólo de la pericia técnica, la minuciosa artesanía, que ella delata. Anterior a todo eso y como sosteniéndolo y potenciándolo, hay una actitud, una ética, una manera de asumir la vocación en función de un ideal, sin las cuales es imposible que un creador llegue a romper los límites de una tradición y los extienda, como hizo Seurat. Esa manera de «elegirse artista» parece haberse perdido para siempre entre los jóvenes impacientes y cínicos de hoy que aspiran a tocar la gloria a como dé lugar, aunque sea empinándose en una montaña de mierda paquidérmica.

Londres, septiembre de 1997

Resistir pintando

Frida Kahlo es extraordinaria por muchas razones, y, entre ellas, porque lo ocurrido con su pintura muestra la formidable revolución que puede provocar, a veces, en el ámbito de las valoraciones artísticas, una buena biografía. Y, por eso mismo, lo precarias que han llegado a ser en nuestros días las valoraciones artísticas.

Hasta 1983, Frida Kahlo era conocida en México y en un círculo internacional restringido de aficionados a la pintura, más como una curiosidad surrealista elogiada por André Breton, y como mujer de Diego Rivera, que como una artista cuya obra merecía ser valorizada por sí misma, no como apéndice de una corriente ni como mero complemento de la obra del célebre muralista mexicano. En 1983 apareció en Estados Unidos el libro de Hayden Herrera *Frida: A Biography of Frida Kahlo*. Esta fascinante descripción de la odisea vital y artística de la pintora mexicana, que fue leída con justa devoción en todas partes, tuvo la virtud de catapultar a Frida Kahlo al epicentro de la curiosidad en los polos artísticos del planeta, empezando por Nueva York, y en poco tiempo convirtió su obra en una de las más celebradas y cotizadas en el mundo entero. Desde hace unos diez años, los raros cuadros suyos que llegan a los remates de Sotheby's o Christie's logran los precios más elevados que haya alcanzado nunca un pintor latinoamericano, incluido, por supuesto, Diego Rivera, quien ha pasado a ser conocido cada vez más como el marido de Frida Kahlo.

Lo más notable de esta irresistible y súbita ascensión del prestigio de la pintura de Frida Kahlo es la unanimidad en que se sustenta —la elogian los críticos serios y los frívolos, los inteligentes y los tontos, los formalistas y los comprometidos—, y al mismo tiempo que los movimientos feministas la han erigido en uno de sus íconos, los conservadores y antimodernos ven en ella una reminiscencia clásica entre los excesos de la vanguardia. Pero acaso sea aún más asombroso que aquel prestigio se haya consolidado antes incluso de que pudieran verse sus cuadros, pues, fuera de haber pintado pocos —apenas un centenar—, buena parte de ellos —los mejores— permanecían hasta hace poco confinados a piedra y lodo en una colección particular estrictísima, a la que tenían acceso sólo un puñado de mortales.

Esta historia daría materia, desde luego, para una interesante reflexión sobre la veleidosa rueda de la fortuna que, en nuestros días, encarama a las nubes o silencia y borra la obra de los artistas por razones que a menudo tienen poco que ver con lo que de veras hacen. La menciono sólo para añadir que, en este caso, por misteriosas circunstancias —el azar, la justicia inmanente, los caprichos de una juguetona divinidad— en vez de una de esas aberraciones patafísicas que suelen resultar de los endiosamientos inesperados que la moda produce, aquella biografía de Hayden Herrera y sus secuelas —todo habrá sido increíble en el destino de Frida Kahlo— han servido para colocar en el lugar que se merece, cuatro décadas después de su muerte, a una de las más absorbentes figuras del arte moderno.

Mi entusiasmo por la pintura de Frida Kahlo es recientísimo. Nace de una excursión de hace un par de semanas a la alpina Martigny, localidad suiza en la que, en dos mil años de historia, parecen haber acaecido sólo dos acontecimientos dignos de memoria: el paso por allí de las legiones romanas —dejaron unas piedras que se exhiben ahora con excesiva veneración— y la actual exposición dedicada a Diego Rivera y Frida Kahlo, organizada por la Fundación Pierre Gianadda. La muestra es un modelo en su género, por la calidad de la selección y la eficacia con que cuadros, dibujos, fotografías y gráficos han sido dispuestos a fin de sumergir al espectador durante unas horas en el mundo de ambos artistas.

La experiencia es concluyente: aunque Diego Rivera tenía más oficio y ambición, fue más diverso y curioso y pareció más universal porque aprovechó las principales corrientes plásticas de su tiempo para sumergirse, luego, en su propia circunstancia histórica y dejó una vastísima obra, Frida Kahlo, a pesar de las eventuales torpezas de su mano, de sus patéticas caídas en la truculencia y la autocompasión, y también, por cierto, de la chirriante ingenuidad de sus ideas y proclamas, fue el más intenso y personal artista de los dos —diría el más auténtico si esta denominación no estuviera preñada de malentendidos—. Venciendo las casi indescriptibles limitaciones que la vida le infligió, Frida Kahlo fue capaz de elaborar una obra de una consumada coherencia, en la que la fantasía y la invención son formas extremas de la introspección, de la exploración del propio ser, del que la artista extrae, en cada cuadro —en cada dibujo o boceto— un estremecedor testimonio sobre el sufrimiento, los deseos y los más terribles avatares de la condición humana.

Vi por primera vez algunos cuadros de Frida Kahlo en su casa-museo de Coyoacán, hace unos veinte años, en una visita que hice a la Casa Azul con un disidente soviético que había pasado muchos años en el Gulag, y al que la aparición en aquellas telas de las caras de Stalin y de Lenin, en amorosos medallones aposentados sobre el corazón o las frentes de Frida y de Diego, causó escalofríos. No me gustaron a mí tampoco y de ese primer contacto saqué la impresión de una pintora *naïve* bastante cruda, más pintoresca que original. Pero su vida me fascinó siempre, gracias a unos textos de Elena Poniatowska, primero, y, luego, con la biografía de Hayden Herrera, quedé también subyugado, como todo el mundo, por la sobrehumana energía con que esta hija de un fotógrafo alemán y una criolla mexicana, abatida por la polio a los seis años, y a los diecisiete por ese espantoso accidente de tránsito que le destrozó la columna vertebral y la pelvis —la barra del ómnibus en que viajaba le entró por el cuello y le salió por la vagina— fue capaz de sobrevivir, a eso, a las treinta y dos operaciones a que debió someterse, a la amputación de una pierna, y, a pesar de ello, y de tener que vivir por largas temporadas inmóvil, y, a veces, literalmente colgada de unas cuerdas, y con asfixiantes corsés, amó ferozmente la vida, y se las arregló no sólo para casarse, descasarse y volverse a casar con Diego Rivera —el amor de su vida—, tener abundantes relaciones sexuales con hombres y mujeres (Trotski fue uno de sus amantes), viajar, hacer política, y, sobre todo, pintar.

Sobre todo, pintar. Comenzó a hacerlo poco después de aquel accidente, dejando en el papel un testimonio obsesivo de su cuerpo lacerado, de su furor y de sus padecimientos, y de las visiones y delirios que el infortunio le inspiraba, pero, también, de su voluntad de seguir viviendo y exprimiendo todos los jugos de vida —los dulces, los ácidos—, los venenosos, hasta la última gota. Así lo hizo hasta el final de sus días, a los cuarenta y siete años. Su pintura, observada en el orden cronológico con que aparece en la exposición de Martigny, es una hechizante autobiografía, en la que cada imagen, a la vez que grafica algún episodio atroz de su vida física o anímica —sus abortos, sus llagas, sus heridas, sus amores, sus deseos delirantes, los extremos de desesperación e impotencia en que a veces naufraga— hace también las veces de exorcismo e imprecación, una manera de librarse de los demonios que la martirizan trasladándolos al lienzo o al papel y aventándolos al espectador como una acusación, un insulto o una desgarrada súplica.

La tremenda truculencia de algunas escenas o la descarada vulgaridad con que en ellas aparece la violencia física que padecen o infligen los seres humanos están siempre bañadas de un delicado simbolismo que las salva del ridículo y las convierte en inquietantes alegatos sobre el dolor, la miseria y el absurdo de la existencia. Es una pintura a la que difícilmente se la podría llamar bella, perfecta o seductora, y, sin embargo, sobrecoge y conmueve hasta los huesos, como la de un Munch o la del Goya de la Quinta del Sordo, o como la música del Beethoven de los últimos años o ciertos poemas del Vallejo agonizante. Hay en esos cuadros algo que va más allá de la pintura y del arte, algo que toca ese indescifrable misterio de que está hecha la vida del hombre, ese fondo irreductible donde, como decía Bataille, las contradicciones desaparecen, lo bello y lo feo se vuelven indiferenciables y necesarios el uno al otro, y también el goce y el suplicio, la alegría y el llanto, esa raíz recóndita de la experiencia que nada puede explicar, pero que ciertos artistas que pintan, componen o escriben como inmolándose son capaces de hacernos presentir. Frida Kahlo es uno de esos casos aparte que Rimbaud llamaba: «les horribles travailleurs». Ella no vivía para pintar, pintaba para vivir y por eso en cada uno de sus cuadros escuchamos su pulso, sus secreciones, sus aullidos y el tumulto sin freno de su corazón.

Salir de esa inmersión de buzo en los abismos de la condición humana a las apacibles calles de Martigny y al limpio y bovino paisaje alpino que rodea a la ciudad en esta tarde fría y soleada es un anticlímax intolerable. Y, por más que hago todo lo que, como forastero, debo hacer —saludar a las piedras romanas, llenarme los

737

pulmones de tonificantes brisas, contemplar los pastos, las vacas y ordenar una *fondue*— el recuerdo de las despellejadas y punzantes imágenes que acabo de ver no me da tregua. Está siempre conmigo, susurrándome que toda esa tranquilizadora y benigna realidad que me rodea ahora es espejismo, apariencia, que la verdadera vida no puede excluir todo lo que quedó allá, en esos cuerpos desollados y fetos sangrantes, en los hombres arbolados y mujeres vegetales, en las fantasías dolorosas y los exultantes aullidos de la exposición. Una exposición de la que, como ocurre con pocas en estos tiempos, uno sale mejor o peor, pero ciertamente distinto de lo que era cuando entró.

Martigny, marzo de 1998

La batalla perdida de Monsieur Monet

La democratización de la cultura no deja de tener inconvenientes. Para ver hoy una gran exposición hay que esperar semanas o meses, y, el día reservado, lloverse y helarse a la intemperie en una larguísima cola, y ver luego los cuadros a salto de mata, dando y recibiendo codazos. Sin embargo, no vacilaría un segundo en pasar por todo aquello para visitar de nuevo «Monet en el siglo xx», la exposición que presenta la Royal Academy.

Una buena muestra nos instruye sobre una época, un pintor o un tema, nos enriquece la visión de una obra y, por una o dos horas, nos arranca de la vida cotidiana, sumergiéndonos en un mundo aparte, de belleza o invención. Pero algunas raras excepciones, como ésta, nos cuentan además —con cuadros, en vez de palabras— una hermosísima historia.

Tres ingredientes son indispensables para que aparezca un gran creador: oficio, ideas y cultura. Estos tres componentes de la tarea creativa no tienen que equilibrarse, uno puede prevalecer sobre los otros, pero si alguno de ellos falla ese artista lo es sólo a medias o no llega a serlo. El oficio se aprende, consiste en ese aspecto técnico, artesanal, del que *también* está hecha toda obra de arte, pero que, por sí solo, no basta para elevar una obra a la condición de artística. Dominar el dibujo, la perspectiva, tener dominio del color, es necesario, imprescindible, pero apenas un punto de partida. Las «ideas», una manera más realista de llamar a la inspiración (palabra que tiene resonancias místicas y oscurantistas), es el factor decisivo para hacer del oficio el vehículo de expresión de algo personal, una invención que el artista añade con su obra a lo ya existente. En las «ideas» que aporta reside la originalidad de un creador. Pero lo que da espesor, consistencia, durabilidad, a la invención son los aportes de un artista a la cultura. Es decir, la manera como su obra se define respecto a la tradición, la renueva, la enriquece, critica y modifica. La historia que «Monet en el siglo XX» nos cuenta es la de un diestro artesano al que, ya en los umbrales de la vejez, un terco capricho convirtió en un extraordinario creador.

En 1890, el señor Monet, que tenía cincuenta años y era uno de los más exitosos pintores impresionistas —los conocedores se disputaban sus paisajes— se compró una casa y un terreno a orillas del Sena, en un poblado sin historia, a unos setenta kilómetros al noroeste de París. En los años siguientes construyó un primoroso jardín, con enredaderas, azucenas y sauces llorones, un estanque que sembró de nenúfares y sobrevoló con un puentecillo japonés. Nunca sospecharía el sosegado artista que, instalado en aquel retiro campestre, se preparaba una burguesa vejez, las consecuencias que tendría para su arte —para el arte— su traslado a Giverny.

Había sido hasta entonces un excelente pintor, aunque previsible y sin mucha imaginación. Sus paisajes encantaban porque estaban muy delicadamente concebidos, parecían reproducir la campiña francesa con fidelidad, en telas por lo general pequeñas, que no asustaban a nadie y decoraban muy bien los interiores. Pero, desde que construyó aquella linda laguna a la puerta de su casa de campo y empezó a pasar largo rato contemplando los cabrilleos de la luz en el agua y los sutiles cambios de color que los movimientos del sol en el cielo imprimían a los nenúfares, una duda lo asaltó: ¿qué era el realismo?

Hasta entonces había creído muy sencillamente en lo que él hacía en sus cuadros: reflejar, con destreza artística en la tela, lo que sus ojos veían. Pero aquellos brillos, reflejos, evanescencias, luminosidades, todo ese despliegue feérico de formas cambiantes, esos veloces trastornos visuales que resultaban de la alianza de las flores, el agua y el resplandor solar ¿no era también la realidad? Hasta ahora, ningún artista la había pintado. Cuando decidió que él trataría de atrapar con sus pinceles esa escurridiza y furtiva dimensión de lo existente, Monsieur Monet tenía casi sesenta años, edad a la que muchos de sus colegas estaban acabados. Él, en cambio, empezaría sólo entonces a convertirse en un obsesivo, revolucionario, notable creador.

Cuando hizo los tres viajes a Londres, entre 1899 y 1902, para pintar el Támesis —la exposición se inicia en este momento de su vida— ya era un hombre obsesionado por la idea fija de inmovilizar en sus telas las metamorfosis del mundo, en función de los cambios de luz. Desde su balcón del Hotel Savoy pintó el río y los puentes y el Parlamento cuando salían de las sombras o desaparecían en ellas, al abrirse las nubes y lucir el sol, o velados y deformados por la niebla, el denso *fog* cuyo «maravilloso aliento» (son sus palabras) quiso retratar. Los treinta y siete cuadros de su paso por Londres, pese a sus desesperados esfuerzos por documentar las delicuescencias visuales que experimenta la ciudad en el transcurso del día, ya tienen poco que ver con esa realidad exterior. En verdad, lo muestran a él, embarcado en una aventura delirante, y creando, sin saberlo, poco a poco, un nuevo mundo, autosuficiente, visionario, de puro color, cuando creía estar reproduciendo en sus telas los cambiantes disfraces con que la luz reviste al mundo tangible.

Entre los sesenta y los ochenta y seis años, en que murió (en 1926), Monet fue, como Cézanne, uno de los artistas que, sin romper con la tradición, a la que se sentía afectivamente ligado, inició la gran transformación de los valores estéticos que revolucionaría la plástica, más, acaso, que ninguna de las artes, abriendo las puertas a todos los experimentados y a la proliferación de escuelas, ismos y tendencias, proceso que, aunque dando ya boqueadas, se ha extendido hasta nuestros días. Lo admirable de la exposición de la Royal Academy es que muestra, a la vez, la contribución de Monet a este gran cambio y lo poco consciente que fue él de estar, gracias a su terca búsqueda de un realismo radical, inaugurando una nueva época en la historia del arte.

En verdad, se creyó siempre un pintor realista, decidido a llevar a sus telas un aspecto hasta ahora descuidado de lo real, y que trabajaba sobre modelos objetivos, como antes de Giverny. Aunque sin duda más exigente y sutil que antaño, se consideraba siempre un paisajista. Por eso se levantaba al alba y estudiaba la húmeda superficie de los nenúfares, o las cabelleras de los sauces, o la blancura de los lirios, a lo largo de las horas, para que no se le escapara un solo matiz de aquel continuo tránsito, de esa perpetua danza del color. Ese milagro, aquel subyugante espectáculo que sus pobres ojos veían (las cataratas lo tuvieron casi impedido de pintar entre 1922 y 1923) es lo que quiso inmortalizar en los centenares de cuadros que le inspiró el jardín de Giverny. Pasó dos meses en Venecia, en 1908, y luego otra temporada en 1912, para capturar los secretos de la ciudad en los mágicos colores del otoño. Incluso en la última etapa de su vida, cuando pintaba la serie que llamaría *Las grandes decoraciones*, enormes telas donde la orgía de colores y formas abigarradas se ha emancipado ya casi totalmente de la figuración, Monet cree estar, por fin, alcanzando su propósito de apresar lo inapresable, de congelar en imágenes esa desalada danza de transparencias, reflejos y brillos que eran la fuente y el objetivo de su inspiración.

Era una batalla perdida, por supuesto. Aunque Monet nunca se resignó a admitirlo, el mejor indicio de que jamás sintió que verdaderamente había logrado materializar su designio realista es la maniática manera como retocó y rehízo cada cuadro, repitiéndolo una y otra vez con variantes tan mínimas que a menudo resultan invisibles para el espectador. Una y otra vez, aquella realidad de puras formas se le escapaba de los pinceles, como se escurre el agua entre los dedos. Pero, esas derrotas no lo abatían hasta el extremo de inducirlo a renunciar. Por el contrario, siguió combatiendo hasta el final por su utópico afán de pintar lo inefable, de encerrar en una jaula de colores la cara del aire, el espíritu de la luz, el vaho del sol. Lo que consiguió —demostrar que el «realismo» no existe, que es una mera ilusión, una fórmula convencional para decir, simplemente, que el arte tiene raíces en lo vivido, pero que sólo se plasma cuando crea un mundo distinto, que niega, no que reproduce el que ya existe— fue todavía más importante que lo que buscaba, la piedra miliar conceptual sobre la que se levantaría toda la arquitectura del arte moderno. Todo indica que el magnífico Monsieur Monet se murió sin saber lo que había logrado, y, acaso, con la pesadumbre de no haber realizado su modesto sueño.

Londres, marzo de 1999

Dos amigos

La célebre Casa Amarilla, de Arles, que Vincent van Gogh alquiló, amuebló, pintó y llenó de cuadros suyos para recibir a su amigo Paul Gauguin en el otoño de 1888, ya no existe. Desapareció en un bombardeo aliado el 25 de junio de 1945 y ahora funciona allí donde estuvo un hotelito modesto llamado Terminus-Van Gogh. La patrona, una viejecita alerta de ochenta y cuatro años, muestra al cliente curioso una fotografía con el estado ruinoso en que quedó el local luego del impacto de la bomba, episodio del que ella fue testigo y casi víctima. El contorno, en cambio, no ha cambiado mucho, y, por ejemplo, se reconoce de inmediato la casa contigua que aparece en el lienzo que el holandés le dedicó.

La plaza Lamartine sigue allí, enorme y circular, con sus macizos plátanos cargados de verdura, al pie de la puerta de la Caballería, una de las que franqueaban la muralla de la vieja ciudad y que se conserva intacta, como en los tiempos de Van Gogh y Gauguin. Tampoco debe de haber cambiado mucho el espectáculo del Ródano, que, a pocos metros de esta terraza, circula, despacio y majestuoso, abrazando el flanco de la villa romana. Lo que ha desaparecido es el cuartelillo de la gendarmería —reemplazado por un almacén de Monoprix— y el burdel de Madame Virginie, llamado entonces la Casa de la Tolerancia Número Uno, donde, en esos dos meses que vivieron juntos, los amigos iban dos o tres veces por semana, Van Gogh siempre a acostarse con una chica llamada Rachel, y la sórdida y pecaminosa callecita donde estaba, derribada por la picota para abrir una avenida. Éste era, entonces, un barrio pobrísimo de extramuros, lleno de mendigos, rameras y cafetines de desechos humanos, pero, en el siglo y pico transcurrido, ha subido de nivel y lo habita ahora una discreta y anodina clase media.

Los dos meses que Van Gogh y Gauguin pasaron aquí, entre octubre y diciembre de 1888, son los más misteriosos de sus biografías. Los detalles de lo que realmente ocurrió en esas ocho semanas entre los dos amigos han escapado al rastreo empecinado de centenares de investigadores y críticos, que, a partir de los pocos datos objetivos, tratan de despejar la incógnita con conjeturas y fantaseos a veces delirantes. Las cartas de ambos son evasivas sobre esa convivencia, y cuando Gauguin se refirió a ella, al final de su vida, en *Avant et après*, habían pasado tres lustros, la sífilis le había estropeado la memoria y su testimonio era dudoso pues con él estaba tratando, a todas luces, de salir al paso a los rumores, ya muy extendidos en Francia, que lo hacían responsable del naufragio final en la locura de Van Gogh. Lo cierto es que en esta casa ahora fantasma ambos soñaron, pintaron, discutieron, pelearon y que el holandés estuvo a punto de matar al francés cuya venida a Arles esperó con ansiedad e ilusiones de amante.

No hay indicios de una relación homosexual entre ambos, pero sí pasional, y a la más alta potencia. Van Gogh conoció a Gauguin unos meses antes, en París, y quedó fascinado con la personalidad arrolladora de este artista aventurero que acababa de regresar de Panamá y la Martinica con unos cuadros llenos de luz y de vida primitiva, como la que él reclamaba para contrarrestar «la decadencia de Occidente». Entonces, pidió a su hermano Theo que lo ayudara a convencer a Gauguin de que se viniera a vivir con él a Provenza. Allí, en esa casa amarilla fundarían una comunidad de artistas, de la que ambos serían los pioneros. Gauguin la dirigiría y nuevos pintores vendrían a integrar esa cofradía o comuna fraternal, donde todo sería compartido, se viviría por y para la belleza, y no existirían la propiedad privada ni el dinero. Esta utopía caldeó la mente de Van Gogh. Gauguin, al principio, se resistió a ella, y vino a Arles a regañadientes, forzado por los incentivos económicos de Theo, pues la verdad es que estaba muy contento en Pont Aven, en Bretaña. Y prueba de ello es que, en varios de los dieciséis cuadros que pintó en Arles, sus arlesianas aparecen vestidas con zuecos y cofias bretonas. Sin embargo, luego de ocurrida la tragedia de la Nochebuena de 1888, sería Gauguin, no Van Gogh, quien dedicaría el resto de su vida a tratar de materializar aquel sueño utópico del holandés, y quien partiría hacia la Polinesia, aquella tierra que había deslumbrado a Van Gogh por la versión que daba de ella una novelita de Pierre Loti (*Le Mariage de Loti*), y que aquél le hizo leer durante su estancia en Arles.

¿Fue la excesiva obsequiosidad y los esfuerzos abrumadores de Van Gogh para que se sintiera cómodo y contento en Arles lo que predispuso a Gauguin en contra de su compañero? Es posible que esa efusividad un tanto histérica del holandés llegara a exasperarlo y a hacerlo sentir cautivo. Pero, también, le molestaba su desorden, y que sacara más dinero de la bolsa común del convenido con el pretexto de las «actividades higiénicas» (así bautizó las visitas a Rachel). Habían distribuido las tareas; Gauguin cocinaba y Van Gogh hacía la compra, pero el aseo, repartido, dejaba siempre mucho que desear. Una disputa cierta tuvo como razón al puntillista Seurat; Van Gogh, que lo admiraba, quiso incorporarlo al Estudio del Sur, apelativo de la idealizada comunidad, y Gauguin se negó, pues detestaba a ese artista.

Las diferencias estéticas eran más teóricas que prácticas. Van Gogh se proclamaba realista a ultranza y se empeñaba en montar su caballete al aire libre, para pintar modelos del natural. Gauguin sostenía que la verdadera materia prima de un creador no era la realidad sino la memoria, y que había que buscar la inspiración no explorando el contorno sino consultando la vida interior. Este diferendo, que provocó al parecer tremendas discusiones entre ambos amigos, se ha resuelto con el tiempo: ninguno de ellos ilustró sus teorías con sus pinturas, que ahora nos parecen, pese a ser tan distintas la una de la otra, igualmente impregnadas de inventiva y de sueño y, a la vez, profundamente ancladas en lo real. Las primeras semanas de coexistencia en Arles, el buen tiempo les permitió poner en práctica las tesis de Van Gogh. Ambos se instalaron al aire libre, para pintar los mismos temas: el paisaje de los Alyschamps, la gran necrópolis romana y paleocristiana, y los jardines del Hôtel Dieu, el hospital público. Pero, luego, se desencadenaron unas lluvias diluviales y debieron permanecer muchas semanas encerrados en la Casa Amarilla, alimentando sus pinceles, sobre todo, con la imaginación y los recuerdos. Ese encierro forzado debido a la inclemencia de la Naturaleza —fue el otoño más ventoso y mojado en medio siglo— debió crear un clima de claustrofobia y crispación, que se tradujo a menudo en violentas discusiones. En esos días esbozó Gauguin ese retrato de su amigo pintando girasoles que dejó al holandés anonadado: «Sí, ése soy yo. Pero ya loco».

¿Lo estaba? No hay duda de que, en el universo de imprecisos contornos que abarca la locura, hay un lugar imposible de situar con precisión que corresponde al Van Gogh de ese otoño, aunque los diagnósticos de «epilepsia» de los médicos que lo trataron, primero en Arles, y luego en Saint Rémy, nos dejen bastante escépticos y perplejos sobre la verdadera naturaleza de su enfermedad. Pero es un hecho que la convivencia con Gauguin, en la que había invertido tantas ilusiones, al frustrarse, lo precipitó en una crisis de la que ya no saldría más. Es un hecho que la idea de que su amigo partiera antes de lo que le había prometido (un año) fue para él irresistible. Hizo lo posible y lo imposible por retenerlo en Arles, y este empeño, en vez de hacer cambiar de planes a Gauguin, lo incitó a partir cuanto antes. Éste es el contexto del episodio de la víspera de la Nochebuena de 1888, sobre el que sólo tenemos el improbable testimonio de Gauguin. Una discusión en el Café de la Estación, mientras tomaban un ajenjo, termina de manera abrupta: el holandés arroja su copa contra su amigo, que la esquiva apenas. Al día siguiente le comunica su intención de trasladarse a un hotel, pues, le dice, si el episodio se repite, él podría reaccionar con igual violencia y apretarle el pescuezo. Al anochecer, cuando está cruzando el parque Victor Hugo, Gauguin siente pisadas a su espalda. Se vuelve y divisa a Van Gogh, con una navaja de afeitar en la mano, que, al sentirse descubierto, huye. Gauguin va a pasar la noche en un hotelito vecino. A las siete de la madrugada retorna a la Casa Amarilla y la descubre rodeada de vecinos y policías. La víspera, luego del incidente del parque, Van Gogh se cortó parte de la oreja izquierda y se la llevó, envuelta en un periódico, a Rachel, donde Madame Virginie. Luego, regresó a su cuarto y se echó a dormir, en medio de un mar de sangre. Gauguin y los gendarmes lo trasladan al Hôtel Dieu y aquél parte a París, esa misma noche.

Aunque nunca se volvieron a ver, en los meses siguientes, mientras Van Gogh permanecía todo un año en el sanatorio de Saint Rémy, los amigos de Arles intercambiaron algunas cartas, en las que el episodio de la mutilación de la oreja y sus experiencias de Arles brillan por su ausencia. Cuando el suicidio de Van Gogh, un año y medio más tarde, de una bala de revólver en el estómago, en Auvers-sur-Oise, Gauguin hará un comentario brevísimo y ríspido, como si se tratara de alguien muy ajeno a él («Fue una suerte para él, el término de sus sufrimientos»). Y luego, en los años siguientes, evitará hablar del holandés, como asediado por una permanente incomodidad. Sin embargo, es obvio que no lo olvidó, que esa ausencia estuvo muy presente en los quince años de vida que le quedaban, y acaso de una manera que ni siquiera fue siempre consciente. ¿Por qué se empeñó, si no, en sembrar girasoles, delante de su cabaña de Punaauia, en Tahití, cuando todo el mundo le aseguró que esa flor exótica jamás había podido aclimatarse en la Polinesia? Pero el «salvaje peruano», como le gustaba llamarse, era terco, y pidió semillas a su amigo Daniel de Monfreid, y trabajó la tierra con tal perseverancia que al final sus vecinos indígenas y los misioneros de aquel perdido lugar, Punaauia, pudieron deleitarse con aquellas extrañas flores amarillas que seguían los pasos del sol.

Todo eso ocurrió hace más de un siglo, distancia suficiente para que la historia se enriquezca con las fabulaciones y las mentiras a las que somos propensos todos los humanos, no sólo los novelistas. La amable octogenaria que regenta el hotelito Terminus-Van Gogh, de la plaza Lamartine, con la que he llegado a hacer excelentes migas en la media hora que llevo sentado en esta terraza soleada, me cuenta, por ejemplo, unas deliciosas inexactitudes sobre la Casa Amarilla que finjo creerle al pie de la letra. Súbitamente, en homenaje a aquellos dos amigos que ennoblecieron este pedacito de tierra, decido tomarme un ajenjo. Jamás he probado esa bebida de tan ilustre prosapia romántica, simbolista y modernista, en la que se ahogaron Verlaine, Baudelaire, Rubén Darío, y que Van Gogh y Gauguin bebían como si fuera agua. Me había imaginado un alcohol exótico, aristocrático, color verde diarrea, de efecto enloquecedor, pero lo que me traen es un plebeyo Pastis. El horrible brebaje sabe a menta y azúcar pasados por manos farmacéuticas y como, pese a todo, me lo empujo en las entrañas, me provoca una arcada. Una prueba más de que la pedestre realidad jamás estará a la altura de nuestros sueños y fantasías.

Arles, junio de 2001

Peinar el viento

A los grandes artistas es mejor verlos que oírlos, porque cuando explican sus obras suelen ser bastante menos convincentes que cuando pintan o esculpen; algunos, entre los mejores, resultan incluso tan confusos que, oyéndolos o leyéndolos, se tiene la impresión de que son apenas conscientes de lo que han logrado, o de que están garrafalmente equivocados sobre las maravillas que producen sus manos y sus instintos, o de que su genio pasa casi excluyentemente por su sensibilidad y su intuición, sin tocar su inteligencia.

No es el caso de Eduardo Chillida, desde luego, a quien, hace unos diez años, dialogando con un crítico en el auditorio de la Tate Gallery de Londres, oí describir con claridad luminosa su trayectoria artística, desde sus inicios, cuando esa vocación fue imponiéndose al estudiante de arquitectura y al portero de fútbol de la Real Sociedad que era entonces y precipitándolo en una aventura creadora que ha marcado como pocas el arte de su tiempo. Tengo un recuerdo muy vivo de esa conferencia que, a mí, me enriqueció todavía más el alto aprecio que tenía por la obra del escultor. A la sencillez de sus explicaciones sobre su relación con los materiales —por qué lo fascinaban el granito, la greda y el hierro, por ejemplo, y por qué siempre desconfió del bronce, con el que nunca pudo amigarse—, acompañaba una franqueza inusitada para revelar sus admiraciones y sus distancias con otros artistas contemporáneos, y una modestia para hablar de sí mismo que yo no he conocido en ninguna otra persona. La insensible manera como su obra fue deslizándose, en sus años veinteañeros de París, de los yesos figurativos que representaban desnudos a las formas abstractas que forjaría en hierro en los años siguientes, la ilustraba Chillida con anécdotas divertidas, como una lenta maduración en la que el azar desempeñaba un papel tan importante como la experiencia. Y, en relación con sus esculturas, hablaba de entidades tan escurridizas como el espacio, el tiempo, la luz y el aire ni más ni menos que si se tratara de personas de carne y hueso, amigos con los que se ha andado un largo trecho de camino, hacia un destino todavía lejano de alcanzar.

Ahora, en esta mañana espléndida, de cielo azul y sol líquido, mientras recorro el vasto Museo Chillida-Leku erigido por el propio artista en las afueras de San Sebastián, rodeado de hayas, robles y magnolios exuberantes en los que ha estallado de pronto un ensordecedor vocerío de pájaros, aquella conferencia de la Tate Gallery reflota en mi conciencia desde las profundidades subconscientes donde quedó almacenada como un precioso alimento para la memoria. ¿Cómo ha podido un ser tan delicado y tan frágil como Chillida erigir estas piezas monumentales cuya insolente solidez reta al tiempo, proclamando que lo imperecedero y lo eterno son también prerrogativas humanas? Sin embargo, es cierto que cuando uno se aproxima a ellas y las examina de muy cerca, advierte que su fuerza y poderío no están exentos de levedad, de ligereza, de una entraña ágil. Los críticos y el propio Chillida han hablado siempre de la manera como este artista ha buscado hacer emerger la luz escondida en la materia que trabaja, y es cierto que en sus granitos, alabastros y tierras cocidas hay una luminosidad a flor de piel que es como la manifestación de una vida secreta, enterrada en el fondo de la materia, que la destreza y el talento han conseguido desvelar.

Pero, casi tanto como la luz, el viento parece un habitante obligatorio de las esculturas de Chillida. Por los pasadizos que abre en la piedra, y que constituyen a veces pequeños laberintos misteriosos, o en esas elegantes ventanas geométricas que parecen estar allí para que por ellas se asomen al mundo exterior las criaturas que, según las leyendas más antiguas, han sido secuestradas y habitan en el corazón de las rocas y los grandes pedruscos, y aun en las ligeras incisiones que recorren las estelas o las cúpulas, avenidas, recintos de aire que circundan los gigantescos brazos de hormigón o de hierro de las obras públicas de gran tamaño, circula siempre el viento, hálito refrescante, animador, que alegra y aligera el tremendo volumen. Son piezas imponentes, pero uno no se siente aplastado ni atemorizado por su potencia, gracias a esa respiración que las humaniza. En las más grandes, además de circular por toda su geografía, el viento también silba y canta.

Cada una de estas esculturas ha sido dispuesta en el inmenso parque de césped entrecruzado por caminillos finos como venas con una maquiavélica deliberación, para que el entorno la realce y sea a su vez realzado por su presencia. Como en aquella conferencia, la palabra espacio se vuelve aquí algo concreto, mensurable y perceptible en su invisibilidad. Los monumentos, las estelas, las construcciones arbóreas, los macizos de granito, las piedras horadadas o signadas y los brazos metálicos que ciñen fantasmas tienen, cada uno, un espacio propio, unos límites dentro de los cuales la escultura ejerce una soberanía, un territorio al que uno ingresa con cierta incomodidad, como transgrediendo una prohibición, como un mirón clandestino. Todas las piezas son muy bellas, algunas más y otras menos, pero no hay duda de que, reunidas de este modo, en un marco tan limpio y natural, conforman algo más rico y vital que una mera colección; más bien, una coreografía, un espectáculo, una familia, una tribu disímil aunque poderosamente bien avenida. Las esculturas se deberían ver siempre así, en libertad y en medio de la naturaleza, enfrentadas a la luz del sol o de la luna y expuestas a los elementos. Si, como ocurre con las de Chillida, pasan la prueba y el mundo natural las acepta, se llenan de vida y de verdad, se vuelven una variante de los árboles.

Tengo la fortuna de que me acompañe en esta visita Pili o Pilar, la esposa de Chillida. Estaba con él en aquella conferencia de Londres cuando los conocí, y ha estado siempre a su lado la media docena de veces que, desde entonces, he coincidido con la pareja. Tengo la sospecha de que no se han separado jamás desde que Eduardo, que tenía entonces diecisiete años, se enamoró de Pili, de quince. El padre de ésta le advirtió, cuando comenzaba el noviazgo: «Ese muchacho será un genio o un desastre, pero nunca un chico normal». Dicho y hecho. Se casaron, tuvieron muchos hijos y fueron —lo son todavía— la pareja más unida del mundo. Aunque ya no lo sea, Pili parece una jovencita. Lleva sobre la cabeza un sombrerito con todos los colores del arco iris de Ágata Ruiz de la Prada y viste un pantalón y una blusita que dejan al descubierto su cintura, y hasta su ombligo, redondo y perfecto como una escultura de su marido.

Me asombra con la prodigiosa memoria de que hace gala, refiriéndome con lujo de detalles la gestación de cada una de las piezas que vemos —la fecha, el lugar, la circunstancia en que fue trabajada— y siempre tiene a la mano alguna historia simpática emparentada con ellas. La colaboración con Jorge Guillén, por ejemplo, que resultó en un libro, nació de una visita de Chillida a Harvard, donde Guillén enseñaba. El poeta le mostraba al escultor unos manuscritos de Heidegger, y Chillida se admiraba con la elegancia de la caligrafía del filósofo alemán. «Yo también tengo una linda letra», le susurró Guillén al oído en el momento oportuno. Chillida pescó la sugerencia al vuelo: «Si me está usted proponiendo que hagamos un libro juntos, lo hacemos». Y lo hicieron.

Aquí, ante esta pieza que es un homenaje a Braque, Pili recuerda que el pintor fue a la primera exposición de Chillida en París, cuando éste era todavía un jovencito. Braque se entusiasmó con una de las esculturas y quiso comprarla. Aquél no lo permitió y se la ofreció como homenaje. Tiempo después fueron invitados al estudio del pintor. Éste los esperaba con tres cuadros dispuestos en hilera. «¿Cuál es el suyo, Eduardo?», le preguntó. Éste, sin vacilar un instante, señaló uno de ellos. «En efecto, ése es el suyo», aprobó Braque, satisfecho. «Acérquese y compruébelo: ya está dedicado». Pili me asegura que la silueta del pajarillo que, en la mitad inferior de la pieza concebida en homenaje a Braque, se insinúa como forzando a la piedra a aceptarla, no fue premeditada, que se apareció de pronto y Eduardo no tuvo más remedio que integrarla al conjunto.

En el centro del inmenso parque se alza el caserío de Zabalaga, una construcción del siglo XVI, de exterior escrupulosamente restaurado por Chillida en colaboración con el arquitecto Joaquín Montero. En el interior, de dos plantas, se exhiben piezas más pequeñas, y, sobre todo, en la sala 4, algo así como las intimidades del dueño de casa: los dibujos, modelos, objetos, hallazgos y diseños que han sido el embrión de muchas obras, y también sus primeros experimentos con terracota y óxido de cobre que darían luego origen a un bellísimo mural y a una serie de piezas de formato pequeño. En una de las vitrinas hay un dibujo jeroglífico en el dorso de un sobre color gris. Estaban en el interior de Guatemala, visitando las ruinas mayas, y Chillida quiso tomar unos apuntes, pero a Pili le fue imposible conseguir un pedazo de papel blanco. Este sobre para turistas, hecho de ceniza de volcán, hizo las veces. El dibujo, inspirado en las líneas de las pirámides y la cerámica de los mayas, sería el rudimento de esa incisión geométrica alargada y como con espinas, de vagas reminiscencias prehispánicas, que reptaría luego como una serpiente por la superficie de muchas piedras de Chillida.

¿Viene alguna vez él a echar un vistazo a su museo? Pili me asegura que sí. Lo hace cuando no llueve, al atardecer, después que ha partido la última de las visitas y se han cerrado las puertas. A esa hora, la del crepúsculo, cuando el sol se va hundiendo en los montes vecinos y una luz rojiza y entrecortada se desparrama por el parque encendiendo las copas de los árboles y haciendo llamear las esculturas, entra sigilosamente y de la mano de Pili va a sentarse en un rectángulo del parque, cercado por setos y arboledas, al que ellos han bautizado «el jardín zen». A diferencia de los monasterios budistas de esta doctrina, ese jardincillo no es de arena rastrillada y pedruscos, sino de césped y altos árboles rumorosos, con una escultura clavada en su centro que, de lejos, parece un monumento religioso, un ara de sacrificios, un altar. Aquí, en este banquillo, se sienta la pareja indestructible y, cercada de silencio, de belleza y de orden, sin cambiar una palabra, espera que caiga la noche, meditando o pasando revista al riquísimo arcón de recuerdos que tiene acumulados. «La verdad es que hemos sido muy felices», dice Pili, en voz alta, echando una ojeada a todo lo que nos rodea. Después de ver lo que he visto y oír lo que he oído esta mañana ¿cómo no la creería?

San Sebastián, julio de 2001

Lo maravilloso en el mercado

El estreno, en París, en 1926, del espectáculo *Romeo y Julieta* concebido por Serguéi Diaghilev, el director artístico de los célebres Ballets Rusos, originó un ruidoso escándalo. Un grupo de enfurecidos surrealistas encabezados por André Breton y Louis Aragon, y azuzados desde la retaguardia por Picasso, irrumpieron en el teatro en plena función, con silbatos y gritos, y repartieron entre los asustados espectadores unos volantes con un manifiesto de protesta, acusando a los pintores Max Ernst y Joan Miró, a quienes Diaghilev había encargado el decorado y el vestuario de *Romeo y Julieta*, de haber traicionado los principios del movimiento, comercializando su talento. El manifiesto, redactado con la flamígera retórica de Breton, afirmaba: «Es inadmisible que las ideas se pongan al servicio del dinero».

Breton era un puro, un moralista intransigente, y lo siguió siendo hasta su muerte, pero era también un dictador y se pasó la vida excluyendo y fulminando a la mayoría de sus compañeros y seguidores que se apartaban de la rectilínea conducta que en materia estética y política fijaba el surrealismo. Su empeño de levantar una infranqueable frontera entre la creación artística de poetas, pintores, músicos, fotógrafos y cineastas vinculados al movimiento y el comercio y la industria, fracasó clamorosamente. Así lo muestra una interesante exposición en el Victoria and Albert Museum, de Londres, que, entre las innumerables exhibiciones dedicadas al surrealismo que aparecen a lo largo y ancho del planeta, ha encontrado un ángulo original que explorar: la manera como, desde los primeros tiempos, el surrealismo ejerció una influencia importante en el diseño comercial y el provecho que sacaron de ello la industria y el comercio, y también, claro está, buen número de surrealistas.

No sólo Max Ernst y Miró aceptaron encargos de escenografía y vestuario de espectáculos comerciales. Casi al mismo tiempo que ellos, Giorgio de Chirico diseñaba, con mucha audacia y humor, los atuendos y decorados de *Le Bal* y André Masson hacía lo propio con *Les Présages*. Pasajes de las tres obras pueden verse en la exposición en películas bastante bien restauradas, así como los figurines, vestidos, paneles y bocetos originales. La muestra es una inequívoca prueba de que el surrealismo, gracias al oportunismo y buen olfato de algunos comerciantes e industriales, rompió el pequeño círculo de la vanguardia intelectual y artística y fue conocido y en cierta forma adoptado parcialmente —en lo que concierne a los valores estéticos sobre todo— por una burguesía liberal, moderna, próspera y, por supuesto, bastante frívola.

Esta exposición habría irritado sobremanera a los «puros» del movimiento, como el propio Breton, o Benjamin Péret, o un Julien Gracq, o un César Moro, para quienes el surrealismo no fue un movimiento artístico sino una religión y una moral, y que muy seriamente creyeron que con la escritura automática, el descubrimiento de lo maravilloso cotidiano, la exploración del inconsciente y la contaminación de la vida por el sueño, la poesía y la «belleza convulsiva» revolucionarían el mundo y la vida hasta llegar al ideal de Lautréamont: una sociedad planetaria donde la «poesía sería hecha por todos». Estos puros vivieron y murieron, por supuesto, pobres de solemnidad (Gracq está aún vivo).

Pero en los salones apasionantes y desmitologizantes del Victoria and Albert Museum, se advierte enseguida que, desde el principio, al igual que Ernst y Miró, una buena parte de los artistas vinculados al movimiento o que éste había considerado afines (como Picasso) no tuvieron escrúpulo alguno en colaborar con diseñadores, modistos, joyeros, sombrereros, constructores, arquitectos, y trabajar para millonarios esnobs y ostentosos decorándoles sus mansiones, retratándolos o asociándose con algunos capitanes de la industria para patentar sus inventos como productos manufacturados. Salvador Dalí, con cuyo nombre Breton hizo el anagrama de «Ávida Dollars», superó a todos sus compañeros o ex compañeros en oportunismo comercial.

Ahora bien: ¿ceder a la tentación materialista del dinero «vil» empobreció a estos artistas y recortó su libertad y su talento? No necesariamente. Por ejemplo, en el caso de Dalí, el más «ávido» de ellos, yo me atrevería a decir que acaso los más inesperados y audaces hallazgos de su pintura y de los objetos que concibió estuvieron a menudo asociados a operaciones comerciales. Y, entre los productos comerciales —muebles, adornos, pulseras, sillas, biombos, joyas, vestidos, zapatos— que aquí se exhiben hay algunas creaciones de Giacometti, Dorothea Tanning, Magritte, Óscar Domínguez y del propio Joan Miró, que lucen la misma delicada factura y novedad que las pinturas y esculturas que fraguaron por el puro placer.

No sólo a los surrealistas «puros» les erizaba los pelos asociar al arte y la literatura con el mercado. Alguien tan lúcido como Octavio Paz escribió con horror de lo que el «mercado» podía hacer con la poesía. Es decir, a su juicio, prostituirla o desaparecerla.

Quienes piensan así deberían visitar la exposición «Surreal Things» del Victoria and Albert Museum, o, en su defecto, revisar el excelente catálogo. Comprobarán entonces que las cosas son menos románticas de lo que creen. (A propósito: el padre del romanticismo francés, un movimiento denostador del arte interesado, Victor Hugo, fue, además de un genio, un prodigioso administrador de su talento: murió rico y sólo por obra de su incansable pluma).

El talento sobrevivió al éxito comercial en el caso de muchos artistas de vanguardia, empezando por Picasso, y siguiendo con buen número de surrealistas, como Ernst, Masson, Miró, y los que se empobrecieron o apagaron, no fue porque se volvieran «impuros» sino porque en algún momento de su trayectoria perdieron el ímpetu creativo, la pugnacidad y la temeridad con que fraguaron sus mejores obras.

Lo que muestra esta exposición es que el talento no depende del éxito, que ambas cosas pueden coincidir o no y que, en todo caso, el genio de un artista sigue un desarrollo que responde mucho más a consideraciones internas, psicológicas y emocionales, que a condicionamientos externos. Es verdad que, en ciertas circunstancias, estos condicionamientos —por ejemplo, la codicia o la necesidad material— pueden menguar el fuego creativo, o apagarlo, pero esto sucede también en muchas otras oportunidades sin que medie en ello el factor mercantil, sino razones que se esconden en esa secreta intimidad que hace de algunos artistas grandes creadores y, de otros, mediocridades irredentas.

El mercado no premia la excelencia artística sino la popularidad de una obra y ambas cosas no son lo mismo. En algunos casos —los ideales—, coinciden, como es el de un Picasso, a quien el ser inmensamente popular y vender sus cuadros, esculturas, grabados y cerámicas a precios astronómicos no le recortó la destreza ni la insolencia creativa, y en otros, como en un Joyce o un Mallarmé, divergen, porque sus grandes obras sólo pueden ser debidamente apreciadas por minorías reducidas. El mercado no es culpable de que las cosas sean así, es sólo el reflejo de una realidad que lo precede, de la que es un mero portavoz.

Hay creadores a los que les repugna la idea de que aquello que gestan con tanta pasión y entrega, inmolándose a veces en el empeño, sea no sólo una obra artística, portadora de valores estéticos, sino, también, un producto comercial, con un valor económico determinado por la oferta y la demanda. Santo y bueno. Tengamos el mayor de los respetos por esos artistas desinteresados y enemigos del materialismo. Eso sí, advirtámosles que su postura es moral, no estética, y no presupone nada, ni a favor ni en contra, de su talento creativo. En ciertos casos, de actitudes tan desdeñosas de lo material resultan obras soberbias y, en otras, bodrios. La exposición del Victoria and Albert es una instructiva demostración de que no se debe mezclar ambas cosas si se quiere tratar de desentrañar el misterio de la creación artística: ésta tiene su propia esfera, en la que se gesta, acierta o fracasa, y la moral no tiene mucho que hacer en determinar sus resultados.

Es verdad que, al popularizarlo y convertirlo en una moda, el mercado limó la beligerancia revoltosa y anárquica con que el surrealismo nació, y que, en sus extremos —sobre todo, cuando empezó a explotarlo en la publicidad— lo frivolizó bastante. Pero nunca lo desnaturalizó del todo.

Pues, ahí está todavía, latiendo, como un ser vivo. En el Victoria and Albert hay muchas cosas que irritan o que hacen reír, entre ellas los disfuerzos de Jean Cocteau. Pero, de pronto, ante alguna vitrina, los objetos «comerciales» de Meret Oppenheim por ejemplo, el lecho-jaula de Max Ernst, la vitrina para fetichistas y hasta en algunos de los maniquíes de Elsa Schiaparelli —el *Skeleton*— es imposible no sentir un estremecimiento de sorpresa, placer, y vaharadas de deseo. Lo maravilloso-cotidiano está allí, no importa cuántas maquinaciones sórdidas y metálicas hayan conspirado para fabricarlo. El maldito mercado hizo del surrealismo —en su origen una cábala de marginales conmocionados por los hallazgos de Sigmund Freud— un genuino patrimonio de la humanidad, confundiendo en una misma familia al puro Breton y al impuro Dalí.

Madrid, 15 de abril de 2007

Tiburones en formol

El más prominente de los llamados Young British Artists, Damien Hirst (ya no tan joven pues tiene cuarenta y tres años), subastó hace algunos días en Sotheby's, en Londres, doscientas veintitrés obras suyas y la subasta le deparó, en un par de días, ciento noventa y ocho millones de dólares, la más alta cifra alcanzada en un remate consagrado a un artista único. El acto fue precedido por un gran fuego de artificio publicitario, pues era la primera vez que un pintor vivo ofrecía sus obras al público a través de una casa de subastas para librarse de pagar las comisiones que cobran las galerías y los *marchands*. Y fue seguido por otro torneo no menos ruidoso de sensacionalismo mediático cuando se reveló que varios amigos de Hirst, entre ellos su galerista neoyorquino, habían participado en la puja para inflar los precios de los cuadros.

Más interesante que esta noticia, y que, por ejemplo, saber que gracias a su exitosa subasta Damien Hirst ha inyectado un buen puñado de millones a su fortuna personal, calculada en unos mil millones de dólares, es el hecho de que, a raíz del remate de Sotheby's, muchos críticos que habían contribuido con sus elogios desmedidos a cimentar el prestigio de Hirst como uno de los más audaces artistas modernos comienzan ahora a preguntarse si el ex delincuente juvenil y exhibicionista impenitente —cuando yo vivía en Londres hizo mucha alharaca que posara ante la prensa con un cigarrillo colgado en el pene— tiene en verdad algún talento o es solamente un embaucador de formidable vuelo.

La más severa descarga contra él procede de Robert Hughes, uno de los raros críticos contemporáneos que, hay que recordarlo, en sus columnas de arte de *Time Magazine* no participó nunca del papanatismo de sus colegas que convirtió a Hirst en un ícono del arte moderno. Hughes, indignado con lo ocurrido, describe así la subasta de Sotheby's: «Lo único especial en este episodio es la total desproporción entre los precios alcanzados y su talento real. Hirst es básicamente un pirata y su destreza consiste en haber conseguido engañar a tanta gente en el mundo del arte, desde funcionarios de museo como Nicholas Serota, de la Tate Gallery, hasta millonarios neoyorquinos del negocio de inmuebles, haciéndoles creer que es un artista original y que son importantes sus "ideas". Su único mérito artístico es su capacidad manipuladora» (la traducción es mía). Hughes se burla con ferocidad de las interpretaciones seudo-rreligiosas y seudofilosóficas que han dado los críticos a los animales preservados en formol en recipientes de vidrio, como el célebre tiburón por el que un especulador de Wall Street, Steve Cohen, pagó doce millones de dólares, creyendo por lo visto que el adefesio que compró es algo así como una hipóstasis artística de la violencia y la vida. Hughes recuerda que, en su Australia natal, él ha visto muchos tiburones, «una de las más bellas criaturas de la creación», y que toda aquella palabrería teórica para ensalzar un mamarracho al que el esnobismo imperante en el mundo del arte valoriza en semejante astronómica suma de dinero, es una «descarada obscenidad». Y afirma que, otra de las bullangueras realizaciones de Hirst, su famosa calavera incrustada de diamantes, dice menos sobre la muerte y la religión que los esqueletos de azúcar y de mazapán que se fabrican por millares en los mercados de México en el día de los muertos.

Hirst fue lanzado al estrellato como artista por un afortunado publicista británico, Charles Saatchi, que, en los años noventa, se inventó a los Young British Artists —entre ellos, además de Hirst, Chris Ofili, Jake y Dinos Chapman y Mat Collishaw—, quienes supuestamente estaban renovando de manera raigal la pintura y la escultura modernas con una imaginación desalada e irreverente y con técnicas novísimas. La campaña de Saatchi tuvo éxito total, críticos y galerías se sumaron a ella y en muy poco tiempo ese grupo de ilusionistas plásticos había alcanzado la celebridad y precios elevadísimos para sus obras. Llegaron incluso a la tradicional Royal Academy que, en 1997, les abrió las puertas con una exposición dedicada a todo el grupo. Yo fui a verla y, ante lo que me pareció una payasada de mal gusto, dejé testimonio de mi decepción en un artículo, «Caca de elefante», que me mereció algunas protestas.

La verdad es que no hay que sorprenderse de lo ocurrido con Hirst y su operación especulativa en Sotheby's. El arte moderno es un gran carnaval en el que todo anda revuelto, el talento y la pillería, lo genuino y lo falso, los creadores y los payasos. Y —esto es lo más grave— no hay manera de discriminar, de separar la escoria vil del puro metal. Porque todos los patrones tradicionales, los cánones o tablas de valores que existían a partir de ciertos consensos estéticos, han ido siendo derribados por una beligerante vanguardia que, a la postre, ha sustituido aquello que consideraba añoso, académico, conformista, retrógrado y burgués por una amalgama confusa donde los extremos se equivalen: todo vale y nada vale. Y, precisamente porque no hay ya denominadores comunes estéticos que permitan distinguir lo bello de lo feo, lo audaz de lo trillado, el producto auténtico del postizo, el éxito de un artista ya no depende de sus propios méritos artísticos sino de factores tan ajenos al arte como sus aptitudes histriónicas y los escándalos y espectáculos que sea capaz de generar o de las manipulaciones mafiosas de galeristas, coleccionistas y *marchands* y la ingenuidad de un público extraviado y sometido.

Yo estoy convencido de que las mariposas muertas, los frascos farmacéuticos y los animales disecados de Hirst no tienen nada que ver con el arte, la belleza, la inteligencia, ni siquiera con la destreza artesanal —entre otras cosas porque él ni siquiera trabaja esas obras que fabrican los ciento veinte artesanos que, según leo en su biografía, trabajan en su taller— pero no tengo manera alguna de demostrarlo. Como tampoco podría ninguno de sus admiradores probar que sus obras son originales, profundas y portadoras de emociones estéticas. Como hemos renunciado a los cánones y a las tablas de valores en el dominio del arte, en éste no hay otro criterio vigente que el de los precios de las obras de arte en el mercado, un mercado, digamos de inmediato, susceptible de ser manipulado, inflando y desinflando a un artista, en función de los intereses invertidos en él. Ese proceso explica que uno de esos productos ridículos que salen de los talleres de Damien Hirst llegue a valorizarse en doce millones de dólares. ¿Pero, es menos disparatado que se pague treinta y tres millones de dólares por una pintura de Lucian Freud y ochenta y seis millones por un tríptico de Francis Bacon, por más que en este caso se trate de genuinos creadores, como hizo el millonario ruso Roman Abramovich en una subasta en Nueva York el pasado mayo?

El otro criterio para juzgar al arte de nuestros días es el del puro subjetivismo, el derecho que tiene cada cual de decidir, por sí mismo, de acuerdo a sus gustos y disgustos, si aquel cuadro, escultura o instalación es magnífica, buena, regular, mala o malísima. Desde mi punto de vista, la única forma de salir de la behetría en la que nos hemos metido por nuestra generosa disposición a alentar la demolición de todas las certidumbres y valores estéticos por las vanguardias de los últimos ochenta años, es propagar aquel subjetivismo y exhortar al público que todavía no ha renunciado a ver arte moderno a emanciparse de la frivolidad y la tolerancia con las fraudulentas operaciones que imponen valores y falsos valores por igual, tratando de juzgar por cuenta propia, en contra de las modas y consignas, y afirmando que un cuadro, una exposición, un artista, le gusta o no le gusta, pero de verdad, no porque haya oído y leído que deba ser así. De esta manera, tal vez, poco a poco, apoyado y asesorado por los críticos y artistas que se atreven a rebelarse contra las bravatas y desplantes que la civilización del espectáculo exige a sus ídolos, vuelva a surgir un esquema de valores que permita al público, como antaño, discernir, desde la autenticidad de lo sentido y vivido, lo que es el arte verdaderamente creativo de nuestro tiempo y lo que no es más que simulacro o mojiganga.

Será un largo proceso, y por eso sería conveniente que comenzara cuanto antes, porque el arte tiene una función central que cumplir dentro de la cultura de una época, es un centro neurálgico de la vida espiritual de una comunidad, una fuente de solaz y de goce, de enseñanzas para depurar las imperfecciones de que está hecha la rutina cotidiana y un guía que constantemente señala unas formas ideales de ser, de amar, de vivir y hasta de morir. Por eso el arte no puede quedar secuestrado por unas minorías insignificantes de pitonisas, bufones y negociantes, cortado casi totalmente de ese barro nutricio que es la colectividad, de la que todo gran arte ha extraído siempre su energía y su materia prima a la vez que a ella devolvía unas formas y unos modelos que ennoblecían sus deseos y sus sueños. Sólo si el arte recupera su libertad y se emancipa de esos grupúsculos de esnobs, frívolos y especuladores entre los que ha quedado confinado, nos libraremos de los Damien Hirst.

Madrid, septiembre de 2008

La arquitectura como espectáculo

Visitar en una misma semana dos grandes museos europeos en busca de testimonios de las culturas del Congo y de la Amazonía puede deparar al visitante insospechadas lecciones sobre la civilización de nuestro tiempo y la manera como en ella, sin que nadie lo pretendiera ni a menudo lo advirtiera, se ha ido produciendo esa sustitución del fondo por la forma —del contenido por el continente— que, en el pasado remoto, sólo era concebible mediante la magia, el pacto satánico o el milagro. Entre nosotros, los responsables del prodigio no parecen haber sido magos, diablos ni santos sino el narcisismo y la frivolidad.

El Museo Real de África Central está en Tervuren, a unos quince kilómetros de Bruselas, en un parque de sueño, rodeado de bosques que en esta mañana primaveral hierven de verdura y de cantos y vuelos de pájaros multicolores. Al pie del edificio hay una laguna circular y estanques artificiales, donde, en la Exposición Universal de 1897, Leopoldo II exhibió congoleses de carne y hueso de su vasto dominio africano con sus cabañas, tatuajes, lanzas y tambores: fueron el atractivo estrella del evento pero nueve de ellos no resistieron el clima y murieron de pulmonía.

El soberano belga —ahí está su estatua de figura imponente y las inevitables barbas rastrilladas— quería que este museo diera una impresión de poderío y orgullo perfectamente justificados (¿no era propietario del Congo, riquísimo dominio noventa y siete veces más grande que su propio país?) y encargó su construcción al arquitecto francés Charles Girault, que había diseñado el Petit Palais de París. El resultado fue versallesco, monumental y bellísimo, aunque el paso del tiempo y los avatares de la historia hayan infligido ahora a este presuntuoso local una connotación un tanto *kitsch*.

Me dicen que, pese a su enormidad, el museo exhibe sólo un diez por ciento de sus existencias. Aun así, lo que muestran sus vitrinas y salas es muchísimo y está expuesto con inteligencia y gusto. Las notas y paneles son instructivas y la riqueza de la colección de máscaras, armas, instrumentos musicales, utensilios, atuendos, tocados y hasta la gigantesca piragua socavada en un tronco de árbol donde caben un centenar de remeros dan una idea soberbia de la variedad de las culturas centroafricanas. El amigo que me acompaña, que es historiador y ha investigado en los archivos del museo, me asegura que su colección de libros y documentos es la más rica que existe en el mundo sobre el África Central.

Una cosa que sorprende, sobre todo recorriendo los pabellones que rememoran las etapas en que el Congo fue posesión personal de Leopoldo II (1885-1908) y colonia del Estado belga (1908-1960) es que, a diferencia de otros museos europeos donde las antiguas potencias colonizadoras han borrado las huellas de la colonización, avergonzadas de su etapa imperialista, en este museo la vieja creencia en la misión civilizadora y emancipadora de la Europa que conquistaba países lejanos está todavía presente, sin disimulos ni complejos. Hay alusiones al canibalismo y al tráfico de esclavos que practicaban los árabes de Zanzíbar, plagas de las que los belgas habrían librado a los congoleses y fotos de misioneros predicando el Evangelio a masas de africanos desnudos, apiñados y arrodillados. Es verdad que se ven algunas manos cortadas y espaldas flageladas, pero, también, las «acciones heroicas» de la Force Publique reprimiendo los intentos de rebelión de los nativos. Ni una sola referencia, claro está, a los diez millones de congoleses que, según el historiador Adam Hochschild, habrían perecido a causa de los malos tratos y la explotación en las caucherías y las minas.

Pero no es esto lo que, a lo largo de las dos horas y media que dura la visita, me distrae todo el tiempo y me impide aprovechar como quisiera la formidable diversidad de objetos que atestan las vitrinas. Sino que el museo, a la vez que los exhibe, se exhibe demasiado a sí mismo. Sus cúpulas, vitrales, molduras, arañas, cortinajes, espejos biselados, están continuamente interponiéndose con descaro entre el visitante y lo que, en teoría, es la razón de ser del edificio: revelar la realidad histórica, geográfica, cultural y etnológica centroafricana. No hay que culpar de este exhibicionismo intruso sólo al arquitecto Girault: éste obedecía instrucciones de su patrón, un rey mesiánico y megalómano que, a través de este mu-

763

seo, quería promocionar su obra y lucirse ante la posteridad. Pero, al mismo tiempo y sin saberlo, quien diseñó el Petit Palais y el Museo Real de África Central inauguraba una tendencia de la sensibilidad y los valores estéticos que a lo ancho y lo largo de Europa occidental empujaba ya a los artistas a ser protagonistas de sus propias obras, desnaturalizando de este modo aquella antiquísima vocación del arte y la cultura que quería que el creador desapareciese detrás de su obra para que ésta resplandeciera mejor y con brillo propio. Era sólo el comienzo de una evolución de la que, al cabo de unas décadas, resultaría esa más que curiosa innovación: la de que cada obra arquitectónica, por ejemplo, pasara en muchos casos a ser poco menos que un autorretrato, una arquitectura de autor, un arte exhibicionista y narciso en el que los museos, al igual que los ministerios, los puentes y hasta las plazas, tendrían la función principalísima de llamar la atención no sobre lo que hospedan sus salones o aquello para lo que se supone fueron construidos, sino sobre sí mismos y sobre la inventiva y audacia de sus creadores.

Para comprobarlo hay que darse una vuelta por el Museo de las Primeras Artes y Civilizaciones de África, Asia, Oceanía y de las Américas, como se llama el museo del Quai Branly, de París. Se iba a llamar de las Artes Primitivas, pero la corrección política atajó a tiempo esa denominación «etnocentrista». Con este museo, el presidente Jacques Chirac quiso inmortalizar su memoria, así como Pompidou inmortalizó la suya con el museo que lleva su nombre y Mitterrand con la singular Biblioteca Nacional cuyos cuatro edificios semejan cuatro libros abiertos y de pie y cuya mayor originalidad consiste en que las salas de lecturas están en los sótanos y los libros en las alturas, protegidos por costosas gelatinas de la destructora luz solar. Pero, a diferencia de estos tres últimos, Chirac no consiguió del todo su anhelo de perennidad museística porque al único personaje que inmortaliza el Museo del Quai Branly es a quien lo concibió, el arquitecto Jean Nouvel, el más moderno de todos los arquitectos modernos, pues cada una de sus obras es siempre un extraordinario espectáculo.

En el Museo del Quai Branly, Jean Nouvel se supera a sí mismo en la marca personal que ha dejado impresa en el edificio y que va mucho más allá de la que aparece en otras afamadas concepciones suyas como el Instituto del Mundo Árabe en París, la Torre

Agbar de Barcelona o la ampliación del Museo Reina Sofía de Madrid. Sin exageración alguna, del Museo del Quai Branly puede decirse que si extrajeran de él las tres mil quinientas piezas etnológicas y artísticas, el local no perdería nada, porque para lo que él muestra y representa, su contenido es indiferente y acaso esté de más. Pese a las minuciosas explicaciones y justificaciones de su catálogo, la verdad es que este bello monumento —lo es, sin duda— acapara de tal modo la atención del visitante con su largo y sinuoso corredor sombreado, la floresta artificial que lo abraza, sus laberínticas salas casi a oscuras en las que echan como llamaradas de luz los nichos, hornacinas o alvéolos de las esquinas donde se exhiben los objetos que éstos se esfuman, desaparecen, convertidos en detalles prescindibles, arrollados por el espectacular entorno que, con sus audacias, sorpresas, guiños, disfuerzos, coqueterías y desplantes, absorbe de tal modo al espectador que no le da tiempo ni libertad para disfrutar de otra cosa que de la representación que es el museo en sí mismo.

Los buenos museos son, como los buenos mayordomos, invisibles. Existen sólo para dar relieve, presencia y atractivo a lo que exhiben, no para exhibirse a sí mismos y apabullar con su histrionismo a los cuadros, esculturas, instalaciones u objetos que albergan. ¿Pruebas? Todavía quedan algunas, reminiscencias de un pasado en vías de extinción. Por ejemplo, los dos museos de arte moderno de Renzo Piano que conozco: el que diseñó para la colección Du Menil, en Houston, y el museo de arte moderno de la Fundación Beyeler, en Suiza. En ambos, los limpios espacios, la atmósfera serena y sigilosa que fomenta la sencillez del diseño y la discreción de los materiales permiten al visitante concentrarse en las obras y entablar con ellas ese silencioso diálogo en que el buen arte habla y enseña y el espectador escucha, goza y aprende. Renzo Piano debe ser uno de los últimos grandes arquitectos que todavía creen que los museos están al servicio de los cuadros y esculturas y no éstos al servicio del museo y su progenitor.

París, marzo de 2009

El visionario

Soñó toda su vida con ser arquitecto, actividad a la que consideró «una profesión divina», y orgullosamente firmó todos sus libros como «Giambattista Piranesi, arquitecto veneciano», pero la única obra que llegó a diseñar y ejecutar fue la restauración de la iglesita de Santa María del Priorato, en el Aventino, que le serviría también de tumba.

Su maestro en la técnica del aguafuerte, en Roma, Giuseppe Vasi, debió decepcionarlo mucho cuando le dijo que no tenía aptitudes para ser un buen artesano grabador porque era «demasiado artista» y debía dedicarse más bien a la pintura. Pero tenía razón, porque un grabador en aquellos tiempos, mediados del siglo XVIII, era sobre todo un diestro técnico fabricante de imágenes en serie a las que se consideraba, por lo general, en la periferia de lo artístico. Felizmente, Piranesi, que, además de malhumorado, inconforme y polémico, era terco, persistió, e hizo bien, porque convirtió el aguafuerte en un arte tan creativo y osado como la pintura y la escultura. Él, gracias a sus aguafuertes y diseños, llegó a ser uno de los más grandes artistas de su tiempo y uno de los que crecería más y ejercería una influencia mayor después de muerto.

La muestra que se exhibe de él ahora en Madrid, en CaixaForum, «Las artes de Piranesi, arquitecto, grabador, anticuario, *vedutista* y diseñador», es extraordinaria. Tiene, entre otros, el mérito de mostrar buen número de los objetos que Piranesi concibió y diseñó pero nunca llegó a ver materializados, pues eran demasiado excéntricos e insólitos para el gusto de sus contemporáneos. Los ha producido, con escrupulosa fidelidad y utilizando la tecnología más avanzada, el laboratorio madrileño Factum Arte que dirige Adam Lowe. Esos candelabros, trípodes, sillas, chimeneas, adornos, apliques, jarrones en los que Piranesi dio rienda suelta a su desbocada fantasía y su amor por las civilizaciones del pasado —Roma, Egipto, los etruscos— fascinan casi tanto como las invenciones carcelarias que lo han hecho famoso o las *Vistas* de esa Roma de los siglos grandiosos que él creyó documentar en sus grabados cuando en realidad la rehacía e inventaba.

Esos objetos constituyen una representación fantástica. No hay en ellos asomo de realismo, pese a estar constituidos de fragmentos, símbolos y otros ingredientes del pasado histórico y arqueológico. Pero estos materiales han sido combinados y reconstruidos con tanta libertad y siguiendo unos patrones de gusto y belleza tan personales que se han emancipado de sus fuentes y alcanzado plena soberanía. Lo que en ellos destaca es la imaginación desalada y la maestría formal de su inventor, que era capaz de abandonarse a los delirios más rebuscados sin perder jamás el gobierno de aquel simulacro de desorden al que daba coherencia un orden secreto. Cada uno de estos objetos es un verdadero laberinto hecho de simetría, intuición y desacato a los cánones establecidos en que se vuelca una vida profunda, aquella que, como escribió Goya, produce «el sueño de la razón». Como los poemas «oscuros» de Góngora o los monólogos interiores de Joyce, los artefactos domésticos que fantaseó Piranesi son testimonio de esa dimensión de la vida que llamamos el inconsciente. Estos delirantes muebles o adornos que ahora podemos ver (y hasta tocar), Piranesi sólo pudo soñarlos.

Le apasionaban las piedras antiguas, las ruinas, los caminos imperiales medio desaparecidos por la incuria de la gente y la fuerza destructora de la naturaleza, los monumentos víctimas de la usura del tiempo, y seguía con hipnótica perseverancia las excavaciones arqueológicas que iba revelando a pocos aquella antigüedad de la que vivió siempre prendado. Sobre todo, los hallazgos en torno a la civilización etrusca lo deslumbraron y toda su vida sostuvo, aun en contra de la evidencia histórica, que aquélla, y no la griega, habría sido la fuente cultural de la civilización romana. Muy sinceramente creyó que el casi millar de grabados que produjo tenían como fin salvar de la desaparición y el olvido de las nuevas generaciones, esos edificios, templos, puentes, arcos, pórticos, sepulcros, murallas, caminos, pozos, tuberías, que atestiguaban sobre la grandeza histórica y artística de los antiguos romanos. Pero, era más fuerte que su voluntad: cuando se ponía a diseñar en el papel o a pasar el buril sobre la plancha de cobre, su imaginación estallaba y hacía tabla rasa de la objetividad de sus propósitos. Al final, lo que resultaba era un mundo tan suyo como si lo hubiera inventado de pies a cabeza, sin necesidad de esos modelos a los que pretendía ser fiel, pero a los que su genio y sus pulsiones secretas transformaban, imprimiéndoles un sesgo absolutamente propio.

Era un realista visionario, a la manera de Goya, como lo señala Marguerite Yourcenar en el luminoso ensayo que le dedicó (*El cerebro negro de Piranesi*). (Dicho sea de paso, pocos artistas han inspirado a tantos escritores a escribir sobre ellos y su obra como Piranesi, desde Thomas de Quincey hasta Aldous Huxley, pasando por Coleridge, Victor Hugo y André Breton). Yourcenar se refiere específicamente al sutil parentesco que existe entre las *Carceri* del veneciano y los frescos de la Quinta del Sordo del aragonés, pero sin duda las similitudes son más vastas. En sus obras, ambos fueron no sólo testigos, también creadores e inventores de su tiempo pues impregnaron a la sociedad que describieron de una sensibilidad que era la suya personal. En ambos, había una mirada que sutilmente discriminaba, elegía, magnificaba y abolía lo real rehaciendo subjetivamente aquello que aspiraba sólo a representar.

Pero, en tanto que a Goya le fascinaban los tipos humanos, cómo lucían y qué hacían los hombres y mujeres de su entorno, Piranesi no tenía mucha simpatía por sus semejantes. Secretamente, los despreciaba, al menos como materia artística. Él privilegiaba las piedras y las cosas, a las que infundía un poderoso *élan vital*, en tanto que a los hombres en sus grabados los empequeñecía y condenaba a la condición de simples bultos o sombras anónimas.

Una de las originalidades de esta muestra es cotejar, en la última sala, ciertos edificios de la Roma antigua que Piranesi fijó en sus grabados con las fotografías de esos mismos lugares tomadas en nuestros días por Gabriele Basilio, un distinguido fotógrafo de temas arquitectónicos. Son los mismos modelos y sin embargo se diría que una esencia, un alma, un aura los separa, que está presente en los grabados y ausente en las fotos, ese elemento añadido con que el gran artista dieciochesco reconstruyó y adaptó a su propio mundo interior aquella Roma que creía solamente rescatar.

Una leyenda pertinaz, que subsiste pese a todos los desmentidos de biógrafos e historiadores, es que Piranesi realizó sus famosas «cárceles inventadas» —apenas dieciséis placas que atravesarían los siglos con efectos seminales sobre el arte y la literatura modernos— bajo el efecto de las fiebres de la epidemia de cólera que en esa época asoló Roma. En verdad, no necesitaba de enfermedades ni calenturas para desvariar: la alucinación fue su manera cotidiana de mirar y, por supuesto, de crear.

Lo hizo de manera más discreta y solapada cuando grabó sus *Vedute* (vistas) de la antigüedad. En sus cuatro *Caprichos* y en sus *Carceri*, en cambio, operó de manera desembozada, como en un trance enloquecido, y, por eso, sus contemporáneos no supieron reconocer la fuerza convulsiva de esas imágenes pesadillescas, teatrales y angustiosas. Casi nadie se interesó en ellas. Sólo la posteridad reconocería su hechicera originalidad. Enormes recintos poblados de puentes, escaleras, columnas que remiten a otros puentes, escaleras y columnas, monstruosos aparatos, grúas, arietes, potros de tortura, cadenas, asfixiantes y aterradores por su profundidad y su soledad, en la que lo humano se ha reducido hasta la insignificancia y alejado, sobreviviendo apenas en los rincones sombríos, como les ocurre a las alimañas más nocivas. Esas prisiones tienen un contenido simbólico que alude a las peores calamidades, empezando por la pérdida de la libertad. En ellas están sugeridas todas las formas de la represión y la crueldad inventadas para convertir la vida en un infierno y entronizar el reinado de la maldad sobre la Tierra. Es imposible no sentir un estremecimiento de horror al contemplarlas. Por eso, se ha dicho de ellas con justicia que parecen los escenarios ideales para las historias del marqués de Sade.

Jacques-Guillaume Legrand asegura que oyó decir a Piranesi alguna vez: «Necesito ideas y creo que si me encargasen el proyecto de un nuevo universo, un loco arrojo me empujaría a acometerlo». Los biógrafos discuten si pronunció esa frase atronadora e insolente o se la atribuyeron. La verdad, no importa nada que la dijera o no, pues eso que dicen que dijo es exactamente lo que hizo a lo largo de toda la obra imperecedera que nos dejó.

Madrid, mayo de 2012

Las huellas del salvaje

Paul Gauguin asumió su vocación de pintor a una edad tardía, los treinta y cinco años, y casi sin haber recibido una formación técnica, pues tanto su paso por la Academia Colarossi como las clases que le dio su amigo y maestro Camille Pissarro fueron breves y superficiales. Y es posible que con Pissarro hablaran más de anarquismo que de arte. Pero nada de eso le impidió llegar a ser el gran renovador de la pintura de su tiempo y dejar una marca indeleble en las vanguardias artísticas europeas. Así lo muestra, de manera inequívoca, la espléndida exposición «Gauguin y el viaje a lo exótico» que presenta el Museo Thyssen-Bornemisza, de Madrid.

Cuando lo dejó todo, para dedicarse a pintar, Paul Gauguin era un próspero burgués. Le había ido muy bien como agente de bolsa en la firma de Monsieur Bertin, vivía en un barrio elegante, sin privarse de nada, con su bella esposa danesa y sus cinco hijos. El futuro parecía ofrecerle sólo nuevos triunfos. ¿Qué lo llevó a cambiar de oficio, de ideas, de costumbres, de valores, de la noche a la mañana? La respuesta fácil es: la búsqueda del paraíso. En verdad, es más misterioso y complejo que eso. Siempre hubo en él una insatisfacción profunda, que no aplacó ni el éxito económico ni la felicidad conyugal, un disgusto permanente con lo que hacía y con el mundo del que vivía rodeado. Cuando se volcó en el quehacer artístico, como quien entra en un convento de clausura —despojándose de todo lo que tenía— pensó que había encontrado la salvación. Pero el anarquista irremediable que nunca dejó de ser se decepcionó muy pronto del canon estético imperante y de las modas, influencias, patrones, que decidían los éxitos y los fracasos de los artistas de su tiempo y se marginó también de ese medio, como había hecho antes del de los negocios.

Así fue gestándose en su cabeza la teoría que, de manera un tanto confusa pero vivida a fondo, sin vacilaciones y como una lenta inmolación, haría de él un extraordinario creador y un revolucionario en la cultura occidental. La civilización había matado la creatividad, embotándola, castrándola, embridándola, convirtiéndola en el juguete inofensivo y precioso de una minúscula casta. La fuerza creativa estaba reñida con la civilización, si ella existía aún había que ir a buscarla entre aquellos a los que el Occidente no había domesticado todavía: los salvajes. Así comenzó su búsqueda de sociedades primitivas, de paisajes incultos: Bretaña, Provenza, Panamá, la Martinica. Fue aquí, en el Caribe, donde por fin encontró rastros de lo que buscaba y pintó los primeros cuadros en los que Gauguin comienza a ser Gauguin.

Pero es en la Polinesia donde esa larga ascesis culmina y lo convierte por fin en el salvaje que se empeñaba en ser. Allí descubre que el paraíso no es de este mundo y que, si quería pintarlo, tenía que inventarlo. Es lo que hace y, por lo menos en su caso particular, su absurda teoría sí funcionó: sus cuadros se impregnan de una fuerza convulsiva, en ellos estallan todas las normas y principios que regulaban el arte europeo, éste se ensancha enormemente en sus telas, grabados, dibujos, esculturas, incorporando nuevos patrones estéticos, otras formas de belleza y de fealdad, la diversidad de creencias, tradiciones, costumbres, razas y religiones de que está hecho el mundo. La obra que realiza primero en Tahití y luego en las islas Marquesas es original, coherente y de una ambición desmedida. Pero es, también, un ejemplo que tiene un efecto estimulante y fecundo en todas las escuelas pictóricas de las primeras décadas del siglo XX.

Hay que felicitar a Paloma Alarcó, la comisaria de la exposición del Thyssen, y a todos sus colaboradores, por haber reunido ese conjunto de obras que, empezando con los expresionistas alemanes y terminando con surrealistas como Paul Klee y artistas no figurativos como Kandinsky y Robert Delaunay, muestran la enorme irradiación que tuvo la influencia de Gauguin casi inmediatamente después de su muerte, desde la primera exposición póstuma de sus cuadros que hizo en París, en 1903, Ambroise Vollard. El grupo de artistas que conformaron el movimiento alemán *Die Brücke* no sólo adopta su colorido, las desfiguraciones físicas, el trasfondo mítico del paisaje y los contenidos indígenas, sino, asimismo, sus ideales de vida: el retorno a la naturaleza, la fuga del medio urbano, el primitivismo, la sexualidad sin trabas. Por lo menos dos de los expresionistas alemanes, Max Pechstein y Emil Nolde, emprenden también el *viaje a lo exótico*, como lo haría en 1930 Henri Matisse, y, aunque no los imita, Ernst Ludwig Kirchner, sin salir de Europa, se compenetra de tal modo con la pintura de Gauguin que algunos de sus cuadros, sin perder su propio perfil, aparecen como verdaderas glosas o recreaciones de ciertas pinturas del autor de *Noa*. En Francia, la huella de Gauguin es flagrante en los colores flamígeros de los *fauves* y ella llega, muy pronto, incluso a la Europa Oriental y a la misma Rusia.

Tal vez el aporte más duradero de Gauguin a la cultura occidental, a la que él decía tanto despreciar y de la que se empeñó en huir, es haberla sacado de las casillas en que se había confinado, contribuido a universalizarla, abriendo sus puertas y ventanas hacia el resto del mundo, no sólo en busca de formas, objetos y paisajes pintorescos, sino para aprender y enriquecerse con el cotejo de otras culturas, otras creencias, otras maneras de entender y de vivir la vida. A partir de Gauguin, el arte occidental se iría abriendo más y más hacia el resto del planeta hasta abarcarlo todo, dejando en todas partes, por cierto, el impacto de su poderoso y fecundo patrimonio, y, al mismo tiempo, absorbiendo todo aquello que le faltaba y renunciando a lo que le sobraba para expresar de manera más intensa y variada la experiencia humana en su totalidad.

Es imposible gozar de la belleza que comunican las obras de Gauguin sin tener en cuenta la extraordinaria aventura vital que las hizo posibles, su desprendimiento, su inmersión en la vida vagabunda y misérrima, sus padecimientos y penurias físicas y psicológicas, y también, cómo no, sus excesos, brutalidades y hasta las fechorías que cometió, convencido como estaba de que un salvaje de verdad no podía someter su conducta a las reglas de la civilización sin perder su poderío, esa fuerza ígnea de la que, según él, han surgido todas las grandes creaciones artísticas.

Cuando fui a buscar las huellas que habían quedado de él en la Polinesia me sorprendió la antipatía que despertaba Gauguin tanto en Tahití como en Atuona. Nadie negaba su talento, ni que su pintura hubiera descubierto al resto del mundo las bellezas naturales de esas islas, pero muchas personas, los jóvenes sobre todo, le reprochaban haber abusado de las nativas pese a saber muy bien que la sífilis que padecía era contagiosa y haber actuado con sus amantes indígenas haciendo gala de un innoble machismo. Es posible que así sea; no sería el primero ni el último gran creador cuya vida personal fuera muy poco digna. Pero, a la hora de juzgarlo, y sin excusar sus desafueros con el argumento en que él sí creía —que un artista no puede ni debe someterse a la estrecha moral de los seres comunes y corrientes—, hay que considerar que en esta vida poco encomiable hubo también sufrimientos sin cuento, desde la pobreza y la miseria a que se sometió por voluntad propia, el desdén que su trabajo mereció del *establishment* cultural y de sus propios colegas, las enfermedades, como las terribles fiebres palúdicas que contrajo cuando trabajaba como peón en el primer Canal de Panamá y que no acabaron con su vida de milagro, así como sus últimos años en Atuona, su cuerpo destrozado por el avance de la sífilis y la semiceguera con la que pintó sus últimos cuadros. Hay que recordar, incluso, que si no hubiera muerto a tiempo, hubiera ido a parar a la cárcel por las intrigas y el odio que despertó entre los colonos de Atuona, sobre todo el del obispo Joseph Martin, junto al que —paradojas que tiene la vida— está enterrado, en el rústico cementerio de la islita que escogió para pasar la última etapa de su vida.

Madrid, noviembre de 2012

Referencias

1. El arte de la ficción: debates y aproximaciones

«La literatura es fuego», *El Nacional*, Caracas, 12 de agosto de 1967. *Contra viento y marea I*, Barcelona, Seix Barral, 1986. *Obras completas IX. Piedra de toque I*, Barcelona, Galaxia Gutenberg, 2012.

«En torno a la literatura maldita: Tres ejemplos contemporáneos», *Marcha*, XXVI, n.º 1254, Montevideo, 14 de mayo de 1964. *Obras completas IX. Piedra de toque I*, Barcelona, Galaxia Gutenberg, 2012.

«Una insurrección permanente», *Marcha*, XXVI, n.º 1294, Montevideo, 4 de marzo de 1966. *Contra viento y marea I*, Barcelona, Seix Barral, 1986. *Obras completas IX. Piedra de toque I*, Barcelona, Galaxia Gutenberg, 2012.

«Literatura y exilio», *Caretas*, n.º 370, Lima, 29 de marzo de 1968. *Contra viento y marea I*, Barcelona, Seix Barral, 1986. *Obras completas IX. Piedra de toque I*, Barcelona, Galaxia Gutenberg, 2012.

«Novela primitiva y novela de creación en América Latina», *The Times Literary Supplement*, Londres, 14 de noviembre de 1968. [Bajo el título «Primitives and creators»]. *Ercilla*, n.º 1761, Santiago, 18-25 de marzo de 1969. [Bajo el título «Novela hispanoamericana: de la herejía a la coronación»].

«El regreso de Satán», *Marcha*, XXXIV, n.º 1602, Montevideo, 21 de julio de 1972. *Contra viento y marea I*, Barcelona, Seix Barral, 1986. *Obras completas IX. Piedra de toque I*, Barcelona, Galaxia Gutenberg, 2012.

«El arte de mentir», *Caretas*, n.º 537, Lima, 21 de marzo de 1978. *Obras completas IX. Piedra de toque I*, Barcelona, Galaxia Gutenberg, 2012.

«Las mentiras verdaderas», *El Comercio*, Lima, 24 de enero de 1981. *Obras completas IX. Piedra de toque I*, Barcelona, Galaxia Gutenberg, 2012.

«El teatro como ficción», *El Comercio*, Lima, 3 de abril de 1983. *Obras completas IX. Piedra de toque I*, Barcelona, Galaxia Gutenberg, 2012.

«Todas putas», *El País*, Madrid, 8 de junio de 2003. *Obras completas XI. Piedra de toque III*, Barcelona, Galaxia Gutenberg, 2012.

2. LIBROS Y ESCRITORES

Literatura latinoamericana

«La poesía de José Emilio Pacheco», *Expreso*, Lima, 5 de septiembre de 1964. *Obras completas IX. Piedra de toque I*, Barcelona, Galaxia Gutenberg, 2012.

«*Paradiso*, de José Lezama Lima», *Expreso*, Lima, 20 de febrero de 1966. *Contra viento y marea I*, Barcelona, Seix Barral, 1986. *Sables y utopías. Visiones de América Latina*, Madrid, Aguilar, 2009. *Obras completas IX. Piedra de toque I*, Barcelona, Galaxia Gutenberg, 2012.

«La ciudad recobrada», *Caretas*, Lima, agosto de 1966. *Contra viento y marea I*, Barcelona, Seix Barral, 1986. *Obras completas IX. Piedra de toque I*, Barcelona, Galaxia Gutenberg, 2012.

«Un hechicero maya en Londres», *Imagen*, n.º 3, Caracas, 15-30 de junio de 1967. *Obras completas IX. Piedra de toque I*, Barcelona, Galaxia Gutenberg, 2012.

«*Cien años de soledad*: El Amadís en América», *Amaru*, n.º 3, Lima, julio-septiembre de 1967. *Sables y utopías. Visiones de América Latina*, Madrid, Aguilar, 2009. *Obras completas IX. Piedra de toque I*, Barcelona, Galaxia Gutenberg, 2012.

«Carlos Fuentes en Londres», *Imagen*, n.º 12, Caracas, 1-15 de noviembre de 1967. *Obras completas IX. Piedra de toque I*, Barcelona, Galaxia Gutenberg, 2012.

«Siete relatos de cataclismo y poesía», *Caretas*, n.º 364, Lima, diciembre de 1967. *Obras completas IX. Piedra de toque I*, Barcelona, Galaxia Gutenberg, 2012.

«Epopeya del Sertão: ¿Torre de Babel o manual de satanismo?», *Amaru*, n.º 2, Lima, 1967. *Obras completas IX. Piedra de toque I*, Barcelona, Galaxia Gutenberg, 2012.

«Un francotirador tranquilo», *Plural*, n.º 39, México D. F., diciembre de 1974. *Contra viento y marea I*, Barcelona, Seix Barral, 1986. *Obras completas IX. Piedra de toque I*, Barcelona, Galaxia Gutenberg, 2012.

«La paradoja de Asturias», *Cambio 16*, n.º 361, Madrid, 5 de noviembre de 1978. *Obras completas IX. Piedra de toque I*, Barcelona, Galaxia Gutenberg, 2012.

«Entre infantes difunto», *Caretas*, n.º 595, Lima, 31 de marzo de 1980. *Obras completas IX. Piedra de toque I*, Barcelona, Galaxia Gutenberg, 2012.

«Euclides da Cunha», *Caretas*, n.º 608, Lima, 21 de julio de 1980. *Contra viento y marea II*, Barcelona, Seix Barral, 1986. *Obras completas IX. Piedra de toque I*, Barcelona, Galaxia Gutenberg, 2012.

«Ángel Rama: La pasión y la crítica», *El Comercio*, Lima, 11 de diciembre de 1983. *Contra viento y marea II*, Barcelona, Seix Barral, 1986. *Obras completas IX. Piedra de toque I*, Barcelona, Galaxia Gutenberg, 2012.

«Las ficciones de Borges», *Third World Quarterly*, n.º 10, Londres, marzo de 1988. *Contra viento y marea III*, Barcelona, Seix Barral, 1990. *Obras completas X. Piedra de toque II*, Barcelona, Galaxia Gutenberg, 2012. *Medio siglo con Borges*, Madrid, Alfaguara, 2020.

«La trompeta de Deyá», *El País*, Madrid, 28 de julio de 1991. *Sables y utopías. Visiones de América Latina*, Madrid, Aguilar, 2009. *Obras completas X. Piedra de toque II*, Barcelona, Galaxia Gutenberg, 2012.

«Antes del diluvio», *El País*, Madrid, 13 de febrero de 1994. *Obras completas X. Piedra de toque II*, Barcelona, Galaxia Gutenberg, 2012.

«Placeres de la necrofilia», *El País*, Madrid, 31 de diciembre de 1995. *El lenguaje de la pasión*, Madrid, Ediciones El País, 2000. *Obras completas X. Piedra de toque II*, Barcelona, Galaxia Gutenberg, 2012.

«José Donoso o la vida hecha literatura», *El País*, Madrid, 15 de diciembre de 1996. *Sables y utopías. Visiones de América Latina*, Madrid, Aguilar, 2009. *Obras completas X. Piedra de toque II*, Barcelona, Galaxia Gutenberg, 2012.

«Jorge Amado en el paraíso», *El País*, Madrid, 9 de febrero de 1997. *Obras completas X. Piedra de toque II*, Barcelona, Galaxia Gutenberg, 2012.

«El lenguaje de la pasión», *El País*, Madrid, 10 de mayo de 1998. *El lenguaje de la pasión*, Madrid, Ediciones El País, 2000. *Sables y utopías. Visiones de América Latina*, Madrid, Aguilar, 2009. *Obras completas X. Piedra de toque II*, Barcelona, Galaxia Gutenberg, 2012.

«Neruda cumple cien años», *El País*, Madrid, 27 de junio de 2004. *Obras completas XI. Piedra de toque III*, Barcelona, Galaxia Gutenberg, 2012.

«Un hombre de letras», *El País*, Madrid, 20 de febrero de 2005. *Obras completas XI. Piedra de toque III*, Barcelona, Galaxia Gutenberg, 2012.

«Una mujer contra el mundo», *El País*, Madrid, 30 de diciembre de 2007. *Obras completas XI. Piedra de toque III*, Barcelona, Galaxia Gutenberg, 2012.

«La amistad y los libros», *El País*, Madrid, 7 de febrero de 2010. *Obras completas XI. Piedra de toque III*, Barcelona, Galaxia Gutenberg, 2012.

«Periodismo y creación: *Plano americano*», *El País*, Madrid, 18 de mayo de 2013.

«Recitando a Darío...», *El País*, Madrid, 19 de octubre de 2019.

Literatura francesa

«Alain Robbe-Grillet y el simulacro del realismo», *Marcha*, n.º 1145, Montevideo, 15 de febrero de 1963. *Obras completas IX. Piedra de toque I*, Barcelona, Galaxia Gutenberg, 2012.

«En torno a *Los miserables*», *Expreso*, Lima, 1 de septiembre de 1964. *Contra viento y marea I*, Barcelona, Seix Barral, 1986. *Obras completas IX. Piedra de toque I*, Barcelona, Galaxia Gutenberg, 2012.

«Nathalie Sarraute y la novela moderna», *Expreso*, Lima, 5 y 15 de octubre de 1964. *Obras completas IX. Piedra de toque I*, Barcelona, Galaxia Gutenberg, 2012.

«*Prometeo o la vida de Balzac* (Una biografía de André Maurois)», *Expreso*, Lima, 2 de marzo de 1965. *Obras completas IX. Piedra de toque I*, Barcelona, Galaxia Gutenberg, 2012.

«Actualidad de Flaubert», *Expreso*, Lima, 9 de marzo de 1965. *Obras completas IX. Piedra de toque I*, Barcelona, Galaxia Gutenberg, 2012.

«Proust en fotos», *Expreso*, Lima, 1 de agosto de 1965. *Obras completas IX. Piedra de toque I*, Barcelona, Galaxia Gutenberg, 2012.

«Las *Antimemorias* de Malraux», *Caretas*, n.º 367, Lima, febrero de 1968. *Contra viento y marea I*, Barcelona, Seix Barral, 1986. *Obras completas IX. Piedra de toque I*, Barcelona, Galaxia Gutenberg, 2012.

«Emma Bovary y los libros», *O Estado de São Paulo*, São Paulo, 8 de mayo de 1980. *Obras completas IX. Piedra de toque I*, Barcelona, Galaxia Gutenberg, 2012.

«Epitafio para Romain Gary», *El Comercio*, Lima, 22 de diciembre de 1980. *Obras completas IX. Piedra de toque I*, Barcelona, Galaxia Gutenberg, 2012.

«El viejito de los juanetes», *El País*, Madrid, 10 de marzo de 1996. *El lenguaje de la pasión*, Madrid, Ediciones El País, 2000. *Obras completas X. Piedra de toque II*, Barcelona, Galaxia Gutenberg, 2012.

«Flaubert, nuestro contemporáneo», *Letras Libres*, año VI, n.º 64, México D. F., abril de 2004.

«Victor Hugo. Océano», *El País*, Madrid, 7 de septiembre de 2003. *Obras completas XI. Piedra de toque III*, Barcelona, Galaxia Gutenberg, 2012.

«Los benévolos», *El País*, Madrid, 3 de diciembre de 2006. *Obras completas XI. Piedra de toque III*, Barcelona, Galaxia Gutenberg, 2012.

«Bajo el oprobio», *El País*, Madrid, 22 de agosto de 2010. *Obras completas XI. Piedra de toque III*, Barcelona, Galaxia Gutenberg, 2012.

«Los réprobos», *El País*, Madrid, 30 de enero de 2011. *Obras completas XI. Piedra de toque III*, Barcelona, Galaxia Gutenberg, 2012.

«El carnicero de Praga», *El País*, Madrid, 9 de octubre de 2011. *Obras completas XI. Piedra de toque III*, Barcelona, Galaxia Gutenberg, 2012.

«La medialuna sobre el Sena», *El País*, Madrid, 26 de mayo de 2016.

Literatura anglosajona

«Hemingway: ¿Un hombre de acción?», *Expreso*, Lima, 14 de septiembre de 1964. *Obras completas IX. Piedra de toque I*, Barcelona, Galaxia Gutenberg, 2012.

«Un anarquista entre *gentlemen* (Norman Mailer en Londres)», *Expreso*, Lima, 9 de mayo de 1965. *Obras completas IX. Piedra de toque I*, Barcelona, Galaxia Gutenberg, 2012.

«Un manifiesto a favor de la vanguardia», *Papel Literario*, Caracas, 9 de junio de 1967. *Obras completas IX. Piedra de toque I*, Barcelona, Galaxia Gutenberg, 2012.

«El joven Faulkner», *Caretas*, n.º 613, Lima, 1 de agosto de 1980. *Contra viento y marea II*, Barcelona, Seix Barral, 1986. *Obras completas IX. Piedra de toque I*, Barcelona, Galaxia Gutenberg, 2012.

«Una visita a Charles Dickens», *Caretas*, n.º 617, Lima, 29 de septiembre de 1980. *Obras completas IX. Piedra de toque I*, Barcelona, Galaxia Gutenberg, 2012.

«Faulkner en Laberinto», *El Comercio*, Lima, 18 de abril de 1981. *Contra viento y marea II*, Barcelona, Seix Barral, 1986. *Obras completas IX. Piedra de toque I*, Barcelona, Galaxia Gutenberg, 2012.

«Koestler, el disidente», *El Comercio*, Lima, 20 de marzo de 1983. *Contra viento y marea II*, Barcelona, Seix Barral, 1986. *Obras completas IX. Piedra de toque I*, Barcelona, Galaxia Gutenberg, 2012.

«Oscuridad al mediodía», *El Comercio*, Lima, 10 de abril de 1983. *Contra viento y marea II*, Barcelona, Seix Barral, 1986. *Obras completas IX. Piedra de toque I*, Barcelona, Galaxia Gutenberg, 2012.

«Pesadilla en México», *El Comercio*, Lima, 24 de abril de 1983. *Obras completas IX. Piedra de toque I*, Barcelona, Galaxia Gutenberg, 2012.

«La Arcadia y los mosquitos», *El Comercio*, Lima, 10 de julio de 1983. *Contra viento y marea II*, Barcelona, Seix Barral, 1986. *Obras completas IX. Piedra de toque I*, Barcelona, Galaxia Gutenberg, 2012.

«*1984*: Un careo», *Caretas*, Lima, 25 de julio de 1983. *Contra viento y marea II*, Barcelona, Seix Barral, 1986. *Obras completas IX. Piedra de toque I*, Barcelona, Galaxia Gutenberg, 2012.

«Tragicomedia de un judío», *El País*, Madrid, 20 de junio de 1994. *El lenguaje de la pasión*, Madrid, Ediciones El País, 2000. *Obras completas X. Piedra de toque II*, Barcelona, Galaxia Gutenberg, 2012.

«¡Cuidado con Elizabeth Costello!», *El País*, Madrid, 23 de junio de 2002. *Obras completas XI. Piedra de toque III*, Barcelona, Galaxia Gutenberg, 2012.

Literatura española

«Una explosión sarcástica en la novela española moderna», *Ínsula*, XXI, n.º 223, Madrid, abril de 1966. *Obras completas IX. Piedra de toque I*, Barcelona, Galaxia Gutenberg, 2012.

«*Reivindicación del conde don Julián* o el crimen pasional», *Marcha*, Montevideo, 23 de julio de 1971. *Contra viento y marea I*, Barcelona, Seix Barral, 1986. *Obras completas IX. Piedra de toque I*, Barcelona, Galaxia Gutenberg, 2012.

«La *Autobiografía de Federico Sánchez*», *Caretas*, n.º 532, Lima, 22 de diciembre de 1977. *Contra viento y marea II*, Barcelona, Seix Barral, 1986. *Obras completas IX. Piedra de toque I*, Barcelona, Galaxia Gutenberg, 2012.

«Carlos Barral, hombre de gestos», *Caretas*, n.º 542, Lima, 20 de julio de 1978. *Obras completas IX. Piedra de toque I*, Barcelona, Galaxia Gutenberg, 2012.

«Lorca: ¿Un andaluz profesional?», *Caretas*, n.º 614, Lima, 8 de septiembre de 1980. *Obras completas IX. Piedra de toque I*, Barcelona, Galaxia Gutenberg, 2012.

«Semblanza de una escribidora», *Caretas*, n.º 652, Lima, 15 de junio de 1981. *Obras completas IX. Piedra de toque I*, Barcelona, Galaxia Gutenberg, 2012.

«Azorín», *El Comercio*, Lima, 11 de julio de 1981. *Obras completas IX. Piedra de toque I*, Barcelona, Galaxia Gutenberg, 2012.

«La vieja que pasa llorando», *El País*, Madrid, 2 de agosto de 1998. *Obras completas X. Piedra de toque II*, Barcelona, Galaxia Gutenberg, 2012.

«El sueño de los héroes», *El País*, Madrid, 3 de septiembre de 2001. *Obras completas XI. Piedra de toque III*, Barcelona, Galaxia Gutenberg, 2012.

«Debilidad por los enanos», *El País*, Madrid, 25 de mayo de 2003. *Obras completas XI. Piedra de toque III*, Barcelona, Galaxia Gutenberg, 2012.

«*Tirant lo Blanc*, novela sin fronteras», *Tirant lo Blanc*, Toulouse, Editorial Anacharsis, 2003. *Letras Libres*, Año VI, n.º 64, México D. F., abril de 2004.

«Dos muchachas», *El País*, Madrid, 28 de noviembre de 2004. *Obras completas XI. Piedra de toque III*, Barcelona, Galaxia Gutenberg, 2012.

«Una novela para el siglo XXI», *Don Quijote de la Mancha*. Edición del IV Centenario. Real Academia Española, Madrid, Alfaguara, 2004.

«La sombra del padre», *El País*, Madrid, 12 de agosto de 2007. *Obras completas XI. Piedra de toque III*, Barcelona, Galaxia Gutenberg, 2012.

«En favor de Pérez Galdós», *El País*, Madrid, 18 de abril de 2020.

Literatura de otros países

«Kafka inédito», *Expreso*, Lima, 29 de agosto de 1965. *Obras completas IX. Piedra de toque I*, Barcelona, Galaxia Gutenberg, 2012.

«La obra de arte y el infinito», *Expreso*, Lima, 27 de marzo de 1966. *Obras completas IX. Piedra de toque I*, Barcelona, Galaxia Gutenberg, 2012.

«La censura en la URSS y Alexandr Solzhenitsin», *Marcha*, n.º 1358, Montevideo, 23 de junio de 1967. *Contra viento y marea I*, Barcelona, Seix Barral, 1986. *Obras completas IX. Piedra de toque I*, Barcelona, Galaxia Gutenberg, 2012.

«Czesław Miłosz», *El Comercio*, Lima, 30 de mayo de 1981. *Obras completas IX. Piedra de toque I*, Barcelona, Galaxia Gutenberg, 2012.

«La comedia macabra», *El Comercio*, Lima, 11 de septiembre de 1983. *Obras completas IX. Piedra de toque I*, Barcelona, Galaxia Gutenberg, 2012.

«Presencia real», *El País*, Madrid, 12 de agosto de 1991. *Obras completas X. Piedra de toque II*, Barcelona, Galaxia Gutenberg, 2012.

«El alejandrino», *El País*, Madrid, 20 de febrero de 2000. *El lenguaje de la pasión*, Madrid, Ediciones El País, 2000. *Obras completas XI. Piedra de toque III*, Barcelona, Galaxia Gutenberg, 2012.

«Günter Grass en la picota», *El País*, Madrid, 27 de agosto de 2006. *Obras completas XI. Piedra de toque III*, Barcelona, Galaxia Gutenberg, 2012.

«El hombre que nos describió el infierno», *El País*, Madrid, 10 de agosto de 2008. *Obras completas XI. Piedra de toque III*, Barcelona, Galaxia Gutenberg, 2012.

«Lisbeth Salander debe vivir», *El País*, Madrid, 6 de septiembre de 2009. *Obras completas XI. Piedra de toque III*, Barcelona, Galaxia Gutenberg, 2012.

«El escritor en la plaza pública», *El País*, Madrid, 13 de diciembre de 2009. *Obras completas XI. Piedra de toque III*, Barcelona, Galaxia Gutenberg, 2012.

«La casa de Boccaccio», *El País*, Madrid, 22 de febrero de 2014.

«Lecciones de Tolstói», *El País*, Madrid, 24 de agosto de 2015.

«Herederos de Necháiev», *El País*, Madrid, 16 de febrero de 2019.

«La historia omitida», *El País*, Madrid, 17 de octubre de 2020.

3. Bibliotecas, librerías y universidades

«Cambridge y la irrealidad», *El Comercio*, Lima, 21 de mayo de 1978. *Contra viento y marea II*, Barcelona, Seix Barral, 1986. *Obras completas IX. Piedra de toque I*, Barcelona, Galaxia Gutenberg, 2012.

«Reflexiones sobre una moribunda», *Caretas*, n.º 579, Lima, 26 de noviembre de 1979; n.º 580, 3 de diciembre de 1979; n.º 581, 10 de diciembre de 1979; n.º 582, 20 de diciembre de 1979; n.º 583, 14 de enero de 1980; n.º 584, 21 de enero de 1980. *Contra viento y marea II*, Barcelona, Seix Barral, 1986. *Obras completas IX. Piedra de toque I*, Barcelona, Galaxia Gutenberg, 2012.

«El paraíso de los libros», *El País*, Madrid, 30 de julio de 1991. *Obras completas X. Piedra de toque II*, Barcelona, Galaxia Gutenberg, 2012.

«Epitafio para una biblioteca», *El País*, Madrid, 29 de junio de 1997. *El lenguaje de la pasión*, Madrid, Ediciones El País, 2000. *Obras completas X. Piedra de toque II*, Barcelona, Galaxia Gutenberg, 2012.

«Endecha por la pequeña librería», *El País*, Madrid, 9 de julio de 2000. *Obras completas XI. Piedra de toque III*, Barcelona, Galaxia Gutenberg, 2012.

4. Escenarios

«LeRoi Jones: Sexo, racismo y violencia», *Marcha*, n.º 1284, Montevideo, 12 de diciembre de 1965. *Obras completas IX. Piedra de toque I*, Barcelona, Galaxia Gutenberg, 2012.

«Ionesco en la Comedia Francesa (*La sed y el hambre*)», *Expreso*, Lima, 20 de marzo de 1966. *Obras completas IX. Piedra de toque I*, Barcelona, Galaxia Gutenberg, 2012.

«La vanguardia: Brecht y el *Marat-Sade* de Weiss», *El Nacional* (suplemento *Papel Literario*), Caracas, 11 de febrero de 1968. *Obras completas IX. Piedra de toque I*, Barcelona, Galaxia Gutenberg, 2012.

«Ubú presidente y el *arte pobre*», *El Comercio*, Lima, 3 de enero de 1981. *Obras completas IX. Piedra de toque I*, Barcelona, Galaxia Gutenberg, 2012.

«Ángeles en América», *El País*, Madrid, 13 de marzo de 1994. *Obras completas X. Piedra de toque II*, Barcelona, Galaxia Gutenberg, 2012.

«Distanciando a Brecht», *El País*, Madrid, 15 de febrero de 1998. *Obras completas X. Piedra de toque II*, Barcelona, Galaxia Gutenberg, 2012.

«La ciudad de los nidos», *El País*, Madrid, 10 de mayo de 1998. *El lenguaje de la pasión*, Madrid, Ediciones El País, 2000. *Obras completas X. Piedra de toque II*, Barcelona, Galaxia Gutenberg, 2012.

«El diablo en la lechería», *El País*, Madrid, 5 de septiembre de 1999. *Obras completas X. Piedra de toque II*, Barcelona, Galaxia Gutenberg, 2012.

«Hitler para menores», *El País*, Madrid, 4 de marzo de 2002. *Obras completas XI. Piedra de toque III*, Barcelona, Galaxia Gutenberg, 2012.

«La costa de la Utopía», *El País*, Madrid, 1 de septiembre de 2002. *Obras completas XI. Piedra de toque III*, Barcelona, Galaxia Gutenberg, 2012.

«La gata en el tejado», *El País*, Madrid, 14 de diciembre de 2003. *Obras completas XI. Piedra de toque III*, Barcelona, Galaxia Gutenberg, 2012.

«Me llamo Rachel Corrie», *El País*, Madrid, 5 de noviembre de 2006. *Obras completas XI. Piedra de toque III*, Barcelona, Galaxia Gutenberg, 2012.

«Dickens en escena», *El País*, Madrid, 23 de septiembre de 2007. *Obras completas XI. Piedra de toque III*, Barcelona, Galaxia Gutenberg, 2012.

«La casa de Molière», *El País*, Madrid, 11 de febrero de 2012. *Obras completas XI. Piedra de toque III*, Barcelona, Galaxia Gutenberg, 2012.

«El doctor Chirinos», *El País*, Madrid, 9 de diciembre de 2018.

5. Pantallas

«*El silencio*, de Bergman. Un film sobre el mal», *Expreso*, Lima, 26 de julio de 1964. *Obras completas IX. Piedra de toque I*, Barcelona, Galaxia Gutenberg, 2012.

«Totalitarismo en la Vía Láctea (*Alphaville*, de Jean-Luc Godard)», *Expreso*, Lima, 8 de agosto de 1965. *Obras completas IX. Piedra de toque I*, Barcelona, Galaxia Gutenberg, 2012.

«Luis Buñuel: Un festival de malas películas excelentes», *Primera Plana*, n.º 169, 22-28 de marzo de 1966. *Obras completas IX. Piedra de toque I*, Barcelona, Galaxia Gutenberg, 2012.

«Liliana Cavani en el abismo», *Caretas*, Lima, 6 de abril de 1978. *Obras completas IX. Piedra de toque I*, Barcelona, Galaxia Gutenberg, 2012.

«Los viernes, milagro», *El País*, Madrid, 16 de diciembre de 1991. *Obras completas X. Piedra de toque II*, Barcelona, Galaxia Gutenberg, 2012.

«Amor irreverente por John Huston», *Cinemanía*, Madrid, noviembre de 1997. *Obras completas X. Piedra de toque II*, Barcelona, Galaxia Gutenberg, 2012.

«El gigante y los enanos», *El País*, Madrid, 28 de noviembre de 1999. *Obras completas X. Piedra de toque II*, Barcelona, Galaxia Gutenberg, 2012.

«Héroe de nuestro tiempo», *El País*, Madrid, 10 de septiembre de 2006. *Obras completas XI. Piedra de toque III*, Barcelona, Galaxia Gutenberg, 2012.

«Los dioses indiferentes», *El País*, Madrid, 26 de octubre de 2011. *Obras completas XI. Piedra de toque III*, Barcelona, Galaxia Gutenberg, 2012.

«El patrón del mal», *El País*, Madrid, 24 de agosto de 2013.

6. ARTE Y ARQUITECTURA

«Un cadáver exquisito», *Expreso*, Lima, julio de 1964. *Obras completas IX. Piedra de toque I*, Barcelona, Galaxia Gutenberg, 2012.

«¿Y si resucita dadá?», *Expreso*, Lima, julio de 1964. *Obras completas IX. Piedra de toque I*, Barcelona, Galaxia Gutenberg, 2012.

«Picasso, en Nueva York», *ABC*, Madrid, 21 de septiembre de 1980. *Obras completas IX. Piedra de toque I*, Barcelona, Galaxia Gutenberg, 2012.

«El cubismo como un cuento», *La Nación*, Buenos Aires, 9 de junio de 1983. *Obras completas IX. Piedra de toque I*, Barcelona, Galaxia Gutenberg, 2012.

«Arte degenerado», *El País*, Madrid, 22 de marzo de 1992. *Desafíos a la libertad*, Madrid, El País/Aguilar, 1994. *Obras completas X. Piedra de toque II*, Barcelona, Galaxia Gutenberg, 2012.

«La paradoja de Grosz», *El País*, Madrid, 28 de julio de 1992. *Obras completas X. Piedra de toque II*, Barcelona, Galaxia Gutenberg, 2012.

«Botero en los toros», *El País*, Madrid, 6 de septiembre de 1992. *Obras completas X. Piedra de toque II*, Barcelona, Galaxia Gutenberg, 2012.

«Giacometti en La Coupole», *El País*, Madrid, 3 de noviembre de 1996. *Obras completas X. Piedra de toque II*, Barcelona, Galaxia Gutenberg, 2012.

«Señoras desnudas en un jardín clásico», *El País*, Madrid, 1 de junio de 1997. *El lenguaje de la pasión*, Madrid, Ediciones El País, 2000. *Obras completas X. Piedra de toque II*, Barcelona, Galaxia Gutenberg, 2012.

«Caca de elefante», *El País*, Madrid, 21 de septiembre de 1997. *El lenguaje de la pasión*, Madrid, Ediciones El País, 2000. *La civilización del espectáculo*, Madrid, Alfaguara, 2012. *Obras completas X. Piedra de toque II*, Barcelona, Galaxia Gutenberg, 2012.

«Resistir pintando», *El País*, Madrid, 29 de marzo de 1998. *El lenguaje de la pasión*, Madrid, Ediciones El País, 2000. *Sables y utopías. Visiones de América Latina*, Madrid, Aguilar, 2009. *Obras completas X. Piedra de toque II*, Barcelona, Galaxia Gutenberg, 2012.

«La batalla perdida de Monsieur Monet», *El País*, Madrid, 14 de marzo de 1999. *El lenguaje de la pasión*, Madrid, Ediciones El País, 2000. *Obras completas X. Piedra de toque II*, Barcelona, Galaxia Gutenberg, 2012.

«Dos amigos», *El País*, Madrid, 24 de junio de 2001. *Obras completas XI. Piedra de toque III*, Barcelona, Galaxia Gutenberg, 2012.

«Peinar el viento», *El País*, Madrid, 8 de julio de 2001. *Obras completas XI. Piedra de toque III*, Barcelona, Galaxia Gutenberg, 2012.

«Lo maravilloso en el mercado», *El País*, Madrid, 22 de abril de 2007. *Obras completas XI. Piedra de toque III*, Barcelona, Galaxia Gutenberg, 2012.

«Tiburones en formol», *El País*, Madrid, 5 de octubre de 2008. *Obras completas XI. Piedra de toque III*, Barcelona, Galaxia Gutenberg, 2012.

«La arquitectura como espectáculo», *El País*, Madrid, 3 de mayo de 2009. *Obras completas XI. Piedra de toque III*, Barcelona, Galaxia Gutenberg, 2012.

«El visionario», *El País*, Madrid, 6 de mayo de 2012. *Obras completas XI. Piedra de toque III*, Barcelona, Galaxia Gutenberg, 2012.

«Las huellas del salvaje», *El País*, Madrid, 31 de octubre de 2012.

El fuego de la imaginación de Mario Vargas Llosa
se terminó de imprimir en noviembre de 2022
en los talleres de
Litográfica Ingramex, S.A. de C.V.
Centeno 162-1, Col. Granjas Esmeralda, C.P. 09810
Ciudad de México.